T0001729

GUÍA ESENCIAL SOBRE LA TIERRA SANTA

GUÍA ESENCIAL SOBRE LA TIERRA SANTA

CIENTOS DE **IMÁGENES A TODO COLOR,**
MAPAS, GRÁFICOS Y **RECONSTRUCCIONES**
DE LOS TERRENOS BÍBLICOS

Guía esencial sobre la Tierra Santa

B&H Publishing Group
Brentwood, TN 37027

Diseño de portada: Holman Bible Publishers

Clasificación Decimal Dewey: 220.9
Clasifíquese: BIBLIA--GEOGRAFÍA \ BIBLIA--MANUAL, MANUALES, ETC. \ BIBLIA—HISTORIA DE EVENTOS BÍBLICOS

El interior de la Guía esencial sobre la Tierra Santa fue diseñado por 2k/Denmark, utilizando Bible Serif creado por 2k/Denmark, Højbjerg, Dinamarca.

ISBN: 978-1-0877-6357-6

Impreso en China
1 2 3 4 5 * 26 25 24 23

ÍNDICE

Introducción VII
Lista de artículos IX
Colaboradores XII

Personajes 1
Lugares 223
Artefactos 483

Créditos artísticos 699

INTRODUCCIÓN

Todos nos beneficiamos de los esfuerzos y el trabajo de aquellos que nos han precedido. Mi padre lo entendía; solía decir que todos disfrutamos sentados a la sombra de árboles que no hemos plantado. Muchos productos y aparatos que aumentan nuestra comodidad y hacen nuestra vida más fácil y mejor están disponibles gracias a las visiones, los planes y el arduo trabajo de otras personas. La Biblia que tienes en tus manos es el producto y el resultado de la dedicación de muchas personas durante años de arduo trabajo y perseverancia para cumplir el llamado de Dios en sus vidas.

En 1973, algunas personas tuvieron la visión de un recurso que ofreciera información en profundidad para el estudiante de la Palabra. Después de un tiempo de planificación e investigación, nació una nueva revista, Sunday School Lesson Illustrator. En su primer número, A.V. Washburn, que en ese momento era el secretario de enseñanza y capacitación de lo que ahora es Lifeway Christian Resources, dijo: «Ahora estamos dando un paso audaz para expresar un sueño. El Sunday School Lesson Illustrator contendrá un nuevo mundo de información bíblica para el alumno y el maestro de escuela dominical [...] Es para aquellos estudiantes de la Biblia que están interesados en información más profunda sobre personajes, lugares y cosas».

Nobel Brown, el primer editor de la revista, expresó su agradecimiento a los primeros contribuyentes: «El atributo en común más notable de los que han participado en la producción de esta obra ha sido un entusiasmo traducido en la determinación de crear una revista significativa. Nuestros redactores han dejado de lado otras exigentes tareas para dedicar horas de investigación a la preparación de cada artículo».

El nombre de la revista se cambió posteriormente por el de Biblical Illustrator, pero el propósito de la revista nunca cambió. Utilizando palabras e imágenes, mapas y gráficos, Biblical Illustrator ayudaba a los profesores y estudiantes de la Biblia a profundizar en la Palabra de Dios.

¿Cuál es el significado de un lugar concreto? ¿Cómo encaja este acontecimiento en un contexto más amplio de la Escritura? ¿Qué ocurría en el mundo en esa época? ¿Existe un significado que los lectores iniciales habrían comprendido y que nosotros pasamos por alto siglos después? La Guía de Tierra Santa está llena de artículos e imágenes útiles que aparecieron en la revista y que abordan estas preguntas y otras más.

Cuando el año 2020 llegó a su fin, la revista dejó de publicarse. Con esta Biblia, sin embargo, tú tienes la oportunidad de seguir sentado a los pies de los eruditos, de disfrutar de la sombra de hombres y mujeres que han invertido sus vidas como aprendices de la Escritura durante toda su vida. A través de sus esfuerzos, descubrirás la cultura, las costumbres, los personajes y las prácticas de la época bíblica. La información contenida en estas páginas puede ayudarte a entender el mensaje como lo hizo la audiencia original, a profundizar tu comprensión de la Escritura y aumentar tu aprecio por el mundo bíblico.

La intención no es ofrecerte minucias o detalles adicionales de información confusa. Por el contrario, se trata de ayudarte a crecer en tu relación tanto con la Palabra de Dios como con el Dios de la Palabra. El Señor promete que «así es también la palabra que sale de mi boca: No volverá a mí vacía, sino que hará lo que yo deseo y cumplirá con mis propósitos» (Isa. 55:11).

Te invitamos a leer estas páginas. Disfruta de lo que el Padre tiene que decirte. Permite que los artículos te atraigan al mundo bíblico. Y mientras lo haces, oramos para que te sientas renovado espiritualmente y confiado en tu creciente conocimiento de la Palabra de Dios. Así que, por favor, busca un lugar en la sombra y prepárate para ser bendecido.

G.B. Howell
Editor de Contenido, *Biblical Illustrator*
2002-2022

LISTA DE ARTÍCULOS

Personajes

Agripa II 2
Amós 5
¿Quiénes fueron los Arameos? 7
La arqueología de David y Salomón 10
Portadores de armadura 12
Reyes babilónicos y persas 15
César Augusto 19
Los caldeos 24
Ciro el grande 28
David y los filisteos 32
Elías 37
Eliseo 39
Ezequiel y Jeremías 41
Esdras 45
Félix y Festo 48
El sacerdocio del siglo I 51
Pescadores en el siglo I 54
De Nabucodonosor a Ciro II 57
Hageo el profeta y su ministerio 61
El escenario histórico de Habacuc 64
Los hititas 65
Oseas el profeta 70
Joacim 72
Judíos en la Roma del siglo 1 75
Jezabel al descubierto 79
Joab 82
Joel 84
Jonás: Escenario histórico 87
José el carpintero 91
Josué 93
¿Quién era Belsasar? 95
El pariente redentor 98
La vida de Jeroboan II 100
Maqueronte, Herodes y Juan el Bautista 103
La situación de Malaquías 106
El rol de una madre en el siglo I 108
Escenario histórico de Nahúm 111
Nabucodonosor 115
Nerón 119
Abdías 123
En edad de casarse 126
Adultos mayores en la cultura del siglo I 129
Pablo, el escritor de cartas 132
El ejército del faraón 135
Los filisteos 141
El papel de Pilato en la muerte de Jesús 144
El clima político para Miqueas 148
Profeta, sacerdote y rey 151
Los ricos y los pobres en el siglo I 153
Ladrones 156
El papel de un gobernador romano 158
Funciones y responsabilidades de las reinas persas 161
Ciudadanía romana 163
Sirvientes en la casa del faraón 167
Esclavitud en el mundo antiguo 171
Salomón en todo su esplendor 173
Las esposas extranjeras de Salomón y sus dioses 175
Espías en la tierra 180
Tiglat-Pileser III 183
Vivir como un judío 188
¿Quién era Artajerjes? 191
¿Quiénes eran los cananeos? 195
¿Qué eran los oráculos? 200
¿Quiénes eran los samaritanos? 204
Sabios del oriente 207
Huldá 209
La condición de la mujer 211
Jerjes I 214
Zacarías 218
Sedequías 220

Lugares

Abel Betmacá 224
Los viajes de Abraham 229
Acaya 233
Líbano antiguo 237
La antigua Tiro 241
Antioquía de Siria 246
El Arabá 250
Asiria en el siglo VIII 255

La Batalla de Carquemis 258
Cesarea 262
Caná de Galilea 267
Capernaúm en tiempos de Jesús . . 270
Capadocia en el siglo I 274
Cedros del Líbano 278
Colosas en el siglo I 282
Corinto: una ciudad
romana-griega 284
La Jerusalén de David 287
Edén: todo lo que sabemos 292
Edom: su tierra y su gente 294
El Egipto que José conocía 297
La influencia de Egipto
en el reino dividido 302
Engadi 305
Éfeso: Un relato Histórico 308
Excavando Gat 312
La caída de Jerusalén 315
Atenas del siglo I 319
La Creta del siglo I 323
Caminos y viajes en el siglo I 326
La Tesalónica del siglo I 331
Galacia 334
Getsemaní 336
Guézer 339
Templos griegos y romanos
del siglo I 342
Hades 345
Hebrón 349
El templo de Herodes 352
La isla de Malta 356
Jericó en los tiempos de Jesús 359
Jericó 362
Jerusalén antes del regreso 366
Las puertas de Jerusalén 369
Jezrel 379
El valle de Cedrón 382
Laquis 385
El valle del Lico 389
Meguido 392
Moab 396
Moria 399
Monte Nebo 403
Nazaret en el siglo I 407
Patmos 410
Filipos 412
La Tierra Prometida 416
El ascenso de Macedonia 423
El papel de la geografía
en la guerra de los jueces 428
El foro romano 431
Roma 435
La ruta del Éxodo 439
Samaria: su ascenso y caída 444
Susa en los días de la
reina Ester 449
Los templos en Corinto 455
Ur: la «capital del mundo» 457
Valles y pasturas: una visión
geográfica general
del Israel antiguo 463
Cascadas y arroyos: imágenes de
agua en los salmos 468
El templo de Zorobabel 471
Sión como un lugar
y un símbolo 476
Zoar 480

Artefactos

Agricultura y ganadería
en el antiguo Israel 484
Antiguos altares 487
Antiguas eras 491
Antiguos contratos
matrimoniales 493
Astarté 497
La banca en el siglo I 500
Hitos fronterizos 503
La elaboración del pan
en el mundo antiguo 506
La construcción de templos en el
Antiguo Cercano Oriente 509
Carruajes: su desarrollo
y su uso 513
Cisternas en el Antiguo Cercano
Oriente 517
Puro e impuro: la evidencia
arqueológica 523
Monedas utilizadas
en la banca 526
Coronas dignas de un rey 527
Escrituras y sellos
en Jeremías 529

Vasijas de barro: alfarería y producción de cerámica en el antiguo Israel 533
La cursiva egipcia, de «alfabetización en el Antiguo Cercano Oriente»............... 539
Momificación egipcia/ luto por el difunto 540
Establecimiento de pesos y medidas en el antiguo Israel.............544
La armadura del siglo I............552
El entierro del siglo I..............554
Prácticas gastronómicas del siglo I 557
El lavado de pies en la práctica antigua..........................559
Una ciudad «fortificada».......... 561
El calendario Guézer de «ya es tiempo»..........................566
Los dioses de Tesalónica 567
Los becerros de oro en Dan y Betel 571
La inscripción de Goliat........... 575
Caballos en la guerra antigua..... 577
Casas en la época de Jesús 582
Cómo el hierro cambió la guerra........................585
Ídolos en producción y rituales...590
En la puerta de la ciudad..........593
El incienso en el culto hebreo.....598
Los juegos ístmicos 600
Los leones como imagen del Antiguo Testamento........604
La alfabetización en el Antiguo Cercano Oriente................608
El ganado como riqueza en la era del Antiguo Testamento.................... 612
Carne sacrificada a los ídolos..... 617
La piedra moabita: su importancia bíblica e histórica 619
Música en tiempos de David 623
«...ni una gota para beber»: el efecto del agua en el desarrollo de la civilización................626
Aceites, perfumes y cosméticos del Antiguo Cercano Oriente....... 631
Papiro.............................634
La Pascua en tiempos de Jesús....636
La práctica de la crucifixión romana.........................639
Metales preciosos.................643
Prisiones del siglo I 647
Alcanzando los cielos: un estudio de las torres antiguas 650
Agricultura romana 656
Procesiones triunfales romanas........................658
Ley sabática......................663
Los barcos y la navegación en el mundo del Nuevo Testamento.....................664
Hechicería, brujería y adivinación...................667
¡Haz sonar el shofar! 670
Especias y perfumes..............672
El tabernáculo: su historia y su uso..........................675
Las diez palabras y las antiguas leyes del Cercano Oriente 678
Riqueza, comercio, dinero y acuñación en el mundo bíblico..........................683
Vistiendo púrpura 689
¿Qué tipo de pandereta? de «Miriam: todo lo que sabemos».......................692
Con arpa y lira: instrumentos musicales en el Antiguo Testamento.....................693

COLABORADORES

Adkisson, Randall L. Healthy Christian Ministries.
Anderson, Jeff S. Universidad Bautista Wayland.
Andrew, Scott A. Nashville, TN.
Andrews, Stephen J. Seminario Teológico Bautista Midwestern.
Arbino, Gary P. Seminario Gateway.
Bergen, Martha S. Universidad Hannibal-LaGrange.
Bergen, Robert D. Universidad Hannibal-LaGrange.
Betts, T. J. Seminario Teológico Bautista del Sur.
Beyer, Bryan E. Universidad Internacional Columbia.
Branch, Alan. Seminario Teológico Bautista Midwestern.
Browning Jr., Daniel C. Universidad William Carey.
Booth, Steve. Seminario Bautista del Sur de Canadá.
Booth, Susan. Seminario Bautista del Sur de Canadá.
Brooks, James A. Seminario Teológico Bethel.
Boyd, Timothy N. Kansas-Nebraska. Convención Bautistas del Sur.
Buescher, Alan Ray. Nashville, TN.
Butler, Trent C. Gallatin, TN.
Byargeon, Rick W. Iglesia Bautista Temple, Ruston, LA.
Caldwell, Daniel P. Universidad William Carey.
Cantrell, Deborah. Houston, TX.
Cathey, Joseph R. Universidad Bautista de Dallas.
Champy III, Harry D. Escuela Cristiana del Norte de Georgia.
Clendenen, E. Ray. Editorial Bíblica Holman.
Cole, R. Dennis. Seminario Teológico Bautista de Nuevo Orleans.
Cook III, William F. Seminario Teológico Bautista del Sur.
Cox, Ken. New Boston, TX.
Crockett Jr., Bennie R. Universidad William Carey.
Davis, Conn. Iglesia de los Creyentes Bautistas del Sur, South Coffeyville, Oklahoma.
Draper, Charles W. Universidad Boyce.
Drinkard Jr., Joel F. Universidad Campbellsville.
Dunn, Mark R. Primera Iglesia Bautista, Duncanville, TX.
Dunston, Robert C. Universidad de Cumberlands.
Faber, Timothy T. Universidad Liberty.
Fowler, R. D. Iglesia Bautista Bethel, Lincoln, NE.
Garrett, Duane A. Seminario Teológico Bautista del Sur.
Goodman, Thomas H. Iglesia Bautista Hillcrest, Austin, TX.
Gregg, D. Larry. Consultores Covecraft.
Gritz, Sharon H. Fort Worth, TX.
Hall, Kevin. Universidad Bautista Oklahoma.
Hardin, Gary. Centre, Alabama.
Harris, John L. Universidad Bautista del Este de Texas.
Hays, J. Daniel. Universidad Bautista Ouachita.
Howell Jr., G. B. LifeWay Christian Resources.
Hyatt Jr., Leon. Pineville, LA.
Hummel, Scott. Universidad William Carey.
Jenkins, David L. Gilmer, TX.
Jones, Robert E. Iglesia Bautista Euclid Avenue, Bristol, VA.
Jones, Roberta Lou. Universidad Mid-Continent.
Kimmitt, Francis X. Bryan College.
Knight, George W. Seminario Teológico Presbiteriano de Greenville.
Knowles, Julie Nall. Colegio Bautista de Florida.

Kullman, Paul E. College Station, TX.
Laird, Dorman. Universidad William Carey.
Lane, Harry A. Iglesia Bautista West Side, Greenwood, SC.
Langston, Scott.
Lanier, David E. Seminario Teológico Bautista del Sureste.
Lee, Jerry W.
Lemke, Steve W. Seminario Teológico Bautista de Nuevo Orleans.
Lloyd, R. Raymond. Primera Iglesia Bautista, Starkville, MS.
Lombard, Becky. Universidad Truett McConnell.
Longino, Byron. Seminario Teológico Bautista de Nuevo Orleans.
Lucas Jr., Roy E. Colegio Bíblico Bautista Clear Breek.
Mariottini, Claude F. Seminario Teológico Bautista del Norte.
Matthews, E. LeBron. Iglesia Bautista Eastern Heights, Columbus, GA.
McClain, T. Van. Seminario Teológico Bautista Mid-America.
McCoy, Glenn. Universidad del Este Nuevo México.
McWilliams, Warren. Universidad Bautista de Oklahoma.
Meier, Janice. Nashville, TN.
Miller, Stephen R. Seminario Teológico Bautista Mid-America.
Mitchell, Eric A. Seminario Teológico Bautista del Suroeste.
Moore, R. Kelvin. Union University.
Moseley, Allan. Seminario Teológico Bautista del Sureste.
Mosley, Harold R. Seminario Teológico Bautista de Nuevo Orleans.
Newell, James O. Colegio Bautista de Florida.
Ortiz, Steven M. Seminario Teológico Bautista del Suroeste.
Peacock, Kevin C. Seminario Bautista del Sur de Canadá.
Poulton, Gary M., Colegio Intermont de Virginia.
Pouncey, George T. Primera Iglesia Bautista, Mobile, AL.
Rathel, Mark A. Colegio Bautista de Florida.
Ray Jr., Charles A. Seminario Teológico Bautista de Nuevo Orleans.
Register, M. Dean. Iglesia Crosspoint, Hattiesburg, MS.
Richards, E. Randolph. Universidad Atlantic de Palm Beach.
Roark, C. Mack. Universidad Bautista de Oklahoma.
Roberts, Sharon. Nashville, TN.
Robinson, Dale «Geno». Primera Iglesia Bautista de Fair Oaks, Sacramento, California.
Rodriguez, Seth M. Universidad Cristiana de Colorado.
Shaddix, George H. Iglesia Bautista Dunn's Creek, Echola, AL.
Severance, W. Murray. Nashville, TN.
Simmons, Bob. Seminario Teológico Bautista de Nuevo Orleans.
Smith Jr., Argile A. Iglesia Bautista Parkway, Biloxi, MS.
Stevens, Gerald L. Seminario Teológico Bautista de Nuevo Orleans.
Stewart, Don H. Seminario Teológico Bautista de Nuevo Orleans.
Stewart, Mona. Escuela de Enfermería William Carey.
Street, Robert A. Universidad Campbellsville.
Swanson, Philip J. Iglesia Bautista Colts Neck, Colts Neck, NJ.
Tate, Marvin E. Seminario Teológico Bautista del Sur.
Taylor, Cecil R. Universidad de Mobile.
Terry, John Mark. Seminario Teológico Bautista del Sur.
Tolar, William B. Seminario Teológico Bautista del Suroeste.
Trammell, Timothy. Universidad Bautista de Dallas.
Traylor, John. Primera Iglesia Bautista, Monroe, LA.

Traylor, Lynn O. Asociación Liberty, Glasgow, KY.
VanHorn, W. Wayne. Mississippi College.
Wallace, David M. Universidad Bautista de Dallas.
Weathers, Robert A. Primera Iglesia Bautista, Shallotte, NC.
Winslow, Blakeley. Junta de Misiones Norteamericana.
Wood, Darryl. Primera Iglesia Bautista, Vincent, AL.
Wood, Fred M. Ministerios de Predicación y Enseñanza.

PERSONAJES

AGRIPA II: EL ÚLTIMO DE LOS HERODIANOS

POR TIMOTHY N. BOYD

Vista general del lado oriental del complejo palaciego de Banias. Cuando Agripa reconstruyó Banias (Cesarea de Filipo) en honor de Nerón, la rebautizó como «Neronías».

Herodes Agripa II (también conocido por su nombre romano, Julio Marco Agripa) es el último de la familia de Herodes el Grande a quien los lectores encuentran en las páginas del Nuevo Testamento. Nació en Roma en el año 27 d. C., hijo de Herodes Agripa I y bisnieto de Herodes el Grande. Su padre tuvo una carrera bastante accidentada. En un momento dado, estaba completamente en bancarrota; en otro momento, gobernaba un reino tan grande como el de Herodes el Grande. Debido a la situación cambiante de su padre, Agripa fue trasladado de un lado a otro cuando era niño. Visitó la tierra de Israel por primera vez cuando tenía unos cinco años porque su padre huía de los acreedores.

Cuando la fortuna de su padre se restableció finalmente, Agripa regresó a Roma a la edad de catorce años para ser educado en el palacio real. Esto le permitió acceder a toda la familia gobernante romana. Su padre murió aproximadamente dos años después, en el 44 d. C., cuando Agripa tenía unos diecisiete años. El emperador romano Claudio había llegado a querer a Agripa y se inclinaba por darle el territorio de su padre. Sin embargo, los miembros de la corte convencieron a Claudio de que Agripa era demasiado joven. Como el territorio era extenso e inestable, incluso un administrador experimentado habría tenido problemas. Por lo tanto, Claudio puso el territorio bajo la autoridad de los gobernadores romanos.

En el año 48 d. C., murió el tío de Agripa, también un Herodes. Había gobernado la ciudad independiente de Calcis desde el año 41 hasta el 48. Tras la muerte de Herodes de Calcis, el emperador decidió otorgar a Agripa este cargo mucho más manejable. En su nueva posición, Agripa también obtuvo el control del templo de Jerusalén. Esto le dio el poder de deponer y nombrar al sumo sacerdote. Esta autoridad hizo que Agripa entrara en conflicto con los líderes religiosos de los judíos. Los judíos consideraban que Agripa abusaba de este poder nombrando a hombres sin tener en cuenta las calificaciones del cargo. Por esta razón, durante todo el reinado de Agripa, él y los líderes judíos estuvieron en constante conflicto.

En el año 53 d. C., Claudio entregó a Agripa el territorio gobernado por el tío de su padre, Filipo, a cambio de la ciudad de Calcis. Este territorio incluía Abilene (o Abila), Traconítide y Acra. Cuando el emperador Nerón llegó al poder, añadió la ciudad de Tiberíades y partes de Perea. Agripa conservó su control sobre el templo y el sumo sacerdocio.

Agripa estableció residencias tanto en Jerusalén como en Cesarea de Filipo. Estas dos ciudades también albergaban la residencia de los gobernadores romanos de Judea. Existía una fuerte cooperación entre Agripa y estos gobernadores. Los romanos consultaban a Agripa sobre asuntos religiosos en Judea debido a su conocimiento de la fe judía.[1]

El modo en que los emperadores trataron a Agripa demuestra la amistad que existía entre ellos. Antes de Agripa, otros miembros de la familia herodiana tenían fuertes vínculos con el trono romano. Sin embargo, Agripa mantuvo unos lazos más estrechos con los emperadores romanos que los anteriores Herodes. Su amistad con el trono se extendió a través de múltiples emperadores, y siempre gozó del favor de estos, reinando más tiempo que cualquier otro Herodes.

Como la mayoría de los otros herodianos, Agripa era un constructor. Bajo su dirección, su palacio en Jerusalén fue ampliado. Parte de esta extensión fue una torre de vigilancia construida lo suficientemente alta como para permitir a Agripa asomarse a la zona del templo y observar lo que sucedía. Esto ofendió a los sacerdotes, y ampliaron la altura de un muro del templo para bloquear su vista. Tanto Agripa como Festo, el gobernador romano, estaban disgustados con esto, y Festo ordenó que se bajara el muro. Sin embargo, los sacerdotes enviaron peticionarios a Roma para buscar una audiencia con Nerón. Gracias a la influencia de la esposa del emperador, se les concedió el derecho a mantener el muro más alto.[2]

En referencia a Agripa II, inscripción de bronce en griego que reza «Rey Agripa Nerón»; fechada en 67/68 d. C.

Aunque no tenía una relación positiva con los líderes religiosos judíos, Agripa financió y dirigió una remodelación del templo. También era conocido como un defensor de la religión judía. Por ejemplo, el procurador romano Fado había tomado el control de las vestiduras del sumo sacerdote. Quería mantener las vestiduras en la fortaleza Antonia bajo el control del ejército romano para demostrar el dominio romano sobre los judíos. Agripa persuadió a Claudio, el emperador de la época, para que permitiera a los judíos mantener el control sobre las vestiduras.[3]

En su vida privada, Agripa escandalizó a la comunidad judía y a otros grupos por su supuesta relación incestuosa con su hermana Berenice. Esta relación comenzó cuando ella vino a vivir con Agripa tras la muerte de su segundo marido, Herodes de Calcis. La relación generó tantas habladurías que Agripa la desposó con Polemón, el rey de Cilicia. Polemón estaba tan enamorado de ella que accedió a su petición de ser circuncidado. Este matrimonio, sin embargo, no duró, y ella volvió pronto con Agripa. Su relación con Agripa se vio finalmente interrumpida cuando comenzó un largo romance con Tito, el futuro emperador.[4]

Aunque Agripa había sido amigo de los judíos, estaba firmemente comprometido con los romanos. Cuando los judíos se sublevaron contra Roma en el año 66 d. C., Agripa intentó convencer a los judíos de que no lo hicieran. En un discurso a los líderes judíos, Agripa les recordó cómo no pudieron resistir con éxito cuando el general Pompeyo había llevado un pequeño ejército romano a la región. Agripa preguntó a los judíos cómo esperaban derrotar a una presencia romana aún más poderosa; la idea de la revuelta llevaría a la derrota y a la ruina de la nación. Los romanos matarían a todo el pueblo o lo llevarían a la esclavitud. Los judíos se negaron a escuchar a Agripa y prosiguieron con su revuelta.[5]

Agripa y su hermana, Berenice, huyeron a Galilea y se aliaron con los romanos. Agripa proporcionó dos mil soldados a Vespasiano, el general que fue enviado a sofocar la revuelta. Agripa participó personalmente en la batalla por Gamala, una ciudad cercana a Capernaum. En esa batalla, fue herido por una piedra de honda. Más tarde, Agripa acogió a los comandantes y tropas romanas en su palacio de Cesarea de Filipo, después de que hubieran derrotado a los rebeldes en esa región.[6]

Tras la derrota final de los judíos y la destrucción de Jerusalén, y debido a su constante lealtad a Roma, el gobierno romano concedió a Agripa territorios en Siria para que los gobernara. Continuó gobernando durante al menos veinticinco años más. Cuando murió, Agripa no dejó herederos. Con su muerte, la línea de los gobernantes herodianos terminó.[7]

NOTAS

1 Ver Harold W. Hoehner, «Herod» en *ISBE* (1982), 2:688-98.

2 Josefo, *Antigüedades judías* 20.8.11.

3 *Ibid.,s* 20.1-2.

4 *Ibid.*, 20.7.3; Richard Gottheil y Heinrich Bloch, «Berenice» en *JE* (1906), www.jewishencyclopedia.com/articles/3050-berenice.

5 Josefo, *Guerra judía* 2.16.3-4.

6 *Ibid.*, 3.4.2; 4.1.3; M. Brann, «Agrippa II» en *JE* (1906), www.jewishencyclopedia.com/articles/913-agrippa-ii.

7 Hoehner, «Herod», 698; Josefo, *The Life* 65.364-67.

AMÓS: SU VIDA Y LLAMADO

POR SCOTT LANGSTON

Base del altar establecido por Jeroboán I en Dan.

Amós 1:1 sitúa a Amós entre principios y mediados del siglo VIII a. C. Sería posible establecer una fecha más precisa para el comienzo del ministerio de Amós si se pudiera determinar la fecha del terremoto mencionado en 1:1. Debió ser grave porque el versículo se refiere a él simplemente como «el terremoto». Según algunos arqueólogos, se han encontrado pruebas de un terremoto fechado a mediados del siglo VIII en la ciudad de Jazor. Basándose en estas y otras pruebas, algunos estudiosos sitúan el inicio del ministerio de Amós en torno al año 760 a. C.[1] Otros prefieren una fecha ligeramente posterior, pero Amós probablemente comenzó su labor en algún momento entre el 760 y el 750. Israel y Judá aún no padecían el renovado poder e ira de Asiria. Los tiempos eran pacíficos y mucha gente prosperaba.

Muchos de los mensajes de Amós se concentraban en la relación entre la prosperidad y la religión. La religión de la época en esencia apoyaba la opresión de la gente. Los centros de culto estaban llenos de gente que llevaban sus sacrificios, pero no sentían ningún remordimiento ya que comúnmente se dedicaban a prácticas comerciales poco éticas, a la perversión de la justicia y a la opresión del pueblo. Los líderes religiosos no denunciaban estas acciones y, por lo tanto, daban su consentimiento a este tipo de actos. Las acciones cotidianas del pueblo y los líderes religiosos no presentaban congruencia con sus acciones en el culto. Creían que Dios solo quería

Inscripción funeraria en arameo del rey Uzías: «Aquí fueron traídos los huesos de Uzías, rey de Judá. No abrir».

rituales de adoración, que la paz y la prosperidad de la época indicaban la aprobación de Dios a sus actos. El libro de Amós denuncia y advierte contra el liderazgo religioso que solo se preocupaba por los asuntos del culto o doctrina y desatendía el trato justo de todas las personas. Para Amós, la verdadera religión se expresaba en la justicia social y no se limitaba a los rituales y la doctrina.

La voluntad de Amós de denunciar a los dirigentes religiosos y políticos de Israel indica que poseía valor, integridad y compromiso con Dios. Los líderes de Israel tenían un gran poder, pero Amós no se dejó intimidar por ellos. Su integridad le ayudó a no modificar su mensaje para ajustarse a lo que normalmente defendían los líderes religiosos. Este tipo de valor e integridad provenía de su compromiso con Dios.

Según Amós 1:1 y 7:14, era un pastor. Sin embargo, los estudiosos no se ponen de acuerdo sobre si era un pobre pastor que vigilaba los rebaños de otros o un rico propietario de ganado. Las palabras utilizadas para describir a Amós como pastor aparecen solo unas pocas veces en el Antiguo Testamento, lo que hace difícil conocer su significado exacto. Una de las palabras se utiliza en 2 Reyes 3:4 para describir a Mesá, rey de Moab. Este uso sugiere que se refiere a un rico propietario de rebaños y no a un simple pastor, indicando así que Amós poseía rebaños en lugar de cuidarlos. También se le describe en Amós 7:14 como cuidador de higos de sicómoro. Aunque los pobres solían comer estos higos, también se solía alimentar con ellos al ganado. Por lo tanto, es posible que Amós tuviera huertos de sicómoros con los que alimentaba a sus rebaños. Es posible que Amós fuera un individuo influyente y algo rico.[2]

Amós también se describió a sí mismo en 7:14 como alguien que no formaba parte de los dirigentes religiosos. Los estudiosos debaten si las palabras de Amós deben entenderse como «no soy profeta» o «no era profeta». La primera interpretación sugiere que Amós nunca pretendió ser un profeta; la segunda indica que originalmente no lo era, pero que ahora presentaba autoridad como tal. Sin embargo, lo que está claro es que mientras Amós desempeñaba su oficio original, Dios lo eligió para entregar Su mensaje. En otras palabras, Amós era un laico. Como alguien que no tenía formación religiosa formal, desafió a los sacerdotes y profetas. Como persona de Judá (Tecoa estaba situada cerca de Belén), dirigió sus mensajes a Israel. Como alguien próspero, se enfrentó a los ricos y poderosos en nombre de los oprimidos. Valiente, íntegro y comprometido con Dios parecen ser descripciones adecuadas de Amós.

NOTAS

1 Philip J. King, *Amos, Hosea, Micah: An Archaeological Commentary* (Filadelfia: Westminster, 1988), 21, 38; Bruce H. Willoughby, «Amos, Book of», *ABD*, 1:203-4; James Limburg, *Hoseas-Micah, Interpretation: A Bible Commentary* (IBC) (Atlanta: John Knox, 1988), 84.

2 Willoughby, «Amos».

¿QUIÉNES FUERON LOS ARAMEOS?

POR JOEL F. DRINKARD JR.

Ruinas de Tadmor (conocida como Palmira); situada en el desierto central de Siria, Tadmor era una parada importante para viajeros y caravanas a lo largo de la ruta desde Mesopotamia hacia el oeste. Tiglat-Pileser I derrotó a los arameos en Tadmor.

Estatua de basalto de un rey arameo. Data de el período hitita tardío: siglo IX a. C.

En primer lugar, *¿dónde* estaban los arameos? Estaban en Siria y Mesopotamia, tanto en muchas traducciones al inglés como en la historia. Entonces, *¿quiénes* eran los arameos? Los arameos eran los vecinos de Israel al norte y al este, sobre todo al este del río Jordán y del valle del Rift, hasta a mediados del Éufrates y sus afluentes.

Los arameos eran tribus semíticas estrechamente relacionadas con los israelitas. La lengua aramea que hablaban era una lengua semítica vinculada con el hebreo. Abraham vivía en Aram cuando Dios lo llamó para ir a Canaán (Gén. 11:31–12:1). El hermano de Abraham, Najor, la esposa de Isaac, Rebeca y las esposas de Jacob, Lea y Raquel, vivían en Aram.

Los arameos ocupaban gran parte del territorio que unía el comercio entre Egipto y Asiria-Babilonia. Vivían al norte de Canaán-Israel y al este de Fenicia. El dios principal de los arameos era Hadad, dios de la tormenta. Los arameos llegaron a ser lo suficientemente fuertes como para controlar gran parte de la región de Siria oriental y Asiria. Debido a esta expansión y a que su lengua era alfabética (a diferencia de las lenguas cuneiformes-silábicas de Asiria y Babilonia), el arameo se convirtió en una lengua común de trueque y comercio, así como de diplomacia, durante los Imperios asirio y babilónico de finales del siglo VIII al VI a. C. El arameo se convirtió en la lengua franca de casi todo el Cercano Oriente durante los períodos persa y helenístico.[1] El arameo y el griego fueron las dos lenguas principales de la época del Nuevo Testamento en todo el Cercano Oriente.

Tienda de campaña beduina y rebaño cerca de Sheikh Mizken (traducido «líder del pueblo pobre») en Siria. Algunos arameos vivían en tiendas de campaña y otros en ciudades.

Contrato de deuda arameo establecido ante cuatro testigos. El contrato afirma que un hombre pidió prestados veintisiete siclos de plata de Bait' el-Yada', dejándole un esclavo como depósito; data de alrededor del 570 a. C., el trigésimo cuarto año del reinado de Nabucodonosor; de Alepo.

La primera mención específica de los arameos aparece en textos asirios fechados en la época de Tiglat-Pileser I (que reinó entre 1115 y 1077 a. C.). Luchó contra los arameos y los derrotó desde Tadmor (Palmira), en la actual Siria, hasta Babilonia.[2] En esta época, los arameos se habían extendido desde el centro de Siria hacia el este, a través del río Éufrates, al menos hasta el territorio babilónico. Los textos asirios describen a los arameos como grupos tribales de pastores y también como aquellos que vivían en ciudades o aldeas.

Los arameos mencionados en 2 Reyes 5 eran los que vivían al oeste del Éufrates, en la actual Siria. Nunca formaron una nación unificada. En su lugar, tenían una serie de ciudades-estado independientes, incluyendo Aram-Damasco. David ocupó Aram-Damasco (2 Sam. 8:6), y permaneció bajo el control de Israel durante su reinado. Rezón reconquistó Damasco de manos de Salomón.

Ben-Hadad II (que probablemente también se llamaba Hadadezer) junto con el rey de Israel, Acab, lucharon contra el rey de Asiria, Salmanasar III, en la batalla de Qarqar en el año 853 a. C. Ben-Hadad II contaba con 1200 carros, 1200 de caballería y 20 000 soldados en la batalla; Acab contaba con 2000 carros y 10 000 soldados.[3] Tal y como profetizaron tanto Elías como Eliseo, Jazael asesinó a Ben-Hadad en el año 842 a. C. y se convirtió en rey (1 Rey. 19:15; 2 Rey. 8:13). Lo más probable es que Jazael sea el rey arameo de la estela de Tel Dan. En la inscripción de la estela, el rey afirma haber matado a los reyes de Israel y Judá, Jorán y Ocozías.[4] Durante el reinado de Jazael, Aram-Damasco alcanzó su mayor extensión al este del Jordán y subyugó a Israel y Judá (2 Rey. 12-13). Tiglat-Pileser III (reinó entre 744 y 727 a. C.) conquistó a los arameos de Damasco en 732 a. C., y los arameos dejaron de ser una fuerza política en Siria.

NOTAS

1 Benjamin Mazar, «The Aramean Empire and Its Relations with Israel», *BA* 25.4 (1962): 111.

2 James B. Prichard, ed., *ANET*, 3.ª ed., 275.

3 Pritchard, *ANET*, 278-79.

4 William M. Schniedewind, «Tel Dan Stela: New Light on Aramaic and Jehu's Revolt», *BASOR* 302 (1996): 75-79; Matthew J. Suriano, «The Apology of Hazael: A Literary and Historical Analysis of the Tel Dan Inscription», *JNES* 66.3 (2007): 163-76.

LA ARQUEOLOGÍA DE DAVID Y SALOMÓN

POR STEVEN M. ORTIZ

Puerta salomónica y muros de casamatas en Tel Jazor.

¿Tienen los datos arqueológicos algo que decir sobre el desarrollo de un reino durante los reinados de David y Salomón? En otras palabras, ¿encuentran los arqueólogos pruebas de una autoridad centralizada durante el siglo X a. C.?

Cuatro áreas de datos arqueológicos aportan pruebas de David: los datos de asentamiento, la arquitectura monumental, Jerusalén y el templo y las inscripciones.

Los cambios en los asentamientos entre los siglos XI y X a.C. son espectaculares. Los restos de más de trescientas aldeas y ciudades pequeñas encontradas en la zona montañosa de Samaria y Judá ilustran la evidencia de una estructura social tribal o de cacicazgo. Durante el siglo X, el panorama cambia; ya no tenemos cientos de pequeñas aldeas, sino que empezamos a ver un proceso de urbanización, planificación de ciudades y autoridad centralizada. Los arqueólogos han asociado este patrón de asentamiento a una autoridad centralizada, como un rey, que controlaba la región desde una capital. Un rey establecía centros, construyendo ciudades y redes para unificar su reino. Aunque estos asentamientos no demuestran que David existiera, sí sugieren la existencia de cambios importantes en el tejido social, y estos cambios importantes sugieren la existencia de una figura de autoridad central, como un rey.

Además, los arqueólogos pueden observar las ciudades individuales para determinar la evidencia de un cambio de tribus a un estado. Los arqueólogos e historiadores suelen identificar la abundancia de monumentos edificados con un estado. A partir del siglo x a. C. muchas ciudades sufrieron cambios drásticos. Los constructores crearon grandes fortificaciones, como murallas, terraplenes y puertas de entrada múltiple. Las ciudades bien planificadas con sistemas de alcantarillado, con almacenamiento de agua, calles organizadas y áreas públicas se hicieron comunes. Los edificios públicos y gubernamentales, como los grandes almacenes con pilares, los establos y los palacios, hicieron su aparición. Uno de los casos clásicos de la arqueología de David y Salomón son las puertas de seis cámaras encontradas en Jazor, Meguido y Guézer. El texto bíblico de 1 Reyes 9:15 resume las actividades de Salomón y registra que construyó importantes fortificaciones en Jazor, Meguido y Guézer. Esto se ha convertido en un clásico caso de la arqueología bíblica, vincular un texto bíblico con ruinas de la región, así como la similitud entre estos complejos de puertas, evidencian una relación. Además, en el registro arqueológico se han encontrado capiteles protoeólicos que datan del siglo x a. C. desde el norte hasta Judá. Estos grandes capiteles rectangulares son piedras bien talladas que se utilizaban en edificios palaciegos, algo que no se encontraría en simples aldeas.

Naturalmente, cuando pensamos en la arqueología de David y Salomón, tenemos que abordar la cuestión de Jerusalén y el templo. Por desgracia, los arqueólogos que trabajan en Jerusalén no han encontrado muchas pruebas arqueológicas de David. Desde una perspectiva realista, ¡no deberíamos esperar encontrar mucho! Jerusalén es una ciudad viva, que ha estado continuamente ocupada durante la mayor parte de su historia. Hoy en día no hay mucho espacio disponible para la pala del arqueólogo. La mayoría de las excavaciones ocurren por casualidad, cuando se repavimenta un estacionamiento o se arregla una alcantarilla. Jerusalén estaba asentada en una colina; la ciudad era destruida, reconstruida y reparada con frecuencia. Esto significa que los restos arqueológicos del siglo x habrían sido destruidos a lo largo de la historia. A pesar de estas dificultades, los arqueólogos han encontrado estructuras públicas que datan del siglo x, como la estructura de piedra escalonada, así como una estructura pública recientemente descubierta que podría ser el palacio del rey David.

Buscar el templo que construyó Salomón sería una tontería. Seguramente fue desmantelado en la destrucción de Babilonia, y cualquier evidencia habría sido eliminada durante la reconstrucción por Nehemías y especialmente por Herodes el Grande.

Todos los datos arqueológicos reunidos ilustran que la revolución social que se produjo durante el siglo x solo puede atribuirse a una autoridad centralizada como un rey. Los arqueólogos se han sentido seguros al suponer que, aunque no tenemos el nombre de David o Salomón asociado a ninguna de estas actividades, son los candidatos probables.

Sin embargo, la falta de asociación de nombres cambió con el descubrimiento de la inscripción de la «casa de David» encontrada en Tel Dan. La inscripción de la estela conmemora las victorias de un rey arameo, que se jacta de haber derrotado a la «casa de David». Ahora tenemos pruebas arqueológicas del nombre David.

PORTADORES DE ARMADURA

POR E. LEBRON MATTHEWS

Relieve del palacio suroccidental de Nínive; arqueros asirios fuertemente armados. El de delante era imberbe, posiblemente un eunuco. Cada uno iba acompañado de un soldado cuyo deber era mantener el escudo de cola en posición y vigilar a cualquier enemigo que se acercara demasiado.

La frase hebrea traducida como «portador de armadura» significa literalmente «el que carga su equipo». La palabra «equipo» designa una amplia variedad de artículos, incluyendo contenedores, herramientas, armas, instrumentos musicales e incluso joyas. Aparece unas 320 veces en el Antiguo Testamento y se traduce al español según el contexto.[1] La traducción «portador de armadura» se deriva del equipamiento de un soldado. La tarea principal asignada a estos soldados parece haber sido llevar la armadura del rey o comandante, el escudo, las armas adicionales y el equipaje. Sin embargo, a Goliat se le asignó un escudero (1 Sam. 17:7). Por lo tanto, los guerreros extraordinarios podían recibir una asistencia similar.

Uno de los deberes del portador de armadura era colocar un escudo para proteger a su superior asignado. Esto permitía a guerreros de élite como Goliat utilizar ambas manos con armas de largo alcance como jabalinas o flechas. Cuando el combate se convertía en una lucha cuerpo a cuerpo, el guerrero podía cambiar estas armas por el escudo y la espada. El portador de la armadura tomaba entonces el arco y los proyectiles no utilizados. En el campo de batalla, los reyes y otros comandantes del ejército corrían los mismos riesgos que los soldados comunes. Por ello, el portador de armadura permitía al comandante estar preparado para defenderse si era necesario y, sin embargo, moverse libremente entre las unidades bajo su mando. A veces, los portadores de armadura mataban a los soldados enemigos heridos que quedaban en el campo de batalla.[2]

Vivir cuatro siglos en Egipto influyó sin duda en el ejército que Israel desarrolló durante y después del éxodo. El ejército egipcio comenzó a emplear armaduras durante ese período, principalmente en los oficiales de alto rango del ejército.[3] Los soldados rasos aún vestían faldas de lino cortas y llevaban un escudo alargado hecho de madera y cuero.[4] Los arqueros de carros egipcios llevaban una cota de malla hecha de 450 escamas de bronce cosidas en filas superpuestas.[5]

El portador de la armadura de Jonatán era un soldado profesional experimentado. La palabra hebrea para «escudero» en 1 Samuel 14:6 se refiere comúnmente a los varones adolescentes. Sin embargo, el término tenía una connotación militar específica. Denotaba a los guerreros experimentados en contraposición a la milicia.[6] Esto sugiere que los portadores de armaduras habían demostrado su habilidad en el combate. El comandante confiaba su vida a estos asistentes. En la brutal guerra del mundo antiguo, la muerte del comandante de un ejército a menudo significaba el posterior exterminio de su ejército e incluso de villas enteras de su gente. Por tanto, ser portador de armadura era una responsabilidad crucial.

Cuando Saúl se convirtió en rey, Israel no tenía un ejército profesional. Dependía de convocar a los hombres en edad militar durante una crisis. En las campañas iniciales de Saúl, algunos soldados se mostraron fiables y capaces. Así que el rey seleccionó a tres mil de ellos para que sirvieran permanentemente. Organizó esta fuerza en dos unidades. Dos mil hombres sirvieron directamente bajo su mando; el resto estuvo bajo el mando de su hijo mayor, Jonatán. Esta fuerza se convirtió en el núcleo de un ejército permanente. Su tarea era defender el reino hasta que los contingentes tribales pudieran ser movilizados.

Jonatán y su escudero atacaron inesperadamente un puesto de avanzada filisteo y mataron a veinte hombres. El pánico se apoderó de toda la fuerza filistea, e Israel obtuvo una importante victoria. El incidente demuestra la extrema lealtad y valentía del portador de la armadura. Cuando Jonatán propuso que los dos hombres, por sí mismos, atacaran a un grupo mucho más grande de filisteos, el portador de la armadura aceptó inmediatamente y sin vacilación. La mayoría de los soldados habrían considerado esto como una misión suicida sin posibilidad de éxito. Sin embargo, el escudero de Jonatán nunca dudó.

David se convirtió en el «escudero» de Saúl (1 Sam. 16:21). Sus responsabilidades parecen limitarse a tocar el arpa. Así que el término puede tener una aplicación más restrictiva en este caso. Sin embargo, conserva tres atributos significativos del portador de la armadura. En primer lugar, a David se le confió el bienestar del rey y, por extensión, de la nación. En segundo lugar, tenía experiencia comprobada en la tarea que se le había asignado. Y, en tercer lugar, el cargo generaba una relación estrecha y personal con su superior.

NOTAS

1 K.-M. Beyse, «כְּלִי» (*keli*; contenedor, herramienta, arma) en *Theological Dictionary of the Old Testament* (*TDOT*), ed. G. Johannes Botterweck y Helmer Ringgren, trad. John T. Willis et al., vol. 7 (Grand Rapids: Eerdmans, 1995), 169–75.

2 Daniel C. Fredericks, «Arms and Armor» en *HIBD*, 116; William White Jr., «Armor-bearer» en *ZPEB*, 1:321.

3 Barbara Mertz, *Red Land, Black Land: Daily Life in Ancient Egypt*, ed. rev. (Nueva York: Dodd, Mead, 1978), 142-43.

4 *What Life Was Like on the Banks of the Nile: Egypt 3050-30 BC* (Alexandria, VA: Time-Life Books, 1996), 124.

5 *Ibid.*, 125.

6 H. F. Fuhs, « נַעַר, naar; הַנַּעֲרָה, naarah; נְעוּרִים neurim, נְעֻרוֹת neurot, נֹעַר noar »; en *TDOT*, vol. 4 (1998), 482.

REYES BABILÓNICOS Y PERSAS

POR DANIEL P. CALDWELL

Tumba de Artajerjes I, quien murió en 424 a. C.

Registro en mármol negro de Marduk-apla-iddina II, conocido en la Biblia como Merodac Baladán

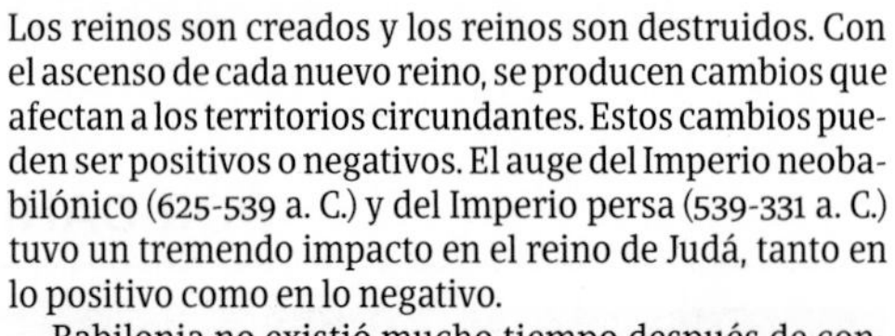

Los reinos son creados y los reinos son destruidos. Con el ascenso de cada nuevo reino, se producen cambios que afectan a los territorios circundantes. Estos cambios pueden ser positivos o negativos. El auge del Imperio neobabilónico (625-539 a. C.) y del Imperio persa (539-331 a. C.) tuvo un tremendo impacto en el reino de Judá, tanto en lo positivo como en lo negativo.

Babilonia no existió mucho tiempo después de conquistar Judea. Tras dos breves e inestables reinados, Nabonido fue colocado en el trono. Aunque en algunos aspectos era un líder capaz, el reino era débil y el conflicto era rampante. Para empeorar las cosas, Nabonido trajo a Babilonia varios dioses paganos de las ciudades circundantes. En lugar de honrar al dios babilónico Marduk, rindió especial devoción al dios de la luna, Sin, en los centros de culto de Harán, Ur y Tema (o Teima). Como resultado de su enfoque religioso, alienó al sacerdocio, a los líderes militares y al pueblo del reino. Su reinado marcó el fin del Imperio neobabilónico.

Caballo y jinete persas de finales del período persa.

JUDEA Y EL IMPERIO PERSA

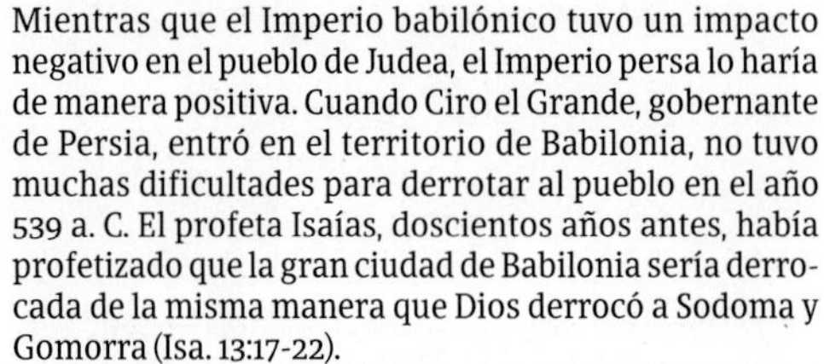

Mientras que el Imperio babilónico tuvo un impacto negativo en el pueblo de Judea, el Imperio persa lo haría de manera positiva. Cuando Ciro el Grande, gobernante de Persia, entró en el territorio de Babilonia, no tuvo muchas dificultades para derrotar al pueblo en el año 539 a. C. El profeta Isaías, doscientos años antes, había profetizado que la gran ciudad de Babilonia sería derrocada de la misma manera que Dios derrocó a Sodoma y Gomorra (Isa. 13:17-22).

Debido a las tremendas responsabilidades que el nuevo imperio le imponía, Ciro delegó inicialmente el gobierno de Babilonia en Darío. Los estudiosos difieren sobre el papel exacto de Darío. Dado que su nombre no aparece en ningún otro lugar que no sea el libro de Daniel, es posible que Darío haya sido un líder menor bajo Ciro.[1] Cuando Darío estaba a cargo del reino, Daniel fue colocado en el foso de los leones (Dan. 6:1-28) y también recibió la profecía de las setenta semanas (9:1-20).

Ciro demostró una tolerancia sin precedentes hacia los cautivos en Babilonia. En el primer año de su gobierno, Ciro decretó que los judíos podían regresar al territorio de Judea. Su decreto también incluía la oportunidad de reconstruir el templo. Ciro devolvió amablemente muchos de los objetos del templo que habían sido tomados cuando Jerusalén había sido destruida (Esd. 1:7-11).

Muchos de los hebreos habían tenido tanto éxito en Babilonia que no deseaban regresar a Judea. Tal vez siguieron el estímulo de Jeremías para que construyeran casas y siguieran con sus vidas (Jer. 29:4-10). Daniel permaneció en Babilonia con los exiliados que decidieron quedarse. Sin embargo, un gran grupo regresó para comenzar la tarea de reconstrucción.

En los años que siguieron al regreso de los hebreos del exilio en el 539 a. C., el Imperio persa mantuvo en general la paz en todo el antiguo Cercano Oriente. Durante casi 200 años, los persas reinaron sin ningún desafío significativo.

Ciro murió en el 530 a. C. y le siguió su hijo Cambises, que conquistó Egipto en el 525. Su continuo éxito lo llevó a adentrarse en el territorio etíope. Sin embargo, Cambises no logró someter a Etiopía. En su viaje de regreso a Persia, Cambises pudo haberse suicidado en el año 522.

Cuando Darío I («el Grande») sucedió a Cambises, se enfrentó a focos de rebelión y discordia en los territorios recién conquistados. Judea no fue la excepción. Los israelitas mostraron oposición a sus esfuerzos de reconstrucción. Durante el reinado de Darío, Hageo y Zacarías alentaron al pueblo a completar la reconstrucción del templo. En 516-515 a. C., el templo se completó.

A Darío lo sucedió Jerjes (486-464 a. C.), que era el rey Asuero del libro de Ester. Recibió una carta de habitantes no identificados de Israel en la que declaraban que Jerusalén estaba siendo reconstruida (Esd. 4:6). Jerjes suprimió una revuelta en Egipto y abolió el reino de Babilonia. Jerjes fue asesinado en 465 y lo sucedió Artajerjes I (465-424 a. C.).

Artajerjes I no se enfrentó a ninguna revuelta política, pero fue un gobernante débil. Bajo su reinado, Esdras obtuvo el tesoro necesario para el templo de Dios en Jerusalén (Esd. 7:11-26). En el vigésimo año del reinado de Artajerjes I, Nehemías, copero del rey, fue enviado a Judea y nombrado gobernador de la región (Neh 1:1–2:11; 5:14).

Paneles de Persépolis (Irán) que muestran el homenaje rendido al rey Darío (522-486 a. C.).

Artajerjes I murió en el 424 a. C. y lo sucedió su hijo Jerjes II. Cuando aún no habían transcurrido dos meses de su gobierno, Jerjes II fue asesinado por su hermanastro. Tras su muerte, el Imperio persa entró en un período de continuas rebeliones. Cuando Artajerjes II se convirtió en gobernante, su hermano menor se rebeló contra él. La rebelión fue sofocada, pero los daños perduraron.

Artajerjes II fue sucedido por su hijo Artajerjes III. Este animoso pero cruel gobernante fue asesinado en el año 338 a. C. Los tres últimos reyes que gobernaron el Imperio persa fueron asesinados o murieron en batalla. El Imperio persa, antaño espléndido y poderoso, estaba menguando en su capacidad de dominar a las naciones circundantes. Esto abrió la puerta a una nueva potencia mundial. En su estado debilitado, Alejandro Magno entró en el territorio en el año 334. Esto fue un anuncio de la aniquilación. En menos de tres años, el Imperio persa cayó. Un nuevo imperio surgió cuando los griegos comenzaron un largo período de dominación.

IMPERIOS CAÍDOS

Tanto el Imperio neobabilónico como el persa fueron fuerzas dominantes. Los individuos y las naciones se maravillaban y temían el poder de los imperios. Cada reino intentaba dejar su huella en las sucesivas generaciones. Sin embargo, ambos imperios corrieron la misma suerte; cada uno se levantó y finalmente cayó.

La historia ha sido testigo del surgimiento de muchos grandes imperios, que dominaron durante un tiempo y que finalmente cayeron. Los reinos terrenales no tienen garantías. Esto hace que las palabras de Daniel 2:44 suenen más verídicas: «En los días de estos reyes el Dios del cielo establecerá un reino que jamás será destruido ni entregado a otro pueblo, sino que permanecerá para siempre y hará pedazos a todos estos reinos».

NOTAS

1 Edward J. Young, *The Prophecy of Daniel* (Grand Rapids: Eerdmans, 1980), 299–300.

CÉSAR AUGUSTO

POR GERALD L. STEVENS

Altar de la Paz dedicado por el Senado en honor de Augusto. Construido en el Campus Martius de Roma entre los años 13 y 9 a. C., este monumento conmemora las victorias de Augusto en España y la Galia, que dieron lugar a una sostenida era de paz para el Imperio romano. Los relieves de tres lados muestran al emperador, los senadores y sus familias en procesión hacia la dedicación del altar.

César Augusto: su madre era sobrina de Julio César; su abuela, quien lo crio, era hermana de Julio César. Aunque nació como plebeyo, adquirió el estatus de patricio por la adopción de Julio César a principios del 44 a. C., justo antes del asesinato de César por conspiradores senatoriales. Estaba destinado a convertir el nombre de su familia adoptiva en una poderosa institución dinástica con implicaciones que traerían efectos en cadena durante milenios. Su nombre de pila era Octavio. Se le concedió el nombre de Augusto. Fue el primer y más grande emperador del Imperio romano, así como su arquitecto supremo.

CONQUISTA Y CONFLICTO

La rápida conquista del Mediterráneo por parte de Roma en el siglo II a. C. brindó un aumento de poder y riqueza para los romanos en Italia. Las familias aristocráticas se abastecieron de grandes cantidades de esclavos para explotar sus propiedades. Los ecuestres aprovecharon las rutas comerciales recién abiertas para llevar a cabo empresas comerciales aún más lucrativas.

El busto velado representa a César Augusto en su madurez como Pontifex Maximus.

Pero los conflictos internos de las clases sociales en Roma frenaron la expansión territorial. Las poderosas familias aristocráticas basadas en el parentesco se enfrentaban a una nueva clase ecuestre basada en la riqueza. Los aristócratas tenían su poder en el Senado. Los hombres de negocios tenían su poder en el dinero y sus conexiones.[1]

El conflicto de clases se convirtió en una guerra de clases con ejércitos enfrentados.[2] Cada uno de ellos implicaba una coalición de tres poderosos líderes, dos experimentos de triunvirato eran movimientos desesperados para poner fin a la incesante lucha. Cada uno de los intentos de distribución del poder estaba condenado al fracaso. El Primer Triunvirato (60-53 a. C.) establecido entre tres generales —Pompeyo, Craso y (Julio) César— se deshizo, y César obtuvo el control exclusivo de Roma como dictador. Los senadores republicanos, que temían las aspiraciones monárquicas de César, formaron una conspiración y lo asesinaron en el año 44 a. C. Del caos político que siguió a este asesinato surgió un Segundo Triunvirato (43-36 a. C.) entre Lépido, Antonio y Octavio.[3] Este intento también se vino abajo, produciendo el famoso enfrentamiento entre las fuerzas de Antonio en Oriente y las de Octavio en Occidente. Antonio perdió la decisiva batalla naval de Accio en el 31 a. C., se suicidó y dejó a Octavio como único gobernante de todos los territorios romanos. Después de siglos de conflicto, Roma por fin tenía paz.

Estos años de guerra de clases y experimentos desesperados del triunvirato significaban simplemente que el viejo sistema político conocido como la República romana se estaba desmoronando. La anarquía se vislumbraba en el horizonte de Roma. La victoria de Octavio en Accio fue solo el comienzo de una guerra mayor para estabilizar y reconstruir el gobierno romano. Esta reconstrucción debía mantener a raya las tensiones y luchas de poder que acechaban a las clases romanas y sus instituciones.

DE LA REPÚBLICA AL IMPERIO

De todos los líderes nacidos de sangre romana, la historia ha declarado que nadie estaba más capacitado para esta monumental tarea que Octavio. Era políticamente astuto, militarmente exitoso, financieramente rico y un hábil negociador. Aportó una calculada humildad pública a la tarea de disipar las sospechas senatoriales sobre aspiraciones a la realeza. Se ganó la admiración del público por su ausencia de pretensiones y su énfasis en la moral y los valores romanos tradicionales. Consiguió la lealtad de sus ejércitos con una buena paga, una generosa jubilación y un fuerte liderazgo. Octavio esquivó hábilmente todas las fobias reales o imaginarias propias de la psique política romana, ya fuera la monarquía tiránica, la oligarquía opresiva o los conflictos de clase autodestructivos de los últimos años republicanos.

Octavio creó un sistema de *princeps* («primer hombre; hombre principal»). Este sistema no dependía de un cargo público concreto, sino de la consolidación de la autoridad en una sola persona mediante la acumulación de títulos y responsabilidades.

Algunos títulos eran simplemente simbólicos, pero otros tenían importantes connotaciones religiosas, políticas o militares. Uno de estos títulos, *augustus* («muy honrado; el más venerado»), se convirtió en el nombre por el que Octavio sería conocido en a la historia.[4] Otro título importante era el de *imperator*, comandante supremo de todas las legiones romanas.

En el año 27 a. C., Octavio comenzó a reorganizar el gobierno romano. Sus mayores contribuciones fueron políticas y militares. Ideó un sistema provincial para administrar los territorios conquistados, legados o anexionados. El sistema funcionó con éxito durante siglos. La genialidad del diseño fue una simple división en dos tipos básicos de provincias. El primer tipo de provincia romana era la senatorial. Las provincias senatoriales eran los territorios estables, más antiguos y prósperos, políticamente más fiables y con una administración civil tradicional. Las provincias senatoriales estaban delegadas al control del Senado romano. La cúspide de la carrera de un senador era ser nombrado por el emperador y ratificado formalmente por el Senado como procónsul (gobernador) de una de estas provincias senatoriales. Pablo se reunió con el procónsul Sergio Paulo en Chipre en su primer viaje misionero (Hech. 13:7) y se presentó ante Galión, el procónsul de Acaya, en Corinto en su segundo viaje (18:12).

Además de Chipre y Acaya (Grecia), otros ejemplos neotestamentarios de provincias senatoriales son Asia (ver Éfeso) y Macedonia (ver Filipos, Tesalónica).

El otro tipo de provincia romana era la imperial. Las provincias imperiales eran territorios inestables, más nuevos y propensos a la insurrección o la violencia. Estas

El Imperio romano en la época de Augusto.

provincias requerían una supervisión militar constante y estaban bajo el control directo del emperador como *imperator*, comandante de los ejércitos. Así, estas provincias tenían gobiernos militares y legiones romanas estacionadas permanentemente bajo el mando de un legado, un oficial militar que respondía directamente al emperador. Los subdistritos de las provincias imperiales se delegaban a gobernadores locales. Los gobernadores responsables de la recaudación de impuestos se llamaban procuradores.

Los procuradores eran oficiales militares procedentes de los rangos ecuestres. En el Nuevo Testamento conocemos a tres gobernadores: Poncio Pilato (26-36 d. C.), Marco Antonio Félix (52-58 d. C.) y Porcio Festo (58-62 d. C.). Dado que el territorio de Judea formaba parte de la provincia siria, los gobernadores de Judea respondían ante el legado situado en Siria. Lucas menciona a Quirinio como legado de Siria cuando nació Jesús (Luc. 2:2).

Octavio también reorganizó el ejército romano. Dividió las tropas en dos categorías principales, legiones y auxiliares. Las legiones romanas contaban con entre 5000 y 6000 soldados profesionales que servían de por vida. Como Judea era siempre propensa a los disturbios y a la inestabilidad, varias legiones estaban siempre establecidas en la región. El oficial en mando presente en el terreno de batalla, querido y respetado por su liderazgo y por permanecer hombro con hombro al pie de la batalla, era el centurión, el oficial sobre una centuria (cien hombres).

Los auxiliares eran reclutas locales de las provincias. Lógicamente, los reclutas no podían servir en su propio país. El servicio solía ser de veinte años. Los no romanos deseaban el servicio militar porque la ciudadanía romana, muy valorada, venía junto con una baja honorable. La reorganización del ejército romano por Octavio lo estableció como la fuerza de combate suprema del mundo antiguo. Sus estrictos códigos de disciplina y sus brillantes hazañas de ingeniería los llevaron a superar incluso las defensas enemigas más temibles. Una de estas extraordinarias hazañas fue la construcción de una gran rampa de asedio para escalar Masada, donde los zelotes judíos que habían escapado de las últimas horas de Jerusalén resistieron durante tres años al final de la Primera Guerra Judía. Los restos de esta rampa romana han llegado hasta nuestros días.

CONTRIBUCIONES AL CRISTIANISMO

Augusto tuvo un tremendo impacto en el mundo de Jesús, los apóstoles y la historia cristiana posterior. Sus contribuciones incluyen las siguientes:

Estabilidad gubernamental, el fin del caos político. La estabilidad facilitó la consolidación política y militar del poder, contribuyendo a la rápida expansión del imperio. Un viajero trataba con el mismo gobierno incluso en regiones lejanas; esto incluía las mismas leyes, funcionarios, moneda y regulaciones.

Pax Romana, la «paz de Roma». Se ponía fin a siglos de conflictos. Siguió una época de paz y prosperidad. Los viajes y las comunicaciones se hicieron más fáciles y seguros. Los misioneros podían viajar, a salvo de ejércitos y conflictos extranjeros. En Oriente, Siria y Galacia ya no tenían que enfrentarse a la temida amenaza del Imperio parto, lo que allanó el camino para el primer viaje misionero de Pablo. Su segundo viaje misionero fue más factible porque las tribus bárbaras de Iliria ya no amenazaban a Macedonia y Acaya. El poeta romano Virgilio aclamó a Augusto como salvador del mundo gracias a esta paz.[5]

Vías romanas, construidas para el transporte de tropas. Los ingenieros romanos construyeron carreteras militares que aún hoy se mantienen en pie como testimonio de sus extraordinarias habilidades. A lo largo de estas mismas vías, el tráfico comercial y privado se movía con rapidez y facilidad. Las comunicaciones se hicieron regulares y mucho más fiables. Los evangelistas itinerantes circulaban por las mismas carreteras que las legiones romanas. Los pastores misioneros podían enviar cartas a las congregaciones recién establecidas. Pablo viajó por la *Vía Egnatia* durante su estancia en Macedonia, pasando por Filipos, Anfípolis y Apolonia hasta llegar a Tesalónica (ver Hech. 16-17).

Tolerancia religiosa, una piedad romana general. Los valores tradicionales romanos fomentados por Augusto incluían la piedad hacia todos los dioses. El Panteón romano («todos los dioses») en el corazón de la ciudad expresaba esta piedad tradicional. Una nueva secta podía desarrollarse dentro de una religión establecida, como el judaísmo, sin despertar la sospecha romana. Por ello, Galión desestimó inmediatamente como irrelevantes los cargos judíos presentados contra Pablo por los líderes de la sinagoga de Corinto (Hech. 18:16).

NOTAS

1 Estas dos clases, ricas y poderosas, tenían que gestionar una tercera, la enorme masa de desfavorecidos y pobres, dispuestos a amotinarse a la primera señal de escasez alimentaria.

2 En nombre del partido de empresarios, Pompeyo comprometió su ejército en una campaña oriental que le llevó a las puertas del templo de Jerusalén en el año 63 a. C. A partir de ese momento, Judea quedó bajo la sombra de Roma.

3 Durante este Segundo Triunvirato, el Senado romano declaró a Herodes rey de Judea en el 40 a. C.

4 Los romanos rebautizaron el octavo mes del año en honor de Augusto, porque muchos acontecimientos importantes de su carrera ocurrieron en ese mes. Así, dos meses de nuestro calendario llevan nombres de gobernantes romanos: julio por Julio César y agosto por Augusto.

5 Vergil, *Eclogae* 4.4-52.

LOS CALDEOS

POR CHARLES W. DRAPER

Depósito de cimientos dejado por Nabopolasar, el último rey caldeo (625-605 a.C.) en el templo de Shamash, el dios del sol, en la antigua Sippar, a unos 56 kilómetros (35 millas) al norte de Babilonia.

Aunque la mención de los caldeos en el Antiguo Testamento es limitada, su importancia histórica fue sustancial durante un largo período de la historia antigua. El término *caldeo* no siempre se aplicó con coherencia en los registros antiguos. A veces se refería a las tribus de semitas occidentales conocidas colectivamente como caldeos y otras veces a las personas en la región que no eran caldeos étnicamente. En la época helenística, el término se refería a menudo a los astrólogos de Babilonia.[1]

HOGAR DE LOS CALDEOS

Caldea, la patria de los caldeos, estaba en el sur de Babilonia, justo al noroeste del Golfo Pérsico. La tierra era principalmente pantanos y llanuras costeras. La zona estuvo alguna vez bajo el control del reino sumerio y se asocia con Ur, la ciudad natal de Abraham, mencionada en Génesis 11:31 como «Ur de los caldeos». Desde el siglo IX a. C., los archivos del rey asirio Salmanasar II se refieren a la zona y a sus pobladores. El término caldeos se refería a una serie de tribus que emigraron a esta región. Aunque la historia no indica su ubicación antes de esta migración ni el momento exacto de su entrada en la región, sí demuestra que se asentaron a lo largo de los ríos Tigris y Éufrates y se convirtieron en pobladores y agricultores.[2] En esta época de migración participaron muchos otros grupos tribales y confederaciones que se asentaron en diversas regiones del Creciente Fértil.

Babilonia era una ciudad-estado del sur de Mesopotamia en tiempos del Antiguo Testamento. Babilonia dominó la escena política del antiguo Cercano Oriente en varios momentos entre el 3000 y el 539 a. C. La ciudad estaba situada a unos 80 kilómetros (50 millas) al sur de la actual Bagdad (Irak). «Es posible que Babilonia haya sido un importante centro cultural durante el período inicial de las ciudades-estado sumerias (antes del año 2000 a. C.), pero los niveles arqueológicos correspondientes del sitio están por debajo del nivel freático actual y permanecen sin ser explorados».[3]

Decoración de lira de Ur. Panel de concha y lapislázuli representando una escena de banquete.

LOS CALDEOS Y LA HISTORIA ANTIGUA

Poco después del año 2000 a. C., más o menos en la época de Abraham, la historia de Babilonia quedó disponible para el estudio moderno. Los reyes amorreos, como Hammurabi (ca. 1792-1750 a. C.), llevaron la ciudad a la relevancia internacional y finalmente construyeron un impresionante imperio conquistando otras naciones, estableciendo tratados nacionales e imponiendo un estatus de vasallaje a los pueblos conquistados. Debido a la expansión de su imperio, Babilonia se convirtió en la sede política del sur de Mesopotamia.

Los hititas conquistaron Babilonia hacia el 1595 a. C., pero pronto se retiraron, dejando un vacío político. La historia ofrece poca información sobre el período que siguió. Sin embargo, enseña que la tribu casita se apoderó del trono de Babilonia y lo mantuvo durante más de cuatro siglos. La larga dinastía casita fue relativamente pacífica e impulsó a la cultura de Babilonia a alcanzar nuevas cotas de prestigio internacional. Sin embargo, en busca de apoyo ante el creciente poder e influencia de Asiria, hacia el año 1350 a. C., los reyes de Babilonia comenzaron a colaborar con Egipto. Una invasión elamita puso fin a la dinastía casita hacia el 1160 a. C.

Cuando los elamitas se retiraron, los príncipes babilonios llegaron al poder y fundaron la cuarta dinastía de Babilonia. Durante esta época, Nabucodonosor I (aprox. 1124-1103 a. C.) trajo la victoria política a Babilonia invadiendo a los elamitas, recuperando la estatua de Marduk que los edomitas habían tomado de los casitas, y devolviendo la estatua a Babilonia. Después, sin embargo, Babilonia se volvió poco relevante y permaneció así durante casi dos siglos. Varios factores afligieron a Babilonia durante este tiempo, como las inundaciones, el hambre, el asentamiento generalizado de tribus nómadas y la llegada de los caldeos al sur.

Varias veces los líderes tribales caldeos gobernaron Babilonia. Mientras Babilonia fue autónoma, el gobierno pasó de mano en mano entre varios pueblos tribales semíticos. Más tarde, Babilonia quedó a menudo bajo control asirio. Los asirios ganaron y perdieron repetidamente el control de la región. Los reyes asirios gobernaban Babilonia directamente a través de sus propias familias o como un reino vasallo con un jefe local titular subordinado a los asirios. Durante gran parte de los siglos VII y VI a. C., los caldeos compitieron con los asirios por el control del norte de Babilonia, imponiéndose en ocasiones.[4] Pero el ciclo continuó a medida que la fortuna asiria mejoraba y declinaba repetidamente.

La época de mayor debilidad de Asiria se produjo durante la impresionante expansión de Israel bajo Jeroboán II (793-753 a. C.) y un período similar durante la prosperidad de Judá bajo el rey Uzías (792-740 a. C.). Jeroboam II, alentado por los profetas profesionales de la corte, creyó erróneamente que Dios estaba complacido con sus prácticas de culto sincrético y pagano. En realidad, el período idolátrico selló el destino tanto de Israel como de Judá. Como Oseas, rey de Israel, no pagó el tributo a Asiria, Salmanasar V (727-722 a. C.) sitió Samaria durante tres años (2 Rey. 17:3-5). La ciudad cayó finalmente en manos de Salmanasar en el 722 a. C. (17:6; 18:9-12), y el reino del norte de Israel desapareció definitivamente de la escena. Pero Judá sobrevivió otros 135 años antes de que la nueva potencia mundial, Babilonia, la arrasara y llevara a sus supervivientes al exilio.

Irónicamente, el éxito del Imperio asirio condujo a su propio colapso. Habiendo mantenido un imperio sustancial durante siglos, Asiria alcanzó su máximo tamaño a mediados del siglo VII a. C. Todo el Creciente Fértil estaba bajo dominio asirio, desde Egipto y las costas del Mediterráneo en el oeste hasta el Golfo Pérsico en el este y casi hasta la costa del Mar Negro y el Mar Caspio en el norte.

El poder y la influencia caldeos alcanzaron su máximo esplendor durante la época conocida como Imperio neobabilónico (aprox. 609-539 a. C.). Este imperio fue clave para la caída de Asiria. La breve era del poder internacional de Babilonia se gestó durante siglos. Babilonia había demostrado ser problemática para los asirios durante

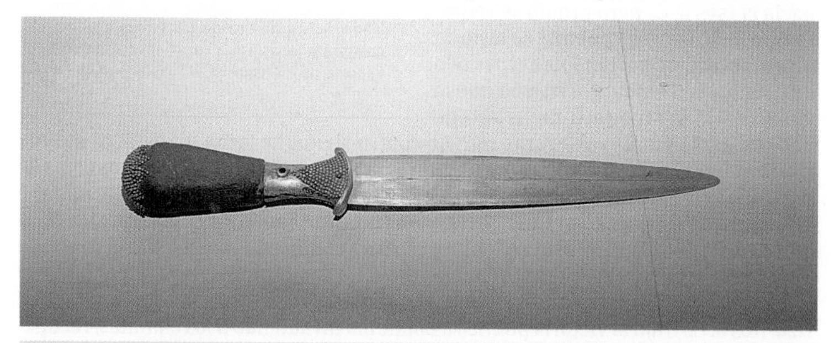

Daga de oro de Ur, hacia el 2500 a. C.

un largo período, a menudo en colaboración con Elam, un reino que limitaba con Babilonia por el este. Elam, aunque a menudo atacado por Asiria, siguió apoyando y alentando la resistencia caldea a Asiria.

REINOS EN DECLIVE

Incluso después de la caída de Samaria, Judá siguió disfrutando de la buena voluntad del Señor. Sus reyes no fueron conscientes de la inminente perdición, a pesar del fiel ministerio de los profetas enviados a cada generación. Acaz (735-715 a. C.) no puso a prueba la determinación asiria, permaneciendo sumiso. Ezequías, hijo de Acaz (715-687 a. C.), instituyó importantes reformas religiosas, pero se rebeló imprudentemente contra Asiria. Durante su reinado, un emisario de Merodac Baladán visitó a Ezequías, quien ingenuamente le reveló las riquezas del templo, lo que condujo a la devastación final de Jerusalén por parte de los babilonios (2 Rey. 20:12-18).

Manasés, el rey más malvado de Judá y el que más tiempo reinó (687-642 a. C.), sacrificó a sus hijos en un ritual pagano (2 Crón. 33:6). Luego, Josías (640-609 a. C.) restableció la observancia de la Pascua y trató de restaurar la fidelidad y la integridad de la vida religiosa del pueblo de Dios. Creyendo que el colapso de Asiria ofrecía una oportunidad, Josías intentó bloquear al ejército del faraón Necao II en su apoyo tardío a los asirios. Trágicamente, Josías murió en la batalla (2 Rey. 23) y la decadencia de Judá se aceleró.

Babilonia instaló a Sedequías, un rey títere, que siguió a dos reyes débiles: Joacim y Joaquín. Sorprendentemente, Sedequías también decidió rebelarse contra el dominio babilónico. Finalmente, tras veinte años de dolores de cabeza, el rey de Babilonia Nabucodonosor resolvió la cuestión de Judá de forma decisiva destruyendo Jerusalén en el año 586 a. C., trasladando a muchos sobrevivientes a Babilonia.

VICTORIA CALDEA

Aunque llegaron tarde a la región, el éxito de los caldeos hizo que el término *caldeo* se convirtiera prácticamente en un sinónimo del término *babilónico*. El predominio caldeo duró poco. Sin embargo, los caldeos sirvieron como instrumento de Dios para cumplir Su promesa a los israelitas a través de Moisés: el abandono de las obligaciones del pacto tendría como resultado tanto la pérdida de la tierra como la dispersión del pueblo a los cuatro vientos. La tragedia que Habacuc había descrito vívidamente en su profecía (Hab. 1:5-11) se documenta en 2 Reyes 24–25. Aunque lo que el Señor le reveló lo sacudió hasta lo más profundo, Habacuc se aferró a la esperanza, ya que la promesa de juicio de Dios estaba atenuada por Su gracia.

NOTAS

1 Alfred J. Hoerth et al., *Peoples of the Old Testament World* (Grand Rapids: Baker, 1994), 57–58.

2 James Orr, ed., *The International Standard Bible Encyclopedia* (Peabody, MA: Hendrickson, 1956), 1:589–90.

3 Daniel C. Browning Jr. y Randall Breland, «Babylon», *HIBD*, ed. rev. (2015), 160.

4 Hoerth et al., *Peoples*, 57.

CIRO EL GRANDE

POR W. WAYNE VANHORN

Tumba de Ciro el Grande, situada cerca de Shiraz, Irán. Mide unos 13 por 12 metros (45 por 40 pies) en su base y 10 metros (36 pies) de altura.

Cuando Alejandro Magno encontró la tumba del rey persa Ciro II, conocido como Ciro el Grande, en la antigua Pasargada, se supone que había una inscripción en la tumba que ha desaparecido desde entonces, aunque la tumba permanece. Se menciona que la inscripción decía: «Oh, hombre, yo soy Ciro, hijo de Cambises, que fundó el imperio de Persia y gobernó sobre Asia. No desprecies mi monumento».[1]

ASCENSO AL PODER

El meteórico ascenso de Ciro al poder comenzó cerca del lugar donde ahora se encuentra su tumba. Al derrotar a Astiages, rey de los medos, en el año 559 a. C. en Pasargada, Ciro se convirtió en el líder de los reinos medo y persa. Luego, en el invierno de 546 a. C., su victoria adicional sobre Creso, rey de Lidia (560-546 a. C.), reforzó su control, creció sus ejércitos y presentó a Ciro como un rival legítimo de la potencia mundial dominante de la época, Babilonia.

Tres años antes de la victoria de Ciro sobre Astiages en Pasargada, Nabucodonosor, el gran rey de Babilonia, había muerto. Tras su muerte en el 562 a. C., Babilonia fue gobernada por una rápida sucesión de líderes incompetentes antes de que Nabonido ascendiera al trono en el 556 a. C. Nabonido aportó cierta estabilidad a Babilonia, pero sus políticas y prácticas ineficaces condenaron al Imperio babilónico precisamente en el mismo momento en que Ciro estaba en auge. El 29 de octubre de 539 a. C., Ciro entró en la ciudad de Babilonia sin oposición. El gran Imperio babilónico que había conquistado el mundo, destruido Jerusalén, devastado el templo y deportado a los judíos era ahora víctima de un rey conquistador. Con la adquisición de Babilonia, Ciro se convirtió en el rey indiscutible de la tierra.[2]

GRABAR LA HISTORIA

El fenómeno actual de los expertos en propaganda que buscan obtener el consenso popular para la opinión de su candidato político no es nada nuevo. Ciro publicó muchas piezas de propaganda para dar un giro positivo a sus logros y consolidar su dominio sobre los pueblos conquistados. Una de estas piezas de propaganda es un cilindro de arcilla cocida de 22 centímetros (9 pulgadas) de largo, descubierto en 1879, conocido como el Cilindro de Ciro. En él, Ciro relata su conquista de la ciudad de Babilonia. En lugar de escribir sobre la destreza militar, el poderío abrumador de sus ejércitos o la superioridad de sus estrategias de batalla, Ciro se describía a sí mismo como un héroe liberador y benévolo para el pueblo de Babilonia. Acreditó su éxito a Marduk, dios principal de los babilonios. Incluso se jactó de que Bel y Nebo, también dioses babilónicos, amaban su gobierno.

Nabonido se había tomado un permiso de diez años para abandonar Babilonia y se había trasladado al oasis de Taima, en el desierto de Arabia, dejando a su hijo, Belsasar, a cargo de la capital. Nabonido también había abandonado los dioses tradicionales de Babilonia, como Marduk, Bel y Nebo. Adoraba a un dios de la luna llamado Sin. Los sacerdotes de Marduk en Babilonia detestaban este movimiento religioso y por ello se aseguraron de apoyar a Ciro, viéndolo como un agente de su gran dios, Marduk. Ciro aprovechó la oportunidad para hacer propaganda de su historia, expresándola en términos de la voluntad de Marduk.

EFECTO SOBRE EL PUEBLO DE DIOS

Los hebreos sabían que Yahvéh, y no Marduk, era el único Dios verdadero y el Señor de la historia. Yahvéh, y no Marduk, dio poder a Ciro para derrocar a Babilonia y

El Cilindro de Ciro.

Crónica de Nabonido que describe su retirada de Babilonia por Taima y también la fundación del Imperio aqueménida por Ciro.

Ladrillo inscrito: «Ciro rey del mundo, rey de Anshan, hijo de Cambises, rey de Anshan. Los grandes dioses entregaron todas las tierras en mi mano, e hice que esta tierra habitara en paz».

convertirse en el líder dominante del mundo (2 Crón. 36:22-23; Esd. 1:1-4; 5:13-15; 6:3-5). Bajo la dirección de Yahvéh, Ciro liberó a los hebreos exiliados en Babilonia, permitiéndoles regresar a Judá y reconstruir el templo. El ascenso de Ciro fue el cumplimiento de la profecía pronunciada por Isaías casi dos siglos antes (Isa. 44:24-28). Yahvéh se refirió a Ciro como «mi pastor», evocando la imagen de los hebreos como el rebaño de Dios. Dios cuidaría de Sus ovejas a través de Su pastor Ciro. La profecía indicaba claramente que el Señor haría que todas estas cosas sucedieran, pero lo haría a través de Ciro.

En Isaías 45:1-19, el profeta sin duda asombró a su audiencia al declarar la designación de Ciro por parte de Yahvéh como «su ungido». Este título es la palabra hebrea *mashiyach* y nunca se utilizó en un texto no hebreo. Pero el concepto de unción se refería al empoderamiento que Dios daba a las personas para que le sirvieran según Su elección. El término se aplicaba a reyes, profetas y sacerdotes. La aplicación definitiva del título, por supuesto, es para Jesús de Nazaret, el único y verdadero Mesías de toda la humanidad.

El nombre de Ciro aparece veintitrés veces en el Antiguo Testamento. Además de su nombre en Isaías (tres veces), aparece en Esdras, 2 Crónicas y Daniel. Su actividad fue el cumplimiento de la profecía de Yahvéh a Jeremías (Jer. 29:10-14) de que el Señor se acordaría de Su pueblo y lo traería de su cautiverio a casa. El lenguaje del decreto de Ciro en la Biblia es similar al lenguaje del decreto inscrito en el Cilindro de Ciro. Estos paralelismos indican que Ciro utilizó un lenguaje similar para todos los pueblos cautivos, citó el nombre de sus dioses, concedió a los cautivos permiso para regresar a sus tierras natales y restableció las formas de culto únicas de cada grupo. Nada de esto disminuye el registro bíblico de que el Señor facultó a Ciro. En Isaías 45:4, el profeta declaró: «Por causa de Jacob mi siervo, de Israel mi escogido, te llamo por tu nombre (Ciro) y te confiero un título de honor, aunque tú no me conoces». Esta última frase admite cándidamente que el propio

Ciro no reconocía al Señor de otra manera que no fuera en el lenguaje de la conveniencia política.

El libro de Esdras comienza con una forma ampliada del decreto de Ciro que se encuentra en 2 Crónicas 36:22-23. El contexto del decreto subrayaba que el Señor había puesto en el corazón de Ciro liberar a los judíos cautivos, enviarlos a casa y permitir la reconstrucción del templo. El pasaje de Esdras añade que Ciro animó a los judíos que no regresaban a contribuir al éxito financiero del proyecto de reconstrucción del templo (Esd. 1:4). Aprendemos de Esdras 4:3-5 que durante todos los días de Ciro la gente de la tierra de Israel frustró los intentos de los judíos para reconstruir el templo. Las referencias a Ciro en Esdras 5:13-17 forman parte de una carta que el gobernador local envió al sucesor de Ciro, Darío, para comprobar la validez del proyecto de reconstrucción. Darío respondió afirmativamente que el templo debía ser reconstruido por decreto de Ciro, añadiendo su propia autorización (6:3,14).

Tres referencias adicionales a Ciro en el libro de Daniel son útiles para referirse a la fecha, pero no tienen ningún significado interpretativo real.[3] La historia de cómo Ciro promovió la causa del pueblo de Dios sirve como ejemplo histórico de la soberanía del Señor sobre todas las naciones. El Dios que conocemos a través de Cristo Jesús, el buen Pastor, es realmente un Dios impresionante.

«... Te llamo por tu nombre y te confiero un título de honor, aunque tú no me conoces» (Isa. 45:4).

NOTAS

1 Arriano, *Anabasis* 6.29.

2 Michael D. Coogan, ed., *The Oxford History of the Biblical World* (Nueva York: Oxford University Press, 1998), 361-65, 375.

3 Ver Daniel 1:21 (representa a Daniel aun sirviendo a Ciro en su primer año de mandato sobre Babilonia en el 539 a. C. Esto brinda coherencia a Daniel 1:21, 2 Crónicas 36:22-23 y Esdras 1:1-4, donde la referencia al primer año de Ciro alude al primer año de gobierno sobre Babilonia, no a su primer año como rey del Imperio medo-persa, veinte años antes); Daniel 6:28 (una referencia pasajera a Ciro); y Daniel 10:1 (útil para fechar la visión de Daniel respecto al año 537 a. C.).

DAVID Y LOS FILISTEOS

POR MARVIN E. TATE

Costas de Creta. Conocida en el Antiguo Testamento como Caftor, Creta fue probablemente el hogar de los filisteos (Amós 9:7).

HISTORIA DE LOS FILISTEOS

Los filisteos estaban en la tierra de Canaán mucho antes de que naciera David. Muchos hoy en día todavía usan su nombre para referirse a la tierra de David, ya que «Palestina» se deriva de «filisteo». La primera vez que leemos sobre ellos es en el quinto año del faraón Ramsés III (reinó 1184-1153 a. C.), que repelió una invasión terrestre y marítima de sus fronteras occidentales por parte de los libios. Los *peleset* (filisteos) y los *tjekker* se encontraban entre los aliados de los libios.[1] Tres años más tarde, Ramsés tuvo que hacer frente a otro intento de invasión a Egipto. Esta vez, un grupo mixto procedente del norte, entre los que se encontraban los *peleset*, se posicionó en Amor (probablemente en Siria) después de obtener victorias en zonas que habían formado parte del Imperio hitita. Los invasores llegaron con su equipo militar, además de carros de bueyes cargados de mujeres, niños y mercancías. Estaban preparados para ocupar y asentarse en nuevas tierras.

Los invasores terrestres y marítimos que atacaron Egipto durante este período se conocen como los Pueblos del Mar. Los Pueblos del Mar eran grupos indoeuropeos procedentes de las islas del Egeo, Chipre y Asia Menor. Aparecieron en las zonas del

Mediterráneo oriental y Asia Menor durante la época de gran agitación y movimiento que marcó el final de la Edad de Bronce y los inicios de la Edad de Hierro (1200-1100 a. C.).

Sin embargo, el origen exacto de los filisteos escapa a nuestro conocimiento actual.[2] Las referencias del Antiguo Testamento los relacionan con Caftor (Jer. 47:4; Amós 9:7). La mayoría de los eruditos bíblicos identifican a Caftor con la isla de Creta. El *Kapturi* o *Kaptara* de los textos cuneiformes y el *Keftiu* de los textos egipcios apoyan esta opinión. Sin embargo, no existen pruebas arqueológicas certeras que asocien a los filisteos con Creta, aunque la cerámica y otros objetos los relacionan con Chipre. El uso del hierro por parte de los filisteos sugiere una asociación con los hititas de Asia Menor, al igual que el uso por parte de los filisteos de un carro de tres hombres similar al de los hititas.[3] La explicación de esta incertidumbre puede residir en la posibilidad de que la gente llegara a utilizar el término *Caftor* en sentido amplio para referirse al mundo cretense-egeo.[4] Antes de trasladarse a Creta y otras zonas del Egeo, los filisteos pueden haber vivido en la Grecia continental e incluso en tierras más lejanas.

En cualquier caso, los filisteos formaron parte del poderoso movimiento de los Pueblos del Mar hacia Egipto e Israel. La principal zona de su asentamiento en Israel fue la llanura costera del sur y el territorio adyacente, concretamente en lo que se conoció como las cinco ciudades filisteas (Gaza, Ascalón, Asdod, Gat y Ecrón; ver Jos. 13:3; Jue. 3:3). No conocemos las circunstancias de su asentamiento en esta región. Es probable que algunos filisteos estuvieran allí antes de las batallas de los Pueblos del Mar con Ramsés III.

Sin embargo, la presencia filistea no se limitó a cinco ciudades de la llanura costera del sur. Sabemos que también vivían en otros lugares, como Meguido y Betsán (ver 1 Sam. 31:8,12). Los filisteos parecen haber formado un anillo de ciudades y dominios en forma de herradura alrededor de las tribus israelitas asentadas en las tierras centrales altas.[5]

La naturaleza exacta del establecimiento filisteo en la tierra de Israel sigue siendo históricamente incierta, pero las pruebas apuntan a una aristocracia militar que operaba como señores feudales bajo una influencia egipcia en declive.[6] Los filisteos parecen haberse adaptado al sistema de ciudades-estado cananeo establecido desde hace tiempo. Al parecer, estas ciudades-estado estaban organizadas de forma esencialmente feudal. Los faraones de Egipto, a veces con gran fuerza, mantenían el dominio general, pero normalmente sin un sistema administrativo eficiente ni mucha supervisión directa. Los egipcios dependían de los gobernantes nativos para ejercer el control sobre las ciudades-estado, permitiendo a los gobernantes una considerable autonomía siempre que actuaran satisfactoriamente y pagaran los tributos necesarios. La presencia egipcia ayudaba a estabilizar la situación política y económica y, en general, era ventajosa para los gobernantes cananeos locales. Estos gobernantes, a su vez, dependían de los vasallos, a los que se les otorgaban ciudades más pequeñas y concesiones de tierras y de los que se esperaba que apoyaran al gobernante al que debían su vasallaje. Los vasallos, por supuesto, exigían pagos de diversa índole y el apoyo de los terratenientes y campesinos a su cargo.

El sistema feudal filisteo-cananeo se refleja probablemente en los relatos de la relación de David con los filisteos a través de Aquis, llamado «rey de Gat» (1 Sam. 27:2-3). Aquis probablemente era un rey cananeo vasallo de los filisteos, que gobernaba Gat y las ciudades de los alrededores (como Siclag) que estaban bajo el vasallaje filisteo.[7]

La tapa de un ataúd antropoide de terracota de Laquis demuestra que los filisteos seguían utilizando métodos funerarios característicos que reflejaban su herencia anatolia y egea.

FILISTEOS, DAVID E ISRAEL

El uso de «filisteo» en el Antiguo Testamento es bastante amplio. Varios textos utilizan el término para referirse a los filisteos propiamente dichos, otros a grupos similares y asociados.[8] Las narraciones del Antiguo Testamento hablan de repetidos y agudos conflictos entre los filisteos y los israelitas. Los relatos de Sansón en Jueces 13–16 reflejan tanto la interacción como el conflicto entre ambos grupos. Según Jueces 14:4, «en aquel tiempo los filisteos dominaban a Israel».

La ubicación de los filisteos en la zona relativamente bien abastecida y compacta de la llanura costera del sur les proporcionaba una base bastante fácil de defender. Su presencia, de un modo u otro, en las zonas costeras, a través de los valles de Esdrelón y Jezreel, y en el valle del Jordán, formaba una especie de «cuello de caballo» alrededor de las tribus israelitas de las tierras altas centrales que las aislaba de las tribus de Galilea y, al menos, interfería en las relaciones con las tribus del otro lado del Jordán.

La tecnología de los filisteos les proporcionó una importante superioridad militar y económica sobre los israelitas.[9] Los filisteos habían adquirido la habilidad de trabajar el hierro (probablemente de los hititas) y utilizaban armas y carros de hierro. También utilizaban una infantería fuertemente armada, a veces en combate singular, como lo demuestra el hecho de que David matara al bien armado campeón filisteo Goliat (1 Sam. 17). Además del combate hombre a hombre, los filisteos utilizaban fuerzas móviles de asalto bien organizadas para adentrarse en territorio israelita (ver 1 Sam. 13:17-18; 14:15).[10] Vemos pruebas de la superioridad económica de los filisteos en el breve resumen de 1 Samuel 13:19-23, que nos informa que no había ningún herrero en la tierra de Israel. Los israelitas tenían que depender de los filisteos para obtener implementos agrícolas de varios tipos. También leemos sobre el uso del oro por parte de los filisteos en 1 Samuel 6.

La ventaja económica de los filisteos debió de aumentar por su experiencia y actividad como comerciantes marítimos y terrestres. Su control de las carreteras probablemente influyó en el impulso filisteo contra los israelitas. Evidentemente, los filisteos veían a los israelitas como una seria amenaza para el comercio en el valle del Jordán y en Transjordania.

La presión filistea por el control de la tierra había tenido tanto éxito que, cuando David llegó a la juventud, Israel luchaba por su supervivencia como pueblo. Ganar la ventaja era esencial si Israel iba a conservar algún grado significativo de autogobierno y bienestar económico. Afortunadamente para David, pudo comenzar su carrera en medio del éxito considerado de Saúl. David surgió como un guerrero que luchaba con las fuerzas de Saúl para romper el dominio filisteo en las tierras altas centrales y mantener las posiciones israelitas (1 Sam. 17–18). El éxito de David condujo a una trágica ruptura de relaciones con Saúl y a su huida al Néguev, donde inició operaciones de guerrilla tanto contra Saúl como contra los filisteos (23:1-13). Sin embargo, finalmente se aseguró una base de operaciones en Siclag y un marco de autoridad más favorable al aceptar el vasallaje de Aquis en Gat (21:10-15; 27:1-7).

Al parecer, este acuerdo proporcionó a David una base más segura y sólida para sus actividades y le permitió desarrollar su liderazgo de manera que estuviera preparado para ascender al poder tras la muerte de Saúl. Como vasallo, David hizo incursiones en grupos hostiles en el Néguev y dio regalos del botín a los ancianos de Judá que gobernaban en la zona (30:26-31), mientras que a su señor Aquis se permitió creer que se hacía inaceptable para los israelitas (27:8-12).

Los gobernantes filisteos no confiaban en David lo suficiente como para permitirle participar directamente en la batalla final contra Saúl (29:1-11). Sin embargo, el traslado de David a Hebrón y su unción allí como rey de Judá se llevó a cabo, casi con toda seguridad, con su aprobación tácita.[11] Puede que no confiaran plenamente en David, pero debieron considerar favorablemente el establecimiento de uno de sus vasallos en un reino rival al de los herederos del reino de Saúl (Abner e Isboset, 2 Sam. 2:1-11). Habrían considerado que este hecho les daba acceso a un valioso territorio y que estabilizaba su flanco sur.

Sin embargo, cuando David se convirtió en el rey de «todas las tribus de Israel», la situación cambió, y los filisteos no perdieron tiempo en ir tras él (2 Sam. 5:1-5,17-21). Atacaron en el Valle de Refayin, cerca de Jerusalén, en un intento de separar a David de las tribus del norte. Fracasaron y David los derrotó en Baal-perazim. Esto inició un importante cambio de poder a favor de Israel. Posteriormente, David obligó a los filisteos a regresar a su territorio tradicional en la llanura costera (5:22-25) y continuó expandiendo su reino hasta que se convirtió en un imperio considerable. Sin embargo, nunca conquistó el corazón de los filisteos en la llanura costera, y Filistea perduró junto a los estados israelitas durante siglos, hasta que los babilonios acabaron con su existencia independiente en el 604 a. C.

El éxito de David parece haberse debido, al menos en parte, a su adopción de algunas tácticas y políticas filisteas. Parece haber vencido a los filisteos con sus propios métodos de guerra, utilizando fuerzas de ataque duras, profesionales y móviles, en lugar de las grandes y difíciles fuerzas inmanejables utilizadas por las ciudades-estado cananeas y, en cierta medida, por Saúl. Evidentemente, invirtió la situación en Gat, sustrayéndola al control de los filisteos (1 Crón. 18:1), y convirtió a Aquis en su vasallo (al comienzo del reinado de Salomón, Aquis aún era rey en Gat; 1 Rey. 2:39-41).

Resulta especialmente llamativo el uso que hizo David de soldados mercenarios profesionales, junto con grupos élite de combatientes superiores (nótese «los treinta» en 2 Sam. 23:18-39). Está claro que no dependía principalmente de la milicia campesina de las tribus, sino de sus propias tropas y comandantes (como Benaías), que le debían sus puestos exclusivamente a él. Entre estas tropas había 600 hombres de Gat, bajo su comandante Itay (2 Sam. 15:17-22), que apoyaron a David durante la revuelta de Absalón. Los quereteos y peleteos (nombrados con los 600 hombres de Gat en 15:18) se citan repetidamente en asociación con David. Su presencia fue decisiva para llevar a Salomón al trono después de que David finalmente se decidió por su sucesor (2 Sam. 8:18; 20:7,23; 1 Rey. 1:38-40,44; 1 Crón. 18:17). Estos dos grupos pueden haber sido filisteos o estar estrechamente relacionados con ellos.

NOTAS

1 Para la historia de este período en Egipto, ver R. O. Faulkner, «Egypt: From the Inception of the Nineteenth Dynasty to the Death of Rameses III» en *CAH*, vol. 2, parte 2, 241–51; R. D. Barnett, «The Sea Peoples» en *CAH*, vol. 2, parte 2, 359–78.

2 Para una buena revisión de las teorías, ver Roland de Vaux, *The Early History of Israel*, trad. David Smith (Filadelfia: Westminster, 1978), 503–10; también Barnett, «Sea Peoples».

3 Ver Yigael Yadin, *The Art of Warfare in Biblical Lands* (Nueva York: McGraw-Hill, 1963), 2–250.

4 Barnett, «Sea Peoples», 375; Frederick W. Bush, «Caphtor» en *ISBE*, vol. 1 (1979), 610–11.

5 G. Ernst Wright, «Fresh Evidence for the Philistine Story», *BA* 29.3 (1966): 70–78.

6 Norman K. Gottwald, *The Tribes of Yahweh* (Maryknoll, NY: Orbis, 1979), 410–14.

7 Argumentado por Hanna E. Kassis, «Gath and the Structure of the "Philistine" Society», *JBL* 84 (1965), 259–71, aceptado por Gottwald, *Tribes*, 413.

8 K. A. Kitchen, «The Philistines» en *Peoples of Old Testament Times*, ed. D. J. Wiseman (Oxford: Clarendon, 1973), 57.

9 Gottwald, *Tribes*, 414–17.

10 Gottwald, *Tribes*, 415.

11 Martin Noth, *The History of Israel*, trad. Stanley Godman (Nueva York: Harper, 1958), 162.

ELÍAS: UN HOMBRE DE DIOS

POR ROBERT C. DUNSTON

El monasterio de San Jorge, del siglo v, se encuentra en la orilla norte del Wadi Qelt. Según la tradición, los cuervos alimentaron aquí a Elías.

Elías procedía de Tisbé, un pueblo de ubicación incierta, en la zona de Galaad al este del río Jordán. En la época de Elías, Galaad era una zona boscosa y poco poblada del reino del norte de Israel. Dado que «tisbita» es tan similar a la palabra hebrea para «colono», la identificación de Elías como tisbita puede describirlo más como un colono en Galaad que como un habitante de un pueblo en particular.[1]

El ministerio de Elías tuvo lugar durante los reinados de Acab (874-853 a. C.) y Ocozías (853-852 a. C.), ambos reyes del reino del norte. Una buena economía permitió a Omrí construir la capital de Samaria. Omrí también creó un gobierno estable que le permitió pasar su reinado pacíficamente a Acab.[2]

Acab se casó con Jezabel, una princesa de la ciudad fenicia de Tiro. El matrimonio de Acab y Jezabel cimentó los lazos entre el reino del norte y Fenicia, dio oportunidades de expansión para el comercio y creó una alianza contra el poder e influencia crecientes de Damasco. Al igual que Salomón había hecho antes que él, Acab permitió a su esposa Jezabel adorar a sus dioses; construyó un templo en Samaria para Baal y erigió una imagen de Aserá (1 Rey. 16:31-33).

Datada en la Edad de Hierro II (1000-800 a. C.), una pequeña jarra de cerámica arcilla gris-negra. Esta pieza tiene una apertura del cuello y un asa que se sujeta en el borde. Uno de los milagros asociados con Elías consistió en que el Señor proveyó un suministro interminable de aceite, que sostuvo a una viuda y su hijo durante una grave sequía (1 Rey. 17:9-16).

Los seguidores de Baal lo adoraban como el dios de las tormentas que traía las lluvias, por lo tanto, fertilidad a la tierra y como el que proveía para las necesidades agrícolas. Los seguidores de Baal creían que durante la temporada de sequía anual su deidad quedaba atrapada en la tierra de los muertos incapaz de regresar sin ayuda. El culto a Baal incluía ritos de fertilidad y prostitución, ya que el pueblo buscaba, a través de la magia simpatética, engatusar a la hermana y amante de Baal, Anat, para que fuera al inframundo y lo rescatara. Los adoradores escribían historias sobre la deidad que sugerían que Baal «podía emprender un viaje, quedarse dormido o incluso recurrir a la automutilación sangrienta».[3] Los profetas de Baal a veces empleaban la mutilación en un esfuerzo por llamar su atención (18:27-28).

En la confrontación inicial de Elías con Acab, Elías profetizó que Dios retendría la lluvia y el rocío durante los próximos años. La intención de Dios era que la prolongada sequía destacara la incapacidad de Baal para liberarse de la muerte y satisfacer las necesidades de la gente, y que demostrara la realidad y el poder del único Dios verdadero (17:1).

NOTAS

1 Simon J. DeVries, *1 Kings*, vol. 12 en *Word Biblical Commentary* (WBC) (Waco, TX: Word Books, 1985), 216.

2 Paul R. House, *1, 2 Kings*, vol. 8 en *NAC*, 203, 212, 242.

3 House, *1, 2 Kings*, 220.

ELISEO: SU VIDA Y MISIÓN

POR FRED M. WOOD

Eliseo apareció por primera vez como hijo de un agricultor aparentemente acomodado (1 Rey. 19:19-21). Su hogar, Abel Mejolá, estaba en un rico distrito agrícola de Manasés. El hecho de ser el último de un grupo de doce hombres, cada uno de los cuales seguía su arado, sugiere que era el supervisor.

Dado que la Biblia no registra en ninguna parte la unción de un profeta con aceite en una ceremonia formal, debemos entender el hecho de que Elías echara su manto sobre el hombre más joven como el acto oficial. El manto era la vestimenta distintiva de un profeta. Más tarde, cuando Elías fue llevado al cielo, su manto cayó sobre Eliseo.

Cuando Elías estaba a punto de ser llevado en el carro de fuego, cincuenta hombres de la escuela de los profetas lo seguían de cerca, pero no cruzaron el Jordán con los dos profetas. ¿Quiénes eran estos jóvenes, estos «hijos de los profetas»? Posiblemente estaban asociados a una cofradía o hermandad de profetas. Al parecer, llevaban algún tipo de vida comunitaria, aunque no eran célibes. Se fijaron en Eliseo como su posible tutor cuando Elías se fue.

La oración de Eliseo para ser heredero del espíritu y el poder de su maestro (2 Rey. 2:9) no debe considerarse una petición egoísta. Es cierto que, según la ley judía, el hijo mayor tenía derecho a una doble porción de las posesiones de su padre. Sin embargo, Eliseo quería algo más que este tipo de ayuda. Quería la fuerza de la gentileza de Elías, que probablemente era en gran medida producto de la experiencia de Elías en Horeb. El don que buscaba Eliseo era el espíritu de visión y entendimiento.

Estatua del dios cananeo Baal. Al igual que su predecesor Elías, Eliseo trabajó diligentemente para mantener a su pueblo fiel a Dios.

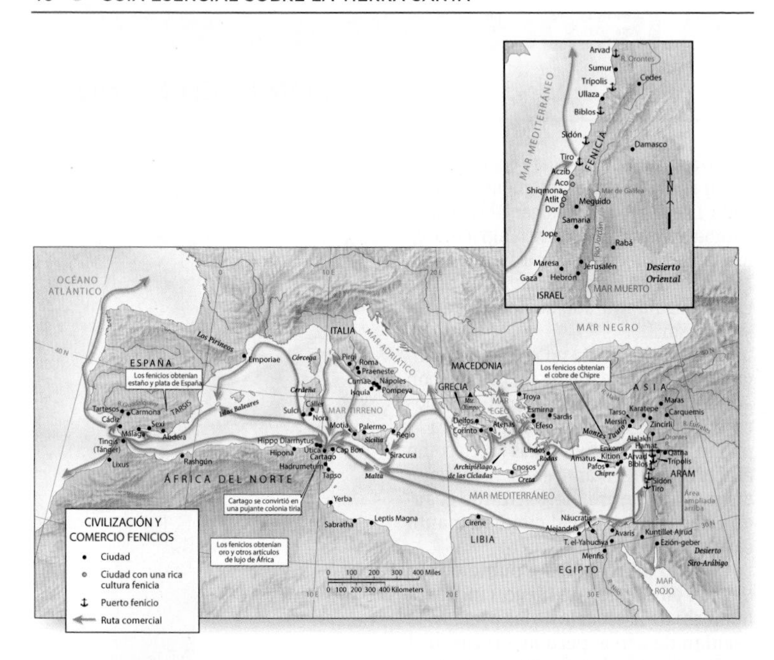

¿Cómo se evalúa a una persona como Eliseo, especialmente en comparación con su mentor, Elías? Elías era un hombre del desierto, rudo y austero. Eliseo ministraba a la vida civilizada; su vestimenta, modales y apariencia se asemejaban a los demás ciudadanos. Elías fue un profeta de venganza, súbita, feroz y abrumadora. El ministerio de Eliseo se centró en la misericordia y la restauración. Muchos de los milagros de Elías fueron diseñados para ejecutar la ira. La mayoría de los milagros de Eliseo trajeron beneficio y sanación. Eliseo pronunció sus sermones más poderosos a través de su vida de servicio.

EZEQUIEL Y JEREMÍAS: UNA COMPARACIÓN

POR KEVIN C. PEACOCK

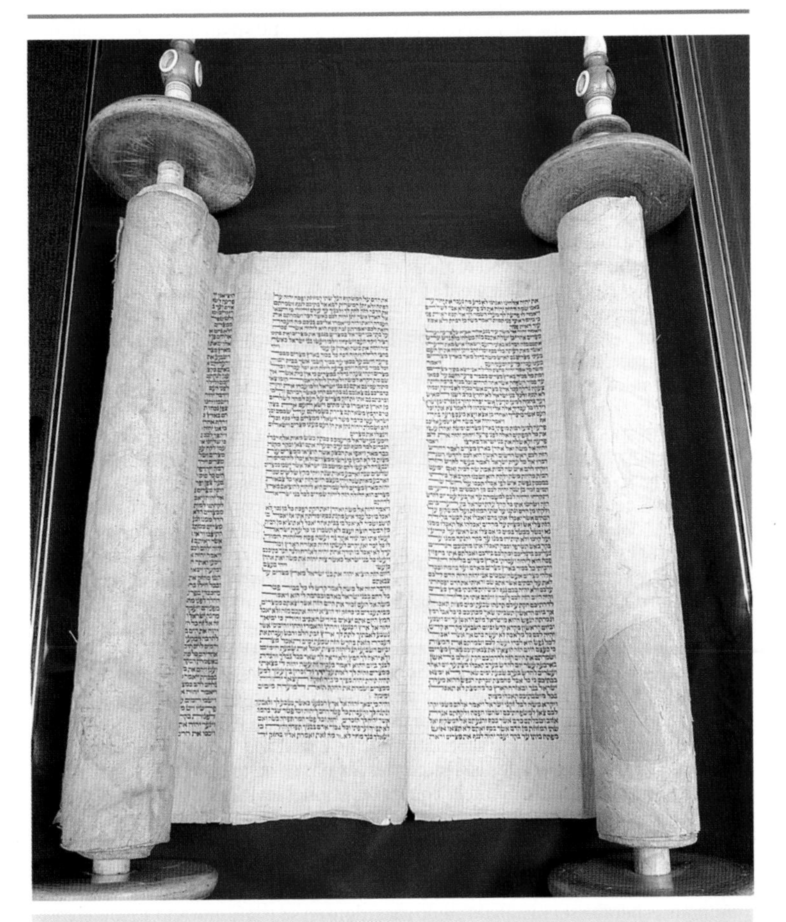

Rollo de la Torá de una sinagoga española del siglo XVI en la ciudad de Zafed. Cuando Dios llamó a Ezequiel, le ordenó que se comiera el rollo, que estaba escrito por delante y por detrás.

Jeremías era unos veinte años mayor que Ezequiel. Pero como contemporáneos, cada uno con un llamado de Dios que le cambió la vida para ser profeta de Su pueblo y de las naciones extranjeras, sus mensajes tenían una gran armonía. Predicaron sobre muchos de los mismos temas, aunque a menudo con diferentes énfasis. Ambos escribieron sobre la responsabilidad individual (Jer. 31:27-30; Ezeq. 18:1-32; 33:7-20), la destrucción del templo de Jerusalén (Jer. 7:1-15; 26:1-24; Ezeq. 1–24) y un nuevo pacto que da lugar a un nuevo corazón y espíritu (aunque el término «nuevo pacto» solo aparece en Jeremías 31:31, y los términos «nuevo corazón» y «nuevo espíritu» solo aparecen en Ezequiel 18:31; 36:26; ver Jer. 24:7; 31:31-34; 32:38-40; Ezeq. 11:19-20; 36:26-27). Sin embargo, estas similitudes no significan que Dios simplemente llamara al mismo tipo de persona para entregar estos mensajes. Cada profeta tenía un trasfondo, una personalidad y unos dones únicos para transmitir el mensaje de Dios.

ANTECEDENTES

El ministerio de Jeremías comenzó «en el año decimotercero» del reinado de Josías (627 a. C.) y se extendió durante el exilio hasta aproximadamente el año 580 a. C., un ministerio de unos cuarenta y siete años (Jer. 1:1-3; 40-44).[1] Era «un joven» en el momento de su llamado (1:6), probablemente de dieciocho a veinte años de edad.[2] Ejerció su ministerio en Jerusalén y sus alrededores, mientras que aparentemente siguió viviendo en Anatot, su ciudad natal, situada a unos 5 kilómetros (3 millas) al noreste de Jerusalén (11:21; 12:6; 32:7). Por tanto, fue testigo de la caída de Jerusalén.

Los babilonios se llevaron a Ezequiel de Jerusalén al exilio en el año 597 a. C. junto con el rey Joaquín de Judá y 10 000 cautivos (2 Rey. 24:10-14). Comenzó su ministerio «en el año treinta», lo que probablemente se refiere a su edad, que era cuando los sacerdotes normalmente comenzaban su ministerio (Ezeq. 1:1; ver Núm. 4:30). Su llamada visionaria se produjo en «cinco años y cinco meses desde que el rey Joaquín fue deportado» (Ezeq. 1:1-2), que fue alrededor del 593 a. C. (suponiendo un año nuevo de primavera).[3] Así que Ezequiel habría nacido alrededor del 623 a. C. y habría sido llevado al cautiverio a la edad de veinticinco o veintiséis años, cuatro o cinco años antes de su llamado por Dios. En sus primeros años, Ezequiel pudo haber escuchado la predicación de Jeremías, ya que este había causado un gran revuelo en la ciudad.

Los dos profetas podrían haberse conocido, ya que ambos tenían antecedentes sacerdotales, aunque de familias diferentes. Jeremías era «hijo de Jilquías [...] de una familia sacerdotal de Anatot, ciudad del territorio de Benjamín» (Jer. 1:1). Su linaje sacerdotal probablemente procedía de Abiatar, el sacerdote de David al que Salomón desterró a Anatot (1 Rey. 1:7; 2:26-27), por lo que descendía a través de Elí hasta el hijo de Aarón, Itamar.[4] Ezequiel era sacerdote, hijo de Buzí (Ezeq. 1:3). Su familiaridad con la disposición del templo de Jerusalén, con las formas de culto correctas y aberrantes, con la herencia espiritual de Israel y con las cuestiones levíticas y sacerdotales, indica que, ya de joven, antes del exilio, Ezequiel era al menos un sacerdote en formación, que se preparaba para servir en el templo de Jerusalén. El interés de Ezequiel por los sacerdotes descendientes de Sadoc (44:15-31) puede indicar que su ascendencia se remonta desde Sadoc hasta Eleazar, hijo de Aarón (1 Crón. 6:3-15; 24:3).[5]

Aunque esperaba ser instalado como sacerdote en su trigésimo año, Ezequiel recibió un llamado de Dios para ser profeta. La vida familiar de ambos profetas se convirtió en una parte vital de sus mensajes. El Señor nunca permitió que Jeremías se casara (Jer. 16:1-4). Su vida mostraría la soledad y la falta de alegría que pronto experimentaría su pueblo. Aunque Ezequiel, en cambio, estaba felizmente casado, la muerte de su amada esposa coincidió con la caída de Jerusalén (Ezeq. 24:15-27). Dios no permitió que Ezequiel expresara su dolor públicamente, emulando la inconsolable pena que el pueblo pronto experimentaría al caer su amada ciudad y morir sus seres queridos.

Cuenco de encantamiento de Nippur, Irak, con citas de Ezequiel 21 y Jeremías 2 en hebreo. La gente escribía conjuros en el interior y exterior de estos cuencos para ahuyentar a los malos espíritus o encerrar a los que se acercaban.

PERSONALIDAD Y ESTILO

Los mensajes de Jeremías sobre el juicio de Dios lo llenaron de agonía y dolor (Jer. 8:18-22). Una serie de oraciones conocidas como sus «confesiones» muestra sus luchas personales con Dios sobre su suerte en la vida y los mensajes que predicaría.[6]

Irónicamente, aunque casi todos los oráculos proféticos de Ezequiel están escritos en primera persona, rara vez muestran sus pensamientos y reacciones personales.[7] En su mayor parte, aceptó sus encargos divinos sin protestar, aunque le pasaran factura física y emocionalmente.[8] A diferencia de Jeremías, la respuesta de Ezequiel no fue quejarse, sino ver estos difíciles encargos como un llamado de Dios a ponerse totalmente a Su disposición, «a ponerse a sí mismo y a todo lo que [tenía y era] al servicio de la causa de Dios».[9]

Las visiones de Dios no eran infrecuentes para los profetas, y Jeremías tuvo unas cuantas (Jer. 1:11-14); las visiones de Ezequiel fueron numerosas, largas y ampliadas.[10] Ezequiel no se limitó a ver la visión; se convirtió en parte de ella. Comió personalmente el rollo que se le ofreció (Ezeq. 3:2-3); Dios transportó personalmente a Ezequiel de un lugar a otro (3:12-15; 8:3-4; 37:1; 40:1-3); recorrió el antiguo templo (cap. 8) y también el nuevo (caps. 40–42); también caminó por el valle de los huesos secos (37:2), y allí entregó la palabra de Dios (11:4; 37:4,9). Su poderosa profecía trajo la muerte (11:13) y provocó la vida (37:7-10).

Ambos profetas acompañaban sus mensajes con acciones simbólicas, pero las acciones dramáticas y las ayudas visuales eran mucho más frecuentes en el ministerio de Ezequiel. Se ponía de cara a los destinatarios de su mensaje,[11] aplaudía y zapateaba para aumentar el impacto (6:11; 21:14). Otros profetas utilizaban imágenes y figuras de discurso; Ezequiel tenía experiencias reales. Jeremías dijo de las palabras de Dios: «Al encontrarme con tus palabras, yo las devoraba; ellas eran mi gozo y la alegría de mi corazón» (Jer. 15:16), pero, para Ezequiel, las palabras de Dios se convirtieron en una comida (Ezeq. 3:2-3). Isaías imaginó el juicio de Dios como una navaja que afeitaría la cabeza, el cuerpo y la barba de su pueblo (Isa. 7:20), pero Ezequiel recibió un corte de pelo literal (Ezeq. 5:1-2).

MINISTERIO Y MENSAJE

Jeremías se enfrentó a una hostilidad abierta durante gran parte de su ministerio. Aunque la audiencia de Ezequiel era obstinada (3:4-11), él no se enfrentó al odio y la resistencia abierta. Los ancianos de la comunidad le consultaron (8:1; 14:1; 20:1), y el pueblo acudió en masa a escucharlo después de que se cumplieran sus profecías sobre la caída de Jerusalén (33:30-33).

En general, las dos principales influencias en la predicación de Jeremías fueron la vida y el ministerio de Oseas[12] y el recién descubierto rollo de la ley de Deuteronomio.[13] Los mensajes de Ezequiel también estaban impregnados de dos grandes influencias: los mensajes de Jeremías y el libro de Levítico. Durante treinta años, Jeremías había estado predicando en Jerusalén, causando un gran revuelo, incluso durante los primeros veinticinco años de la vida de Ezequiel. Muchas de las profecías de Jeremías habían circulado por escrito antes y durante el exilio (Jer. 29:1-20), y la comunicación parecía fluir libremente, lo que mantenía a los exiliados informados de los acontecimientos en Judá. Pero Ezequiel también estaba muy influenciado por su herencia sacerdotal y por el libro de Levítico. Se interesó intensamente por los asuntos levíticos y sacerdotales, como los sacrificios, el sistema de culto israelita, las normas relativas a la pureza ceremonial y el templo.

Jeremías denunció las prácticas de culto corruptas y el templo contaminado y anunció el plan de Dios de destruir el templo (7:1-15; 26:1-24). Ezequiel vio la intención de Dios de destruir el templo corrompido y contaminado, pero, más allá de la destrucción, Ezequiel imaginó el templo de Jerusalén reconstruido y el culto restaurado en pureza y santidad (Ezeq. 40–48).

NOTAS

1 Leon J. Wood, *The Prophets of Israel* (Grand Rapids: Baker, 1979), 329–30.
2 Ver Douglas R. Jones, *Jeremiah, New Century Bible Commentary* (Grand Rapids: Eerdmans, 1992), 70.
3 Daniel I. Block, *The Book of Ezekiel Chapters 1–24, NICOT* (1997), 83.
4 Ver 1 Samuel 14:3; 22:20; 1 Reyes 2:27; 1 Crónicas 24:6. Ver John Bright, *Jeremiah*, AB, lxxxvii–lxxxviii, para explicación detallada.
5 Block, *Ezekiel 1–24*, 88. Ver R. Laird Harris, «Zadok, Zadokites» en *HIBD*, 1698–99, para el linaje de Sadoc.
6 Jeremías 11:18–12:6; 15:10-21; 17:14-18; 18:18-23; 20:7-13,14-18.
7 Ezequiel 4:14; 9:8; 11:13; 20:49; 24:20; 37:3. Ver Block, *Ezekiel 1–24, 27–30* para análisis más completo.
8 Ezequiel 1:28; 3:14-15; 12:17-20; 21:6; 24:16,27. Ezequiel se quedó sin palabras varias veces (3:15; 24:25-27; 33:21-22).
9 Walther Eichrodt, *Ezekiel: A Commentary*, OTL (1970), 25–26.
10 Ezequiel 1–3; 8–11; 37; 40–48.
11 Hacia los falsos profetas (Ezeq. 13:17), Jerusalén (21:2), Amón (25:2), Sidón (28:21), Faraón de Egipto (29:2), las montañas de Seír (35:2) y Gog (38:2).
12 J. A. Thompson, *The Book of Jeremiah, NICOT* (1980), 81–85.
13 R. K. Harrison, *Jeremiah & Lamentations, TOTC* (1973), 38.

ESDRAS: ESCRIBA Y SACERDOTE

POR ROBERT C. DUNSTON

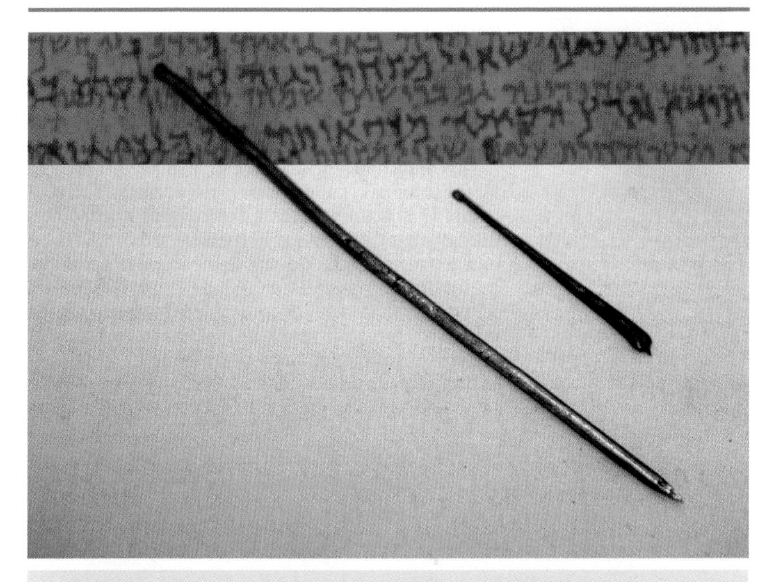

Aunque son posteriores a Esdras, estas plumas de bronce de costilla partida se utilizaban con tinta de carbón para escribir sobre papiro, pergamino o tablillas de hojas de madera. Más comunes habrían sido las plumas de caña, pluma, hueso o marfil.

Aunque era un sacerdote, Esdras sirvió como escriba. Los escribas eran funcionarios de la corte que tenían distintos niveles de autoridad. Artajerjes I de Persia nombró a Esdras como escriba y le encargó que gobernara Judá según la ley de Dios (Esd. 7:14,25). El conocimiento y la capacidad de Esdras para enseñar la ley de Dios añadieron una dimensión al término *escriba* que llegó a ser dominante en el judaísmo posterior. Un escriba judío poseía el conocimiento de la ley de Dios y la capacidad de interpretar y aplicar la ley en cualquier situación. Esdras fue descrito como «hábil» (v. 6), un término que originalmente se refería a la capacidad de un escriba para escribir con rapidez y precisión, pero que más tarde se utilizó para referirse a la sabiduría y la experiencia de un escriba. Aunque probablemente no fue el primero en la larga línea de eruditos judíos que copiaron, estudiaron, interpretaron y enseñaron la ley, Esdras fue ciertamente uno de los más grandes escribas judíos.[1]

El tintero de cerámica contenía tinta hecha con una parte de agua de goma y tres partes de negro de humo. Las tintas a base de goma son mejores para el papiro; las tintas gálicas, para el pergamino.

LA ÉPOCA DE ESDRAS

El rey persa Artajerjes I envió a Esdras a Jerusalén. Artabano, que probablemente servía como capitán de la guardia real, había asesinado al padre de Artajerjes, Jerjes I, en agosto del 465 a. C. y luego acusó al hijo mayor de Jerjes, Darío, del asesinato. Artajerjes mató a Darío, se apoderó del trono y disfrutó de un largo gobierno (464-424 a. C.). En el 460 a. C., Egipto, con la ayuda de Atenas, se rebeló contra Artajerjes. Artajerjes recuperó el control de Egipto en el 454 a. C., pero se vio obligado a someterse a un humillante tratado con los griegos en el 448 a. C.[2]

Las condiciones en Judá seguían siendo difíciles. Judá nunca se había recuperado de la decadencia de su economía y población resultante de la conquista babilónica. Aunque algunos judíos habían regresado del exilio babilónico y se habían unido a los descendientes de los que nunca habían abandonado Judá, la población de Jerusalén y Judá seguía siendo reducida (Neh. 11:1-2). La muralla de Jerusalén estaba en mal estado, con grandes agujeros. Aunque el culto continuaba en el templo reconstruido, el pueblo estaba desanimado; la fidelidad a Dios parecía no ser una prioridad. Para la mayoría, ganarse la vida resultaba difícil. El pueblo necesitaba esperanza y dirección.

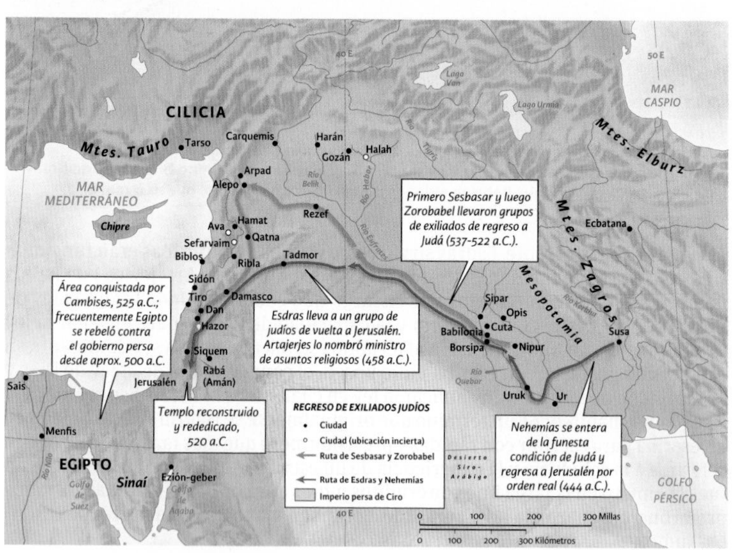

Con los disturbios en Egipto, Artajerjes necesitaba mantener satisfechas, leales y pacíficas a las provincias colindantes, como Judá. Enviar a Esdras a Jerusalén para que apoyara el culto y se asegurara de que los judíos siguieran su ley fue una ventaja para Artajerjes.[3] Además, los judíos necesitaban a alguien que renovara su fe y su espíritu. Dios actuó a través de Esdras para ampliar el papel de Artajerjes y llamar al pueblo de Dios a la obediencia fiel.

NOTAS

1 Joseph Blenkinsopp, *Ezra-Nehemiah*, Old Testament Library (OTL) (Filadelfia: Westminster, 1988), 136–37; Mervin Breneman, *Ezra, Nehemiah, Esther*, vol. 10 en NAC (1993), 127–28; Robert North, «Ezra», en *ABD*, 726; H. G. M. Williamson, *Ezra, Nehemiah*, vol. 19 en WBC (1985), 92.

2 Breneman, *Ezra*, 23; G. Byrns Coleman, «Artaxerxes», en *MDB*, 65.

3 Breneman, *Ezra*, 24; Coleman, «Artaxerxes», 65.

FÉLIX Y FESTO: GOBERNADORES ROMANOS

POR WILLIAM B. TOLAR

Roma gobernó la tierra del antiguo Israel del 37 al 4 a. C. a través de un rey cliente, Herodes el Grande. A la muerte de Herodes en el 4 a. C., su hijo Arquelao gobernó Judea (y Samaria) durante diez años, pero fue destituido por César Augusto en el 6 d. C. debido a las quejas de los líderes judíos descontentos. Roma gobernó entonces Judea desde el 6 hasta el 66 d. C. con catorce «gobernadores» o «procuradores», salvo un reinado de tres años (41-44) de uno de los nietos de Herodes el Grande. Antonio Félix y Porcio Festo fueron los números diez y once en esta lista y gobernaron en 52-60 y 60-62 d. C. respectivamente.[1]

Había dos tipos de provincias —imperiales y senatoriales— y, por tanto, dos tipos de nombramientos de procuradores: por parte del emperador y por parte del Senado.[2] El procurador de Judea dependía administrativamente del «legado» del emperador que gobernaba la provincia de Siria. Los procuradores nombrados por el emperador eran comandantes de regimiento y, por tanto, el máximo tribunal militar. Ejercían el poder como un tribunal superior debido a su posición militar, pero también podían dictar la sentencia de muerte a los civiles. A veces podían intervenir en asuntos administrativos civiles locales. Sin embargo, los judíos conservaban una gran autonomía, sobre todo en materia religiosa.

ANTONIO FÉLIX (52-60 D. C.)

Judea era un lugar muy inestable en el año 52 d. C., cuando Claudio nombró a Félix como procurador. El emperador acababa de desterrar al anterior procurador, de ejecutar públicamente a un comandante del ejército romano y de condenar a muerte a tres líderes samaritanos implicados en atrocidades contra civiles judíos. Josefo registró una serie de sucesos violentos que escalaron las tensiones, la mala voluntad y la animosidad durante el gobierno de los anteriores procuradores.

Normalmente, los procuradores procedían de la clase ecuestre (personas de dignidad y alto rango), pero Félix era un liberto, ¡un esclavo liberado! Fue el «primer esclavo de la historia que llegó a ser gobernador de una provincia romana».[3] Los historiadores coinciden en que fue nombrado originalmente por influencias familiares y por su riqueza personal, no por sus cualidades personales. Tácito dijo de Félix: «Con todo tipo de crueldad y lujuria ejerció las funciones de un príncipe con la disposición de un esclavo».[4] Félix «carecía totalmente de comprensión o simpatía por los judíos».[5]

Según Josefo, Félix heredó una situación caótica cuando se convirtió en procurador. Dijo que la tierra se había llenado de «ladrones» y «fanáticos». Félix estaba decidido a eliminar el terrorismo que había asolado Judea durante muchos años, así que sobornó a los informadores, utilizó la tortura y persiguió implacablemente a los alborotadores. Crucificó a muchos de ellos (incluidos los líderes de los zelotes y otros grupos religiosos).

Moneda del procurador Antonio Félix.

Los zelotes se volvieron más fanáticos y desesperados. En Jerusalén se organizaron en un grupo de asesinos llamados *sicarii*, nombre derivado de las dagas cortas y curvas que escondían bajo sus ropas y con las que mataban a cualquiera que simpatizara con los romanos. Según Josefo, cometían numerosos asesinatos todos los días a plena luz del día, haciendo que todo el mundo viviera aterrorizado.

El último acontecimiento que provocó la caída de Félix fue el envío de tropas romanas para sofocar un grave brote de hostilidades entre judíos y gentiles en Cesarea. Miles de judíos fueron asesinados; las tropas romanas, con el consentimiento de Félix, saquearon las casas de los judíos más ricos de la ciudad. Los líderes judíos, indignados, enviaron una delegación a Nerón, que destituyó a Félix.

Moneda del procurador Porcio Festo.

PORCIO FESTO (60-62 D. C.)

Nerón nombró a Porcio Festo como sucesor de Félix. A diferencia de Félix, Festo era de un estatus social más elevado, un ecuestre. Sabemos mucho menos de él que de Félix porque solo se lo menciona en los Hechos y en Josefo, que le presta poca atención. La mayoría de los estudiosos escriben sobre Festo en tono positivo, afirmando que era justo, duro e incorruptible.

Festo heredó problemas de muchos años. Se enfrentó a una situación prácticamente imposible. Un erudito moderno dice de Festo: «Parece que era un hombre prudente y honorable, y en circunstancias más felices podría haber sido un gobernante exitoso. Pero se le encomendó una tarea imposible; después de la mala administración de Félix, la provincia era un hervidero de fanatismo, facciones e intrigas».[6]

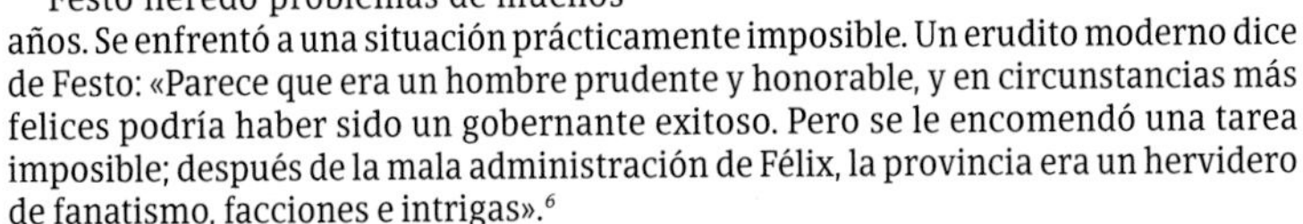

Entre los muchos problemas a los que se enfrentó Festo al convertirse en procurador estaba la profunda, continua y amarga lucha entre judíos y gentiles en Cesarea. Con el tiempo se derramó sangre entre los dos grupos. Cuando Festo llegó a Cesarea, la situación era tensa, y el asunto fue remitido a Roma para que Nerón decidiera. La decisión no llegó hasta el año 62 d. C., mucho después de que Pablo fuera enviado a Roma. Cuando Nerón decidió a favor de los gentiles, los judíos se enfurecieron por la decisión; las bandas de asesinos se extendieron de nuevo por la tierra. Surgieron más falsos mesías y hubo que llamar al ejército. El orden se rompió, y Festo murió en su cargo en este momento crítico. Su muerte subrepticia en el año 62 trajo un renovado vigor a los extremistas.

Cuatro años más tarde, en el 66 d. C., la tensión entre judíos y gentiles en Cesarea volvió a estallar en un derramamiento de sangre. Esta vez se convirtió en una guerra que se extendió por todo el país y que acabó con la destrucción del templo y de Jerusalén en el año 70 d. C.

NOTAS

1 Junto con el relato de Lucas en el libro de los Hechos, tres importantes historiadores extrabíblicos proporcionan información esencial en nuestro estudio de Félix y Festo. Uno de ellos es el historiador judío Josefo (nacido en Jerusalén hacia el año 38 d. C.), que escribió *La guerra de los judíos* y *Antigüedades judías*. Los otros dos son historiadores romanos: Tácito (aprox. 55-120 d. C.) escribió *Los anales de las historias*; Suetonio (aprox. 69-121 d. C.) escribió *La vida de los doce Césares*.

2 «Roman Provinces», *HBH*, 654.

3 William Barclay, *The Acts of the Apostles* (Filadelfia: Westminster, 1976), 167.

4 Tácito, *Historias* 5.9.

5 John B. Polhill, *Acts* en NAC (1992), 176.

6 G. H. C. MacGregor, «Acts» en *The Interpreter's Bible* (*IB*) (Nashville: Abingdon, 1954), 9:316.

EL SACERDOCIO DEL SIGLO I

POR GLENN MCCOY

Tumbas del Sanedrín judío.

A lo largo de los Evangelios y del libro de los Hechos, el lector se encuentra con frecuencia con individuos llamados sacerdotes, jefes de los sacerdotes y el sumo sacerdote. ¿Quiénes eran estas personas y cuáles eran sus responsabilidades en el judaísmo del siglo I?

Históricamente, el sumo sacerdote era el elegido por Dios para servir durante toda su vida e interceder por los pecados de toda la comunidad. Su responsabilidad más importante era entrar en el lugar santísimo del templo el día de la expiación para ofrecer un sacrificio por los pecados de su pueblo (Lev. 16:1-34). Además, oficiaba en los días de reposo, en la fiesta de la luna nueva, en las tres fiestas anuales de peregrinaje (Tabernáculos, Pascua y Pentecostés) y en las reuniones del pueblo. Dado que el cargo de sumo sacerdote era hereditario, se le exigía que mantuviera la pureza de la descendencia.

En los siglos I y II a. C. ocurrieron varias cosas que comprometieron el cargo de sumo sacerdote. En primer lugar, la figura política gobernante recibió también el título de sumo sacerdote. Este individuo actuaba con frecuencia de forma poco ética e incluso irreligiosa. En segundo lugar, el cargo se vendía a veces al mejor postor o se otorgaba a una persona que el líder político nombraba y consideraba que promovería su propia

Relieve de época romana de un sacerdote haciendo sacrificio. Se pueden ver cascabeles alrededor de la parte inferior de la falda.

causa. Por ejemplo, Herodes el Grande (que reinó en Judea entre el 37 y el 4 a. C.) nombraba y destituía a los sumos sacerdotes a su antojo. Seleccionó a hombres que promoverían su agenda e ignoró los requisitos de la ley judía. Durante el siglo I d. C., los romanos continuaron la práctica de nombrar sumos sacerdotes que sirvieran a sus propósitos. Estas acciones dieron lugar a que personas no cualificadas ocuparan el cargo de sumo sacerdote. Significaba que el cargo no era hereditario ni perpetuo. Sin embargo, el sumo sacerdote era una persona poderosa. Como presidente del Sanedrín y representante político de la nación de Israel ante Roma, el sumo sacerdote ejercía mucho poder.

El término *sumo sacerdote*, en un sentido más amplio, puede referirse al sumo sacerdote, a los antiguos sumos sacerdotes y a los miembros de las familias aristocráticas que ocupaban puestos importantes en la jerarquía sacerdotal.[1] El término se utiliza aquí en un sentido más limitado para referirse a los hombres que ocupaban cargos religiosos en un nivel alto de los servidores del templo. Esta lista incluía al capitán del templo, los directores del culto semanal, los directores del culto diario, el supervisor del templo y el tesorero.[2]

El capitán del templo era la mano derecha del sumo sacerdote. Asistía al sumo sacerdote en el desempeño de sus obligaciones ceremoniales, incluso lo sustituía una semana antes del día de la expiación. Era miembro del Sanedrín, servía como jefe de policía en el templo y tenía el poder de arrestar (ver Hech. 4:1-3; 5:24,26). Por lo general, era el siguiente en la línea de sucesión para el cargo de sumo sacerdote.[3]

Los directores de los cultos semanales (veinticuatro en total) residían donde querían y acudían al templo de Jerusalén solo durante dos semanas de servicio al año (además de las tres fiestas de peregrinaje). El director realizaba los ritos de purificación para los leprosos y las mujeres después del parto (Mat. 8:4; Luc. 2:22-24). Los directores de los cultos diarios (se requerían unos 156 sacerdotes cada semana) acudían a Jerusalén con la misma frecuencia que los directores de los cultos semanales. Durante su jornada de trabajo, el director de los cultos diarios debía estar presente en la ofrenda del sacrificio.

El vigilante del templo aparentemente tenía el poder de supervisión sobre el templo (Luc. 22:4,52). Los tesoreros manejaban los asuntos financieros del templo. Mucho dinero ingresaba en las urnas del templo en forma de sacrificios y ofrendas. Ya que, al mismo tiempo, eran necesarios los gastos para el mantenimiento del templo, la provisión de sacrificios y el sostén del sacerdocio.

El sacerdote común constituía la mayor parte del sacerdocio en la época de Jesús. Había quizás más de 7000 sacerdotes (las estimaciones del número varían) que estaban divididos en veinticuatro grupos y prestaban servicio durante dos semanas (de sábado a sábado) del año (más los festivales importantes). Cada grupo semanal se dividía en cuatro a nueve turnos diarios que desempeñaban sus responsabilidades específicas durante la semana.

Cuando el sacerdote estaba de servicio, estaba extremadamente ocupado. Había sacrificios públicos y privados que ofrecer cada día. Los sacrificios públicos parecen haber sido pagados con los fondos del templo, mientras que los sacrificios privados debían ser pagados por el individuo. Entre los sacrificios que el individuo podía ofrecer estaban los holocaustos, ofrendas por el pecado, ofrendas por la culpa y ofrendas de comida. Los sacerdotes podían elegir cuál de estos sacrificios realizarían. Se sorteaban para determinar qué sacerdote de turno prepararía y ofrecería el sacrificio matutino diario (Luc. 1:9). Este parece ser el ritual que estaba realizando Zacarías cuando se le apareció el ángel anunciando que su esposa Elisabet tendría un hijo (1:13).

Cuando el sacerdote no estaba de servicio, era libre de vivir donde quisiera. La mayoría vivía fuera de Jerusalén. Durante el resto del año, cuando no tenía deberes en el templo, el sacerdote trataba de ganarse la vida. Recibía algún apoyo de los diezmos y los impuestos del templo, pero esto no era suficiente para mantener a una persona, y mucho menos a una familia. En consecuencia, el sacerdote tenía que dedicarse a algún tipo de oficio, como la carpintería, la albañilería, la venta de mercancías, el trabajo de escriba o cualquier otra profesión.

El levita tenía un rango inferior al del sacerdote y, por tanto, no podía ofrecer sacrificios. Había unos 10 000 levitas (el número exacto es incierto) en el siglo I. Ellos, al igual que los sacerdotes, estaban divididos en veinticuatro grupos, y servían solo dos semanas del año. Los cantores y los músicos eran la orden superior de los levitas, que proporcionaban música para los servicios del templo y las fiestas. Los sirvientes del templo (también levitas) ayudaban en la función y el mantenimiento del templo. Los deberes específicos incluían ayudar al sacerdote con sus vestimentas sacerdotales, preparar la Escritura para su lectura y limpiar el templo. Además, los levitas proporcionaban los guardias del templo. Los guardias actuaban como porteros del templo, patrullaban el atrio de los gentiles y cerraban las puertas del templo cuando terminaba el día. El Sanedrín podía llamar a estos guardias cuando era necesario.[4] Lo más probable es que los guardias del templo formaran parte del contingente enviado para arrestar a Jesús en el Monte de los Olivos.

NOTAS

1 James A Brooks, *Mark*, NAC (1991), 136.

2 Joachim Jeremias, *Jerusalem in the Time of Jesus* (Filadelfia: Fortress, 1969), 160.

3 Merrill C. Tenney, ed., *ZPEB* (1980), 4:849.

4 Jeremias, *Jerusalem*, 209–10.

PESCADORES EN EL SIGLO I

POR ARGILE A. SMITH JR.

Situado en el Monte Nebo, en la iglesia de San Lot y San Procopio (primeros mártires cristianos); un mosaico de mediados del siglo VI d. C. representa a un hombre pescando con caña.

En la época de Jesús, la mayoría de los habitantes de Israel dependían de la agricultura y la pesca para alimentarse. La pesca se convirtió así en una industria importante, bastante rentable. Los pescadores generalmente ganaban más dinero que los agricultores.[1]

Aunque la pesca era una buena forma de ganarse la vida, no era fácil. Implicaba trabajo físico agotador que requería a los pescadores estar ocupados durante muchas horas al día. La industria pesquera conllevaba una rutina predecible pero extenuante. Los pescadores salían en sus barcos por la noche y traían su pesca en la mañana temprano. Después separaban el pescado que capturaban, lo salaban para conservarlo y lo llevaban al mercado. Vendían una parte del pescado en Jerusalén, en la entrada designada de la ciudad que todos conocían como la «puerta del pescado».[2]

¿DÓNDE PESCABAN?

Todo tipo de peces crecían en el Mar Mediterráneo, pero los pescadores de Israel no parecían sentirse atraídos por él. Se concentraron en el lago interior de agua dulce conocido como Mar de Galilea.

El protagonismo de la industria pesquera se hizo patente en el crecimiento de las ciudades y pueblos que rodeaban el Mar de Galilea. Jesús eligió Capernaúm, una ciudad en la orilla norte del lago, para ser el centro de Su ministerio en Galilea. Capernaúm también era un centro de negocios para la industria pesquera de Galilea. La pesca influyó en los nombres de las ciudades y pueblos de la zona. Por ejemplo, no muy lejos de Capernaúm estaba la ciudad costera de Betsaida, predominantemente gentil; su nombre significaba «lugar de pesca».[3]

Fragmento decorativo de piedra caliza procedente de Egipto, que data aproximadamente del 2700-2200 a. C. y muestra tres mújoles de cabeza plana.

Los pescadores de Israel preferían el Mar de Galilea porque allí podían pescar diferentes tipos de peces. Tres variedades eran especialmente abundantes: un pequeño pez parecido a la sardina, la tilapia (o *musht*, también conocido como «pez de San Pedro») y la carpa. Aunque los pescadores del Mar de Galilea pescaban bagres y anguilas, normalmente solían desecharlos porque los judíos no los comían.[4]

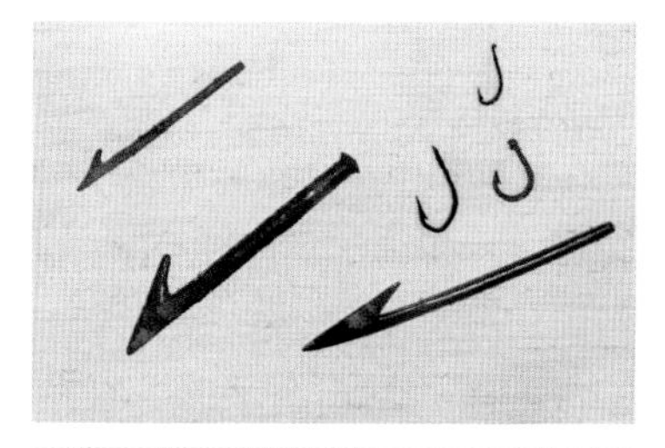

Arpones y anzuelos de bronce, egipcios, datados hacia el 1300 a. C. El arpón se utilizaba normalmente para la pesca deportiva. Los pescadores individuales utilizaban cañas, sedales y anzuelos. Sin embargo, los que vivían de la pesca solían utilizar redes.

Los pescadores centraron su trabajo en el Mar de Galilea por otra razón. En Israel no existía otro cuerpo de agua dulce apto para la pesca. Incluso el Río Jordán era poco prometedor para la pesca productiva. El Jordán fluía desde el Mar de Galilea hasta el Mar Muerto. Los peces que se abrían paso desde el lago y bajaban por el Jordán no eran abundantes ni muy grandes. Si llegaban a la desembocadura del Mar Muerto, morían en el agua salada.[5]

¿QUÉ EQUIPO UTILIZABAN?

El Nuevo Testamento cuenta con un relato que implica el uso de anzuelos para pescar (Mat. 17:27). Los anzuelos eran de hueso o de hierro y estaban unidos a un sedal que el pescador sujetaba con la mano.[6] Sin embargo, la gran mayoría de las referencias a la pesca en el Nuevo Testamento se refieren a las redes. Los pescadores del siglo I utilizaban tres tipos diferentes de redes, cada una identificada por una palabra griega distinta. Mateo menciona cada una de ellas.

Los pescadores utilizaban a veces una simple red de lanzar (gr. *amphiblēstron*, 4:18), típicamente redonda y de unos cuatro metros de diámetro. Los pescadores colocaban objetos pesados, como piedras, alrededor del borde para que la red se hundiera rápidamente. Ya sea en un barco, en la orilla o en aguas poco profundas, los pescadores tenían este tipo de red a la mano para poder lanzarla sobre un banco de peces. Aunque esta sencilla red era útil, los pescadores solo podían utilizarla durante el día.[7]

Otro tipo de red era algo parecido a una red de arrastre o una jábega (gr. *sagēnē*, 13:47-48). Esta red, de unos 5 metros (16 pies) de altura y hasta 240 metros (800 pies) de longitud, tenía rocas atadas al fondo y flotadores sujetos a la parte superior. Los pescadores de una sola embarcación podían utilizarla, o podían suspenderla entre dos embarcaciones que se guiaban cerca de la orilla. Desde allí tiraban de la red de arrastre hasta la orilla con cuerdas. Por eso, los pescadores preferían una orilla de arena con una pendiente suave.

Otro tipo de red era un poco más compleja y se parecía a una red de trasmallo actual (gr. *diktuon*, 4:20). Consistía en una serie de redes paralelas que los pescadores suspendían entre dos barcos. Los pescadores de una tercera embarcación introducían los peces en las redes. Este tipo de red compleja funcionaba especialmente bien para capturar peces grandes en aguas profundas.

NOTAS

1 Craig S. Keener, *The IVP Bible Background Commentary: New Testament* (Downers Grove, IL: InterVarsity, 1993), 55.

2 Roland K. Harrison, «Fish» en *ISBE* (1989), 2:309.

3 Roger Crook, «Galilee, Sea of» en *HIBD*, 618.

4 «Fish» en *Eerdmans Bible Dictionary*, ed. Allen C. Myers (Grand Rapids: Eerdmans, 1987), 384; Harrison, «Fish», 309.

5 «Fish», en *Eerdmans Bible Dictionary*, 384.

6 Roland K. Harrison, «Fishhook» en *ISBE*, 2:309.

7 La información sobre las redes en este y los siguientes párrafos se ha extraído principalmente de «Fishing» en *Eerdmans Bible Dictionary*, 385.

DE NABUCODONOSOR A CIRO II

POR JOSEPH R. CATHEY

El Cilindro de Ciro describe en escritura cuneiforme babilónica cómo Ciro II capturó Babilonia (en 539 a. C.), restauró un templo en honor del dios babilonio Marduk y animó a los pueblos capturados anteriormente a regresar a sus tierras natales para poder adorar a sus dioses. El decreto de Ciro refleja los detalles de Esdras 1:1-11.

Asiria había gobernado el antiguo Cercano Oriente durante siglos. En el año 640 a. C., esta poderosa nación-estado estaba en su apogeo. Treinta años después, el gran imperio de Asiria ya no existía: se derrumbaba bajo su propio peso de burocracia y guerra constante. Las pesadas exigencias del pago de tributos, la psicología del terror y las deportaciones masivas no hacían más que animar a otros estados-nación a rebelarse en el momento más oportuno. El rey asirio Asurbanipal (que reinó entre el 668 y el 627 a. C.) reprimió una rebelión en la antigua ciudad de Arvad (en la actual Siria occidental) y sometió a Jamat, Fenicia y Nariri a su vasallaje.[1]

Durante el siguiente medio siglo, Asiria perdería efectivamente el control de la provincia occidental de Judá. Durante este período de tiempo, los pueblos del norte (Urartu), del sur (Babilonia) y del oeste (Siria) se rebelarían contra el reinado de Asiria.[2] Se podría argumentar que durante este tiempo el pueblo de Judá sembró las semillas que llevaron a la caída de la nación.

Ladrillo con una inscripción babilónica que dice: «Ciro, rey del mundo, rey de Anshan, hijo de Cambises, rey de Anshan. Los grandes dioses entregaron todas las tierras en mi mano, e hice que esta tierra habitara en paz».

SURGIMIENTO DE UN IMPERIO

Para Judá, el siglo VII a. C. fue una época tumultuosa en la que la nación fue testigo de grandes trastornos políticos, geográficos y teológicos. Tal vez el acontecimiento más importante que presagiaba la conquista de Judá ocurrió en el año 605 a. C. Nabucodonosor II, el príncipe regente y comandante militar neobabilónico, había roto el yugo asirio y conquistado eficazmente a los egipcios en Carquemis. Los babilonios empujaron a los egipcios hacia el sur —de vuelta a su patria— y pusieron los territorios del norte (como Siria y la costa norte del Mediterráneo) bajo la hegemonía babilónica. Tras la muerte de su padre, Nabucodonosor II subió al trono. Durante esta época de transición y confusión, tanto Egipto como Judá aprovecharon la oportunidad para rebelarse contra Babilonia.[3]

Ya en el año 601 a. C., Nabucodonosor había reafirmado el control sobre Egipto y había hecho retroceder a la nación a través del Sinaí. A medida que el rey babilónico avanzaba hacia el sur, se encontró con una gran resistencia por parte de las ciudades-estado independientes del sur. Tal vez la mayor resistencia fue la de Judá. Nabucodonosor no tardó en poner sus ojos en el estado errante. Los babilonios se apresuraron a aplicar el exilio como forma de castigo a cualquier nación descarriada; Judá no se libraría.[4] En Judá había tres facciones políticas dispares que competían por la realeza. Jeremías delinea claramente estas tres facciones: una, a favor de los egipcios; la segunda, a favor de los babilonios; y la tercera, a favor de un Judá independiente.

REBELIÓN DE UNA NACIÓN

El rey de Judá, Joacim (608-598 a. C.), cedió al partido pro-egipcio y buscó el favor y el apoyo militar de Egipto. Sin embargo, esta vez Egipto no pudo salvar a Judá. Nabucodonosor rodeó Jerusalén, deportó a los intelectuales y a la realeza y se apoderó de vastos tesoros (2 Rey. 24:8-17).

En el período intermedio entre el 597 y el 587 a. C., Babilonia experimentó una rebelión en casa, posiblemente instigada por sus propios oficiales militares. Judá aprovechó este momento oportuno para rebelarse una vez más contra sus dirigentes babilónicos y afirmar su independencia. La nación de Judá se alió una vez más con Egipto a través del faraón Hofra y se enfrentó a la poderosa Babilonia.

Bajo el liderazgo de Nabucodonosor, el ejército babilónico dejó un camino de destrucción al asediar o destruir casi todas las ciudades fortificadas del centro de Judá antes de arrasar finalmente con Jerusalén en el año 586 a. C. El registro arqueológico confirma tanto la destrucción total como el hecho de que muchas de las ciudades no fueron reconstruidas durante varios años.[5]

El Palacio de la Audiencia de Ciro el Grande tenía estas jambas. Esta tiene una figura de un hombre-toro y un hombre-pez. Estas figuras pueden representar la tolerancia religiosa de Ciro.

RESTAURACIÓN DE UN PUEBLO

Bajo la dirección de Ciro, Gobrias (un general persa) tomó Babilonia; a finales de octubre de 539 a. C., la capital estaba en manos persas. Aunque Ciro cedió el título de «rey de Babilonia» a su hijo Cambises II, adoptó para sí la designación más tradicional de Mesopotamia, «rey de las tierras». Ciro instituyó una política de tolerancia hacia otras religiones y emitió un edicto que liberaba a los pueblos capturados, incluidos los judíos (Esd. 1:2-4; 6:3-5).

Los persas también se diferenciaban de los asirios en cuanto a la sensibilidad cultural hacia los pueblos conquistados. Mientras que los asirios estaban interesados en integrar a los pueblos conquistados en la maquinaria militar del estado, los persas permitían a los pueblos conquistados ciertas libertades (adoración de sus propios dioses, peculiaridades religiosas, junto con sensibilidades culturales). Mientras siguieran ofreciendo tributos y suministrando lo que los persas pedían, podían permanecer en sus tierras. Sin embargo, si los pueblos conquistados no cumplían las exigencias de los persas, en lugar de libertad, se enfrentaban a la deportación a Persia. Los deportados estaban siempre bajo un fuerte dominio persa.

Una vez llegado al poder, Ciro permitió a los judíos regresar a su tierra natal. Sus motivos pueden no haber sido del todo altruistas. Es posible que quisiera que los judíos volvieran a su tierra natal para que pudieran servir de amortiguador entre Persia y Egipto. En cualquier caso, Sesbasar, el príncipe de Judá, acompañó a los primeros exiliados babilónicos de vuelta a Judá en el año 538 a. C. para comenzar la restauración del templo.

NOTAS

1 A. K. Grayson, *Assyrian Rulers of the Early First Millennium BC (858–745 BC)* (Toronto: University of Toronto Press, 2002), 211.

2 William W. Hallo y William Kelly Simpson, *The Ancient Near East: A History*, 2a ed. (Nueva York: Harcourt Brace, 1998), 140–41.

3 Marc Van De Mieroop, *A History of the Ancient Near East: ca 3000–323 BC* (Malden, MA: Blackwell, 2007), 276–77.

4 Ver James D. Purvis y Eric M. Myeres, «Exile and Return: From the Babylonian Destruction to the Reconstruction of the Jewish State» en *Ancient Israel: From Abraham to the Roman Destruction of the Temple*, ed. Hershel Shanks (Washington, DC: Biblical Archaeology Society, 1999), 201–2.

5 John Bright, *A History of Israel*, 4a ed. (Louisville: Westminster John Knox, 2000), 344–45; Dan Bahat, «Jerusalem» en *OEANE*, 226–28.

HAGEO EL PROFETA Y SU MINISTERIO

POR STEPHEN R. MILLER

Parte del Monte del Templo llamada Marca de Zorobabel. El cambio de estilo de las piedras muestra la ampliación de Herodes en la esquina suroeste. Las piedras más toscas del norte datan probablemente de Salomón, que Zorobabel restauró tras el exilio. Las cuatro hiladas inferiores parecen intactas y pueden estar en su posición original.

MENSAJE	TEXTO HAGEO	FECHA
Reprensión y arrepentimiento	1:1-15	Sexto mes, primer día (29 de agosto, 520 a. C.)
Llamado al valor	2:1-9	Séptimo mes, vigésimo primer día (17 de octubre, 520 a. C.)
Llamado a la santidad y un recordatorio de las consecuencias del pecado	2:10-19	Noveno mes, vigésimo cuarto día (28 de diciembre de 520 a. C.)
Un futuro glorioso para el pueblo de Dios	2:20-23	Noveno mes, vigésimo cuarto día (18 de diciembre de 520 a. C.)

EL PROFETA

El nombre de Hageo significa «festivo» o «mi festival». El significado del nombre no es seguro. Probablemente sus padres lo llamaron Hageo porque nació en la Pascua, en Pentecostés, en la Fiesta de los Tabernáculos o en otra de las grandes fiestas de Israel.

Este profeta es la única persona que se llama Hageo en el Antiguo Testamento, pero las pruebas extrabíblicas indican que este era un nombre judío popular en la época postexílica. Once personas se llamaron Hageo en la isla de Elefantina (una colonia judía en Egipto) y cuatro en textos de Babilonia.[1]

Ruinas de la isla Elefantina en el Río Nilo, en Asuán (Egipto). Los documentos legales hallados aquí indican que muchos judíos se asentaron aquí, sobre todo en el siglo VI a. C. Erigieron aquí un templo judío.

Al igual que otros siete libros proféticos, Hageo no proporciona ninguna información sobre los padres o la ascendencia del profeta. Aparte de su nombre, no sabemos nada de su vida personal.

Hageo no dio detalles sobre su llamado al ministerio, pero se refirió a sí mismo como profeta cinco veces (Hag. 1:1,3,12; 2:1,10). Esdras lo llamó dos veces «profeta» (Esd. 5:1; 6:14). Hageo afirmó la autoridad divina de sus mensajes proféticos con frases como «la palabra del Señor llegó», «el Señor de los ejércitos dice esto» y «esta es la declaración del Señor de los ejércitos» al menos veinticinco veces en sus dos cortos capítulos. Los judíos reconocieron la canonicidad del libro desde el principio; Hebreos también cita el libro (Heb. 12:26; comp. Hag. 2:6,21). Los manuscritos del Mar Muerto también contienen porciones del libro de Hageo.

SU MINISTERIO

Según el registro bíblico, Hageo fue el primer profeta que predicó en Jerusalén después del cautiverio babilónico, el período postexílico. Es de suponer que regresó a Jerusalén desde Babilonia con Zorobabel en el año 538 a. C. Hageo fechó cuidadosamente cada uno de sus mensajes. Su primera profecía fue el «día primero del mes sexto del segundo año del rey Darío» (1:1). «Darío» es el rey medo-persa Darío I (reinó entre 522 y 486 a. C.). En el calendario hebreo, «el sexto mes» era *Elul*; esto incluía partes de nuestro agosto y septiembre. El primer día de *Elul* del año 520 a. C. (el segundo año de Darío) fue el 29 de agosto, unos dos meses antes de que Zacarías, contemporáneo de Hageo, comenzara su labor profética (Zac. 1:1-6). El último mensaje de Hageo llegó en menos de cuatro meses después del primero. Esdras registra los antecedentes históricos del ministerio de Hageo y menciona a Hageo y Zacarías por su nombre (Esd. 5:1; 6:14).

La profecía de Hageo consiste en una introducción y cuatro mensajes breves, cada uno de los cuales comienza con «vino la palabra del SEÑOR» (1:3; 2:1,10,20).[2] El cuadro de arriba resume estos mensajes con sus fechas.[3]

La escritura de Hageo ha sido calificada como «prosa elevada».[4] Su estilo era, en general, sencillo y directo, pero eficaz y poderoso. El uso de la repetición y de otros recursos retóricos por el profeta demuestran su habilidad literaria. Por ejemplo, la triple exhortación de «ánimo» en Hageo 2:4 es conmovedora.

NOTAS

1 Edwin Yamauchi, «Ezra–Nehemiah» en *The Expositor's Bible Commentary*, ed. Frank E. Gaebelein (Grand Rapids: Zondervan, 1988), 4:635; Richard A. Taylor, «Haggai» en *Haggai, Malachi*, NAC (2004), 43.

2 Para una breve introducción y estudio de Hageo, ver Stephen R. Miller, *Nahum, Habakkuk, Zephaniah, Haggai, Zechariah, Malachi*, Holman Old Testament Commentary (Nashville: Broadman & Holman, 2004), 114–32.

3 Para estas fechas; ver Joyce G. Baldwin, *Haggai, Zechariah, Malachi*, TOTC (1972), 29.

4 Taylor, «Haggai», 73.

EL ESCENARIO HISTÓRICO DE HABACUC

POR J. DANIEL HAYS

Emplazamiento de la antigua Laquis, que fue una de las últimas ciudades en caer en manos de Nabucodonosor y su ejército. Tras tomar Laquis, los babilonios prosiguieron su campaña militar y conquistaron Jerusalén en 586 a. C.

A diferencia de otros libros proféticos del Antiguo Testamento, Habacuc no presenta una inscripción histórica inicial que identifique la época (por ejemplo, «en el quinto año del rey fulano»). Sin embargo, a medida que leemos el libro, podemos deducir el escenario a partir de las afirmaciones del texto. Habacuc vivía en el reino del sur de Judá. Su diálogo con Dios tuvo lugar justo antes de una de las invasiones babilónicas de Judá (597 o 586 a. C.). El profeta Jeremías también vivió y profetizó en esta época. El extenso libro de Jeremías, junto con los capítulos correspondientes en 2 Reyes de este mismo período (2 Rey. 22–25), pintan un claro cuadro de los tumultuosos tiempos en que vivió Habacuc. Una serie de reyes débiles e infieles, en complicidad con sacerdotes corruptos y falsos profetas, habían alejado a Judá del verdadero Dios de Abraham y Moisés y lo habían llevado a la idolatría. No es de extrañar que, a medida que el pueblo se alejaba de servir a Dios, abandonara el código moral incluido en la ley de Dios, especialmente el expresado en Deuteronomio. Además, permitieron que prosperaran graves injusticias sociales y económicas. El diálogo del libro de Habacuc tuvo lugar en este contexto.

LOS HITITAS: UNA PERSPECTIVA HISTÓRICA

POR CLAUDE F. MARIOTTINI

Puerta del templo en Bogazkoy, la parte baja del complejo de la ciudad.

Las pruebas históricas y arqueológicas indican que al menos cuatro grupos étnicos distintos fueron conocidos como hititas o heteos.[1] Los primeros fueron los llamados hititas. Estos pueblos vivían en Asia Menor en el tercer milenio antes de Cristo. Su capital era Hattusa, y hablaban una lengua distintiva, que los arqueólogos denominan hattiana o protohitita. El segundo grupo conocido como hititas fue el de los invasores indoeuropeos que se establecieron en Asia Menor hacia el año 2000 a. C. y que conquistaron y fusionaron a los hititas a su propia cultura. Llamaron a su reino Hatti y hablaban una lengua llamada nesiana o hitita. El tercer grupo conocido de hititas fue el que sobrevivió al colapso del Imperio hitita alrededor del 1180 a. C. Con la disolución del imperio, algunos centros de poder hititas sobrevivieron en la región del norte de Siria, particularmente en Carquemis, Jamat y Kue. «Siria, durante la primera mitad del primer milenio a. C., estuvo gobernada por reyes de dos grupos étnicos, llamados "arameos" e "hititas". Para distinguir estos reinos del reino de Anatolia del segundo milenio, la mayoría de los estudiosos se refieren a ellos como "neohititas"».[2] El cuarto grupo étnico de personas conocido como hititas era el pueblo que vivía en la tierra de Canaán. Aunque la mayoría de las traducciones no los diferencian, basándose en estudios recientes, la CSB se refiere a estos «hijos de Het» como heteos.[3]

Descubierto entre los restos de los archivos reales de Boyuk Kale en Bogazkoy, el Tratado de Cades (fechado en 1296 a. C.) es uno de los tratados de paz entre países antiguos más antiguos que se conocen. El tratado fue una alianza entre Hattusilis, rey de los hititas, y Ramsés II de Egipto.

EN ANATOLIA

Hasta finales del siglo XIX, la historia guardaba un relativo silencio sobre los hititas de Anatolia. Las referencias más antiguas a los hititas se encuentran en documentos egipcios. Un documento se refiere a la batalla de Cades en el Orontes entre Ramsés II, un faraón de la XIX Dinastía de Egipto, y Muwatalli, rey de los hititas.[4] Otra referencia a los hititas aparece en las cartas de Amarna. Un rey hitita envió esta carta al faraón Akenatón con motivo de la toma de posesión de este como nuevo rey de Egipto. La carta se ha fechado en torno al 1380 a. C.[5] A principios del siglo XX, los arqueólogos empezaron a excavar en la antigua aldea Anatolia de Hattusa, en la actual Bogazkoy (Turquía). Durante las excavaciones, los arqueólogos descubrieron miles de tablillas cuneiformes escritas en una lengua desconocida. Cuando se descifró el idioma, los estudiosos concluyeron que la lengua hitita no era similar a las lenguas habladas del antiguo Cercano Oriente. Llegaron a la conclusión de que la lengua hitita tenía características de una lengua indoeuropea, es decir, las que se hablaban en Europa y en las zonas del sur y suroeste de Asia a las que los pueblos europeos emigraron y se asentaron.

Los hititas de Anatolia procedían probablemente de la región del Cáucaso, situada entre los mares Negro y Caspio, a principios del tercer milenio antes de Cristo. Tras su llegada, se mezclaron con los antiguos habitantes hititas de Anatolia y acabaron estableciendo un imperio que incluía Anatolia, el norte de Mesopotamia y el Líbano.

Varios acontecimientos contribuyeron a la desaparición del reino hitita en Anatolia. El más importante fue la aparición de invasores, a menudo identificados con los Pueblos del Mar, hacia el año 1200 a. C. Los documentos hititas hablan de una batalla naval de los hititas contra los Pueblos del Mar y del incendio de Hattusa, la capital del Imperio hitita. Además, una grave sequía produjo hambruna en todo el reino, lo que obligó al rey hitita a pedir ayuda a Egipto.

EN CANAÁN

Con el fin del Imperio hitita en Anatolia, una parte de la población se trasladó al norte de Siria, donde continuó y conservó la cultura hitita. Los arqueólogos llaman a este grupo neohititas. Los hititas del norte de Siria vivían en varias pequeñas ciudades-estado, que los asirios conquistaron e incorporaron a su vasto imperio durante los siglos IX y VIII a. C. Según 1 Reyes 10:29, Salomón exportó caballos y carros a los «reyes hititas». Estos reyes hititas eran los gobernantes neohititas de Carquemis, Jamat y Kue (Cilicia).[6]

Pareja de divinidades hititas, plata, datadas hacia 1400-1200 a. C. Estas figuras combinan rasgos de estilo hitita (cabeza y orejas grandes) con elementos sirios (tocado y postura); procedentes de Anatolia.

Cuando Josué se preparaba para entrar en la tierra de Canaán después de la muerte de Moisés, el Señor le prometió a Josué que el territorio de Israel incluiría toda la tierra de los hititas (Jos. 1:4). Los documentos asirios mencionan esta tierra al norte de Canaán, refiriéndose a ella como la tierra de Hatti, la tierra de los hititas.

Los estudiosos no se ponen de acuerdo sobre la identidad de los hititas/heteos dentro de Canaán mencionados en el Antiguo Testamento. Algunos creen que este pueblo pertenecía al grupo de hititas de las regiones de Anatolia. Otros los ven como cananeos nativos, sin conexión con los hititas de Anatolia. Los que sostienen esta segunda opinión señalan el hecho de que todos los habitantes de Canaán mencionados en el Antiguo Testamento tienen nombres semíticos.[7]

Fragmento de vaso de terracota decorado con la imagen de un ciervo; procedente de Alishar, que formaba parte del Imperio hitita; datado entre 1600 y 1400 a. C.

La tabla de las naciones en Génesis 10 incluye al nieto de Noé, Canaán, como padre de Het, la persona que muchos consideran el antepasado de los hititas de Canaán. El Antiguo Testamento indica que los hititas vivieron hasta el sur de Hebrón (Gén. 23:1-3) y Berseba (26:23-25, 33-34). El texto bíblico muestra que los patriarcas y los israelitas posteriores tuvieron mucho contacto con los hititas. Después de la muerte de Sara, Abraham compró la cueva de Macpela a los hititas para enterrar a su esposa (23:3); en hebreo se lee «hijos de Het». La cueva que compró Abraham estaba situada en Hebrón, un lugar también conocido como Quiriat Arbá (23:2), que está en el sur de Judá. Sin embargo, Números 13:29 indica que los hititas también vivían en la región montañosa del centro de Canaán. Esaú, el hijo de Isaac, se casó con dos mujeres heteas (Gén. 26:34; Ezeq. 16:3). Salomón, por su parte, se casó con mujeres hititas de Anatolia o Siria (1 Rey. 11:1).

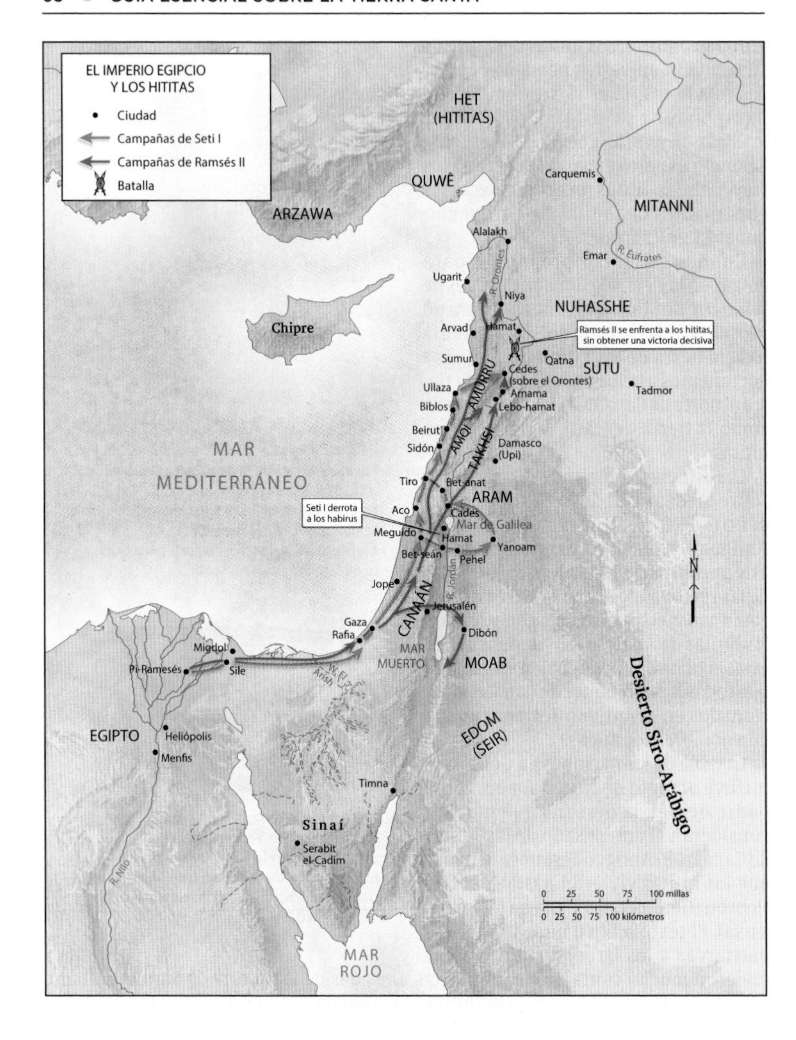
EL IMPERIO EGIPCIO
Y LOS HITITAS
Ciudad
Campañas de Seti I
Campañas de Ramsés II
Batalla
HET
(HITITAS)
QUWÊ
ARZAWA
Carquemis
MITANNI
Alalakh
Emar
R. Éufrates
R. Orontes
Ugarit
Niya
NUHASSHE
Chipre
Arvad
Hamat
Ramsés II se enfrenta a los hititas, sin obtener una victoria decisiva
Sumur
Qatna
SUTU
Cedes
(sobre el Orontes)
Ullaza
Arnama
Tadmor
Biblos
Lebo-hamat
AMURRU
Beirut
AMQI
TAKHSI
Sidón
Damasco
(Upi)
MAR
MEDITERRÁNEO
Tiro
Bet-anat
ARAM
Seti I derrota a los habirus
Aco
Cades
Mar de Galilea
Meguido
Hamat
Yanoam
Bet-seán
Pehel
Jope
R. Jordán
CANAÁN
Jerusalén
Gaza
Rafia
Dibón
Migdol
MAR
MUERTO
MOAB
Pi-Ramesés
Sile
W. El Arish
Desierto Siro-Arábigo
EGIPTO
Heliópolis
EDOM
(SEIR)
Menfis
Timna
Sinaí
Serabit
el-Cadim
R. Nilo
0 25 50 75 100 millas
0 25 50 75 100 kilómetros
MAR
ROJO

INFLUENCIA CULTURAL

Aunque los eruditos han discrepado sobre el alcance de la influencia legal, cultural y religiosa de los hititas en el antiguo Israel, en general están de acuerdo en que el Antiguo Testamento refleja un área de la cultura hitita: la forma del pacto.

El Imperio hitita de la Edad de Bronce Tardía II y III (aprox. 1400-1200 a. C.) proporciona amplios materiales que nos ayudan a estudiar las tradiciones de pacto de Israel. Los pactos más importantes eran tratados internacionales que regulaban las relaciones entre dos unidades sociales o políticas distintas.

La forma del pacto entre Dios e Israel tiene muchos paralelismos con los tratados hititas. Estos incluyen (1) un preámbulo del pacto en el que el Gran Rey se identifica a sí mismo, (2) un prólogo histórico en el que el Gran Rey cuenta lo que ha hecho, (3) las estipulaciones del pacto en las que la nación se obliga a sí misma aceptando las exigencias del pacto, (4) la conservación del pacto, (5) la lectura pública del pacto, (6) la lista de testigos y (7) las bendiciones y maldiciones del pacto.

CONCLUSIÓN

Los hititas establecieron un gran imperio en el segundo milenio a. C. en Anatolia. Los documentos y monumentos que dejaron atrás revelan que su imperio se extendía hasta Mesopotamia y, sin embargo, la gente sabía poco de su historia y cultura hasta hace un siglo. Los hititas se encontraban entre los cananeos con los que los patriarcas se relacionaron para bien y para mal. En muchos sentidos, los hititas y los heteos como pueblo siguen siendo enigmáticos. Al no ser un grupo único, algunas cuestiones relativas a su identidad y orígenes exactos siguen siendo un misterio. A pesar de estas incertidumbres, hay un hecho incuestionable: este pueblo influyó en la historia y la cultura de Israel de muchas maneras.

NOTAS

1 H. A. Hoffner, «The Hittites and the Hurrians», *People of Old Testament Times*, ed. D. J. Wiseman (Oxford: Clarendon, 1973), 197.

2 Hoffner, «Hittites», 199.

3 Bryant G. Wood, «Hittites and Hethites: A Proposed Solution to an Etymological Conundrum», *Journal of the Evangelical Theological Society* (*JETS*), 54.2 (Junio de 2011), 239–50.

4 John Bright, *A History of Israel* (Louisville: Westminster John Knox, 2000), 113.

5 Aharon Kempinski, «Hittites in the Bible: What Does Archaeology Say?», *BAR* 5.5 (1979): 23–24.

6 Kenneth A. Kitchen, «Hittites» en *NIDBA*, 241.

7 Hoffner, «Hittites and Hurrians», 214.

OSEAS EL PROFETA

POR LEON HYATT

Altar cananeo reconstruido establecido por Jeroboán I (930-909 a. C.) en Tel Dan al norte de Israel.

Oseas fue uno de los cuatro profetas escritores que vivieron y predicaron durante el siglo VIII a. C. Isaías y Miqueas sirvieron a Dios en Judá, mientras que Amós y Oseas ministraron en Israel. La única información que tenemos sobre la vida de Oseas es la que aparece en su libro. Referente a su origen, Oseas solo reveló el nombre de su padre, que era Beerí. En cuanto a sus experiencias en la vida, solo habló de su matrimonio. Contó esa historia, no por sí misma, sino como una ilustración de los sentimientos de Dios hacia Israel.

El primer mensaje que Dios le dio a Oseas fue una orden de casarse, pero la clase de mujer con la que Dios le dijo que se casara probablemente le pareció sorprendente y desconcertante. El Señor le dijo a Oseas que tomara para sí «una prostituta» y tuviera con ella «hijos de prostitución» (Os. 1:2). Oseas obedeció a Dios y se casó con una mujer llamada Gómer, hija de Diblayin. La descripción de los hijos que Dios le dijo a Oseas que tomara era exactamente la misma que la descripción de la mujer, literalmente «mujer de fornicación e hijos de fornicación».

El significado de estas extrañas instrucciones ha tenido varias interpretaciones. Algunos sugieren que la mujer y el matrimonio eran solo simbólicos. Este punto de vista busca aliviar la vergüenza de que un profeta se case con una mujer caída. Convertir la historia en un símbolo no alivia el dilema moral, e ignora el hecho de que Oseas contó la historia como una experiencia real. Otros sugieren que Gómer estaba manchada por la inmoralidad, quizás incluso por la prostitución, antes de que Oseas se casara con ella. Este punto de vista entra en conflicto con la santidad de Dios y las normas morales que espera de Sus siervos. Otros plantean que Dios no describió a la mujer en términos de lo que ya era, sino en términos de lo que iba a ser. Esta explicación alivia un poco el dilema moral, pero no aborda el hecho de que los niños fueron descritos con las mismas palabras que la mujer. Las palabras deberían tener el mismo significado en cada caso. Nada en la historia sugiere que los niños fueran culpables de adulterio o prostitución. Una cuarta sugerencia es que «de prostitución» describía la sociedad y la atmósfera en la que todos en Israel vivían en ese tiempo. La razón que Dios dio para Su instrucción a Oseas apoya este punto de vista. Dios le dijo a Oseas que se llevara a la mujer y a los niños «porque el país se ha prostituido por completo. ¡Se ha apartado del Señor!» (1:2). Este punto de vista también explica mejor cómo tanto la mujer como sus hijos podrían ser descritos con las mismas palabras, «de prostitución».

La descripción se ajusta ciertamente a los tiempos en que vivió Oseas. Toda la tierra era infiel a su Dios. Oseas pudo haberse preguntado si alguna mujer y sus hijos podrían vivir y salir de una sociedad tan corrupta y dedicarse a la vida de sacrificio necesaria en una familia de predicadores. Dios le dijo a Oseas que siguiera adelante y se casara. Tenía la intención de utilizar el matrimonio para Sus propios fines.

Con el tiempo, Gómer cayó claramente en las corrupciones de la época y le fue infiel a Oseas. El primer indicio lo encontramos en 1:3, que dice que Gómer dio a luz al hijo de Oseas, mientras que los versículos 6 y 8 solo dicen que Gómer dio a luz a una hija y luego a un segundo hijo. El texto no afirma definitivamente que la hija y el segundo hijo fueran de Oseas. Oseas 2:2-13 parece describir la angustia de Oseas porque su mujer se había prostituido abiertamente. Sin embargo, a partir del versículo 6, la redacción no describe la angustia de Oseas, sino la angustia de Dios por la infidelidad de Israel hacia Él. En el capítulo 3, Oseas menciona que Dios le dijo que fuera a amar a una adúltera. En respuesta, Oseas compró a una mujer de la esclavitud por el precio del menos valioso de los esclavos. El capítulo implica que ella había caído en la degradación y la esclavitud a causa de sus pecados. Oseas la llevó a su casa y le propuso que ambos vivieran sin intimidad física entre ellos ni con otros durante muchos días. Al parecer, su propósito era darles tiempo para adaptarse el uno al otro y ver si querían volver a intentar su matrimonio. Algunos sostienen que esta mujer es otra persona que no es Gómer. Esta explicación es antinatural y forzada. ¿Qué profeta llevaría a vivir con él a una mujer que no fuera su esposa? No es necesario suavizar el impacto total de la experiencia de Oseas con Gómer. Su experiencia muestra poderosamente el sorprendente amor y el perdón de un hombre verdaderamente enamorado. También muestra cómo esta mujer tuvo que aprender a amar a su marido lo suficiente como para serle fiel.

JOACIM: LA CARRERA HACIA EL DESASTRE

POR LEON HYATT JR.

Carquemis se alza en el horizonte, justo a la izquierda del centro; esta ciudad estuvo bajo dominio hitita y luego neoasirio. Nabucodonosor derrocó Carquemis en el 605 a. C. y la incorporó al Imperio babilónico. Tras la caída de Carquemis, el padre de Nabucodonosor, Nabopolasar, murió, acontecimiento que hizo que Nabucodonosor regresara a Babilonia para gobernar.

La historia de Daniel comienza «en el año tercero del reinado del rey Joacim de Judá» (Dan. 1:1). Cuando Joacim subió al trono de Judá, el Imperio asirio estaba inmerso en sus desesperadas luchas finales con el creciente poder de Babilonia. La propia nación de Joacim, Judá, estaba agonizando a causa de sus rebeliones contra Dios. El reinado de Joacim (608-598 a. C.) no hizo más que empeorar las cosas.

ASCENSO AL TRONO

El padre de Joacim era el buen rey Josías (640-609 a. C.), pero Josías cometió un grave error cuando intentó impedir que el faraón egipcio Necao (Jer. 46:2) llevara su ejército más allá de Judá. El propósito de Necao era ayudar a los asirios contra los ejércitos del rey Nabopolasar de Babilonia. Josías dirigió personalmente su ejército contra Necao en Meguido y fue asesinado, por lo que el pueblo de Judá eligió al hijo de Josías,

Joacaz, como sucesor (2 Rey. 23:29-30; 2 Crón. 35:20-25). Antes de enfrentarse a los babilonios, el faraón Necao mandó llamar a Joacaz y lo destituyó. Más tarde lo llevó a Egipto como prisionero, donde murió (2 Rey. 23:33-34; 2 Crón. 36:14). Necao sustituyó a Joacaz por otro hijo de Josías, Eliaquín, de veinticinco años, rebautizado como Joacim, que gobernó durante once años (2 Rey. 23:36; 2 Crón. 36:5).

Necao también obligó a Judá a pagar una enorme cantidad de tributos (2 Rey. 23:34-35; 2 Crón. 36:3), lo que obligó a Joacim a comenzar su reinado bajo una fuerte opresión y una aplastante carga financiera.

CONDICIONES SOCIALES Y POLÍTICAS

En el plano interno, la nación de Judá estaba inmersa en un grave desorden debido a la rebelión profundamente arraigada de su pueblo contra Dios. Josías había hecho un sólido esfuerzo por convencer al pueblo de Judá de volver a Dios (2 Rey. 22:1-23:25), pero sus esfuerzos fracasaron. Los sacerdotes y el pueblo solo respondieron con una sumisión pasiva (23:3,9), y Dios prometió destruirlos (vv. 26-27). Joacim aumentó la ira de Dios al unirse al pueblo en su rebelión.

A nivel internacional, Judá se enfrentaba con la opresión de todas las naciones agresivas del antiguo Cercano Oriente. Después de poner a Joacim bajo su autoridad, Necao luchó con los ejércitos de Babilonia durante tres años. Luego, el rey Nabopolasar de Babilonia envió a su hijo Nabucodonosor con un ejército masivo para atacar a los egipcios en Carquemis, donde Nabucodonosor obtuvo una victoria rotunda.

Nabucodonosor persiguió al desvencijado ejército egipcio todo el camino de regreso a Egipto. Cuando Nabucodonosor pasó por Judá, puso a Joacim bajo su control. Judá se convirtió entonces en una nación sometida a Babilonia en lugar de a Egipto (2 Rey. 24:1). En ese momento, Nabucodonosor hizo cautivos a algunos de los jóvenes más prometedores de las principales familias de Judá y los envió a Babilonia para que sus sabios pudieran entrenarlos. Su plan era utilizar a estos cautivos más tarde para controlar al pueblo israelita. Entre los jóvenes estaban Daniel, Ananías, Misael y Azarías, cuyos nombres los babilonios cambiaron a Beltsasar, Sadrac, Mesac y Abednego (Dan. 1:17).

Mientras estaba en Egipto, Nabucodonosor recibió la noticia de que su padre había muerto, y se apresuró a regresar a casa para ser instalado como rey del Imperio neobabilónico. Gobernó como monarca absoluto del 605 al 562 a. C., aunque con un interludio divinamente orquestado para doblegar su orgullo (4:1-37).

Joacim fue coherente. No importaba que Egipto, Asiria o Babilonia estuvieran en ascenso, él se las arreglaba para ser oprimido por cada uno.

LAS POLÍTICAS INSENSATAS DE JOACIM

El rey Joacim no podía estar más equivocado en la forma en que abordó sus problemas. Para pagar el dinero del tributo que Necao le exigía, impuso un alto impuesto sobre la propiedad a todo su pueblo (2 Rey. 23:35). Al mismo tiempo, recibió un fuerte ataque de Jeremías por construir un elaborado palacio y no pagar los salarios a los que trabajaron en su construcción (Jer. 22:13-17).

Queriendo liberarse de la fuerte opresión de Nabucodonosor, Joacim decidió aprovechar un momento en que Nabucodonosor estaba ocupado con otros problemas, por lo que se rebeló contra él. La respuesta de Nabucodonosor fue alentar a los incursores caldeos, sirios, moabitas y amonitas para que atacaran Judá (2 Rey. 24:12).

Estas naciones, también oprimidas por Nabucodonosor, podrían haberse unido a Joacim para buscar mejores condiciones para todos ellos; pero el error de juicio de Joacim hizo que todos se volvieran contra él. Judá se quedó solo, rodeado de naciones enemigas.

Joacim hizo frente a las críticas proféticas persiguiendo a los profetas. Jeremías predicó durante todo el reinado de Joacim y dirigió muchos de sus sermones hacia el rey. Joacim rechazó todas las advertencias de Jeremías. Cuando Jeremías hizo que su escriba Baruc leyera todo el rollo de sus sermones en el templo, Baruc fue llevado ante los funcionarios de Judá en el palacio del rey para leerles el rollo. Los funcionarios, a su vez, llevaban el rollo al rey y se lo leían. Cada vez que se le leían unas cuantas columnas al rey, Joacim las cortaba del rollo y las arrojaba al fuego. Continuó hasta que no quedó nada. Sin embargo, Jeremías pudo reproducir todo el rollo y añadir mucho más (Jer. 36:1-32). A causa de las rebeliones de Joacim, Jeremías profetizó que el pueblo no lloraría la muerte del rey y que su cuerpo sería arrojado a un campo abierto como el cadáver de un burro (22:18-19; 36:30).

Probablemente debido a una segunda rebelión, Nabucodonosor finalmente puso grilletes a Joacim para llevarlo a Babilonia como prisionero (2 Crón. 36:6). Ni la Escritura ni los registros babilónicos dicen cómo murió realmente Joacim o cómo se cumplió la profecía de Jeremías sobre el abandono y la exposición del cuerpo de Joacim, pero debe haber sido doloroso y humillante.

Once años y tres meses después del cautiverio de Joacim, Nabucodonosor invadió Judá, mató a muchos de sus habitantes y se llevó en cautiverio a la mayoría de los restantes (2 Rey. 24:8, 18-25:21). Joacim fue en parte culpable de ese terrible desastre.

JUDÍOS EN LA ROMA DEL SIGLO I

POR WILLIAM B. TOLAR

Edificio del Senado en el Foro Romano.

Cuando su vida corría grave peligro en Egipto, Julio César fue rescatado por un ejército mercenario judío. Los romanos habían elegido antes a un idumeo llamado Antípatro (el padre de Herodes el Grande) para que fuera asesor militar de los líderes nacionales judíos. Antípatro dirigió el ejército que rescató a César. Como resultado, César recompensó a los judíos por su ayuda concediéndoles privilegios y derechos especiales tanto en materia de impuestos como en sus prácticas religiosas. También nombró a Antípatro como gobernador[1] de los judíos, pero, por supuesto, bajo la autoridad romana.

Así Antípatro (y su hijo Herodes) se hizo de algunos amigos poderosos e influyentes en Roma. Los comerciantes judíos serían ahora más bienvenidos en Roma, y sus oportunidades de negocio aumentaron enormemente. Las familias judías podían trasladarse a la gran ciudad y vivir allí con la aprobación de quienes seguían el poderoso liderazgo de Julio César. Incluso después del asesinato de César en el 44 a. C., sus partidarios y sucesores Marco Antonio y Octavio (más tarde designado como César Augusto) impulsaron a que el Senado romano, en el 40 a. C., proclamara a Herodes «rey de los judíos» bajo el dominio romano. Los privilegios fiscales y religiosos especiales que Julio César había concedido continuaron. Los caminos y las vías marítimas siguieron abiertos de par en par para la expansión de la presencia judía en Roma. Los judíos monoteístas no tenían que adorar a los dioses y diosas nacionales de Roma.

Casa de Augusto en el Monte Palatino de Roma.

Así que para cuando nació Jesús (durante el reinado de Augusto, sobrino nieto de Julio César), el pueblo judío había disfrutado de privilegios especiales bajo la soberanía de Roma durante casi cuarenta años. Herodes el Grande (reinó 37-4 a. C.) fue un brillante hombre de negocios y uno de los principales constructores de la historia. Dirigió una increíble actividad comercial que atrajo a empresarios, arquitectos e ingenieros romanos al país para ayudar a construir ciudades como Cesarea Marítima. El comercio entre este gran puerto marítimo y Roma era diario y directo. Los comerciantes judíos y sus familias tenían acceso directo a la capital. Su número probablemente aumentó en los años precedentes al nacimiento de Cristo, mientras Herodes y los miembros de su familia ejercían influencia con los dirigentes de Roma.

Moneda de César Augusto.

En la última parte del siglo I a. C. y en la primera mitad del siglo I d. C., los judíos de Roma parecen haber vivido y trabajado en general como lo hacían en otras ciudades del mundo en aquella época. Residían en estrecha proximidad debido a las diferencias raciales y religiosas con la mayoría de los habitantes de Roma. La vida cotidiana de los judíos devotos se centraba en la vida familiar, el trabajo y las actividades de la sinagoga local. Su monoteísmo los separaba de sus vecinos paganos politeístas, por lo que probablemente pasaban su tiempo principalmente con otros judíos, excepto para las actividades comerciales. En Roma había otros enclaves raciales y religiosos, por lo que los judíos no eran los únicos que vivían segregados entre los suyos en la gran ciudad.

Sin embargo, los judíos debían tener especial cuidado en Roma, que era relativamente tolerante con las religiones extranjeras si estas no eran políticamente activas y no promulgaban la rebelión contra Roma y sus religiones nacionales. Los politeístas podían adorar a los dioses de Roma, pero los judíos no; así que tenían que ser muy cuidadosos para demostrar que eran leales, honestos, trabajadores y que no representaban una amenaza a las costumbres y principios de Roma.

Los romanos toleraban por sus principios a la mayoría de los grupos religiosos como potenciales invocadores de las gracias divinas de todos los dioses sobre el estado y la sociedad. Sin embargo, solo los judíos estaban exentos de apoyar el culto imperial debido a los favores especiales que Julio César y sus sucesores les concedían. Estos privilegios especiales, y la rigurosa y agresiva defensa de ellos por parte de los judíos, hicieron que muchos romanos los despreciaran. Los judíos no adoraban a los emperadores divinizados ni servían en las legiones militares de Roma, pero la comunidad judía no era lo suficientemente numerosa como para resultar un peligro real. En la propia Roma, las normas que regían a los judíos eran algo más estrictas que en otras partes del imperio, y en varias ocasiones los judíos fueron exiliados de la ciudad. Sin embargo, en general no fueron molestados. Los privilegios concedidos a los judíos monoteístas, a pesar de su negativa a rendir culto a los emperadores, solo eran posibles porque su religión se limitaba a una única y pequeña raza.

Si una religión no romana no hacía proselitismo entre los ciudadanos romanos para alejarlos de su religión nacional, no rechazaba la obediencia al Estado negándose a pagar impuestos, no amenazaba la moralidad pública o no creaba conflictos públicos,

Roma solía ser tolerante con ella. Los funcionarios podían ser indiferentes a las distintas religiones cuando la tolerancia servía a sus propósitos, y podían ser increíblemente brutales cuando no era así.

Judíos y prosélitos de Roma estaban en Jerusalén en Pentecostés cuando Pedro predicó su sermón sobre Cristo (Hech. 2:10-11). Con alta probabilidad, algunos judíos convertidos volvieron a Roma y fundaron la primera iglesia cristiana en la capital. La fecha habría sido entre el 28 y el 30 de nuestra era.

En su segundo viaje misionero, Pablo conoció a una pareja judía llamada Aquila y Priscila en Corinto «hacía poco habían llegado de Italia, porque Claudio había mandado que todos los judíos fueran expulsados de Roma» (Hech. 18:2). Tras muchos años de tolerancia por parte de los previos emperadores hacia las religiones no romanas, Claudio, durante su reinado (41-54 d. C.), emitió un edicto (hacia el año 49 d. C.) que desterraba a los judíos de Roma. Según el historiador romano Suetonio, Claudio lo hizo porque «los judíos provocaban constantemente disturbios a instancias de *Chresto*».[2] Muchos estudiosos creen que se trataba de una referencia confusa o mal escrita de *Christus*, la grafía latina de Cristo. Al parecer, los judíos incrédulos de Roma habían reaccionado violentamente a la predicación cristiana de que Jesús era el Cristo, como lo encontramos en Hechos como respuesta a la predicación de Pablo. El decreto del emperador significó la expulsión de muchos judíos y cristianos judíos de sus hogares. Por lo tanto, la iglesia de Roma estaba compuesta principalmente por cristianos gentiles hasta que se permitió el regreso de los judíos después del reinado de Claudio.

NOTAS

1 Josefo, *Guerra* 1.10.3.

2 Suetonio, *Claudius* 25.4.

JEZABEL AL DESCUBIERTO

POR JULIE NALL KNOWLES

Mirando hacia el Mediterráneo, columnas romanas se asientan sobre antiguos cimientos en Tiro, ciudad natal de Jezabel.

El escritor de 2 Reyes (9:37) odiaba tanto a la esposa extranjera de Acab que puntuó inteligentemente el hebreo *yzbl* para que su nombre se pronunciara como la palabra de ellos para «pila de estiércol» (un epíteto burdo): *'i-zebul* («¿dónde está el príncipe [Baal]?») se convirtió en *'i-zebel* («¿dónde está el estiércol?»).

Jezabel se casó con Acab para sellar una unión diplomática entre el monarca de Israel y su padre Itobaal (el bíblico Et Baal), que en el 887 a. C. usurpó el trono de Tiro, la ciudad insular conocida como fortaleza.

Dos años después, un comandante llamado Omrí tomó el control de Israel. Para la nueva ciudad de Omrí en la colina de Samaria, Itobaal probablemente obtuvo más comercio que Hiram, el rey tirio que ayudó a construir el templo de Salomón. Mientras tanto, el brutal Asurnasirpal II gobernaba la expansión de Asiria, e Israel se convirtió en un amortiguador entre la amenaza oriental y el mar. Para asegurar su alianza, Itobaal sugirió a Omrí que su hija se casara con el príncipe heredero de Israel o negoció directamente con Acab después de que éste se convirtiera en rey.

En aquella época, las princesas eran movidas como peones en juego político. Los conquistadores exigían familias como tributo (1 Rey. 20:3), un rey de Tiro llevó «sus hijas, sus sobrinas y su hijo al otro lado del canal para el rey asirio».[1] Los monarcas daban sus hijas a oficiales (1 Rey. 4:11,15) o a gobernantes amigables (2 Sam. 3:3; 1 Rey. 3:1; 11:1). Las esposas diplomáticas funcionaban como representantes de los estados de sus padres: los harenes reales competían por los mercados para intercambiar bienes y servicios de su patria.[2]

Próspera y poderosa, Tiro se erigía en una isla resplandeciente ,«hermosa y perfecta» (Ezeq. 27:3) con un magnífico templo al dios de la lluvia Baal. «Allí lo vi», escribió Heródoto. «Había dos pilares, uno de oro refinado y otro de esmeralda, un gran pilar que brillaba en la noche».[3] Es posible que los ingenieros tirios hayan copiado estas columnas como Jaquín y Boaz para el templo de Jerusalén (2 Crón. 3:17); es posible que se hayan erigido pilares similares para el templo de Baal que Acab construyó en Samaria (1 Rey. 16:32). Según Josefo, Itobaal era sacerdote de la diosa de la fertilidad Astarté (Astoret),[4] por lo que Acab también proveyó ese culto (16:33).

La hija de un sacerdote y de un rey extendería una substancial influencia extranjera. Es posible que el personal pagano de la mesa de Jezabel (1 Rey. 18:19) viniera con ella. Todos ellos estaban dispuestos a hacer proselitismo en Israel. Tiro vendía muchos lujos: tinte púrpura, artículos de metal precioso, tallados de marfil, incluso monos exóticos (1 Rey. 10:22). Como agente de su patria, es posible que Jezabel haya decorado el palacio de Israel con marfiles de estilo fenicio, de tal manera que fue calificado como la «casa de marfil» de Acab.

Parece que Acab se enamoró completamente de ella. «Es más que probable que su aspecto no fuera semítico».[5] Con sus cosméticos comunes, el colorete de cochinilla acentuando los labios y las mejillas (Cant. 4:3), la galena haciendo que los ojos parezcan

Escalera monumental situada en la cima de la antigua Samaria, ciudad cuyo nombre se cambió posteriormente por el de Sebaste. La escalinata, que podría encontrarse cerca del emplazamiento del palacio de Acab, formaba en realidad parte de un templo construido durante el reinado de Septimus Severus (193-211 d. C.). Samaria fue la capital del reino septentrional de Israel.

más grandes (Jer. 4:30; Ezeq. 23:40), la henna en las uñas y las flores en el pelo,[6] Jezabel debió haber causado un gran revuelo. Aunque Acab tenía un harén (1 Rey. 20:3-7), nunca se nombra a otra mujer. Además, Jezabel era educada y eficiente.

Mientras que la prostitución en el templo honraba a Astarté, el baalismo apoyaba las ofrendas humanas (Jer. 19:5; 32:35); el judaísmo prohibía ambas prácticas. Seguramente alguien protestó por las muertes en Jericó. Es posible que Jezabel contraatacara eliminando a muchos profetas (1 Rey. 18:4,13), o que creara lugares para los portavoces de su corte.

Al relatar la historia de Jezabel, Crónicas identificó la apostasía de Israel con la promiscuidad sexual. Jezabel promovió la prostitución en el templo que embrujó a muchos israelitas, de la misma manera en la que había encantado a Acab.

En su actuación final, Jezabel no hizo de prostituta ni de bruja, sino de reina. La *gebirah* (reina madre) de Israel podría haber recabado el apoyo popular con una apariencia real. En consecuencia, Jezabel se aplicó cosméticos, enfatizó los ojos con una pintura gris azulada llamada *puk*,[7] y se arregló el pelo, cubriéndolo con una fina tela «envuelta a modo de turbante».[8] Como una regente, se colocó en una ventana de su palacio en Jezrel. Cuando llegó Jehú, el asesino de su hijo, Jezabel se burló de Jehú llamándolo «Zimri», otro asesino que tuvo un corto reinado. A la orden de Jehú, Jezabel fue arrojada desde la ventana al pavimento. Su sangre salpicó al pasar por encima de su cuerpo sin vida (2 Rey. 9:30-33).

NOTAS

1 Richard S. Hanson, *Tyrian Influence in the Upper Galilee* (Cambridge, MA: ASOR, 1980), 10.

2 Victor H. Matthews y Don C. Benjamin, *Social World of Ancient Israel, 1250–587, BCE* (Peabody, MA: Hendrickson, 1993), 165.

3 Heródoto, *Historias* 2.44.

4 Josefo, *Contra Apión* 1.18.

5 Norah Lofts, *Women in the Old Testament: Twenty Psychological Portraits* (Nueva York: Macmillan, 1949), 143.

6 Edith Deen, *The Bible's Legacy for Womanhood* (Nueva York: Doubleday, 1969), 128–29.

7 Victor H. Matthews, *Manners and Customs in the Bible*, ed. rev. (Peabody, MA: Hendrickson, 1991), 122.

8 Deen, *Bible's Legacy*, 129.

JOAB: UN HOMBRE QUE SEGUÍA SU CORAZÓN

POR T. VAN MCCLAIN

El bosque de Efraín donde Joab desobedeció la orden del rey David de perdonar la vida a Absalón.

La Escritura describe a David como un hombre según el corazón de Dios (1 Sam. 13:14). Joab podría ser descrito acertadamente como un hombre que iba tras su propio corazón.

Joab era el hijo de la hermana de David, Sarvia. Sus tres hijos excepcionales eran Abisay, Joab y Asael. Abner, un general enemigo, mató de mala gana a Asael en defensa propia (2 Sam. 2:19-23). Más tarde, Abner se pasó al bando de David, pero Joab lo asesinó a traición. David repudió claramente algunas de las acciones de Joab, pero no lo enfrentó por sus crímenes.

Joab se convirtió en comandante del ejército de David debido a su valentía en la toma de Jerusalén. Joab demostró ser un hábil guerrero y comandante en una batalla contra fuerzas amonitas y arameas (10:6-14). Cuando el rey David cayó en pecado con Betsabé, Joab ayudó al rey en su plan homicida para acabar con la vida de Urías el hitita. En 2 Samuel 12:26-31 se describe la conquista de Rabá, la capital de los amonitas, por parte de Joab; al parecer, quiso honrar al rey David concediéndole el privilegio de dirigir el ejército en la ciudad. ¿Fue esto un acto de respeto a David? En realidad,

Parte del túnel de agua subterráneo que conduce desde el interior de la ciudad de Jerusalén hasta una fuente de agua exterior. Al final del túnel hay un pozo de 12 metros (43,5 pies) que desciende hasta el manantial de Guijón. El sistema de túneles permitía a los habitantes de Jerusalén tener acceso al agua, incluso cuando la ciudad era atacada desde el exterior.

sus acciones podrían haber sido con doble intención, tanto de mostrar respeto como de proteger su posición.

El hijo de David, Absalón, mató a su hermano Amnón en venganza por haber violado a su hermana; luego huyó del país. Joab contribuyó a reconciliar a Absalón con su padre, David. Sin embargo, Absalón intentó entonces usurpar el trono. En una batalla posterior, Joab dio muerte a Absalón, atravesándole el corazón con lanzas mientras colgaba de sus cabellos en un árbol, aunque David había indicado claramente que no quería que Absalón muriera. David lloró por Absalón, pero Joab lo convenció de que no se lamentara. En un intento de ganarse la confianza de los que habían seguido a Absalón y a Amasá, David le ofreció a Amasá el mando del ejército en lugar de a Joab. Amasá aceptó la oferta y, por celos, Joab lo asesinaría más tarde.

Joab mostró cierta sabiduría al aconsejar al rey David que no hiciera el censo, pero Joab fue desestimado y el censo se hizo (cap. 24). Como consecuencia del pecado de David, una gran pestilencia cayó sobre Israel.

Joab mostró a veces lealtad a David y le ofreció buenos consejos, pero Joab era un hombre que seguía su propio corazón y no buscaba el de Dios. Como resultado, recibió su justa recompensa (1 Rey. 2:34).

JOEL: EL HOMBRE Y SU MINISTERIO

POR ALLAN MOSELEY

Óstracon hallado en el monasterio de Epifanio, cerca de Luxor (Egipto). Contiene un texto del libro de Joel.

No se sabe nada del profeta Joel fuera de su libro. El Antiguo Testamento menciona a varios otros hombres llamados Joel, pero ninguno de ellos podría ser el profeta. El padre de Joel, Petuel (1:1), también es desconocido. Tal vez Joel no proporcionó más información sobre sí mismo porque era bien conocido por sus contemporáneos y no era necesaria una mayor introducción. El libro no revela nada sobre la ciudad natal y la ocupación de Joel. Dado que Joel parece haber tenido simpatía por el templo y el sacerdocio (1:9,13,16; 2:14,17), algunos han sugerido que era un sacerdote o un profeta del templo. Esto, sin embargo, es una especulación; cualquier israelita fiel al Señor habría pensado a menudo en el culto del templo. Otros han especulado que las frecuentes referencias de Joel a Jerusalén (2:1,15,23,32; 3:1,16,17,20) indican que debió vivir en Jerusalén o cerca de ella. Esto tampoco se sabe; todos los israelitas ortodoxos consideraban que Jerusalén era el centro de la actividad y el plan del Señor.

¿Qué podemos saber entonces de Joel? En primer lugar, que conocía la ley del Señor. En 2:13, citó Éxodo 34:6. Declaró que la plaga de langostas de su época era el juicio del Señor. Es probable que Joel supiera que la ley establecía que uno de los juicios del Señor por el pecado de Israel sería una plaga de langostas. Según Deuteronomio 28:38, uno de los resultados del pecado de Israel sería que el pueblo sembraría «en [sus] campos mucho, pero [cosecharía] poco, porque las langostas devorarán [sus] plantíos».

En segundo lugar, Joel creía que el Señor lo gobierna todo. La gestión de la plaga de langostas por parte del Señor demostró que Él gobierna la naturaleza. La nube de langostas era «su ejército» y «su campamento» (2:11). El Señor las llamó «ese gran ejército [...] que envié contra ustedes» (2:25). Joel también creía que el Señor gobierna las naciones y sus historias. En concreto, el libro de Joel menciona a los fenicios (Tiro y Sidón, en 3:4), los filisteos (v. 4), los griegos (v. 6), los sabeos (v. 8) que dominaban las rutas comerciales de Arabia, los egipcios (v. 19) y los edomitas (v. 19). Joel oyó que Dios convocaba a estas naciones y a todas las demás para que escucharan el veredicto de Su juicio sobre ellas (2:2,11,12). Él, el Señor, determinaría su futuro, así como determina todo el curso de la historia humana.

En tercer lugar, Joel se preocupaba profundamente por la condición espiritual del pueblo de Israel. Los llamó apasionadamente a lamentarse por su pecado y sus repercusiones, y les imploró que se arrepintieran (2:12-14). El arrepentimiento superficial, o la observancia de rituales de arrepentimiento, no sería suficiente. El mero rasgado de las vestiduras como señal de arrepentimiento era insuficiente. Joel vio que el Señor exigía que el pueblo se rasgara el corazón con luto por el pecado, se convirtiera de su pecado y volviera al Señor (vv. 12-13). Joel llamó urgentemente a todo el pueblo a reunirse para buscar al Señor (vv. 15-17).

En cuarto lugar, Joel se preocupaba por la gloria del Señor, o Su reputación. Incitó al pueblo a orar para que el Señor los perdonara, de modo que otros pueblos no cuestionaran la presencia o el poder del Señor (v. 17). La gloria de Israel no era lo que motivaba a Joel; era la gloria del Señor. Joel quería que la gloria del Señor se manifestara para que la gente lo conociera. Vio que un propósito de la actividad del Señor en la historia era mostrarse para que la gente lo conociera (2:26-27; 3:17).

En quinto lugar, es evidente que Joel conocía la predicación de otros profetas. Las palabras que utilizó Joel reflejan a menudo un conocimiento profundo de los mensajes de otros profetas. El ejemplo más conocido es la referencia de Joel al «día del SEÑOR» (1:15; 2:1,11,31; 3:14). Otros profetas utilizaron la misma frase para referirse al juicio

Placa del templo de Fosse, en Laquis, que representa a una mujer asomada a una ventana con balaustrada, un tema popular fenicio, posiblemente relacionado con la diosa Astarté y la prostitución como ritual.

venidero del Señor (Isa. 13:6,9; Jer. 46:10; Ezeq. 30:3; Amós 5:18; Abd. 15; Sof. 1:14). A menos que Joel haya acuñado la frase, probablemente la haya escuchado de otros profetas, y la utilizara de la misma manera. Cuando Joel llamó a las naciones a una confrontación con el juicio del Señor, las invitó a convertir sus azadones en espadas y sus hoces en lanzas (3:10). Tanto Isaías como Miqueas utilizaron esas mismas palabras (Isa. 2:4; Miq. 4:3), pero Joel las utilizó al revés. La referencia de Joel al rugido del Señor desde Sión (3:16) se encuentra también en Amós 1:2. La imagen de una fuente que fluye del templo (Joel 3:18) está en la visión de Ezequiel de un templo futuro (Ezeq. 47:1). Es evidente que Joel conocía lo que otros profetas habían predicado. Aunque el Señor lo inspiró de forma única para escribir un mensaje distinto a través de su propia personalidad, Joel hace uso del lenguaje profético común indicando que valoraba mucho la obra de otros profetas bíblicos.

En sexto lugar, Dios le dio a Joel visiones del futuro. Algunas profecías parecen referirse al futuro cercano (2:18-27), otras a un futuro distante (3:1-8) y otras al futuro lejano (2:28-32; 3:9-21). Algunas de las profecías de Joel predicen el juicio y otras la bendición. A corto plazo, Dios restauraría lo que se había perdido en la plaga de langostas (2:19-27). Joel 3:1-8 parece referirse a un tiempo más lejano en el que Dios juzgaría a los enemigos de Israel. Aún más adelante, Dios prometió que derramaría Su Espíritu «sobre todo género humano» (2:28-29). El apóstol Pedro citó esa profecía cuando predicó el día de Pentecostés después de la ascensión de Jesús, así que esas palabras de Joel se refieren a la era de la iglesia en la que vivimos. Dos de las profecías de Joel parecen llegar en un tiempo aún por venir. Joel describió acontecimientos cósmicos ominosos (2:30-32) que se asemejan a las imágenes apocalípticas del libro del Apocalipsis. Y en 3:9-21, Joel profetizó que un día Dios juzgará a todas las naciones y restaurará toda la creación. En algún momento del futuro, Dios reunirá a las naciones para que escuchen Sus juicios contra ellas y vean la exaltación del pueblo de Dios y de la ciudad de Dios, Jerusalén (3:16,17,21).

JONÁS: ESCENARIO HISTÓRICO

POR JOHN L. HARRIS

Fragmento de un poema épico sobre las hazañas militares del rey asirio Tukulti-Ninurta I, fechado hacia 1230-1210 a. C.

Dios habló a Jonás en la primera mitad del siglo VIII, cuando Jeroboán II (793-753 a. C.) gobernaba Israel y el Imperio asirio atravesaba un período de decadencia. La debilidad asiria permitió a Jeroboán II recuperar grandes cantidades de territorio que había perdido anteriormente (2 Rey. 14:25).

NÍNIVE Y EL IMPERIO ASIRIO

La antigua Nínive estaba situada en Mesopotamia, a orillas del Río Tigris. Era una de las ciudades más antiguas e importantes de la antigua Asiria. En el tercer milenio a. C., Nínive formaba parte del Imperio acadio y era un importante centro religioso y cultural. En esta época se construyó el templo de Ishtar. Sin embargo, la ciudad no cobró protagonismo hasta el año 1500 a. C., cuando los reyes asirios construyeron varios palacios nuevos y renovaron el templo de Ishtar. A finales del siglo VIII, el rey asirio Senaquerib (704-681 a. C.) hizo de Nínive su capital.

Durante la mayor parte del siglo IX, Asiria vivió una de las épocas doradas de su historia. Sin embargo, en el año 827 a. C. estalló una gran rebelión porque el rey

Obelisco de piedra caliza negra del rey asirio Salmanasar III (858-824 a. C.). Erigido en el centro de Nimrud, representa sus campañas militares y los tributos recibidos.

Salmanasar III (858-824 a. C.) fue incapaz de contener el poder de los gobernadores provinciales que usurparon su autoridad. Aunque los rebeldes fueron derrotados en el año 820, los años de luchas internas debilitaron la nación y marcaron el inicio de un siglo de discordia interna y de importante deterioro para Asiria.[1]

Cuando Adad-Nirari III (810-783 a. C.) accedió al trono de Asiria, heredó un reino débil y en decadencia. La situación no hizo más que empeorar, ya que tras la muerte de Adad-Nirari III, lo sucedieron una serie de reyes débiles: Salmanasar IV (782-773 a. C.), Assur-Dan III (772-755 a. C.) y Assur-Nirari V (754-745 a. C.). Este período fue el más débil del Imperio neoasirio. Menos poderosos, los reyes asirios disminuyeron sus campañas en el extranjero y tuvieron que hacer frente a rebeliones internas en las ciudades de Assur, Arrapha y Cala.

Además de las luchas políticas y militares de este período, los asirios experimentaron varios fenómenos naturales, como hambruna, un eclipse solar total y un terremoto, lo que muchos asirios atribuyeron a la ira divina.[2] Según la crónica epónima asiria, durante el reinado de Assur-Dan III, los males de la nación se vieron agravados por la hambruna que se produjo en el 765 a. C. y que volvió en el 759 o que fue continua durante todo el septenio.[3] El 15 de junio del 763 a. C., Asiria experimentó un eclipse total, un acontecimiento que el pueblo habría considerado una señal ominosa. Aunque no hubiera dañado directamente al imperio, un eclipse ciertamente habría generado ansiedad e inquietud considerables. Al ser un evento peculiar, el eclipse dio lugar a profecías sobre desastres públicos. Las predicciones incluían declaraciones como «una deidad golpeará al rey y el fuego consumirá la tierra» y «los muros de la ciudad serán destruidos».[4] Otro presagio natural, un terremoto (Amós 1:1), ocurrió durante el reinado de Jeroboán II. En los textos asirios, un terremoto se consideraba una señal amenazadora tanto para el rey como para la nación.

NÍNIVE Y EL LIBRO DE JONÁS

Durante el siglo VIII, un rey asirio, los nobles y el público en general habrían dado a un profeta visitante el respeto y la consideración adecuados. Según los textos Mari, los hombres de una ciudad-estado solían entrar en otra con fines políticos, médicos y religiosos; los profetas solían formar parte de las delegaciones enviadas de un país a otro para negociar los términos de los tratados.[5] El uso de la frase «rey de Nínive», en lugar de «rey de Asiria», y la mención de los «nobles» (Jon. 3:6-7) han causado cierta confusión. La Biblia hebrea suele designar a un rey por una sola ciudad dentro de la región que gobernaba. Tal vez el paralelismo más cercano al «rey de Nínive» se encuentre en 1 Reyes 21:1, donde Acab es llamado «rey de Samaria» en contraste con «rey de Israel».[6]

Modelo de terracota de pulmón de oveja utilizado para enseñar adivinación.

Es evidente que un rey podía estar asociado a la capital o a una ciudad principal dentro del imperio. A la luz de la debilidad de la monarquía asiria y del poder de los gobernadores provinciales, la mención de los «nobles» probablemente indica que la posición del rey asirio era tan inestable que cualquier acción o proclamación requería aprobación por parte de los gobernadores provinciales.[7]

Imagen votiva de la diosa asiria de la guerra y la fertilidad, Ishtar.

Claramente la vida de los ninivitas era difícil al momento de la visita de Jonás. Con todas las luchas políticas y las calamidades naturales todavía frescas en sus mentes, los ninivitas podrían haber tenido un sentido de urgencia y posiblemente eran sensibles a los signos y presagios. El sistema de creencias asirio, que mantenía la existencia de un vínculo entre los acontecimientos celestiales y terrenales, fue sin duda la base para aceptar la presencia y predicación de Jonás como una advertencia divina.[8] La tradición asiria dictaba que cuando se producía un eclipse, el rey declaraba un ayuno solemne y entregaba su cargo de autoridad a un monarca sustituto hasta que pasara el peligro previsto para el trono debido a la ira divina.[9] Según Jonás 3:5-9, después de escuchar el mensaje de Jonás, el pueblo de Nínive proclamó un ayuno y se adornó con cilicio, y el «rey de Nínive» bajó de su trono, se quitó el manto, se vistió de luto y se sentó en cenizas. Con estas acciones se ajustaron a los procedimientos designados y descritos en los textos antiguos que detallan las acciones de un rey asirio durante un eclipse solar. Por lo tanto, aunque los registros cuneiformes asirios no hacen referencia a la penitencia de los ninivitas, es plausible que el tipo de contrición para evitar la ira divina descrito en el libro de Jonás haya tenido lugar. Cuando Jonás visitó Nínive, el Imperio asirio se encontraba en medio de la agitación política y del constante paganismo religioso. Dios decidió que la aniquilación era el mejor curso de acción y envió a su profeta a comunicar este mensaje. Los ninivitas, sin embargo, hicieron lo inesperado: rectificaron el curso de sus ruines actos. A diferencia de la nación de Israel, tomaron el mensaje de Dios e hicieron lo necesario para evitar la destrucción. Irónicamente fueron los asirios, el pueblo que hizo lo que el propio pueblo de Dios no haría, los responsables de la destrucción total de Israel. Los lectores del libro de Jonás difícilmente pueden obviar la paradoja.

NOTAS

1 A. Kirk Grayson, «Assyria: Ashur-dan II to Ashur-Nirari V (934–745 BC)» en *The Prehistory of the Balkans; and the Middle East and the Aegean World, Tenth to Eighth Centuries BC*, CAH (1982), 268–69; T. Desmond Alexander, «Jonah» en vol. 23a TOTC (Downers Grove, IL: InterVarsity, 1988), 77–78.

2 D. J. Wiseman, «Jonah's Nineveh», *Tyndale Bulletin* (*TynBul*) 30 (1979): 47.

3 Billy K. Smith y Frank S. Page, *Amos, Obadiah, Jonah*, NAC (1995), 204–5; Alexander, «Jonah», 80.

4 Wiseman, «Jonah's Nineveh», 45–46.

5 *Ibid.*, 42–43.

6 Edward J. Young, *An Introduction to the Old Testament* (Grand Rapids: Eerdmans, 1964), 263. Designar a un rey por una sola ciudad que gobernaba no era infrecuente. Ver Douglas Stuart, *Hosea-Jonah*, WBC (1987), 441.

7 Smith y Page, *Amos, Obadiah, Jonah*, 205; P. J. N. Lawrence, «Assyrian Nobles and the Book of Jonah», *TynBul* 37 (1986): 131.

8 A. Kirk Grayson, «Mesopotamia» en *ABD*, 4:754.

9 Wiseman, «Jonah's Nineveh», 47.

JOSÉ EL CARPINTERO

POR GLENN MCCOY

Los carpinteros utilizaban hachas y azuelas para cortar, rebajar y alisar la madera. A falta de herramientas especializadas para dar forma y cepillar, la azuela se utilizaba constantemente tanto en carpintería sencilla como en ebanistería de precisión. Se utilizaban azuelas de distintos tamaños para trabajos ligeros y pesados.

La Escritura se refiere tanto a José (Mat. 13:55) como a Jesús (Mar. 6:3) como carpinteros. En los tiempos bíblicos, los hijos solían aprender los oficios de sus padres. Tal vez José aprendió este oficio de su padre y a su vez se lo transmitió a Jesús. Lo más probable es que José y Jesús trabajaran juntos en alguna carpintería de Nazaret. A. T. Robertson sugirió que la descripción de José como carpintero en Mateo 13:55 indica que era «el principal, o incluso durante un tiempo el único carpintero en Nazaret hasta que Jesús tomó el lugar de José como carpintero».[1]

El término griego para «carpintero» (*tektōn*) se aplicaba originalmente a un trabajador de la madera o constructor con madera. Más tarde, el término se refería a cualquier artesano que trabajara el metal, la piedra o la madera.[2] Lo más probable es que el carpintero no se limitaba a trabajar la madera, sino que trabajaba el metal y la albañilería cuando el trabajo así lo requería.

Las habilidades del carpintero eran necesarias para construir todo tipo de estructuras. Sin duda, en el siglo I, estos objetos debían incluir yugos, arados, tablas de trillar, bancos, camas, cajas, ataúdes, barcos y casas.[3] Algunos carpinteros más emprendedores pueden haber ayudado en la construcción de sinagogas locales o incluso de estructuras más grandes, como mercados, tiendas de alimentación, teatros o acueductos.

La mayoría de los carpinteros probablemente pasaban la mayor parte de su tiempo construyendo y reparando casas. La mayoría de las casas de Israel estaban construidas en piedra. Sin embargo, el piso superior, el techo y las puertas eran de madera. Las casas más grandes tenían incluso suelos y paneles de madera. «Los tejados se construían colocando vigas de madera de pared a pared y rellenando los huecos con una

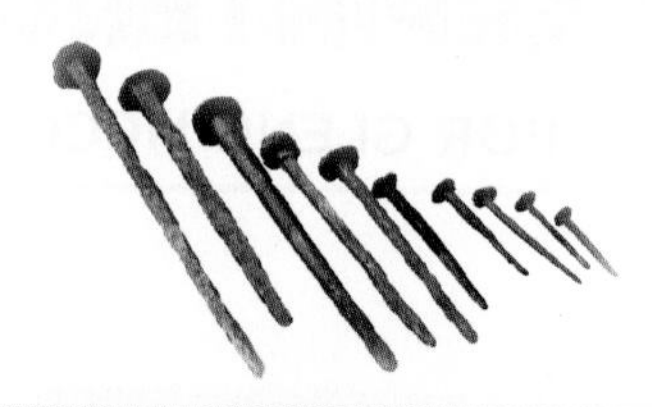

Clavos de hierro, época romana.

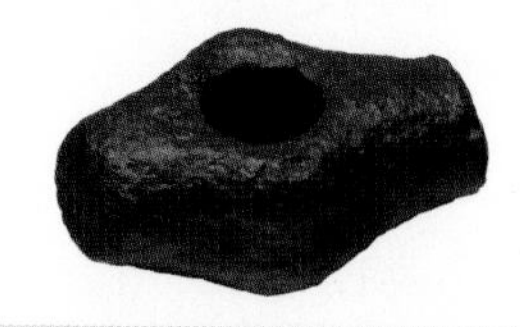

Cabeza de martillo muy utilizada en metalurgia; siglos I - II d. C.

estera enlucida con barro».[4] Se cortaban árboles y se escuadraban para las vigas. Las vigas de madera se sujetaban con clavos o clavijas de madera/metal, o se cortaban para que encajaran naturalmente entre sí.[5]

En la época de José, en la región crecía suficiente madera para satisfacer la demanda local de construcción. El carpintero podía elegir entre el ciprés o el cedro en el norte del país, el sicómoro (un árbol parecido a la higuera), la acacia, el roble y el fresno. La mayoría de estos árboles no crecían lo suficientemente altos y rectos como para proporcionar maderas largas. Por eso, David y Salomón, en una época anterior, importaron ciprés y cedro del Líbano cuando construyeron sus palacios y el templo (2 Sam. 5:11; 1 Rey. 5:8).

El carpintero de la antigüedad disponía básicamente de las mismas herramientas básicas que utilizan los carpinteros de hoy en día, aunque las herramientas antiguas eran toscas y sencillas. Entre las herramientas que utilizaba el carpintero del siglo I se encuentran la azuela (una herramienta parecida a un hacha utilizada para dar forma a la madera), un mazo (un martillo de gran tamaño, normalmente de madera), un martillo (normalmente de piedra) y un hacha (hecha de hierro y atada a un asta con una cuerda). Otras herramientas de las que disponía el carpintero eran las sierras de mano (hechas de hojas metálicas con dientes que cortan la madera), una sierra más grande para maderas o árboles más grandes, un taladro de arco utilizado para perforar la madera, cinceles de varios tamaños, leznas (con punta para taladrar la madera), cepillos para madera, escobillas y limas.

NOTAS

1 Archibald Thomas Robertson, *Word Pictures in the New Testament* (Nashville: Broadman, 1930), 1:111.

2 Robertson, *Word Pictures*, 306.

3 C. U. Wolf, «Carpenter» en IDB, 1:539.

4 Ralph Gower, *The New Manners and Customs of Bible Times* (Chicago: Moody, 1987), 153.

5 Gower, *New Manners*

JOSUÉ: LÍDER DE LA CONQUISTA

POR BRYAN E. BEYER

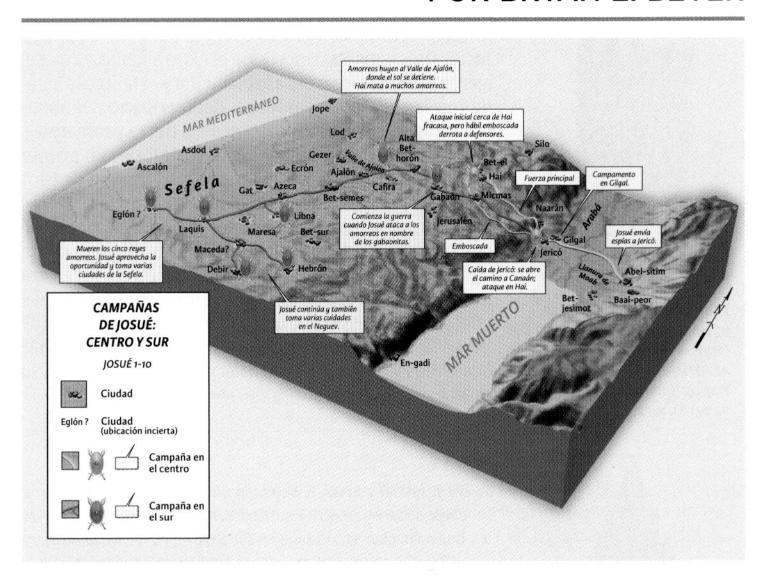

Punta de flecha de bronce; procedente de Tel Dan; Edad de Bronce Final (1550-1200 a. C.).

Cabeza de hacha de cincel.

Josué hijo de Nun desempeñó un papel importante en el propósito de Dios para Israel. Bajo su liderazgo, los israelitas conquistaron Canaán y la dividieron entre las tribus. El nombre de Josué significa «el SEÑOR ha salvado» o «el SEÑOR es salvación». Su nombre está relacionado con los nombres de Isaías y Oseas, y el nombre de Josué también era el nombre hebreo de Jesús.

La labor de Josué tenía esencialmente dos propósitos: conquistar la tierra de Canaán y repartirla entre las tribus de Israel. La conquista de Canaán incluyó tres campañas principales: una central, una del sur y una del norte.[1] Estas campañas duraron aproximadamente entre cinco y seis años en total; cuando concluyeron, Israel había logrado el control efectivo de Canaán, aunque algunos grupos de personas permanecieron en la región.

Después de la batalla de Jericó, Josué consiguió el mando de la meseta central sin luchar, haciendo un

Espada de hoz hitita.

Fragmento de carcaj de bronce procedente de Urartu. El relieve ilustra el Árbol de la Vida flanqueado por sacerdotes.

Casco hitita de bronce procedente de Urartu.

tratado con los engañosos gabaonitas. Al hacerlo, dividió la tierra en dos, separando el norte y el sur de Canaán. Una alianza de reyes del sur reconoció la amenaza que representaba Josué, pero Josué y su ejército los derrotaron y extendieron la batalla hacia el sur, conquistando las principales ciudades y pueblos. Al norte, Jabín, rey de Jazor, reunió otro grupo de reyes para enfrentarse a Josué. Dios volvió a concederle el éxito a Josué, ya que el ejército de Israel derrotó a la coalición y extendió la batalla por las ciudades y pueblos del territorio del norte. Israel logró así el dominio total de la tierra prometida.[2]

El Señor le dio a Josué muchas fortalezas. En primer lugar, era un buen líder; el pueblo vio la mano de Dios sobre él y lo siguió. En segundo lugar, era un buen general; recordaba bien la región desde que la inspeccionó como uno de los doce espías de Israel, y utilizó ese conocimiento para conseguir la victoria. En tercer lugar, era un hombre de fe; perseveró durante cuarenta y cinco años mientras esperaba que se cumpliera la promesa de Dios.[3] También expresó su fe públicamente en muchas ocasiones y guio a los israelitas para que renovaran su promesa de fe a Dios.

NOTAS

1 Bill T. Arnold y Bryan E. Beyer, *Encountering the Old Testament: A Christian Survey*, 2ª ed. (Grand Rapids: Baker Academic, 2008), 172–76.

2 Donald H. Madvig, «Joshua» en *The Expositor's Bible Commentary*, ed. Frank E. Gaebelein, vol. 3 (Grand Rapids: Zondervan, 1992), 311.

3 «Los tiempos referidos en vv. 7 y 10 nos dan una idea del tiempo que abarca la mayor parte del libro de Josué. Israel fue condenado a cuarenta años de vagar por el desierto después de que los espías regresaran con su informe (Núm. 14:33-34). El versículo 10 muestra que habían transcurrido cuarenta y cinco años desde el momento de esta sentencia, por lo que la conquista hasta la fecha había ocupado unos cinco años». David M. Howard Jr., *Joshua*, vol. 5 en NAC (1998), 329.

¿QUIÉN ERA BELSASAR?

POR ROBERT C. DUNSTON

Ruinas de un castillo en Harán; época romana; posteriormente ocupado como castillo de los cruzados en la época bizantina. Harán había sido el principal hogar del dios lunar Sin, cuyo templo fue reconstruido por varios reyes, entre ellos Asurbanipal y Nabonido.

Daniel 5:1-31 relata los acontecimientos que ocurrieron durante y justo después del gran banquete que Belsasar ofreció a mil de sus nobles. Durante la comida, bebieron el vino de los vasos de oro que el rey de Babilonia, Nabucodonosor, había tomado del templo de Jerusalén. Mientras bebían y celebraban, alababan a sus dioses y, en el proceso, profanaban los vasos sagrados que los hebreos habían consagrado para el culto a Dios.

De repente, un dedo apareció en el aire y comenzó a escribir en la pared del palacio del rey. Belsasar estaba aterrorizado y ofreció riqueza y posición a quien pudiera interpretar las palabras. La reina les informó que Daniel podía interpretar el significado. Cuando llegó, rechazó la riqueza y la posición, pero le dio a Belsasar una lección sobre los tratos anteriores de Dios con Nabucodonosor. Mientras que Nabucodonosor se había arrepentido, Belsasar había seguido pecando. Daniel leyó entonces la inscripción (*Mene, Mene, Téquel* y *Parsin*) y explicó que significaba que los días de Belsasar, así como los del reino de Babilonia, estaban contados. Después de premiar a Daniel con lo que había prometido, Belsasar fue asesinado esa misma noche.

Solo el libro de Daniel menciona a Belsasar. El capítulo 5 se refiere a él como «rey» e indica que Nabucodonosor fue su «predecesor» (lit. «padre»; vv. 2,11,13,18). Hasta la última parte del siglo XIX, los estudiantes de la Biblia sabían poco sobre Belsasar. Desde entonces, se han descubierto diversas fuentes que proporcionan información adicional sobre él.[1]

Nabonido, que gobernó Babilonia del 555 al 539 a. C., era el padre biológico de Belsasar y no Nabucodonosor; y Nabonido no era descendiente biológico de Nabucodonosor. Algunos estudiosos de la Biblia creen que, tras la muerte de Nabucodonosor, Nabonido heredó su harén, quizás se casó con una de sus esposas, y adoptó a uno de los hijos de Nabucodonosor como propio en un esfuerzo por consolidar su dominio sobre el imperio.

Es más probable una explicación más sencilla. La palabra *padre* en las lenguas semíticas puede referirse a un padre biológico, a un abuelo, a un antepasado o a un predecesor del rey. *Hijo* puede referirse a un hijo biológico, nieto, descendiente o sucesor de un rey. Como señala Stephen Miller, en el obelisco negro asirio de Salmanasar III, «Jehú es llamado "hijo de Omrí", aunque Jehú no era descendiente de Omrí. Era de un linaje totalmente distinto».[2]

En lugar de Marduk, el dios supremo de Babilonia, Nabonido adoraba a Sin, el dios de la luna, como su madre, que era la gran sacerdotisa del dios de la luna en Harán.[3] Los sacerdotes de Marduk ejercían un gran poder económico y espiritual, y Nabonido y otros estaban resentidos con ellos. Para acabar con el poder de los sacerdotes, Nabonido animó al pueblo a adorar a Sin en lugar de a Marduk y revivió muchos ritos abandonados desde hacía tiempo que honraban a Sin. Sus acciones enfurecieron a los sacerdotes de Marduk y provocaron un levantamiento del pueblo. En respuesta, Nabonido trasladó su residencia de Babilonia a Taima, un oasis al sureste de Edom en el desierto de Arabia.[4] El culto a Sin era prominente en Taima, y Nabonido probablemente se sintió mucho más cómodo allí.

Durante las largas ausencias de Nabonido de Babilonia, su hijo Belsasar gobernó en su lugar. El nombre Belsasar significa «Bel protege al rey». Bel era otro nombre para Marduk. Así, el nombre de Belsasar lo vinculaba al culto de Marduk y lo habría hecho mucho más aceptable para los ciudadanos de Babilonia que su padre.

Aunque Belsasar desempeñó las funciones básicas de rey, nunca fue coronado oficialmente como tal y nunca tuvo autoridad para participar como rey en el festival de Akitu. Esta celebración del año nuevo babilónico era la fiesta más importante del año y se consideraba necesaria para asegurar la bendición de Marduk sobre el reino. La ausencia de Nabonido obligó a cancelar las ceremonias, lo que sin duda enfureció al pueblo.[5]

Cilindro de terracota que describe las obras de Nabonido (555-539 a. C.) en el templo del dios lunar Sin, en Ur. El cilindro también incluye la oración de Nabonido por sí mismo y por su hijo Belsasar.

Después de estar fuera unos diez años, Nabonido regresó a Babilonia. Al hacerlo, Ciro de Persia acercó su ejército a la ciudad. Nabonido huyó de Babilonia, pero más tarde fue hecho prisionero. La ciudad de Babilonia cayó en manos de los persas en el año 539 a. C. Algunos estudiosos de la Biblia sugieren que Belsasar sabía que Babilonia caería pronto ante el ejército persa y decidió celebrar un banquete de todos modos, disfrutando de sus últimos días como rey incluso cuando la ciudad estaba al borde de la derrota. Otros sugieren que Daniel 5:1-31 no insinúa la inminente caída de Babilonia. El hecho de que Belsasar estuviera aterrorizado por el signo ominoso del dedo escrito en la pared indica que no tenía ninguna razón en ese momento para temer una invasión. Además, el hecho de que ascendiera a Daniel al tercer puesto del imperio sugiere que Belsasar esperaba gobernar durante mucho tiempo y esperaba que Daniel ocupara su nuevo cargo durante muchos años. Las palabras amenazantes parecen haber sido no tanto un juicio sobre Babilonia como un juicio sobre Belsasar por su desprecio a Dios y a los objetos sagrados utilizados en su culto.[6]

Daniel 5:30 afirma que Belsasar fue asesinado la misma noche en que el dedo escribió en la pared. Algunos creen que fue asesinado como parte de un golpe de estado y no como resultado de un ejército invasor. Después de su muerte, los persas conquistaron Babilonia y crearon su propio gran imperio. «Darío» (5:31) podría haber sido un nombre de trono para Ciro el Grande o para Cambises, el hijo de Ciro, quien durante parte de su vida tuvo el título de «rey de Babilonia».

NOTAS

1 Stephen R. Miller, *Daniel*, NAC (1994), 147.

2 Miller, *Daniel*, 149.

3 D. Winton Thomas, *Documents from Old Testament Times* (Nueva York: Harper & Row, 1958), 89.

4 John Bright, *A History of Israel*, 4a ed. (Louisville: Westminster John Knox, 2000), 353.

5 John J. Collins, «Belshazzar» en *Harper's Bible Dictionary*, ed. Paul J. Achtemeier (San Francisco: Harper & Row, 1985), 102.

6 John E. Goldingay, *Daniel*, vol. 30 en WBC (1987), 107–8.

EL PARIENTE REDENTOR: SUS DERECHOS Y RESPONSABILIDADES

POR ROBERT A. STREET

Campo de Booz, cerca de Belén.

Las Biblias en español suelen traducir el sustantivo hebreo *go'el* como «pariente» («redentor» en Rut 2:20; 3:9,12; 4:1,14). La palabra se basa en el verbo *ga'al* y describe a una persona que tiene una responsabilidad familiar. La obligación de este pariente era proteger los intereses de la familia y del clan.[1] Del uso de *go'el* en el Antiguo Testamento se desprenden tres áreas específicas de responsabilidad humana, las relacionadas con la propiedad, la descendencia y la justicia. El cuarto uso de *go'el* es con referencia a Dios como Redentor.[2]

PROPIEDAD

La redención de la propiedad es una parte importante de la ley hebrea, como se muestra en las estipulaciones relacionadas con el año del jubileo y con el sacrificio de animales. Los hebreos no debían vender de forma permanente sus tierras familiares o tribales (Lev. 25:23). El concepto básico del año del jubileo era la «devolución general de las tierras y los bienes inmuebles a sus propietarios originales o a sus herederos».[3] En lugar de centrarse simplemente en el año del jubileo, un análisis por parte del pariente redentor resulta esclarecedor. Si un hermano (miembro de la familia) vendía una propiedad, el pariente debía rescatarla (v. 25). Si el hermano era demasiado pobre para cuidar de sí mismo, el pariente debía «mantenerlo» (vv. 35-36). Cuando el hermano se vendía como esclavo a un extranjero, debía ser redimido por su hermano, su tío, su primo, un pariente cercano o incluso podía redimirse a sí mismo pagando el precio de redención (vv. 47-55).

DESCENDIENTES

La historia de Rut describe algo parecido al matrimonio de levirato (ver Deut. 25:5-10), que hacía hincapié en la perpetuación de un linaje. En este tipo de matrimonio, el hermano de un hombre fallecido debía casarse con la viuda para perpetuar el nombre de su hermano. Aunque el matrimonio por levirato[4] podría no ser propiamente parte de la obligación del pariente redentor,[5] está claramente relacionado con la narración de Rut y Booz.

Booz era pariente (2:1; heb. *moda*) de Rut a través de su matrimonio con uno de los hijos de Elimélec. Booz no se convirtió en el *go'el*, el pariente redentor, hasta el final de la historia, cuando aceptó la responsabilidad no solo de redimir la tierra sino también de redimir a Rut. Este matrimonio estaba de acuerdo con el concepto de levirato, en el que un pariente se casaba con la viuda de un familiar para asegurar la continuidad del nombre del pariente (línea de sangre) en Israel.

JUSTICIA

Al limitar el papel del pariente redentor a la imagen presentada en el libro de Rut, se pierden muchos detalles sobre sus responsabilidades. La obligación más inusual del pariente está relacionada con la justicia. En Números 35:19, el *go'el* es el «vengador de la sangre» (*go'el ha-dam*). El libro de Números describe claramente una situación en la que un pariente es asesinado y la obligación resultante del pariente es ver que se haga justicia.

NOTAS

1 Jan de Waard y Eugene A. Nida, *A Translator's Handbook on the Book of Ruth* (Londres: United Bible Societies, 1973), 43.

2 «[*ga'al*]» (redimir) en *A Concise Hebrew and Aramaic Lexicon of the Old Testament*, ed. William L. Holladay (Grand Rapids: Eerdmans, 1971), 52.

3 Roland de Vaux, *Ancient Israel* (Grand Rapids: Eerdmans, 1997), 175.

4 Solomon Schechter y Joseph Jacobs, «Levirate Marriage» en *JE*, www.jewishencyclopedia.com/articles/9859-levirate-marriage.

5 R. Laird Harris, «[*ga'al*]» (redimir) en *TWOT*, 1:144–45.

LA VIDA DE JEROBOÁN II

POR CLAUDE F. MARIOTTINI

Vista aérea del Damasco moderno.

Jeroboán II continuó la política de Joás de expansión agresiva de las fronteras de Israel. Consiguió contener la invasión siria conquistando su capital, Damasco. El restablecimiento de las fronteras de Israel, «desde Lebó Jamat hasta el mar del Arabá» (2 Rey. 14:25), supuso una vuelta a los límites ideales de Israel que existían en los días de Salomón (1 Rey. 8:65).[1] Las conquistas de Jeroboán fueron posibles gracias a la debilidad de Asiria y a su implicación en campañas militares en otras partes de su imperio. Con la ausencia de Asiria en Israel, la puerta quedó abierta de par en par para que Jeroboán interviniera y restaurara las fronteras de Israel a los límites ideales de la época salomónica.

La recuperación del territorio que Israel había perdido trajo un gran flujo de riqueza de vuelta al reino del norte. Con el aumento del territorio se incrementaron los ingresos procedentes del comercio y los impuestos. Israel controlaba muchas de las rutas comerciales importantes y, como tal, recibía los peajes de las caravanas que utilizaban esas rutas. El nivel de vida en Israel mejoró. La prosperidad económica era buena; John Bright dijo que ningún israelita vivo podía recordar tiempos mejores.[2]

Según Amós, la gente pudo construir mejores casas, «casas de piedra labrada» (Amós 5:11). La gente rica tenía casas de verano y de invierno. La descripción que hace

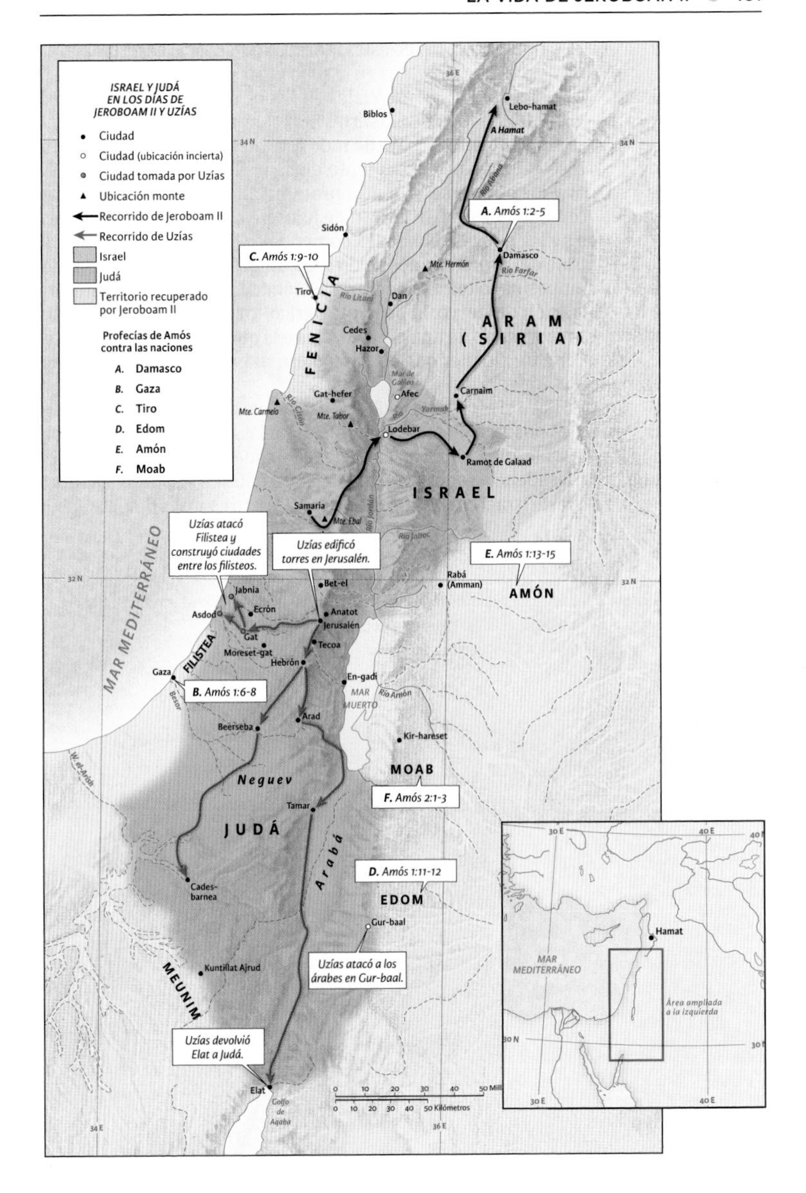
ISRAEL Y JUDÁ EN LOS DÍAS DE JEROBOAM II Y UZÍAS
Ciudad
Ciudad (ubicación incierta)
Ciudad tomada por Uzías
Ubicación monte
Recorrido de Jeroboam II
Recorrido de Uzías
Israel
Judá
Territorio recuperado por Jeroboam II
Profecías de Amós contra las naciones
A. Damasco
B. Gaza
C. Tiro
D. Edom
E. Amón
F. Moab
A. Amós 1:2-5
B. Amós 1:6-8
C. Amós 1:9-10
D. Amós 1:11-12
E. Amós 1:13-15
F. Amós 2:1-3
Uzías atacó Filistea y construyó ciudades entre los filisteos.
Uzías edificó torres en Jerusalén.
Uzías atacó a los árabes en Gur-baal.
Uzías devolvió Elat a Judá.
Biblos
Lebo-hamat
A Hamat
Sidón
Damasco
Tiro
Dan
Cedes
Hazor
Gat-hefer
Afec
Carnaim
Lodebar
Ramot de Galaad
Samaria
Mte. Ebal
Mte. Carmelo
Mte. Tabor
Mte. Hermón
Bet-el
Rabá (Amman)
Jabnia
Asdod
Ecrón
Anatot
Jerusalén
Gat
Tecoa
Moreset-gat
Hebrón
Gaza
En-gadi
Arad
Beerseba
Kir-hareset
Tamar
Cades-barnea
Gur-baal
Kuntillat Ajrud
Elat
FENICIA
ARAM (SIRIA)
ISRAEL
AMÓN
FILISTEA
MOAB
JUDÁ
Neguev
Arabá
EDOM
MEUNIM
MAR MEDITERRÁNEO
MAR MUERTO
Mar de Galilea
Río Litani
Río Farfar
Río Cisón
Río Yarmuk
Río Jordán
Río Jaboc
Río Arnón
Besor
W. el-Arish
Golfo de Aqaba
0 10 20 30 40 50 Millas
0 10 20 30 40 50 Kilómetros
Hamat
MAR MEDITERRÁNEO
Área ampliada a la izquierda
34 N
32 N
34 E
36 E
30 E
40 E
30 N

Amós de una escena de banquete en una de estas moradas palaciegas describe claramente la vida próspera de muchos israelitas en el siglo VIII a. C.

Con el aumento de las actividades comerciales en Israel, la riqueza llegó al país. Rápidamente se hicieron grandes fortunas, las artes florecieron y las ciudades comenzaron a crecer en número y tamaño. Debajo de todo este glamur y riqueza hubo un subproducto desastroso causado por el aumento de la prosperidad económica: la brecha entre los ricos y los pobres se hizo más pronunciada. Las clases más ricas importaron nuevas comodidades y disfrutaron de lujos insospechados. Los pobres se beneficiaron poco de las nuevas relaciones comerciales, pues no tenían capital para invertir. El mensaje del profeta Amós se dirige a un grupo «que está alejando constantemente al campesinado terrateniente de su sólida independencia anterior para llevarlo a la condición de siervo. El pequeño agricultor ya no era dueño de su propia tierra; era un arrendatario de una clase urbana a la que debía pagar un alquiler por el uso de la tierra, un alquiler que a menudo era su ganancia sobre el grano que la tierra producía».[3]

La presentación que hace el escritor de 2 Reyes de la vida religiosa durante el reinado de Jeroboán no es positiva. Espiritualmente, Israel estaba en una profunda depresión. A lo largo de los años, Israel se había ido alejando de Dios, y bajo el liderazgo de Jeroboán, la decadencia espiritual de la nación estaba en su punto más alto. Bajo Jeroboán, la nación de Israel era militarmente fuerte pero espiritualmente débil.

NOTAS

1 Yohanan Aharoni y Michael Avi-Yonah, *The Macmillan Bible Atlas* (Nueva York: Macmillan, 1968), 89.

2 John Bright, *A History of Israel* (Filadelfia: Westminster, 1983), 259.

3 James L. Mays, *Amos* (Filadelfia: Westminster, 1969), 94.

MAQUERONTE, HERODES Y JUAN EL BAUTISTA

POR DAVID E. LANIER

Herodes construyó su palacio fortaleza en Maqueronte, con vistas al Mar Muerto (al fondo). El palacio, que ocupaba una superficie de 3994 metros cuadrados (43 000 pies cuadrados), estaba situado en la cima de la colina de la izquierda y contaba con columnatas, patios y mosaicos.

El nombre Maqueronte («fortaleza negra», que hoy se conserva con el nombre local de *Mukawir*) no aparece en la Escritura. Alejandro Jannaeus, el rey macabeo (103-76 a. C.), construyó originalmente la fortaleza, que fue destruida por las fuerzas romanas en el 57 a. C. Quedó en ruinas hasta que Herodes el Grande, amigo de los romanos, reconstruyó y fortificó el lugar. Maqueronte se encontraba en la frontera sur de la región de Perea y era la primera línea de defensa de Herodes contra los ataques de Arabia. La fortaleza dominaba el desfiladero de Callirrhoe, al este del Mar Muerto. Situada a 1167 metros sobre el Mar Muerto y a 776 metros sobre el Mediterráneo, el lugar era extremadamente defendible. A solo dieciocho millas al sureste de la desembocadura del Jordán, era accesible para Herodes y sus amigos.[1] Cuando Herodes murió (4 a. C.), su hijo Herodes Antipas heredó la fortaleza. El antiguo historiador judío Josefo identifica Maqueronte como el lugar donde Herodes hizo traer a Juan el Bautista para decapitarlo.[2]

Ballesta romana reconstruida. Cada legión del ejército romano estaba equipada con diez ballestas, utilizadas para lanzar proyectiles de piedra contra el territorio enemigo. La ballesta podía lanzar piedras de hasta 22 kilos (50 libras) de peso a más de 304 metros (1000 pies) de altura, lo que resultaba extremadamente eficaz para atravesar muros de fortificación de piedra.

A la muerte de Herodes Agripa I, en el año 44 d. C., la fortaleza volvió a estar bajo control romano hasta la Primera revuelta judía, en el año 66 d. C. Los romanos la abandonaron en manos de los rebeldes, que resistieron hasta el año 72 d. C., cuando el general Lucilio Baso de Roma la sitió y destruyó. Josefo describe el lugar en el momento de su asedio y destrucción por la Décima Legión: «La naturaleza del lugar era muy capaz de proporcionar grandes esperanzas de seguridad a los que lo poseían, así como la demora y el temor a los que debían atacarlo».[3]

Según Josefo, incluso dentro de las murallas había una colina rocosa tan alta que solo podía ser tomada con la mayor dificultad. La fortaleza estaba rodeada de fosos de una profundidad espantosa que no se podía rellenar con tierra. El valle occidental se extendía hasta el Mar Muerto. Maqueronte ocupaba la posición de mando al otro lado del desfiladero natural. Al este, el valle tenía unos 45 metros (150 pies) de profundidad y se extendía hasta el pie de una montaña. Al norte había también valles defensivos, no tan profundos, pero igual de intransitables.[4]

Josefo cuenta que cuando Herodes el Grande reconstruyó el lugar, rodeó una gran zona con murallas y torres. Construyó una ciudad para la comodidad de los defensores, con un camino que llevaba a la cima de la montaña más alta. Añadió una segunda muralla defensiva alrededor de la cima del monte con torres en las esquinas, de unos 73 metros (240 pies) de altura. En el centro de ese recinto se levantó un magnífico palacio. El lugar contaba con numerosos depósitos para la recolección de agua que permitían a la fortaleza resistir un asedio prolongado, y la ciudadela estaba provista de grandes cantidades de dardos e instrumentos de guerra.[5] Además de la fuerza militar del lugar, los manantiales de Callirrhoe eran conocidos por sus propiedades medicinales. Los manantiales minerales calientes y fríos se consideraban beneficiosos para fortalecer los nervios, y una planta llamada ruda crecía allí en abundancia, que se creía que contrarrestaba los efectos negativos de los demonios.[6]

Las excavaciones arqueológicas han confirmado muchas de las descripciones de Josefo de las ciudades superior e inferior, incluyendo las murallas y torres de protección en la base de Maqueronte y en la parte superior del borde de la ciudadela.[7]

NOTAS

1 Merrill Unger, «Machae'rus» en *The New Unger's Bible Dictionary*, ed. R. K. Harrison, ed. rev. (Chicago: Moody, 1988), 796.

2 Josefo, *Antigüedades judías* 18.5.2. Ver Mateo 4:12; 14:6–12; Marcos 6:16–29; Lucas 3:19–20.

3 Josefo, *La guerra de los judíos* 7.6.1.

4 *Ibid.*, 7.6.1.

5 *Ibid.*, 7.6.2. Es posible que este fuera el lugar del banquete de cumpleaños de Antipas (Mar. 6). O puede haberse celebrado en Galilea, ya que muchos nobles de esa zona fueron invitados. Si ese fuera el caso, habría llevado algún tiempo recuperar la cabeza de Juan y traerla de vuelta. En cualquier caso, la cabeza habría sido entregada una vez finalizado el banquete. Si los nobles estaban disfrutando de una estancia prolongada en el palacio, les habría llevado poco tiempo (ver Mar. 6). Ver Harold W. Hoehner, *Herod Antipas* (Cambridge: Cambridge University Press, 1972), 146-49.

6 Josefo, *Guerra* 7.6.3.

7 Stanislao Loffreda, «Machaerus» en *ABD*, 4:457; Josefo, *Guerra* 7.6.2. Shimon Gibson, *The Cave of John the Baptist* (Nueva York: Doubleday, 2004), 246.

LA SITUACIÓN DE MALAQUÍAS

POR E. RAY CLENDENEN

Desierto junto al Río Jordán, en Betania, donde, según la tradición, Juan bautizó a Jesús.

Altar de cuatro cuernos de Meguido, hacia 975-925 a. C.

El pueblo de Dios había regresado a su patria, Judá, que, tras la conquista persa de Babilonia, era una provincia persa. La fecha de la actividad profética de Malaquías es discutida. Pero es prácticamente unánime la opinión de que ocurrió durante los mandatos de los reyes persas Darío I (521-486 a. C.), Jerjes I (486-465 a. C.) o Artajerjes I (465-424 a. C.). El pueblo había reconstruido el templo (515 a. C.) y restablecido el culto. Pero la emoción y el entusiasmo engendrados por los profetas Hageo y Zacarías habían decaído. Cuando Malaquías se dirigió al pueblo de Dios, se enfrentó al cinismo, la hipocresía y la apatía espiritual. Los tiempos eran difíciles. También se enfrentó a un fracaso de liderazgo.

Con tres discursos interrelacionados, Malaquías se enfrentó a tres problemas. En primer lugar, los sacerdotes ya no servían a Dios de todo corazón ni al pueblo a conciencia. Estaban insultando a Dios con un culto

Sello acadio que representa la entrega de ofrendas a una diosa, aprox. 2350-2200 a. C.

indiferente y descuidado, habían contribuido a la indiferencia de Judá hacia Dios (Mal. 1:2-2:9).

En segundo lugar, al culpar de sus problemas económicos y sociales a la supuesta infidelidad del Señor, el pueblo llevaba una vida egoísta. Al velar solo por sí mismos, apenas se preocupaban por sus responsabilidades con Dios o con los demás (2:10-3:6).

En tercer lugar, el pueblo también tenía un sentido autoprotector de su propiedad. Esto hizo que no solo trajeran a Dios sus peores animales como sacrificios, sino que también se negaran a pagar los diezmos, que habrían servido para mantener al personal del templo y a los pobres sin tierra (3:7-4:6). Los sacerdotes y el pueblo solo se interesaban por sí mismos y por el «qué gano yo».

Estatua funeraria egipcia que muestra el sacrificio de un ternero, hacia 2477 a. C.

Para hacer frente a la situación, el profeta Malaquías entreteje vívidos retratos de las actitudes y comportamientos pecaminosos del pueblo, instrucciones sobre lo que debe hacerse y motivación en términos positivos y negativos. Por ejemplo, hablando a través del profeta, el Señor comienza dirigiendo la atención de Judá a sus pasadas demostraciones de amor leal y contrasta su trato con su juicio sobre Edom. El libro concluye con la amenaza del Señor si no responden adecuadamente: «vendré a herir la tierra con destrucción total» (4:6).

EL ROL DE UNA MADRE EN EL SIGLO I

POR SHARON H. GRITZ

Una mujer árabe sopla aire en una piel de cabra sellada, que contiene leche. Sellará la abertura; después, ella y su familia se turnarán para mecer la piel rellena en el bastidor con el fin de hacer mantequilla.

La maternidad representaba un papel importante para las mujeres judías del siglo I. Esta responsabilidad comenzaba para muchas a partir de los dieciséis años, si no antes. Tener un hijo aseguraba la continuidad del apellido, cumpliendo así una función vital en la familia. En un sentido más amplio, tener hijos significaba la estabilidad y el crecimiento del pueblo o nación judía. En consecuencia, los judíos valoraban a las madres y veían a los hijos como una bendición, un regalo y una recompensa del Señor (Sal. 127:3-5).

Figurilla de loza roja pulida de una mujer que lleva a un bebé en una cuna con aro; datada en la Edad de Bronce Medio, 2200-1550 a. C.; chipriota.

EL PARTO Y EL CUIDADO DE LOS NIÑOS

La mayoría de las mujeres daban a luz en casa con la ayuda de una partera. La madre de la mujer y quizás otros miembros femeninos de la familia también habrían ayudado. Aunque no ofrecieran ayuda médica, estas figuras familiares proporcionaban apoyo emocional. El parto en el mundo grecorromano del siglo I era arriesgado. Los conocimientos y las prácticas médicas eran limitados, imprecisos o erróneos. En consecuencia, la mortalidad infantil era elevada. Algunos estiman que el 30 % de los bebés no sobrevivían a su primer año.[1] Las madres también morían al dar a luz. Estas muertes se producían en todos los niveles socioeconómicos.

Inmediatamente después del nacimiento, la partera u otra asistente femenina lavaba al bebé y frotaba su piel con sal (Ezeq. 16:4; el propósito de la sal no está claro). Tanto los niños como las niñas recibían este tratamiento.[2] Después se envolvía a los bebés con un cuadrado de tela y se les ataba con tiras o bandas de tela. Creyendo que así se mantenían rectos los miembros del bebé, las madres envolvían a sus hijos durante varios meses; el envoltorio también mantenía a los niños calientes. Salar la piel del bebé y envolverlo en pañales formaba parte de los cuidados de la comadrona. Es probable que María no contara con este sistema de apoyo femenino cuando dio a luz lejos de su casa. En apoyo de esta posibilidad, Lucas indica que la propia María envolvió a Jesús y lo colocó en el pesebre. Las madres amamantaban a sus hijos durante dos o tres años. La ley judía incluso exigía que las mujeres lo hicieran durante veinticuatro meses.[3] El nacimiento del niño iba acompañado de ciertos rituales o prácticas culturales, como ponerle nombre. Tanto el padre como la madre podían ponerle nombre al recién nacido, ya fuera niña o niño. A menudo utilizaban nombres familiares o con un significado especial. La circuncisión iniciaba a los bebés varones en la sociedad judía; esto tenía lugar ocho días después del nacimiento. Las madres también observaban el rito de purificación tras el parto.

LA EDUCACIÓN DE LOS HIJOS

Las madres ejercían la principal influencia parental sobre todos sus hijos hasta que estos alcanzaban la edad de cinco a siete años. De sus madres, los niños aprendían muchos aspectos básicos de su fe judía: escuchaban las historias de los héroes de Israel, eran instruidos en la moral y memorizaban ciertos pasajes de la ley.

Mientras su hijo era aún joven, el padre asumía la responsabilidad de su educación enseñándole un oficio, normalmente su propia vocación, como la carpintería, la metalurgia o la pesca. Los padres también enseñaban a sus hijos las leyes religiosas y los deberes de la vida. Las madres continuaban la formación de sus hijas instruyéndolas en todas las habilidades domésticas que se esperaban de las mujeres. Además, las niñas debían aprender las normas de la ley relativas a las cuestiones de pureza y las responsabilidades de las mujeres. Una niña permanecía bajo la influencia de su madre hasta que se casaba.

TAREAS DIARIAS

Las madres (y las esposas) trabajaban duro para mantener sus hogares y satisfacer las necesidades de sus familias. Cada una ayudaba a mantener unida y a preservar la importante unidad familiar. Sus actividades exigían un trabajo manual que requería mucho tiempo. Las tareas de la mujer incluían cocinar y limpiar. Además, tenía que realizar las tareas relacionadas con su marido, que incluían lavarle la cara, las manos y los pies. Las mujeres podían delegar muchas de sus tareas domésticas en cualquier sirviente o ayuda contratada si los tenían.[4]

La preparación de la comida consumía gran parte del día de la madre. La preparación de los alimentos ocupaba gran parte de la jornada de la madre, que tamizaba el grano para eliminar las impurezas y lo molía para obtener harina para hornear el pan. La preparación de los alimentos también incluía la jardinería y la carnicería. La madre solía ordeñar la cabra de la familia. Algunas incluso trabajaban en el campo. Algunas mujeres iban al mercado local por comida y suministros, aunque algunos estudiosos sugieren que solo los hombres podían realizar esta tarea doméstica, ya que la sociedad no esperaba que las mujeres visitaran una zona pública en la que pudieran estar presentes hombres ajenos a la familia.[5]

Las madres se encargaban de confeccionar y mantener limpia la ropa de la familia. Esto incluía hilar el hilo, tejer la tela, coser, remendar y lavar. Las mujeres iban al pozo local muchas veces al día, especialmente por la mañana y por la tarde, para conseguir agua fresca para satisfacer las necesidades diarias de la familia. Las mujeres también mantenían encendidas las pequeñas lámparas de la casa llenándolas de aceite. Las madres o las hijas jóvenes también recogían pequeñas ramitas para alimentar el fuego de los hornos de barro. Las madres mantenían la casa limpia, a menudo asignando el barrido del suelo a una hija joven. También atendían las necesidades de los invitados o visitantes de la casa.

NOTAS

1 Carolyn Osiek y Margaret Y. MacDonald con Janet H. Tulloch, *A Woman's Place: House Churches in Earliest Christianity* (Minneapolis: Fortress, 2006), 65.

2 Larry G. Herr, «Salt» en *ISBE* (1988), 4:286.

3 Leonie J. Archer, *Her Price Is beyond Rubies: The Jewish Woman in Graeco-Roman Palestine* (Sheffield: Sheffield Academic, 1990), 227.

4 Ben Witherington III, *Women in the Ministry of Jesus* (Cambridge: Cambridge University Press, 1984), 4.

5 Archer, *Her Price*, 227.

ESCENARIO HISTÓRICO DE NAHÚM

POR ROBERT A. STREET

Antiguo emplazamiento de Nínive, excavado por primera vez a mediados del siglo XIX por el inglés A. H. Layard. Layard desenterró el palacio de Senaquerib, y en excavaciones posteriores se descubrieron enormes palacios pertenecientes a Asurbanipal y Asarhaddón.

A diferencia de la mayoría de los libros proféticos, Nahúm no menciona a ningún rey de ningún país para ayudar a identificar su contexto histórico. Nahúm solo dice que era de Elcós. Incluso la ubicación de Elcós es incierta.[1]

El mensaje de Nahúm se identifica en hebreo (1:1) como *massa' Nínive*, traducido de varias maneras como «profecía acerca de Nínive» (NVI), «oráculo sobre Nínive» (NBLA), «carga de Nínive» (JBS), entre otros. La referencia a Nínive es un excelente punto de partida para situar a Nahúm en la historia. Sin embargo, Nínive tuvo una larga historia (ver Gén. 10:11). Nahúm también se refiere a la caída de la ciudad egipcia de No Amón, también conocida como Tebas (Nah. 3:8).

Con estos antecedentes históricos, fechar el libro no es extremadamente difícil. La caída de Nínive establece la fecha más tardía del libro, su *terminus ad quem*, que fue el 612 a. C. La fecha más temprana del libro, su *terminus a quo*, es la caída de Tebas ante Asurbanipal en el 663 a. C. Por tanto, el escenario histórico se sitúa entre el 663 y el 612 a. C. Gordon Johnston cree que Nahúm puede fecharse después de la última campaña de Asurbanipal en el oeste, en el 640 a. C., cuando reafirmó su soberanía sobre Judá y otros vasallos siro-palestinos, ya que en 1:12,15 se dice que Asiria no volvería a invadir Judá.[2]

DOMINIO ASIRIO

El escenario y el trasfondo histórico de Nahúm fue el de la opresión asiria (ninivita), que en realidad comenzó en el siglo VIII con Tiglat-Pileser III (que reinó entre el 744 y el 727 a. C.), que capturó y controló el Creciente Fértil desde el Golfo Pérsico hasta Gaza. De hecho, ayudó a Acaz (735-715 a. C.) a defender a Judá contra la alianza siro-efraimita. Un monarca asirio posterior, Asarhaddón (681-669 a. C.), invadió y conquistó el Alto Egipto en el 671 a. C. Unos años más tarde, el rey asirio Asurbanipal (668-627 a. C.), hijo de Asarhaddón, destruyó Tebas en el 663 a. C. Después de conquistar Tebas, Asurbanipal, que fue «el último rey fuerte de Asiria»,[3] colocó a Psamético I (Psamtik) en el trono de Egipto. Este fue el mismo Psamtik que se rebeló contra el control asirio y consiguió la independencia en el 654 a. C. Quizá la rebelión en su país impidió a Asurbanipal tratar con dureza a Psamético. Shamash-shum-ukin, hermano de Asurbanipal y rey de Babilonia (un subreino de Asiria en esta época), formó una alianza con Elam y Arabia que pretendía derrocar a Asurbanipal. La alianza no logró su objetivo, aunque siguió luchando hasta aproximadamente el año 648 a. C. y la muerte de Shamash-shum-ukin.

Cuando Josías, de ocho años (2 Rey. 22:1), se convirtió en rey de Judá en el 640 a. C., Asurbanipal había sometido a todo el antiguo Cercano Oriente. Durante los últimos años del reinado de Asurbanipal, el Imperio asirio sufrió una decadencia. Asurbanipal se interesó más por el arte y la erudición que por la gestión de su imperio.

El Valle de Jezrel visto desde Meguido, donde los ejércitos del faraón Necao II derrotaron al rey Josías y sus soldados en la batalla de Meguido en el año 609 a. C.

A la muerte de Asurbanipal, en el año 627 a. C., su hijo Assur-etli-Ilani (627-623 a. C.) subió al trono. Coincidiendo con la muerte de Asurbanipal se produjeron rebeliones tanto de los babilonios bajo Nabopolasar en el 626 a. C. como de los vasallos de Judá. Además, el Imperio medo comenzó su ascenso, al igual que la amenaza de los escitas, procedentes de la zona hoy conocida como las estepas de Rusia. Todas estas fuerzas eran más de lo que el Imperio asirio podía soportar. El monarca asirio Sin-Shar-Ishkun (reinó entre el 623 y el 612 a. C.) perdió dos de las principales ciudades asirias, Asur en el 614 y Nínive en el 612 a. C.

Tablilla de arcilla, los Anales de Tiglat-Pileser III (gobernó entre 744 y 727 a. C.), que recoge detalles de las operaciones de construcción y las campañas militares de Tiglat-Pileser III. Menciona a los reyes de Amón, Ascalón, Edom, Gaza, Judá, Moab y Tiro.

Este conflicto afectó a la pequeña Judá. Si nos remontamos al año 722 a. C. y a la destrucción de Samaria, Judá era realmente todo lo que quedaba de la otrora orgullosa nación hebrea. El reino de Judá existió principalmente como un estado vasallo bajo el control de Asiria hasta la muerte de Asurbanipal.

REYES DE JUDÁ

Un somero examen de tres reyes de Judá durante los años transcurridos entre la caída de Tebas y la caída de Nínive puede ayudarnos a comprender mejor el escenario histórico de Nahúm. El monarca de Judá a la caída de Tebas era Manasés, que era un gobernante idólatra y malvado. «Derramó tanta sangre inocente que inundó a Jerusalén de un extremo a otro» (2 Rey. 21:16). En 2 Crónicas se añade que Manasés se arrepintió en sus últimos años, aunque 2 Reyes no lo menciona. Amón, el hijo de Manasés, reinó solo dos años antes de que sus siervos lo asesinaran (2 Rey. 21:19-23). Tras el asesinato de Amón, su hijo Josías, de ocho años, se convirtió en rey.

Josías afirmó su independencia política mientras se producía la rebelión en los demás países tras la muerte de Asurbanipal. La afirmación de la libertad política y religiosa de Josías fue estimulada cuando los trabajadores descubrieron el libro de la ley (probablemente partes de Deuteronomio) en el año 622 a. C. mientras reconstruían el templo.

LA DESAPARICIÓN DE ASIRIA

La agonía de Asiria se produjo con Asur-uballit II. Después de que Nínive cayera ante los medos y los babilonios en el 612 a. C., el rey asirio Asur-uballit II se retiró a Harán. La resistencia continuó; en el 610, los babilonios capturaron Harán. En el 609 a. C., el faraón Necao II marchó para unir fuerzas con los asirios. En Meguido, el rey Josías se encontró con el monarca egipcio, que se dirigía a Harán. En la batalla que siguió, Josías murió; sus fuerzas fueron derrotadas (2 Crón. 35:20-24). Josías parece haber apoyado a los rebeldes contra Asiria. Joacaz, hijo de Josías, fue el siguiente rey de Judá.

Joacaz estuvo en el cargo solo tres meses antes de que Necao lo sustituyera por Joacim (Eliaquín), otro hijo de Josías. Necao llevó a Joacaz cautivo a Riblá, en Jamat, y le exigió el pago de un tributo, que Joacim pagó. Posteriormente, Joacaz fue enviado desde Riblá a Egipto, donde murió.

Después de Meguido, Necao continuó hacia Harán para ayudar a los asirios en su lucha contra los babilonios. Su ayuda, sin embargo, no sirvió de nada; los babilonios salieron victoriosos. Sin inmutarse, Necao continuó su campaña en favor de Asiria. En el 605 a. C., Necao y los egipcios, junto con los restos del ejército asirio, sufrieron una aplastante derrota en Carquemis a manos de los babilonios. Con la derrota de Asiria y la victoria de Babilonia en Carquemis, Judá quedó sometida (vasalla) al rey Nabucodonosor de Babilonia.

El período histórico de Nahúm fue malvado tanto dentro como fuera de Judá. No solo los asirios adoraban a una multitud de dioses, sino que también el pueblo de Judá no permanecía fiel al Señor. Nahúm ofreció la esperanza a Judá y Jerusalén de que la opresión terminaría y Dios consolaría a Su pueblo. El enemigo, simbolizado por la ciudad de Nínive, sería destruido total y absolutamente. Así fue.

NOTAS

1 Según Pseudo-Epifanio, el lugar estaba en el suroeste de Judá, cerca de Begabar, la actual Beit Jibrín. Jerónimo situó a Elcós en Hilkesi de Galilea (actual El-Kauzeh). Se ha propuesto la ciudad de Capernaum («pueblo de Nahúm»), pero es poco probable. En el siglo XVI se propuso una ubicación en el Río Tigris, en Alkush (Al-Qush, Alqosh), frente a Nínive. Se dice que la tumba de Nahúm está en Alkush.

2 G. H. Johnston, «Nahum's Rhetorical Allusions to the Neo-Assyrian Lion Motif», *BSac* 158 (2001): 302.

3 Burlan A. Sizemore Jr., *The Centuries of Decline* (Nashville: Convention Press, 1970), 73.

NABUCODONOSOR: REY DE BABILONIA

POR CLAUDE F. MARIOTTINI

Maqueta de la Puerta de Ishtar de Babilonia en el Museo Estatal de Berlín.

Nabucodonosor II, el segundo rey del Imperio neobabilónico, fue el rey más famoso de los caldeos, un pueblo al que Jeremías llamó «una nación fuerte y antigua» (Jer. 5:15). Como rey, Nabucodonosor trajo fama y prosperidad al imperio. De todos los reyes extranjeros que menciona el Antiguo Testamento, este Nabucodonosor es el más destacado y con el que los estudiantes de la Biblia están más familiarizados. Nabucodonosor reinó del 605 al 562 a. C.

EL REINADO DE NABUCODONOSOR

Nabucodonosor tenía fama de gran constructor. Se jactó de «¡la gran Babilonia que he construido como capital del reino! ¡La he construido con mi gran poder, para mi propia honra!» (Dan. 4:30). La ciudad atravesaba el Río Éufrates por medio de un puente de 365 metros (1200 pies) (el más largo del mundo antiguo). Había ocho puertas, cada una con el nombre de un dios, siendo la más destacada la Puerta de Ishtar, que se abría a la «Vía Procesional» que atravesaba la ciudad. La Puerta de Ishtar estaba adosada a su palacio, cuyos muros exteriores eran de ladrillo cocido, y cada ladrillo tenía estampado el nombre de Nabucodonosor. También estaban los llamados Jardines Colgantes, que construyó para su esposa, Amitis, la hija del rey de Media. El edificio más destacado era la torre escalonada o zigurat llamado Etemenenki, que tenía 91 metros (300 pies) de lado y quizás 91 metros (300 pies) de altura y que a menudo se llama la Torre de Babel. Cerca de ella estaba Esagila, el templo de Marduk, su dios principal, pero los documentos cuneiformes hablan de más de cincuenta templos y capillas en la ciudad, y se encontraron más de 6000 figurillas (ver Jer. 50:38).[1]

Según los textos babilónicos, Nabucodonosor recibió elogios como legislador, juez y rey devoto de la justicia y que se oponía a la injusticia y la corrupción. Su motivación para ser justo era complacer a su dios, Marduk, y disfrutar así de una larga vida: «Oh Marduk, mi señor, recuerda mis actos favorablemente como buenos [actos], que (estos) mis buenos actos estén siempre ante tu mente (para que) mi caminar en Esagila y Ezida —que amo— dure hasta la vejez».[2]

El nombre de Nabucodonosor aparece en dos formas diferentes en la Biblia hebrea, que podrían traducirse como Nabucodonosor (58 veces) y Nabucodronosor (34 veces), aunque todas las traducciones al español las traducen como Nabucodonosor por coherencia. Dado que los documentos babilónicos utilizan *Nabu-kudurri-utsur*, que significa «Nabú ha protegido al hijo que heredará»,[3] Nabucodonosor probablemente se acerque más a la forma original.

El padre de Nabucodonosor, Nabopolasar, lideró una revuelta caldea contra los asirios y en el año 626 a. C. fundó el Imperio neobabilónico. Tras establecer una alianza con los medos, él y sus aliados tomaron Nínive, la capital asiria, y luego procedieron a derrotar al ejército asirio en Harán y finalmente en Carquemis en el 605 a. C. A continuación, se enfrentaron al ejército egipcio dirigido por el faraón Necao, que había sido retenido por el rey Josías de Judá, que había sido derrotado y muerto en Meguido (2 Rey. 23:29; 2 Crón. 35:20-24).

Relieve de león de la sala del trono del palacio de Nabucodonosor en Babilonia.

Nabopolasar, incapaz de luchar debido a una enfermedad que acabó matándolo, envió a su hijo mayor, Nabucodonosor, a enfrentarse a los egipcios. Nabucodonosor derrotó contundentemente a Necao en Carquemis y sometió a Sidón, Tiro, Filistea y otros países de Siro-Palestina (ver Jer. 46:2; 47:2-7). En esta época, Nabucodonosor se enteró de la muerte de su padre y regresó a Babilonia, donde fue coronado rey de Babilonia en el 605 a. C.

Cilindro de inscripción real de Nabucodonosor del templo de Lugal-Marada, en la antigua Marad.

NABUCODONOSOR EN EL LIBRO DE LOS REYES

El Antiguo Testamento presenta más de una visión de Nabucodonosor. El libro de los Reyes lo presenta como el conquistador de Jerusalén. Después de su victoria contra Egipto en Carquemis, Nabucodonosor hizo a Joacim su rey vasallo de Judá. Joacim se sometió a Nabucodonosor durante tres años (604-601 a. C.). En el año 601, Egipto y Babilonia volvieron a enfrentarse con grandes pérdidas por ambas partes. Nabucodonosor regresó a su país para reorganizar su ejército, y Joacim, contando con la ayuda egipcia, se rebeló contra los babilonios (2 Rey. 24:1).

Nabucodonosor no hizo campaña contra Israel del 600 al 598 a. C., pero envió soldados mercenarios para luchar contra Joacim (2 Rey. 24:2-3). Luego, en el 598 a. C., Babilonia avanzó contra Judá. Egipto prometió ayudar a Joacim, pero la ayuda militar de Egipto no se materializó (v. 7). Joacim murió en algún momento del año 598 a. C., aunque las circunstancias no están claras,[4] y su hijo, Joaquín, fue nombrado nuevo rey de Judá (597 a. C.). Tres meses después, Nabucodonosor tomó Jerusalén y deportó a Babilonia a Joaquín, rey de Judá, a su madre, a la familia real, a los funcionarios del palacio, a los oficiales del ejército, a los combatientes, a los artesanos y a los herreros. También se llevó a todos los hombres de peso y a los que eran capaces de hacer la guerra. Según 2 Reyes 24:12-16, 10 000 personas fueron llevadas al exilio. Nabucodonosor también se llevó todos los tesoros del templo y del palacio y rompió todos los vasos de oro utilizados en el culto del templo. Joaquín permaneció prisionero en Babilonia

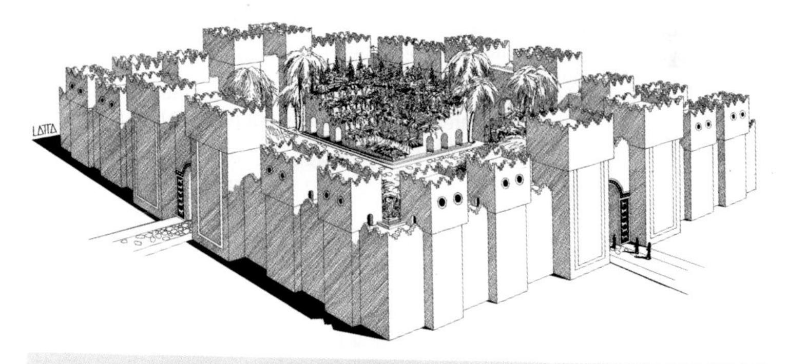

Reconstrucción de los jardines colgantes de Nabucodonosor en Babilonia, construidos para su esposa Amitis.

durante treinta y siete años, hasta que Evil Merodac, hijo de Nabucodonosor, lo liberó (2 Rey. 25:27-30; Jer. 52:31-34).

En el 596 a. C., Nabucodonosor colocó a Sedequías en el trono de Judá como nuevo rey, pero Sedequías se rebeló en su noveno año. En el 588 a. C., Nabucodonosor volvió a Jerusalén y sitió de nuevo la ciudad. La arqueología ha confirmado que muchas de las ciudades fortificadas de Judá fueron destruidas en esa época.[4] En marzo de 586 a. C., Babilonia conquistó Jerusalén y quemó el templo, así como las casas grandes de la ciudad. En ese momento se produjo una segunda deportación; solo quedaron los más pobres.

NABUCODONOSOR EN EL LIBRO DE JEREMÍAS

El libro de Jeremías ofrece una interpretación ampliada que afirma la soberanía de Dios y Su guía en la destrucción de Judá. Jeremías proclamó que Dios entregaría Judá y sus tesoros al rey de Babilonia, quien «los deportará a Babilonia o los matará a filo de espada», junto con Pasur, el funcionario del templo que hizo golpear al profeta (Jer. 20:4-6). Luego, cuando Nabucodonosor tenía sitiada a Jerusalén, Sedequías envió a Pasur a pedirle a Jeremías que rogara a Dios por ayuda. Pero el Señor le contestó que Él mismo lucharía contra el pueblo de Jerusalén «con gran despliegue de poder, y con ira, furor y gran indignación», con «la peste, la espada y el hambre». Solo los que se rindieran vivirían (21:4-10). Dios ya había entregado a Joaquín (llamado Conías) para que se lo llevara Nabucodonosor (22:24-30; 24:1), todo porque el pueblo se negó a escuchar al profeta de Dios que les había estado rogando por arrepentimiento desde el decimotercer año de Josías (25:3-7). Desde el año 605 a. C., Jeremías había estado advirtiendo a Judá de que venía «mi siervo [de Dios] Nabucodonosor, rey de Babilonia», que los destruiría «por completo» y los convertiría «en objeto de horror, de burla y de eterna desolación» (25:1-9).

Dios llama a Nabucodonosor Su «siervo» tres veces en Jeremías (25:9; 27:6; 43:10). Los escritores del Antiguo Testamento solían utilizar el título de «siervo del SEÑOR» para designar a las personas que tenían una relación especial con Dios y que eran obedientes a la voluntad de Dios en la vida de Su pueblo. Jeremías lo utiliza para indicar que Nabucodonosor era el que Dios había designado para tener dominio sobre las naciones y para actuar como instrumento de la justicia de Dios. Por lo tanto, rebelarse contra Nabucodonosor era rebelarse contra Dios. El Señor ordenó a Jeremías que escribiera sus oráculos en un pergamino como advertencia a Judá (36:1-4). Según Jeremías, la conquista y el sometimiento de las naciones por parte de Nabucodonosor se produciría con la aprobación de Dios (27:6-7).

NOTAS

1 Edwin Yamauchi, «Nebuchadnezzar», en *NIDBA*, 333; Daniel C. Browning Jr. y Randall Breland, «Babilonia», en *HIBD* ed. rev. (2015), 160–64; H. W. F. Saggs, «Babylon», en *Archaeology and Old Testament Study*, ed. D. W. Thomas (Oxford: Oxford University Press, 1967), 44.

2 James B. Pritchard, ed., *ANET*, 307.

3 Ludwig Koehler y Walter Baumgartner, *HALOT* (2000), 660.

4 Eugene H. Merrill, *Kingdom of Priests: A History of Old Testament Israel* (Grand Rapids: Baker, 1987), 451.

NERÓN: GOBERNANTE DE ROMA

POR CHARLES A. RAY JR.

Nerón nació en el año 37 d. C. como Lucio Domicio Enobarbo. Su familia paterna podía trazar una línea ininterrumpida de nobleza que se remontaba a más de 200 años. Su abuelo materno era el popular general romano Germánico, descendiente del gran emperador Augusto. La nobleza, sin embargo, no garantiza el civismo. Michael Grant comienza la biografía de Nerón diciendo: «Nerón nació de padres asesinos y se crio en un ambiente sanguinario, por lo que él también fue asesino. Pero solo cuando se asustaba, desgraciadamente se asustaba con facilidad».[1]

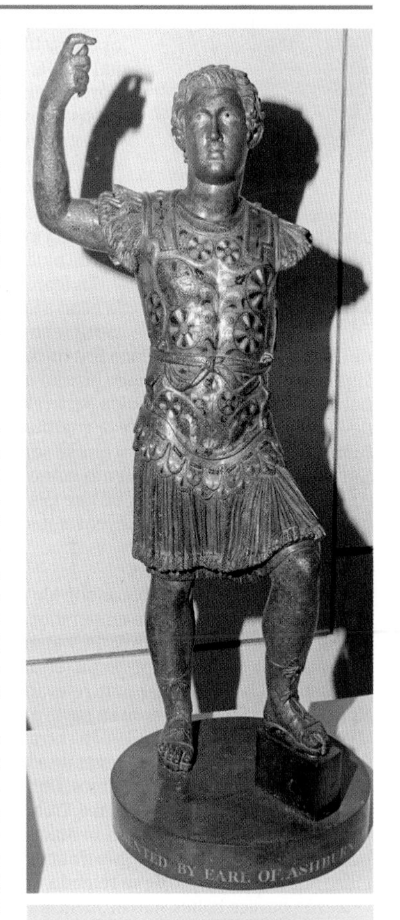

Estatuilla de bronce probablemente fabricada en la Galia que muestra a Nerón vestido de imperial.

ASCENSO AL PODER

El tío de Nerón, Cayo Calígula, se convirtió en emperador el año en que nació Nerón. Dos años más tarde, la madre de Nerón, Agripina, fue acusada de conspirar para matar a su hermano, Calígula, y fue desterrada de Roma. Nerón fue puesto al cuidado de la hermana de su padre. La suerte de Nerón cambió al año siguiente (41 d. C.), cuando Calígula fue asesinado por sus propios guardias del palacio. El tío de Calígula, Claudio, fue elegido como el siguiente emperador y permitió que su sobrina, Agripina, regresara del exilio.

A su regreso a Roma, Agripina volvió a casarse inmediatamente, esta vez con un rico orador, que murió repentinamente tres años después. En el año 48 d. C., la esposa de Claudio fue obligada a suicidarse por su supuesta participación en un complot para asesinar a Claudio; al año siguiente, Agripina era la nueva esposa del emperador.

Claudio tenía un hijo, Británico, de su anterior esposa, pero Agripina se propuso

Estatuilla de bronce probablemente fabricada en la Galia que muestra a Nerón vestido de imperial.

impedir que llegara al trono. En su primer año de matrimonio, arregló el compromiso de Nerón con la hija de Claudio, Octavia, y al año siguiente convenció a Claudio para que adoptara a su hijo. En ese momento, el nombre de Nerón se cambió por el de Nerón Claudio Druso Germánico.

Ese mismo año, Agripina consiguió que el senador, orador y filósofo romano Séneca fuera el tutor personal de Nerón. Séneca había sido exiliado a la isla de Córcega en el año 41 d. C. por influencia de la primera esposa de Claudio, y Agripina contribuyó a asegurar su regreso a Roma. La carrera de Nerón se aceleró rápidamente, eclipsando pronto al joven Británico, el nombre de Nerón aparecía primero en las inscripciones oficiales; su imagen aparecía en las monedas y se le permitía marchar en los desfiles a la cabeza de la guardia de palacio del emperador, la guardia pretoriana.[2]

En febrero del año 54, Británico cumplió trece años, la edad a la que Claudio había permitido a Nerón convertirse en un adulto legal. Claudio dio algunos indicios de otorgar un estatus similar a Británico, situación que habría amenazado la pretensión de Nerón al trono. Claudio hizo un nuevo testamento, pero murió en octubre sin haber tomado ninguna medida para reforzar la posición de Británico. Con la ayuda de Burrus, el comandante de la guardia pretoriana, Agripina consiguió que Nerón fuera declarado emperador y que se suprimiera el testamento revisado de Claudio. Burrus debió su nombramiento como comandante a las maniobras políticas de Agripina, y circuló el rumor de que ella era la responsable de la muerte de Claudio, probablemente a través de envenenamiento.

AÑOS DE ORO

Bajo Claudio, Agripina había adquirido un peso político mucho mayor de lo que era habitual en la esposa de un emperador. Nerón no tenía aún diecisiete años cuando subió al trono (reinó 54-68 d. C.), y al menos durante el primer año de su reinado, Agripina ejerció aún más poder. Su retrato aparecía en las monedas junto al de Nerón, ocupando el suyo el lugar más relevante. En el siglo I circularon rumores de que Agripina controlaba a Nerón en parte por una relación incestuosa con él.[3]

Sin embargo, pronto la relación entre Nerón y su madre se deterioró. Ella amenazó con favorecer a Británico en lugar de a Nerón, y a principios del año 55, Nerón pidió ayuda para envenenar a Británico. Obligó a Agripina a mudarse del palacio a otra residencia al otro lado de la ciudad. Trabajando juntos, Burrus y Séneca aprovecharon la mala relación de Nerón con su madre para canalizar sus energías, al menos parcialmente, hacia la tarea de gobernar el imperio. El resultado fue un período de casi cinco años, al principio de su reinado, en el que Roma experimentó estabilidad.

Nerón parece haber sido influenciado por los conceptos de generosidad e indulgencia de Séneca. En una ocasión, intentó eliminar todas las formas de impuestos indirectos del imperio. La medida resultó poco práctica desde el punto de vista económico, pero aumentó la popularidad de Nerón entre el pueblo. Se dice que Nerón se tomaba en serio sus obligaciones judiciales, estudiando los escritos durante la noche antes de tomar decisiones. Parece que se esforzó por eliminar algunos de los abusos comunes entre los emperadores anteriores. Pablo escribió su carta a la iglesia de Roma en algún momento de este período del reinado de Nerón, muy probablemente a mediados o finales de los años 50.

Busto del emperador Cayo Calígula (37-41 d. C.).

AÑOS DE CRECIENTE TIRANÍA

Nerón había mostrado un interés temprano por las artes escénicas y la competición atlética. La mayoría de la nobleza romana creía firmemente en su superioridad respecto a sus artes prácticas de guerra y del gobierno. Mientras que se fomentaba la práctica de las artes para relajarse y divertirse, la práctica seria de las artes se dejaba para los esclavos y otros extranjeros.

Nerón no compartía esta opinión y había trabajado en privado para destacar en la música, la oratoria y el arte. Su madre siempre había desalentado estas actividades, y Burrus y Séneca consiguieron limitar las actuaciones de Nerón a audiencias privadas. Una serie de acontecimientos que comenzaron en el año 59 d. C. cambiaron las cosas.

Nerón se volvió menos tolerante con los intentos de su madre por controlarlo y finalmente decidió asesinarla. Tras un intento fallido de ahogarla en una barca plegable, Nerón la hizo morir acusada de conspirar para asesinarlo. En contraste con el control dominante de Agripina, los consejos de Burrus y Séneca debían parecer apacibles. Sin ese contraste, los dos hombres tuvieron menos éxito en controlar el lado más salvaje de Nerón.

En los años siguientes, Nerón se mostró más decidido a satisfacer sus intereses, que incluían el canto, la actuación, las carreras de carros y la búsqueda de hazañas sexuales. Cuando Burrus murió en el 62 d. C., Nerón lo sustituyó por Tigelino, quien fomentó el ensimismamiento licencioso de Nerón. Sin la ayuda de Burrus, Séneca preguntó a Nerón si podía retirarse del gobierno. Aunque Nerón rechazó su petición, Séneca se involucró menos en los asuntos gubernamentales. Ese mismo año, Nerón se divorció de su esposa, Octavia, y se casó con Popea, que era la esposa de un amigo y estaba embarazada con el hijo de Nerón. Dos años más tarde, Nerón comenzó a hacer apariciones públicas en el escenario y en eventos atléticos, para el desconcierto del Senado romano y otros nobles.

Nerón también se dedicó a remodelar y ampliar su propio palacio. Con el tiempo, su palacio, bastante grande, se convirtió en el vestíbulo de un palacio inmensamente mayor conocido como la Casa Dorada. Dependiendo de la estimación que se acepte, la Casa Dorada y los jardines circundantes abarcaban entre 50 y 149 hectáreas.[4] El notorio incendio de julio de 64 d. C. causó la destrucción que hizo posible este enorme proyecto de construcción.

El origen del incendio es desconocido, aunque varios aspectos de la situación llevaron a señalar a Nerón. Circularon informes de que durante el incendio se vieron bandas de hombres lanzando antorchas contra los edificios y amenazando a cualquiera que intentara apagar las llamas. Después de arder durante seis días, el fuego parecía haberse extinguido, pero se reavivó en la propiedad de Tigelino, el nuevo comandante de la guardia de palacio del emperador.

La propia actitud de Nerón hacia el incendio también parecía sospechosa. Inspirado por la visión de la ciudad en llamas, cantó en su totalidad su composición original, *Caída de Troya*, mientras tocaba su lira. Las fuentes antiguas difieren en cuanto al lugar donde tuvo lugar la actuación, ya sea en la azotea de su palacio o en su teatro privado.[5] La indignación pública fue intensa y no se redujo por los actos de benevolencia del emperador. Necesitando un chivo expiatorio, Nerón culpó del incendio a los cristianos de la ciudad y comenzó una intensa época de persecución. Pablo y Pedro fueron probablemente martirizados tras este suceso.

Al año siguiente, estalló una conspiración contra el emperador. Nerón la reprimió brutalmente. Como el descontento seguía creciendo en Roma, Nerón se fue a Grecia, donde pasó un año compitiendo en varios juegos atléticos y otros eventos. Nadie se sorprendió al saber que Nerón ganó todas las pruebas en las que participó, incluso la carrera de carros de diez caballos en la que se cayó y no pudo completar la carrera.

Nerón finalmente regresó a Roma en enero del 68 y se encontró con al menos tres levantamientos distintos. Sus débiles intentos de restaurar el orden fracasaron estrepitosamente. Cuando el Senado votó condenar a Nerón a la pena de muerte por flagelación, su guardia de palacio lo abandonó. El 9 de junio del 68, Nerón se suicidó. Su famosa declaración, «Qué artista muere conmigo», fue pronunciada mientras daba instrucciones sobre cómo decorar su tumba.[6]

NOTAS

1 Michael Grant, *Nero* (Nueva York: Dorset, 1970), 13.

2 *Ibid.*, 26.

3 *Ibid.*, 32.

4 *Ibid.*,140.

5 *Ibid.*, 126.

6 Miriam T. Griffin, *Nero: The End of a Dynasty* (New Haven, CT: Yale University Press, 1985), 182.

ABDÍAS: EL HOMBRE Y SU MENSAJE

POR KEVIN C. PEACOCK

Ruinas de la Puerta de Triple Arco de Petra.

Lo único que sabemos con certeza sobre Abdías es que era un profeta. Su nombre era uno común que significa «siervo del Señor». (Al menos doce personas en el Antiguo Testamento tenían ese nombre). Sin embargo, Abdías podría haber sido su título más que su nombre. Los estudiosos datan a Abdías entre el siglo IX y el siglo V a. C.,[1] pero la fecha más tradicional de la profecía de Abdías sería durante el exilio, poco después de la caída de Jerusalén en el 586 a. C. Habló del ataque a Jerusalén en el pasado (Abd. 11); pero la caída de Edom (hacia el 533 a. C.) estaba todavía en el futuro, lo que hace que Abdías sea probablemente contemporáneo de Jeremías y Ezequiel.[2]

Los extranjeros (es decir, los babilonios) invadieron Jerusalén y se repartieron el botín de la ciudad (v. 11). Los edomitas, parientes lejanos y vecinos cercanos de los judíos, podrían haber ayudado a Judá; en cambio, se pusieron del lado de los invasores, se regodearon con la caída de Jerusalén y se aprovecharon de la situación de sus hermanos (vv. 10-14). Luego huyeron a sus fortalezas en las montañas, sintiéndose orgullosos de su maltrato al pueblo elegido por Dios (vv. 3-4). El mensaje de Abdías iba dirigido contra esa maldad y ese orgullo. Sus acciones demostraban que los edomitas

Ovejas cerca de Wadi Hasa (Arroyo Zered), la frontera entre Edom y Moab.

La Roca de Edom en el desierto de Zin.

eran enemigos de Dios, y pronto se enfrentarían a Su justicia. El propósito del Señor para Su pueblo no había terminado, y el reino de Dios sería universal y eterno.

La historia contenciosa de Israel con los edomitas se originó con Jacob y Esaú (o Edom; ver Gén. 25:30). Se asentaron en Seír, en el borde sureste del Mar Muerto (Gén. 36:1-9), los edomitas negaron a los israelitas el paso por su territorio después del éxodo, amenazándolos con la fuerza (Núm. 20:14-21; 21:4). Siguieron siglos de lucha entre los dos pueblos (ver 1 Sam. 14:47-48; 2 Sam. 8:13-14; 1 Rey. 9:26-28; 11:14-22; 2 Rey. 8:20-22; 14:7; 2 Crón. 21:8-10; 25:11-12; 28:17). Cuando los babilonios destruyeron Jerusalén en el 586 a. C., los edomitas se pusieron del lado de los atacantes para aprovecharse de la situación de Israel (Sal. 137:7; Ezeq. 25:12-14; 35:10-11). Más tarde, apareció una fuerte presencia árabe en el territorio edomita durante el Imperio persa (de finales del siglo VI al IV a. C.; ver Neh. 2:19; 4:7; 6:1). «A finales del siglo IV a. C., el reino árabe de Nabatea estaba centrado en Petra [la capital edomita]. La presión de los nabateos desplazó a muchos edomitas al Néguev de Judá. Esta región pasó a llamarse "Idumea", conservando [una forma de] el antiguo nombre de Edom».[3]

NOTAS

1 Ver J. LeCureux, «Obadiah, Book of» en *Dictionary of the Old Testament Prophets*, ed. Mark J. Boda y J. Gordon McConville (Downers Grove, IL: IVP Academic, 2012), 570, para las opciones de fechado propuestas.

2 Ver John Barton, *Joel and Obadiah*, OTL (2001), 120–21, para detalles y comparaciones.

3 Ver 1 Macabeos 4:29; Raymond B. Dillard y Tremper Longman III, *An Introduction to the Old Testament* (Grand Rapids: Zondervan, 1995), 387–88.

EN EDAD DE CASARSE

POR ROBERTA JONES

Mosaico de las bodas de Ariadna y Dioniso hallado en Filipópolis. El mosaico es romano y data del siglo I d. C.

Los padres judíos solían concertar un compromiso matrimonial para su hijo o hija. Durante el período de desposorio, que era un compromiso legal y vinculante, el hombre y la mujer vivían separados. Esperaban hasta después del matrimonio para tener relaciones íntimas. Sin embargo, al igual que con un marido y una mujer legales, solo la muerte o el divorcio separaban a los desposados. Durante el compromiso, José descubrió el embarazo de María y aunque decepcionado, José optó por la bondad y planeó evitarle a María cualquier vergüenza pública. «María, estaba comprometida para casarse con José, pero, antes de unirse a él, resultó que estaba encinta por obra del Espíritu Santo. Como José, su esposo, era un hombre justo y no quería exponerla a vergüenza pública, resolvió divorciarse de ella en secreto» (Mat. 1:18-19). Al parecer, José consideró su situación a la luz de las Escrituras del Antiguo Testamento. Deuteronomio 22:20-21 sugería apedrear a las mujeres que no eran vírgenes; sin embargo, otra opción permitía al hombre redactar un certificado de divorcio si encontraba en su mujer algo «indecoroso» (Deut. 24:1).

Las costumbres matrimoniales de otros países influyeron en Israel. Dos factores en Grecia contribuyeron a generar una mayor proporción de hombres que de mujeres. Muchas mujeres morían durante el parto y, además, los padres griegos solían abandonar a las niñas. Esta escasez de mujeres probablemente animó a los hombres a casarse con esposas cada vez más jóvenes. Lamentablemente, las inscripciones de los cementerios griegos indican que muchas niñas extremadamente jóvenes murieron en el parto. Si las mujeres sobrevivían al parto, esperaban vivir unos treinta y siete años.[1]

Roma gobernaba Israel en la época del nacimiento de Jesús. El emperador César Augusto favorecía mucho el matrimonio. Las niñas de diez años podían comprometerse y casarse dos años después, las mujeres de la clase alta, sin embargo, solían esperar hasta el final de la adolescencia para casarse. No se demoraban demasiado, ya que las mujeres solteras de veinte años podían ser penalizadas. Los hombres romanos solían casarse a los veinte años o posiblemente más. El varón que se casaba más joven debía mostrar signos físicos de madurez o tener catorce años antes de casarse.[2]

Las novias judías de entre trece y dieciséis años eran especialmente comunes. Pero, a diferencia de otras culturas, algunas mujeres se casaban después de los veinte años. Muchos hombres judíos se casaban entre los dieciocho y los veinte años. En el siglo II d. C., muchos rabinos declararon que los hombres que seguían sin casarse a los veinte años o más estaban pecando contra Dios. La cultura judía recomendaba el matrimonio precoz por dos razones. En primer lugar, un matrimonio precoz probablemente produciría una descendencia que mantendría el nombre de la familia y, en segundo lugar, el matrimonio se consideraba un medio para que los jóvenes pudieran controlar sus pasiones sexuales.[3]

Aunque no podemos verificar la edad a la que se casaron María y José, las costumbres israelitas sugieren que eran jóvenes. Además, hay que tener en cuenta que Jesús tuvo al menos seis hermanastros más jóvenes (Mar. 6:3).

Escena matrimonial grabada en vidrio dorado, probablemente de Roma, con la inscripción «Vive en Dios». Datado en los siglos IV - V d. C.

Lekythos (frasco de aceite) de terracota datado hacia 550-530 a. C. procedente de Ática, Grecia. El padrino acompaña a los novios en un carro tirado por dos asnos.

Josefo, un historiador judío que escribió en el siglo I d. C., explicó las costumbres típicas de aquellos tiempos. Como pareja desposada, María y José probablemente esperaban que José se encargara de su familia. Porque, declaró Josefo, una mujer era «inferior a su marido en todo». También advirtió a los maridos maltratadores y animó a las esposas obedientes y cumplidoras.[4] Josefo sugirió que una mujer podía ser apedreada si era condenada por no preservar su virginidad. Los hombres debían casarse, «a la edad adecuada, con vírgenes libres y nacidas de buenos padres».[5]

NOTAS

1 C. C. Kroeger, «Women in Greco-Roman World and Judaism» en *Dictionary of New Testament Background*, ed. Craig A. Evans y Stanley E. Porter (Downers Grove, IL: InterVarsity, 2000), 1278.

2 C. S. Keener, «Marriage» en *Dictionary of New Testament Background*, 683–84.

3 Keener, «Marriage», 684.

4 Josefo, *Contra Apión* 2.25.

5 Josefo, *Antigüedades judías* 4.8.23.

ADULTOS MAYORES EN LA CULTURA DEL SIGLO I

POR DORMAN LAIRD

Relieve que representa a hombres romanos transportando a un enfermo o herido. Basilio, obispo de Cesarea, fundó un hospital en Capadocia hacia el año 370 d. C. El centro, que llegó a llamarse «Basileias», se ocupaba de los pobres, huérfanos, ancianos, leprosos, enfermos e inválidos.

Figurilla procedente de Tanagra (norte de Atenas, Grecia) que representa a un anciano; datada a principios de la época helenística (332-152 a. C.).

ACTITUDES Y ACCIONES GRECORROMANAS

En el mundo grecorromano del siglo I, los miembros de la familia (normalmente los hijos y los nietos) debían proporcionar un cuidado completo y esencial a los parientes mayores. Hacerlo era un deber sagrado, el fallar podía acarrear penalidades y multas, en Atenas incluso la restricción de los derechos de ciudadanía.[1] Entre los romanos, los hijos también tenían la responsabilidad legal de cuidar de sus padres ancianos.[2] Sin embargo, debido a la elevada tasa de mortalidad infantil, la esperanza de vida era solo de entre veinte y treinta años. Solo entre el 6 % y el 8 % de la población del imperio vivía más de sesenta años.[3]

Los romanos esperaban que los adultos que llegaban a una edad avanzada siguieran siendo útiles en la sociedad mientras tuvieran el control de sus facultades.[4] El varón vivo de más edad de una casa (el *paterfamilias*) tenía derechos totales sobre sus descendientes naturales (hombres y mujeres), su esposa, sus hijos adoptivos e incluso los hijos de sus hijos en la línea masculina de sus descendientes. Es decir, el ancestro masculino de mayor edad «controlaba a sus descendientes [...] sus personas y "sus" bienes; frente a la ley no tenían posesiones propias. Él retenía todo».[5] Era el responsable de representar a la familia ante los dioses, de aprobar los matrimonios de los descendientes e incluso de decidir si un recién nacido era legítimo y, por tanto, digno de ser conservado. En principio, el gobierno del *paterfamilias* continuaba sobre sus descendientes independientemente de su edad. Un hombre maduro, o incluso un anciano, podía seguir siendo considerado legalmente como hijo de su padre vivo y estar sujeto a su autoridad.[6] Solo cuando el *paterfamilias* moría, los miembros de su casa pasaban a ser legalmente independientes.[7]

Los registros culturales de la época revelan que los romanos mantenían actitudes ambivalentes hacia las personas mayores. Algunas obras de arte y representaciones teatrales representaban con desdén a los ancianos como hombres y mujeres desdentados y arrugados. Por el contrario, algunas imágenes muestran a las parejas de ancianos como personas solidarias y cariñosas en su vejez. Además, los romanos solían respetar y apreciar a los senadores mayores por su sabiduría. Como muestra de ese respeto, la ley permitía a los senadores de edad avanzada ser eximidos de asistir a todas las sesiones del Senado si así lo deseaban. Asimismo, los hombres mayores de 55 años podían ser eximidos de algunas obligaciones públicas.[8]

ACTITUDES Y ACCIONES CRISTIANAS

Las diferencias entre las actitudes de los cristianos, de los griegos y romanos hacia los ancianos y los pobres eran notables. Los creyentes estaban motivados a cuidar de la gente por amor cristiano, porque todos los individuos tienen un valor inherente como portadores de la imagen de Dios.[9] La convicción de los creyentes en la benevolencia personal y corporativa llevó a los cristianos a ofrecer cuidados en tiempos de un brote epidémico, algo que había sido inaudito para un grupo religioso en el mundo clásico.[10]

Durante los dos primeros siglos, especialmente en tiempos de epidemias, la atención sistemática que los creyentes prestaban a los enfermos —ya fueran cristianos o paganos— parecía tener un poderoso efecto en las actitudes públicas sobre el cristianismo. Por ejemplo, «durante la peste de Cipriano [250 d. C.], las iglesias cristianas, a pesar de estar sufriendo su primera persecución a gran escala, idearon en varias ciudades un programa para el cuidado sistemático de los enfermos. Su actividad contrastaba con la de los paganos, que abandonaban a los enfermos o arrojaban los cuerpos de los muertos a las calles».[11]

La compasión mostrada hacia los ancianos e indigentes que recibían cuidados de enfermería por parte de los cristianos fue recibida con gratitud por los paganos, lo que dio lugar a muchas conversiones al cristianismo.[12] Hay pruebas sólidas que indican que el modelo de cuidados que practicaba la iglesia condujo en última instancia a la creación de lo que algunos creen que es el primer hospital abierto al público, el *Basileias*, terminado alrededor del año 372 d. C. En la época de la construcción de los *Basileias*, se había desarrollado claramente una conciencia social sobre el cuidado institucional de los ancianos. Además de disponer de zonas separadas para los pobres, los desamparados, los huérfanos, los leprosos y los enfermos, las instalaciones también incluían una sección para pacientes de edad avanzada.[13]

NOTAS

1 «Greece» en *The Ancient World*, vol. 1 de *The Greenwood Encyclopedia of Daily Life*, ed. Gregory S. Aldrete (Westport, CT: Greenwood, 2004), 1:25–26.

2 Martin Goodman, *The Roman World 44 BC–AD 180*, 2da. ed. (Londres: Routledge, 2012), 196.

3 *Ibid.*, 196.

4 *Ibid.*, 196–97.

5 Francis Lyall, *Slaves, Citizens, Sons: Legal Metaphors in the Epistles* (Grand Rapids: Zondervan, 1984), 120.

6 *Ibid.*, *Sons*, 120–21.

7 Karl-J. Holkeskamp, «Under Roman Roofs: Family, House, and Household», en *The Cambridge Companion to the Roman Republic*, ed. Harriet I. Flower (Nueva York: Cambridge University Press, 2004), 122–23.

8 Goodman, *The Roman World*, 196.

9 Gary B. Ferngren, *Medicine & Health Care in Early Christianity* (Baltimore: Johns Hopkins University Press, 2009), 117–18.

10 *Ibid.*, 117–18.

11 *Ibid.*, 118.

12 *Ibid.*, 121.

13 *Ibid.*, 124–25.

PABLO, EL ESCRITOR DE CARTAS

POR E. RANDOLPH RICHARDS

Dos hojas de un juego de tableros de escritura con bisagras inscritas con presagios astrológicos. Todavía se conservan fragmentos de la cera original que muestran parte del texto cuneiforme. Se han recuperado muy pocos tableros de este tipo, que antaño abundaban. Estaban destinados al palacio de Sargón (721-705 a. C.) en Khorsabad.

En el siglo I, la mayoría de los escritores utilizaban tinta negra, hecha con negro de humo o carbón vegetal. Esta tinta era barata y fácil de fabricar, pero no era resistente al agua. Aunque alguien podía lavar un documento y reutilizarlo, la escritura también podía perderse accidentalmente si la carta se mojaba. Para proteger los documentos, la gente solía guardar los valiosos pergaminos en estuches de cuero encerado. Los escritores antiguos también disponían de una pluma barata. La mayoría utilizaba una pequeña caña cortada de entre 20 y 25 centímetros (8 y 10 pulgadas) de largo, muy parecida a nuestra pluma estilográfica actual.

Los antiguos escribían en una gran variedad de materiales. Para enviar una nota rápida solían escribir en fragmentos de vasijas rotas. Estas notas se llamaban *ostraca*. Para enviar una nota rápida o un recibo a otra persona, también se solía escribir en el reverso de un documento antiguo. Para una nota temporal, los escritores antiguos solían utilizar tablillas de madera, que eran finas láminas de madera con un hueco en el centro. La parte central podía escribirse directamente con tinta o, más comúnmente, se rellenaba con una fina capa de cera. El borde elevado protegía la cera cuando se apilaban las tablillas. La cera se alisaba fácilmente y se reutilizaba.

Desde la época romana, los stili escribían en tablillas de madera recubiertas de cera.

Sin embargo, para las cartas enviadas en la época de Pablo, las dos opciones principales de «papel» eran el pergamino y el papiro. Las hojas de pergamino se hacían con la piel de un ternero, una cabra o una oveja. Estas hojas (si estaban bien hechas) eran resistentes pero ligeras y flexibles. Las hojas se cosían para formar una tira más larga que se enrollaba, lo que hoy se llama comúnmente un pergamino. El pergamino era resistente y duradero, pero probablemente era más caro y más difícil de escribir que el papiro. Los escritores de cartas de la época de Pablo probablemente preferían el papiro.

Los escribas solían utilizar gomas de borrar de piedra arenisca. Las gomas mostradas proceden de Tell Defenneh (Tahpanhes, Egipto).

Las cañas de papiro crecían en abundancia a lo largo de las orillas del Nilo. Los juncos medían más de metro y medio. La caña es tan gruesa como la muñeca de un hombre. Para fabricar el papel de papiro, los juncos se cortaban en secciones y se cortaban longitudinalmente en tiras finas, como una cinta. Estas tiras se colocaban una al lado de la otra en un tablero. Sobre ellas se colocaba otra capa de tiras en ángulo recto. La hoja seca se alisaba y se recortaba a un tamaño estándar.

El papiro no se vendía normalmente en hojas individuales. Al igual que el pergamino, las hojas se pegaban para formar un rollo. Cuando un secretario terminaba una carta, cortaba el papiro sobrante para guardarlo para otro patrón. Si la carta era más larga de lo previsto, podía pegar más hojas. Los rollos de pergamino o papiro podían tener cualquier longitud, pero un rollo de veinte hojas (aproximadamente 3 metros [12 pies]) parece haber sido la medida estándar en la época de Pablo. En teoría, los rollos podían alargarse continuamente, pero los antiguos habían descubierto que los rollos de más de 9 metros (30 pies) eran demasiado incómodos de manejar.

Hoy en día, el papel y la pluma son tan baratos que resultan irrelevantes. En la antigüedad, esto no era así. El proceso completo de escribir su carta a los romanos probablemente le costó a Pablo más de 2000 dólares (divisa actual),[1] sin incluir el importe de enviar a alguien que lo dejara en Roma. Alrededor de dos terceras partes del costo fueron materiales y el tercio restante fue la mano de obra, el gasto de un secretario.

Muchos estudiantes del Nuevo Testamento se sorprenden al saber que Pablo utilizaba un secretario. La evidencia en sus cartas es clara. En una carta, incluso sabemos el nombre de ese secretario: «Tercio» (Rom. 16:22). Los antiguos rara vez escribían en la carta: «Estoy usando un secretario», porque la práctica era esperada. Sin embargo, la etiqueta exigía que el escritor terminara los comentarios finales de la carta con su propio puño y letra, tal y como firmamos nosotros una carta. En una carta antigua original, se puede ver el cambio de letra al final. Los escritores también solían hacer un comentario, como «escribo este saludo de mi puño y letra».[2] Pablo hacía a menudo este tipo de comentarios (ver 1 Cor. 16:21; Gál. 6:11; Col. 4:18; 2 Tes. 3:17).

NOTAS

1 He explicado cómo he llegado a esta cifra en E. Randolph Richards, *Paul and First-Century Letter Writing* (Downers Grove, IL: InterVarsity, 2004), 165–69.

2 Para una explicación completa con ejemplos, ver E. Randolph Richards, *The Secretary in the Letters of Paul* (Tübingen: Mohr Siebeck, 1991), 68–90.

EL EJÉRCITO DEL FARAÓN

POR DUANE A. GARRETT

El Valle de Jezrel visto desde lo alto de Meguido. Controlar Meguido significaba poder vigilar la ruta por la que la Carretera Internacional de la Costa entraba en el valle. La carretera norte-sur unía Egipto con Siria.

La época dorada de gloria imperial y militar de Egipto fue el período conocido como el Reino Nuevo (dinastías XVIII, XIX y XX; 1550-1069 a. C.). Egipto hizo la guerra al oeste (Libia), al sur (Nubia) y al norte (el Imperio mitanni de Siria durante la XVIII Dinastía y el Imperio hitita de Anatolia durante la XIX Dinastía). Durante la vigésima Dinastía, cuando el poder egipcio disminuía, Egipto refrenó una invasión de los «Pueblos del Mar» procedentes del otro lado del Mediterráneo. El Reino Nuevo fue también el período en el que se produjo el éxodo.

La maquinaria militar egipcia se desarrolló durante las guerras contra los hicsos, extranjeros que dominaron el norte de Egipto entre 1786 y 1550 a. C. Los egipcios que expulsaron a los hicsos establecieron la decimoctava Dinastía y la Era del Reino Nuevo. Después de expulsar a los hicsos, el nuevo ejército egipcio no abandonó las armas y volvió al arado. Eran una sociedad completamente militarizada, y habían llegado a creer que una política exterior agresiva era la mejor defensa contra futuras humillaciones a manos de extranjeros.

FUENTES DE INFORMACIÓN

Una de las principales fuentes de información son los relatos de éxitos militares dejados por Tutmosis III (decimoctava Dinastía; reinó 1479-1425 a. C.), Ramsés II (decimonovena Dinastía; reinó 1279-1213) y Ramsés III (vigésima Dinastía; reinó 1184-1153 a. C.). Estas inscripciones y las obras de arte que las acompañan nos dicen mucho sobre sus armas, tácticas y procedimientos estándar.

Tutmosis III dejó constancia de sus numerosas campañas en la tierra prometida. Su hazaña más audaz fue la conquista de la ciudad cananea de Meguido, que se había rebelado contra la dominación egipcia con el apoyo de la ciudad siria de Cades. Tutmosis, acercándose a Meguido desde el suroeste, llevó a su ejército a través del estrecho Paso de Aruna en lugar de rodear las colinas que se interponían entre él y la ciudad. Esta maniobra lo obligó a dispersar sus fuerzas, y podría haberle llevado a una derrota catastrófica. Pero sus enemigos no esperaban que tomara el estrecho paso y no hicieron ningún esfuerzo por bloquearlo. Los sorprendió al salir del paso y disponer su ejército para la batalla ante las puertas de la ciudad. Tal vez parte de los ejércitos sirio y cananeo estaban defendiendo otros accesos y no llegaron a la ciudad a tiempo para participar en la batalla. En cualquier caso, las fuerzas que se enfrentaron a Tutmosis fueron derrotadas fuera de las puertas y tuvieron que ser arrastradas por las murallas hasta la ciudad por los habitantes. Finalmente, Meguido capituló. En una campaña posterior, Tutmosis llevó barcos en carretas de bueyes desde Biblos hasta el Río Éufrates. Al poder desplazar tropas por la parte superior del río, donde este dividía el reino de Mitanni, pudo hacer campaña en la mitad occidental de Mitanni y hacer la guerra en Siria y Canaán, al mismo tiempo que impedía que el apoyo de Mitanni llegara al otro lado del río.

La batalla más famosa de la historia del antiguo Egipto es la que enfrentó a Ramsés II con su homólogo hitita, Muwatalli II, en Cades, en el Río Orontes, en Siria, hacia el año 1274 a. C. Al conducir a su ejército hacia Siria para un encuentro con los hititas, Ramsés

Grabado en las paredes interiores de la primera sala del templo de Ramsés II en Abu Simbel, Egipto, el enorme ejército egipcio maniobra sus caballos y carros en preparación para invadir Cades.

creyó, de manera insensata, en un informe de dos hombres capturados que decían que los hititas estaban todavía lejos. (Se encontraban ocultos detrás de la ciudad de Cades). El ejército egipcio fue atacado mientras sus unidades principales, incluido el faraón, estaban acampando; el resto del ejército egipcio seguía en marcha. Las fuerzas del faraón en la vanguardia lograron contener al enemigo hasta que llegó el resto de su ejército, y se evitó el desastre. La batalla terminó como una especie de victoria hitita. (Ramsés no logró tomar Cades, y el poder egipcio quedó confinado a la zona de Canaán, tras ser expulsado de Siria). Aun así, el faraón afirmó haber obtenido una gran victoria gracias a su destreza personal en la batalla.

Las hazañas militares de Egipto no se limitaban a las batallas terrestres. Barco marítimo egipcio (modelo) del Reino Antiguo (2500 a. C.); reconstruido según un relieve encontrado en la pirámide del faraón Sahu-Re en Abusir, uno de los relieves más antiguos que muestra detalles de un barco marítimo.

Ramsés III, en el octavo año de su reinado, obtuvo su mayor victoria en una batalla librada en la propia frontera norte de Egipto. Repelió a los Pueblos del Mar, que habían atacado Egipto con una invasión combinada por mar y tierra. Así salvó a Egipto de la dominación extranjera. Esta gran victoria incluyó un raro ejemplo de una batalla marítima librada por los antiguos egipcios. Utilizaban barcos como transporte rápido para sus tropas, pero en su mayoría eran embarcaciones fluviales utilizadas en el Nilo para el despliegue rápido de fuerzas. Sin embargo, Ramsés tuvo que librar batallas de barco a barco contra los Pueblos del Mar.

Otras fuentes ofrecen información sobre la guerra egipcia. Horemheb, el último faraón de la XVIII Dinastía, emitió un decreto que nos dice algo sobre la administración militar egipcia. Además, los oficiales del ejército egipcio a veces tenían sus tumbas inscritas con relatos de su valentía en la batalla. Por último, las obras de arte y los artefactos egipcios, principalmente de las tumbas, nos permiten comprender mejor el ejército egipcio. Por ejemplo, se han encontrado varios carros en las tumbas.

ORGANIZACIÓN

El faraón era el comandante supremo de las fuerzas armadas y, si era un gobernante vigoroso, dirigía personalmente su ejército en la batalla. El visir (el administrador de más alto rango del faraón) era en realidad su jefe de personal, y podía dirigir el ejército en el campo de batalla como representante del faraón. Los oficiales procedían principalmente de la aristocracia; el oficial de menor rango, quizás análogo a un teniente, era un comandante de cincuenta.

Los soldados comunes eran reclutados de las clases campesinas (aproximadamente uno de cada diez hombres podía servir en el ejército). Los extranjeros también podían servir en el ejército de Egipto. El ejército de Ramsés II estaba organizado en cuatro divisiones de 5000 hombres. Cada división llevaba el nombre de un dios (Ptah, Re, Seth y Amón), y una quinta división estaba bajo el mando directo del faraón.[1] Las divisiones se

Relieve del templo funerario de Hatshepsut en Tebas. La imagen representa a dos marineros de la armada real egipcia. El primero lleva un hacha de guerra y un estandarte militar en forma de abanico. El segundo también va armado con el mismo tipo de hacha.

subdividían en unidades más pequeñas, hasta el pelotón de quince hombres. Los carros se organizaban en escuadrones de veinticinco.

ARMAS

Antes del Reino Nuevo, los soldados egipcios de infantería iban sin armadura, excepto escudos de cuero crudo, y con lanzas cortas como armas ofensivas. Los arqueros tenían arcos largos simples y primitivos. En la época del Reino Nuevo, se utilizaba una armadura de cuero (con algo de metal), cascos y espadas cortas de bronce tipo cimitarra. Los arqueros, ahora armados con arcos compuestos más potentes, eran una fuerza militar a tener en cuenta. Sin embargo, no se trataba de una infantería pesada como la que posteriormente formaría parte de la falange griega o la legión romana. El ejército egipcio era una fuerza de ataque rápido que dependía de sus carros y arqueros.

El carro de guerra egipcio se utilizó por primera vez durante el Reino Nuevo; otras grandes potencias, como el Imperio hitita, también emplearon carros masivos en esta época. El carro de guerra de dos caballos tenía dos ruedas y una tripulación de dos personas: un conductor y un portador de escudo. El conductor se acercaba al enemigo y disparaba flechas; podía utilizar una jabalina o una espada en los momentos más cercanos. El carro era de mimbre ligero y estaba diseñado para la velocidad; no estaba blindado. El ataque en masa de los carros estaba destinado a aterrorizar a los soldados de a pie ligeramente armados. Siglos más tarde, cuando la infantería estaba más blindada y era disciplinada para mantener sus filas, el carro quedó obsoleto.

Los egipcios no utilizaban una caballería, sino que empleaban tropas montadas como exploradores. Éxodo 14:5 sugiere que tales exploradores seguían a los israelitas cuando partían. La Biblia también indica que la infantería egipcia partió con el cuerpo de carros en persecución de los hebreos (v. 6), pero no parece que hubiera infantería cuando los carros fueron destruidos en el mar (v. 23). Tal vez iban detrás de las fuerzas montadas y solo llegaron después de la debacle.

TÁCTICAS

Los militares egipcios solían disponerse para la batalla como un cuerpo principal con un ala a cada lado. Sin embargo, este tipo de maniobras no se habrían empleado cuando se perseguía a un gran cuerpo de refugiados, como era el caso de los israelitas.

La táctica preferida de los egipcios del Reino Nuevo era, aparentemente, atacar rápidamente con sus carros. Nunca desarrollaron el lento y metódico arte de la guerra de asedio, y las pruebas de las batallas de Meguido y Cades sugieren que podían ser audaces hasta el punto de ser temerarios. Esto está en consonancia con lo que vemos en Éxodo 14, donde se lanzan al mar sin pararse a preguntar si era una buena idea. En circunstancias normales, los israelitas no habrían sido rivales para los carros egipcios. Siendo campesinos sin entrenamiento que solo días antes habían estado trabajando como esclavos, los hebreos se habrían dispersado como hojas caídas en una tormenta ante un ataque egipcio bien ejecutado.

VALOR Y MORAL

Los egipcios valoraban mucho el valor personal. Un soldado que mostraba valor en la batalla recibía las «moscas de oro», una condecoración militar análoga a las modernas medallas al valor. Además, recibía riquezas y esclavos como parte del botín. Un tal Ahmose, hijo de Abana, dejó constancia en la pared de una tumba excavada en la roca de sus hazañas y de los honores que recibió mientras estuvo al servicio de los primeros faraones de la dinastía XVIII. Otro soldado, llamado Amenemhab, relató las numerosas batallas que libró en campaña con Tutmosis III, y se esforzó especialmente en describir la frecuencia con la que participó en combates cuerpo a cuerpo.[2]

Los comandantes egipcios también reforzaban la moral de sus hombres hablando de cómo sus dioses luchaban por ellos. Podían invocar a Montu, el dios egipcio de la guerra, pero durante el Reino Nuevo ensalzaban el poder omnímodo de Amón.

El relieve de Medinet Habu representa al ejército de Ramsés III mientras se prepara para la batalla contra los Pueblos del Mar.

Y lo que es más importante, los faraones del Reino Nuevo reforzaban personalmente la moral de sus tropas y de la nación asumiendo el papel de héroes militares. Tutmosis III, en la narración de Meguido, es audaz y resuelto, mientras que su estado mayor es tímido y convencional. Ramsés II, en el relato de su acción en Cades, es positivamente hercúleo, matando sin ayuda a las hordas enemigas mientras sus confundidos soldados tratan de recuperarse y reorganizarse. La iconografía de la época, que representa al faraón como una figura gigantesca que entra a zancadas para derrotar a los enemigos liliputienses, es la última pieza de propaganda para la construcción de la moral: Egipto es invencible porque el faraón es invencible.[3]

ÉLAN EGIPCIO EN EL MAR ROJO

De lo anterior se desprende que una característica central del ejército egipcio del Reino Nuevo, y especialmente de sus cuerpos de carros, era el alto valor que se daba al *élan*. Se trataba de un tipo particular de valor que permitía a alguien cargar en el centro de la batalla. También era una táctica diseñada para forzar el resultado de la batalla abrumando al enemigo con la audacia de su ataque. Alejandro Magno y Napoleón, ambos grandes capitanes, emplearon esta estrategia. Era más que una táctica; para ciertos ejércitos era su credo central. El ejército egipcio del Reino Nuevo pertenecía a esta clase. La fe oficialmente cultivada en Amón y su faraón, los ejemplos dados por Tutmosis III en Meguido y por Ramsés II en Cades, el reconocimiento que los egipcios daban al valor de los soldados individuales y la naturaleza del carro de guerra como arma de ataque de choque sugieren que la devoción al *élan* era fundamental en la cultura militar de Egipto. Pero como filosofía militar, el *élan* tenía un gran inconveniente, como demostraron los romanos bajo el mando de César cuando fueron atacados por guerreros galos que se precipitaban enloquecidos sobre ellos, gritando y blandiendo sus espadas. Cuando las legiones mantuvieron sus líneas frente a estas embestidas, el *élan* de los galos se transformó rápidamente en terror y huida caótica, y César conquistó rápidamente toda la Galia. Por lo tanto, la Biblia describe de forma creíble tanto la furiosa huida de los egipcios hacia el mar como su posterior pánico cuando se dieron cuenta de que Dios estaba luchando por Israel (Ex. 14:25).

NOTAS

1 La figura de 5000 hombres por división está basada en un comentario en el Papiro Anastasi I, pero si esto representa la división habitual egipcia sigue en duda. Pudo haber sido menor. Ver Anthony J. Spalinger, *War in Ancient Egypt: The New Kingdom* (Oxford: Blackwell, 2005), 149–50.

2 Para las inscripciones de Ahmose, hijo de Abana y de Amenemhab, ver James Henry Breasted, *Ancient Records of Egypt*, vol. 2 (Chicago: University of Chicago Press, 1906), 3–18, 227–34.

3 Para descripciones de la milicia egipcia, ver especialmente Spalinger; también Rosalie David, *Handbook to Life in Ancient Egypt* (Nueva York: Facts on File, 1998), 225–54.

LOS FILISTEOS

POR CLAUDE F. MARIOTTINI

Ruinas de una torre derrumbada en Ascalón.

Unos años después de que los israelitas conquistaran su tierra, un grupo de personas invadió Canaán y se asentó en la llanura costera entre Jope y la zona desértica al sur de Gaza. Este pueblo fue conocido como los filisteos. Se convirtieron en los gobernantes de cinco ciudades —Gaza, Asdod, Ascalón, Ecrón y Gat— conocidas colectivamente como la pentápolis filistea.

HISTORIA TEMPRANA

Las palabras *filisteos* y *filistea* aparecen más de 250 veces en el Antiguo Testamento. Las pruebas arqueológicas y lo que dice la Biblia sobre la cultura y la organización social de los filisteos proporcionan pruebas de su origen extranjero. Los arqueólogos creen que los filisteos procedían de la zona oriental del Mediterráneo, pero su patria original y su ruta migratoria no están claras. Los filisteos llegaron a Canaán con la migración de los Pueblos del Mar. Según Amós 9:7 y Jeremías 47:4, los filisteos procedían de Caftor, es decir, de Creta. Algunos de los filisteos pueden haber venido de Asia Menor. Si esto es cierto, su civilización tenía un gran elemento cario (del suroeste de Anatolia). Los quereteos y los peleteos de 2 Samuel 8:18 eran mercenarios que servían como guardaespaldas de David. Los estudiosos creen que los quereteos eran mercenarios cretenses y que los peleteos se refieren a los filisteos.

Los filisteos aparecen en los documentos egipcios como los pelasata. En uno de estos documentos, fechado en el reinado de Ramsés III (aprox. 1183-1152 a. C.), Ramsés menciona una batalla naval que tuvo lugar en la desembocadura del Nilo en la que los egipcios lucharon contra una coalición de Pueblos del Mar. Entre los Pueblos del Mar que invadieron Egipto, Ramsés III menciona a los shakarusha, los pelasata, los danuna y otros.[1]

Ruinas en Gaza.

Al describir su lucha contra los Pueblos del Mar, Ramsés dijo que los Pueblos del Mar procedían de islas en medio del mar y que avanzaron contra Egipto, apoyándose en sus armas de hierro. Las imágenes de las paredes del templo de Ramsés en Medinet Habu representan a los filisteos armados con espadas y escudos redondos. Algunos soldados llevaban lo que parecían corseletes laminados. El tocado de los soldados filisteos estaba rematado con plumas.[2]

En su relato de la batalla, Ramsés declaró que había salido victorioso en su lucha contra los invasores y que había tomado muchos prisioneros. Aunque Ramsés se proclamó vencedor de los Pueblos del Mar, el ataque debilitó a Egipto. Al no poder derrotar completamente a los invasores, Ramsés tuvo que aliarse con los filisteos.

Ramsés permitió que los filisteos se establecieran en la costa oriental del Mediterráneo. Los convirtió en sus vasallos y empleó a muchos de los soldados conquistados como mercenarios y los colocó en las guarniciones de las fronteras del imperio. El territorio filisteo iba desde el noroeste del Néguev hacia el norte hasta la ciudad de Ecrón y desde el Mar Mediterráneo hasta las laderas occidentales de Judá.[3] Cuando los filisteos empezaron a asentarse en Canaán, todavía estaban bajo control egipcio. Tras la muerte de Ramsés, el poder de Egipto en Canaán decayó y los sucesores de Ramsés no pudieron recuperar el control de Canaán. Aprovechando la debilidad política de Egipto, los filisteos acabaron consiguiendo su independencia. Desde finales del siglo XII y hasta el siglo XI, los filisteos ampliaron su presencia en Canaán y consolidaron su poder asimilando la cultura y la lengua de los pueblos indígenas de Canaán.[4]

EN LA BIBLIA

Los filisteos aparecen en la Biblia como enemigos de Israel. Durante el período de los jueces, los filisteos ya eran una amenaza para los israelitas. En los días de Samgar, que fue uno de los jueces menores de Israel, los israelitas ya luchaban contra los filisteos. Samgar liberó a Israel matando a 600 filisteos con una picana (Jue. 3:31). Sansón juzgó a Israel durante veinte años en la época en que los filisteos estaban expandiendo su poder en Canaán, pero no pudo derrotarlos (15:20). Los filisteos derrotaron a los israelitas y capturaron el arca del pacto en Ebenezer y la llevaron a Asdod, donde se encontraba el templo de Dagón, el principal dios filisteo (1 Sam. 5:1-2). Después de esta batalla, los filisteos ampliaron su presencia en Canaán, adentrándose en la cordillera central.

Moneda de plata de Aradus (en la costa fenicia) que representa al dios filisteo Dagón y un barco.

Tras la muerte de Sansón, los danitas, bajo la presión de los filisteos, tuvieron que emigrar del territorio que Josué les había asignado. Una de las ciudades asignadas a la tribu de Dan fue Ecrón (Jos. 19:43), una ciudad que finalmente se convirtió en una de las cinco ciudades de la pentápolis filistea (13:3). Los danitas se trasladaron de la Sefela a la parte más septentrional de Canaán, donde conquistaron Lais, una ciudad cananea, y la rebautizaron como Dan (18:27-29).

El libro de 1 Samuel indica que los filisteos aumentaron el número de asentamientos que controlaban. Influyeron y controlaron el norte del Néguev y estuvieron presentes en gran parte del territorio que pertenecía a las tribus de Simeón, Judá y Dan (antes de la reubicación de los danitas). Israel estableció la monarquía para hacer frente a la amenaza que suponían los filisteos en su expansión hacia la cordillera central. Años más tarde, en una batalla en el Monte Gilboa, los filisteos derrotaron al ejército de Israel y mataron al rey Saúl y a sus hijos Jonatán, Abinadab y Malquisúa (1 Sam. 31:2). Los filisteos profanaron el cuerpo de Saúl cortándole la cabeza y colgando su cuerpo en las murallas de Betsán (vv. 9-10).

Ataúd antropoide de la antigua Gaza, siglo XIII a. C.

LOS FILISTEOS EN SOFONÍAS

Sofonías utilizó la situación política del siglo VII y redactó sus palabras en el lenguaje de la conquista de Canaán. Vio a los enemigos de Judá como cananeos. Filistea iba a recibir el mismo destino que los cananeos y a perder su población por conquista y aniquilación completa. Los filisteos estaban en la tierra que Dios prometió a Israel, pero no pertenecían a ella; así que, como los cananeos de antaño, los filisteos serían erradicados. Las ciudades filisteas se quedarían sin habitantes, y en su lugar vivirían pastores de Judea (Sof. 2:6-7). Las palabras de Sofonías se cumplieron cuando los babilonios invadieron Canaán.[5] En el 604 a. C., Nabucodonosor conquistó las cuatro ciudades filisteas y deportó a sus reyes a Babilonia. Como había predicho Sofonías, la conquista de las cuatro ciudades filisteas fue el fin de Filistea como entidad política.

NOTAS

1 John Bright, *A History of Israel* (Filadelfia: Westminster, 1981), 174.

2 R. K. Harrison, «Philistines» en *NIDBA*, 362–63.

3 G. Ernest Wright, «Fresh Evidence for the Philistine Story», *BA* 29 (Septiembre de 1966): 69–86.

4 Bright, *History of Israel*, 176.

5 Kenneth A. Kitchen, «The Philistines» en *People of Old Testament Times*, ed. D. J. Wiseman (Oxford: Clarendon, 1973), 67.

EL PAPEL DE PILATO EN LA MUERTE DE JESÚS

POR THOMAS H. GOODMAN

El arco del «Ecce Homo» atraviesa la Vía Dolorosa de Jerusalén. Marca el lugar tradicional donde Pilato presentó a Jesús a la multitud y dijo: «¡Aquí está el hombre!». (*Ecce homo* en latín; Juan 19:5).

El encuentro de Pilato con los líderes judíos en el juicio de Jesús no fue la primera experiencia del gobernador romano en las complejidades de la política de Judea. Las referencias extrabíblicas a Pilato revelan a un líder que se volvió vulnerable a las críticas del emperador a medida que Pilato se mostraba cada vez más incapaz de proporcionar estabilidad en la región. Esta vulnerabilidad fue un factor que influyó en la forma en que manejó el juicio de Jesús. Pilato debería haber defendido la justicia romana y haber liberado a Jesús. Sin embargo, al final, Pilato hizo lo que era mejor para él.

En la época de Jesús, Judea estaba bajo el gobierno de los procuradores romanos, una función en la que Pilato sirvió desde el año 26 al 36 d. C. Un procurador era un gobernador que el emperador nombraba directamente; debía gestionar las operaciones militares, financieras y judiciales de regiones estratégicamente sensibles del Imperio romano.[1] El gobierno romano estableció una residencia para el procurador en la ciudad portuaria de Cesarea Marítima, situada en la costa mediterránea.

CINCO INCIDENTES

Cinco incidentes relatados en fuentes bíblicas y extrabíblicas establecen el contexto de la participación de Pilato en la crucifixión de Jesús.[2] El primer incidente tuvo lugar inmediatamente después de su nombramiento como gobernador. El historiador judío Josefo cuenta que los soldados de Pilato colocaron estandartes con la imagen del emperador a la vista del templo de Jerusalén. Los judíos consideraron el acto como idolátrico y exigieron que se retiraran los estandartes. Cuando Pilato los amenazó con la ejecución, los manifestantes desnudaron sus cuellos en señal de desafío, dispuestos a morir antes que retroceder. Pilato fue el que se echó atrás. Retiró los estandartes a Cesarea Marítima.

En el segundo incidente, Pilato mató a unos galileos que ofrecían sacrificios (Luc. 13:1). No tenemos ninguna explicación sobre lo que provocó la matanza, pero el incidente ilustra la relación ocasionalmente tumultuosa entre Pilato y sus súbditos.

En tercer lugar, Pilato utilizó dinero del tesoro del templo para construir un acueducto. Los judíos se opusieron a lo que consideraban un sacrilegio de las ofrendas del templo, y Pilato mandó golpear a los manifestantes para someterlos.

En cuarto lugar, según el filósofo judío Filón, Pilato hizo colgar escudos votivos en el palacio de Herodes en Jerusalén. Algunos creen que los escudos llevaban el nombre del emperador como una deidad. En cualquier caso, los judíos consideraron que los escudos eran ofensivos y apelaron directamente a Tiberio César cuando Pilato se negó a responder a sus objeciones. Tiberio ordenó que Pilato retirara los escudos a Cesarea Marítima y reprendió a su procurador por la innecesaria controversia.

En quinto lugar, Josefo informa que Pilato ordenó la ejecución de varios aldeanos samaritanos que habían seguido a un líder rebelde al Monte Guerizín. Al enterarse de esto, Tiberio llamó a Pilato a Roma en el año 36 d. C. y lo sustituyó por Marcelo.

Estos cinco incidentes proporcionan un contexto útil para entender el papel de Pilato en la muerte de Jesús. Tres patrones de liderazgo que Pilato mostró en estos registros históricos también aparecen en los registros del juicio de Jesús: incompetencia general, vacilación y vulnerabilidad a la crítica imperial.

TRES PATRONES DE LIDERAZGO

En primer lugar, Pilato estaba fuera de su alcance al tratar de introducir el gobierno romano en la políticamente volátil provincia de Judea. Mostró «una falta general de

El puerto de Cesarea Marítima. Herodes el Grande adquirió esta región a César Augusto en el año 30 a. C. y construyó un enorme puerto y la ciudad moderna que lo acompañaba, repleta de opulenta arquitectura helenística. En el año 6 d. C., Cesarea se convirtió en capital de la provincia de Judea y residencia oficial de los gobernadores.

sensibilidad, tacto y conocimiento» con los extraños súbditos a los que gobernaba.[3] En el juicio de Jesús, Pilato trató de mantener las normas de la jurisprudencia romana, pero no pudo entender por qué sus esfuerzos por liberar al hombre inocente acabaron aumentando la amenaza de revuelta en Jerusalén. Después de su intento de trasladar la decisión a Herodes (Luc. 23:5-15), de satisfacer la sed de sangre con una flagelación (Luc. 23:16) y luego de ofrecer a la multitud a Jesús por Barrabás (Mat. 27:15-21), seguía enfrentándose a una turba descontrolada. Incapaz de defender las normas judiciales romanas y mantener el orden al mismo tiempo, cedió a la vía más fácil para la estabilidad y entregó a Jesús.

En segundo lugar, Pilato tendía a la vacilación. Colocó los estandartes militares y más tarde los escudos votivos en una aparente declaración de su intención de ejercer el dominio romano, solo para vacilar rápidamente cuando las cosas se complicaron. Esta vacilación también se manifestó en el juicio de Jesús. Siete veces en Juan 18:28–19:16, Pilato salió a hablar con la multitud y entró a hablar con Jesús. Ese vaivén físico es paralelo a lo que debió ser su vaivén mental. Por un lado, después de investigar a Jesús, sabía que matarlo sería una abdicación de la justicia que era responsable de mantener. Por otro lado, sabía que liberar a Jesús alteraría tanto a la turbulenta multitud que la región podría estallar en una revuelta.

En tercer lugar, las fuentes extrabíblicas y bíblicas muestran a un procurador que era vulnerable al menguante favor del emperador. En el incidente de los escudos votivos, Filón informa que cuando los judíos se quejaron a Tiberio, el emperador escribió a Pilato, «reprochándole e injuriándole de la manera más amarga por su acto de audacia y veleidad sin precedentes, y ordenándole que retirara inmediatamente los escudos». En el juicio de Jesús, los dirigentes judíos se aprovecharon de esta vulnerabilidad, diciendo: «Si sueltas a este hombre, no eres amigo del César» (Juan 19:12). Después de recibir anteriores reprimendas imperiales, Pilato no tenía ninguna motivación para defender a Jesús si hacerlo significaba perder la paz... y su trabajo. La motivación de Pilato para su decisión era simple: quería «satisfacer a la multitud» (Mar. 15:15).

NOTAS

1 David S. Dockery, ed., *Holman Bible Handbook* (Nashville: Holman, 1992), 628.

2 Los antiguos escritores judíos, Josefo y Filón, son las fuentes de las historias extrabíblicas sobre Pilato. El primer relato se encuentra en Josefo, *Antigüedades judías* 18.3.1, y Josefo, *La guerra de los judíos* 2.9.2–4. El tercero aparece en Josefo, *Antigüedades judías* 18.3.2. El cuarto en Filón, *Sobre la embajada a Cayo* 38.299–305. El quinto en Josefo, *Antigüedades judías* 18.4.1–2.

3 Brian C. McGing, «Pontius Pilate and the Sources», *Catholic Biblical Quarterly* (*CBQ*) 53.3 (1991): 438.

EL CLIMA POLÍTICO PARA MIQUEAS

POR R. KELVIN MOORE

Sistema de aguas subterráneas de Jazor construido en el siglo IX a. C. y en uso hasta que los asirios conquistaron Jazor en el 732 a. C.

Miqueas fechó su ministerio durante los reinados de los reyes Jotán, Acaz y Ezequías (Miq. 1:1), que gobernaron entre el 740 y el 686 a. C. aproximadamente. Entre el 740 y el 700 a. C., los asirios (mencionados en 5:6; 7:12) invadieron Israel en repetidas ocasiones. Gran parte del ministerio de Miqueas es anterior a la destrucción de Samaria (1:6) o al 722 a. C. Isaías y Miqueas, contemporáneos, predicaron al reino del sur de Judá.

El ascenso y la caída del Imperio asirio desempeñaron un papel importante en la prosperidad económica y la estabilidad política de Judá en el siglo VIII a. C. La muerte del rey Salmanasar III en el año 824 a. C. condujo a un período de decadencia de Asiria que duró casi cien años. Judá se benefició del declive económica y políticamente. Pero el clima político cambió durante el reinado del rey asirio Tiglat-Pileser III (745-727 a. C., llamado Pul en 2 Rey. 15:19), cuyas políticas militares y administrativas condujeron al ascenso y dominio del Imperio asirio.[1] Tiglat-Pileser había conquistado todo el norte de Siria en el 740 a. C. Su política de agresión amenazaba a otras naciones, incluidas Judá e Israel.

La salud política de Judá en la época de Isaías y Miqueas puede resumirse en una palabra: crisis. En un período aproximado de treinta y cinco años, Isaías y Miqueas ejercieron su ministerio durante tres crisis nacionales, cualquiera de las cuales podría haber llevado a la destrucción de Judá. Los estudiosos se refieren a ellas como la

Relieve de Nimrud que muestra a mujeres prisioneras conduciendo camellos capturados por Tiglat-Pileser III (744-727 a. C.).

crisis siro-efraimita (734 a. C.), cuando Israel y Judá perdieron su independencia; la Rebelión de Asdod (711 a. C.), cuando Ezequías se vio obligado a pagar a Asiria una fuerte multa; y la crisis de Senaquerib (701 a. C.), que tuvo como resultado la liberación pero otra fuerte multa.

La crisis siro-efraimita[2] (Isa. 7:1 ss.) comenzó cuando el rey de Israel Pécaj y el rey de Siria Rezín reconocieron el peligro que suponía el ascenso de Asiria. Pécaj y Rezín formaron una alianza militar contra Asiria. Pécaj y Rezín sabían que si lograban convencer al rey Acaz de Judá para que se uniera a la alianza, fortalecerían sus ejércitos. Sin embargo, el rey Acaz se negó a unirse. Pécaj y Rezín invadieron Judá. El plan de Pécaj y Rezín era sencillo: pretendían destronar a Acaz y colocar un rey títere en el trono. Isaías animó a Acaz a confiar en el Señor. La respuesta de Acaz debió decepcionar a Isaías y Miqueas. En lugar de confiar en la protección de Dios, Acaz pidió ayuda a Asiria. Tiglat-Pileser III ayudó con entusiasmo a Acaz, pero la ayuda no fue barata. Para pagar el tributo, Acaz agotó sus tesoros y despojó el templo (2 Rey. 16:5-9,17-20). Además, Judá se convirtió en vasallo asirio (2 Crón. 28:20-21).

Prisma de Taylor, documento fundacional de terracota que describe las campañas de Senaquerib, incluido su asedio a Jerusalén en 701 a. C.

Alentadas por el creciente Imperio egipcio, varias naciones que se habían convertido en vasallos de Asiria

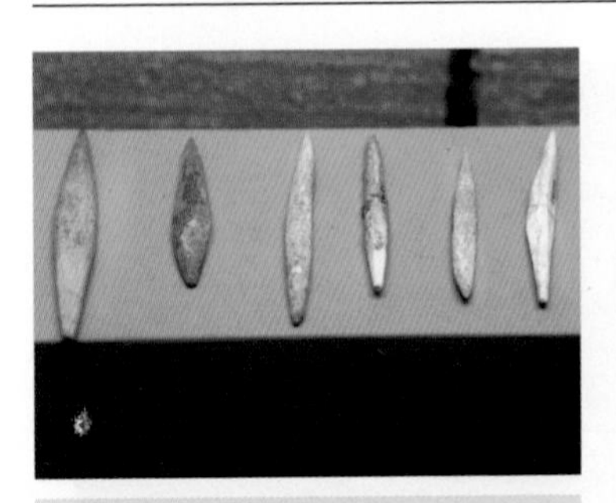

Puntas de flecha de hueso utilizadas en Laquis durante el asedio de Senaquerib, cuando el hierro empezó a escasear.

organizaron una rebelión contra el rey asirio Sargón II (722-705 a. C.). Los eruditos de la Biblia se refieren a esto como la Rebelión de Asdod porque los habitantes de Asdod encabezaron la insurrección. Sargón II, en la cúspide del poder, reaccionó con una fuerza rápida y letal que destrozó a los rebeldes. Existen pocas dudas de que, sin otra intervención del Señor, si Judá hubiera optado por participar en la Rebelión de Asdod, la nación habría sufrido el mismo destino desastroso.

En el año 704 a. C., Senaquerib sucedió a Sargón II. Evidentemente, el rey de Judá, Ezequías, creyó que un nuevo rey en el trono asirio ofrecía la mejor oportunidad para la rebelión. En lo que se conoce como la crisis de Senaquerib, Ezequías llevó a Judá a rebelarse contra Asiria (2 Rey. 18:13–19:37; Isa. 36:1–37:38). Senaquerib marchó hacia Judá. Isaías animó a Ezequías a que, como los asirios se habían burlado de Dios, Senaquerib nunca capturaría Jerusalén (37:5-7). Como profetizó Isaías, 185 000 soldados asirios perecieron en una sola noche. Senaquerib se retiró. Aunque Senaquerib reinó durante veinte años más, nunca volvió a Jerusalén.

Teniendo en cuenta la estabilidad política y la prosperidad económica de la segunda mitad del siglo VIII a. C., cabría esperar unas condiciones espirituales parecidas a un renacimiento. Nada más lejos de la realidad. Judá estaba en un estado de decadencia espiritual. El culto era ritualista, carente de arrepentimiento y autenticidad. Los hebreos separaron su adoración del día de reposo de su vida semanal. En esencia, muchos de los hebreos decían: «He sacrificado en el día de reposo y puedo vivir como quiera durante la semana». Evidentemente, los hebreos eran «largos de religión y cortos de moral».[3] Miqueas profetizó la destrucción de Judá: «Sión será arada como un campo, Jerusalén se convertirá en ruinas, y el monte del templo será un alto matorral» (Miq. 3:12). Con semejante insensibilidad religiosa, no es de extrañar que Judá, poco más de cien años después de los profetas Isaías y Miqueas, experimentara el desagrado de Dios. Los babilonios destruyeron gran parte de Judá y Jerusalén en el año 586 a. C.

NOTAS

1 Daniel C. Browning Jr. y Brian Stachowski, «Assyria» en HIBD, ed. rev. (2015), 138–39.

2 Los eruditos llaman así esta crisis debido a Isaías 7:2: «En el palacio de David se recibió la noticia de que Siria se había aliado con Efraín». «Efraín» simboliza a Israel. Por tanto, «sirio-efraimita» simboliza las fuerzas combinadas de Siria e Israel.

3 Alec Motyer, *Isaiah: An Introduction and Commentary* (Downers Grove, IL: InterVarsity, 1999), 45. Motyer escribió que «podemos orar en domingo y acosar a nuestros vecinos el resto de la semana», 46.

PROFETA, SACERDOTE Y REY

POR W. WAYNE VANHORN

Higuera en la moderna Anatot, ciudad natal de Jeremías, a unas tres millas al noreste de Jerusalén.

Durante el período histórico que abarca 1 y 2 Reyes, aproximadamente entre el 970 y el 586 a. C., los profetas, los sacerdotes y los reyes dirigieron a su pueblo del pacto en distintos momentos y de diferentes maneras. De estos tres grupos, los reyes asumieron el mayor papel de liderazgo debido a la naturaleza coercitiva del poder político cuando se alinea con la fuerza militar, sin mencionar la sumisión voluntaria del pueblo al pedir un rey. Los sacerdotes realizaban tareas religiosas relacionadas con el templo u otros santuarios. Los profetas individuales estaban activos en proporción inversa a las acciones justas de los reyes. Cuando los reyes pecaban contra el Señor violando las instrucciones de Su pacto, los profetas aparecían para enfrentarse a los reyes y pronunciar el juicio si no se producía el arrepentimiento.[1]

LOS PROFETAS

Durante este período, Israel fue testigo de tres tipos de profetas: los profetas individuales, que se enfrentaban a los pecados de los reyes y del pueblo; los profetas institucionales, que básicamente servían como hombres que decían sí a los reyes; y los gremios proféticos, llamados doce veces en 1 y 2 Reyes «los hijos de los profetas» (2 Rey. 2:5). Un grupo de «los hijos de los profetas» residía en Betel y otro en Jericó (vv. 3,5). Este último grupo tenía al menos cincuenta hombres (v. 7). Algunos de los «hijos de los profetas»

En Jordania, esta zona al oeste de Ajloun se llama Mar Elías, que en árabe significa San Elías. La tradición asocia desde hace mucho tiempo esta zona con Tisbé, ciudad natal de Elías.

estaban casados (4:1). Poco más sabemos de estos grupos, salvo su sumisión a la preeminencia de Eliseo.

Entre los profetas individuales destacados en 1 y 2 Reyes se encuentran Ahías, Jehú, Elías, Eliseo, Micaías e Isaías. Los profetas más importantes de 1 y 2 Reyes fueron, con mucho, Elías y Eliseo, cuyas historias dominan desde 1 Reyes 17 hasta 2 Reyes 13. Dios encomendó a estos profetas individuales que denunciaran los pecados de los reyes y de su pueblo y que les advirtieran de las graves consecuencias de sus violaciones del pacto, tal y como se estipulaba en la Ley.

LOS SACERDOTES

El sacerdocio ocupaba originalmente un lugar importante en la comunidad del pacto. Los sacerdotes eran responsables de mantener los santuarios religiosos, ya fuera el tabernáculo en el desierto o el templo en Jerusalén.[2] Los sacerdotes también tenían que educar al pueblo del pacto en la instrucción que Moisés recibió en el Monte Sinaí (llamada la Torá). Sin embargo, históricamente, el sacerdocio se convirtió en un establecimiento responsable ante el rey.

LOS REYES

La verdad teológica más significativa sobre el período de los reyes es que solo 9 de los 41 reyes hicieron «lo que agrada al SEÑOR» (1 Rey. 15:5). El ejemplo más notable de estos buenos reyes fue David. Se convirtió en la vara de medir proverbial con la que se evaluaban todos los demás reyes. Cuando el Señor informó a Jeroboán que sería rey de Israel, el profeta Ahías le recomendó que hiciera lo correcto «como lo hizo David mi siervo» (11:38).

NOTAS

1 Ver Paul R. House, *1, 2 Kings*, vol. 8 en NAC.

2 R. Laird Harris, «Priests» en *HIBD*, 1328.

LOS RICOS Y LOS POBRES EN EL SIGLO I: UN CONTRASTE

POR MONA STEWART

Vista general de las ruinas de Hamat Gader (que significa «Aguas termales de Gadara»), al sureste del mar de Galilea, en el Río Yarmuk. Los judíos, atraídos a la zona por los beneficios medicinales de los manantiales, construyeron una sinagoga, cuyos suelos estaban alfombrados con mosaicos decorativos. Uno de los mosaicos pide la bendición de Dios para un grupo de ricos contribuyentes «cuyos actos de caridad son constantes en todas partes y que han dado aquí cinco monedas de oro. Que el Rey del Universo conceda la bendición sobre su obra. Amén. Amén. Selah».

El óstracon griego (pieza de cerámica rota con escritura) dice: «Da a Tatris en Mesore por su salario una artabas (de trigo)». Una artabas son aproximadamente diez galones.

En el siglo I, el huérfano y la viuda pertenecían a la clase económica más baja y más necesitada de ayuda. Los ricos y poderosos se aprovechaban de los que no tenían estatus social o económico. El sistema judicial a menudo defraudaba a los pobres. Ser pobre implicaba que la persona estaba empobrecida y oprimida injustamente.[1]

«En el siglo I cristiano, una de cada tres personas en Italia y una de cada cinco en el resto del mundo era un esclavo».[2] Sin embargo, no todos los esclavos encajan en la misma categoría que los pobres. Los amos romanos proporcionaban a sus esclavos domésticos comida, ropa y alojamiento. Algunos incluso les proporcionaban una educación. La mayoría de los pobres libres, sin embargo, vivían con un magro sustento y a menudo luchaban por encontrar incluso lo más esencial.

A menudo, los pobres eran arrendatarios endeudados con los ricos terratenientes ausentes. El fracaso de las cosechas significaba perderlo todo. Sus escasas viviendas, alimentos y ropa indicaban un estilo de vida empobrecido. La dieta básica consistía en pan (de cebada), vino y aceite de oliva, complementados con gachas y pescado. Proporcionar a sus familias una mera existencia era una tarea diaria.

Por el contrario, los ricos disfrutaban de grandes viviendas, ropa excesiva y costosa, y los mejores alimentos disponibles. Disfrutaban de tres comidas diarias, mientras que los pobres tenían la suerte de tener una. La cena solía consistir en varios platos. Las joyas eran abundantes y ostentosas; tanto los hombres como las mujeres llevaban anillos en muchos dedos.

Las grandes casas de baños podían albergar a miles de personas a la vez. Había baños calientes y fríos, después de los cuales los esclavos daban masajes. Los gimnasios solían estar situados cerca de los baños y proporcionaban otro lujo exclusivo para los ricos. Los burdeles abundaban y eran frecuentados por los hombres acaudalados.

La música, las grandes bibliotecas y los teatros ayudaban a llenar parte del tiempo de ocio de los ricos. Las ruinas de los teatros construidos en la ladera de una colina o de una montaña se encuentran hoy en día por toda Europa, Asia Menor e Israel, y dan testimonio de su opulento estilo de vida. Estas estructuras podían albergar a muchos miles de personas y tenían una acústica excelente. Las secciones de abajo estaban reservadas para los ricos, mientras que las de arriba eran para el pueblo llano. Esto era importante porque la gente solía utilizar los teatros para promover y difundir la propaganda política. En las excavaciones de las ciudades y pueblos se han encontrado grandes mercados con puestos de artesanía, en su mayoría propiedad de los ricos.

Los hijos y a menudo los esclavos de los ricos recibían una educación. Un esclavo educado se convertiría más tarde en el maestro de la siguiente generación de niños. «Los pobres no tenían ni el tiempo, ni el dinero, ni la necesidad de una educación».[3]

Los funerales de los ricos y poderosos eran grandes y opulentos. Músicos y plañideras pagadas acompañaban a la familia y a los amigos hasta el lugar del entierro. Las tumbas de los ricos eran muy elaboradas. En vida, los ricos hacían construir grandes monumentos para honrarlos después de la muerte. Los funerales de los pobres eran asuntos sencillos que solían celebrarse fuera de las ciudades y pueblos.

NOTAS

1 Gary V. Smith, «Poor, Orphan, Widow» en *HIBD*, 1311.

2 James A. Brooks, «Slave, Servant» en *HIBD*, 1511.

3 John McRay, «Rome and the Roman Empire» en *HolBD*, 1212.

LADRONES

POR TIMOTHY TRAMMELL

Primer plano de la tumba de Herodes el Grande, descubierta el 2007 en la ladera del Herodium, que se encuentra a 12 kilómetros (8 millas) al sur de Jerusalén. Durante el reinado de Herodes el Grande, aumentaron tanto los robos como el número de grupos de bandidos.

La palabra griega para ladrón describe principalmente a las bandas armadas de bandoleros que eran intencionadamente brutales al llevar a cabo sus actividades. Eran merodeadores que generalmente operaban al aire libre, atacando caravanas y viajeros individuales. Jesús situó la escena de Su parábola del buen samaritano al este de Jerusalén, en las escarpadas colinas de Judea. Los ladrones, normalmente en bandas considerables, solían utilizar ese terreno como su coto de caza. Por ello, el viajero prudente buscaba la seguridad en los números, especialmente si llevaba mercancías u objetos de valor, ya que la naturaleza violenta de estas bandas era bien conocida.

Otro aspecto de estas bandas de ladrones es también significativo. El pueblo judío estaba bajo el dominio del Imperio romano en el siglo I. Tanto los señores romanos como la élite terrateniente judía explotaban a los campesinos. Las crisis económicas causadas por el hambre, los elevados impuestos y la injusticia social fomentaron el desarrollo de grupos que trataban de corregir estos males.[1] Cuando la conquista extranjera iba acompañada de las exacciones de una clase dirigente poco simpática, la población rural veía a los bandidos como sus protectores.

Fechado en las dinastías XIX-VII de Egipto (1295-1069 a. C.); óstracon de piedra caliza procedente de Tebas con una carta inscrita. En ella, el escritor niega haber robado objetos preciosos que habían pertenecido al faraón y suplica que se le libere de la pena impuesta de trabajos forzados.

Más concretamente, la política regresiva de Herodes el Grande contribuyó al surgimiento de estos grupos. Aunque su reinado puso fin a gran parte de la agitación política, sus ambiciosos proyectos de construcción, con los excesivos impuestos de Roma, agravaron la pobreza del pueblo. Los pagos a los romanos eran una carga continua, al igual que los diezmos para el sacerdocio y el templo de Jerusalén. Josefo registra que a la muerte de Herodes, la aristocracia judía suplicó al César un cambio de «gobierno real». Hablaron de las multitudes que habían perecido durante su reinado, de las propiedades que había robado y de que había «llenado la nación con el mayor grado de pobreza».[2] La nobleza sufría a manos de Herodes, y los pobres aún más. Semejante injusticia había obligado a algunos a recurrir a las bandas de ladrones en busca de reparación.

La primera mitad del siglo I estuvo marcada por el hambre, la inflación, los elevados impuestos y el robo de las tierras del pueblo. En consecuencia, el bandolerismo alcanzó proporciones epidémicas. Este crecimiento tuvo su inicio aproximadamente en el año 6 d. C. con las actividades de Judas de Galilea. Al hablar de los distintos partidos del judaísmo, Josefo registró que Judas fundó «la cuarta secta de la filosofía judía»; también conocida como la «Cuarta Filosofía»,[3] que fue fundamental para lo que siguió, es decir, la rebelión o revuelta judía contra Roma.

La rebelión judía trajo consigo una explosión de bandolerismo. Muchas de estas bandas operaban solo durante un breve tiempo, ya que el bandolerismo era una profesión solitaria, alejada de la familia y de la sociedad en general. Además, la mayoría de los procuradores se esforzaban por capturar y castigar a estos infractores de la ley.

NOTAS

1 Richard A. Horsley y John S. Hanson, *Bandits, Prophets, and Messiahs* (San Francisco: Harper & Row, 1985), 49–50.

2 Josefo, *Antigüedades judías* 17.11.2.

3 *Ibid.*, 18.1.6.

EL PAPEL DE UN GOBERNADOR ROMANO

POR TIMOTHY TRAMMELL

Figurilla de soldado romano de época grecorromana. Los gobernantes romanos disponían de fuerzas civiles y militares.

Cuando Jesús nació en Belén, el Imperio romano tenía el control indiscutible del mundo mediterráneo. El gobernador romano era un elemento crucial en la capacidad de Roma para controlar eficazmente sus provincias.

Moneda romana en honor de César Augusto.

EL GOBERNADOR Y LAS PROVINCIAS

La palabra latina *provincia* es una expresión militar que indica una región particular que era responsabilidad de un general. Al final de la Primera guerra púnica (241 a. C.), los romanos habían conquistado Sicilia, que se convirtió en la primera provincia de Roma. Sin embargo, en el siglo I cristiano, el imperio contaba con más de treinta provincias. Al principio, las provincias estaban mal definidas geográficamente, pero en la época del Nuevo Testamento llegaron a tener unos límites bastante definidos.

Roma tenía dos tipos de provincias, senatoriales e imperiales, designaciones que introdujo Augusto César. Una provincia senatorial era más pacífica, no tenía legiones estacionadas dentro de sus fronteras y era gobernada por un procónsul, que el Senado nombraba. El término griego en el Nuevo Testamento para un procónsul es *anthupatos*. Lucas empleó esta designación para Sergio Paulo, gobernador de Chipre (Hech. 13:7), y Galión, gobernador de Acaya (18:12). El secretario municipal de Éfeso utilizó este sustantivo cuando sofocó la revuelta durante el ministerio de Pablo allí (19:38).

Una provincia imperial estaba bajo la jurisdicción directa del emperador y normalmente tenía una fuerza militar importante estacionada dentro de sus fronteras. Técnicamente, el propio emperador era el gobernador de dicha provincia, pero delegaba su autoridad en un legado nombrado personalmente. El título oficial de este gobernador era *legatus propraetore Augusti*, «legado imperial de rango pretoriano», o *legatus Caesaris*, «legado del César».[1] Además de sus otras funciones, comandaba la legión.

En ocasiones, el emperador tenía bajo su control provincias más pequeñas, aunque difíciles. Un procurador, a veces llamado prefecto, gobernaba este tipo de provincias. Judea era una de ellas. Los Evangelios sinópticos utilizan la palabra griega *hegemon*, «gobernador», para designar a Poncio Pilato como procurador de Judea.

LAS RESPONSABILIDADES DEL GOBERNADOR

Aunque la tarea principal del gobernador romano era mantener la paz, sus poderes se ejercían normalmente en tres áreas: militar, administrativa y judicial.

Militar. El gobernador dirigía las fuerzas militares de su provincia. En algunas provincias esa era su única responsabilidad. El control de las bandas de ladrones y de los pueblos conquistados era una función necesaria, pero la atención que requería esta tarea variaba de un lugar a otro.

Administrativa. La cantidad de tiempo invertida en tareas administrativas también variaba en las distintas provincias, siendo la personalidad del gobernador el factor determinante. En palabras de un escritor, «su cantidad dependía de su opinión sobre hasta qué punto el autogobierno era un síntoma de salud o de enfermedad».[2] Cuando Roma lo consideraba oportuno, confiaba a pequeños soberanos los asuntos cotidianos de la región.

Un miembro importante del personal del gobernador, un funcionario financiero llamado cuestor, funcionaba como una especie de segundo al mando. En nombre del gobernador, recibía créditos o dinero de Roma para sufragar los gastos de la provincia y supervisaba la recaudación de impuestos. Dado que el registro de los asuntos financieros era su responsabilidad, rendía cuentas anualmente en su nombre y en el del gobernador.

Judicial. En tiempos de paz, la mayoría de los gobernadores centraban la mayor parte de sus energías en la jurisdicción, tanto civil como penal. El gobernador tenía acceso a un corpus llamado las Doce Tablas, un importante segmento del derecho romano que detallaba puntos importantes o controvertidos y contenía estatutos privados, públicos y penales.[3]

El gobernador podía ser tan severo y arbitrario en el trato con el ciudadano ordinario como quisiera, solo que no tomaba dinero o propiedades para sí mismo. Consultaba con un grupo de asesores antes de tomar medidas severas, pero sus consejos no lo obligaban.

Siguiendo un calendario publicitado, el gobernador visitaba las ciudades de la provincia y celebraba un juicio en cada una de ellas. Aunque tenía la autoridad para conocer cualquier caso, los casos rutinarios normalmente recaían en los procesos judiciales locales. El gobernador podía optar por enviar los litigios más importantes, especialmente los relacionados con la traición y la revuelta, a Roma para ser juzgados. El gobernador tenía el derecho exclusivo de imponer la pena de muerte, por lo que juzgaba los casos capitales.

NOTAS

1 William Smith, *Smith's Bible Dictionary* (Old Tappan, NJ: Revell, 1967), 579.

2 A. H. J. Greenidge, *Roman Public Life* (Nueva York: Cooper Square, 1970), 324.

3 Greenidge, *Roman Public Life*, 105. Ver la amplia discusión sobre temas forenses en 325–30.

FUNCIONES Y RESPONSABILIDADES DE LAS REINAS PERSAS

POR MONA STEWART

Relieve de Persépolis que representa al rey, probablemente Darío el Grande, sentado en su trono. Vestido de gala, el rey habría recibido a dignatarios visitantes.

Los reyes tenían un poder absoluto y su palabra era la ley. Las reinas tenían un papel importante y eran las segundas en rango después del rey. Los reyes solían recurrir a su sabiduría para tomar decisiones. La poligamia era habitual; los reyes tenían grandes harenes. El linaje persa era un requisito para convertirse en reina persa. Ester no habría podido ser reina si Mardoqueo no le hubiera dicho que mantuviera en secreto sus raíces judías. Los hijos de las concubinas no podían heredar el trono. Los matrimonios a menudo eran entre parientes, incluso entre hermano y hermana. Los persas no consideraban esto impropio o inmoral, sino una forma de mantener el linaje puro.

Muchas reinas eran ciertamente malvadas. El primer historiador griego que escribió sobre Persia, Heródoto, relata cómo las reinas solían matar a cualquiera que se interpusiera en su camino, incluidos los hijos de la realeza. Además, relata que los antiguos persas no tenían templos ni dioses más que la naturaleza. Adoraban al sol, la luna, el cielo, la tierra, el fuego, el viento y el agua.[1] Cuenta la historia que cuando la esposa de Jerjes, Amestris, llegó a la vejez, enterró vivos a catorce hijos de persas destacados como ofrenda de agradecimiento al dios del inframundo.[2]

Las reinas estaban apartadas del público y a menudo desconocían el mundo fuera del palacio. Vivían con lujo, empleaban a muchas criadas y sirvientes y tenían su propia guardia real. El vestuario de la reina consistía en ropas reales y una corona.

Los persas honraban y veneraban a las mujeres. Tanto las reinas como las mujeres nobles dirigían ejércitos militares, poseían tierras y recibían la misma paga por el mismo trabajo. Muchas mujeres persas eran hermosas y fuertes. Las reinas podían supervisar las propiedades y grandes grupos de trabajo. Practicaban la hospitalidad organizando banquetes para las mujeres nobles. Su influencia se hacía sentir en todo el imperio. Cuando se le informó a Jerjes que una mujer llamada Artemisia, comandante de un barco, había destruido una nave enemiga, comentó: «Mis hombres se han convertido en mujeres, y mis mujeres en hombres».[3]

Los museos albergan objetos antiguos que habrían sido habituales en las casas reales de Persia, como alfombras, joyas, cerámica, tejidos, arte y vajillas de oro. Además, se exponen tocados y maquillaje femenino, como delineadores de ojos y tintes rojos para colorete y labios. Los arqueólogos también han excavado frascos de perfume de intrincado diseño. Sin duda, cada uno de estos objetos habría sido familiar para la reina Ester.

NOTAS

1 Heródoto, *Historias* 1.131.

2 *Ibid.*, 7.114.

3 *Ibid.*, 8.88.

CIUDADANÍA ROMANA: PRIVILEGIOS Y EXPECTATIVAS

POR SHARON H. GRITZ

Los filipenses vivían en una ciudad que se denominaba oficialmente colonia romana y ciudad italiana (*ius Italicum*).[1] Estas distinciones elevaban el estatus de este centro urbano y le daban un sabor romano a pesar de encontrarse en una provincia griega a cientos de kilómetros de Roma. Pablo recordó a los filipenses que su ciudadanía estaba en el cielo (Fil. 1:27; 3:20). ¿Por qué eligió Pablo el concepto de ciudadanía al escribir a los filipenses? ¿Qué significado tenía la ciudadanía romana en el siglo I?

CONVERTIRSE EN CIUDADANO ROMANO

Un individuo podía convertirse en ciudadano romano de varias maneras. El hijo de un ciudadano romano se convertía automáticamente en ciudadano romano. Al principio, solo podían ser ciudadanos los nativos de la ciudad de Roma nacidos libres. A medida que el imperio se expandía más allá de Italia, otras personas que no eran romanas de nacimiento recibían este honor. Un esclavo cuyo dueño, ciudadano romano, le concedía la libertad (manumisión) adquiría la condición de ciudadano. También se concedía este honor a las personas que prestaban algún servicio valioso en beneficio de los intereses romanos.[2] Por ejemplo, Roma concedía la ciudadanía a los soldados auxiliares que servían en el ejército romano durante veinticinco años. Los grupos de personas eran declarados ciudadanos mediante la colonización de su ciudad o su promoción a los derechos latinos.

La figura vestida de toga muestra a un hombre con la indumentaria formal de los romanos en los siglos I-II d. C. La toga, una gran tela trapezoidal, normalmente de lana, que envolvía a toda la persona, era para los ciudadanos; la llevaban sobre una túnica. Los esclavos solo llevaban túnica.

El emperador Trajano (98-117 d. C.) expidió este diploma militar de bronce a Reburrus, oficial subalterno español del Primer Regimiento de Caballería Panónico. Le concedía la ciudadanía y el derecho a contraer matrimonio; fechado en 103 d. C.

El antiguo historiador Dion Casio (aprox. 150-235 d. C.) afirmó que la ciudadanía podía comprarse, especialmente durante el reinado de Claudio (41-54 d. C.), que continuó la práctica iniciada bajo César Augusto.[3] En realidad, las personas no podían comprar la ciudadanía, pero podían pagar sobornos a los funcionarios de menor rango para añadir sus nombres a una lista de candidatos a la ciudadanía. Evidentemente, el tribuno Claudio Lisias obtuvo su ciudadanía de esta manera (Hech. 22:28).

VENTAJAS Y RESPONSABILIDADES DE LA CIUDADANÍA

Ser ciudadano de Roma convertía a una persona en miembro del poder gobernante. Dondequiera que viajaran por el imperio, los ciudadanos tenían todos los derechos y privilegios de la ley romana. La ciudadanía determinaba todos los ámbitos de la vida. Los ciudadanos recibían mejor trato que los demás en asuntos familiares como: casarse, tener hijos, hacer testamento y en asuntos comerciales como: tener propiedades y hacer contratos.

Los ciudadanos tenían ventajas en cuestiones legales relacionadas con los tribunales, la custodia y los castigos. Por ejemplo, los ciudadanos acusados de cualquier delito tenían derecho a un juicio justo y público. También podían apelar a Roma. Esto eximía a una persona de tener que dejar el control de su caso en manos de las autoridades locales. Pablo reclamó este derecho cuando apeló al César al exponer su caso ante Festo, el gobernador romano local (25:10-12).

Las autoridades no podían utilizar formas vergonzosas de castigo contra los ciudadanos romanos como la flagelación y la muerte por crucifixión. Los magistrados filipenses se alarmaron cuando se enteraron de que Pablo y Silas eran ciudadanos romanos, después de que los golpearan públicamente y los metieran en la cárcel sin juicio previo (16:22-39). Roma castigaba a algunas ciudades por tales delitos; la pena máxima era perder sus derechos romanos.[4] La diferencia entre la muerte de Pablo y Pedro demuestra el contraste entre la tradición utilizada para los ciudadanos romanos y los demás. Se dice que Pablo, el ciudadano romano, fue decapitado ya que la ley consideraba que una muerte tan rápida era misericordiosa y, por tanto, apropiada para un romano, en cambio, Pedro fue crucificado boca abajo, ya que no contaba con la ciudadanía.[5]

Por lo general, las autoridades utilizaban la tortura para interrogar a los esclavos y a los no ciudadanos acusados de cometer algún delito; los ciudadanos romanos no podían recibir ese trato. Solo el tribunal imperial de Roma podía imponer la pena de muerte a un ciudadano.

Los ciudadanos eran responsables de todos los deberes cívicos que imponía el derecho romano. Durante la República romana (509-27 a. C.), los ciudadanos debían servir en el ejército. Sin embargo, con el inicio del Principado o la primera parte del Imperio, «el oneroso deber militar de los ciudadanos romanos se redujo en gran medida por el cambio general a un ejército voluntario y profesional».[6]

Los ciudadanos gozaban del derecho de voto, aunque tenían que estar en Roma para ejercer este privilegio. Sin embargo, a algunos individuos se les concedía la ciudadanía sin derecho a voto. Bajo el Principado, el derecho de voto era una ilusión, no una realidad.

DEMOSTRAR LA CIUDADANÍA

Probar la ciudadanía en la ciudad natal era fácil porque esta formaba parte de los registros públicos. Los padres ciudadanos debían inscribir a su hijo nacido legítimamente en los treinta días siguientes al nacimiento. La dificultad de demostrar la ciudadanía surgía cuando se viajaba. Los ciudadanos romanos podían hacer copias privadas de un documento, llamado *testatio*, que confirmaba su condición. Dicho testimonio consistía en un díptico, dos tablillas de madera unidas por una cuerda o bisagras. La escritura estaba grabada en las caras interiores, cubiertas con una cera brillante. Siete testigos debían dar fe de este certificado de ciudadanía.[7] Tal vez un ciudadano que realizara viajes frecuentes llevara consigo, por costumbre, un documento de este tipo. Los soldados auxiliares retirados recibían un documento de bronce que aguantaba mejor los viajes. Con el tiempo, la ley romana consideró que la falsificación de la ciudadanía era un delito capital y el culpable podía ser procesado e incluso recibir la pena de muerte.[8]

FILIPOS Y LA CIUDADANÍA

Tras ganar la batalla de Filipos en el año 42 a. C., Marco Antonio y Octavio (posteriormente conocido como César Augusto) convirtieron la ciudad en una colonia romana. Esto proporcionó a sus residentes la ciudadanía romana. Los dos vencedores instalaron en la ciudad a muchos veteranos del ejército. Cuando Octavio sustituyó a Antonio en el año 31 a. C., restableció Filipos como colonia romana y asentó allí a algunos de los soldados derrotados. Octavio también otorgó a la ciudad el estatus de *ius Italicum*. Esto otorgaba a los colonos los mismos derechos y privilegios que poseían los que vivían en Italia y aseguraba su lealtad a Roma. Como colonia romana, Filipos poseía el derecho de autogobierno bajo las leyes romanas y la libertad de los impuestos directos sobre los ciudadanos y las tierras de la ciudad.

Pablo sabía que la iglesia de Filipos comprendía las implicaciones de ser una colonia de Roma. Sin duda, los filipenses valoraban su ciudadanía romana. El apóstol recordó a la iglesia que representaban una colonia del cielo en Filipos.[9] Quería que permanecieran leales al Señor Jesucristo y se comportaran en Filipos como dignos ciudadanos de su hogar celestial.

NOTAS

1 Richard R. Melick Jr., *Philippians, Colossians, Philemon*, NAC (1991), 24; Ralph Martin, *Philippians*, Tyndale New Testament Commentaries (TNTC) (Grand Rapids: Eerdmans, 1987), 18.
2 Everett Ferguson, *Backgrounds of Early Christianity, 3ra. ed.* (Grand Rapids: Eerdmans, 2003), 62–63.
3 Dion Casio, *Historia* 60.17.4–6.
4 Francis Lyall, «Roman Law in the Writings of Paul—Aliens and Citizens», *Evangelical Quarterly* (EvQ) 48.1 (1976): 10.
5 Ferguson, *Backgrounds of Early Christianity*, 63.
6 Mary T. Boatwright, Daniel J. Gargola, y Richard J. A. Talbert, *The Romans: From Village to Empire* (Nueva York: Oxford University Press, 2004), 421.
7 Eckhard J. Schnabel, *Paul and the Early Church*, vol. 2 en *Early Christian Mission* (Downers Grove, IL: InterVarsity, 2004), 1156; F. F. Bruce, *Paul: Apostle of the Heart Set Free* (Grand Rapids: Eerdmans, 1977), 39.
8 Brian M. Rapske, «Citizenship, Roman» en *DNTB*, 216.
9 Gordon D. Fee, *Paul's Letter to the Philippians* (Grand Rapids: Eerdmans, 1995), 162.

SIRVIENTES EN LA CASA DEL FARAÓN

POR LEON HYATT JR.

Modelo egipcio de una escena de trabajo, madera pintada; datado hacia 2000-1900 a. C. Los pies del trabajador y las pezuñas de los bueyes están clavados en la tierra; la escena tiene lugar inmediatamente después de la retirada de las aguas de la inundación.

Mientras José era todavía un esclavo, la providencia de Dios le permitió tener un estrecho contacto con tres altos funcionarios de la corte del faraón: Potifar, capitán de la guardia del faraón (Gén. 39:1-6a); el jefe de los panaderos del faraón; y el jefe de los coperos del faraón (40:1-23). El capitán de la guardia era el jefe de una unidad muy influyente del ejército, la guardia real. «La guardia real de un monarca oriental consistía en hombres elegidos que estaban vinculados a su persona y dispuestos a satisfacer sus deseos en asuntos importantes y confidenciales».[1]

El egiptólogo Peter Brand escribió: «Las panaderías reales eran una gran institución que horneaba pan, el alimento básico de la dieta egipcia, en grandes cantidades no solo para el rey y la familia real, sino para toda la gente que vivía y trabajaba en la casa real».[2] El panadero jefe presidía toda la operación, que probablemente incluía la preparación no solo de los productos horneados, sino de todos los platos para las comidas.[3]

El nombre del cargo de copero tiene su origen en su responsabilidad, la de asegurarse de que ninguna contaminación entrara en la bebida o la comida del faraón; sin

Fragmentos de una estela del visir Naferrenpet, que sirvió durante la dinastía XIX de Egipto. Representa a Naferrenpet (izquierda) ofreciendo a Ptah del Valle de las Reinas y a otra deidad. Naferrenpet, visir durante la última década del reinado de Ramsés II, viste la larga falda de talle alto característica de su cargo y lleva la cabeza afeitada a la manera sacerdotal.

Tinajas dobles de la dinastía XIX de Egipto, fechadas hacia 1280 a. C. La inscripción indica que pertenecieron al visir Paser, llamado «alcalde de Tebas» durante los reinados de los faraones Seti I y Ramsés II.

embargo, el cargo era de tan alta confianza y responsabilidad que los coperos solían convertirse en poderosos consejeros del faraón.[4] El copero jefe habría sido el líder de todos los que servían en ese cargo tan respetado.

Aunque un faraón era un gobernante absoluto, con total autoridad sobre todos los aspectos de la nación y con poder de vida o muerte sobre todos los habitantes, necesariamente tenía que gobernar a través de varios administradores. Una amplia gama de asistentes, sirvientes y esclavos ayudaban a cada uno de los principales administradores.

VISIR

El faraón delegaba en este funcionario el poder de dirigir el gobierno. El visir liberaba al faraón para que pasara la mayor parte de su tiempo realizando rituales que debían preservar el orden y la armonía en la nación. Esto incluía recibir a los emisarios extranjeros, decidir los casos judiciales más importantes, nombrar a los funcionarios y supervisar la construcción de templos, monumentos, presas, mausoleos y otros grandes proyectos arquitectónicos.[5]

Lo más probable es que José fuera nombrado por el faraón para el cargo de visir. El faraón dijo que: «Solo yo tendré más autoridad que tú, porque soy el rey» (Gén. 41:40), y los hermanos de José lo llamaban «el hombre que gobierna aquel país» (42:30,33).[6] Su poder se extendía por toda la nación, al norte y al sur (41:41-45,55-56). Como visir, José tenía poder para encarcelar (42:14-20), determinar las sentencias y condenar a la esclavitud (v. 17). Debido a la severa sequía en la época de José, su tarea primordial era alimentar al pueblo.

ALTOS SACERDOTES

Los egipcios consideraban al faraón como un dios; creían que el dios Amón-Ra se unía al padre del faraón al concebir al futuro gobernante. Como tal, el faraón era el mediador supremo entre los dioses, el pueblo y la autoridad a través de la cual se llevaban a cabo todas las ceremonias religiosas en todo el país. En la práctica, el faraón estaba representado por un complejo sistema sacerdotal que actuaba en su nombre. Los egipcios creían en muchos dioses y diosas, algunos dicen que hasta 2000; los principales templos y centros religiosos se desarrollaron solo para un número relativamente pequeño de dioses. Cada ciudad importante tenía su dios y su templo favoritos; un sumo sacerdote presidía cada uno de ellos.[7] El sumo sacerdote local supervisaba a su vez a una serie de sacerdotes menores.[8]

Los sacerdotes ofrecían sacrificios, realizaban ceremonias religiosas, dirigían festivales religiosos, practicaban la adivinación y la magia, interpretaban los sueños y presidían los elaborados rituales y embalsamamientos que acompañaban la muerte y el entierro de un egipcio. Sin embargo, los sacerdotes de cada uno de los dioses enseñaban mitos diferentes y practicaban rituales distintos que a menudo se contradecían entre sí. A los egipcios no les molestaba. Aceptaban todos los diferentes puntos de vista de los dioses y practicaban el o los que más les atraían.

Como se suponía que los sumos sacerdotes actuaban en nombre del faraón, tenían una enorme influencia sobre este, especialmente el sumo sacerdote del dios de la capital. El faraón, a su vez, tenía un gran poder sobre los sacerdotes porque les proporcionaba un salario a cada uno (47:22). El faraón ejerció su poder sobre un sumo sacerdote cuando le dio la hija del sumo sacerdote de On a José para que fuera su esposa (41:45).

Fragmento de pared de piedra caliza que representa a portadores de ofrendas; procedente de Sakkara, Egipto; datado hacia el 2400-2250 a. C. Los hombres del registro central llevan aves y cerveza; en la fila superior, un sacerdote llamado Irtyenankh lleva una pierna de vaca. Le sigue un hombre que ha sacado de una jaula un ave para el sacrificio.

GENERAL DEL EJÉRCITO

El faraón también era el líder del ejército de Egipto. Muchos faraones planificaban estrategias de combate y dirigían ejércitos en la batalla. Sin embargo, cada faraón debía tener un general líder y una gran estructura de mando para entrenar, organizar y desplegar a los soldados de sus grandes ejércitos. En Egipto, el ejército también actuaba como policía de la nación.[9] El general en jefe solía tener una gran influencia sobre el faraón, y algunos gozaban de gran respeto y afecto personal por parte de sus faraones.

Padiouiset, sacerdote egipcio, ofrece incienso al dios sol. Datado hacia el 900 a. C.

ESCRIBAS

Aunque dispersos por todos los departamentos del gobierno y otras instituciones de la nación, otro puesto de alto honor y poder que estaba sujeto al faraón era el escriba, que estaba altamente capacitado en la complicada escritura jeroglífica y sin el cual la avanzada civilización de Egipto no podría funcionar.[10] El muy preciado legado de estos escribas es el registro escrito que dejaron en tumbas, pirámides, templos, en objetos y pergaminos. Sin su trabajo, gran parte de lo que sabemos sobre el antiguo Egipto y su historia se habría perdido.

Aunque estaba asistido por oficiales de alto rango y gran poder y por una gran cantidad de funcionarios menores, el faraón de Egipto tenía autoridad absoluta sobre los nombramientos, los castigos o las recompensas y la destitución. En realidad, tenía en sus manos la vida y la muerte de todos. Los más altos funcionarios y sus menores ayudantes eran servidores del faraón y tenían una sola preocupación: complacer al faraón. Así, todo Egipto era, en última instancia, el dominio de un solo hombre.

NOTAS

1 Thomas Nicol y Edgar W. Conrad, «Guard» en *ISBE*, 2:578.

2 Peter James Brand, profesor de Egiptología en la Universidad de Memphis, en correspondencia personal con Leon Hyatt Jr., 21 de agosto, 2013.

3 Roland K. Harrison, «Baker» in *ISBE*, 1:404. Dos ejemplos de reyes de otras naciones que proporcionaron diariamente grandes cantidades de comida para sus cortes: Salomón (1 Rey. 4:22-23) y Evil Merodac de Babilonia (2 Rey. 25:29-30).

4 Benjamin Reno Downer y Roland K. Harrison, «Cupbearer» en *ISBE*, 1:837.

5 White, *Ancient Egypt* (Nueva York: Crowell, 1953), 47–50.

6 Kenneth A. Kitchen, «Joseph» en *ISBE*, 2:1128.

7 Kenneth A. Kitchen, *The Third Intermediate Period in Egypt* (Warminster, England: Aris & Phillips, 1986), 3–6.

8 White, *Ancient Egypt*, 20–46; Jon Manchip White, *Everyday Life in Ancient Egypt* (Nueva York: Dorset, 1963), 128–42.

9 Cyril Aldred, *The Egyptians*, ed. rev. (Londres:: Thames & Hudson, 1987), 188–92.

10 White, *Everyday Life in Ancient Egypt*, 151–52.

ESCLAVITUD EN EL MUNDO ANTIGUO[1]

POR JAMES A. BROOKS

En Souk Ahras, Argelia, norte de África, vista del mercado de esclavos (zona circular) en las ruinas de la antigua Tagaste.

La esclavitud era frecuente y ampliamente aceptada en el mundo antiguo. La economía de Egipto, Grecia y Roma se basaba en el trabajo de los esclavos. En el siglo I cristiano, una de cada tres personas en Italia y una de cada cinco en el resto del mundo era esclava. Enormes cuadrillas trabajaban en los campos, las minas y en proyectos de construcción. Muchos eran empleados domésticos y civiles, algunos eran esclavos del templo, otros eran artesanos, algunos fueron obligados a convertirse en gladiadores, otros eran muy inteligentes y ocupaban puestos de responsabilidad. Legalmente, un esclavo no tenía derechos, pero, salvo en el caso de las bandas, la mayoría recibía un trato humano y estaba en mejor situación que muchas personas libres. Los domésticos eran considerados parte de la familia, y algunos eran muy queridos por sus amos. Canaán, Aram, Asiria, Babilonia y Persia tenían menos esclavos porque resultaba menos costoso contratar a personas libres. Sin embargo, la institución de la esclavitud era incuestionable. Los estoicos insistían en que los esclavos eran humanos y debían ser tratados como tales. La ley de Israel protegía a los esclavos de varias maneras.

Una persona podía convertirse en esclavo por: haber sido capturada en la guerra, no pagar una deuda, no poder mantenerse y venderse «voluntariamente», haber sido vendida de bebé por padres indigentes, haber nacido de padres esclavos, haber

Estela en relieve con inscripción, datada en el siglo I a. C., que conmemora la liberación de una esclava por su ama.

sido condenada por un delito, o secuestro y piratería. La esclavitud afectaba a todas las razas y nacionalidades.

La manumisión o liberación de esclavos era posible y común en la época romana. Los amos solían liberar a sus esclavos en sus testamentos, y a veces lo hacían en vida. Los esclavos industriosos podían ganar y ahorrar dinero para comprar su propia libertad. En el siglo I cristiano, se había desarrollado una gran clase de libertos. Incluso había una sinagoga de los libertos en Jerusalén (Hech. 6:9).

NOTAS

1 Tomado de *Holman Illustrated Bible Dictionary*, ed. rev. y exp. (Nashville: Holman, 2015).

SALOMÓN EN TODO SU ESPLENDOR

POR E. LEBRON MATTHEWS

En los pasos que dio Salomón para asegurar su trono, demostró sabiduría y liderazgo.

En el mundo antiguo, las purgas sangrientas eran habituales tras la coronación de un nuevo rey. Para consolidar el poder, el nuevo monarca solía eliminar a los posibles rivales, incluidos los miembros de la familia real. Tras la muerte de David, Salomón también eliminó a los posibles alborotadores. Pero a diferencia de muchos reyes de su época, la orden de Salomón de dar muerte a Adonías no fue vengativa ni injustificada. Siguió a una clara evidencia de que su hermanastro aún albergaba la esperanza de convertirse en rey. Las muertes de Joab y Simí reflejaron la voluntad de Salomón de escuchar el consejo de otros. Su padre le había ordenado ejecutar a ambos hombres.

Tiro, ciudad costera fenicia y sede de un importante puerto marítimo, estaba vitalmente implicada con Israel en el comercio internacional. El rey Hiram de Tiro formó una alianza comercial mutuamente beneficiosa tanto con David como con Salomón. En la imagen, una jarra fenicia hallada en Tiro.

Salomón cimentó una alianza con Egipto al casarse con la hija del faraón. La unión pudo parecer impresionante; históricamente Egipto había sido la gran superpotencia del mundo. Pero Egipto ahora solo existía de nombre. Durante la vigésima primera Dinastía, Egipto era en realidad un grupo de estados independientes unidos por el comercio y los títulos.[1]

El verdadero significado del matrimonio de Salomón con una princesa egipcia fue el reconocimiento político que le proporcionó. La confederación de tribus israelitas que David había forjado en un tenue reino se había convertido en un estado político igual a sus vecinos, incluido el mítico Egipto. No se puede subestimar la importancia de este hecho. Solo una generación antes, la estabilidad de Israel estaba amenazada. Una victoriosa coalición filistea había derrotado al ejército de Israel y había ocupado un territorio considerable al oeste del río Jordán. Bajo Salomón, toda la región entre la península del Sinaí en el sur y Siria en el norte y entre el Mar Mediterráneo al oeste y el desierto de Arabia al este estaba bajo el control de Israel. El matrimonio con una princesa egipcia significaba el respeto internacional del poder y el prestigio de Salomón.

En el antiguo Israel, la gente se identificaba comúnmente por su afiliación tribal. Salomón reorganizó su reino en unidades políticas llamadas distritos, en lugar de mantener la antigua confederación tribal. Aunque la medida era políticamente conveniente, en última instancia debilitó la unidad de la nación al eliminar la identidad tribal de sus ciudadanos. Como resultado, aumentó el malestar en las tribus. Las cicatrices de las guerras civiles de su padre no se curaron. Pero en un principio la reorganización probablemente produjo una atmósfera de júbilo y de nueva esperanza, algo habitual en los cambios e innovaciones políticas. Su burocracia estableció la imagen de una administración fuerte y eficiente.

Salomón emprendió agresivamente proyectos de obras públicas, como la construcción de su palacio y del templo de Yahvéh. La infraestructura de Israel mejoró. Los edificios públicos fueron objeto de orgullo nacional. El templo sería el corazón de la religión de Israel durante siglos.

Salomón estableció otras alianzas políticas en el extranjero, especialmente con Hiram de Tiro. Estas alianzas dieron lugar a relaciones pacíficas con los vecinos de Israel. La paz benefició tanto a la economía como a la sociedad. Además, los fenicios eran comerciantes marítimos que proporcionaban acceso a un mercado mundial más amplio.[2] Las pruebas arqueológicas sugieren que los comerciantes fenicios establecieron negocios en todo Israel. A ellos se unieron mercaderes de Arabia que traían especias, incienso y oro por tierra.[3] Sin embargo, el papel de Israel en el comercio internacional en esta época parece haber sido principalmente de importación, ya que existen pocas pruebas de que enviaran grandes cantidades de materiales fuera del reino.

Los primeros años del reinado de Salomón fueron conocidos como la Edad de Oro de Israel. Fue una época de paz y prosperidad. Los logros culturales se expandieron. El rey se hizo famoso por sus proverbios. En parte, esto se debió a su patrocinio de la literatura sapiencial y a la creación de escuelas para educar a los adolescentes de Israel. La educación formal y el progreso literario produjeron obras como las registradas en los libros bíblicos de Proverbios y Cantar de los Cantares. Salomón, en todo su esplendor, fue un gobernante digno de lealtad.

NOTAS

1 George Steindorff y Keith C. Seele, *When Egypt Ruled the East*, ed. rev. (Chicago, University of Chicago Press, 1957), 270, 275; John A. Wilson, *The Culture of Ancient Egypt* (Chicago: University of Chicago Press, 1951), 289–92, 320.

2 Glenn E. Markoe, *The Phoenicians, Peoples of the Past* (Berkeley: University of California Press, 2000), 33–35, 94, 129; D. R. Ap-Thomas, «The Phoenicians», *Peoples of Old Testament Times* (Oxford: Oxford University Press, 1973), 273–81.

3 B. S. J. Isserlin, *The Israelites* (Londres: Thames & Hudson, 1998), 185–87.

LAS ESPOSAS EXTRANJERAS DE SALOMÓN Y SUS DIOSES

POR ALAN BRANCH

León alado a un lado del trono de Astarté en el templo de Eshmún. Este complejo de templos estaba destinado al culto de Eshmún, el dios fenicio de la curación. El templo data del siglo VII a. C.

Estela del dios guerrero moabita, probablemente Kamosh («Quemós» en el Antiguo Testamento), blandiendo un arma. Aunque la falta de información sobre su procedencia hace que la datación sea imprecisa, el estilo indica 1200-800 a. C. La vestimenta y el cabello reflejan una influencia egipcia.

El indicador más obvio de la infidelidad de Salomón a Dios es su participación sin precedentes en la poligamia. Para Salomón, la poligamia fue inicialmente una forma de conveniencia política y un método para forjar alianzas con las naciones circundantes. Mientras que otros hombres del Antiguo Testamento se involucraban en la poligamia, la excesiva riqueza y el poder político de Salomón le permitían tener un apetito desenfrenado por más mujeres, una falta de disciplina que concordaba con su desacertada incursión en el apoyo al paganismo.

Salomón importó el culto de dioses extranjeros a Jerusalén y estableció lugares de culto pagano en una montaña al este de Jerusalén (1 Rey. 11:7). Al hacerlo, se dedicó al sincretismo religioso, un intento de reconciliar las creencias contradictorias entre el yahwismo monoteísta y las enseñanzas politeístas de las naciones circundantes. El escritor de los Reyes enumeró cuatro dioses paganos que las esposas extranjeras de Salomón incitaron al anciano rey a adorar: Astarté, Milcón, Quemós y Moloc (vv. 1-13).

ASTARTÉ

El Antiguo Testamento se opone inequívocamente a la adoración de las diosas y utiliza varios términos para criticar la práctica de adorar a las diosas antiguas. Debido a que estos términos parecen y suenan familiares, pueden ser algo confusos. En 1 Reyes 11:5 vemos que: «Salomón siguió a Astarté, diosa de los sidonios». Astarté puede fácilmente confundirse con los términos *Asherah* o *Asherim* mencionados en otras partes de la Escritura. En la mitología cananea, las deidades más altas eran El y su esposa, Aserá. La palabra hebrea *Asherim* es la forma plural de Aserá y se refiere a varios símbolos de la diosa. Entre los setenta hijos de El y Aserá se encontraban el dios Baal y la diosa Astarté, que eran el centro de la devoción popular. La gente solía considerar a Astarté como la esposa de Baal y la identificaba con una diosa muy popular en el antiguo Cercano Oriente, conocida con los nombres de Ashtart (fenicia) o Astarté (griega). En el antiguo Cercano Oriente, la diosa que la gente conocía con los nombres de Ashtoreth, Ashtart o Astarté estaba asociada con el amor y la guerra. La palabra hebrea *Ashtoreth* es en realidad una forma de mostrar desprecio y condena por la adoración de esta diosa, ya que «Ashtoreth» se forma tomando las consonantes de *Ashtart* y combinándolas con las vocales de la palabra hebrea para vergüenza, *bosheth*.[1]

Entender el culto a las diosas condenado en la Escritura también es confuso porque algunas culturas mezclaron las diosas Aserá y Astarté en una sola. Los devotos de la religión cananea en diferentes lugares y épocas se sintieron libres de organizar el panteón según sus propias preferencias.[2] El difunto erudito del Antiguo Testamento, William F. Albright, resumió la complejidad de la relación entre estas diosas: «Las diosas Astarot [Astarté] y Aserá parecen intercambiarse repetidamente en la Biblia hebrea, donde ambas se mencionan con Baal».[3] Debido a esta interacción entre las diosas Aserá y Astarté, la referencia a «Astarté, diosa de los sidonios» en 1 Reyes 11 puede ser una forma de decir que se trataba de la diosa Astarté del panteón cananeo o, más ampliamente, una forma genérica de decir que Salomón inició el culto a la diosa cananea.

La gente casi siempre asoció el culto a la diosa, ya sea bajo el nombre de Aserá o Astarté, con los cultos a la fertilidad. Deuteronomio 23:17 advierte: «Ningún hombre o mujer de Israel se dedicará a la prostitución ritual». La prostitución ritual formaba parte de todo el complejo de creencias asociadas a la veneración del dios masculino Baal y sus diversas diosas consortes. Evidentemente, el culto a la diosa sancionado por Salomón implicaba este tipo de prostitución varios siglos después. En 2 Reyes 23:7 se dice que Josías «derrumbó en el templo del Señor los cuartos dedicados a la prostitución sagrada, donde las mujeres tejían mantos para la diosa Aserá».

En Jazor, bajo el refugio moderno se encuentra el lugar elevado o zona del altar, erigido en tiempos de Salomón. Tales estructuras evidenciaban prácticas de culto sincretistas.

MILCÓN

El Antiguo Testamento enseña que Milcón era la deidad patrona de los amonitas. El nombre «Milcón» fue una mala vocalización deliberada de los escribas hebreos del nombre del dios,[4] una pronunciación que los escribas hebreos aparentemente crearon para calumniar a la deidad nacional de los amonitas. Algunas traducciones modernas consideran que el nombre «Milcón» es una alusión al dios Moloc. Por ejemplo, la NVI traduce «Milcón» como «Moloc» en 1 Reyes 11:5. La CSB traduce «Moloc» en 1 Reyes 11:7 como «Milcón». Estas traducciones diferentes reflejan el debate actual sobre la posibilidad de que Milcón y Moloc sean nombres diferentes para el mismo dios, siendo Milcón la versión amonita del culto a Moloc. A favor de esta opinión está el hecho de que ambos nombres, «Milcón» y «Moloc», proceden de la palabra hebrea *melek*, que significa «rey».[5] El relato de las reformas de Josías en 2 Reyes 23:10-14 parece diferir entre Moloc y Milcón como entidades separadas. Teniendo esto en cuenta, 1 Reyes 11:5 puede ser una referencia a la veneración de Milcón como rey de los dioses del panteón amonita.[6]

QUEMÓS

Quemós era la deidad patrona de los moabitas. El Antiguo Testamento llama a los moabitas «pueblo de Quemós» (Núm. 21:29; Jer. 48:46). Además, la inscripción de la piedra moabita menciona que el rey de Moab, Mesa, atribuyó su victoria sobre Israel a Quemós.[7] Aunque los detalles del culto a Quemós son algo oscuros, las pruebas indican que los moabitas veneraban especialmente a Quemós como dios de la guerra. De hecho, la piedra moabita «es muy enfática sobre la intervención [de Quemós] y la orientación específica en tiempos de guerra».[8]

MOLOC

Primera de Reyes 11:7 indica que Salomón construyó un lugar de culto para «Moloc, el despreciable dios de los amonitas». Como se mencionó anteriormente, la CSB traduce aquí «Moloc» como «Milcón», aunque la nota al pie de página del traductor de la CSB indica que la palabra es literalmente «Molech». Podemos imaginar fácilmente a los amonitas incorporando el culto a Moloc en su panteón politeísta, añadiendo el culto a Moloc a su práctica de venerar a su dios principal, Milcón. El hecho de que sean dos deidades distintas nos ayuda a entender que Josías destruyera los lugares de culto dedicados tanto a Milcón como a Moloc. Así, 1 Reyes 11 puede estar diferenciando entre dos dioses distintos, Moloc y Milcón.

Los eruditos han debatido sobre el dios específico o las prácticas condenadas bajo el título de «Moloc» en el Antiguo Testamento. Una minoría insiste en que las referencias a «Moloc» en el Antiguo Testamento no son referencias a un dios en particular, sino a la práctica del sacrificio de niños.[9] La opinión mayoritaria, sin embargo, explica que Moloc es una deidad del inframundo que era apaciguada o adorada a través de sacrificios humanos, particularmente el sacrificio de niños.[10] Los antiguos adoradores relacionaban estrechamente a Moloc con un culto a los muertos. Levítico 18:21 condenaba específicamente su adoración: «No profanarás el nombre de tu Dios, entregando a tus hijos para que sean quemados como sacrificio a Moloc».

NOTAS

1 Scott Langston, «Ashtaroth» en *HIBD*, 127.

2 Bryce N. Sandlin, «Ashtaroth», *BI* 15.4 (Verano de 1989): 19.

3 William Foxwell Albright, *Archaeology and the Religion of Israel*, 5a ed. (Louisville: Westminster John Knox, 1968), 74.

4 Richard D. Patterson y Hermann J. Austel, *1, 2 Kings*, vol. 4» en The Expositor's Bible Commentary (Grand Rapids: Zondervan, 1988), 245.

5 E. Ray Clendenen, «Religious Background of the Old Testament», en *Foundations for Biblical Interpretation*, ed. David S. Dockery, Kenneth A. Mathews y Robert B. Sloan (Nashville: Broadman & Holman, 1994), 298.

6 Ver «Milcom» en *HIBD*, 1124.

7 «The Moabite Stone» en *The Ancient Near East*, ed. James B. Pritchard (Princeton: Princeton University Press, 1955), 1:209–10.

8 Gerald L. Mattingly, «Chemosh» en *ABD*, 1:897.

9 Por ejemplo, Stephen J. Andrews, «Molech» en *Mercer Dictionary of the Bible* (*MDB*), ed. Watson E. Mills (Macon, GA: Mercer University Press, 1990), 580–81.

10 Ver Richard S. Hess, *Israelite Religions: An Archaeological and Biblical Survey* (Grand Rapids: Baker Academic, 2007), 101–2.

ESPÍAS EN LA TIERRA

POR JOHN L. HARRIS

La moderna Siquén tomada desde la cima del Monte Guerizín.

Con los israelitas acampados en el desierto de Parán, en la frontera sur de Canaán, Dios ordenó a Moisés que seleccionara a doce hombres, uno de cada tribu, «a explorar» (heb. *tur*) la tierra (Núm. 13:2).

VIAJE DE LOS ESPÍAS

Según las instrucciones, los espías dejaron el desierto de Parán y entraron en el Néguev, viajando a través del desierto de Zin, probablemente a finales de julio. Estas zonas secas y áridas al sur de Canaán están limitadas por el Wadi Arabah al este, el Sinaí al sur y al oeste, y se extienden desde los alrededores de Gaza hasta la orilla occidental del Mar Muerto. En estas regiones, el agua escasea constantemente; el desierto de Zin recibe menos de 5 centímetros (2 pulgadas) de precipitación anual, y el Néguev solo recibe de 20 a 30 centímetros (8 a 12 pulgadas) de lluvia al año.[1] El suelo del Néguev es fino y se lo lleva el viento, y la escasa lluvia no se absorbe sino que se escurre rápidamente hacia los valles. Toda esta región tiene un entorno adverso para el sustento de la vida humana y es en su mayoría inadecuada para el cultivo. Durante el viaje de los espías, habrían soportado un clima caluroso y seco. Canaán solo tiene dos estaciones definidas: un período cálido y seco (verano) que va de mediados de junio a mediados de septiembre y un período cálido y húmedo (invierno) que va de octubre a mediados de abril.

A diferencia de los alrededores del Néguev, el clima de la región de las colinas es mucho más favorable y la zona recibe abundantes lluvias. La cordillera central y las tierras altas de Judá reciben entre 50 y 100 centímetros (20 a 40 pulgadas) de precipitaciones anuales, lo que permite la recogida de agua en numerosos manantiales y el reverdecimiento de la tierra.[2] La región de las colinas contiene un suelo rojo y rico, que absorbe la humedad, y está cubierta de considerables bosques.[3] Refiriéndose a esta región y a sus productos, los espías proclamaron que la tierra manaba «leche y la miel» (Núm. 13:27).

Los espías habrían encontrado el viaje a lo largo de la cordillera central extremadamente difícil debido a los cantos rodados de piedra caliza y los acantilados ocasionales que se erigieron como impedimentos naturales. A medida que los doce continuaban hacia el norte, habrían seguido las crestas y probablemente habrían tomado el camino interregional conocido como la Ruta de las Crestas o la Ruta de los Patriarcas, que corría a lo largo de la cresta de la cuenca norte-sur entre Hebrón y Siquén. A lo largo de esta ruta, los espías habrían pasado por las ciudades de Horma, Arad, Hebrón, Jerusalén, Jericó, Ramá, Gabaón, Betel, Silo, Siquén, Betsán, Jazor, Lais (Dan) y Rejob, cerca de Lebó Jamat («la entrada de Jamat»).[4] La referencia a Lebó Jamat, una ciudad en la ribera oriental del Río Orontes situada en una de las principales rutas comerciales en el límite más septentrional de Canaán, pone de relieve que la misión de exploración abarcó todo el territorio, una distancia de unos 400 kilómetros (250 millas), de ida.

La única ciudad señalada fue Hebrón (que significa «confederación»), una ciudad bien fortificada y grande en la región montañosa de Judá, situada a 910 metros

Vista de la ciudad cananea y su muralla protectora en Arad.

(3000 pies) sobre el nivel del mar y a 30 kilómetros (20 millas) al sur de Jerusalén. Las tierras fértiles hacían de Hebrón un lugar favorable para que los agricultores y mercaderes compraran y vendieran trigo, cebada, aceitunas, uvas, granadas y otros productos.[5]

Es probable que los espías se sintieran intimidados al ver las ciudades fortificadas de la región montañosa rodeadas de murallas que llegaban «hasta el cielo» (Deut. 1:28; ver 3:5) y protegidas por puertas y torres. Sin embargo, no todas las ciudades de Canaán estaban fortificadas y protegidas por murallas. Las pruebas apuntan a la existencia de muchas aldeas abiertas en las distintas regiones de Canaán; durante este período de tiempo, las dos formas de asentamientos, amurallados y abiertos, coexistieron.

Dada la zona de búsqueda designada por Moisés, los espías habrían encontrado una tierra que en algunas zonas estaba densamente ocupada y en otras escasamente habitada. Los valles de Jezrel y del Jordán estaban densamente poblados, al igual que la mayoría de las regiones montañosas del norte, pero la parte sur de la alta Galilea y casi toda la baja Galilea estaban escasamente habitadas.[6]

REGRESO E INFORME DE LOS ESPÍAS

Después de viajar durante cuarenta días, los espías regresaron a Cades e informaron al pueblo sobre sus hallazgos. El informe comenzó siendo positivo, pero rápidamente se volvió negativo. Los espías comprobaron que la gente que vivía en la tierra era poderosa y las ciudades eran grandes y fortificadas. Específicamente, los espías mencionaron a los descendientes de Anac, a los amalecitas, a los hititas, a los jebuseos, a los amorreos, a los cananeos y a los nefilim.[7] Los hijos de Anac eran guerreros notoriamente grandes que vivían en la región occidental de Canaán en las ciudades de Gaza, Gat y Asdod (Jos. 11:21-22). Los amalecitas eran un pueblo nómada que vivía en los desiertos del sur del Néguev. Los hititas vivían en la región de Hebrón. Los jebuseos vivían en Jebús y sus alrededores (es decir, Jerusalén). Los amorreos vivían en la región de las colinas, y los cananeos vivían en las tierras bajas a lo largo de la costa. Algunos estudiosos creen que la mención de los nefilim puede haber sido una exageración para conseguir un efecto retórico; eran un pueblo legendario que se consideraba semidivino (Gén. 6:1-4).[8]

NOTAS

1 Carl G. Rasmussen, *Zondervan NIV Atlas of the Bible* (Grand Rapids: Zondervan, 1989), 49, 50.

2 Rasmussen, *NIV Atlas*, 18–19.

3 Yohanan Aharoni, *The Archaeology of the Land of Israel* (Filadelfia: Westminster, 1978), 4–5.

4 Thomas Brisco, *Holman Bible Atlas* (Nashville: Broadman & Holman, 1998), 70; Barry J. Beizel, *The Moody Atlas of Bible Lands* (Chicago: Moody, 1985), 93.

5 Rasmussen, *NIV Atlas*, 42.

6 Amihai Mazar, *Archaeology of the Land of the Bible: 10,000–586 B.C.E.* (Nueva York: Doubleday, 1990), 239; Aharoni, *Archaeology*, 158; Rasmussen, *NIV Atlas*, 34.

7 Timothy R. Ashley, *The Book of Numbers* (Grand Rapids: Eerdmans, 1993), 239. Ashley señala: «Amalec fue descendiente de Elifaz, hijo de Esaú, de la concubina Timná» (Gén. 36:12). Los amalecitas fueron constantes enemigos de Israel.

8 R. K. Harrison, *Numbers: An Exegetical Commentary* (Grand Rapids: Baker, 1992), 209; Ashley, *Numbers*, 243.

TIGLAT-PILESER III: RECONSTRUCTOR DE ASIRIA

POR STEPHEN J. ANDREWS

Ortostatos en relieve de basalto de una puerta que representa las clases del ejército asirio. Esta pieza neoasiria pertenece al período de Tiglat-Pileser III.

Los antiguos registros asirios confirman que en realidad existieron tres reyes con este nombre: Tiglat-Pileser I (hacia 1116-1076 a. C.), Tiglat-Pileser II (hacia 940 a. C.) y Tiglat-Pileser III (745-727 a. C.). Algunos historiadores atribuyen a Tiglat-Pileser III la fundación del Imperio neoasirio.[1] Desempeñó un papel importante en los últimos y fatídicos días del reino de Israel.

USURPADOR DEL TRONO

La historia no dice nada sobre el nacimiento y la crianza de Tiglat-Pileser III. Los registros asirios afirman que se produjo una rebelión en la capital de Cala (la actual Nimrud, Irak) dos meses antes de que Tiglat-Pileser se convirtiera en rey. Dos documentos asirios dan versiones contradictorias sobre la identidad de su padre. Es posible que Tiglat-Pileser fuera de nacimiento real y posiblemente un funcionario de alto rango o un oficial militar. La mayoría de los estudiosos creen que no pertenecía a la línea real directa, sino que era un usurpador que aprovechó una crisis política para dar un golpe de estado al trono asirio.[2]

El nombre de Tiglat-Pileser en acadio, Tukulti-apil-Esharra, significa «mi confianza [está] en el heredero de [el templo de] Esharra».[3] Dado que Esharra era el templo

Inscripción asiria en basalto que data del siglo VIII a. C. Hallada en la aldea de Tavle, en Turquía.

dedicado al dios Ashur, el «heredero» del nombre es el dios Ninurta, el primogénito de Ashur. Así, el nombre de Tiglat-Pileser significa esencialmente «mi confianza está en el dios Ninurta». La Biblia lo llama Tiglat Piléser (2 Rey. 15:29; 16:7,10), Tilgat-pilneser (1 Crón. 5:6,26; 2 Crón. 28:20, LBLA) y Pul (2 Rey. 15:19; 1 Crón. 5:26). Pul es una forma abreviada de *apil*, la palabra acadia para «hijo» o «heredero». Varias fuentes arameas también se refieren a Tiglat-Pileser.[4]

PODEROSO GUERRERO

Tiglat-Pileser llegó al trono en un momento en que el poder asirio había disminuido mucho. Se enfrentaba a poderosos enemigos en el norte, el sur y el este. Reorganizó el ejército y llevó a cabo reformas administrativas destinadas a reforzar su propia autoridad real y a reducir el poder de la aristocracia asiria.[5]

Al igual que los reyes anteriores, Tiglat-Pileser dirigió campañas anuales en un esfuerzo por restablecer el Imperio asirio. Demostró ser un general formidable que, en los dieciocho años de su reinado, cambió efectivamente el equilibrio de poder en el antiguo Cercano Oriente. Las inscripciones que Tiglat-Pileser dejó en Cala y otros lugares atestiguan sus numerosas victorias.[6] Derrotó al ejército de Urartu, la poderosa nación del norte, y venció a Babilonia en el sur. También hizo campaña a lo largo del Río Tigris y los montes Zagros, al este, y al oeste del Mar Mediterráneo. Derrotó a los estados del norte de Siria y marchó sobre Aram-Damasco, Transjordania y el norte de Israel. Colocó una estatua de oro de sí mismo en Gaza e instaló una estela conmemorativa hasta el sur del «Arroyo de Egipto».[7]

CONSTRUCTOR DEL IMPERIO

Los reyes asirios habían frecuentemente asaltado y saqueado los estados vecinos. Algunos habían llegado ocasionalmente hasta el Mediterráneo. Pero ninguno había participado activamente en la adición o incorporación de territorios al oeste del Éufrates. Tiglat-Pileser III cambió radicalmente este patrón.

Tiglat-Pileser III conquistó Babilonia y se estableció como su rey. Derrotó a los estados del norte de Siria y los incorporó a su imperio, incluyendo los territorios de Aram-Damasco, Transjordania y el norte de Israel. Tiro, Sidón, Samaria, Judá y el resto de los reinos y ciudades-estado más pequeños se convirtieron en vasallos y se vieron obligados a rendir tributo. Bajo la política de anexión de Tiglat-Pileser, Asiria se ganó la reputación de ser un arrogante eliminador de fronteras (Isa. 10:12-13).

Base de columna hitita de basalto con doble león procedente de Tainat y datada en la segunda mitad del siglo VIII a. C. La pieza presenta el tipo de león asirio del período Tiglat y se incorporó como motivo arquitectónico hitita.

Aunque no fue el primer rey asirio en hacerlo, Tiglat-Pileser III fue el primer rey neoasirio que practicó la deportación masiva a gran escala.[8] Aldeas y distritos enteros, como el distrito de Galilea, fueron despoblados.[9] Tiglat-Pileser llevó a cabo deportaciones «bidireccionales» sin precedentes, reasentando a cientos de miles de personas en regiones distantes (1 Crón. 5:6,26) y luego sustituyéndolas por la fuerza con personas de otras regiones. Los bajorrelieves asirios muestran a los padres llevando sus posesiones al hombro y agarrando a sus hijos de la mano. Los hombres aparecen caminando en largas filas con sus esposas siguiéndolas en carros o montadas en caballos o asnos.[10] Supuestamente, la deportación asiria suprimió las lealtades políticas nacionales, repobló las regiones abandonadas, desarrolló la agricultura y el crecimiento económico y suministró tropas y trabajadores.[11] Los gobernadores reales recibieron instrucciones de proporcionar a los deportados alimentos y protección. No eran esclavos, pagaban impuestos, tenían derechos civiles y algunos llegaron a ocupar puestos importantes en el gobierno.[12] Aunque Tiglat-Pileser los consideraba pueblo de Asiria[13] y los trataba como sus propios ciudadanos, estas acciones no disminuyeron el dolor y el sufrimiento de las deportaciones forzadas.

Sirviente real de Tiglat-Pileser III.

Como el principal interés de Tiglat-Pileser era la reconstrucción del Imperio asirio, dedicó poco tiempo a proyectos de construcción. En Cala sí erigió un nuevo palacio a orillas del Río Tigris, maderas importadas y metales preciosos decoraban el palacio, las paredes estaban revestidas de enormes losas de piedra y contenían incisiones cuneiformes, bajorrelieves y representaciones de las victorias y conquistas de Tiglat-Pileser.[14]

RELACIONES POLÍTICAS

Al igual que otros reyes asirios que le precedieron, Tiglat-Pileser III dirigió sus ojos hacia la costa mediterránea bastante pronto en su reinado. Allí se encontró con los reyes de Israel y Judá. La Biblia recoge varios detalles de los conflictos que se produjeron. Desgraciadamente, las inscripciones fragmentadas de Tiglat-Pileser III solo proporcionan una imagen parcial de sus encuentros con el pueblo y los líderes de Israel y Judá.

Uzías: Dos textos de Tiglat-Pileser III mencionan a un Azriyau al que los asirios derrotaron en el 738 a. C. Desgraciadamente, el nombre del país de Azriyau está incompleto. Varios estudiosos han sugerido que este Azriyau no es otro que Uzías de Judá (también conocido como Azarías). Pero la Biblia no confirma este hecho, y la cuestión debe quedar sin resolver.[15]

Menajem: Los Anales de Tiglat-Pileser mencionan el dinero del tributo que Menajem de Samaria pagó en el 738 a. C.[16] Esto puede referirse al pago mencionado en 2 Reyes 15:19. Posiblemente, como usurpador del trono de Israel, Menajem tuvo que pagar la pesada multa y luego probablemente continuó proporcionando un tributo anual regular como se menciona en los Anales.

Pécaj: Dos años después del reinado de Pecajías, hijo de Menajem, Pécaj, hijo de Remalías, otro usurpador, asesinó a Pecajías y se apoderó del trono. Según 2 Reyes 15:29, Tiglat-Pileser hizo campaña contra la confederación liderada de Damasco y Pécaj de Israel y tomó las ciudades de Iyón, Abel Betmacá, Janoa, Cedes y Jazor. También tomó Galaad, Galilea y la tierra de Neftalí. Después, Tiglat-Pileser deportó a los israelitas a Asiria y se anexionó la mayor parte del país.

Según 2 Reyes 15:30, Oseas hijo de Elá asesinó a Pécaj y asumió el trono. Una de las inscripciones sumarias de Tiglat-Pileser III también confirma la destitución de Pécaj del trono de Israel durante la campaña de 733-732 a. C. En la inscripción, Tiglat-Pileser afirmó que instaló directamente a Oseas como rey de Israel.[17]

Oseas: puede existir otro posible sincronismo entre Oseas y Tiglat-Pileser. Otra inscripción sumaria de Tiglat-Pileser III contiene un lenguaje que sugiere que Oseas, o uno de sus representantes, hizo un viaje a Sarrabani en Mesopotamia en el 731 a. C. para pagar tributo y rendir pleitesía. La Biblia no registra este viaje. ¿Es posible que el control de Oseas sobre el estado de Samaria fuera tan inestable que ese viaje fuera necesario? ¿O se percibía a Oseas como poco leal a la corona asiria? Nueve años después, justo antes del comienzo del asedio a Samaria, Salmanasar V arrestó a Oseas por traición (2 Rey. 17:4).[18]

Acaz: Según 2 Reyes 16:5-9, Pécaj de Israel y Rezín de Aram-Damasco atacaron a Acaz, rey de Judá. Sus fuerzas combinadas sitiaron Jerusalén y amenazaron con sustituir a Acaz en el trono por un usurpador, el hijo de Tabel (Isa. 7:1-6).

Acaz respondió pidiendo ayuda a Tiglat-Pileser III. Lo que sucedió a continuación parece haber sido un patrón bastante estándar para la diplomacia y la expansión asiria. Acaz envió una promesa de fidelidad, una queja, una angustiosa petición de ayuda y un soborno (2 Rey. 16:7-8). Tiglat-Pileser III respondió atacando Damasco, deportando a sus habitantes y mató a Rezín (v. 9).

El soborno funcionó. Sin embargo, Acaz obtuvo más de lo que esperaba. Tiglat-Pileser acudió en su ayuda, pero también sometió a Acaz como vasallo. Una de las inscripciones sumarias de Tiglat-Pileser incluye a Acaz entre los muchos reyes que pagaban tributo de Siro-Palestina.[19] El pago de tributo que aparece en la inscripción no es necesariamente el mismo que el soborno que envió Acaz (ver 2 Rey. 16:8). Los asirios esperaban un tributo regular de sus vasallos, y Acaz no sería tratado de manera diferente.

NOTAS

1 George Roux, *Ancient Iraq*, 3ª ed. (Nueva York: Penguin Books, 1992), 305.

2 Ver el resumen en A. K. Grayson, «Assyria: Tiglath-Pileser III to Sargon II (744–705 BC)» en Cambridge Ancient History (CAH), ed. J. Boardman et al., 2ª ed., vol. 3, parte 2 (Cambridge: Cambridge University Press, 1991), 73–74.

3 Knut L. Tallqvist, *Assyrian Personal Names* (Hildesheim: Georg Olms Verlagsbuchhhandlung, 1966), 233–34.

4 Ludwig Koehler y Walter Baumgartner, *The Hebrew and Aramaic Lexicon of the Old Testament* (*HALOT*), trad. M. E. J. Richardson, ed. de estudio (Leiden: Brill, 2001), 1687.

5 Roux, *Ancient Iraq*, 305–6, 347–48.

6 Ver H. Tadmor, *The Inscriptions of Tiglath-Pileser III King of Assyria* (Jerusalén: Israel Academy of Sciences and Humanities, 1994). Extractos de las inscripciones se encuentran en J. B. Pritchard, *ANET*, 282–84.

7 Tadmor, *Inscriptions*, 9.

8 Bustenay Oded, *Mass Deportation and Deportees in the Neo-Assyrian Empire* (Wiesbaden: Dr. Ludwig Reichert Verlag, 1979), 21.

9 Zvi Gal, «Israel in Exile: Deserted Galilee Testifies to Assyrian Conquest of the Northern Kingdom», *BAR* 24.3 (1998): 48–53. Ver K. L. Younger Jr., «The Deportation of the Israelites», *JBL* 117 (1998): 201–27.

10 Oded, *Mass Deportation*, plates I – VI

11 *Ibid.*, 41–74.

12 Roux, *Ancient Iraq*, 307–8; Oded, *Mass Deportation*, 87–89.

13 Oded, *Mass Deportation*, 82, 87, 89.

14 Grayson, «Assyria», 83–84.

15 Tadmor, *Inscriptions*, 273–76. Ver H. Tadmor, «Azriyau of Yaudi» en *Scripta Hierosolymitana*, ed. Chaim Rabin, vol. 8 (Jerusalem: Magnes, 1961), 232–71.

16 Pritchard, *ANET*, 283.

17 Pritchard, *ANET*, 284; Tadmor, *Inscriptions*, 277.

18 Tadmor, *Inscriptions*, 189, 278.

19 *Ibid.*, 171, 277.

VIVIR COMO UN JUDÍO

POR DALE «GENO» ROBINSON

Encontrada en Timrat, un pueblo al oeste de Nazaret, una piedra tallada con la palabra hebrea «Sabbath». Con unas dimensiones de casi 20 por 60 centímetros (8 por 24 pulgadas), la talla indicaba a los judíos el límite más lejano que podían recorrer desde su aldea en día de reposo. Se trata del único hito que se ha descubierto escrito en hebreo. Se encuentra a 1,5 kilómetros (1 milla) entre Tel Shimron y Mahalul, dos aldeas judías de la época romana.

Los judíos del siglo I gozaban de una posición privilegiada en el Imperio romano. Julio César se los concedió en el año 48 a. C. cuando el rey judío, Juan Hircano, envió refuerzos para ayudar a César en su campaña militar en Egipto. Como recompensa, César eximió a los judíos de los requisitos imperiales contrarios a su fe.[1] Este estatus especial resultó ser una irritación constante para sus vecinos gentiles. Permitía a los judíos abstenerse de participar en las responsabilidades y ceremonias cívicas grecorromanas.

Este rollo de la Torá data del siglo XVI d. C. Se utilizaba en la sinagoga judía española de la ciudad de Safed (alta Galilea). Parte del rollo resultó dañado por un terremoto en 1837. El pergamino se colocó entonces en una geniza, un depósito para pergaminos antiguos, dañados, desgastados o defectuosos. El pergamino está montado sobre rodillos de madera que, aunque no pertenecían originalmente a este pergamino, tienen aproximadamente la misma antigüedad.

El monoteísmo judío repelía y atraía a los idólatras desilusionados. La circuncisión ofendía la visión ideal del cuerpo humano. Los estilos de vida judíos iban en contra de las costumbres comunes. Sin embargo, los judíos se aferraban con orgullo a esas prácticas como marcadores de su fe. Los gentiles consideraban las prácticas judías una ofensa a la sociedad; los judíos las veían como una obediencia a los mandatos de Dios. Las prácticas más destacadas eran: la circuncisión de los niños varones, el día de reposo y las restricciones alimentarias.

CIRCUNCISIÓN

El antiguo Egipto, Etiopía, Edom y Moab circuncidaban a sus hijos varones como rito de paso a la virilidad. Los judíos practicaban la circuncisión como marca de su pacto con Dios. Los niños hebreos eran circuncidados ocho días después de su nacimiento como señal de iniciación en ese pacto (Gén. 17:9-14). Era el elemento universalmente requerido de la fe, la práctica y la distinción cultural judía. Era el signo de su singularidad.

Después del 334 a. C., los conquistadores griegos de los judíos intentaron imponerles valores y prácticas culturales helenísticas. Algunos judíos recurrieron a una dolorosa y a menudo infructuosa cirugía plástica llamada epispasmo para «revertir» su circuncisión.[2] Esto era un agravio para un judío piadoso y practicante. La ética y la moral judías atraían a muchos gentiles reflexivos. Aunque muchos gentiles eran temerosos de Dios, pocos se convertían. Las estrictas reglas de vida eran difíciles de aceptar. La circuncisión era una barrera para los conversos masculinos. Sin embargo, los judíos nunca la abandonaron.

Cuchillo de sílex pulido datado entre 7500 y 4000 a. C. Josué hizo circuncidar a los israelitas con cuchillos de sílex en Guilgal Aralot (Jos. 5:2-3).

DÍA DE REPOSO

Solo los judíos observaban un día de reposo semanal. Dios les ordenó (Ex. 20:8-11) honrar el día de reposo, o séptimo día, como un día especial y sagrado con descanso para honrar al Señor. Desde la puesta de sol del viernes hasta la aparición de las tres estrellas en la noche del sábado, los judíos honraban el día de reposo. Sus vecinos gentiles, al no ver su valor, los criticaban y veían la observancia judía como un signo de pereza.

El día de reposo era una celebración alegre, llena de descanso, fiestas y alegría. También era peligroso. En tiempos de guerra, los judíos solían negarse a luchar en día de reposo, lo que les perjudicaba. Cuando los romanos asediaron Jerusalén en el año 63 a. C., los judíos continuaron con el culto en el templo y la observancia del día de reposo. Los romanos aprovecharon esta «debilidad» percibida y utilizaron máquinas de asedio en día de reposo. Jerusalén cayó poco después.[3]

LEYES DE ALIMENTACIÓN

Los judíos también eran únicos debido a su dieta. Dios había declarado algunos alimentos limpios y otros impuros para ellos. Por lo tanto, los judíos encontraron formas de observar sus restricciones alimentarias y separarse de los gentiles «impuros». Si un judío comía con un amigo gentil, llevaba su propia comida. La mayoría de los gentiles veían estas normas alimentarias como algo que perturbaba su concepto de una cultura y un estado unificados. Los judíos veían el «mantenimiento del kosher» como un medio de unidad cultural, tanto la fuente como la ocasión de la pureza ante Dios.

LA FE EN JESÚS, NO LAS OBRAS DE LA LEY

Lamentablemente, muchos judíos prestaban tanta atención a estos signos externos de su religión, que creían que tales prácticas los encomendaban a Dios. Además, algunos insistían en que los gentiles que creían en Jesús como el Mesías también tenían que guardar estas «obras de la ley» para ser realmente parte del pueblo de Dios. Pero Pablo no quería esto. La única manera de ser justificados ante Dios es al recibir el Espíritu y ser verdaderos hijos de Abraham mediante la fe en Jesucristo (Gál. 3:1-29).

NOTAS

1 Eduard Lohse, *The New Testament Environment*, trad. John E. Steely (Nashville: Abingdon, 1976), 36.

2 Joel B. Green y Lee Martin McDonald, eds., *The World of the New Testament: Cultural, Social, and Historical Contexts* (Grand Rapids: Baker Academic, 2013), 313; Robert G. Hall, «Epispasm: Circumcision in Reverse», *BRev* (1992): 52–57.

3 Josefo, *La guerra de los judíos* 1.7.3–4.

¿QUIÉN ERA ARTAJERJES?

POR T. VAN MCCLAIN

Del palacio de Susa, relieve de una escolta del rey persa Artajerjes II; datado entre 404 y 358 a. C.

En una de las batallas más famosas de la historia antigua, Jerjes derrotó a los espartanos de Grecia en la batalla de las Termópilas en el año 480 a. C. Este Jerjes era probablemente el rey de Persia que era el marido de la Ester bíblica. Jerjes tenía otra esposa llamada Amestris. La reina Amestris era probablemente la misma que Vasti en el libro de Ester, ya que la palabra *Vashti* puede significar «la mejor» o «la amada».[1] El tercer hijo de Jerjes y Amestris se llamaba Artajerjes I Longímano.

Artajerjes I Longímano fue el rey de Persia del 465 al 424 a. C. Artajerjes significa «reino de la rectitud» o «reino de la justicia», y Longímano significa «mano larga».[2] El erudito griego Plutarco dijo que la mano derecha de Artajerjes era más larga que la izquierda. Plutarco también afirmó que Artajerjes era «preeminente entre los reyes de Persia por su gentileza y magnanimidad».[3] El carácter de Artajerjes contrasta con el de sus padres, cuya reputación de inmoralidad y brutalidad les sobrevivió. Artajerjes es importante para los estudiantes de la Biblia por su conexión con Esdras y Nehemías. Permitió que Esdras saliera de Persia y visitara Jerusalén en el 458 a. C., y autorizó a su copero Nehemías para una misión en Jerusalén en el 445 a. C.[4]

EL ASCENSO DE ARTAJERJES I

Puede que Artajerjes mostrara amabilidad con Esdras y Nehemías, pero su reinado comenzó con intrigas y asesinatos. Las fuentes históricas relatan que un poderoso funcionario real llamado Artabano hizo matar al rey Jerjes en su alcoba y culpó de ello a Darío, el hijo mayor de Jerjes. Después de algunos meses, Artajerjes, de dieciocho años, mató a Darío. Finalmente, Artajerjes determinó que Artabano estaba detrás del complot de asesinato y le dio muerte también. Más tarde, Artajerjes derrotaría a otro hermano mayor, Histaspes, en la batalla. Histaspes era un sátrapa o gobernador de Bactriana que se rebeló contra el gobierno de su hermano.[5]

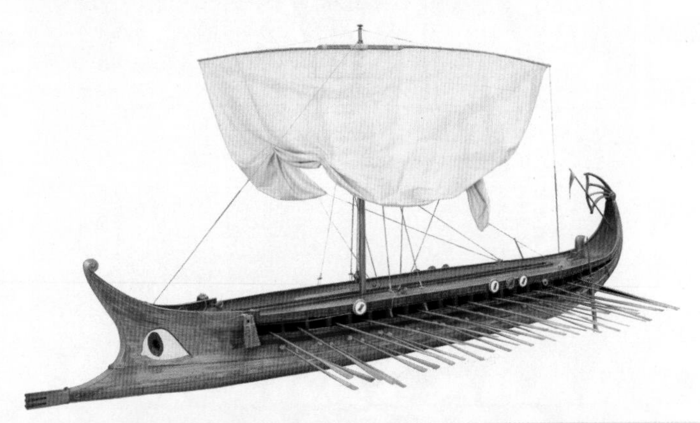

Maqueta de una galera trirreme. Los griegos utilizaron este tipo de buque de guerra contra los persas en la batalla de Salamina. El padre de Artajerjes, Jerjes, fue derrotado en esa batalla. Después de la batalla, Jerjes (probablemente Asuero en la Escritura) volvió a casa y se casó con Ester.

EL REINADO DE ARTAJERJES I

Con un joven rey en el trono y su ejército ocupado o debilitado por las amenazas al reino de Histaspes, el 461-460 a. C. parecía un momento propicio para que los egipcios se rebelaran contra el dominio persa. Los persas sufrirían reveses al principio de la guerra; someter por completo a las fuerzas egipcias llevaría unos diez años, con Atenas y su armada como aliada de los egipcios en la rebelión.

Cuenco de plata; siglo v a. C. La inscripción cuneiforme hace referencia a tres reyes persas mencionados en la Biblia: «Artajerjes, el gran rey, rey de reyes, rey de países, hijo de Jerjes el rey, de Jerjes, hijo de Darío el rey, el aqueménida, en cuya casa se hizo esta copa».

Las acusaciones de los enemigos de los judíos, descritas en Esdras 4:7-23, habrían preocupado especialmente al monarca persa, dado que las fuerzas persas tendrían que atravesar Israel para sofocar la rebelión en Egipto. La gente acusaba a los judíos de ser rebeldes y malvados; además, afirmaban que los ingresos fiscales se resentirían si los judíos terminaban de reconstruir la ciudad de Jerusalén y sus murallas. Artajerjes detuvo entonces la reconstrucción de la ciudad.

Finalmente, Artajerjes permitió que los judíos bajo el mando de Esdras regresaran a Israel con la bendición del rey. Tal vez el rey se dio cuenta de que cualquier bondad que mostrara a Israel daría como resultado un estado amortiguador leal entre sus fuerzas y los egipcios rebeldes.[6] Por supuesto, la verdadera razón por la que el rey vio con buenos ojos a Esdras y su misión en Israel fue porque «el Señor su Dios estaba con él» (Esd. 7:6).

Vaso de alabastro que honra al rey Jerjes I; datado entre 485 y 465 a. C. La inscripción dice: «Jerjes, el Gran Rey». La inscripción está en lenguas egipcia, persa antigua, elamita y neobabilónica, y escrita en jeroglífico y cuneiforme.

El general persa Megabizo, que había acabado con la rebelión de Egipto, fue sátrapa de Siria durante un tiempo, pero finalmente se rebeló contra Artajerjes. Finalmente se reconcilió con el monarca persa. Más tarde, sin embargo, Artajerjes envió a Megabizo al exilio por disparar a un león antes de que el rey pudiera hacerlo mientras ambos estaban de cacería. Después de un tiempo en el exilio, fue repatriado.[7]

Para cuando Artajerjes concedió a Nehemías la libertad de regresar a Israel en el año 445 a. C., la revuelta egipcia y la posterior rebelión de Megabizo hacía tiempo que habían terminado. Además, parece que la guerra entre Persia y las ciudades-estado griegas se detuvo o dio una tregua hacia el 449 a. C. con la Paz de Calias.[8]

Alrededor del 425-424 a. C., Artajerjes murió por causas naturales, lo que era una rareza entre los reyes persas.[9] La relativa estabilidad y la paz que mostró Artajerjes en su reinado concuerdan con lo que dice la Escritura sobre él. Si fue tan generoso con sus otros súbditos como lo fue con los judíos, no debería sorprendernos que tuviera tan poca oposición a su reinado.

Tampoco debe sorprendernos la generosidad de Artajerjes al animar a Esdras y Nehemías con protección y apoyo financiero. Tanto las fuentes bíblicas como las extrabíblicas indican que los reyes persas eran tolerantes con otras religiones, «apoyaron activamente el culto a los dioses de sus súbditos, [y] contribuyeron a la construcción de sus templos».[10]

NOTAS

1 G. H. Wilson, «Vashti» en *ISBE*, vol. 4 (1988), 966.

2 «Artaxerxes» en *HIBD*, 120.

3 Plutarco, *Artaxerxes* 1.

4 Este escritor presupone la fecha tradicional de la llegada de Esdras y Nehemías a Israel. Ver Eugene H. Merrill, *Kingdom of Priests: A History of Old Testament Israel*, 2ª ed. (Grand Rapids: Baker Academic, 2008), 514–18.

5 Edwin M. Yamauchi, *Persia and the Bible* (Grand Rapids: Baker, 1990), 248.

6 *Ibid.*, 250, n. 39.

7 *Ibid.*, 250.

8 *Ibid.*, 252.

9 *Ibid.*, 278.

10 G. B. Gray y M. Cary, «The Reign of Darius» en *The Persian Empire and the West*, vol. 4 en CAH, 187.

¿QUIÉNES ERAN LOS CANANEOS?

POR TRENT C. BUTLER

Piedras erguidas (heb. *masseboth*); señalan el probable lugar de culto cananeo en Meguido.

En el sentido más estricto de la palabra, *cananeo* se refería originalmente al pueblo que vivía en la costa mediterránea noroccidental de Fenicia (Núm. 13:29). Siglos más tarde, los fenicios pasaron a llamarse cananeos. En un sentido más amplio del término, los cananeos se referían a las personas que vivían en los valles y colinas de todo Canaán (Núm. 14:25,45; Deut. 11:30). Eran uno de los varios grupos étnicos a los que Israel se enfrentó en la tierra (Jos. 3:10; 9:1; 11:3). Aparentemente, Canaán propiamente dicho se detenía en el Río Jordán. Galaad y otras tierras al este del río Jordán no formaban parte de Canaán (Jos. 22:9-10,32).

El propósito de Dios en el éxodo era llevar a Su pueblo de vuelta a la tierra prometida (Ex. 3:8), «donde abundan la leche y la miel» (v. 17), para que le obedecieran y le dejaran «ser su Dios» (Lev. 18:3; 25:38). La promesa de Dios y su cumplimiento se convirtieron en una parte central del culto de Israel (Sal. 105:11; comp. Hech. 13:19).

Al prepararse para entrar en la tierra de Canaán, Israel tenía un objetivo dado por Dios: exterminar a los cananeos (Deut. 20:17). Pero los israelitas sucumbieron a la falsa creencia de que, como los cananeos habitaban la tierra mucho antes que los israelitas, debían conocer los secretos de su fertilidad y bendición, adorando al dios supremo Baal, el maestro de las tormentas y la fertilidad. Si el éxito militar con Yahvéh era bueno, razonaron, entonces añadir algún éxito agrícola y de fertilidad con los dioses de Canaán solo podía mejorar las cosas (3:6-7). Esta tentación constante duró hasta el período postexílico con Esdras (Esd. 9:1).

Fragmento de sarcófago que representa a un pastor fenicio (siglos V-IV a. C.).

TEXTOS DEL ANTIGUO CERCANO ORIENTE

Los textos del antiguo Cercano Oriente nos proporcionan información adicional sobre los cananeos y Baal. Canaán aparece en textos de Mari, Alalakh, Ugarit y Amarna y en la estela egipcia de Merneptah. Estos afirman que los nombres geográficos y étnicos eran conocidos mucho antes de Josué.

La mención de Baal se remonta a los textos egipcios de execración de alrededor de 1800 a. C. y a los textos de la ciudad siria de Ebla después de 1500 a. C. La mayor parte de la información procede de los textos encontrados en Ugarit, en la costa siria del Mediterráneo. Estos textos y representaciones artísticas asociaban estrechamente a Baal con el trueno y el rayo y con la lucha contra Yam, el dios del mar. La diosa Anat era la compañera de Baal. Ella se unió a él en la batalla contra Mot, el dios

Escena de Amenhotep II y su campaña asiática. Una estela que describe esta campaña de Amenhotep II contiene el texto egipcio más antiguo en el que se menciona a los cananeos.

de los muertos. La derrota de Yam le dio a Baal el título de «Rey de los dioses». La entrada de Baal en el inframundo de Mot supuso la muerte temporal de Baal y de las cosechas de Canaán hasta que Anat rescató a Baal, restaurando la fertilidad.

Astarté es otra consorte de Baal poco mencionada en los materiales ugaríticos. En la Biblia, aparece a menudo bajo la forma de Aserá, Astarté, o la forma plural Ashtaroth.

Los adoradores cananeos creían que el rey local representaba al dios mayor. Los sacrificios constituían los ritos centrales del culto, además de servir como medio para expiar los pecados y proporcionar oportunidades para las reuniones sociales. Los festivales agrícolas anuales incluían comidas sagradas y la renovación de los compromisos religiosos y políticos.

Desde el punto de vista político, Egipto controlaba Canaán y aprovechaba su situación geográfica para controlar las rutas comerciales internacionales. Las cartas de Amarna indican que los reyes o gobernadores de las ciudades-estado locales rendían homenaje e impuestos al faraón egipcio y luchaban entre ellos por el control local. Desde el año 3500 hasta el 2000 a. C. aproximadamente, dominaron una veintena de ciudades-estado, pero la mayoría tenía una población inferior a los 2000 habitantes. Meguido, Lais (o Dan) y Hai fueron las ciudades más grandes de este período. Hacia el 2300 a. C., el antiguo reino de Egipto se derrumbó. También lo hicieron las ciudades de Canaán, por lo que solo quedó una población muy reducida.

La Edad de Bronce Media (2000-1550 a. C.) trajo consigo el crecimiento del comercio en Fenicia y el aumento de la población en las ciudades cananeas. La población cananea alcanzó así unos 140 000 habitantes. La mayor parte de la población eran agricultores que vivían fuera de las ciudades principales y proporcionaban alimentos a cada familia y al rey y sus administradores de élite. El comercio exterior aportaba artículos especiales, como prendas de vestir finas y artículos de cerámica y metal. Jazor era la ciudad dominante, con una población que posiblemente alcanzaba los 20 000 habitantes. La región de las colinas permaneció básicamente despoblada. Las nuevas armas de asedio, los carros y los arcos compuestos contribuyeron al avance de la tecnología militar y obligaron a las ciudades a construir enormes murallas defensivas. Justo antes del 1550 a. C., varios ejércitos y causas destruyeron la mayoría de estas ciudades.

La Edad de Bronce Tardía (1550-1200 a. C.) es la época aparente del éxodo y la conquista de Canaán. La región se convirtió en un campo de batalla entre los hititas al norte, los hurritas mitanni al noreste y los egipcios al sur. Los cananeos sufrieron al pagar impuestos, fueron obligados a unirse a las filas militares enemigas e incluso se convirtieron en esclavos, especialmente de los egipcios. Entre el 1425 y el 1350 a. C., Egipto tuvo paz en sus guerras, pero siguió cobrando impuestos y esclavizando a los cananeos, reduciendo su población a la mitad, unos 70 000 habitantes. Poco después de 1300, el faraón Ramsés II sufrió una derrota ante los hititas en Cades y dirigió su ira contra los cananeos.[1]

Después del 1300 a. C., el control egipcio se reforzó con más tropas y más puestos de avanzada egipcios en Canaán y más impuestos. La región de las colinas y la zona al este del Jordán tenían pocos asentamientos o personas.

El dominio egipcio trajo a los cananeos pobreza y penurias. Solo los gobernantes seleccionados por los egipcios en la veintena de ciudades-estado tenían algún lujo. La gente que no pertenecía a la élite gobernante de Canaán tenía pocas opciones. Las pocas personas con talento se convirtieron en artesanos, creando artículos demandados por la élite. De lo contrario, un cananeo se convertía en agricultor en tierras que no poseía, pagando gran parte de su cosecha al propietario aristocrático o real, o se convertía en un pastor nómada que seguía a las ovejas y cabras a las tierras de pastoreo, estableciéndose ocasionalmente cerca o en una aldea.

Los primeros años de la Edad de Hierro (1200-1000 a. C.) cambiaron la situación. Egipto se retiró. El Imperio hitita se derrumbó. La población de las tierras altas o de las colinas aumentó radicalmente, pasando, por ejemplo, de 5 yacimientos en la tribu de Efraín a 115 yacimientos.[2] Los cananeos (y los israelitas) adquirieron libertad para gobernarse. Las sequías y las hambrunas hicieron que la gente se desplazara en busca de mejores condiciones de vida. Entre ellos se encontraban los Pueblos del Mar procedentes de Sicilia, Chipre y Creta. Un grupo de Pueblos del Mar se asentó en la costa sur del Mediterráneo. Se convirtieron en los filisteos, los principales enemigos del antiguo Israel.

EXCAVACIONES ARQUEOLÓGICAS

Las excavaciones arqueológicas muestran mucho sobre la vida cotidiana cananea. Uno de los resultados sorprende: «La fuerte continuidad de la cultura material de la Edad de Bronce Tardía en la Edad de Hierro I puede apoyar la presencia de Israel en

Ruinas del palacio de Ebla (posteriormente conocido como Tel Mardikh). Ebla fue la capital dinástica de la región. Las excavaciones en Ebla descubrieron miles de tablillas cuneiformes de la Edad de Bronce Medio (hacia el año 2000 a. C.). Varias hacen referencia a nombres de ciudades y personas mencionadas en la Biblia. Además, muchos de los textos ofrecen información sobre prácticas de culto y creencias relacionadas con el dios cananeo Baal. El nombre de Ebla significa «roca blanca», probablemente una referencia a la piedra caliza sobre la que se construyó la ciudad.

la tierra antes de 1200 y su aceptación de gran parte de la cultura material [...]. La teoría de que ciertos rasgos distinguen los asentamientos de israelitas de los cananeos es altamente cuestionable».[3] Por lo tanto, la vida cotidiana seguía siendo muy parecida para cananeos e israelitas, incluso en lo que respecta a la construcción de casas de cuatro habitaciones y la fabricación de jarras con cuello. Los arqueólogos no pueden distinguir entre los asentamientos israelitas y los cananeos.

La mayor distinción de Israel radica en su religión oficial. Sin embargo, su insistencia en un culto centralizado y su negativa a utilizar imágenes materiales de Dios deja poco para que los arqueólogos lo encuentren. Asimismo, historias como las de Rajab (Jos. 2) y los gabaonitas (Jos. 9) presentan solo dos de los que probablemente fueron muchos casos de extranjeros que se unieron a Israel y que trajeron consigo el arte y las habilidades «cananeas».[4]

Las excavaciones han demostrado que la religión cananea era dinámica y de naturaleza variada, con diferentes tipos de estructuras de culto, desde lugares elevados rurales hasta templos urbanos y lugares funerarios donde los cananeos rendían culto a sus antepasados. Las piedras erguidas o *masseboth* desempeñaban un papel importante en muchos lugares de culto, al igual que los obeliscos egipcios. Los arqueólogos descubrieron que las grandes ciudades cananeas contaban con múltiples templos, y que ciertos lugares servían como centros de culto regionales con personal profesional. El patio del templo conducía al lugar más sagrado y tenía altares para los holocaustos. En el patio solía haber talleres para los metalistas y alfareros del templo, que producían objetos sagrados para su uso en el culto. Entre ellos se encontraban vasijas de cerámica, pequeñas estatuas, especialmente de figuras femeninas utilizadas en las prácticas de fertilidad y funerarias, címbalos de bronce, pequeñas estatuas de piedra de dioses y diosas, máscaras de arcilla y diversos tipos de joyas y adornos.[5]

¿Qué fue de los cananeos? La historia no ofrece detalles sólidos. Evidentemente, no fueron destruidos en la guerra ni llevados a la cautividad. Muchos estudiosos de la Biblia creen que, por el contrario, fueron anexados a los pueblos cercanos. Aunque dejaron de existir como pueblo independiente, su influencia en la religión y la cultura continuó durante toda la época del Antiguo Testamento.

NOTAS

1 La información y las cifras de población citadas anteriormente fueron tomadas de K. L. Noll, *Canaan and Israel in Antiquity: An Introduction* (Londres: Sheffield Academic, 2001), 83–116.

2 Israel Finkelstein, *The Archaeology of the Israelite Settlement* (Jerusalén: Israel Exploration Society, 1988), 186. «An influx of settlers overran the region» (187).

3 Alfred J. Hoerth, *Archaeology and the Old Testament* (Grand Rapids: Baker Academic, 1998), 216.

4 Ver Richard S. Hess, «Early Israel in Canaan: A Survey of Recent Evidence and Interpretation» en *Israel's Past in Recent Research: Essays on Israelite Historiography*; ed. V. Philips Long. Sources for Biblical and Theological Studies 7 (Winona Lake, IN: Eisenbrauns, 1999), 498–512; originalmente publicado en *PEQ* 125 (1993), 125–42.

5 Beth Alpert Nakhai, «Canaanite Religion» en *Near Eastern Archaeology: A Reader*, ed. Suzanne Richard (Winona Lake, IN: Eisenbrauns, 2003), 343–48.

¿QUÉ ERAN LOS ORÁCULOS?

POR BENNIE R. CROCKETT JR.

Un relieve en el frontón este del Tesoro de los sifnios de Delfos representa a Apolo (izquierda) y Heracles (derecha) disputándose un trípode. La figura central, que se cree que es Hermes, intenta separar a las dos deidades. Según la tradición, Apolo pronunciaba sus oráculos sentado sobre este trípode. Heracles estaba furioso porque otros dioses le habían negado la capacidad de pronunciar oráculos. Por ello, intentaba arrebatarle el trípode a Apolo.

Dentro de sus culturas politeístas, los griegos y los romanos creían que los oráculos obraban en nombre de sus dioses. En la cultura griega y romana destacaban tres significados básicos de *oráculo*. En primer lugar, la palabra se refería al lugar donde un sacerdote o sacerdotisa hablaba en nombre de un dios. En segundo lugar, la palabra podía referirse al sacerdote o sacerdotisa que hablaba. En tercer lugar, la palabra podía referirse al contenido de las palabras divinas pronunciadas.

EL ORÁCULO COMO LUGAR

Dedicado a Zeus, el oráculo más antiguo y principal de Grecia era el de la ciudad de Dodona, en Epiro, al noroeste de Grecia. En este lugar, los antiguos viajeros adoraban a Gaia, la madre tierra, también conocida como Diona, la esposa de Zeus. Los antiguos creían que estos dos dioses paganos vivían en las ramas del roble, donde los sacerdotes del lugar interpretaban los oráculos de Zeus a través del susurro de las hojas del roble.[1] En el siglo IV a. C., los adoradores construyeron un templo a Zeus en Epiro,[2] y Octavio (más tarde llamado César Augusto) amplió el templo en el 31 a. C. para Apolo.[3]

El oráculo más famoso del mundo antiguo estaba en Delfos, en el centro de Grecia, cerca del Monte Parnaso, al norte del golfo de Corinto. Todos los demás santuarios sagrados acabaron siendo secundarios con respecto a Delfos, y personas de todo el mundo consultaban el oráculo en Delfos.

Posiblemente la persona más famosa que interactuó con el oráculo de Delfos fue Sócrates, el mentor de Platón. El amigo de Sócrates, Queréfone, le dijo que el oráculo había declarado a Sócrates como la persona más sabia del mundo. Como resultado, Sócrates se movió por toda Atenas tratando de encontrar a una persona más sabia que él.[4] Sócrates también comenzó a popularizar el dicho «conócete a ti mismo», que estaba inscrito en la pared de la entrada de Delfos.[5] Más tarde, Platón se refirió al oráculo de Delfos como el que establecía las fiestas y resolvía los asuntos de derecho civil.[6]

ORÁCULO COMO DIOS PAGANO

Los antiguos griegos dedicaron Delfos al dios griego Apolo Febo. Apolo era el dios griego y romano del sol, la profecía, la música, la poesía y la curación; el nombre de Febo describía su imagen radiante. A menudo Apolo aparecía como una bella figura tocando una lira de oro o como un maestro arquero disparando su arco. Por decreto de Zeus, Apolo siempre decía la verdad.

La portavoz de Apolo llevaba el nombre de Pitia, sacerdotisa de la diosa griega Gaia. En la mitología griega, Pitia recibía el nombre de Pytho, la serpiente dragón que Apolo había matado.[7] En Delfos, Pitia inhalaba los vapores subterráneos de olor dulce y pronunciaba las palabras inspiradas de Apolo a los peticionarios de este (normalmente a cambio de una cuota). Por lo general, la gente acudía a pedir una profecía relacionada con el cónyuge o los hijos. Como Pitia hablaba (a menudo de forma incorrecta) bajo la influencia alucinógena de los vapores, su sacerdote traducía sus palabras en versos poéticos y los entregaba al solicitante.

Durante el siglo I d. C., Plutarco ejerció de sacerdote en el santuario de Delfos, pero relató el declive del oráculo de Delfos.[8] Plutarco culpó a los demonios del declive de los oráculos. Sin embargo, no cabe duda de que el hecho de que Pitia no predijera la victoria militar griega sobre los persas y su disposición a aceptar sobornos también contribuyeron a su declive.[9]

A pesar del declive del oráculo de Delfos, otros cultos oraculares se hicieron populares. Asclepio, hijo de Apolo y dios griego de la medicina y la curación, creó una religión oracular en Asia Menor. El culto asociaba a Asclepio con su padre, Apolo. En Pérgamo había un templo de Asclepio. La gente acudía al lugar para curarse y recibía las interpretaciones oraculares de los sacerdotes sobre los sueños o las visiones de Asclepio. El culto a Asclepio estaba tan extendido que en el año 300 existían más de 400 santuarios dedicados a Asclepio en todo el Imperio romano.[10]

Seis columnas restauradas se alzan en el extremo noreste del templo de Apolo en Delfos, situado en el Monte Parnaso.

EL ORÁCULO COMO PALABRA DIVINA

En el siglo I, muchos cristianos también conocían los oráculos sibilinos. Estos oráculos (posiblemente falsos) eran textos basados en prácticas de diversas culturas y contenían oráculos de Sibila, una de las sacerdotisas proféticas de Apolo que se remontaban al siglo VI a. C. Los temas tratados en los oráculos incluían la predicción de diversas catástrofes mundiales y, en épocas posteriores, incluso algunos acontecimientos cristianos.[11]

Debido a la importancia de las influencias griega y romana en la cultura del siglo I, los primeros creyentes debían estar familiarizados con los oráculos y las prácticas de culto asociadas a ellos. Sin embargo, a diferencia del politeísmo griego y romano, los primeros cristianos entendían que los oráculos se referían a las palabras del único Dios verdadero. El Nuevo Testamento utiliza el término griego *logion* (a veces traducido como «oráculo») cuatro veces para referirse a la autorrevelación de Dios en palabras (Hech. 7:38; Rom. 3:2; Heb. 5:12; 1 Ped. 4:11).

El contraste del «oráculo» en las religiones griega y romana y en los inicios del cristianismo es dramático. En lugar de consultar hojas de roble que crujen, ídolos o sacerdotes alucinados a los que se podía sobornar, los primeros cristianos se apoyaban en el fundamento del único Dios verdadero que «en estos días finales nos ha hablado por medio de su Hijo» (Heb. 1:1-2).

NOTAS

1 Homero, *Odisea* 14.327.
2 Walter Burkert, *Greek Religion*, trad. John Raffan (Cambridge, MA: Harvard University Press, 1985), 114.
3 Suetonio, *Vida de los Césares*, 27.
4 Platón, *Apología* 21–22.
5 Platón, *Charmides* 164d–65a.
6 Platón, *Leyes* 8.828; 9.856; 11.913–14.
7 Thelma Sargent, *The Homeric Hymns: A Verse Translation* (Nueva York: Norton, 1973), 24–25.
8 Plutarch, *The Obsolescence of Oracles in Moralia* 415A; 417E–F.
9 Burkert, *Greek Religion*, 116.
10 Luther H. Martin, *Hellenistic Religions: An Introduction* (Nueva York: Oxford University Press, 1987), 50.
11 Ver J. J. Collins, «Sibylline Oracles», en *Apocalyptic Literature and Testaments*, vol. 1 de *The Old Testament Pseudepigrapha* (*OTP*), ed. James H. Charlesworth (Nueva York: Doubleday, 1983), 317–25.

¿QUIÉNES ERAN LOS SAMARITANOS?

POR ROBERT A. WEATHERS

Ruinas de Afec. Situada en la Vía Maris entre Cesarea Marítima y Jerusalén, Afec (más tarde llamada «Antipatris») estaba a orillas del Río Yarkón y servía de ciudad fronteriza meridional para la región de Samaria.

En la época de Jesús, los samaritanos «eran considerados por los judíos como mestizos despreciados».[1] Los samaritanos también detestaban a los judíos. Su desprecio mutuo surgió de una larga y accidentada historia.

En el año 922 a. C., el rey Salomón murió y su hijo Roboán heredó el trono (1 Rey. 12). Roboán fue un líder insensato que escuchó a consejeros imprudentes e inició una serie de acontecimientos que enfurecieron tanto al pueblo que el reino se desintegró. Las diez tribus del norte se rebelaron y formaron su propio reino. La capital del reino del norte de Israel se convirtió en su ciudad más conocida, Samaria.

Pozo de Jacob en Sicar, entre los montes Ebal y Guerizín. Las mediciones realizadas en la década de 1930 indicaron que el pozo tiene unos 41 metros (135 pies) de profundidad.

La ubicación de Samaria la hizo vulnerable a las naciones hostiles. En el año 722 a. C., los asirios entraron y conquistaron Samaria, llevando al exilio a los líderes y a los principales ciudadanos. Luego, para debilitar la moral de los ciudadanos y evitar un futuro levantamiento, los asirios llevaron a Samaria a personas que no eran de la élite israelí y las mezclaron con los israelitas restantes. Con el tiempo, estos grupos se casaron entre sí, creando una raza mixta conocida como los samaritanos, impuros en la mente de sus vecinos de Judea.[2]

Además de los intensos prejuicios raciales, una disputa religiosa que dejó cicatrices duraderas agravó la animosidad entre judíos y samaritanos. En el siglo VI a. C., los judíos del reino del sur sufrieron su propio exilio a manos de los babilonios, que invadieron Judá y destruyeron el templo de Jerusalén (2 Rey. 25). A su vez, los persas conquistaron a los babilonios y (en el año 538 a. C.) permitieron a los judíos regresar a su tierra natal. Cuando llegaron, los samaritanos se ofrecieron a ayudarles a reconstruir el templo. Los judíos rechazaron a sus despreciados vecinos. Desairados, los samaritanos aplicaron su energía a obstaculizar los esfuerzos de los judíos por construir (Esd. 4-5; Neh. 2-4). Una acción que profundizó aún más el abismo entre los dos pueblos, los judíos, bajo el liderazgo de Esdras, promulgaron estrictas políticas de segregación contra cualquier persona de origen mixto, incluidos los samaritanos.[3]

Los samaritanos acabaron construyendo su propio templo en el Monte Guerizín, y solo aceptaban la Torá como Escritura. Evidentemente, cuando Jesús llegó a la escena, la hostilidad entre samaritanos y judíos estaba profundamente arraigada en sus culturas.[4]

Puerta de la ciudad en la cima del monte Guerizín.

NOTAS

1 Gerald L. Borchert, *John 1–11*, *NAC* (1996), 199.

2 Borchert, *John 1–11*, 200; Robert H. Stein, *Luke*, NAC (1992), 318; Thomas D. Lea y David Alan Black, *The New Testament: Its Background and Message*, 2ª ed. (Nashville: B&H Academic, 2003), 87.

3 Borchert, *John 1–11*, 200.

4 Stein, *Luke*, 318.

SABIOS DEL ORIENTE

POR E. RAY CLENDENEN

Habiendo tenido un sueño que lo perturbó, el rey de Babilonia, Nabucodonosor, convocó a sus sabios. En el libro de Daniel se utilizan seis términos diferentes para referirse a estos servidores del rey. Se les llama colectivamente «sabios» (heb. *chakkim*) en 2:12-14,18,24, 48; 4:6,18; 5:7-8. Pero se les llama astrólogos (*kasdim*) en 2:4-5,10. Y en 4:9, se utiliza el término general «magos» (*chartom*). Por otra parte, a veces se hace referencia a que comprenden dos o más grupos presumiblemente especializados: «magos y hechiceros [*'ashaph*]» en 1:20; «sabios y hechiceros» en 5:15; «mago, hechicero [o] astrólogo» en 2:10; «hechiceros, astrólogos y adivinos [*gazerin*]» en 5:7; «magos, hechiceros, adivinos [*mekashephim*] y astrólogos» en 2:2; «sabio, hechicero, mago [o] adivino» en 2:27; y «magos, hechiceros, astrólogos y adivinos» en 4:7 y 5:11. Es difícil saber qué hacer con esta terminología. Está claro que «sabios» es la designación general más común, aunque también se utilizan otras.

Tal vez solo un conocedor estaba preparado para distinguir los distintos tipos de «sabios». Este término describía a alguien que era hábil en el trabajo técnico, sabio en la administración y tenía una considerable experiencia en ciertas disciplinas intelectuales. Las disciplinas de estos diversos funcionarios probablemente se superponían. La capacidad de interpretar los sueños era evidentemente compartida por varios, aunque el término «mago» (*chartom*) derivaba de una palabra acadia que se refería a un intérprete de sueños. Tal vez el factor que unificaba todas estas disciplinas era la capacidad de prever el futuro mediante la observación de diversos signos o presagios, incluidos los sueños, los fenómenos astronómicos, el comportamiento de los animales y las vísceras de los animales sacrificados. Esto se llamaba adivinación.

Los practicantes de estas artes solían aconsejar al rey sobre la oportunidad de ciertas acciones basándose en tales signos. Sin embargo, también se supone que el lanzamiento de hechizos, el exorcismo y la comunicación con los muertos eran su fuerte. Aunque a menudo se dice que practican la astrología, los antiguos babilonios solo observaban las correlaciones entre determinados fenómenos astronómicos y ciertos acontecimientos terrestres. El zodiaco y el uso de horóscopos aparecieron por primera vez en el período helenístico. El término «magos» también se aplica a los magos egipcios en Génesis 41:8,24 y Éxodo 7-9. La magia era «la explotación de poderes milagrosos u ocultos mediante métodos cuidadosamente especificados».[1] En la antigua Babilonia, se utilizaba principalmente para la liberación de aflicciones como la enfermedad o la posesión demoníaca y, por lo tanto, podía implicar el exorcismo mediante el uso de ritos y hechizos.[2]

Aunque a Daniel se le llama «jefe de todos sus sabios [de Babilonia]» (Dan. 2:48), «jefe de los magos» (4:9) y «jefe de los magos, hechiceros, astrólogos y adivinos» (5:11), esto no significa que Daniel se dedicara a lo oculto o intentara leer el futuro a través de las estrellas. Como explica Stephen Miller:

Aunque Daniel y sus amigos «entraron a su servicio [del rey]» (1:19), podemos estar seguros de que no se dedicaron a prácticas ocultas. Estos jóvenes que arriesgaron sus posiciones y probablemente sus vidas para complacer a Dios en el asunto de la comida del rey, seguramente no se habrían involucrado en el paganismo y la brujería. Moisés creció en la corte del faraón y se le enseñó la sabiduría de los egipcios (comp. Ex. 2:10; Hech. 7:22), pero registró las regulaciones que condenaban las artes mágicas (Lev. 19:26,31; 20:6,27; Deut. 18:10-11).[3]

NOTAS

1 Kenneth A. Kitchen, «Magic and Sorcery: Egyptian and Assyro-Babylonian» en *The Illustrated Bible Dictionary*, ed. J. D. Douglas y N. Hillyer (Leicester: Inter-Varsity, 1980), 2:934.

2 Kitchen, «Magic and Sorcery».

3 Stephen R. Miller, *Daniel*, NAC (1994), 73.

LA MUJER HULDÁ, EXTRACTO DE «PROFETISAS EN EL ANTIGUO ISRAEL»

POR SHARON ROBERTS

Maqueta del templo de Herodes en Jerusalén tal y como era en tiempos de Jesús. En la parte inferior izquierda de la imagen hay un pórtico con escalones y dos conjuntos de puertas dobles conocidas como las Puertas de Huldá.

En el antiguo Israel, la mujer se dirigía a su marido como *baal* (amo) o *adon* (señor) (por ejemplo, Gén. 18:12; Jue. 19:26; Amós 4:1). Esta forma de dirigirse era comparable a la que utilizaba un esclavo para dirigirse a su amo. La esposa poseía un estrato menor, y según el Decálogo (Ex. 20:17; Deut. 5:21), figuraba como una de las posesiones de su marido. No podía heredar de su marido, ni una hija de su padre, a menos que no hubiera herederos varones. Para que el voto de una mujer fuera válido, debía ser atestiguado y aceptado por un pariente masculino (Núm. 30). Mientras que el marido podía repudiar a la mujer, esta no podía iniciar el divorcio. Además, las pesadas tareas domésticas recaían sobre ella: cuidar los rebaños, cocinar, hilar, trabajar en el campo.

A pesar de estas condiciones, las mujeres israelitas gozaban de cierta consideración. Les iba mejor que a sus homólogas de Asiria, que eran tratadas como bestias de carga, pero su suerte era ligeramente peor que la de las mujeres babilónicas y egipcias. Mientras que un israelita podía vender a sus hijas y a sus esclavas, no podía vender a su mujer. Podía divorciarse de ella, pero la carta de repudio le devolvía la libertad. La esposa también conservaba parte de la propiedad del *mohar* (dinero pagado por el prometido al padre de la novia) y la dote recibida de sus padres. El trabajo de la mujer en el hogar se ganaba el respeto de los demás miembros de la familia. Este respeto aumentaba con el nacimiento del primer hijo, especialmente si era varón. Se esperaba que los hijos obedecieran y veneraran a su madre.

A veces, en circunstancias inusuales, las mujeres llegaban a ser influyentes en la vida religiosa y política. Los escritores bíblicos se refirieron a Miriam, Débora, Huldá y Noadías, cada una de las cuales cumplió la función profética en el antiguo Israel. La única profetisa que se menciona durante el período de la monarquía fue Huldá (2 Rey. 22:14-20; 2 Crón. 34:22-28). Josías, tras descubrir el libro de la ley en el templo, envió a sus consejeros a verla. Sus preguntas recibieron una respuesta inmediata: la nación sería juzgada por su desobediencia a Dios. Sin embargo, el cumplimiento de esta profecía se pospuso debido al avivamiento nacional iniciado por Josías.

Como esposa de Salún, el guardián del guardarropa del rey, Huldá se encontraba automáticamente en estrecha proximidad con el rey. La alta opinión que tenía de ella se pone de manifiesto en su respuesta inmediata. Era contemporánea de Jeremías, y puede que incluso estuvieran emparentados. Huldá dirigía una academia en Jerusalén (2 Rey. 22:14) y, según el Talmud (Middot 1:3), la Puerta del templo de Huldá conducía antiguamente a la escuela.

LA CONDICIÓN DE LA MUJER

POR MARTHA S. BERGEN

Una figurilla de terracota del centro de Grecia, datada en torno al año 500 a. C., representa a una mujer sentada frente a un horno.

EN LA CULTURA ISRAELITA

En la antigua sociedad hebrea, las leyes de la Torá eran obligatorias tanto para los hombres como para las mujeres. Las mujeres, al igual que los hombres, estaban obligadas a cumplir los Diez Mandamientos y otras leyes morales, junto con las leyes que regían los asuntos civiles y ceremoniales. Sin embargo, las leyes diferían en función del sexo. Por ejemplo, las leyes relativas al sacerdocio, la circuncisión y la comparecencia ante el Señor tres veces al año se aplicaban solo a los varones. Las leyes del Antiguo Testamento mantenían una distinción entre los papeles que desempeñaban los hombres y las mujeres en la sociedad hebrea. Así, todas las leyes del Antiguo Testamento dirigidas exclusivamente a las mujeres se ocupaban de las preocupaciones únicas asociadas a sus cuerpos, como la purificación después de la menstruación (Lev. 15:19; 2 Sam. 11:2-4). Para los judíos, el significado simbólico del lavado se asemejaba a la santidad; así, un cuerpo limpio reflejaba un alma limpia. Aunque la literatura judía primitiva no daba detalles explícitos sobre rituales de lavados relacionados al ciclo menstrual, suponía una conexión natural.[1]

Figurilla de terracota de una mujer vestida a la griega que lleva un cántaro; procedente del Santuario de Deméter en Kourion, Chipre.

Las leyes judías se aplicaron durante la época de Moisés, pero en general seguían siendo aplicables a los judíos aproximadamente 1400 años después, como se evidencia en el Nuevo Testamento. La ley israelita, por ejemplo, exigía que una mujer presentara una ofrenda de purificación al sacerdote para quedar ceremonialmente limpia después del parto. Sabemos que María, la madre de Jesús, cumplía esta ley levítica y como no podía costear un cordero para el sacrificio, ofreció un par de tórtolas o pichones como sustituto (Lev. 12; Luc. 2:22-24).

OPORTUNIDADES SOCIALES Y FINANCIERAS

El centro de oportunidades sociales para las mujeres del siglo I, tanto del judaísmo como del cristianismo, era el hogar (por ej., Tito 2:4-5). Entre los mayores privilegios e influencia de una mujer está el de formar a sus hijos para Dios. Una mujer del siglo I tenía autoridad sobre sus hijos. Los nutría y enseñaba en los primeros años de vida, cuando se establecían los valores fundamentales. Ella se asociaba con su esposo para criarlos en la instrucción del Señor.

Varios pasajes del Nuevo Testamento dan evidencia de un contacto social público aceptable entre los géneros dentro de ciertos escenarios. Por ejemplo, Marta recibió a Jesús en su casa de Betania, donde le preparó una comida (Luc. 10:38,40). Su papel de hospitalidad con los invitados en su casa era normal para las mujeres judías de esta época.

Algunos contactos sociales habrían sido inapropiados para las mujeres judías; las reacciones de los fariseos y los maestros de la ley lo confirman. María, una mujer con un pasado, ungió públicamente los pies de Jesús (Luc. 7:37-39). Cualquier mujer que tocara a un hombre en público, casi con seguridad se habría deshonrado a sí misma y al hombre. La mujer con el problema de la sangre tocó el manto de Jesús (Mat. 9:20), haciéndolo así ceremonialmente impuro según la ley levítica (Lev. 15:25).

Las mujeres dependían económicamente de sus maridos o de los miembros masculinos de la familia. No tenían trabajo durante el siglo I. Sin embargo, las mujeres de clase alta tenían al menos un control parcial de la riqueza de la familia. La Escritura habla de tales mujeres que apoyaron a Jesús y a Sus discípulos, a saber, Juana, Susana y otras (Luc. 8:3). Lidia, la primera europea conocida que se convirtió al cristianismo, era una vendedora de púrpura, lo que quizá refleje las libertades que tenía la gente en las zonas que estaban bajo control romano, pero también fuera del antiguo Israel (Hech. 16:14). La tela púrpura era un producto caro, lo que sugiere que Lidia era rica. Priscila y su marido, Aquila, ayudaron a Pablo en sus esfuerzos misioneros (Hech. 18:18; Rom. 16:3), acogieron una iglesia en casa (1 Cor. 16:19) e instruyeron a Apolos (Hech. 18:26). Priscila también ayudó a Aquila en sus actividades de fabricación de tiendas (18:2-3).

MUJERES NO JUDÍAS

Durante la época del Nuevo Testamento y durante cientos de años antes de esa época, las mujeres romanas podían tener propiedades, comparecer ante los tribunales y redactar un testamento. Una de las tareas más importantes para una mujer era la confección de ropa, especialmente en los hogares grandes. El hilado de la lana demostraba que una familia era autosuficiente. Aunque algunas mujeres ricas hacían que sus esclavos hilaran la lana para la familia, muchas lo hacían ellas mismas.[2] Las mujeres se dedicaban principalmente a los asuntos de la familia y a la crianza de los hijos. Otras tareas incluían la ayuda en el negocio familiar, el trabajo en el campo o la partería. Las mujeres ricas disponían de oportunidades educativas.[3]

NOTAS

1 «Baths, Bathing» en *JE* (1906), http://www.jewishencyclopedia.com/articles/2661-baths-bathing.

2 Mary Ann Bevis, *The Lost Coin: Parables of Women, Work, and Wisdom* (Nueva York: Sheffield, 2002), 139.

3 Lynn H. Cohick, *Women in the World of the Earliest Christians: Illuminating Ancient Ways of Life* (Grand Rapids: Baker Academic, 2009), 225.

JERJES I: SU VIDA Y SU ÉPOCA

POR JOSEPH R. CATHEY

Un pergamino en un estuche de plata; el texto es la historia de Ester. La pieza, que data del siglo XIX, se utilizaría en la celebración judía de Purim.

Jerjes, conocido en el libro de Ester como Asuero, fue uno de los últimos grandes reyes aqueménidas (persas). Era hijo de Darío I y nieto de Ciro el Grande, bajo cuyo poder los aqueménidas expandieron su hegemonía geopolítica hasta las ciudades-estado de Grecia. Jerjes nació alrededor del año 518 a. C., hijo de Darío y su reina Atosa. La mayoría de las referencias bíblicas a Jerjes se encuentran en el libro de Ester; las otras están en Esdras 4:6 y Daniel 9:1. Los acontecimientos registrados en Ester probablemente tuvieron lugar entre la finalización de la reconstrucción del templo bajo Hageo y el regreso de los exiliados bajo Esdras (515-458 a. C.).[1]

LA BATALLA DE SU PADRE

La batalla que definiría a Jerjes no fue la que él comenzó, sino la que libró contra los griegos para vengar la derrota de su padre. Los persas habían sumado vastos territorios bajo el gobierno del rey Darío I. Después de suprimir brutalmente a sus oponentes en casa, Darío se dedicó a hacer una convincente demostración de fuerza en el antiguo Cercano Oriente. En el este, subyugó el noroeste de la India; en el oeste, pacificó varias islas del Egeo. Sin embargo, esta pacificación de la frontera griega duró cuatro largos y sangrientos años y terminó con la derrota de los griegos en Maratón en el año 490 a. C.[2] Después, la ira de Darío «contra los atenienses [...] creció aún más, y se volvió ávido por dirigir un ejército contra Grecia».[3] Sin embargo, Darío murió antes de poder organizar una ofensiva contra los griegos.

Poco antes de la muerte de Darío, estalló una revuelta en Egipto. Darío envió a Jerjes a sofocar los disturbios en el 485 a. C. En un año, Jerjes sitió Egipto, confiscó los objetos del templo e impuso nuevos y duros impuestos. Rápidamente sitió Babilonia y devastó el templo de Marduk. Una vez pacificadas estas dos naciones, Jerjes puso la mira en las rebeldes ciudades-estado griegas.

SU BATALLA

Para preservar la memoria de su padre, Jerjes decidió conquistar completamente a los griegos. El plan que Jerjes desplegó a la aristocracia militar persa era nada menos que la guerra total. Los historiadores de la antigüedad enumeran cuarenta y seis naciones que suministraron hombres para el combate cuando Persia invadió Grecia.[4] Las fuerzas navales de Jerjes no eran tan vastas como el contingente terrestre, pero no obstante eran bastante impresionantes. El monarca persa informó que había puesto en el mar no menos de 1200 barcos con tripulación de varias naciones. En el momento de su campaña, Jerjes contaba con el mayor contingente terrestre y naval del mundo antiguo.

Jerjes abandonó su capital probablemente hacia abril del 481 a. C.; reunió a todo su contingente terrestre en el otoño de ese mismo año en Critalla, a unos 640 kilómetros (400 millas) al este de Sardis. Después de ganar en Sardis, Jerjes puso sus ojos en lo que creía que era el eslabón más débil de su campaña: el Helesponto. Bajo el mando de Jerjes, el ejército persa hizo lo que todo el mundo creía imposible; salvó el estrecho del Helesponto y cruzó desde la ciudad de Abidos, en el lado sureste, hasta la ciudad de Sestos, en el lado opuesto.[5] Una vez cruzado el estrecho, el ejército de Jerjes marchó hacia las Termópilas, que era un término griego que significaba «las puertas calientes».

Las Termópilas estaban situadas en un estrecho paso entre las montañas de Grecia central y una entrada del golfo adyacente. Los espartanos lucharon valientemente. Frente a Jerjes, Leónidas, rey de la ciudad-estado de Esparta, «se situó con gallardía en una colina» que dominaba el paso.[6] Junto a Leónidas luchaban 300 soldados espartanos (su selecta guardia real) y unos 7000 soldados hoplitas de las ciudades-estado griegas de los alrededores. Mataron una oleada tras otra de soldados persas en el paso. Este pequeño contingente de dedicados guerreros griegos mató a 20 000 soldados persas y a los dos hermanastros de Jerjes. Después de dos días de lucha, un traidor griego se acercó a Jerjes y le habló de un camino que evitaba las Puertas Calientes. Algunos de los soldados de Jerjes siguieron el camino y llegaron en secreto detrás del ejército griego, atrapándolos por delante y por detrás. Todos, menos uno, de los 300 espartanos murieron en las Termópilas.

Jarra de calcita fechada entre 486 y 465 a. C. La inscripción «Jerjes, gran rey de Persia» está escrita en persa antiguo, elamita, babilonio y egipcio. Fue el regalo de Jerjes a Artemisia, reina de Caria, que le proporcionó barcos y le ayudó en la lucha cuando él preparaba y llevaba a cabo la invasión de Grecia en el 480 a. C.

Después de las Termópilas, los griegos, envalentonados, se unieron bajo el liderazgo de Temístocles, un estratega de la marina griega, enfrentándose a la fuerza naval persa en el estrecho de Salamina. Empleando tácticas poco convencionales, la marina griega obtuvo una victoria decisiva contra la mucho más numerosa marina persa. Las batallas de Jerjes contra los griegos en las Termópilas y en la isla de Salamina fueron quizás *las* dos batallas fundamentales en Occidente.

La derrota en Salamina hizo que un desmoralizado Jerjes se retirara al otro lado del estrecho del Helesponto y dejara a su general atrás para continuar la batalla. En busca de descanso, Jerjes regresó a su casa de invierno en Susa.

SU HISTORIA Y ESTER

¿Cómo encaja Jerjes con los detalles del libro de Ester? Cronológicamente, es posible que Jerjes haya planeado y presentado sus planes de batalla a la aristocracia militar persa durante los 180 días en que hizo gala de su riqueza, como se describe en Ester 1. Las batallas de las Termópilas y Salamina probablemente ocurrieron entre los acontecimientos de Ester 1 y 2. La búsqueda de una reina sustituta (2:1-4) también podría haber ocurrido después de la derrota de Jerjes en Salamina y su posterior retirada a Susa. Por último, el «gran impuesto de Jerjes [...] puede haber seguido fácilmente al agotamiento del tesoro real por [su] desastrosa expedición a Grecia» (10:1).[7]

La caracterización de Jerjes en el libro de Ester es similar a la de los historiadores antiguos. Ester caracteriza a Jerjes como «una figura torpe e inepta que se convierte en objeto de burla».[8] Este tipo de caracterización es la misma que Heródoto describe con la petulante huida del monarca tras su derrota en Salamina. La vívida descripción que hace Ester de Jerjes como dependiente de sus consejeros (1:12-14) coincide con la delegación de poder del monarca en sus generales tras su derrota en Grecia. Esquilo, el dramaturgo griego de Atenas, retrata el final de Jerjes como inextricablemente ligado a la ambición orgullosa. «La crítica del dramaturgo griego al ego megalómano de los reyes persas resuena con una evaluación similar de la monarquía persa que se encuentra en el libro de Ester».[9] Al final, veinte años después de ascender al trono, Jerjes fue asesinado por Artabano, el capitán de su guardia personal.

NOTAS

1 Ver Mervin Breneman, *Ezra, Nehemiah, Esther*, vol. 10 en NAC (1993), 278.

2 Edwin M. Yamauchi, «Persians» en *Peoples of the Old Testament World*, ed. Alfred Hoerth, Gerald L. Mattingly y Edwin M. Yamauchi (Grand Rapids: Baker, 1997), 114–15.

3 Heródoto, *Historias* 7.1.

4 *Ibid.*, 9.27.

5 F. Maurice, «The Size of the Army of Xerxes in the Invasion of Greece 480 BC», *Journal of Hellenic Studies* (*JHS*) 50 (1930): 211; N. G. L. Hammond y L. J. Roseman, «The Construction of Xerxes' Bridge over the Hellespont», *JHS* 116 (1996): 88–107.

6 Edwin M. Yamauchi, *Persia and the Bible* (Grand Rapids: Baker, 1990), 204–5.

7 «Xerxes» en *Cyclopedia of Biblical, Theological, and Ecclesiastical Literature*, ed. John McClintock y James Strong, vol. 2 (New York: Harper, 1887), 1001.

8 Ver Karen H. Jobes, «Esther 1: Book of» en *Dictionary of the Old Testament: Wisdom, Poetry & Writings*, ed. Tremper Longman III y Peter Enns (Downers Grove, IL: IVP Academic, 2008), 163.

9 Karen H. Jobes, «Esther 2: Extrabiblical Background» en *Dictionary of the Old Testament: Wisdom, Poetry & Writings*, ed. Tremper Longman III y Peter Enns (Downers Grove, IL: IVP Academic, 2008), 171–72.

ZACARÍAS: CONSTRUCTOR DEL TEMPLO

POR MARTHA S. BERGEN

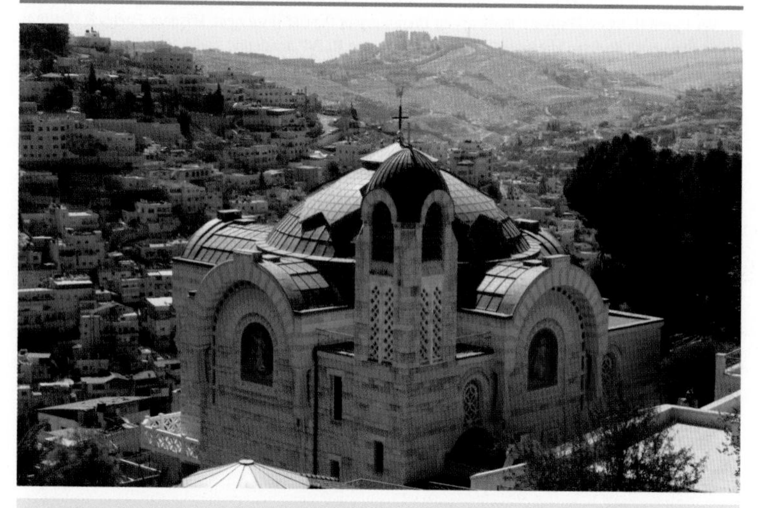

La iglesia de San Pedro en Gallicantu, que sirve de lugar tradicional donde Pedro negó conocer a Jesús. Zacarías predijo que el Mesías sería abandonado: «Hiere al pastor, para que se dispersen las ovejas» (Zac. 13:7).

Como se ve en el artículo que se encuentra en Hageo, «Los profetas constructores del templo», Dios usó a Zacarías y Hageo para motivar al pueblo postexílico de Judá a terminar de reconstruir el templo destruido por el rey babilónico Nabucodonosor en 586 a. C. Bajo el liderazgo del gobernador de Jerusalén, Zorobabel, el templo se completó en el 516 a. C.

El nombre de Zacarías, que en hebreo es *Zechar-Yah*, significa «Yahvéh se acuerda/ recuerda». El verbo *zachar* significa «recordar». Yahvéh (nombre personal de Dios) era plenamente consciente de las circunstancias de Israel. Conocía el pasado y el futuro de la nación. El estado actual del templo no escapaba a Su conocimiento. Es más, le preocupaba su deterioro. Así como el éxito del primer templo estaba ligado a la preocupación del Señor por Israel, también lo estaría el éxito de este segundo templo.

Zacarías nació en Babilonia y llegó a Judá bajo el liderazgo de Zorobabel. Su función profética comenzó en el año 520 a. C., dos años después del reinado de Darío, rey de Persia, y aproximadamente dieciocho años después de que el primer grupo de judíos regresara del exilio babilónico. El libro de Zacarías se abre con una referencia al llamado de Dios del profeta y cita su asociación genealógica (Zac. 1:1). Su abuelo Idó se menciona no solo aquí, sino también en Nehemías 12:4,16 como uno de los sacerdotes levitas que regresaron con Zorobabel. La lista de Nehemías evidencia la herencia sacerdotal de Zacarías. Según el versículo 16, Zacarías era el jefe de su familia sacerdotal.

Monedas de plata del siglo i d. C. Encontradas en Jericó, son del tipo que habría recibido Judas.

El contenido profético de Zacarías se transmitió especialmente a través de una serie de ocho visiones nocturnas (ver los capítulos 1–6), con la intención de incitar a los judíos reprendiéndolos por no haber completado ya el templo. Apropiadamente, una de las visiones hacía hincapié en el sumo sacerdote y el papel que desempeñaba en el proceso de restauración de Israel (ver el capítulo 3). Las visiones nocturnas eran también un medio de asegurar al pueblo de Dios que le ayudaría porque el templo era parte de Su plan para su nuevo comienzo después de la experiencia del exilio. En esencia, el mensaje de Dios a través de Zacarías era un llamamiento a Israel para que volviera a Él, un llamado al arrepentimiento y a un nuevo comienzo.[1] «Por lo tanto, adviértele al pueblo que así dice el Señor Todopoderoso: "Vuélvanse a mí, y yo me volveré a ustedes" –afirma el Señor Todopoderoso» (Zac. 1:3). Completar la estructura del templo sería una forma de que los israelitas demostraran su leal obediencia al Señor. A su vez, Dios estaba siempre dispuesto a mostrar Su amor y fidelidad a Israel.

Zacarías también entrelazó sus profecías con predicciones mesiánicas. Los eruditos evangélicos han sugerido que en este libro se predice toda la vida y la obra de Cristo, desde Su venida a la tierra con humildad (3:8) hasta Su gobierno final más allá del tiempo en la eternidad (14:9). Otros elementos mesiánicos clave son las profecías de Zacarías sobre la entrada triunfal de Cristo en Jerusalén (9:9), Su traición por treinta monedas de plata (11:12-13), la dispersión de Sus discípulos cuando fue arrestado (13:7) y Su crucifixión (12:10-14).[2]

NOTAS

1 Bill T. Arnold y Bryan E. Beyer, *Encountering the Old Testament* (Grand Rapids: Baker, 1999), 466.

2 Kenneth L. Barker y Larry L. Walker, «Introduction: Zechariah» en *The NIV Study Bible* (Grand Rapids: Zondervan, 1995), 1399.

SEDEQUÍAS: EL ÚLTIMO REY DE JUDÁ

POR RICK W. BYARGEON

Cisterna en Laquis. Jeremías fue arrojado a una cisterna y Sedequías ordenó su liberación (38:1-13).

La desaparición del reino davídico ocurrió durante el reinado de Sedequías. De principio a fin, reinó bajo la pesada mano de la dominación babilónica. El poder que lo colocó en el trono finalmente le quitó su reinado, su familia y su vida. Sedequías aparece como un líder débil e indeciso. Sencillamente, no tenía las cualidades espirituales y de liderazgo necesarias para ayudar a Judá a sobrevivir.

EL ASCENSO DE UN LÍDER INEFICAZ

Sedequías no fue elegido por el pueblo de Judá, sino por Nabucodonosor. Según 2 Reyes 24:17-18, Nabucodonosor colocó a Sedequías en el trono de Judá en el año 596 a. C. debido a su lealtad a Babilonia.

Los babilonios reaparecieron en Israel en diciembre de 598 a. C., para castigar a Jerusalén. El rey Joacim murió antes de que cayera Jerusalén, y Joaquín, su hijo de dieciocho años, ascendió al trono solo para entregar la ciudad a Babilonia el 16 de marzo de 597 a. C.[1] Los babilonios deportaron a Joaquín, junto con la alta sociedad de Judea, a Babilonia. Este duro golpe preparó el terreno para el ascenso al poder de Sedequías.

Según 2 Reyes 24:17, «Luego puso como rey a Matanías, tío de Joaquín, y le dio el nombre de Sedequías». Aunque Sedequías era parte de la familia real davídica, el pueblo evidentemente no lo aceptó como rey. La falsa profecía de Jananías refleja sin duda una esperanza en el regreso de Joaquín (Jer. 28:4). Otros textos también apoyan la idea de que Sedequías no contaba con el pleno apoyo de su pueblo. Por ejemplo, Ezequiel fechó sus visiones proféticas sobre la base de que «el rey Joaquín fue deportado» (Ezeq. 1:2).

EL TORMENTOSO REINADO DE SEDEQUÍAS

Si Sedequías carecía del pleno apoyo de su pueblo, sus decisiones y los tiempos tumultuosos entre 597 y 586 a. C. no contribuyeron a mejorar su credibilidad. A los tres años de tomar las riendas del gobierno (hacia el 594 a. C.), Sedequías, a instancias de Egipto, junto con Edom, Moab, Amón, Tiro y Sidón, se reunió para tramar una rebelión contra Babilonia. El complot fracasó, tal vez debido en parte a Jeremías, que se opuso al evento y proclamó su locura (Jer. 27:1-11). Poco después de este plan frustrado, Sedequías viajó a Babilonia y juró de nuevo lealtad al rey babilónico (29:3; 51:59).

La lealtad renovada de Sedequías no duró. Finalmente, condujo a Judá a una revuelta abierta contra Babilonia hacia el 590-588 a. C. (comp. 2 Rey. 24:20; 2 Crón. 36:13). Tres factores pueden haber contribuido a la decisión de Sedequías. En primer lugar, Nabucodonosor había estado ausente de Siria-Palestina desde el año 594 a. C. En segundo lugar, el faraón egipcio Psamético II había derrotado a Nubia al sur y había recorrido Siria-Palestina como una forma de mostrar su poderío militar.[2] Quizás estos dos factores llevaron a Sedequías a confiar en el poder de Egipto (Ezeq. 17:15) y a dudar de la determinación de Babilonia. Por último, un sector de la corte de Sedequías, así como algunos profetas, afirmaban que la rebelión era la voluntad de Dios (Jer. 28–29). El grupo antibabilónico sostenía que Dios no permitiría que Su ciudad cayera en manos de Babilonia (5:12; 14:13).

Jeremías, sin embargo, sostenía sistemáticamente que la voluntad de Dios era que Judá se sometiera a los babilonios. Este punto de vista, como se puede imaginar, no era popular. Los conciudadanos de Jeremías lo consideraban un traidor (37:11-21). Grandes bloques de la profecía de Jeremías relatan el rechazo de la perspectiva de Dios tanto por parte de los sacerdotes y profetas (caps. 26–29) como de la corte real (caps. 34–36). El llamamiento constante de Jeremías a someterse a Babilonia le valió al profeta múltiples arrestos y amenazas de muerte (37:15; 38:1-16).

Cadena de la Edad de Bronce de Urartia. Sedequías fue conducido encadenado (Jer. 39:7).

El hecho de que Sedequías no escuchara a Jeremías acabó provocando la destrucción de Jerusalén. Los babilonios reaccionaron a la revuelta de Sedequías sitiando la ciudad de Jerusalén durante unos dos años (588-586 a. C.). La ayuda de Egipto nunca se materializó. Tampoco la ayuda de Dios. En numerosas ocasiones, Sedequías intentó negociar con Dios para que perdonara la ciudad. Tres veces buscó Sedequías un indulto de Dios a través de Jeremías (37:3,17; 38:14), pero fue en vano. La respuesta fue la misma cada vez. La ciudad caerá. Posiblemente incluso la liberación de los esclavos en Jeremías 34 estaba vinculada a la esperanza de que la obediencia a la ley de Éxodo 21:2 haría que Dios protegiera la ciudad. Desgraciadamente, la obediencia de los dueños de los esclavos duró poco tiempo. Cuando el asedio se levantó momentáneamente, los propietarios de esclavos incumplieron sus promesas. Esto condujo a un pronunciamiento de juicio mordaz: «No me han obedecido, pues no han dejado en libertad a sus hermanos. Por lo tanto, yo proclamo contra ustedes una liberación —afirma el Señor—: dejaré en libertad a la guerra, la pestilencia y el hambre para que lo que les pase a ustedes sirva de escarmiento para todos los reinos de la tierra». (Jer. 34:17).[3]

EL FIN DEL REINADO DE SEDEQUÍAS

La predicción de Dios se hizo realidad. Jeremías 52:1-7 nos dice que la ciudad finalmente se quedó sin comida y sin tiempo. El ejército babilónico derribó las murallas, destruyó el templo e incendió la ciudad. Muchos de los ciudadanos comenzaron la larga marcha como cautivos a Babilonia (vv. 28-30). Solo los más pobres permanecieron en la tierra (39:9-10). Sedequías intentó escapar, pero los babilonios lo capturaron en Jericó. Se presentó ante Nabucodonosor en Riblá y vio morir a sus hijos ante sus ojos. Fue lo último que vio Sedequías. Los babilonios lo cegaron y lo llevaron encadenado a la cárcel, donde murió más tarde (52:9-11).

NOTAS

1 Esta fecha se basa en la correlación de nuestro calendario juliano con la Crónica de Babilonia, una fuente de las actividades de Nabopolasar y Nabucodonosor en la tierra de Israel. Ver James B. Pritchard, ed., *ANET*, 564; John Bright, *A History of Israel*, 4ª ed. (Louisville: Westminster John Knox, 2000), 327.

2 J. Maxwell Miller y John H. Hayes, *A History of Ancient Israel and Judah* (Filadelfia: Westminster, 1986), 412–13. Daniel I. Block, *The Book of Ezekiel: Chapters 1–24*, NICOT (Grand Rapids: Eerdmans, 1997), 544: «Un papiro de El Hibeh se refiere a una visita del faraón a Siria-Palestina en su cuarto año, aparentemente como una peregrinación religiosa a Biblos. Pero estas visitas reales suelen tener también un trasfondo político, sobre todo porque estos estados se habían rebelado contra Babilonia tan sólo tres años antes».

3 William S. LaSor, David A. Hubbard, y Frederic William Bush, *Old Testament Survey: The Message, Form, and Background of the Old Testament*, 2nd ed. (Grand Rapids: Eerdmans, 1996), 346.

LUGARES

ABEL BETMACÁ: SU HISTORIA Y SU IMPORTANCIA

POR ERIC A. MITCHELL

Abel Betmacá (Tell Abil el-Qameh).

Edificios excavados datados entre finales del siglo XI y principios del X a. C.; entre los montículos superior e inferior, en el lado este del montículo.

Instalación de cocción excavada en Abel Betmacá; se muestran dos silos, cada uno de los cuales mide más de 1,5 metros (5 pies) de diámetro. Los arqueólogos excavaron en ellos cenizas, huesos y cerámica. La hendidura de la parte delantera izquierda era probablemente un pozo de cocción. En la plataforma elevada de la esquina posterior izquierda de esta misma sala habría hornos de cerámica. La instalación data de la Edad de Bronce Medio II (1950-1550 a. C.), la época de los patriarcas.

Varias ciudades del antiguo Israel tienen el nombre de Abel (que significa «pradera») acompañado de un modificador que indica una distinción sobre la ubicación. Las que aparecen en el Antiguo Testamento son Abel Misrayin, «pradera de los egipcios», situada en Hatad, en el lado oriental del Río Jordán y al norte del Mar Muerto, que fue donde los egipcios viajaron con José para llorar la muerte de Jacob (Gén. 50:11); Abel

Sitín, «la pradera de acacias», situada al otro lado del Río Jordán, frente a Jericó (Núm. 33:49); Abel Queramín, «pradera de viñedos», en la Transjordania, cerca de Ammán (Jue. 11:33); y Abel Mejolá, «pradera de la danza», que probablemente estaba situada en el valle del Jordán, al sur de Betsán (1 Rey. 19:16).

Abel Betmacá (también llamado Abel de Betmacá) significa «prado de la casa de Macá», designando quizá a la ciudad como el Abel que se encuentra en la antigua región de la tribu aramea de Macá.[1] Este emplazamiento de aproximadamente diez hectáreas está situado a 7 kilómetros (4,5 millas) al oeste de Tel Dan, a 1,6 kilómetros (1 milla) al sur de la moderna frontera israelí con el Líbano; y está a 33 kilómetros (21 millas) al este de Tiro y a 69 kilómetros (43 millas) al suroeste de Damasco. A finales del período de los jueces, esta era una región fronteriza aramea con fenicios al oeste y al norte e israelitas al sur.[2]

Durante el período del Hierro I tardío (1200-1100 a. C.), el clan arameo de Macá controlaba el reino de Guesur. Este territorio estaba justo al norte de Israel y al sur del Monte Hermón, desde la Transjordania, pasando por los Altos del Golán hasta el valle del Jordán, al norte del Mar de Galilea.[3]

RECURSOS

Abel Betmacá contaba con los cuatro recursos básicos necesarios para la ubicación de una buena ciudad en la antigüedad: (1) para la protección, una ubicación elevada con pendientes, (2) agua, (3) campos de cultivo y (4) una ruta cercana para el comercio que produce ingresos. Enclavado junto a la cordillera del Líbano, al oeste, que separa Israel y Jordania, el yacimiento se encuentra en una meseta a 427 metros (1400 pies) sobre el nivel del mar y domina el Valle de Jule al sur. El arqueólogo William Dever describió el lugar como un «montículo cubierto de hierba sobre las cataratas de una de las fuentes del Jordán».[3] El montículo de la antigua ciudad se eleva unos imponentes 14 metros (49 pies) sobre los campos circundantes.

Abel Betmacá controlaba estratégicamente un importante punto de paso en la antigüedad para dos rutas principales: en primer lugar, una ruta comercial de

Vistas desde Abel Betmacá, las montañas del Líbano se alzan en la distancia.

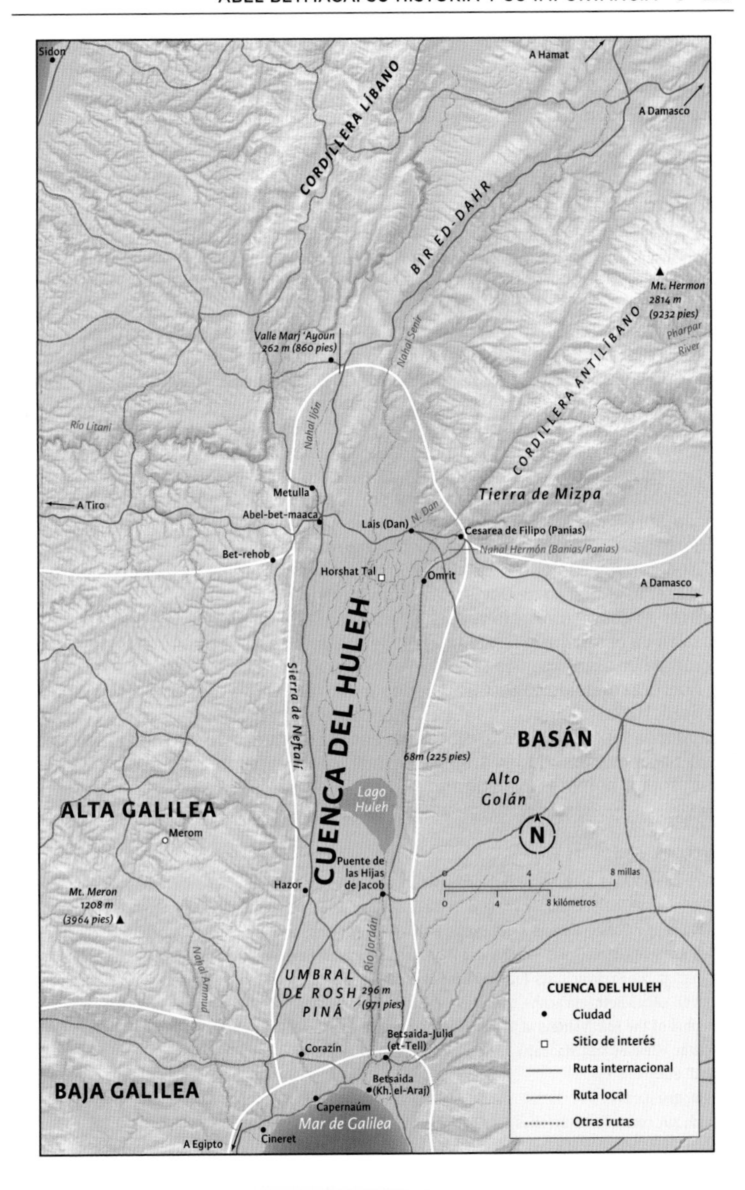
Sidon
A Hamat
CORDILLERA LÍBANO
A Damasco
BIR ED-DAHR
Mt. Hermon
2814 m
(9232 pies)
Pharpar River
CORDILLERA ANTILÍBANO
Valle Marj 'Ayoun
262 m (860 pies)
Nahal Senir
Nahal Ijón
Río Litani
Tierra de Mizpa
A Tiro
Metulla
Abel-bet-maaca
Lais (Dan)
N. Dan
Cesarea de Filipo (Panias)
Nahal Hermón (Banias/Panias)
Bet-rehob
Horshat Tal
Omrit
A Damasco
CUENCA DEL HULEH
Sierra de Neftalí
BASÁN
68m (225 pies)
Alto Golán
Lago Huleh
ALTA GALILEA
Merom
N
Puente de las Hijas de Jacob
Hazor
Mt. Meron
1208 m
(3964 pies)
0 4 8 millas
0 4 8 kilómetros
Nahal Ammud
Río Jordán
UMBRAL DE ROSH PINÁ
296 m
(971 pies)
Betsaida-Julia (et-Tell)
Corazín
BAJA GALILEA
Betsaida (Kh. el-Araj)
Capernaúm
Mar de Galilea
A Egipto
Cineret
CUENCA DEL HULEH
Ciudad
Sitio de interés
Ruta internacional
Ruta local
Otras rutas

Mesopotamia a Egipto a través del valle libanés de Becá al norte y, en segundo lugar, una ruta de este a oeste desde Damasco y Transjordania a través de los Altos del Golán (justo al sur del Monte Hermón) hasta Abel Betmacá y luego hacia el norte y el oeste hasta Tiro o Sidón. Los campos agrícolas de los alrededores eran un rico recurso. Los campos a su norte y este se extienden hacia el norte.[4]

EXCAVACIONES ARQUEOLÓGICAS

Solo recientemente se han realizado las primeras excavaciones en Abel Betmacá, conocida localmente como Tell Abil el-Qameh. Naama Yahalom-Mack y Nava Panitz-Cohen de la Universidad Hebrea de Jerusalén dirigen las excavaciones en conjunto con Robert Mullins, de la Universidad Azusa Pacific. Las excavaciones se han llevado a cabo desde 2013 hasta 2017.[5]

Las prospecciones han revelado numerosos yacimientos antiguos en un radio de 5 kilómetros (3 millas) de Abil el-Qameh, lo que indica un hábitat regional desde los inicios de la Edad de Bronce hasta el período otomano. El yacimiento en sí es un óvalo que se extiende de norte a sur con un montículo superior de 1,2 hectáreas (3 acres) en el extremo norte que es 9 metros (32 pies) más alto que el montículo sur (inferior). Las excavaciones actuales han revelado una ocupación del montículo inferior en la Edad de Bronce Media (2400-1500 a. C.), la Edad de Bronce Tardía (1500-1200) y la Edad de Hierro I (1200-1000), tras lo cual la ciudad inferior fue abandonada. Sin embargo, la acrópolis superior de la ciudad siguió en uso desde la Edad de Hierro II hasta el período helenístico (1000–ca. 334 a. C.).[6]

Un benjamita, llamado Sabá hijo de Bicrí, tocó una trompeta y llamó a todo Israel a rechazar el gobierno de David. David dio inmediatamente órdenes de encontrar o capturar a Sabá y sofocar la revuelta. Sabá había huido a la ciudad más alejada de Jerusalén en el territorio israelita, Abel Betmacá. Joab y sus hombres construyeron una rampa de asedio contra la ciudad para atacarla, pero una astuta mujer declaró que Abel era conocido como un lugar de sabiduría. Llamó a su ciudad «la más pacífica y fiel del país» (2 Sam. 20:18-19). La mujer convenció a la gente de la ciudad para que decapitara a Sabá y arrojara su cabeza por encima del muro a Joab. Políticamente para David, hacer que una ciudad aramea leal matara al benjamita rebelde era mejor que si sus propios hombres lo mataran.

NOTAS

1 W. G. Dever, «Abel-Beth-Ma'acah: Northern Gateway of Ancient Israel», en *The Archaeology of Jordan and Other Studies*, ed. L. T. Geraty y L. G. Herr (Berrien Springs, MI: Andrews University Press, 1986), 208–10.

2 Nava Panitz-Cohen, Robert A. Mullins y Ruham Bonfil, «Northern Exposure: Launching Excavations at Tell Abil el-Qameh (Abel Beth Maacah)», *Strata: Bulletin of the Anglo-Israel Archaeological Society 31* (2013): 27–28. Excavaciones Tel Abel Beth Maacah, abel-beth-maacah.org/about-4

3 Dever, «Abel-Beth-Ma'acah», 214. Nava Panitz-Cohen, R. A. Mullins y R. Bonfil, «Second Preliminary Report of the Excavations at Tell Abil el-Qameh (Abel Beth Maacah», *Strata 33 (2015): 55–56.* comp. B. Mazar, «Geshur and Maacah», *JBL 80* (Marzo de 1961): 16–28.

4 *Ibid.*, 210.

5 *Ibid.*, 210–11, 217.

6 *Ibid.*, 216; comp. Excavaciones Tel Abel Beth Maacah.

LOS VIAJES DE ABRAHAM

POR ALAN RAY BUESCHER

Interior de una tienda beduina. Los beduinos tienen una larga tradición de hospitalidad con los viajeros y visitantes.

Los arqueólogos se preocupan poco por los nómadas errantes; dejan poca o ninguna evidencia material de sus vidas para que las generaciones futuras las descubran. Lo mismo ocurre con Abraham, no construyó ciudades ni edificios y no dejó vasijas, herramientas ni joyas en basureros o tumbas (al menos que se hayan descubierto). Sin embargo, el concepto de Abraham como nómada o seminómada, puede no sobrevivir a la prueba del escrutinio bíblico. D. J. Wiseman, estudioso del Antiguo Testamento, describió el estilo de vida de Abraham más parecido al nomadismo pastoral descrito en los textos Mari, en el que la agricultura estacional acompañaba al pastoreo de rebaños y ganado cerca de pueblos y ciudades.[1]

El tiempo que pasó Abraham en la tierra prometida ilustra significativamente su estilo de vida: pasó la mayor parte de esos cien años asentado en Hebrón o en el Néguev (en Guerar y Berseba), aunque aparentemente vivía en tiendas de campaña en lugar de en estructuras permanentes (por ej., Gén. 13:18; 18:1). En el Néguev, la zona alrededor de Berseba provee la única tierra disponible para la agricultura sin riego, pero la agricultura no era el principal medio para ganarse la vida. Los numerosos restos antiguos descubiertos en sitios del Néguev revelan su función principal como estaciones de caravanas para los mercaderes que viajaban hacia y desde Egipto.[2]

Quizás Abraham participó en este comercio, lo que podría explicar en parte su acumulación de riqueza. Tenía rebaños, ganado y camellos; también poseía harina para hornear (18:6-8), ya sea procedente de la agricultura o del comercio con los agricultores sedentarios de los asentamientos cercanos. Poseía mucha plata y oro (13:2), que ganó o heredó de su estancia en Harán.

Además, es posible que haya acumulado cierta riqueza en Egipto y Canaán a través de transacciones en el mercado.

El arqueólogo israelí Amihai Mazar cree que los descubrimientos arqueológicos del período del Bronce Medio II (BMII) ofrecen similitudes con el registro patriarcal de la Biblia que no se pueden ignorar. La cultura cananea se estableció principalmente a lo largo de la llanura costera del norte y hacia el este a través de los valles de Jezrel y Betsán durante el BMIIA. Estos cananeos probablemente procedían de la llanura costera alrededor de Tiro y también de Aram (la actual Siria). Los documentos egipcios de Guebal, así como los documentos de Mari durante el BMIIA, contienen nombres semíticos occidentales (amoritas) entre la población de Aram y Canaán. Uno de los textos de Mari contiene el primer registro de la designación «cananita» como uno de los grupos de población de la zona. Además, los nombres semíticos occidentales o amonitas corresponden estrechamente con los nombres cananeos.[3]

Esta población amonita siguió emigrando hacia el este, hacia Babilonia, durante el período BMIIB-C (aprox. 1800/1750-1550 a. C.), extendiendo su cultura por toda la parte norte del Creciente Fértil. Durante esta época, llegaron al poder en Egipto unos gobernantes extranjeros conocidos como los hicsos. Estos forasteros no eran otros que los cananeos. Así, una cultura occidental-semita/amonita/cananea se extendió

Ruinas del palacio en Mari, en la actual Siria. Mari fue la capital de los amorreos entre 2000 y 1750 a. C. aproximadamente. El palacio ocupaba más de dos hectáreas y tenía más de trescientas habitaciones. Uno de los hallazgos más notables de Mari fueron los más de 15 000 textos que detallaban la vida cotidiana antes de su caída. Muchos de los nombres que aparecen en los textos coinciden con algunos del Antiguo Testamento, como Noé, Abram, Labán, Jacob, Benjamín y Leví.

Camellos pastando en el desierto de Judea.

Ruinas de Berseba, en el sur de Israel; a lo lejos se ven tierras de cultivo.

desde Egipto, hacia el norte a lo largo de la llanura costera de la tierra prometida, a través del valle de Jezrel, y hacia el norte a lo largo del Creciente Fértil hasta Babilonia. Esta influencia cananea, que comenzó en el BMIIA, podría haber convertido una lengua semítica en el idioma común de la época para el comercio internacional, y podría explicar cómo Abraham se comunicaba con los egipcios y con Abimelec en el Néguev. El acadio, una lengua semítica, se convirtió en la lengua universal de los escribas, sacerdotes y la comunidad jurídica en todo el antiguo Cercano Oriente en el período BMIIB-C y probablemente comenzó su dominio en el período BMIIA.

NOTAS

1 D. J. Wiseman, «Abraham Reassessed», en *Essays of the Patriarchal Narratives*, ed. A. R. Millard y D. J. Wiseman (Winona Lake, IN: Eisenbrauns, 1983), 145.

2 A. Reifenberg, *The Struggle between the Desert and the Sown: Rise and Fall of Agriculture in the Levant* (Jerusalén: Publishing Department of the Jewish Agency, 1955), 19.

3 Amihai Mazar, *Archaeology of the Land of the Bible, 10,000–568 BCE* (Nueva York: Doubleday, 1990),

ACAYA

POR DAVID M. WALLACE

Ruinas de Cencreas, ciudad portuaria de la antigua Corinto. La ciudad, que en un tiempo fue un hervidero de comercio y actividad, sufrió catastróficos terremotos en 365 y 375 d. C. Se reconstruyó en parte hacia 400 d. C., pero en el siglo VI estaba prácticamente abandonada.

UBICACIÓN Y GEOGRAFÍA[1]

En el Nuevo Testamento, Acaya se refiere a una zona geográfica en el sur de Grecia, que incluye las ciudades de Atenas, Corinto y Esparta, así como las islas Cícladas, un grupo de más de 200 islas al sureste del continente. Limitada por el Mar Adriático al oeste y el Mar Egeo al este, con el golfo de Corinto dividiéndola en gran parte por la mitad, Acaya tiene el tamaño aproximado del estado de Maine en Estados Unidos.

La región tiene solo dos estaciones discernibles. El invierno dura de octubre a abril y suele ser moderado; llueve unos 100 centímetros (40 pulgadas) y nieva poco. El verano, que dura de mayo a septiembre, es caluroso y seco, aunque muchas zonas se refrescan gracias a las brisas costeras.

Las montañas cubren aproximadamente tres cuartas partes del territorio, dejando solo una cuarta parte disponible para la agricultura. Aunque las montañas de Acaya no son muy altas, son numerosas. Las cordilleras y crestas atraviesan la región, creando numerosos barrancos y valles. La lluvia y el deshielo producen muchos arroyos e incluso algunos grandes ríos durante el invierno. En tiempos del Nuevo Testamento, las inundaciones resultantes en los valles impedían a los agricultores labrar la tierra.

Vista del mar en Delos, que los griegos consideraban el corazón religioso de las islas Cícladas. La mitología griega afirmaba que tanto Apolo como su hermana Artemisa nacieron en Delos.

El agua que fluía rápidamente solía ser lodosa, lo que la hacía inservible para los humanos. La erosión era un problema; el cieno llenaba los puertos.

En general, los viajes en la región eran difíciles, a menudo la nieve cubría los caminos en la montaña durante el invierno, cruzar los ríos crecidos era peligroso y, a veces, imposible. Los puertos llenos de cieno impedían los viajes en barco. La construcción de puentes era impráctica por la gran cantidad de barrancos, valles y ríos. Debido a esto muchos viajeros esperaban al verano y utilizaban los cauces de los ríos, entonces secos, como vías de comunicación.

Aunque Acaya estaba dominada por las montañas, en su mayoría estaba rodeada de agua. Nadie en Acaya estaba a más de 64 kilómetros (40 millas) del mar, muchas ensenadas y puertos adornan la costa. Aunque Acaya era principalmente una región rural y agrícola, los aqueos eran también un pueblo marinero activo.

RECURSOS DE ACAYA

Los recursos de Acaya eran muy variados. La madera era escasa. La mayoría de los recursos eran agrícolas. La región alrededor de la ciudad de Argos producía una importante cosecha de cítricos. A través de laderas los habitantes de Acaya podían cultivar viñas y olivos. Debido al terreno pedregoso, el cultivo de trigo era imposible, por lo que la gente lo importaba, en su lugar, los agricultores cultivaban cebada y mijo. Los pastos, que no soportaban el ganado, eran más adecuados para la cría de ovejas y cabras. La zona de Laconia producía cobre y hierro. Los trabajadores extraían plata y plomo de la región del Ática, en la península al sureste de Atenas. Corinto y Atenas producían arcilla para alfareros en abundancia. Estas dos ciudades se hicieron famosas por su cerámica. El mármol blanco se extraía en las islas Cícladas.

Una meseta al pie de las montañas cerca de la región de Elis, en el Mar Adriático, al oeste, tenía quizás los mejores pastos de la región, Elis era buena para la cría de caballos y ganado y para el cultivo de lino.

Corinto tuvo mucha actividad gracias al comercio marítimo ya que la ciudad estaba a solo 2 kilómetros (1,5 millas) del istmo de Corinto, y como el viaje alrededor del extremo sur de Acaya en el cabo Malea era largo y peligroso, los viajeros y comerciantes solían sacar carga y barcos más pequeños a través del estrecho istmo de Corinto de aproximadamente 6,5 kilómetros (4 millas) de ancho, en un tranvía desde Cencreas hasta Lequeo, el puerto occidental de Corinto, acortando unos 240 kilómetros (150 millas) de distancia.

NOTAS

1 La información de este artículo viene principalmente de Charles F. Pfeiffer y Howard F. Vos, «Greece», en *Wycliffe Historical Geography of Bible Lands* (Chicago: Moody, 1967), 407–16.

LÍBANO ANTIGUO

POR JOHN TRAYLOR

Entrada al templo de Baalbek, situado en el Valle de Beqaa del Líbano. Durante la época romana, la ciudad se convirtió en un importante centro de culto a Júpiter, Mercurio y Venus.

Encontrada en Tiro y datada en el siglo I a. C., es una copa de dos asas con un diseño de parra. Esta pieza de loza vidriada con plomo se fabricó a partir de un molde.

Al igual que Salomón antes que él (1 Rey. 5:6), Zorobabel dispuso que se importara madera de cedro del Líbano para la construcción del templo (Esd. 3:7). El Líbano está en el extremo oriental del Mar Mediterráneo, inmediatamente al oeste de Siria y al norte del actual Israel. La tierra tiene forma rectangular y se divide en cuatro secciones paralelas a la costa. De oeste a este, las secciones son la llanura costera, las montañas del Líbano, el valle del Líbano y la cordillera del Antilíbano.

En general, la frontera meridional del Líbano en la época del Antiguo Testamento se extendía desde el Monte Carmelo, en la costa, hasta el Monte Hermón, en el extremo meridional de los montes Antilíbano. La frontera norte se extendía desde Arvad, en la costa, hasta el Río Éufrates. La llanura costera es estrecha, nunca más de 6,5 kilómetros (4 millas) de ancho, con estribaciones montañosas que a veces se adentran en el mar.

POBLACIÓN Y NOMBRE

El nombre *Líbano* proviene de un verbo hebreo que significa «ser blanco», probablemente por sus picos montañosos cubiertos de nieve (Jer. 18:14).[1] Los antiguos libaneses eran cananeos. Sidón, que estableció la ciudad de Sidón, era el primogénito de Canaán (Gén. 10:15,19). Canaán se llamaba «la ciudad de comerciantes» (Ezeq. 17:4).

Los griegos hablaban de la llanura costera del Líbano como «Fenicia» (Hech. 11:19) y de sus habitantes como «fenicios». El término griego para Fenicia señala la zona costera como tierra de dátiles o palmeras. El término griego *phoinix* significa «palmera datilera» o «rojo-púrpura».[2] Los fenicios eran llamados «pueblo púrpura» porque extraían y exportaban tinte púrpura del caracol murex que habitaba en las aguas costeras. Los estudiosos debaten si los fenicios desarrollaron el alfabeto que lleva su nombre, pero lo cierto es que lo distribuyeron a través de las actividades comerciales con el mundo de su época.

Franja rocosa que marca el emplazamiento del antiguo puerto de Sidón.

CIUDADES PRINCIPALES

Las principales ciudades libanesas mencionadas en la Biblia por orden de aparición son Sidón, Jamat, Tiro, Sarepta, Arvad y Guebal (Gén. 10:19; Núm. 13:21; Jos. 19:29; 1 Rey. 17:9; Ezeq. 27:8,9). Todas estas ciudades estaban en la llanura costera, excepto Jamat, que estaba en el interior del norte, en el Río Orontes. Jamat era tanto una ciudad como una zona regional (Núm. 13:21). Algunos consideran que Baal Gad (Jos. 13:5) es Baalbek, que era un centro clave de culto pagano en el Valle del Líbano.[3] Como se ve en los casos de Hiram, rey de Tiro, Tou, rey de Jamat, y Et Baal, rey de los sidonios, estas ciudades eran ciudades-estado (2 Sam. 5:11; 8:9; 1 Rey. 16:31).

Guebal se encuentra en la costa noroeste de Fenicia y fue ocupada desde el año 5000 a. C.[4] Sus habitantes se llamaban guiblitas (Jos. 13:5). Al igual que Tiro y Sidón, Guebal era un próspero centro marítimo. El nombre griego de Guebal era «Biblos», su nombre para *libro*, porque los guiblitas exportaban la planta egipcia del papiro, que la gente utilizaba para hacer libros.

Finalmente, Guebal pasó a significar «Biblia», un término que designa muchos libros de papiro.

ENCRUCIJADA DE EJÉRCITOS INVASORES

El Líbano estaba en la encrucijada del mundo antiguo y era el corredor por el que marchaban los ejércitos del mundo hacia y desde las batallas. Para celebrar sus victorias, algunos reyes erigieron monumentos en el paso del Río del Perro, que atraviesa la llanura costera hasta el mar, a unos 11 kilómetros (7 millas) al norte de Beirut. El egipcio Ramsés II inició esta práctica hacia el 1240 a. C., cuando erigió un monumento en la cara sur del paso para celebrar su victoria sobre los hititas en la batalla de

Zona residencial de Tiro que contiene ruinas de muchas épocas, desde la Edad de Hierro hasta el Imperio bizantino.

Emplazamiento de la ciudadela de Jamat. Situada entre las actuales ciudades sirias de Homs y Alepo, a orillas del Río Orontes, Jamat muestra indicios de ocupación desde la Edad Neolítica. En algunos momentos, Jamat sirvió de frontera septentrional del antiguo Israel. La palabra hebrea hamath significa «fortaleza».

Cades. En la década de 680-670 a. C., el rey asirio Esarjadón invadió Sidón y Tiro y conquistó Egipto. Colocó un monumento en el que se representaba a sí mismo junto al de Ramsés II, aparentemente para mostrar que Asiria era superior a Egipto. Además de devastar Tiro, el rey de Babilonia Nabucodonosor aplastó a los egipcios y a los asirios en la batalla de Carquemis (605 a. C.). Erigió su monumento en la cara norte del paso. Ciro, rey de Persia, conquistó Babilonia, pero no erigió ningún monumento.

RELIGIÓN

Como en el caso de otros cananeos, el culto a Baal y a su consorte femenina, Aserá, dominaba la religión del antiguo Líbano. La gente creía que Baal era el dios de la fertilidad. Los adoradores, junto con los sacerdotes y sacerdotisas, se dedicaban a la llamada prostitución sagrada para animar a los dioses a aparearse en el cielo para producir fertilidad en la tierra entre la vida humana, animal y vegetal (Os. 4:13). El culto podía incluir quemar a sus hijos (Jer. 19:5). El baalismo se multiplicó en el reino del norte cuando el rey de Israel, Acab, se casó con Jezabel, hija de Et Baal, rey de los sidonios (1 Rey. 16:31). Jezabel intentó hacer del baalismo la religión de Israel.

NOTAS

1 William Sanford LaSor, «Lebanon» en *ISBE* vol. 3 (1986), 98.

2 Mario Liverani, «Phoenicia» en *ISBE*, 3:853.

3 «Baal-gad» en *HolBD*, 139.

4 Adrianus Van Selms, «Gebal» en *ISBE*, vol. 2 (1982), 420.

LA ANTIGUA TIRO

POR PHILLIP J. SWANSON

Arco principal en la época romana de Tiro.

UNA UBICACIÓN FAVORABLE

Tiro (*Tsor* en lengua fenicia) significa «roca», nombra y describe acertadamente la antigua ciudad. Tiro estaba situada en una isla rocosa a 800 metros (media milla) de la costa oriental del Mediterráneo. Su larga historia se debe, en parte, a su ubicación y a las fortificaciones que varios reyes erigieron en la isla. La extensión de agua entre Tiro y el continente proporcionaba a la ciudad una medida de seguridad. Aunque el estrecho entre Tiro y la costa no abarcaba una gran distancia, cualquier atacante debía ser hábil en el mar. La construcción de una muralla que rodeaba la isla, cuya altura se estima en 45 metros (150 pies) en algunos lugares, aumentó la seguridad de la ciudad.[1] La ciudad contaba con dos puertos, el primero de los cuales era una cala natural en el extremo norte de la isla, llamado puerto de Sidonia. Este puerto proporcionaba una protección adecuada a la creciente flota de Tiro. Más tarde, el rey Itobaal I (887-856 a. C.) construyó otro puerto en el extremo sur de la isla, denominado puerto egipcio.[2]

Por muy segura que fuera Tiro, vivir en una isla tiene sus desventajas. Todas las necesidades que no se encontraban en la isla debían traerse en barco. Tiro carecía de agua potable y alimentos suficientes, así como de suministros de construcción. Para adquirir estos recursos, dependían del suministro desde el continente. La ciudad de Ushur, que formaba parte de Tiro, en el continente, probablemente proporcionaba ese servicio a los habitantes de la isla.[3]

UNA CIUDAD EMPRENDEDORA

Al igual que ocurre con muchas ciudades y pueblos de la antigüedad, los conocimientos sobre el origen y los primeros habitantes de Tiro se han desvanecido con el tiempo. Su aparición como fuerza significativa en el antiguo Cercano Oriente parece haber

Columnas romanas en la antigua Tiro.

Bloque con inscripción que menciona «Tyrdos».

comenzado en el siglo X con la ascensión al trono del rey Hiram (970-936 a. C.). Durante los dos siglos anteriores, la ciudad hermana de Tiro, Sidón, fue la fuerza dominante. Hiram amplió la isla uniéndola con una segunda isla.[4] También reconstruyó y restableció el culto en los templos de Melqart y Astarté.[5] Este mismo rey Hiram ayudó a los reyes David y Salomón en la construcción del palacio de David y el templo de Salomón. De hecho, durante la edad de oro de Israel, había tratados en vigor entre las dos naciones.

Aunque existían lazos entre Tiro e Israel, cuando el rey Acab se casó con Jezabel, la hija del rey de Sidón, que estaba bajo el dominio de Tiro, cimentó aún más la relación entre las dos naciones.

La prosperidad de Tiro, especialmente durante la época de Hiram, fue proverbial. Durante esta época, Tiro se convirtió en una de las ciudades-estado más importantes del mundo conocido. La industria floreció. La pesca era primordial para la economía. Más allá de la simple captura de pescado para el sustento, los tirios desarrollaron las pesquerías como grandes plantas industriales.[6] Además, Tiro se ganó una reputación por su tinte rojo altamente eficaz.[7] Ampliando aún más su base económica, Tiro desarrolló artistas y artesanos. La asociación de Hiram con la construcción del palacio de David y el templo de Jerusalén es bien conocida y está bien documentada en 2 Samuel 5:11 y 1 Reyes 5:18, respectivamente. En 2 Crónicas 2:13-14 se informa de la habilidad y la actividad de Hiram Abí, un tirio que trabajó en el templo. El texto lo describe como alguien que dominaba todo tipo de metales, madera, piedra, hilos y lino.

La mayor importancia de Tiro se centraba en su capacidad para la navegación y el comercio de ultramar. Ezequiel 27 proporciona una lista de la carga que llevaban los marineros de Tiro: madera, lino, varios metales, marfil, esmeraldas, vinos, lana y muchas otras mercancías. Los barcos de Tiro transportaban mercancías a todas las partes del mundo conocido.[8] Isaías 23:3 proclama que Tiro era «el centro comercial de las naciones». A partir del rey Hiram, Tiro no se contentó con la mera existencia de mercaderes y marineros en sus viajes a puertos extranjeros. Entre los siglos X y IX a. C., Tiro se dedicó a colonizar todo su mundo, esfuerzos que posiblemente llegaron hasta España.[9] Las más importantes de estas colonias fueron Cartago y Útica, en el norte de África.

UN JUICIO PENDIENTE

La imagen que surge de Tiro es la de una ciudad de gran importancia para sus vecinos de todo el mundo. Entonces, ¿qué causó tal consternación a los profetas de Israel que un profundo juicio contra Tiro fue la única respuesta?[10]

Lo más probable es que la causa no estuviera relacionada con un solo factor. La alianza hecha entre Acab y su esposa fenicia, Jezabel, introdujo la idolatría en la tierra, pero eso era algo bastante común a lo largo de la historia de Israel.

Ezequiel informó que Tiro se aprovechó de la desgracia de Israel (especialmente de Jerusalén) cuando se encontró diezmada por los babilonios (Ezeq. 26:2-7). Posiblemente, lo más desagradable para el profeta, es que el gobernante de Tiro se autoproclamaba un dios (28:2-5). En la mente del profeta, estos dos acontecimientos serían más que suficientes para justificar el juicio de Dios. Amós explicó el asunto diciendo que Tiro dio la espalda al tratado entre Israel y Tiro, una «alianza entre hermanos» (Amós 1:9). Tiro había vendido poblaciones enteras de cautivos (de Jerusalén) a Edom.

El juicio llegaría a Tiro según el testimonio de los profetas. La única cuestión era cuándo.

UN FINAL DESASTROSO

A pesar de toda su prosperidad económica, la historia de Tiro iba a cambiar a peor con el ascenso del Imperio asirio. A lo largo de los siglos IX y VIII a. C., Asiria obligó a Tiro a pagarle tributo y también la atacó en varias ocasiones.[11] Aunque los reyes asirios sometieron a Tiro, sus acciones no se acercaron a la devastación que anunciaron los profetas.

A la ciudad no le fue mejor bajo los babilonios. El rey de Babilonia, Nabucodonosor, atacó Tiro en el año 585 a. C. y sitió la ciudad durante trece años. Tiro finalmente cedió y se convirtió en una provincia babilónica.[12] No obstante, la ciudad-estado permaneció intacta.

Le tocó a Alejandro Magno (332 a. C.) cumplir la sentencia de los profetas. Cuando avanzó contra Tiro, la ciudad se atrincheró una vez más para resistir la embestida de otro enemigo. Resistieron durante siete meses, en vano. Como dijo un historiador, Tiro fue «obliterada».[13]

NOTAS

1 Glenn E. Markoe, *Phoenicia* (Berkeley: University of California Press, 2000), 197.
2 *Ibid.*, 198.
3 LaMoine F. DeVries, *Cities of the Biblical World* (Peabody, MA: Hendrickson, 1997), 78–79.
4 Michael Grant, *The Ancient Mediterranean* (Nueva York: Meridian Pocket, 1969), 121–22.
5 Avraham Negev, ed., *The Archaeological Encyclopedia of the Holy Land*, ed. rev. (Nashville: Thomas Nelson, 1986), 388.
6 Markoe, *Phoenicia*, 197.
7 Grant, *Ancient Mediterranean*, 122.
8 Negev, *Archaeological Encyclopedia*, 387.
9 *Ibid.*, 388.
10 Ver Isaías 23; Jeremías 25; Ezequiel 26–28; Josué 3; Amós 1 y Zacarías 9.
11 DeVries, *Cities*, 81.
12 *Ibid.*
13 Grant, *Ancient Mediterranean*, 213.

ANTIOQUÍA DE SIRIA

POR ROBERT E. JONES

En la ladera de la montaña que domina Antioquía se encuentra una colosal talla caroniense que data del siglo III a. C. Los registros antiguos indican que la figura fue tallada en un intento de salvar a la ciudad de una plaga que azotaba a los habitantes de la zona.

LA HISTORIA PRECRISTIANA DE ANTIOQUÍA

Tetradracma de Seleuco I (Nicátor), que fundó Antioquía como capital.

Alrededor del año 300 a. C., Seleuco I (Nicátor) fundó Antioquía como capital, una de las dieciséis ciudades que Seleuco nombró en honor a su padre Antíoco. Seleuco situó la ciudad en la orilla del Río Orontes, a unos 24 kilómetros (15 millas) del Mar Mediterráneo, lo que le permitió acceder a un puerto cercano. Tras la muerte de Seleuco, los sucesivos reyes ampliaron y fortificaron la ciudad. En el año 83 a. C., la ciudad cayó en manos de Armenia durante diecinueve años.

Luego, en el 64 a. C., el general romano Pompeyo derrotó a Siria y Antioquía pasó a estar bajo el control del Imperio romano, convirtiéndose en la capital y el centro militar de la provincia romana de Siria. Durante el período romano, Antioquía creció y se hizo cada vez más importante. Los funcionarios mejoraron las vías de acceso a la ciudad y desarrollaron el puerto marítimo cercano. Como resultado, la comunicación con todo el mundo mediterráneo se hizo más rápida y segura. Estas mejoras serían más tarde útiles para la difusión del evangelio hacia el oeste en el mundo romano.

Antioquía se convirtió en una ciudad próspera durante el período romano, en parte por su posición política pero también por el comercio. En Antioquía se podían comprar, por ejemplo, pieles finas, zapatos, perfumes, especias, tejidos y joyas, así como objetos de oro y plata de producción local. Además, Antioquía tenía escuelas de retórica y profesores de sabiduría griega que atraían a estudiantes de todo el mundo mediterráneo. Todos estos factores combinados han llevado a algunos histo-

En la actualidad, Antakya (antigua Antioquía de Siria) forma parte de la República de Turquía, aunque los mapas sirios siguen mostrándola como parte de Siria.

riadores a considerar a Antioquía como la tercera ciudad más grande del mundo romano, solo por detrás de Roma y Alejandría.

La prosperidad, el lujo y la comodidad condujeron a un énfasis en la «inmoralidad lujuriosa».[1] El jardín de placer de Dafne, a unos 8 kilómetros (5 millas) de Antioquía, se convirtió en un auténtico «hervidero de toda clase de vicios y depravaciones»[2] que hicieron infame a la ciudad. En el jardín del placer, que tenía unos 16 kilómetros (10 millas) de circunferencia, se encontraba el templo de Dafne, en medio de una hermosa arboleda de laureles, viejos cipreses y aguas corrientes. Todas las noches las prostitutas del templo practicaban derechos sensuales en nombre de la religión. Estas actividades dieron lugar a la llamada moral dafnica, frase que se refería a la vida inmoral.[3]

En el año 20 a. C., Augusto estableció unos juegos locales que más tarde se conocerían como los Juegos Olímpicos de Antioquía y uno de los festivales más famosos del mundo romano. Cada cuatro años, durante los meses de julio y agosto, la gente viajaba a Antioquía desde todo el mundo grecorromano para asistir a estos juegos, que incluían boxeo, lucha, carreras de carros y otras formas de competición. Los juegos cesaron brevemente del 41 al 54 d. C., pero más tarde Claudio los restableció.

ANTIOQUÍA EN EL SIGLO I

Desde sus inicios, Antioquía contaba con una población mixta que llegó a tener unos 500 000 habitantes en el siglo I d. C. y posiblemente el doble en el siglo III. A principios de la era cristiana, es posible que vivieran en Antioquía unos 25 000 judíos. Una comunidad judía tan grande e influyente habría ofrecido un campo fértil para la enseñanza cristiana. Además, Antioquía era también una ciudad cosmopolita en la que vivían muchos gentiles de pensamiento griego. En cierto sentido, pues, Antioquía era un lugar en el que confluían dos mundos, el de los judíos y el de los griegos. En un entorno así, el cristianismo floreció.

Hechos 11:19 registra la dispersión de los creyentes de Jerusalén a causa de la persecución que rodeó la muerte de Esteban. Algunos creyentes se dirigieron al norte, a Antioquía, predicando inicialmente el evangelio solo a los judíos. Una vez en Antioquía, estos misioneros cristianos aparentemente descubrieron que no tenían que temer los ataques de los judíos como en Jerusalén. Una de las razones puede ser el ambiente cosmopolita de Antioquía, que permitía la existencia de cultos clásicos y asiáticos. Por tanto, las nuevas religiones no eran una novedad en Antioquía. Una segunda razón puede haber sido que los judíos atrajeron con éxito a un gran número de gentiles a sus sinagogas, y muchos de estos gentiles se convirtieron en prosélitos del judaísmo. Este grupo de gentiles puede haber sido un objetivo para los predicadores cristianos. Además, según Hechos 11:21, muchos gentiles, probablemente de los temerosos de Dios que habían sido atraídos a las sinagogas judías, se convirtieron en creyentes; por lo tanto, la composición de la iglesia en Antioquía habría sido en gran parte gentil. Podríamos decir, entonces, que Antioquía se convirtió en una cuna del cristianismo gentil y del esfuerzo misionero cristiano.

Difícilmente podríamos exagerar la importancia que tuvo Antioquía en la historia temprana del cristianismo. «Antioquía de Siria fue la segunda, después de Jerusalén, como centro del cristianismo primitivo. Era un centro comercial en el Imperio romano, una ciudadela de la cultura grecorromana, y se convirtió en el hogar principal del cristianismo cuando éste se trasladó más allá de sus inicios judíos al mundo gentil».[4]

Debido a la fuerte economía de Antioquía, los creyentes de esta ciudad pudieron proporcionar los recursos financieros necesarios para el crecimiento de la empresa misionera. Además, la ubicación geográfica de Antioquía sirvió para que la ciudad fuera un punto focal para la expansión de la cristiandad hacia el oeste. De hecho, desde esta ciudad partieron Pablo y Bernabé, y más tarde Silas, en sus viajes misioneros. A la iglesia de Antioquía volvían de vez en cuando para informar de sus éxitos.

NOTAS

1 William Barclay, *The Acts of the Apostles* (Filadelfia: Westminster, 1976), 89.

2 Charles F. Pfeiffer y Howard F. Vos, *The Wycliffe Historical Geography of Bible Lands* (Chicago: Moody, 1967), 247.

3 William Ewing y Howard F. Vos, «Daphne» en *ISBE* (1979), 1:866.

4 LaMoine F. DeVries, *Cities of the Biblical World* (Peabody, MA: Hendrickson, 1997), 345.

EL ARABÁ

POR DAVID M. WALLACE

Asomarse a los «Pilares de Salomón» para conocer Timnat, un antiguo poblado minero egipcio en el Arabá.

El territorio histórico de Israel presenta una gran diversidad de características físicas. Los viajeros que se dirijan al este desde el Mar Mediterráneo se encontrarán con las llanuras costeras, la región de la Sefela, la región montañosa de Judea, el valle del Jordán y la meseta oriental.

Estas cinco zonas se extienden de norte a sur. Las dos zonas geográficas que atraviesan la tierra hacia el oeste son la llanura de Esdrelón en el norte, desde el valle del Jordán hasta el Mediterráneo en el Monte Carmelo, y el Néguev, desde las tierras al sur del Mar Muerto hacia el oeste hasta el río de Egipto. Esta pequeña región del mundo es la que más cambios de paisaje presenta. La región denominada Arabá fue una zona importante en la historia del antiguo Israel.

La depresión natural más larga y profunda de la tierra, conocida como el Valle del Rift, se extiende desde el norte de Siria hasta el este de África y es uno de los rasgos más importantes de la geografía de Israel. Esta depresión natural incluye la zona conocida como Arabá.

Arabah es la palabra utilizada en la Biblia para describir todo o parte del Gran Valle del Rift en Israel. Se extendía desde el Mar de Galilea en el norte, a través del Valle del Jordán hacia el sur hasta el Mar Muerto, y continuaba todo el camino hacia el sur hasta el Golfo de Áqaba. En la Biblia, el Arabá se refiere más comúnmente a la región al sur del Mar Muerto hasta Ezión Guéber. Esta fue la tierra de las andanzas de Israel en el desierto.

Arabah es un sustantivo y un nombre de un lugar que se traduce de varias maneras en la Biblia como «seco», «infértil», «quemado», «desierto», «zona silvestre», «valle» y «llanura». El lugar es un páramo y una de las zonas más desoladas y prohibidas de la tierra. El significado de la raíz de la palabra es incierto, pero seguramente se refiere a una región árida.

Isla del Faraón, en el extremo norte del golfo de Áqaba, cerca de Taba y Eilat.

Pastor con ovejas en la carretera del desierto entre Amman (Rabbah) y Áqaba, cerca de Al Qatraneh.

El Arabá propiamente dicho comienza justo al sur del Mar Muerto y cerca de la cuesta de los Alacranes, pasando por el Wadi el-Arabá y terminando en el Golfo de Áqaba. Justo al sur del Mar Muerto el terreno está a unos 400 metros (1300 pies) por debajo del nivel del mar; asciende gradualmente hasta unos 220 metros (720 pies) sobre el nivel del mar antes de descender al nivel del mar en el golfo, a una distancia de unos 180 kilómetros (110 millas). La mayor parte del terreno que rodea la depresión del Arabá está por encima del nivel del mar.

El clima se caracteriza por veranos calurosos e inviernos relativamente suaves. Durante los meses de verano, de junio a septiembre, las temperaturas diurnas pueden superar los 49°C. Las temperaturas medias diarias durante los meses de invierno, de noviembre a marzo, son de unos 15,5°C.

Las precipitaciones son escasas y suelen producirse en los meses de invierno, con una acumulación anual total de entre 4 a 5 centímetros (1,5 a 2 pulgadas). Después de algunas tormentas, el suelo puede cubrirse brevemente de hierba y flores, pero pronto morirán a causa del sol y el clima seco. Debido a la falta de precipitaciones, las plantas se limitan generalmente a la artemisa, las espinas de camello y la acacia. Sin embargo, las zonas con más agua producen árboles de espina de Cristo, que tienen forma de paraguas. El agua subterránea de las tierras altas de cada lado hace posible este crecimiento desértico. Como el lado oriental es más alto que el occidental, recibe más lluvia. Por lo tanto, la mayor erosión proviene del este, creada por los arroyos que mueven lentamente la tierra, la grava y la arena hacia la llanura.

Justo al sur del Mar Muerto se encuentra una amplia y estéril zona de sal y barro que en sus días estuvo bajo el agua. Aquí el Arabá se encuentra a 390 metros (1275 pies) por debajo del nivel del mar. Está rodeada de acantilados bajos. En la base de estos acantilados hay algunos manantiales que proporcionan algo de agua y producen una buena cantidad de vegetación desértica.

Al sur de las salinas y lodazales se encuentra Selá (Petra), que se eleva a 90 metros (300 pies) sobre el nivel del mar. Selá fue una fortaleza edomita durante el periplo israelita. Más allá de Selá, el valle se ensancha hasta 40 kilómetros (25 millas) antes de volver a estrecharse mientras desciende hacia el Golfo de Áqaba en Ezión Guéber. Toda la zona tiene muy poca vegetación, salvo algunos oasis.

La parte sur del Arabá se estrecha hasta alcanzar solo 9 kilómetros (6 millas), con escarpados acantilados a cada lado. Al este se encuentran las montañas de granito de Madián, y al oeste el terreno de arenisca de Nubia.

Otra característica del sur del Arabá son las amplias llanuras de lodo secas que la caracterizan. Estas marismas se crearon a partir de los sedimentos arrastrados al valle por los arroyos y la lluvia. Pero debido a la escasez de agua y de drenaje, los sedimentos no llegan al Golfo de Áqaba. Este proceso forma marismas que son extremadamente resbaladizas después de la lluvia.

Una importante ruta norte-sur, conocida como la Vía Regia, existía en el Arabá durante los tiempos bíblicos. La carretera estaba controlada por los edomitas y los amoritas cuando los israelitas pidieron permiso para recorrerla (Núm. 20:17).

A lo largo de esta ruta había minas de cobre de gran importancia económica. El mineral de cobre aparece en la piedra arenisca del sur del Arabá, y la minería se llevó a cabo en Punón, Irnahash y Timnat. Punón es probablemente el lugar donde Moisés levantó la serpiente de bronce (Núm. 21:4-9; 33:42-43). Timnat, antes llamada las minas de Salomón, fue explotada por los egipcios, posiblemente durante todo el año. En estos lugares se extraía cobre y hierro. Los israelitas habrían evitado las minas cuando estaban fortificadas por guardias.

Otras zonas importantes de minería y fundición eran Khirbet en-Nahas, a 27 kilómetros (17 millas) al sur del Mar Muerto, y Meneiyyeh, a 35 kilómetros (22 millas) al norte del Golfo de Áqaba. La arqueología deja claro que esta zona de Tierra Santa era una «donde las rocas son de hierro y de cuyas colinas sacarás cobre» (Deut. 8:9).

Los hebreos vivieron y atravesaron el Arabá mientras vagaban por el desierto en su camino desde Egipto a la tierra prometida. Deuteronomio 2:8 nos dice que bajaron por el Arabá desde Elat hasta Ezión Guéber. Reclamaron esta tierra (Jos. 1–12) y también el lado oriental del Río Jordán (Deut. 3:1-20). Luego giraron hacia el norte y recorrieron el Wadi Yitm para rodear los territorios de Edom y Moab.

El Arabá se encuentra principalmente en el territorio de Edom del Antiguo Testamento. Los edomitas basaban su economía en la agricultura y el comercio más que en las minas de cobre de la región. La agricultura era posible en la parte noreste de su territorio. Su prosperidad dependía en gran medida de las caravanas que viajaban desde la India hasta el Mediterráneo por sus caminos. Cuando Edom controlaba las rutas comerciales, su economía era fuerte; de lo contrario, vivía en declive. Un ejército fuerte era esencial para una economía saludable.

Números 20:14-21 cuenta la historia de los edomitas que se niegan a permitir que Moisés y los israelitas pasen por su territorio en el «camino principal». Moisés estaba tratando de llegar a la tierra al este del Río Jordán para que pudieran comenzar su conquista de la tierra prometida. Y debido a la amenaza que representaba el ejército edomita, Israel no desafió su posición. (Ver también las instrucciones de Dios de no desafiar a Edom en Deut. 2:4-8.) El pasaje indica que el Arabá tenía campos, viñedos y pozos de los que beber. Moisés y su pueblo se vieron obligados a viajar hacia el noreste alrededor de Edom y a tomar una ruta más indirecta hacia la tierra «en el desierto al este del Jordán, es decir, en el Arabá» (1:1).

Los israelitas soportaron muchas dificultades durante su peregrinaje por el desierto del Arabá. Viajaban con asnos, nunca se mencionan los camellos. Después de muchos años en el desierto, el peregrinaje de Israel se prolongó debido al largo desvío forzoso por tierras edomitas y moabitas en el Arabá. La tierra más adecuada para vivir ya había sido reclamada por los amalecitas en el sur y los edomitas y moabitas en el norte del Arabá.[1] La tierra era caliente, seca, polvorienta y ventosa. Este viaje a la tierra prometida no era para los débiles de corazón. Era un ambiente hostil en el mejor de los casos.

Los principales caminos del Arabá facilitaban el viaje y la posibilidad de encontrar gente con la que comerciar para obtener bienes necesarios. Sin embargo, los israelitas no siempre eran huéspedes bienvenidos (Núm. 20:14-21).

Encontrar agua era siempre un reto. Aparte de los oasis ocasionales, los recursos hídricos incluían depósitos subterráneos que podían extraerse de la superficie y piscinas naturales abiertas a lo largo de los arroyos donde se acumulaba el agua de lluvia.

Otros problemas eran que la tierra era generalmente inadecuada para la agricultura. Los israelitas utilizaban los acantilados para protegerse del viento y las tormentas. Las cabras eran esenciales para su supervivencia. Las cabras pueden vivir muchos días sin agua y no muestran ningún efecto negativo. Esto permitió a los israelitas recorrer largas distancias sin una fuente de agua.

NOTAS

1 John Bright, *A History of Israel*, 2ª ed. (Filadelfia: Westminster, 1972), 128.

ASIRIA EN EL SIGLO VIII

POR DANIEL C. BROWNING JR.

Escena en el obelisco negro de Salmanasar III que representa a Salmanasar aceptando el tributo del rey israelí Jehú. Se trata de la única imagen descubierta de un rey hebreo.

Asiria, que surgió como una importante potencia en el norte de Mesopotamia durante la época de Abraham, Isaac y Jacob, creció y decayó durante siglos hasta el período de la monarquía dividida de Israel (finales del siglo IV-siglo VII a. C.). Esta época de renovado dominio de Asiria, conocida como el Imperio neoasirio, es bien conocida por los documentos cuneiformes, los bajorrelieves (paneles esculpidos) de los palacios reales asirios y otras pruebas arqueológicas.

Casi todos los años, el rey asirio reunía sus tropas y partía en campañas depredadoras. Invadía las naciones más pequeñas y les daba un ultimátum exigiendo «regalos» y lealtad. El rey asirio exigía a estas naciones, ahora sumisas, pagos anuales en concepto de tributos, normalmente oro, plata u otros productos de valor. Los que se resistían eran sometidos a una violenta acción militar. El ejército asirio dominaba en el campo gracias a su caballería, por lo que muchos enemigos se refugiaban en ciudadelas fortificadas. Sin embargo, los asirios, que se habían convertido en expertos en la guerra de asedio, siempre rompían las murallas y tomaban las ciudades resistentes. Los supervivientes del asalto eran sometidos a crueldades extremas. Las cabezas de los gobernantes eran cortadas y colocadas en picas. Los partidarios del gobernante resistente eran desollados vivos o empalados, mientras que los prisioneros eran llevados como esclavos.

Los artistas registraron debidamente todas estas acciones. Los gobernantes asirios, empezando por Asurnasirpal II (883-859 a. C.), construyeron enormes palacios decorados con bajorrelieves que mostraban estas atrocidades. De vuelta a la zona conquistada, el rey asirio establecía un gobernante títere e imponía fuertes tributos a la nación ya devastada. Los que entregaban el tributo al palacio real pasaban por pasillos y habitaciones decorados con las macabras escenas como recuerdo de lo que les esperaba a los que se resistieran o se rebelaran.

Estatua de basalto del rey Salmanasar III (858-824 a. C.).

Tras el reinado del rey asirio Salmanasar III (858-824 a. C.), Asiria entró en un declive de ochenta años. El siglo VIII a. C. comenzó con mejores posibilidades para los reinos hebreos.

De hecho, en la primera mitad del siglo se vivió un período de paz y crecimiento desconocido desde la monarquía unida. Sin embargo, la prosperidad no era sinónimo de rectitud. Israel, en particular, estaba consumido por la decadencia social, económica y religiosa. A mediados de siglo, el juicio se hizo esperar y la edad de oro terminó repentinamente a manos de la resurrección asiria.

El poder asirio se reanudó con la llegada al trono de Tiglat-Pileser III en el 745 a. C. Restableció el agresivo estilo expansionista de Asiria, reorganizó el gobierno y

Relieve asirio del asedio de los asirios a Laquis; dos cautivos hebreos son conducidos (derecha); otros dos son desollados vivos (izquierda).

transformó la nación en un verdadero imperio. Reformó el ejército, haciéndolo aún más temible; su política de deportaciones masivas supuso el desplazamiento forzoso de decenas de miles de personas de las naciones conquistadas. Tiglat-Pileser recuperó la práctica de construir palacios decorados con representaciones de la agresión asiria, que ahora incluían escenas lamentables de refugiados marchando en largas filas hacia su reubicación.[1] Tiglat-Pileser pronto dirigió su atención a Siria. Hacia el 738 a. C., varios estados devastados se convirtieron en vasallos, entre ellos Aram-Damasco bajo el rey Rezín e Israel bajo el rey Menajem. En 2 Reyes 15:19-20, que se refiere a Tiglat-Pileser por su nombre babilónico en el trono, Pul, detalla que Menajem extrajo plata de los ricos y se la dio al rey asirio «para ganarse su apoyo y mantenerse en el trono» (15:19). De este modo, el Imperio asirio entró en el registro bíblico. La carga financiera que suponía el pago de tributos y las aterradoras perspectivas que se derivaban de su retención hicieron que la política nacional de trato con Asiria fuera la cuestión número uno para los reyes de Israel y Judá, como atestigua el frecuente relevo de los monarcas posteriores.

Oseas habla de Efraín/Israel subiendo «a Asiria» (Os. 8:9; ver 5:13; 7:11; 12:1). Se trata de aparentes referencias a reyes que pagaron tributo y entraron en vasallaje asirio como estrategia de supervivencia. Sin embargo, Oseas sabía que Asiria no era la salvación de Israel (14:3), sino más bien su destrucción «Israel se avergonzará de sus ídolos» (9:3; 10:6; 11:5). Dios enviaría a Asiria, la nación invasora, como fuego «sobre sus ciudades y fortalezas [...] que las consuma» (8:14). Tiglat-Pileser cumplió estas imágenes (2 Rey. 15:29) en el 733 a. C.; sus sucesores destruyeron la nación del norte para siempre (17:5-6) en el 722 a. C. «deportó a los habitantes a Asiria» que sobrevivieron, donde «comerá(n) inmundicias en Asiria» (Os. 9:3). Con respecto a Su pueblo, el Señor proclamó: «sino que Asiria reinará sobre ellos, porque no quisieron volverse a mí» (11:5).

NOTAS

1 Georges Roux, *Ancient Iraq*, 3ª ed. (Londres: Penguin Books, 1992), 305–8.

LA BATALLA DE CARQUEMIS

POR KEVIN C. PEACOCK

Pirámide escalonada y templo de Saqqara, Egipto.

Carquemis no se menciona en Ezequiel (pero ver 2 Crón. 35:20; Isa. 10:9; Jer. 46:2). Sin embargo, los capítulos 29–32 hablan del juicio divino sobre Egipto y su faraón. La batalla de Carquemis desempeñó un papel crucial en ese juicio, después del cual la nación dejó de ser una potencia a tener en cuenta. El juicio de Ezequiel se cumplió finalmente cuando el rey persa Cambises la conquistó en el año 525 a. C.

Nuestro conocimiento del antiguo Cercano Oriente se debe en gran parte a los textos cuneiformes de Asiria y Babilonia. Muchos de ellos son textos cronográficos que comprenden diecisiete listas de reyes y veinticinco crónicas. Las crónicas ofrecen un relato anual (con lagunas) de las acciones militares del rey y de otros acontecimientos importantes. Las Crónicas 1-13b se conocen como la serie de Crónicas de Babilonia, que abarca el período que va desde la fundación por Nabopolasar del Imperio babilónico/caldeo en el año 626 a. C. hasta el Imperio seléucida en el siglo III a. C.[1] Aunque a menudo se hace referencia a ellas como la Crónica de Babilonia, como si se tratara de un texto unificado, en realidad se trata de una colección de tablillas procedentes de muchos lugares, que en su mayoría acabaron en el Museo Británico de Londres. A veces se habla de ellas no como un texto, sino como un género.[2]

La Crónica 5 abarca los primeros años de Nabucodonosor II, del 604 al 595 a. C., lo que incluye su toma de Jerusalén en el 597. También describe la campaña del Faraón Necao II para apoyar a los asirios en Harrán, en el norte de Siria, en el 610 o 609 a. C. Sin embargo, los egipcios se retiraron de los babilonios bajo el rey Nabonido (625-605 a. C.) a Judá, donde Necao II depuso al rey Joacaz II e instaló a Joacim como rey en el 609 a. C. Babilonia hizo campaña en el norte hasta que se encontró con los asirios en Carquemis, a unos 80 kilómetros (50 millas) al oeste de Harrán. El ejército babilónico, bajo el mando del príncipe heredero Nabucodonosor, salió victorioso y expulsó a los egipcios hacia el suroeste a unos 240 kilómetros (150 millas) y los derrotó de nuevo en Jamat. «La batalla de Carquemis [...] fue, para el reino de Judá, una de las batallas más importantes de la antigüedad».[3]

Crónica babilónica de 605-595 a. C.

LA IMPORTANCIA DE CARQUEMIS

Carquemis (la actual Jerablus) gozaba de una ubicación estratégica en un importante recodo del Río Éufrates. Justo al oeste del río, la ciudad de Carquemis controlaba un importante cruce del río en el norte de Siria. Controlar Carquemis significaba controlar la ruta comercial internacional este-oeste. Los babilonios deseaban controlar Carquemis, la costa fenicia y el territorio del interior porque la mayor parte del comercio babilónico se realizaba con el oeste, y muchas riquezas se encontraban en Siria-Palestina. Carquemis era la puerta de Babilonia al Mediterráneo, y no podían permitirse que los egipcios la bloquearan. Egipto controlaba el «camino del mar» (Vía del Mar, ver Isa. 9:1; Mat. 4:15) a través de Siria central hasta Carquemis. El camino del mar era la principal ruta comercial que seguía la costa mediterránea y unía Egipto con Mesopotamia.

Así pues, la breve historia del Imperio neobabilónico estuvo marcada por numerosas campañas en «la tierra de Hatti» (es decir, Siria-Palestina), campañas vitales para asegurar una línea de vida prospera.[4] Con la desaparición de los medos y el colapso del Imperio asirio, la principal lucha por el control de Siria-Palestina en los últimos años del siglo VII a. C. fue entre Egipto y Babilonia. Carquemis era la clave.

LA BATALLA DE CARQUEMIS

Los egipcios opusieron una fuerte resistencia en Carquemis a los babilonios, pero en junio-julio del 605 a. C. finalmente se retiraron, huyendo por sus vidas.[5] La Crónica de Babilonia, refiriéndose a Nabucodonosor, informa:

> Los derrotó (aplastándolos) hasta hacerlos desaparecer. En cuanto al remanente del ejército egipcio que había escapado de la derrota tan (apresuradamente) que ningún arma los había tocado, el ejército babilónico los alcanzó y derrotó en el distrito de Jamat, de modo que ni un solo hombre [escapó] a su propio país. En ese momento Nabucodonosor conquistó toda la tierra de Ja[mat].[6]

Probablemente, Nabucodonosor persiguió a las fuerzas egipcias que huían por la costa mediterránea (ver Jer. 46:2-12). La ciudad de Riblá, en el sur de Siria, se convirtió en el principal centro de guarnición babilónico en el sur de Siria. Inmediatamente después de enterarse de la muerte de su padre en Babilonia, Nabucodonosor se apresuró a regresar a su casa para asegurar su trono.[7]

Nabucodonosor entonces marchó de vuelta a Hatti, aseguró su dominio allí, y «llevó el pesado tributo de Hatti de vuelta a Babilonia». Ejerció el control sobre Judá probablemente en esta época. Daniel 1:1 dice: «En el año tercero del reinado del rey Joacim de Judá, el rey Nabucodonosor de Babilonia vino a Jerusalén y la sitió». Luego se llevó a Babilonia algunos de los utensilios del templo (v. 2).[8] El término hebreo traducido «sitió» puede significar simplemente «mostró hostilidad» o «trató como a un enemigo» y no un asedio real.[9] Nabucodonosor sujeto a Joacim con cadenas «y lo llevo a Babilonia» (2 Crón. 36:6), pero podría haber estado simplemente ejerciendo dominio. Esto ocurrió probablemente a finales del 605 a. C.[10] El «pesado tributo a la tierra de Hatti» incluía, pues, artículos del templo (v. 7) y a Daniel y sus tres amigos, que fueron llevados al exilio (Dan. 1:1-7).[11] Durante cuatro años sucesivos, Nabucodonosor hizo campaña en Hatti, asegurando su control sobre Siria-Palestina (Jer. 47:4–5; Hab. 1–2).

EL SIGNIFICADO DE LA BATALLA

La reflexión bíblica sobre la batalla de Carquemis y sus consecuencias inmediatas revela varios énfasis:

El juicio final de Dios sobre Asiria. Prácticamente el Imperio asirio dejó de existir en el 609 a. C. en la batalla de Harrán, cuando su último rey desapareció de la historia. Pero algunos asirios probablemente se unieron a las fuerzas egipcias en Carquemis. Nabucodonosor fue el hacha, pero la mano del Señor la empuñó. El Señor había prometido que Asiria sería derrotada (Isa. 10:5-34; 14:24-27; 31:8-9; Sof. 2:13; Zac. 10:11; ver Nahúm), y Ezequiel utilizó la derrota de Asiria como advertencia para Egipto (Ezeq. 31:2-18).

El nuevo jefe de Judá. Inmediatamente después de Carquemis, Jeremías comenzó a profetizar el gobierno de setenta años de Babilonia sobre Judá y toda la tierra (Jer. 25:1-14; 29:10; 36:1-3). Si Judá se sometía voluntariamente a Babilonia, la destrucción podría no llegar (21:8-9; 38:2-3). Jeremías envió su mensaje en un pergamino a Joacim (36:1-19), pero Joacim se negó a escuchar la advertencia de Jeremías y prefirió rebelarse (v. 29).

El castigo para Egipto. Carquemis fue una pérdida humillante para el ejército egipcio (Jer. 46:2-26), que huyó deslizándose como una serpiente en busca de refugio (v. 22). «El rey de Egipto no volvió a hacer campañas militares fuera de su país, porque el rey de Babilonia se había adueñado de todas sus posesiones, desde el río de Egipto hasta el río Éufrates» (2 Rey. 24:7). El orgullo y la agresión de Egipto contra sus vecinos trajeron el juicio del Señor (Jer. 46:7-8,26). Los egipcios confiaban en su propio poderío, en sus dioses y reyes (v. 25); por lo tanto, el Señor Todopoderoso los derribó, los castigó y los avergonzó (vv. 15,21,24).

Juicio para el pueblo de Dios. Poco después de la batalla de Carquemis, Nabucodonosor se acercó a Jerusalén, y «el Señor permitió que Joacim cayera en manos de Nabucodonosor. Junto con él, cayeron en sus manos algunos de los utensilios del templo de Dios» (Dan. 1:2a). Dios provocó el dominio de Nabucodonosor sobre Judá. ¿Por qué? Porque el rey Joacim «hizo lo que ofende al Señor su Dios» (2 Crón. 36:5b; comp. 2 Rey. 23:36–24:4). El posterior exilio fue el juicio de Dios sobre el pecado de Su pueblo (Dan. 9:5-14; comp. Deut. 28:32-64; 1 Rey. 8:33-34,46-51). Como Israel se negó a escuchar las repetidas advertencias del Señor a través de Sus profetas (Dan. 9:6), el pueblo sufrió las consecuencias de su pecado.

NOTAS

1 Ver D. B. Weisberg, «Non-Israelite Written Sources: Babylonian» en *Dictionary of the Old Testament Historical Books*, ed. Bill T. Arnold y H. G. M. Williamson (Downers Grove, IL: IVP Academic, 2005), 731–33.

2 Tabla 21901 en el museo británico, líneas 38–50, en D. J. Wiseman, *Chronicles of Chaldean Kings (626–556 BC) en The British Museum* (Londres: Trustees of the British Museum, 1956), 58–61. Ver también D. J. Wiseman, «Historical Records of Assyria and Babylonia» en *Documents from Old Testament Times*, ed. D. Winton Thomas (Nueva York: Harper & Row, 1961), 77–79, de donde fue tomada la traducción de la tabla.

3 LeMoine F. DeVries, *Cities of the Biblical World* (Peabody, MA: Hendrickson, 1997), 53.

4 Georges Roux, *Ancient Iraq* (Nueva York: Penguin Books, 1977), 343.

5 D. J. Wiseman, *Nebuchadrezzar and Babylon, The Schweich Lectures of the British Academy* (Oxford: Oxford University Press, 1985), 16. Las excavaciones realizadas en la ciudad y en la ciudadela en 1912-14 revelan que la ciudad fue incendiada en esa época. El yacimiento se encuentra en la frontera turco-siria y está cubierto por una base militar turca. El acceso está muy restringido y es muy poco probable que se realicen excavaciones en el futuro.

6 Wiseman tradujo antes la frase final «toda la tierra de Hatti», refiriéndose a Siria-Palestina. En 1985, volvió a traducir la frase «toda la región de Jamat», refiriéndose al norte de Siria. Ver Wiseman, *Nebuchadrezzar and Babylon*, 17.

7 Wiseman, *Nebuchadrezzar and Babylon*, 17–18.

8 En la discrepancia cronológica entre Daniel 1:1 y Jeremías 25:1, ver Tremper Longman III, *Daniel, NIV Application Commentary* (Grand Rapids: Zondervan, 1999), 43–44.

9 Ver Deuteronomio 20:12; 2 Reyes 16:5; 24:10–11; Cantares 8:9. Ver Wiseman, *Nebuchadrezzar and Babylon*, 23. La Crónica Babilónica no menciona ningún asedio a Jerusalén en esta época.

10 Wiseman, *Nebuchadrezzar and Babylon*, 23. Ver Jack Finegan, *Handbook of Biblical Chronology*, ed. rev. (Peabody, MA: Hendrickson, 1998), 254. El texto no afirma que Joacim fuera realmente llevado al exilio; podría significar que se le amenazó con esa posibilidad.

11 Probablemente Ezequiel fue llevado al exilio con el rey Joaquín y un grupo de 10 000 cautivos en la llamada «primera deportación» en el año 597 a. C. Ver Christopher J. H. Wright, *The Message of Ezekiel* (Downers Grove, IL: InterVarsity, 2001), 19–20.

CESAREA: LA CIUDAD PORTUARIA DE HERODES

POR TIMOTHY TRAMMELL

Un acueducto llevaba agua a Cesarea Marítima desde el Monte Carmelo, que estaba a casi 16 kilómetros (10 millas) de distancia.

Rodeada por el mar, esta piscina de agua dulce excavada en la roca del palacio de Herodes en Cesarea Marítima se construyó aparentemente desafiando a la naturaleza. Todo el complejo de piscinas (incluidos comedores, baños y pórticos) medía unos 60 por 90 metros (200 por 360 pies).

Pasar de ser una insignificante aldea de pescadores fenicia a convertirse en un importante puerto del Mediterráneo y en la capital de una provincia romana es toda una transformación, pero esa es la historia de Cesarea. Esta dramática metamorfosis tuvo lugar gracias a la visión y la vanidad de Herodes el Grande, gobernante del pueblo judío desde el 37 a. C. hasta su muerte en el 4 a. C. Herodes es recordado por sus monumentales proyectos de construcción, y ninguno fue más impresionante y notable que Cesarea Marítima, «Cesarea del Mar».

CESAREA ANTES DE HERODES

Llamada Straton o Torre de Strato, el pueblo pesquero original fue construido, al parecer, en el siglo IV a. C. por Strato I, rey de Sidón. Situada en la llanura costera, era un asentamiento menor en la ruta de las caravanas entre Tiro y Egipto. En el año 63 a. C., Pompeyo, el líder militar romano, reclamó la villa para Roma y elevó su estatus a una ciudad autónoma. Bajo el dominio romano, Cesarea pasó a formar parte de Siria. Más tarde, Marco Antonio la cedió a Cleopatra de Egipto. Por último, César Augusto cedió la ciudad a Herodes, que la bautizó con el nombre de su patrón.

CESAREA BAJO HERODES

En el año 40 a. C., los gobernantes romanos Antonio y Octavio (Augusto César) otorgaron a Herodes el título de «rey de los judíos». Cuando el senado romano confirmó el título, Herodes se embarcó desde Italia. Con la ayuda de Roma, levantó un ejército y en el 37 a. C. conquistó Jerusalén. Comenzó una década de consolidación de su poder y luego inició sus proyectos de construcción hacia el 25 a. C. Herodes comenzó a plasmar sus visiones arquitectónicas en piedra en Jerusalén, erigiendo un teatro con un anfiteatro cercano, siguiendo estos proyectos con un gigantesco palacio real.

Pero el sueño de Herodes era construir una ciudad completamente nueva en la costa mediterránea, donde ninguna ciudad se había levantado anteriormente. Sería una ciudad internacional que rivalizaría con la opulencia y la magnificencia de la capital del imperio, con instalaciones portuarias que superarían el tamaño y la importancia de Alejandría, en Egipto. Estipuló que la ciudad se trazaría según el plan cuadriculado romano, con un foro, baños, templos, viviendas dentro de las murallas y villas fuera.[1]

Pero, ¿por qué este lugar? ¿Por qué no en Jope, la ciudad que durante siglos había servido a Israel como puerto? Las razones de Herodes eran tanto políticas como religiosas. Jope era judía y nacional, mientras que Cesarea era cosmopolita y romana.[2] Construir templos en Judea, donde se debía adorar a dioses griegos y a emperadores romanos, habría sido impensable. Así que Herodes, siempre astuto y diplomático, eligió Cesarea y explicó a los líderes religiosos judíos que solo buscaba complacer al César y a los romanos, y que no seguía en absoluto sus propias inclinaciones.[3]

Josefo registró que Herodes construyó la ciudad de «piedra blanca» y de «materiales de otros lugares, y a un costo muy alto».[4] La piedra era principalmente caliza y probablemente fue extraída en las montañas a unos 16 kilómetros (10 millas) de distancia a través de la llanura de Sarón. Estos materiales locales se complementaron con mármol y estatuas traídas de Roma.

El templo. Un elemento central de la ciudad era un templo dedicado a César Augusto, el patrón de Herodes. Construido sobre una plataforma elevada y destacado por su belleza y grandes proporciones, el templo era visible para los navegantes desde una gran distancia. Dos estatuas, «una de Roma y otra de César»,[5] adornaban el templo.

Las ruinas demuestran que Herodes no reparó en gastos al construir su palacio en Cesarea Marítima. Sólo utilizó materiales importados y cubrió muchos de los muros con mármol.

El anfiteatro. Al sur de la ciudad y construido sobre un promontorio que se adentraba en el Mediterráneo, el anfiteatro estaba situado de manera que los que se sentaban en él tenían una magnífica vista del mar. Esta estructura fue descubierta en 1961. Durante la excavación, los trabajadores encontraron una importante lápida de dedicación. La inscripción de la lápida mencionaba a Tiberio César y a Poncio Pilato. «Esta es la primera evidencia arqueológica del famoso procurador de Judea bajo cuyo gobierno [...] tuvo lugar la crucifixión de Jesús».[6]

El hipódromo. En la sección oriental de la ciudad, Herodes construyó un hipódromo, llamado por los romanos un circo, que medía 321 por 80 metros (1056 por 264 pies) y tenía capacidad para 20 000 espectadores. Un pilar cuadrado de granito se situaba en el centro, con tres bloques cónicos erigidos cerca. Muy pulidos, estos tres bloques reflejaban la luz del sol y así excitaban a los caballos durante las carreras. Los romanos llamaban a los pilares taraxipos, que significa «espantador de caballos».[7]

El acueducto. Decidido a construir una ciudad de categoría mundial, Herodes se aseguró de que Cesarea tuviera abundantes fuentes, estanques reflectantes y baños públicos. Sin embargo, el reto de este ambicioso plan era la falta de agua limpia y potable. Para resolver este problema, Herodes hizo que los trabajadores construyeran un acueducto para traer agua de los manantiales más cercanos, que estaban «a 14 kilómetros (9 millas) de distancia, en las faldas del Monte Carmelo. Para llegar a ellos, miles de trabajadores armados con picos, martillos y cinceles hicieron un túnel de más de 6 kilómetros (4 millas) a través de la roca».[8] Los restos arqueológicos visibles hasta hoy cuentan de esta extraordinaria realización.

El puerto. Por muy impresionantes que fueran sus otras estructuras en Cesarea, Herodes dedicó sus mayores esfuerzos y su planificación más innovadora al puerto. La costa, arenosa e inestable, carecía de islas costeras o bahías que pudieran incorporarse a un puerto. Así que Herodes tuvo que diseñar y construir un puerto totalmente artificial. «Para evitar que las corrientes y la marea alta socavaran los rompeolas, [los obreros de Herodes] colocaron primero unos cimientos de escombros en el fondo del océano más anchos que el rompeolas que se apoyaría en ellos».[9] A continuación, utilizando enormes bloques de piedra, los obreros construyeron un rompeolas de 61 metros (200 pies) de ancho en veinte brazas de agua. El rompeolas sur se extendía hacia el oeste desde la costa y luego giraba hacia el norte, con una longitud total de unos 550 metros (600 yardas). El rompeolas norte se extendía 270 metros (300 yardas) hacia el oeste desde la costa, dejando una entrada desde el norte para los barcos. Las pruebas arqueológicas parecen indicar que a ambos lados de la entrada del puerto había tres enormes estatuas que ayudaban a guiar a los barcos. A lo largo de la costa del puerto estaba el muelle donde los trabajadores descargaban la carga y almacenaban las mercancías en bóvedas cercanas.

Este enorme proyecto portuario puso a prueba la creatividad de los ingenieros más hábiles de Roma. Se utilizó ampliamente el hormigón hidráulico que se endurece bajo el agua. Un ingenioso sistema de esclusas limpiaba periódicamente el puerto para reducir el encenagamiento. El puerto terminado abarcaba aproximadamente 170 000 metros cuadrados (200 000 yardas cuadradas). De hecho, al ser el mayor fondeadero construido hasta entonces, el puerto de Cesarea «podría llamarse el primer puerto moderno del mundo».[10] Aunque estas estructuras portuarias han sido presa de veinte siglos de olas y de un litoral que se hunde, los sombríos restos subacuáticos aún pueden verse con bastante claridad desde el aire.

CESAREA EN EL NUEVO TESTAMENTO

Herodes el Grande murió en el año 4 a. C. Con su muerte, su hijo Arquelao pasó a gobernar Judea y Samaria, poniendo Cesarea bajo su control. Pero ni siquiera los romanos podían consentir la vileza de Arquelao, así que lo exiliaron a la Galia en el año 6 d. C., y Cesarea se convirtió en la capital de la provincia romana de Judea. Esto preparó el terreno para una serie de eventos registrados en el Nuevo Testamento.

NOTAS

1 Robert L. Hohlfelder, «Caesarea Maritima», *National Geographic* 171.2 (1987): 270.
2 George Adam Smith, *The Historical Geography of the Holy Land* (Nueva York: A. C. Armstrong, 1895), 139.
3 Josefo, *Antigüedades judías* 15.9.6.
4 *Ibid.*, 15.9.6.
5 *Ibid.*, 15.9.6.
6 Zev Vilnay, *The Guide to Israel*, 22º ed. rev. (Jerusalén: Daf-Chen, 1982), 368.
7 Vilnay, *Guide*, 369
8 Hohlfelder, «Caesarea Maritima», 270–71.
9 *Ibid.*, 275.
10 *Ibid.*, 271–77.

CANÁ DE GALILEA

POR ROY E. LUCAS JR.

Caná de Galilea, llamada localmente «Kafr Kenna XIV», se encuentra a unos 6 kilómetros (4 millas) al noreste de Nazaret. Dos iglesias, una católica y otra griega, afirman conservar ruinas relacionadas con el milagro de Jesús en Caná. Es un destino popular entre los visitantes. Otros creen, sin embargo, que el primer milagro de Jesús tuvo lugar en un lugar diferente: una pequeña y árida colina llamada «Khirbet Kana», a unos 13 kilómetros (8 millas) al norte de Nazaret.

LA UBICACIÓN DE CANÁ

Los estudiosos de la Biblia han localizado tres lugares en Galilea que son posibles ubicaciones de la antigua ciudad de Caná: Kafar Kanna, Kerem al-Ras y Khirbet Qana. Otro lugar, aunque menos viable como candidato a la antigua Caná y mucho más al norte, es Qana del Líbano.

El yacimiento tradicional, Kafar Kanna («ciudad de Caná»), mostrado a los visitantes desde la Edad Media, se encuentra a unos 6 kilómetros (4 millas) al noreste de Nazaret, en la carretera de Tiberíades. En Kafar Kanna, una iglesia católica romana y otra ortodoxa griega afirman que conservan las tradiciones relacionadas con el milagro del agua convertida en vino. Sin embargo, la falta de pruebas arqueológicas de la época romana ha hecho que algunos duden de que Kafar Kanna sea el lugar de la Caná bíblica.[1] Además, el nombre semítico debería aparecer en griego como *Qana*, no *Kanna*, con una sola «n» y no dos.

En los últimos años, la Autoridad de Antigüedades de Israel ha patrocinado excavaciones en los alrededores de Kafar Kanna. El nombre local de este yacimiento es Kerem al-Ras. Los excavadores localizaron una gran aldea judía que data de la época de Jesús. A diferencia de las excavaciones de Khirbet Qana, las de Kerem al-Ras revelaron varias vasijas de piedra de gran tamaño.[2]

Algunos estudiosos creen que Qana del Líbano cumple los requisitos de la Caná mencionada en el Evangelio de Juan. El arqueólogo libanés Youssef Hourani ha excavado allí varios objetos, entre ellos seis vasijas de piedra para el vino. El lugar que propone está al sureste de la ciudad de Tiro y a 24 kilómetros (15 millas) al oeste de la frontera israelí.[3]

Khirbet Qana (también deletreado Khirbet Kana; «ruinas de Caná») ocupa el puesto de ser el sitio más favorecido por los arqueólogos. Excavaciones recientes han desenterrado varios tipos de artefactos del siglo I d. C., incluidos fragmentos de pequeñas vasijas de piedra.[4] (Las tinajas de piedra mencionadas en Juan 2:6, sin embargo, habrían tenido capacidad para unos 75 o 113 litros [20 a 30 galones] cada una).

Khirbet Qana está a unos 12 kilómetros (8 millas) al norte de Nazaret. Varios caminos bajaban por el lado norte de Nazaret hasta el Valle de Beth Netofa, donde se encontraba la ciudad de Séforis. Un camino bajaba hacia el norte y luego hacia el este por el Valle de Beth Netofa antes de llegar al paso de Wadi Arbel, que conducía a la zona del norte del Mar de Galilea hasta Capernaúm. El trayecto cubría 19 kilómetros (12 millas) desde Caná hasta el Mar de Galilea, y se trataba de un recorrido de unas seis horas.[5]

Este lugar se ajusta más a la ubicación geográfica que Kafar Kanna. Khirbet Qana «da a una llanura pantanosa en la que abundan los juncos. Hasta la fecha, este yacimiento no ha sido excavado, pero son visibles cisternas y restos de edificios, y las tumbas cercanas están excavadas en las rocas. También se han encontrado en el lugar algunas monedas del siglo I».[6]

MEDIOS DE VIDA LOCALES

En la región donde se encontraba Caná había pequeñas aldeas (como Capernaúm) con poblaciones que oscilaban entre los 100 y los 400 habitantes. Los pueblos más grandes (Betsaida) tenían una población de 2000 a 3000 habitantes. Pero aún más grandes, Tiberíades y Séforis tenían poblaciones que alcanzaban entre 8000 y

En el Valle de Asochis; se cree que la colina del centro de la imagen, por lo demás anodina, es el emplazamiento real de Caná de Galilea.

12 000 habitantes.[7] En general, los galileos tenían la posibilidad de dedicarse a la industria ligera y a las actividades agrícolas.

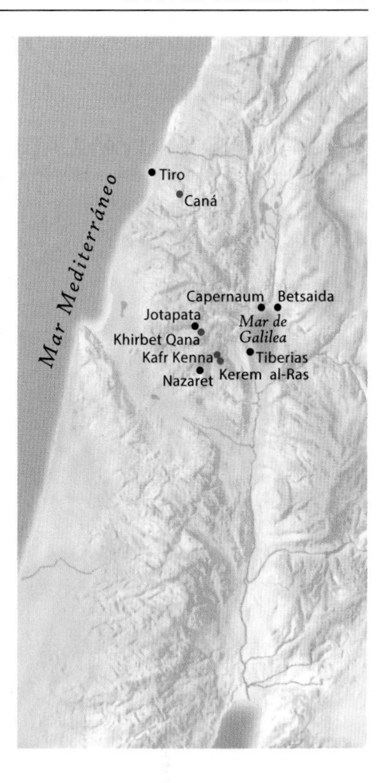

El Valle de Beth Netofa, debajo de Caná, tenía un suelo fértil. Cuando caían lluvias adecuadas en invierno, el valle producía abundantes cosechas. En el Israel del siglo I, los cultivos más importantes eran el trigo, las aceitunas y las uvas, siendo éstas las que más beneficios reportaban. El agricultor local procuraba cultivar más productos de los que su familia podía consumir, y el excedente, si lo había, lo vendía.[8]

Además de las actividades agrícolas, un ciudadano de Caná podía servir a la comunidad de diversas maneras. Podía ser trabajador del cuero, zapatero, cavador de zanjas, carpintero, herrero, panadero o incluso trabajador de canteras. En el siglo I d. C., cada pueblo tenía una tienda local; algunos pueblos tenían más de una. Normalmente, los residentes podían comprar productos de primera necesidad como huevos, frutas y verduras. Algunas tiendas se especializaban, ofreciendo perfumes y panes; otras empleaban a herreros y tintoreros. Lo más sorprendente es que algunas tiendas incluso servían de restaurantes locales.[9]

NOTAS

1 John McRay, «Cana of Galilee» en *Archaeology and the New Testament* (Grand Rapids: Baker, 1991), 173–74; Jonathan L. Reed, *The HarperCollins Visual Guide to the New Testament: What Archaeology Reveals about the First Christians* (Nueva York: HarperCollins, 2007), 5.

2 Reed, *HarperCollins Visual Guide*, 5.

3 Rima Salameh, «Lebanese Town Says It's Wine Miracle Site», *Free Lance-Star* (Fredericksburg, VA), 12 de febrero de 1994.

4 Reed, *HarperCollins Visual Guide*, 5.

5 Anson F. Rainey y R. Steven Notley, *The Sacred Bridge: Carta's Atlas of the Biblical World* (Jerusalem: Carta, 2006), 352.

6 Andreas J. Kostenberger, *John* (Grand Rapids: Baker, 2004), 92.

7 Reed, *HarperCollins Visual Guide*, 66–67.

8 Ze'ev Safrai, *The Economy of Roman Palestine* (Nueva York: Routledge, 1994), 72–73, 126

9 *Ibid.*, 121, 126.

CAPERNAÚM EN TIEMPOS DE JESÚS

POR DAVID M. WALLACE

Interior de la sinagoga reconstruida de Capernaúm; los fieles se sentaban en los bancos a lo largo de la pared. Aunque la estructura visible data del siglo IV d. C., los cimientos que hay debajo formaban parte de la sinagoga que existía en tiempos de Jesús.

GEOGRAFÍA

Situada en la Baja Galilea junto al Mar de Galilea, Capernaúm se extendía de oeste a este a lo largo de la orilla del lago. El lago estaba en el extremo sur de la ciudad, y las montañas se elevaban abruptamente hacia el norte. La Baja Galilea era una región hermosa, fructífera y fértil, dominada por el Mar de Galilea.

Situado en el extremo norte del valle del Jordán, el Mar de Galilea es un lago de agua dulce situado a 212 metros (696 pies) bajo el nivel del mar y con una profundidad de unos 45 metros (150 pies). El Río Jordán, que entra en el lago justo al este, a poca distancia de Capernaúm, es la principal fuente de agua del Mar de Galilea. El lago tiene forma de corazón, con unos 20 kilómetros (13 millas) de largo y 12 kilómetros (8 millas) de ancho como máximo. Debido a las empinadas colinas que lo rodean, a veces se producen tormentas repentinas. Las colinas y montañas que rodean el lago se elevan de 457 a más de 910 metros (1500 a 3000 pies) sobre el nivel del mar. El Monte Hermón, cubierto de nieve, domina la región.

Los veranos son calurosos y húmedos, y los inviernos cálidos y húmedos. La temporada de lluvias se extiende entre octubre y finales de abril. Las precipitaciones son suficientes para la agricultura, y para que los arroyos de la zona fluyan de manera permanente. El clima cálido durante todo el año favorece el crecimiento donde hay agua. A lo largo del extremo norte del lago, cerca de Capernaúm, se encuentra una llanura de inundación, ideal para los cultivos, donde los lugareños cultivan muchos de los alimentos mencionados en la Biblia.

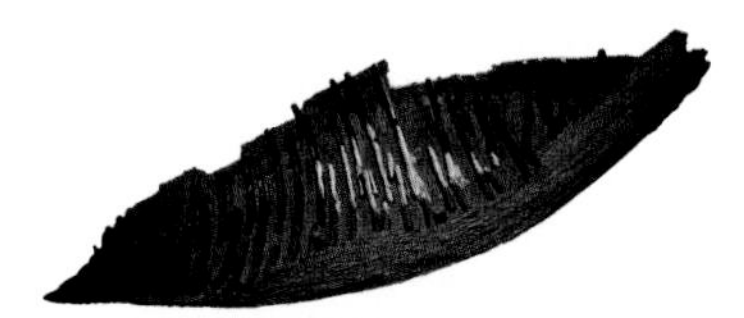

Maqueta de un antiguo barco en Nof Ginosar, en el Mar de Galilea. A menudo llamada «barca de Jesús», la antigua embarcación fue descubierta atascada en el barro cuando el mar se retiró durante una estación inusualmente seca.

RECURSOS LOCALES

Situada en la ruta comercial internacional desde Egipto hasta Siria y más allá, Capernaúm veía pasar caravanas de todo el mundo, ya que era una de las principales ciudades de Galilea en tiempos de Jesús. Mientras que gran parte de Galilea estaba cubierta de bosques en la época de Jesús, la Baja Galilea también estaba bendecida con un suelo fértil, mucha lluvia y un clima casi tropical, excelente para la agricultura. Los campesinos construyeron terraplenes en las colinas y utilizaron el fértil valle

Iglesia construida sobre las ruinas de lo que se cree que fue la casa de Simón Pedro en Capernaúm. Las pruebas arqueológicas indican que los primeros creyentes se reunían para el culto en este lugar. En el interior de la iglesia moderna, el suelo es de cristal grueso, lo que permite a los visitantes contemplar la estructura inferior. En primer plano se ven ruinas de casas de piedra basáltica.

para cultivar aceitunas, higos, palmeras datileras, cítricos,[1] nogales, uvas, trigo e incluso flores silvestres.[2] Las piedras negras de basalto que se encontraban cerca del agua y en los campos circundantes se utilizaban normalmente para construir.

Los peces del Mar de Galilea eran el sustento de la economía local. En la actualidad, el lago alberga unas cuarenta especies de peces.[3] Los barcos de pesca salían de Capernaúm antes del amanecer y regresaban al anochecer.[4] Los pescadores utilizaban anzuelos y sedales, lanzas y redes.[5] Las empresas fabricaban y reparaban estas herramientas, y algunas construían y reparaban barcos de pesca. A la orilla del agua había un embarcadero para los barcos. El pescado local se salaba y encurtía para almacenarlo para su posterior uso o para exportarlo a otras ciudades. Gran parte de este trabajo parece haberse realizado en la cercana Magdala, a unos 3 kilómetros (2 millas) de distancia. En 1986 se descubrió una barca de pesca del siglo I d. C. cerca de Kibbutz Ginosar. Ahora se expone en el Museo Yigal Allon del kibbutz.[6] Es posible que Jesús y Sus discípulos utilizaran embarcaciones similares a la descubierta.

Otros en Capernaúm se ganaban la vida transportando los productos locales y el pescado a otros mercados. Es posible que en Capernaúm se fabricaran utensilios de basalto, como molinillos de grano y prensas de aceitunas.[7] También se fabricaban objetos de vidrio y cerámica comunes para uso local. Los días de mercado se celebraban probablemente en tiendas o casetas cerca de la costa.[8] El arameo y el hebreo, así como el griego y el latín, eran las lenguas de Capernaúm.[9]

TAMAÑO Y POBLACIÓN

La Biblia menciona a Capernaúm dieciséis veces, todas en los Evangelios. La ciudad parece haber sido fundada después de los tiempos del Antiguo Testamento. Capernaúm era pequeña y no tenía murallas ni edificios cívicos.[10] La sinagoga puede haber sido el único edificio público. Algunos creen que la población era de entre 600 y 1 500 habitantes,[11] otros estiman que era de entre 5000 y 6500.[12]

Los romanos asignaron una presencia gubernamental y militar en Capernaúm. Esto incluía una guarnición, comandada por un centurión que había construido la sinagoga judía (Luc. 7:1-10). Los romanos también recaudaban impuestos allí. Capernaúm es el lugar donde trabajaba Mateo, un recaudador de impuestos, cuando Jesús lo llamó para ser Su discípulo (Mat. 9:9).

La arqueología indica que la población de Capernaúm era de clase baja. Las exploraciones no han revelado grandes casas ni otros hallazgos que indiquen riqueza, como objetos importados o decorativos. La población, casi exclusivamente judía, vivía de la agricultura y la pesca. Cualquier ingreso extra tenía que ir a parar a los recaudadores de impuestos.[13]

Los visitantes de hoy verán los restos de una sinagoga de piedra caliza construida entre 100 y 400 años después de que Jesús viviera en Capernaúm. Pero se han descubierto paredes de basalto negro, de 1 metro (4 pies) de grosor, bajo las cuatro esquinas de la sinagoga. Muchos creen que estos muros son los restos de la sinagoga en la que predicó Jesús. Los visitantes de hoy también verán los restos de lo que muchos creen que fue la casa de Simón Pedro, donde Jesús pudo haber vivido y realizado milagros (8:14-17).

NOTAS

1 LeMoine F. DeVries, *Cities of the Biblical World* (Peabody, MA: Hendrickson, 1997), 269.
2 Harry Thomas Frank, *Discovering the Biblical World* (Nueva York: Harper & Row, 1975), 20.
3 William H. Stephens, «The Sea of Galilee» en *Where Jesus Walked*, ed. William H. Stephens (Nashville: Broadman, 1981), 73.
4 Frank, *Discovering the Biblical World*, 206.
5 Phillip J. Swanson, «Occupations and Professions in the Bible» en *HolBD*, 1038.
6 DeVries, *Cities of the Biblical World*, 269.
7 Henry H. Halley, *Halley's Bible Handbook* (Grand Rapids: Zondervan, 2007), 568.
8 Jonathan L. Reed, *Archaeology and the Galilean Jesus* (Harrisburg, PA: Trinity Press, 2000), 155.
9 J. E. Sanderson, «Capernaum» en *Major Cities of the Biblical World*, ed. R. K. Harrison (Nashville: Thomas Nelson, 1985), 77.
10 Reed, *Archaeology*, 153–54.
11 *Ibid.*, 152.
12 Sanderson, «Capernaum», 75.
13 Reed, *Archaeology*, 164–65.

CAPADOCIA EN EL SIGLO I

POR ALAN RAY BUESCHER

Urgup, a unos 19 kilómetros (12 millas) al este de Nevsehir, es uno de los centros más importantes de Capadocia. La erosión por el agua y el viento produjo estas formaciones, llamadas las «Chimeneas de las Hadas».

Según 1 Macabeos 15, al menos en el año 139 a. C., los judíos habitaban Capadocia, que en ese momento formaba parte del Imperio romano. Es muy probable que los primeros cristianos de Capadocia procedieran de esas comunidades judías. Aunque el crecimiento del cristianismo allí fue aparentemente lento, hacia finales del siglo IV los padres capadocios, Basilio de Cesarea, Gregorio de Nisa y Gregorio Nacianceno, dirigieron la expansión de la iglesia en el centro y el este de Asia Menor a través de sus escritos y su ministerio. Los tres ayudaron a definir la doctrina ortodoxa de la Trinidad en el Concilio de Constantinopla en el año 381 d. C.[1] La influencia de los primeros cristianos de Capadocia orientaría a los cristianos y a la teología cristiana a lo largo de los siglos.

GEOGRAFÍA, CLIMA Y POBLACIÓN

La geografía y el clima de Capadocia, situada en las altas tierras del centro-este de Asia Menor (en la actual Turquía oriental), pueden explicar en parte el lento crecimiento del cristianismo en esta región. Al sur, los montes Tauro dificultaban el acceso a la región de Cilicia, en la costa nororiental del Mediterráneo. Viajando al oeste hacia Galacia, la elevada estepa parecía no tener fin. Las regiones más accesibles para Capadocia se encontraban al norte (el Ponto y el noreste de Galacia) y al este (Armenia).[2]

Los brutales inviernos de Capadocia entretenían a las ventiscas, lo que a veces hacían intransitables los caminos hasta la primavera. Las fuertes nevadas podían confinar a la gente en sus casas hasta dos meses. Cuando la nieve se derretía y comenzaba la temporada agrícola, los enjambres de escarabajos siempre eran una amenaza potencial para las cosechas de grano.[3]

Quizás su duro entorno y sus condiciones de vida contribuyeron a su carácter y reputación. Un antiguo adagio decía: «Una víbora venenosa mordió a un capadocio [...] la víbora murió».[4] Nadie tenía muchas palabras amables sobre los capadocios. Inútiles, engañosos, egoístas y brutos: así eran descritos por muchos.[5]

Debido a su geografía y clima, a lo largo de la historia antigua, Capadocia se mantuvo al margen de las grandes civilizaciones y culturas que prosperaban a lo largo de la costa y las tierras bajas del Mediterráneo. La cultura griega y el dominio romano lucharon por influir en esta accidentada región, y el cristianismo no fue una excepción.

EL DOMINIO ROMANO

Capadocia, aunque no carece de recursos naturales, pasó a ser importante para los romanos no solo como otra fuente de ingresos para alimentar su expansión, sino también como frontera desde la que defender su imperio de ataques externos y proteger sus intereses en el Cercano Oriente.

Arquelao, nombrado por Marco Antonio como último rey de Capadocia antes de que esta se convirtiera en provincia romana, gobernó desde el año 36 a. C. hasta su muerte en el 17 d. C. Arquelao entendía y buscaba alianzas políticas. Sin embargo, aproximadamente tres años antes de su muerte, las autoridades convocaron a

En Zelve, las rocas volcánicas y los conos proporcionaban cómodas moradas a los habitantes de la zona. Zelve sigue siendo uno de los ejemplos mejor conservados de comunidad cavernícola.

Moneda del año 81-96 d. C., procedente de Cesarea de Capadocia; el reverso presenta la imagen de un garrote.

Arquelao a Roma, acusándolo de traición, los resultados de este juicio siguen siendo desconocidos. A la muerte de Arquelao, los romanos incorporaron inmediatamente Capadocia a su imperio como provincia, sin que los capadocios se opusieran, su aceptación se vio quizá favorecida por la reducción de los impuestos.[6]

Los procuradores romanos de rango ecuestre sustituyeron a la monarquía capadocia desde el año 17 hasta el 72 d. C. Capadocia, con solo dos ciudades importantes (Tiana y Mazaca) en el momento de su incorporación al Imperio romano, planteaba una situación única para Roma. Al no existir gobiernos municipales, los procuradores hicieron poco por alterar la organización interna feudal existente.

La dominación romana sirvió de catalizador para un mayor desarrollo urbano, pero el crecimiento de las ciudades fue lento. Las clases bajas vivían en aldeas feudales, y muchos de los capadocios en Roma procedían de la gran población de esclavos de Capadocia.[7] Mazaca fue la capital de los reyes capadocios hasta el reinado de Arquelao en 17. Arquelao rebautizó la ciudad con el nombre de Cesarea en honor al emperador César Augusto. Situada en una meseta en el lado norte del monte Argaeus, de 400 metros (1300 pies) de altura, volcánico y nevado, Cesarea se convirtió en la principal ciudad romana de la región. Sin embargo, hasta el siglo IV d. C. contó con varias escuelas, gimnasios y templos a los dioses griegos Zeus, Apolo y Fortuna.[8]

Aunque Roma había rebajado los impuestos a los señores feudales, el emperador romano recibía muchos ingresos de las tierras que antes poseía Arquelao. Las minas producían mármol translúcido, cristal de alabastro, ónice, plata, plomo y hierro. En Capadocia florecieron variedades de animales domésticos: ovejas, cabras, vacas, cerdos, mulas, camellos y caballos. Sin embargo, la mayor parte de los ingresos generados por la tierra procedían de los minerales y las piedras preciosas.[9]

A pesar de los ricos recursos de la tierra, la mayor parte de Capadocia seguía estando atrasada y empobrecida, muchas personas vivían en cuevas excavadas en las suaves formaciones rocosas volcánicas, a menudo compartiendo sus hogares con sus animales. La tierra producía suficiente grano para la exportación, pero la mayor parte del vino y el aceite de oliva que consumían los lugareños era importado.[10]

GUERRA Y PAZ

El Río Éufrates constituía la frontera oriental de la región, dividiendo el Imperio romano al oeste del principal adversario de Roma al este, los partos, cuyo imperio abarcaba gran parte del actual Irán. El país de Armenia, en la orilla oriental del Éufrates, también proporcionaba un amortiguador adicional frente a los partos, lo que hacía que la política de Armenia fuera de gran interés tanto para los romanos como para los partos, ya que competían por el control en Cercano Oriente.[11]

La paz prevaleció entre la provincia romana de Capadocia y los partos durante dieciséis años después de que el procurador romano asumiera su cargo en el año 17 d. C. Sin embargo, cuando el rey Artaxias de Armenia murió en el año 34 d. C., comenzó una lucha hostil de tres años entre Roma y los partos para determinar el siguiente gobernante de Armenia. En realidad, Roma nunca envió fuerzas contra los partos, sino que Farasmanes, el rey de Iberia, tomó la iniciativa en las escaramuzas contra los partos. Roma había elegido al hermano de Farasmanes, Mitrídates, como candidato a rey de Armenia. La historia no dice cómo afectó esta guerra a Capadocia, pero el acuerdo alcanzado entre Roma y los partos en el año 37 estableció a Mitrídates como nuevo gobernante de Armenia.[12]

La mayor lucha por Armenia surgió en el reinado de Nerón, y Capadocia se convirtió en un puesto militar estratégico para Roma durante la Guerra de los partos y los armenios, que se desarrolló desde mediados de los años 50 hasta el 66. Roma reclutó en toda Capadocia y Galacia para llenar sus legiones, que normalmente estaban compuestas por ciudadanos romanos. Como resultado algunos capadocios obtuvieron la ciudadanía romana al alistarse en la legión y las esposas e hijos de estos reclutas militares también obtuvieron la ciudadanía al regresar sus maridos o padres a la vida civil. Roma y Partia llegaron a un acuerdo de paz en el año 66, y Roma retiró sus legiones de Capadocia.[13]

CRECIMIENTO CRISTIANO

Hechos 2:9 indica que los partos (judíos o prosélitos) fueron testigos del milagro de Pentecostés junto con los residentes de Capadocia. Capadocia resultó ser un gran laboratorio para atestiguar la eficacia del evangelio de Jesucristo para penetrar en corazones condicionados a resistirse al cambio por un entorno duro y relativamente aislado. La diáspora judía había plantado comunidades judías en Capadocia, y esto proporcionó la base para la expansión del evangelio en el Imperio romano. Quizá esa primera semilla de la gracia de Dios germinó en un corazón capadocio en Jerusalén en Pentecostés y se trasplantó a un pueblo de riscos volcánicos y señores feudales. La semilla creció lentamente, con sus flores floreciendo y sus frutos madurando en el siglo IV a través del ministerio y los escritos de los padres capadocios.

NOTAS

1 Raymond Van Dam, *Becoming Christian: The Conversion of Roman Cappadocia* (Filadelfia: University of Pennsylvania Press, 2003), 1–2.

2 Raymond Van Dam, *Kingdom of Snow: Roman Rule and Greek Culture in Cappadocia* (Filadelfia: University of Pennsylvania Press, 2002), 13.

3 *Ibid.*, 13-15.

4 *Ibid.*, 13.

5 *Ibid.*, 1.

6 William Emmett Gwatkin Jr., «Cappadocia as a Roman Procuratorial Province», *University of Missouri Studies* 5.4 (Octubre de 1930): 5–16, 19; William Emmett Gwatkin Jr., «Cappadocia» en *ABD*, 1:870–72.

7 Gwatkin, «Cappadocia as a Roman Procuratorial Province» 17–19; Van Dam, *Kingdom of Snow*, 24–25.

8 Jack Finegan, *The Archeology of the New Testament: The Mediterranean World of the Early Christian Apostles* (Boulder, CO: Westview, 1981), 83; Van Dam, *Kingdom of Snow*, 24–27.

9 Gwatkin, «Cappadocia as a Roman Procuratorial Province», 19; Van Dam, *Kingdom of Snow*, 15.

10 Van Dam, *Kingdom of Snow*, 15–16.

11 Jesse Curtis Pope, «Parthians» en *EDB*, 1010.

12 Gwatkin, «Cappadocia as a Roman Procuratorial Province», 30.

13 *Ibid.*, 44–45, 55.

CEDROS DEL LÍBANO

POR W. MURRAY SEVERANCE

Monumento a Hiram, cerca de Tiro; fue el rey fenicio que suministró cedro a Salomón.

El gran cedro del Líbano estaba peligrosamente cerca de la extinción; se ha intentado salvar el árbol.

Uno de los escasos grupos de cedros del Líbano deja entrever lo que pudieron ser los bosques.

El cedro era una madera muy apreciada incluso antes de la construcción de las pirámides de Egipto. Hoy en día solo quedan manchas de los antaño formidables bosques del Líbano. En una época, Israel contaba con vastos bosques, pero no se puede comparar con los de Fenicia.

El rey Salomón contrató a Hiram, rey de Tiro, para que le proporcionara vigas y paneles para la construcción del templo. Desde las montañas del Líbano, las maderas eran empujadas hasta la costa de Tiro y Sidón por un camino artificial, llamado *vovtou*, hecho de troncos redondeados. Una vez en la costa, los maderos se ataban en grandes balsas y se hacían flotar a lo largo 160 kilómetros (100 millas) en el Mar Mediterráneo hasta Jope; en otras ocasiones, hasta Egipto y otros puertos. Desde Jope se arrastraban con infinito cuidado 55 kilómetros (35 millas) por caminos escarpados y rocosos hasta Jerusalén.

¿Por qué el cedro era un producto tan valioso? El arcón de cedro de hoy en día demuestra su valor; los armarios de las casas más grandes suelen tener paneles de cedro por las mismas razones. Aparte de su intenso color marrón rojizo, el aspecto más notable del cedro es su aroma. El olor no es ofensivo para los humanos, pero los insectos lo resisten. El olor puede permanecer en la ropa durante un tiempo, pero ese hecho es un pequeño inconveniente si se compara con la pérdida de las prendas por polillas.

La mayoría de las coníferas, incluidos los cedros, prefieren los hábitats húmedos en zonas de colinas o montañas. Las montañas del Líbano y el Antilíbano proporcionan un lugar ideal. Se extienden a lo largo de unos 160 kilómetros (100 millas) hacia el interior y en paralelo al Mar Mediterráneo, donde atrapan las nubes cargadas de

En Jope, donde se descargaban cedros del Líbano para transportarlos a Jerusalén.

humedad del mar. La altura media de estas montañas es de 1830 a 2130 metros (6000 a 7000 pies), pero varios picos se elevan a más de 3050 metros (10 000 pies). En la época de Salomón, las laderas superiores estaban cubiertas de esos maravillosos árboles.

Algunos alcanzan los 36 metros (120 pies) de altura, pero la mayoría tienen entre 18 y 24 metros (60 a 80 pies). La circunferencia de algunos árboles es de 9 a 12 metros (30 a 40 pies). Al igual que aquellos antiguos olivos del jardín de Getsemaní, se cree que algunos cedros del Líbano tienen unos 2000 años de antigüedad. Sus ramas se extienden, como se ve en Números 24:6; Salmo 92:12; y Oseas 14:5. Estas ramas horizontales comienzan a unos 3 metros (10 pies) del suelo y crecen hacia afuera a una distancia considerable, a veces más ancha que la altura del árbol. Las numerosas ramificaciones dan a los cedros su característico aspecto escalonado. Los árboles viejos son nudosos y majestuosos, un espectáculo realmente impresionante.

Los cedros del Líbano no solo proporcionaban madera y paneles para la construcción, sino que también eran un símbolo de fuerza, esplendor, longevidad y gloria. Ezequiel comparó al rey de Asiria con un gran cedro del Líbano (Ezeq. 31). La sulamita comparó a su amante con los cedros del Líbano, llamándolo «majestuoso» (Cant. 5:15).

COLOSAS EN EL SIGLO I

POR ROBERT A. WEATHERS

Tell Colossae, cerca de la actual ciudad de Honaz (Turquía). No es más que una pequeña colina y nunca ha sido excavada.

Aunque el momento exacto de su fundación está envuelto en la incertidumbre, Colosas surgió ya en el 485 a. C. como una ciudad arraigada en el antiguo Imperio frigio. En el 480 a. C., el historiador griego Heródoto la calificó de «gran ciudad de Frigia».[1] Otro historiador, Jenofonte, escribió que era una «ciudad grande y próspera».[2]

Esta grandeza se debía en gran medida a la posición de la ciudad en el valle del Lico de Asia Menor, una zona exuberante alimentada por el Río Lico. La ciudad se beneficiaba de los viajeros que solían llegar primero a Colosas cuando entraban en el valle de camino a Éfeso, a unos 160 kilómetros (100 millas) al oeste. Además, la popular ciudad de Hierápolis estaba a solo 20 kilómetros (13 millas) de distancia y Laodicea estaba aún más cerca, a solo 19 kilómetros (12 millas) (ver Col. 4:15-16). Después de disfrutar de una breve estancia en Colosas y luego en Laodicea, un visitante podía viajar a Éfeso y luego a Roma, en un viaje de aproximadamente 1770 kilómetros (1100 millas).[3]

En sus inicios, la zona acumuló una gran riqueza, el río proporcionaba fértiles pastos y campos para el cultivo de productos, por lo que gozaba de una próspera industria ovina y ganadera. Además, la ciudad se había enriquecido con el cultivo y la venta de higos y aceitunas. También compartía con Laodicea la abundancia de depósitos de tiza, dejados por la corriente del río, que proporcionaban a los comerciantes amplios recursos para teñir telas. Por ello, Colosas era famosa por la fabricación de lana, especialmente por la producción de un fino tejido de color rojizo-púrpura llamado colossinus.[4]

Una piedra de cornisa en Colosas.

Colosas inició un lento declive cuando el Imperio romano cambió la ruta a través del valle. Asia se convirtió en una provincia romana en el año 190 a. C., y los romanos decidieron que el mejor lugar para una capital de este distrito era Laodicea. Por lo tanto, redirigieron el sistema de carreteras para hacer de Laodicea el cruce más importante de la región y así la prosperidad se desvió literalmente de la pequeña ciudad de Colosas. La decadencia de la ciudad fue lenta pero segura. Un geógrafo griego llamado Estrabón, que escribió unos veinte años antes de Pablo, señaló que la ciudad en retroceso se había convertido en un «pueblito».[5] En la época de Pablo, Colosas «había disminuido su importancia política y financiera», lo que la convertía quizás en «la ciudad menos importante a la que Pablo le escribió».[6]

Aun así, a pesar de la debilidad política y económica de Colosas, la ciudad contaba con una población mixta y colorida. Todavía vivían allí descendientes de frigios, y la presencia militar y política romana era dominante. El comercio había traído varios grupos étnicos y religiones. Entre estos grupos se encontraba una gran población de judíos de habla griega. Muchos de estos judíos descendían de familias importadas al valle del Lico por el rey seléucida Antíoco el Grande (223-187 a. C.).

En el año 60, un devastador terremoto asoló el valle. Hierápolis y Laodicea sufrieron graves daños, pero se recuperaron y se mantuvieron fuertes durante años. Colosas, ya debilitada por los cambios políticos y los golpes económicos, nunca se recuperó del todo. La mayoría de sus habitantes se trasladaron a ciudades cercanas más fuertes. En su última historia, Colosas fue golpeada por ejércitos invasores, hasta que finalmente, en el siglo XII, «la iglesia fue destruida por los turcos y la ciudad desapareció».[7] La antigua Colosas nunca ha sido excavada en su totalidad.

NOTAS

1 Richard R. Melick Jr., *Philippians, Colossians, Philemon*, NAC (1991), 162; ver Heródoto, *Guerra persa* 7.30
2 Gene Lacoste Munn, «Introduction to Colossians», *Southwestern Journal of Theology* (*SwJT*) 16.1 (1973): 9; Xenophon, *Anabasis* 1.2.6.
3 Edgar J. Banks, «Colossae» en *ISBE* (1979), 1:732; Melick, *Philippians, Colossians, Philemon*, 162.
4 Scott Nash, «Colossae» en *EDB*, 269–70; Melick, *Philippians, Colossians, Philemon*, 163; Banks, «Colossae» 732; Munn, «Introduction», 10.
5 Melick, *Philippians, Colossians, Philemon*, 163; ver J. B. Lightfoot, *Saint Paul's Epistles to the Colossians and to Philemon*, ed. rev. (Grand Rapids: Zondervan, 1879), 16.
6 Munn, «Introduction», 10.
7 Banks, «Colossae» 732; ver Melick, *Philippians, Colossians, Philemon*, 162–63.

CORINTO: UNA CIUDAD ROMANA-GRIEGA

POR BOB SIMMONS

Canal que cruza el istmo de Corinto a Cencreas. Nerón fue el primero en intentarlo, pero no se completó hasta 1893. El canal tiene 5 kilómetros (3,5 millas) de largo, 22 metros (75 pies) de ancho en la parte superior y 19 metros (65 pies) en la parte inferior.

GEOGRAFÍA E HISTORIA

Corinto estaba situada en el Peloponeso, la parte meridional de Grecia unida al continente por un istmo. El istmo de Corinto tenía 16 kilómetros (10 millas) de largo y 6 de ancho (4 millas). Era tan prominente que los famosos juegos ístmicos llevaban su nombre. Su nombre pasó a describir cualquier trozo de tierra de este tipo, una estrecha franja que conectaba dos áreas de tierra más grandes. En la época de Pablo, un fuerte muro de 9 kilómetros (6 millas) de circunferencia rodeaba Corinto, cada extremo se detenía en la base de la montaña rocosa llamada Acrocorinto, la cual se erguía 574 metros (1886 pies), ambas brindaban protección.[1]

Corinto había disfrutado y soportado un pasado sorprendente. Durante siglos, fue una de las ciudades griegas más ricas e importantes. Pero en el año 146 a. C., el líder romano Mumio invadió y diezmó Corinto, mató a sus hombres y esclavizó a sus mujeres y niños.[2] La ciudad permaneció devastada hasta el año 44 a. C., cuando Julio César guio su reconstrucción. Su nueva población estaba formada en su mayoría por libertos.[3]

Una vez reconstruida, Corinto aprovechó su ventajosa posición geográfica para alcanzar un fuerte estatus financiero. Los trabajadores arrastraban pequeñas embarcaciones en ambos sentidos a través de su estrecho istmo por una carretera hábilmente construida hasta puertos opuestos situados a 6 kilómetros (4 millas) de distancia. El puerto oriental era el de Cencreas, mientras que el de Schoenus y el de Leques se

Mirando hacia el sur, la calle Lechaion de Corinto estaba flanqueada por tiendas a la derecha y templos, baños y fuentes a la izquierda. Al fondo, el Acrocorinto (o «Corinto superior») se eleva casi 579 metros (1900 pies).

encontraban al oeste.[4] Los arcos más grandes debían transportar sus cargas a través del istmo hasta otros barcos que esperaban en el lado opuesto. Este proceso permitía a los barcos que iban o venían del Mar Egeo evitar el peligroso viaje de 320 kilómetros (200 millas) y 14 días alrededor del tormentoso extremo sur del Peloponeso. Gastando dinero en las tiendas de Corinto y llevando a bordo los productos de la ciudad, estos marineros hicieron que la ciudad volviera a ser famosa y rica. Corinto tenía una gran reputación por su cerámica y sus obras en bronce,[5] nunca fue una potencia agrícola y nunca necesitó serlo. Con el tiempo, se convirtió en la principal ciudad de la nueva provincia senatorial creada en ella.[6]

POBLACIÓN

Los cambios de población se produjeron durante la época de control romano. Roma envió gente de numerosos países a la zona de Corinto, muchos de los nuevos pobladores eran antiguos esclavos o soldados romanos retirados, algunos incluso procedentes de Grecia, también de Asia, Siria, Judea, Egipto y otras regiones.[7] Estos forasteros llegaron a Corinto trayendo sus propias costumbres, lenguas y supersticiones religiosas. Muchos judíos, que llevaban mucho tiempo residiendo en la región de Acaya, probablemente habían optado por permanecer en Corinto cuando era posible o por regresar allí cuando podían.

Esta «invasión» de extranjeros acabó por cambiar o diluir algunas de las costumbres y opiniones religiosas griegas de Corinto. Los recién llegados dieron a algunas deidades sus propios templos. Incluso adoraron a las egipcias Isis y Serapis. Poco a poco, los dioses y diosas nuevos para los corintios se hicieron prominentes. En la época de Pablo, la ciudad, antes francamente griega, fue perdiendo gradualmente su identidad. Asimismo, la población romana de Corinto había perdido muchas de sus costumbres distintivas. La ciudad griega, propiedad de Roma, había cambiado drásticamente con el paso de los años.[8]

NOTAS

1 R. E. Glaze, «Corinth» en *HolBD*, 299.
2 Glaze, «Corinth», 299.
3 W. J. Woodhouse, «Corinth» en *Encyclopedia Biblia* (Londres: Adam & Charles Black, 1899), 898.
4 J. E. Harvey, «Corinth» en *International Bible Encyclopedia* (Chicago: Howard Severance, n.d.), 710.
5 J. Murphy-O'Conner, «Corinth» en *ABD*, 1:1136.
6 *Ibid.*, «Corinth», 1138.
7 J. H. Harrop, «Corinth» en *New Bible Dictionary* (Londres: Inter-Varsity, 1982), 1136.
8 Murphy-O'Conner, «Corinth», 1138.

LA JERUSALÉN DE DAVID

POR GARY P. ARBINO

Restos de la estructura de piedra escalonada.

En un brillante movimiento estratégico, David decidió capturar una fortaleza cananea en la región montañosa de Judá para convertirla en su capital. La ciudad era conocida como Jebús en tiempos de David (Jue. 19:10-11; 1 Crón. 11:4-5), pero también como *Urusalim* en las cartas de Amarna del siglo XIV a. C.

UNA CIUDAD FORTIFICADA

La ciudad cananea abarcaba el espolón de cuatro hectáreas de la colina al sur de lo que se convirtió en el Monte del Templo. La colina estaba limitada al oeste por «el valle» (posteriormente conocido como el Tiropeón) y al este por el valle del Cedrón. La colina se extiende unos 610 metros (2000 pies) y desciende hacia el sur. Los dos valles se unen en el extremo sur de lo que más tarde sería la ciudad de David. Como señala poéticamente el Salmo 125:2, la ciudad está rodeada por las colinas locales.

Por las burlas registradas en 2 Samuel 5:6 y 1 Crónicas 11:5, los habitantes jebuseos se sentían seguros en su fortaleza, llamada en hebreo *Metsudat Tsion* o «fortaleza de Sión» (2 Sam. 5:7). Esta fortaleza estaba probablemente situada en el extremo norte de la ciudad, cerca de su punto más alto y vulnerable.

En la ladera oriental de la colina, los arqueólogos han descubierto un enorme elemento arquitectónico conocido como Estructura de Piedra Escalonada. Este manto escalonado de hileras de piedra colocadas sobre una subestructura de terrazas, muros de costillas y relleno se extiende por la ladera al menos 36 metros (120 pies) desde la cresta de la colina. Todavía no se ha determinado toda su extensión. Por su

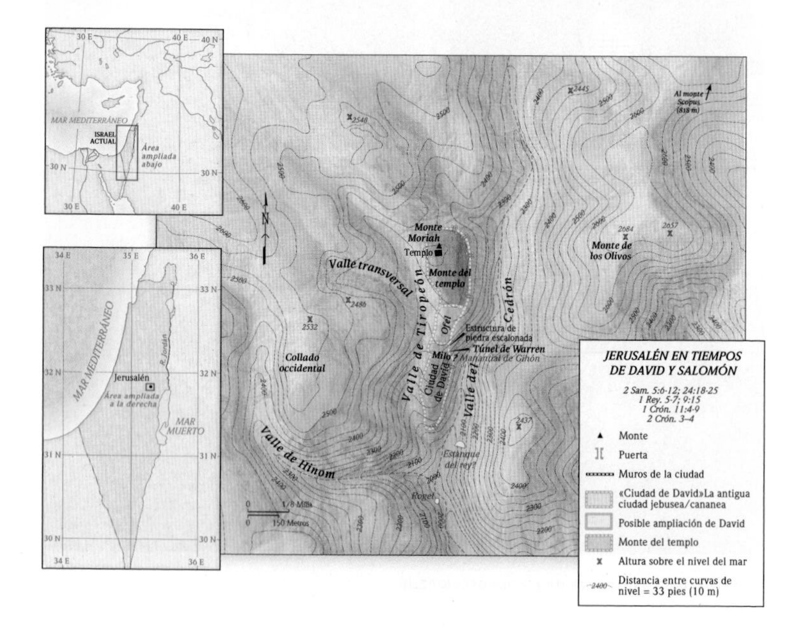

tamaño y posición, a menudo se considera que se trata de los cimientos de apoyo del *Metsudat Tsion*, reutilizado por David tras la toma de la ciudad.

Además de la fortaleza del norte, los muros de fortificación rodeaban Jebús. Los arqueólogos han descubierto poco o nada del sistema de murallas occidental del siglo x. Posiblemente una estructura expuesta en el siglo xix podría ser una puerta occidental de este período. En el lado este de la ciudad, parece que una muralla de la Edad de Bronce Media (2200-1550 a. C.) siguió utilizándose durante la Edad de Bronce Tardía y la Edad de Hierro (1550-586 a. C.). Esta muralla, de unos 2 metros (8 pies) de grosor, estaba situada en la mitad de la ladera este, en la cima de un escarpado afloramiento rocoso. Cerca del extremo norte de esta muralla, por debajo de la Estructura de Piedra Escalonada, la famosa arqueóloga Kathleen Kenyon excavó lo que parece ser una puerta en la muralla.

UBICACIÓN ESTRATÉGICA

Después de reinar durante más de siete años en su propio territorio tribal en Hebrón, David necesitaba ampliar su influencia (2 Sam. 5:1-5). Jebús estaba situada en el centro entre su tribu, Judá, y el resto de las tribus. Aunque estaba asignada a los benjamitas (la tribu del antiguo rival de David, Saúl), ninguna tribu la había poseído todavía. Situada en la frontera entre Judá y Benjamín (Jos. 15:8), la ciudad fue atacada años antes por los judaítas (v. 63; Jue. 1:8), que no pudieron mantener la ciudad, por lo que fue entregada a los benjamitas (Jos. 18:28), que tampoco pudieron conservarla (Jue. 1:21). La ciudad siguió siendo un enclave jebuseo hasta la época de David, por lo que se convirtió en una perfecta capital centralizada, de la que pudo hacer uso.

Tramo de la muralla de Jerusalén que data del período del Primer Templo (1000-586 a.C.). Esta sección de la muralla, que protegía el lado norte de Jerusalén, mide casi 6 metros (23 pies) de ancho y más de 60 metros (200 pies) de largo.

AGUA PARA LA CIUDAD

Así que David y sus poderosos hombres, su ejército personal, sitiaron Jebús. El texto bíblico señala que Joab se convirtió en el comandante del ejército de David cuando se hizo cargo del ataque a Jebús. Lo hizo pasando por el *tsinnor*, que suele traducirse como «acueducto o pozo de agua» (1 Crón. 11:6; 2 Sam. 5:8). La mayoría de los eruditos bíblicos suponen que esto significa que subió por un pozo en el sistema de agua cerca del manantial de Guijón, en la ladera oriental de la ciudad, entró en la ciudad y dejó entrar al ejército israelita en la ciudad. Este manantial, llamado así por su «brote» intermitente (*Guijón* deriva de una raíz hebrea que significa «brotar»), es el único suministro de agua perenne en la ciudad de David.

Recientemente, los arqueólogos han descubierto dos enormes torres de fortificación y un estanque profundo en el manantial y los han fechado en la Edad de Bronce Media (2200-1550 a. C.).[1] Están fuera de las murallas de la Edad de Bronce Media, pero parece que estaban conectadas a ellas y que posiblemente se accedía a ellas por la puerta de Kenyon. Los arqueólogos están de acuerdo en que estas murallas seguían en uso en la época de los jebuseos y David. Ciertamente, el manantial se seguía utilizando. Un túnel proporcionaba un acceso adicional y más seguro al manantial. Este túnel, comúnmente conocido como el pozo de Warren, tallado en la suave piedra caliza, cruzaba bajo las murallas de la ciudad y daba acceso oculto a la piscina del manantial. Hasta hace poco, el túnel parecía terminar en un pozo vertical natural de 12 metros (40 pies) donde la gente bajaba jarras para obtener agua. Durante mucho tiempo se pensó que este pozo era el *tsinnor* de Joab. Sin embargo, las excavaciones recientes indican que la sección vertical no estaba expuesta en la época de David y Joab, sino que el túnel conectaba con una cueva cuya boca se abría en la piscina. Así que no sabemos qué era exactamente el *tsinnor* de Joab, pero parece que tiene algo que ver con un canal de agua.

LA CAPITAL DE DAVID

Independientemente del método exacto, David había tomado la ciudad con su ejército, por lo que en realidad era su botín de guerra, su fortaleza personal. Así, David había creado astutamente una capital fortificada que no era posesión de ninguna tribu, pero que estaba situada en el centro.

Según 2 Samuel 5:9 y 1 Crónicas 11:8, David y Joab comenzaron inmediatamente a mejorar la ciudad. Aunque a Joab se le podría atribuir la restauración de la ciudad (¿una alusión a la restauración residencial?), David recibiría el crédito por la construcción del extremo norte de la ciudad, las zonas de la fortaleza y el palacio, incluyendo la zona «del *millo*».

El término *millo* parece significar una zona rellena, y muchos lo interpretan como un sistema de terraplén (1 Crón. 11:8). Si este es el caso, entonces el *millo* puede referirse a terraplenes y rellenos utilizados para extender la ciudad hacia el norte, hacia el Monte del Templo. Dado que David compró el Monte del Templo y colocó allí el santuario del arca (2 Sam. 6; 24; 1 Crón. 21–22), podríamos concluir razonablemente que comenzaría a rellenar el espacio entre la ciudad de David y el Monte del Templo. La colocación del arca por parte de David en la ciudad fue un paso importante en la creación de ésta como su capital. Claramente, David mostró su lealtad a Dios en este acto. En otro nivel, vemos su visión y su perspicacia política y religiosa al consolidar para sí mismo y para el pueblo su papel como elegido de Dios y al consolidar Jerusalén como capital de Israel (2 Sam. 6).

En 2 Samuel 5:11, leemos que David también construyó un palacio para sí mismo. Según el versículo 17, David tuvo que bajar para llegar al *Metsudat Tsion*. Si esta fortaleza se encontraba en la cima de la Estructura de Piedra Escalonada, entonces tendríamos que mirar hacia arriba, hacia el norte, para encontrar el palacio. Recientemente, la renombrada arqueóloga Eilat Mazar ha descubierto en esta zona una arquitectura monumental que data de principios de la Edad de Hierro II (1000-900 a. C.), la época de David. Dados sus muros de 1 a 2 metros (6 a 8 pies) de ancho, Mazar llama a su hallazgo la «Estructura de Piedra Grande». Mazar relaciona sus hallazgos con una corta sección de muro de casamata (un estilo de muro típicamente israelita) descubierta en las cercanías por Kenyon, así como con algunos bloques de sillar (piedras grandes de corte cuadrado) y un capitel de columna protoeólica (restos arquitectónicos decorativos, que suelen encontrarse asociados a edificios reales de la Edad de Hierro) descubiertos ladera abajo. Al evaluar sus hallazgos, Mazar sostuvo con cautela que su estructura comprende los cimientos del palacio real de David.[2]

El palacio habría sido un edificio imponente en la parte más alta de la ciudad. Habría servido como sala de recepción para los emisarios del joven reino (2 Sam. 8:9-10) y albergaba a la familia real (5:13-16). Desde allí, la esposa de David, Mical, podía contemplar la procesión que traía el arca a la ciudad (6:16), y David podía mirar su ciudad desde los tejados y ver a Betsabé bañándose (11:2). En su palacio, David podía incluso vigilar a su último rival potencial de la casa de Saúl (2 Sam. 9).

La reconstrucción de la ciudad jebusea por parte de David también incluía zonas residenciales. Excavaciones recientes han descubierto casas dentro de la muralla de la ciudad, en la ladera oriental, que están construidas en el manto de la estructura de piedra escalonada. Algunos arqueólogos datan estas casas en la época de David.[3] Estas unidades domésticas están sólidamente construidas y se encuentran justo debajo de la fortaleza y la zona del palacio. Es posible que fueran las casas de los funcionarios y los soldados de élite de David (8:15-18; ver 1 Crón. 11:10-47). Justo debajo de la muralla de la Edad de Bronce Media (2200-1550 a. C.), en la ladera este, el arqueólogo israelí Yigal Shiloh excavó otro barrio residencial. Esta zona doméstica, fuera de las murallas de la ciudad, estaba desprotegida y mal construida, con algunos indicios de actividad religiosa doméstica.[4] La diferencia entre las casas dentro y fuera de las murallas puede ilustrar cierta estratificación social en la Jerusalén de David. La Biblia también recoge que la nobleza poseía fincas fuera de las murallas de la ciudad (2 Sam. 14:30-31).

La Jerusalén de David era su fortaleza, una ciudad pequeña en tamaño pero con arquitectura real y administrativa, fortificaciones, un complejo suministro de agua, zonas domésticas socialmente diversas y tierras agrícolas cercanas.

NOTAS

1 Ronny Reich y Eli Shukron, «Light at the End of the Tunnel: Warren's Shaft Theory of David's Conquest Shattered», *BAR* 25.1 (1999): 22–33, 72.

2 Eilat Mazar, «Did I Find King David's Palace?», *BAR* 32.1 (2006): 16–27, 70.

3 Jane Cahill, «Jerusalem in David and Solomon's Time: It Really Was a Major City in the Tenth Century BCE», *BAR* 30.6 (2004): 26–27.

4 D. T. Ariel y A. De Groot, «The Iron Age Extramural Occupation at the City of David and Additional Observations on the Siloam Channel», en *Excavations at the City of David*, vol. 5, ed. D. T. Ariel, Qedem 40 (Jerusalén: Hebrew University, 2000), 155–69

EDÉN: TODO LO QUE SABEMOS

POR KEVIN HALL

Río Tigris en Diyarbakir, al este de Turquía.

Con el descubrimiento de las bibliotecas del Cercano Oriente que contenían antiguos textos acadios y sumerios, se generalizó la asociación del nombre bíblico «Edén» con el término acadio *edinu* (sumerio, *eden*), que significa «llanura, estepa».[1] Esta explicación del nombre tenía sentido para quienes pensaban que era probable que el Edén estuviera en las amplias llanuras de «la tierra entre los ríos», Mesopotamia, o en sus alrededores. Sin embargo, más recientemente, los estudios arameos y ugaríticos han aportado pruebas que asocian el nombre con la idea de un «jardín de la abundancia».[2] Esta explicación concuerda bien con el significado básico del término hebreo *'eden*, «lujo, deleite».

En este contexto de una región llamada Edén («lujo, deleite») con un jardín bien regado, podemos considerar instructivamente los paralelos del antiguo Cercano Oriente. Los monarcas del antiguo Cercano Oriente, como el rey Senaquerib de Asiria, prodigaban sus capitales con parques y jardines regados por manantiales fuera de la ciudad. Por tanto, si la Biblia pretende que imaginemos un manantial que brota del

Edén para regar un jardín o un parque, entonces el texto bíblico describe «una situación que era bien conocida en el mundo antiguo: un lugar sagrado con un manantial y un parque adyacente bien cuidado, con ejemplares de árboles y animales».[3]

El relato bíblico de la ubicación del Edén está más interesado en afirmar la «centralidad cultural y política» del Edén dentro del antiguo mundo del Cercano Oriente que en proporcionar una hoja de ruta para precisar la ubicación del Edén.[4]

NOTAS

1 Howard N. Wallace, «Eden, Garden of» en *The Anchor Bible Dictionary* (*ABD*), ed. David Noel Freedman (Nueva York: Doubleday, 1992), 2:281–83.

2 J. H. Walton, «Eden, Garden of» en *Dictionary of the Old Testament: Pentateuch* (Downers Grove, IL: InterVarsity, 2003), 202–7.

3 Walton, «Eden» 204.

4 *Ibid.*

EDOM: SU TIERRA Y SU GENTE

POR GEORGE H. SHADDIX

Este estrecho y natural peñasco llamado Siq es la única vía de acceso a la antigua ciudad nabatea de Petra.

La nación de Edom se originó con Esaú, el hijo mayor de Isaac y Rebeca (Gén. 25:21-24). Esaú y Jacob eran gemelos, pero Esaú era el primogénito. Estos dos hermanos se convirtieron en hombres con intereses diferentes, A Jacob le gustaba quedarse en casa y Esaú, que tenía un aspecto rudo y tosco, disfrutaba de las actividades al aire libre. Génesis 25:25 describe: «El primero en nacer era pelirrojo, y tenía todo el cuerpo cubierto de vello. A este lo llamaron Esaú». Al crecer estos dos niños gemelos, Esaú se convirtió en un excelente cazador (v. 27). Estos dos, Esaú y Jacob, lucharon entre sí incluso antes de nacer (v. 22), y esta lucha se extendió más allá de los dos individuos a las dos naciones, Edom e Israel, que serían sus descendientes.

Dos acontecimientos importantes marcaron la vida de Esaú. En primer lugar, vendió su derecho de primogénito a Jacob por un poco de guiso rojo (vv. 29-34); según el versículo 30, «por eso se llamó Edom», que está relacionado con el verbo ādam, que significa «ser rojo», así como con el sustantivo *dām*, que significa «sangre». En segundo lugar, Jacob, con la ayuda de su madre, Rebeca, consiguió la bendición de su padre, Isaac. Esta bendición solía recaer en el primogénito, sin embargo, una vez que Isaac bendijo a Jacob no pudo deshacer este hecho. Estos acontecimientos sentaron las bases para una larga hostilidad entre estos gemelos y sus descendientes.

Al casarse con dos mujeres hititas (26:35), Esaú hizo caso omiso del pacto de Dios con su padre, Isaac y su abuelo, Abraham. Más tarde se casó con la hija de Ismael, que era hija de Abraham con la sierva de Sara. Una vez más, estos factores crearon tensión con sus padres, su hermano y finalmente entre las naciones de Israel y Edom.

LA TIERRA

Esaú se asentó en la región montañosa al sur y al este del Mar Muerto, donde predomina la arenisca roja, esta zona se extendía hacia el sur hasta Elat y Ezión Guéber, en la orilla norte del Golfo de Áqaba (Deut. 2:8).[1] La frontera sur de Moab era la frontera norte de Edom, a veces también conocido como Seír (ver Gén. 32:3).

Esta zona montañosa tiene 64 kilómetros (40 millas) de ancho y 160 kilómetros (100 millas) de largo. Los lados de la zona «se elevan abruptamente desde el valle».[2] La parte norte de la meseta forma un espacioso pastizal. Las montañas al norte se elevan entre 460 a 610 metros (1500 a 2000 pies); algunas del sur alcanzan los 790 metros (2600 pies). Muchas zonas son picos y desfiladeros inaccesibles. Estas características nos ayudan a entender por qué Génesis 36:8 dice que Esaú vivía en las montañas de Seír. En los días de Abdías, la capital de Edom era Selá, que significa «roca». Suele identificarse con Nabatea la ciudad-roca conocida como Petra.

SU GENTE

Los descendientes de Esaú conquistaron a los horeos que vivían en esta zona antes que ellos (comp. Gén. 14:6; Deut. 2:22). Tras salir de Egipto, los israelitas se acercaron a Edom. Moisés envió mensajeros, desde Cades, para pedir al rey de Edom permiso para atravesar su tierra (Núm. 20:14-21) diciéndoles que se refirieran a los israelitas como «tu hermano Israel» (v. 14). Sin duda, en un esfuerzo para animar a los edomitas a ser generosos y permitirles pasar por la tierra. La animosidad entre Jacob y Esaú evidentemente continuaba; los edomitas no permitían a los israelitas pasar por su tierra.

Esta negativa se produjo a pesar de las promesas de Moisés de que irían por el Camino del Rey y no a través de los campos o viñedos, ni beberían agua de un pozo de la tierra. La respuesta del rey fue: «Ni siquiera intenten cruzar por mis dominios;

de lo contrario, saldré con mi ejército y los atacaré» (v. 18). Para asegurarse de que Israel no pasara por su tierra, los edomitas vinieron contra ellos con un gran ejército. Los israelitas se apartaron y no intentaron atravesar la tierra de Edom.

DESPOSEÍDOS Y DESTRUIDOS

Balán, en su oráculo final (Núm. 23–24), declaró: «Edom será conquistado; Seír, su enemigo, será dominado, mientras que Israel hará proezas» (24:18). Cuando Saúl era rey de Israel, «luchó contra todos los enemigos que lo rodeaban», incluido Moab, los amonitas, edomitas, reyes de Sobá y los filisteos. «Y a todos los vencía» (1 Sam. 14:47).

Luego, cuando David se convirtió en rey, abatió a 18 000 edomitas y puso guarniciones de soldados por todo Edom. Los edomitas se convirtieron en súbditos de David (2 Sam. 8:13-14). Salomón reunió una flota de barcos en Ezión Guéber, en el Mar Rojo, en la tierra de Edom, lo que indica que Edom estaba bajo el gobierno de Salomón. Estos barcos navegaron hasta Ofir y trajeron de vuelta a Salomón 14 mil kilos de oro (420 talentos o 16 toneladas; ver 1 Rey. 9:26-28). Durante el reinado de Jorán (850-843 a. C.), los edomitas se sublevaron contra Judá y nombraron su propio rey (2 Rey. 8:20).

Edom se menciona muchas veces en los Profetas y «se destaca en la Biblia por su soberbia, traición, codicia y violencia» (ver 2 Crón. 20:10-11; 25:14,20; Jer. 49:16; Amós 1:9,11; Abd. 3). Su trato al pueblo de Israel cuando los babilonios lo invadieron es una llaga particular (ver Sal. 137:7; Ezeq. 25:12; 35:15; 36:5; Joel 3:19; Abd. 10-14). El juicio de Dios sobre Edom se declara varias veces (ver Isa. 34:5-17; Jer. 49:7-22; Lam. 4:21; Ezeq. 25:12-14; 35:1-15; Amós 1:11-12; Abdías).[3] La devastación llegó probablemente en el siglo VI. Kyle McCarter concluyó su discusión sobre la datación de la destrucción de Edom: «La fecha precisa de la expulsión final de los edomitas es indeterminada, pero se sitúa a finales del siglo VI por acuerdo general. Las pruebas arqueológicas, todavía lamentablemente escasas, muestran que la última parte de ese siglo fue un período de colapso general de la cultura edomita».[4]

NOTAS

1 Burton MacDonald, «Archaeology of Edom», *Anchor Yale Bible Dictionary*, 2:295.

2 W. Ewing, «Edom; Edomites» en *ISBE* (1952), 2:899.

3 E. Ray Clendenen, «Malachi» en *Haggai, Malachi, NAC* (2004), 250–51.

4 P. Kyle McCarter Jr., «Obadiah 7 and the Fall of Edom», *BASOR* 221 (1976): 89.

EL EGIPTO QUE JOSÉ CONOCÍA

POR STEPHEN R. MILLER

Fachada del templo de Isis en la isla de Philae, en Asuán. Isis era una de las grandes diosas madres, protectora de vivos y muertos.

Según la cronología primitiva, Jacob entró en Egipto hacia 1876 a. C. Dado que José es anterior a su padre en aproximadamente 25 años (Gén. 37:2; 41:46), llegó alrededor de 1900 a. C. durante el reinado de Amenemhat II (1929-1895 a. C.), tercer faraón de la duodécima dinastía de Egipto. Las pruebas sugieren un aumento de asiáticos durante la época de Amenemhat, aparentemente traídos como sirvientes domésticos. Sin embargo, los registros egipcios indican que a veces los asiáticos (como José) alcanzaban importantes puestos de gobierno. José vivió 110 años (50:22), muriendo hacia 1805 a. C. durante el reinado de Amenemhat III (1842-1797 a. C.). El reinado de Amenemhat III marcó el esplendor de la prosperidad económica del Reino Medio. Quizás esto se deba en parte a las habilidades administrativas de José y a la adquisición de tierras para los faraones durante los años de hambruna (47:20). Se han conservado estatuas y otros retratos de estos faraones, lo que permite ver los rostros de las personas que José conoció.[1]

EGIPTO EN LA ÉPOCA DE JOSÉ

El Egipto de José era un lugar fascinante. La capital del imperio estaba en el norte, cerca de Menfis, a unos 50 kilómetros (30 millas) al sur de El Cairo. El gran Nilo (el río

La figura de granito de Amenemhat III, que gobernó en la dinastía XII, se muestra en la clásica pose de un funcionario del Reino Medio. Las fechas de su reinado (1855-1808 a. C.) coinciden con la época en que José vivió en Egipto.

más largo del mundo) bullía de actividad. Los grandes templos y estatuas eran visibles en todo el territorio. Las tres enormes pirámides de Guiza y la Esfinge ya habían resistido las arenas del desierto durante más de medio milenio. La Gran Pirámide de Khufu se elevaba unos 146 metros (481 pies) de altura, y cada uno de sus cuatro lados se extendía unos 230 metros (756 pies). Esta pirámide contiene 2,3 millones de bloques de piedra, con un promedio de al menos dos toneladas y media cada uno. Las pirámides de Guiza, originalmente cubiertas de piedra caliza blanca y brillante, debían de ser todo un espectáculo. Los griegos designaron la Gran Pirámide como una de las siete maravillas del mundo antiguo, y es la única que se conserva.[2]

La religión era una parte crucial de la vida egipcia, adoraban a un sinfín de deidades, 765 dioses decoran las paredes del vestíbulo que conduce a la tumba de Tutmosis III (1504-1450 a. C.).[3] Amón (Amón-Ra) era aclamado como el rey de los dioses de Egipto. Osiris era vital porque era el dios de la vegetación y del más allá. Se pensaba que el Río Nilo, que daba vida, era el torrente sanguíneo de Osiris,[4] lo que resultaba irónico a la luz de la primera plaga del éxodo, cuando el río se convirtió en sangre (Ex. 7:14-25). Otros dioses dignos de mención eran Nut (diosa del cielo), Isis (diosa del amor y de las madres), Hathor (diosa del amor, de la alegría y del cielo; representada con cuernos, con orejas de vaca o como una

Un dibujo en el interior de la tumba de Khnumhotep II en Beni Hasan tiene lo que parece ser gente vestida de hebreo en la esquina superior izquierda.

Figurilla de un hombre arando; del Reino Medio (2055-1650 a. C.).

vaca), Thot (dios de la luna y de la escritura, a veces representado como un babuino) y varios dioses del sol: Re (o Ra), Atón y Atum. Los egipcios adoraban a los faraones como la encarnación del dios Horus (representado por un halcón), sin duda la motivación para transportar los millones de toneladas de piedra para construir las tumbas piramidales de los faraones.

Isis lleva un pesado collar con terminales de cabeza de halcón y en la cabeza un modius, símbolo de la fertilidad, rematado por cuernos de vaca.

Los egipcios creían en la vida después de la muerte. Si pasaban el examen de Osiris, entraban en un hermoso paraíso llamado el campo de los juncos. Si no, sus corazones eran devorados por el horrible monstruo Ammyt. Pero los que estaban en el campo de los juncos aún no estaban a salvo. Si se perdía toda la memoria terrenal de una persona, el difunto podía sufrir la Segunda Muerte, una aniquilación permanente del espíritu. La conservación del cuerpo mediante la momificación y las imágenes (pinturas en la tumba, estatuas) del difunto eran, por tanto, necesarias para mantener su memoria y, a su vez, su vida eterna. No es de extrañar que los faraones llenaran la tierra de imágenes de ellos mismos: ¡su vida eterna dependía de ello!

En la época de José, Egipto estaba a la cabeza del mundo culturalmente. De hecho, los siglos XX y principios del XIX a. C. han sido designados como la cúspide de la literatura y la artesanía egipcias. La lectura y la escritura eran las materias más importantes en las escuelas, y el escriba (la profesión más deseada en Egipto) pasaba años

«Casa del alma» de cerámica egipcia, con pórtico, dos habitaciones, ventiladores en el tejado y escaleras a la terraza. Estos modelos se colocaban sobre las tumbas. Los visitantes colocaban comida para los muertos en el patio. La maqueta también muestra los elementos esenciales de una casa de ciudad o de campo, como una zona exterior para preparar la comida, mucha sombra y ventilación, y espacio habitable adicional en el tejado. Datado en la dinastía XII, entre 1990 y 1800 a. C., época de José.

dominando los 700 signos de los jeroglíficos egipcios. En la dinastía XII se compusieron dos grandes obras literarias, «Las instrucciones de Amenemhat» y «La historia de Sinuhé». Las joyas recuperadas de las tumbas del Reino Medio exhiben una magnífica artesanía, y las pinturas de las tumbas muestran a músicos con instrumentos (por ejemplo, cítara, laúd, tambor, arpa y flauta).

LA VIDA COTIDIANA EN EL EGIPTO DE JOSÉ

La gran mayoría de la población egipcia (tal vez un millón y medio en la época de José) vivía en la estrecha franja de tierra productiva a lo largo del Nilo. Los principales cultivos de cereales eran el trigo y la cebada. Las lluvias eran escasas y los agricultores dependían de las inundaciones del Nilo para regar la tierra. Si el Nilo subía demasiado poco, podían producirse hambrunas como la de la época de José. Los primeros registros egipcios mencionan tales hambrunas, una de las cuales duró siete años.[5] Además de las actividades agrícolas, las escenas en las paredes de las tumbas representan la pesca, la caza, la fabricación de pan y de ladrillos, así como alfareros, carpinteros, decoradores, orfebres y escultores.

La mayor parte de la ropa era de lino. Los hombres solían llevar prendas con forma de falda de diferentes longitudes, y las mujeres, batas hasta los tobillos sujetas por tirantes. Tanto los hombres como las mujeres se aplicaban mucho los cosméticos, y las mujeres se enterraban frecuentemente con sus espejos. El pelo corto era la norma, pero ambos sexos solían llevar pelucas. Los hombres solían ir bien afeitados (Gén. 41:14), aunque las imágenes de los faraones a menudo los representaban con barbas postizas. Originalmente, la Esfinge tenía barba.

Las momias del antiguo Egipto indican que la altura media de las mujeres era de 1,5 metros (5 pies), y la de los hombres, de 1,6 metros (5,5 pies). Por supuesto, había excepciones. Amenhotep II (que pudo ser el faraón del éxodo) medía 1,8 metros (6 pies) y Sesostris III medía 2 metros (6,6 pies).[6] El análisis de las momias también revela que los egipcios padecían artritis, tuberculosis, gota, cálculos biliares, caries y parásitos.

La dieta egipcia incluía pan (principalmente de cebada), uvas, dátiles, higos, aceitunas, coles, queso, carne de cabra, cerdo, diversas aves y pescado. La cerveza de cebada y el vino (de uva, dátil o palma) eran bebidas populares. La caña de azúcar se introdujo más tarde, pero los ricos podían permitirse la miel.

La monogamia era la norma, aunque los nobles y faraones podían tener muchas esposas y un gran harén. Ramsés II tuvo ocho esposas principales y tuvo más de cien hijos. Los poemas de amor sugieren que la gente se casaba por amor, y las pinturas de las tumbas a menudo representan a un marido y una mujer en un abrazo amoroso. A diferencia de la mujer de Potifar (Gén. 39:7-19),[7] se esperaba que los cónyuges fueran fieles.[8] Los niños egipcios jugaban y tenían juguetes y muñecas. Las mascotas de la familia incluían perros y gatos.

Siguiendo la costumbre egipcia, tanto Jacob como José fueron embalsamados (50:2,26). En el caso de Jacob, todo el proceso de momificación y luto duró setenta días (50:3), número citado en al menos cinco textos egipcios y por Heródoto. José murió a la edad de 110 años, que al parecer se consideraba la duración de vida ideal, pues esta misma edad se menciona en al menos veintisiete textos egipcios.[9]

NOTAS

1 Según la cronología tardía, José vivió en Egipto durante la última parte de la débil y oscura Decimotercera Dinastía (1782-1650 a.C.) y en la primera parte de la Decimoquinta Dinastía-Hicsos (1663-1555 a.C.). Los registros de los reyes de este período son escasos. Para un estudio más detallado, ver Peter A. Clayton, *Chronicle of the Pharaohs: The Reign-by-Reign Record of the Rulers and Dynasties of Ancient Egypt* (Londres: Thames & Hudson, 1994), 90-4; y Daniel C. Browning Jr. y E. Ray Clendenen, «Hyksos», en *HIBD*, 796-98.

2 Clayton, *Chronicle*, 47; Lorna Oakes y Lucia Gahlin, *Ancient Egypt* (Londres: Amness, 2003), 66; y

3 Alberto Siliotti, *Guide to the Valley of the Kings* (Nueva York: Barnes & Noble, 1996), 30.

4 John J. Davis, *Moses and the Gods of Egypt: Studies in the Book of Exodus* (Grand Rapids: Baker, 1971), 94.

5 John A. Wilson, trad., «The Tradition of Seven Lean Years in Egypt» y «The Prophecy of Neferti», en *ANET*, 31–2, 444–46.

6 Davis, *Moses and the Gods*, 105; Clayton, *Chronicle*, 84.

7 «The Story of Two Brothers» (aprox. 1225 a.C.) cuenta cómo una adúltera se vuelve contra un joven que la desprecia (*ANET*, 23-5). El relato de ficción refleja sin duda la realidad.

8 Joyce Tyldesley, *Judgement of the Pharaoh: Crime and Punishment in Ancient Egypt* (Londres: Weidenfeld & Nicolson, 2000), 66; A. Rosalie David, *The Egyptian Kingdoms* (Nueva York: Elsevier Phaidon, 1975), 109.

9 John J. Davis, *Paradise to Prison: Studies in Genesis* (Grand Rapids: Baker, 1975), 304. Para un ejemplo escrito en el período del Reino Medio, ver «The Instruction of the Vizier Ptah-Hotep» *ANET*, 414.

LA INFLUENCIA DE EGIPTO EN EL REINO DIVIDIDO

POR KEN COX

En el templo de Karnak, en Egipto; interior del portal bubastita. Las inscripciones se jactan de las campañas militares de Shishak contra Israel y Judá, durante las cuales afirma haber destruido 156 ciudades y aldeas.

Cruce del Río Nilo hacia Beni Hasan. La vegetación forma una cinta verde a ambos lados del río.

El Serapeum de Saqqara era el lugar de enterramiento de los toros sagrados, que los antiguos egipcios adoraban como encarnaciones de Ptah, su dios de la creación. Tras la división del reino, el rey Jeroboán introdujo el culto a los becerros en Israel.

Egipto no ejerció ninguna influencia religiosa significativa sobre Israel y Judá a través de su compleja gama de dioses e ídolos.[1] Sin embargo, después de ser albergado en Egipto, Jeroboán instituyó la adoración de becerros en Israel (1 Rey. 12:28-29). No obstante, la apostasía más prominente a través del culto a Baal y Astarté la tomó Israel de sus vecinos cananeos.[2]

Una de las exportaciones de Egipto durante el período del reino dividido fue el material de escritura de papiro. Utilizando el papiro que crecía a lo largo del Nilo, los egipcios procesaban, estratificaban y pegaban los tallos de la planta para formar pergaminos. Estos rollos eran comunes tanto como material de escritura en el antiguo Egipto como para la producción de rollos bíblicos en Canaán. El escriba Baruc utilizó rollos de papiro para registrar las profecías de Jeremías. Israel duplicó esta tecnología plantando papiros en Galilea para la producción de pergaminos.[3]

Los descendientes de Jacob en la tierra prometida se encontraban entre las potencias militares y comerciales de Asiria, Babilonia y Aram al norte y Egipto al sur. El estrecho puente terrestre de Canaán conectaba a las naciones que a menudo se movían a través de sus fronteras.[4] Las principales influencias de Egipto en el reino dividido eran como una potencia militar amenazante o un aliado poco fiable.[5]

La Palabra de Dios prohibió a las tribus de Israel confiar en Egipto como apoyo militar. Deuteronomio 17:14-20 describe el carácter de los futuros reyes de Israel. El Señor prohibió a los reyes regresar a Egipto para adquirir caballos. Las Escrituras habían descrito a Egipto como un lugar de oscuridad y esclavitud. El poder de salvación de Dios había liberado amorosamente a Su pueblo del dominio del poder egipcio. El pueblo de Dios, por lo tanto, no debía volver a Egipto después del éxodo. Debían confiar en Dios, no en los aliados políticos, para su seguridad.

El rey Salomón rompió este mandamiento. Sin embargo, la alianza de Israel con Egipto duró poco. El faraón Sisac se enemistó con Salomón durante los últimos años de su reinado al concederle refugio a Jeroboán.[6] Después de la muerte de Salomón, Jeroboán probablemente pidió permiso para regresar a Canaán, donde incitó una rebelión contra el recién nombrado rey Roboán.

La enemistad del faraón Sisac no se limitó a Jeroboán. Después de que Israel se dividiera en el quinto año del reinado de Roboán, Sisac atacó Jerusalén y saqueó los tesoros del templo (1 Rey. 14:25-26). Esta victoria egipcia está registrada en las paredes del templo de Karnak.[7] Sisac se llevó los escudos de oro que Salomón había hecho para su guardia personal.

Cuando las fuerzas del faraón Necao mataron al rey de Judá, Josías, el faraón dirigía su ejército egipcio hacia el norte, en dirección a Damasco, para ayudar a sus aliados de Asiria. Babilonia se estaba convirtiendo en una potencia mundial tras la caída de Nínive en el año 612 a. C. El rey de Babilonia, Nabucodonosor, derrotó al faraón Necao en Carquemis en el 605 a. C.[8]

Tras la derrota de Egipto en Carquemis, Jerusalén se encontraba en un estire y afloje entre Babilonia y Egipto. El faraón Hofra quería restablecer el dominio de Judá e intentó detener el asedio final de Babilonia a Jerusalén.[9] La intervención de Hofra en Judá no tuvo éxito, y en el 586 a. C. los babilonios devastaron Jerusalén.

NOTAS

1 Daniel C. Browning Jr. y Kirk Kilpatrick, «Egypt» en *HIBD*, 469.

2 «Gods, False» en *Unger's Bible Dictionary*, ed. Merrill F. Unger (Chicago: Moody, 1966), 412–13.

3 «Papyrus» en *Unger's*, 823.

4 J. McKee Adams, *Biblical Backgrounds*, rev. Joseph A. Callaway (Nashville: Broadman, 1965), 25.

5 Roland de Vaux, *Ancient Israel* (Grand Rapids: Eerdmans, 1997), 248.

6 John D. Currid, *Ancient Egypt and the Old Testament* (Grand Rapids: Baker, 1997), 179.

7 Currid, *Ancient Egypt*, 180.

8 Richard D. Patterson y Hermann J. Austel, «1, 2 Kings» en *1, 2 Kings, 1, 2 Chronicles, Ezra, Nehemiah, Esther, Job*, vol. 4 en *The Expositor's Bible Commentary*, ed. Frank E. Gaebelein (Grand Rapids: Zondervan, 1988), 289.

9 Ralph H. Alexander, «Ezekiel» en *Isaiah, Jeremiah, Lamentations, Ezekiel*, vol. 6 in Expositor's (1986), 888.

ENGADI: HISTORIA Y ARQUEOLOGÍA

POR JOEL F. DRINKARD JR.

Vista de las montañas de Engadi con cuevas que podrían servir de escondite a los fugitivos.

Engadi es un oasis en una zona árida del desierto de Judea. Engadi se encuentra a lo largo del Wadi Ghar, o Nahal Arugot, también identificado probablemente como el valle de Beracá (2 Crón. 20:26). Esta zona es desolada, con solo unos pocos matorrales y hierbas silvestres, aparte de los lechos de los arroyos y alrededor de los pocos manantiales. Las escasas precipitaciones proporcionan un pasto escaso para los rebaños de beduinos hoy en día, al igual que en la época de David. Tiene numerosas cuevas en las laderas que proporcionan refugio contra el calor del mediodía y el frío de la noche, también son las guaridas de los animales salvajes de la región, los osos y los leones de la época de David. Esas mismas cuevas podrían servir de escondite para David y sus hombres que huían de Saúl. David conocería bien la región y sabría qué cuevas serían menos perceptibles para el ejército de Saúl, cuáles proporcionarían la mejor vista de las aproximaciones y cuáles estarían cerca de las fuentes de agua.

Engadi es el principal manantial y oasis de la orilla occidental del Mar Muerto, se encuentra casi en la mitad de su longitud. El nombre en hebreo significa «primavera de los niños», lo que encaja con la descripción de las colinas cercanas como «Peñascos de las Cabras» (1 Sam. 24:2). A poca distancia del manantial hay una hermosa cascada y un estanque, el agua disponible crea un oasis de exuberante vegetación que contrasta con las desoladas colinas situadas a unos cientos de metros. La zona que rodea el manantial y la cascada ha estado habitada al menos desde la Edad de Cobre (4000-3200 a. C.). Los restos calcolíticos incluyen un santuario bien conservado de unos 29 metros por 19 metros (95 por 62 pies). El santuario tiene un muro que encierra un patio con dos edificios. El edificio más grande, situado al norte, es una estructura de habitaciones anchas de unos 19 metros por 6 metros (62 por 22 pies). El otro edificio, también de grandes dimensiones, está al este y mide unos 7 por 4 metros (25 por 16 pies). El muro del recinto tiene dos puertas, la más grande al sur y la más pequeña al noreste. El patio tiene una estructura circular en el centro de unos 3 metros (10 pies) de diámetro hecha de pequeñas piedras, su función es desconocida. Tanto los edificios como las entradas tenían puertas; sus umbrales de piedra y agujeros de bisagras aún persisten.

El edificio principal tenía un nicho en el centro de la pared trasera rodeado por un muro bajo y tenía bancos a ambos lados. Al parecer, en este edificio se realizaban sacrificios porque el suelo tenía fosas en ambos extremos llenas de huesos quemados, cuernos, cerámica y cenizas. Los excavadores sugirieron que el recinto era un lugar de culto, tal vez un santuario central.[1] A 9 kilómetros (6 millas) al sur de Engadi se produjo un importante hallazgo de la Edad de Cobre, en una cueva de Nahal Mishmar se encontró un depósito de más de 400 objetos de cobre y bronce, que incluía «coronas», varitas o estandartes, mazas y cinceles, lo que sugiere una función de culto. Además de los objetos de cobre y bronce, se encontraron varios objetos de hematites y colmillos de hipopótamo. Los objetos muestran una magnífica elaboración artística y técnica. Dado que no se ha encontrado ningún otro santuario importante del período calcolítico en la región circundante, es posible que el tesoro de cobre de Nahal Mishmar haya pertenecido al santuario de Engadi. Quizá los sacerdotes de este santuario se llevaron los objetos de culto a la cueva de Nahal Mishmar para guardarlos cuando abandonaron el lugar, con la esperanza de volver más tarde y recuperarlos. Es posible que murieran o fueran asesinados antes de poder recuperar los objetos, y su ubicación secreta permaneció oculta durante más de 5000 años hasta 1961 cuando se exploró la cueva.[2] Si estos objetos pertenecían al santuario de Engadi, ese santuario habría sido el más importante de la Edad de Cobre conocido hasta ahora en Israel. Dado que el santuario no fue destruido, sino abandonado, los restos habrían sido muy visibles y podrían haber sido conocidos por David hace 3000 años. Tal vez su fortaleza en Engadi estuviera en la cima de una de las empinadas laderas que rodean el santuario.

Los excavadores no encontraron ninguna evidencia de restos pertenecientes a la época de David en Engadi. Hubo un asentamiento, ahora llamado Tel Goren, de los siglos VII y VI a. C., a finales del período de la monarquía dividida. Este asentamiento contaba con una serie de edificios que destacaban por tener grandes tinajas de almacenamiento parcialmente hundidas en el suelo. Al parecer, estos edificios formaban parte de un complejo industrial que producía perfumes y/o medicamentos. De períodos posteriores, desde el persa hasta el romano-bizantino, hay pruebas del cultivo y procesamiento de plantas balsámicas. Pertenecientes al asentamiento del estrato más antiguo, el del siglo VII a. C. había sellos y asas de jarras con inscripciones hebreas y pesas de piedra con signos que indicaban uno, cuatro y ocho siclos. En el asa de una tinaja se encontró una impresión de sello real, «de/para el rey, [de] Zif». Pero no había restos de la Edad de Hierro I que pudieran datar del período de Saúl-David-Salomón.

No debe sorprendernos que los arqueólogos no hayan encontrado un asentamiento de la época en que David huyó a esta región. Él quería un escondite aislado, no una comunidad edificada. Esconderse en una zona desolada y deshabitada es mucho más fácil. Si hubiera habido un asentamiento, Saúl lo habría sabido. David conocía la zona; conocía los buenos escondites y las fuentes de agua. Las numerosas cuevas de las colinas circundantes serían excelentes escondites.

La Biblia hebrea se refiere a las fortalezas a las que David huyó por el desierto de Judá. En tres ocasiones se habla específicamente de «el refugio» (1 Sam. 22:4,5; 24:22). Algunos estudiosos[3] han sugerido que «el refugio» era Masada, la fortaleza montañosa situada a unos 16 kilómetros (10 millas) al sur de Engadi, que más tarde se hizo famosa por el palacio de Herodes y la resistencia de los zelotes contra los romanos en el 66-73 d. C. El nombre *Masada* significa «fortaleza», y la palabra hebrea para «fortaleza» utilizada en 1 Samuel está estrechamente relacionada con el nombre *Masada*. Ciertamente, la cima de Masada sería casi inexpugnable. La colina de cima plana se eleva más de 30 metros (100 pies) desde el suelo del Valle del Mar Muerto, con pendientes empinadas en todos los lados. Incluso en el oeste, donde Masada tiene la menor elevación desde el valle de abajo, hay una caída de 90 metros (300 pies). La cima también proporcionaría una vista perfecta de todos los accesos y una amplia oportunidad para que un pequeño grupo de hombres escapara hacia un lado mientras un ejército se acercaba desde la dirección opuesta. Es de suponer que otras guaridas en el desierto de Judá habrían dado una oportunidad similar para escapar. De hecho, el texto bíblico lo describe «Saúl avanzaba por un costado del monte, mientras que David y sus hombres iban por el otro» (23:24-26).

Las empinadas laderas de los arroyos desde Qumrán hacia el sur hasta Masada, a lo largo del lado occidental del Mar Muerto, han sido exploradas por arqueólogos israelíes desde la década de 1960. Descubrieron numerosas cuevas que mostraban la existencia de viviendas desde la Edad de Cobre hasta la Segunda Revuelta Judía/Rebelión de Bar Kojoba de 132-135 d. C. Muchas de las cuevas eran casi inaccesibles. No eran raros los acantilados escarpados con caídas casi de 180 a 230 metros (600 a 750 pies). Una de las cuevas de Nahal Mishmar contenía fragmentos de la Edad de Hierro I en la época de Saúl, David y Salomón. Los arqueólogos llegaron a la conclusión de que durante más de 5000 años estas cuevas han sido lugares de refugio en tiempos de peligro, exactamente el uso que David les dio a estas cuevas y fortalezas.

NOTAS

1 Benjamin Mazar, «En-Gedi», *NEAEHL*, 2:405.

2 P. Bar-Adon, «The Nahal Mishmar Caves», *NEAEHL*, 3:822–27.

3 Yohanan Aharoni, *Land of the Bible*, ed. rev. (Louisville: Westminster John Knox, 1979), 290 y n. 9.

ÉFESO: UN RELATO HISTÓRICO

POR RANDALL L. ADKISSON

Calle Sur de Éfeso. Los surcos de los carros en el pavimento aún son visibles, lo que demuestra el intenso tráfico de la ciudad en tiempos pasados.

Situada en la desembocadura del Río Caístro, Éfeso sirvió de importante vía de acceso para el comercio hacia el interior de Asia Menor y sus rentables rutas terrestres. Tanto la ubicación como el favor imperial del que gozó la ciudad a lo largo de varias épocas impulsaron a Éfeso como una maravilla cultural y comercial del mundo antiguo. Se calcula que la población en la época de Pablo era de 250 000 habitantes.[1]

La historia de Éfeso es larga y rica. Establecida evidentemente como colonia griega libre con el fin de abrir rutas comerciales hacia el interior, la ciudad se remonta al menos a mediados del siglo XI a. C. Éfeso era una de las doce ciudades que componían la Confederación Jónica. El puerto de Éfeso permitía a los mercaderes acceder a la ruta costera que pasaba por Esmirna hasta Troas, así como a una ruta interior hacia Colosas, Hierápolis, Laodicea y, más allá, hacia las regiones pigmeas. Mientras que los puertos cercanos sucumbían a la erosión y a las intrigas políticas, Éfeso adquiría mayor importancia y prestigio.

Un antiguo mito cuenta que las amazonas, una cultura de poderosas guerreras, fueron las primeras constructoras de la ciudad, estableciendo un templo donde supuestamente nació la «diosa madre de la tierra».[2] La conexión de Éfeso con el culto a la diosa pagana prosperó con cada ocupación. Los griegos establecieron un fuerte culto a Artemisa. Los romanos aceptaron la asociación entre la ciudad y el culto a las diosas, equiparando a Artemisa con su diosa Diana.

Desde su posición de ciudad-estado libre, Éfeso cayó en la sumisión, primero al rey Creso de Lidia en el 560 a. C. y luego a los persas. Al derrotar a los persas, Alejandro

El gran teatro de Éfeso se construyó en el siglo III a. C. A lo largo de los años se fue modificando hasta alcanzar su forma definitiva durante el reinado del emperador Trajano (98-117 d. C.). El teatro tenía capacidad para 24 000 espectadores.

Relieve de la máscara de la tragedia en el gran teatro; Éfeso.

Magno devolvió la ciudad a manos griegas y a su imperio en el 334 a. C. A su muerte, la propiedad de la ciudad pasó a Lisímaco, uno de los generales de Alejandro, quien perdió la región al ser derrotado por Seleuco I en el 281 a. C. Noventa y un años después, el Imperio seléucida cayó en manos de los romanos. En agradecimiento al rey Eumenes II de Pérgamo por su ayuda contra los seléucidas, Éfeso y la región circundante fueron cedidos al Imperio de Pérgamo. La ciudad prosperó y fue legada pacíficamente a los romanos por el último rey de Pérgamo, Atalo III, en el año 133 a. C.

Desde este período hasta la época del Nuevo Testamento, Éfeso funcionó como una parte fuerte y vibrante del Imperio romano. Como sede proconsular y capital de la provincia romana de Asia, la ciudad gozaba de influencia y prestigio en la región y fuera de ella. El complejo del templo era un centro de comercio y turismo. La ciudad también sirvió como una antigua institución bancaria. La antigua Éfeso, una ciudad de gran importancia, reflejaba su riqueza y cultura en sus edificios y paisaje. Un viajero que entraba en la ciudad del siglo I caminaba por las calles de la cuarta ciudad más grande del mundo.[3]

El templo de Artemisa, elemento central de la ciudad, fue catalogado como una de las siete maravillas del mundo antiguo y era cuatro veces mayor que el Partenón ateniense. Con 128 metros (420 pies) de largo y 73 (240 pies) de ancho, el templo era tan alto como un edificio de seis pisos, y su techo estaba sostenido por más de cien grandes columnas. El impresionante templo reflejaba y propiciaba a una industria expansiva de turismo asociado al culto de la diosa. Viajeros de todo el mundo antiguo engrosaban las filas de los habitantes de Éfeso durante el mes de abril con motivo de un festival que incluía una gran procesión hasta el templo, así como diversas competencias atléticas y musicales.

La gran población y la afluencia de turistas permitieron a Éfeso mantener un enorme teatro, cuyas ruinas pueden visitarse todavía hoy. Con capacidad para unas 24 000 personas, contaba con sesenta y seis gradas.[4] Desde la entrada del teatro, la Vía Arcadia, una amplia vía pavimentada de marfil flanqueada por columnas ornamentadas, edificios y tiendas, se extendía por la ciudad hasta el puerto.

Los esfuerzos arqueológicos realizados en Éfeso sugieren que la ciudad estuvo llena de gente y comercio. Desde la impresionante e imponente vía principal, flanqueada por los baños antiguos, un teatro más pequeño, edificios gubernamentales, una sala de música y una biblioteca de varios pisos, se extendían calles más pequeñas que llevaban a la amplia zona de residencias y almacenes de la ciudad.

Las ruinas ponen de manifiesto el carácter de la ciudad antigua. Como próspera ciudad portuaria, Éfeso se adornaba con las ventajas y los vicios de su posición y su comercio.

Éfeso combinó con éxito las culturas e historias de muchos pueblos y períodos diferentes. La población original de la ciudad asumió el sabor de la cultura y la religión griegas. Con la conquista romana, siguió prosperando, sincronizando las distintas religiones y acogiendo a inmigrantes de toda la región. Los registros revelan subculturas de ciudadanos egipcios, judíos, griegos y romanos.

NOTAS

1 Mitchell G. Reddish, «Ephesus» en *HolBD*, 425.

2 Merrill F. Unger, *Archaeology and the New Testament* (Grand Rapids: Zondervan, 1962), 249.

3 Reddish, «Ephesus», 425.

4 Gerald L. Borchert, «Ephesus» en *ISBE* (1982), 2:116.

EXCAVANDO GAT: UNA ENTREVISTA

CON DR. AREN MAEIR

El Dr. Maeir con el altar de piedra con cuernos, que fue excavado en 2011. Mide unos 50 por 50 por 100 centímetros (20 por 20 por 40 pulgadas).

P: ¿Qué tipo de hallazgos significativos han descubierto en estas últimas temporadas?

MAEIR: Tenemos muchos, pero mencionaré un par: (1) La llamada inscripción de Goliat: un pequeño fragmento, fechado en el siglo X o principios del IX a. C., en el que están escritos dos nombres de origen indoeuropeo no semíticos, en una escritura alfabética arcaica. Estos nombres (ALWT y WLT) son algo similares a lo que era el nombre original de Goliat, y sirven como un buen indicador de que durante la Edad de Hierro IIA (más o menos la época del rey David) había gente en Gat, el hogar de Goliat según la Biblia, que tenía nombres similares al nombre Goliat. (2) En la ciudad baja, descubrimos un edificio (probablemente un templo) en el que encontramos un gran altar de piedra.

Vista aérea de Tell es-Safi, la Gat bíblica.

Excavaciones recientes en Gat.

P: ¿Podría describir este altar de piedra?

MAEIR: El altar era de piedra caliza dura. Es el único altar de dos cuernos que se conoce del Levante; se han desenterrado otros (uno o dos) en Chipre. La decoración del altar es similar a la de otros altares levantinos de la Edad de Hierro.

P: ¿Cómo describiría la puerta?

MAEIR: La puerta está situada en el centro de la parte norte de la ciudad baja, justo enfrente de un pozo de agua, que todavía se utiliza hoy en día; de hecho, en la época del pueblo árabe moderno, uno de los caminos que subían al pueblo reutilizaba el camino que pasaba por la puerta de la Edad de Hierro. Parece que la puerta tiene cimientos de piedra y una superestructura de ladrillo.

P: ¿Qué nos dicen la puerta y los muros de fortificación sobre la antigua ciudad de Gat?

MAEIR: Nos dicen que Gat era una ciudad grande y fortificada durante los siglos x y ix a. C., probablemente la ciudad-estado más fuerte de la región en aquella época. Esta fuerte presencia filistea probablemente significó que el reino judío no pudo expandirse en esta región hasta después de la destrucción de Gat por Jazael, rey de Aram-Damasco, en el año 830 a. C.

La parte superior de la enorme muralla de la ciudad, indicada por las piedras toscas, es visible en las plazas de las excavaciones arqueológicas.

LA CAÍDA DE JERUSALÉN

POR BYRON LONGINO

Escena que representa la caída de Laquis; decoraba los muros del Palacio Sudoeste de Nínive. La escena muestra máquinas de asedio que ascienden por una rampa artificial. El ariete embiste contra la torre de la puerta de la ciudad.

Panel mural que muestra a Sargón II (izquierda) recibiendo a un alto funcionario, probablemente su hijo y, por tanto, el siguiente rey de Asiria, Senaquerib.

CONDICIONES ANTES DE LA CAÍDA

Los caldeos eran un grupo de personas que emigraron al sureste de Mesopotamia entre el 1000 y el 900 a. C. Con el tiempo, se hicieron con el control de la región de Babilonia. La gente comenzó a referirse a ellos como caldeos y babilonios. El poder de los caldeos siguió creciendo, de modo que en el siglo VIII a. C. eran los principales rivales de los asirios, la potencia mundial entonces dominante. Durante el dominio asirio, los caldeos sirvieron como aliados de Judá contra los asirios. Sin embargo, con la caída de los asirios y el ascenso del Imperio neobabilónico, Judá quedó bajo el dominio de los caldeos, convirtiéndose en un estado vasallo en 604-603 a. C.[1]

Las Crónicas Babilónicas abarcan los años 605-595 a. C. Comienzan narrando la historia de la batalla de Carquemis, cuando Nabucodonosor finalmente derrotó a las fuerzas egipcias en Siria, y registran la extensión del poder babilónico al Mediterráneo. Registran la captura de Ascalón en 604 y la primera toma de Jerusalén por Babilonia en 598 a. C.

Cuando los babilonios sufrieron una derrota en la frontera con Egipto en el 601 a. C., Judá, bajo el mando del rey Joacim, se rebeló. Sin embargo, la independencia de Judá duró poco; en el 598 los babilonios, bajo el mando de Nabucodonosor, sitiaron Jerusalén. Los babilonios deportaron al rey Joacim (hijo de Joaquín), a la familia real y a 10 000 ciudadanos.

Nabucodonosor colocó a Sedequías (tío de Joaquín) en el trono de Judá. Esperando el apoyo de Egipto, Sedequías se rebeló. Nabucodonosor respondió rápidamente, conquistando las ciudades fortaleza de Judá y sitiando Jerusalén. Los babilonios capturaron Jerusalén en 586 a. C., quemaron la ciudad y destruyeron el templo.

LA ESTRATEGIA BABILÓNICA

El principal medio para capturar una ciudad en los tiempos bíblicos era el asedio. Esto implicaba rodear la ciudad con un ejército y privarlos de alimentos, agua y otros recursos. Si tenía éxito, esta táctica solía conducir a la sumisión final de la ciudad a los atacantes.

Los ejércitos utilizaban varios métodos para acosar a una ciudad sitiada. Construían rampas alrededor de la muralla y colocaban torres móviles contra los muros. Las torres permitían a los atacantes disparar a los defensores o enviar proyectiles, incluso antorchas, hacia la ciudad. Los atacantes debilitaban la muralla de la ciudad provocando incendios en su base y/o excavando túneles bajo ella. Las escaleras permitían a los atacantes escalar la muralla. Además, los soldados utilizaban arietes para atravesar las puertas de la ciudad.[2] Jeremías cuenta que los habitantes de Jerusalén defendieron su ciudad en parte derribando algunas de sus casas para levantar defensas contra la espada y rampas de asalto (Jer. 33:4).

Las fuerzas de Nabucodonosor penetraron en la ciudad solo después de abrir una brecha en las murallas. Después de abrir una brecha en la muralla de una ciudad,

Cilindro de cimentación con el registro de obras públicas de Nabucodonosor II; datado entre 604 y 562 a. C. El cilindro se encontró en los cimientos del templo de la antigua ciudad sumeria de Marad. La inscripción menciona murallas, abastecimiento de agua, torres y templos, y contiene sus plegarias por riquezas y un reinado largo.

el ejército conquistador solía saquear e incendiar la ciudad (2 Rey. 14:12-14; 25:9-11).[3]

CONDICIONES DURANTE EL OTOÑO

Las excavaciones arqueológicas realizadas en la zona de Jerusalén conocida actualmente como el barrio judío descubrieron cuatro antiguas letrinas. Al menos una de ellas data de la época en que Nabucodonosor destruyó la ciudad en el año 586 a. C. El análisis del contenido revela que los habitantes de la ciudad habían dejado de comer su dieta normal y en su lugar se alimentaban de plantas de traspatio; es decir, de lo que encontraban creciendo de forma silvestre dentro de la ciudad.

Las excavaciones arqueológicas han sacado a la luz grandes piedras esparcidas donde antes estaban las murallas y casas reducidas a ruinas carbonizadas. La zona estaba llena de cerámicas rotas. Los arqueólogos también recuperaron puntas de flecha en las casas y en las secciones del norte de las fortificaciones de la ciudad.

CONDICIONES DESPUÉS DE LA CAÍDA

Los babilonios castigaban a los pueblos que seguían rebelándose exiliándolos a zonas distantes del reino. Después de destruir Jerusalén, Nabucodonosor deportó a Babilonia a un número significativo de judíos (2 Rey. 25:8-21). Esta fue la tercera deportación. La primera ocurrió en el 605 a. C., cuando Daniel y otros nobles de Judá fueron llevados al exilio. La segunda deportación, en el 597 a. C., incluyó al rey Joaquín, la familia real, 7000 guerreros y 1000 herreros y artesanos (24:10-16). Una cuarta deportación tuvo lugar en el año 582 a. C. (Jer. 52:30).

Los babilonios demolieron Jerusalén y otros lugares importantes, pero no destruyeron totalmente a Judá. Los babilonios permitieron que algunas personas permanecieran para que se encargaran de los viñedos y de los campos (Jer. 52:16). La gente que se quedó adoraba en las ruinas del templo.

NOTAS

1 Los párrafos de esta sección se basan en el artículo de Tony M. Martin, «Chaldea» en *HIBD*, 276.

2 «Siegeworks» en *HIBD*, 1500.

3 Victor Matthews, *The Cultural World of the Bible: An Illustrated Guide to Manners and Customs*, 4ª ed. (Grand Rapids: Baker Academic, 2015), 162.

ATENAS DEL SIGLO I

POR DAVID M. WALLACE

Partenón y Acrópolis de Atenas, Grecia.

GEOGRAFÍA Y COMERCIO

Atenas está situada en la pequeña península del Ática, cerca del extremo oriental de Acaya, donde confluyen los mares Mediterráneo y Egeo. La región que rodea a Atenas es extremadamente calurosa y seca en verano, con cortas temporadas de lluvia en invierno, a pesar de una media de solo 40 centímetros (16 pulgadas) de lluvia al año. Esta zona era rica en olivos y viñedos, el aceite de oliva y el vino eran las principales exportaciones. La madera era escasa por lo que la mayoría de los recursos de Acaya eran agrícolas.

Atenas se hizo famosa por la fabricación de cerámica debido a los excelentes yacimientos de arcilla que había en las cercanías. Las minas de plata y plomo se encontraban en Lavrio, en el extremo sur del Ática. El cercano Monte Pentélico proporcionaba el famoso mármol, que utilizaban los artesanos de toda Atenas y de fuera de ella. El acceso al agua y los excelentes puertos cerca de Atenas y en toda Acaya facilitaban la exportación de productos.

Torre de los Vientos, en el foro romano de Atenas. Construida en el siglo I a. C., la torre, originalmente abovedada, estaba equipada con una veleta de bronce, un reloj de agua, un reloj astronómico y relojes de sol.

HISTORIA Y CULTURA

Según la tradición, Cécrope, que había llegado a Atenas desde Egipto hacia el año 1556 a. C., fundó la ciudad. Sin embargo, las evidencias arqueológicas indican que el asentamiento se produjo durante el cuarto milenio antes de Cristo. La ciudad se construyó alrededor de una colina empinada y fácilmente defendible conocida como la Acrópolis. En la antigüedad, Atenas llegó a tener una población de unos 250 000 habitantes.[1]

Atenas alcanzó su apogeo durante el siglo V a. C., pero perdió gran parte de su influencia política como resultado de la Guerra del Peloponeso con los espartanos a finales de ese siglo. Cuando los romanos conquistaron Grecia, convirtieron a Atenas en territorio romano (146 a. C.). Roma gobernó la Atenas del siglo I. «En reconocimiento a su glorioso pasado le concedieron el estatus de ciudad libre y federada».[2]

El general Sila de Roma destruyó gran parte de la ciudad en el 86 a. C. después de que Atenas se rebelará y se aliara con Mitrídates del Ponto. Sin embargo, cuando Pablo llegó de camino a la cercana Corinto, Atenas seguía gozando de fama como centro de artes, arquitectura, historia, cultura, filosofía, aprendizaje y deportes. La universidad de la ciudad era quizá la más importante del mundo romano en aquella época.[3] Muchas de las grandes estructuras clásicas seguían en pie e intactas. Atenas era una ciudad de magníficos edificios de piedra, marfil y mármol que celebraban su historia, su cultura y el culto a sus dioses y diosas. En el siglo I d. C. seguía siendo una ciudad hermosa, a pesar de que parte de su antigua gloria se había desvanecido.

Cuando Pablo la visitó, una muralla rodeaba Atenas, protegiéndola de cualquier posible asedio. Dos murallas paralelas, separadas por unos 76 metros (250 pies), que iban desde el mar hasta la ciudad, unos 8 kilómetros (5 millas) hacia el interior, mantenían la ciudad conectada con el mar.[4]

Cerca del Río Iliso, fuera de la muralla, se encontraba el estadio en forma de herradura donde los atletas y los espectadores honraban a Atenea. Las carreras a pie, el boxeo, la jabalina y la lucha libre eran algunos de los eventos. El estadio se abría hacia el norte; su pista tenía unos 182 metros (200 yardas) de largo y 33 metros de ancho (36 yardas).[5]

Para encontrar alojamiento y orientarse en la ciudad, Pablo y sus compañeros de viaje habrían entrado en Atenas por la Puerta Dipilón (doble) y habrían continuado por la Vía Panatenaica hasta el ágora o mercado. El ágora era el centro social, comercial y político de la ciudad. La ciudad se componía de tres áreas: la Acrópolis, el ágora y el Areópago.

LA ACRÓPOLIS

Aunque la Biblia no lo dice, es probable que Pablo subiera por la escalera de mármol hasta la cima de la Acrópolis y recorriera los edificios, que glorificaban a los dioses paganos. La Acrópolis era un espectacular afloramiento de piedra que se elevaba unos 153 metros (500 pies) sobre la llanura y la ciudad circundantes. Durante la época dorada de Atenas, cuando reinaba Pericles (443-429 a. C.), se construyó el Partenón en la cima de la Acrópolis y se dedicó a Atenea, la diosa de la sabiduría que daba nombre a la ciudad. La construcción duró unos quince años. Otras estructuras en la cima de la colina eran el templo de la Victoria sin Alas (el templo de Atenea Nike), el Erecteón (un templo dedicado a Atenea y Poseidón) y el Propileo. Los templos, santuarios, monumentos y edificios públicos dieron a Atenas su carácter único. Era un lugar de exhibición para el arte y la arquitectura.

Primer plano del Propileo (entrada a la Acrópolis) que muestra el edificio situado al norte del Propileo (izquierda) y el templo de Nike (derecha). Nike era la diosa de la victoria.

EL ÁGORA

Debajo de la Acrópolis, al norte-noroeste, estaba el ágora. Este mercado o centro de negocios era el centro social y político de la ciudad. Durante los días del Nuevo Testamento, Atenas tenía tanto un ágora griego como un foro romano más reciente.

«En la época de Pablo, el ágora griego se había convertido más bien en un museo de monumentos que recordaban la antigua gloria de Atenas».[6] El nuevo foro romano se había convertido en el centro moderno de los negocios y la actividad de la ciudad. Probablemente, aquí es donde Pablo hablaba y debatía con los filósofos y los líderes religiosos y cívicos. Aunque Pablo mantuvo conversaciones con los judíos en la sinagoga local, también hizo llamamientos directos a la población local en el ágora (Hech. 17:17).

EL AREÓPAGO

Mientras Pablo debatía con los epicúreos y los estoicos, su predicación sobre Jesús sonaba a los griegos como si les presentara un nuevo dios. Los que escucharon a Pablo lo enviaron, por tanto, al Areópago. Tanto el consejo como una colina de mármol situada inmediatamente al noroeste de la Acrópolis recibían el nombre de Areópago. Se trataba de «un órgano cívico responsable de la vida religiosa y moral de Atenas. Como tal, debía aprobar cualquier nueva deidad».[7] El lugar recibía el nombre de Ares, el dios de la guerra. La colina era también uno de los lugares donde se reunía el consejo de la ciudad y posiblemente el lugar donde Pablo compareció ante el concilio.[8]

NOTAS

1 J. D. Douglas y Merrill C. Tenney, «Athens» en *The New International Dictionary of the Bible* (Grand Rapids: Zondervan, 1987), 108

2 Frank Stagg, *The Book of Acts: The Early Struggle for an Unhindered Gospel* (Nashville: Broadman, 1955), 179.

3 Douglas y Tenney, «Athens», 108.

4 Arthur A. Rupprecht, «Athens» en *ZPEB*, 403

5 Charles F. Pfeiffer, ed., «Athens» en *The Biblical World: A Dictionary of Biblical Archaeology* (Nashville: Broadman, 1976), 118.

6 Thomas V. Brisco, *Holman Bible Atlas* (Nashville: Broadman & Holman, 1998), 251.

7 Walter A. Elwell, ed., «Athens» en *Baker Encyclopedia of the Bible* (*BEB*) (Grand Rapids: Baker, 1989), 230.

8 Merrill F. Unger, *Archaeology and the New Testament* (Grand Rapids: Zondervan, 1964), 237.

LA CRETA DEL SIGLO I

POR TIMOTHY T. FABER

Restos de la iglesia de San Tito en Gortina (Creta), datada en el siglo VIII d. C.

Creta tenía una reputación, y no era buena. En Tito 1:12, Pablo cita al poeta griego del siglo VI a. C. Epiménides: «Los cretenses son siempre mentirosos, malas bestias, glotones perezosos». Pablo no solo hace uso de esta cita, sino que continúa diciendo: «¡Y es la verdad!» (v. 13).

¿Qué hizo que Epiménides hiciera tal declaración sobre sus compatriotas cretenses? Los cretenses afirmaban que la tumba de Zeus, el principal dios griego, se encontraba en su isla. El sentimiento de Epiménides se basaba en el concepto de que Zeus, siendo un dios, no podía estar muerto, y los que afirmaban que su tumba estaba en la isla tenían que estar mintiendo. Por lo tanto, todos los cretenses debían ser mentirosos. En la época de Pablo, las palabras de Epiménides se habían convertido en un eslogan popular que encendía la reputación generalizada de los cretenses como mentirosos.[1]

Un pueblo conocido como minoico habitó Creta al menos desde el año 2800 a. C. En lugar de ser aislacionistas, los minoicos eran un pueblo marinero que influyó en todo el mundo mediterráneo con una «rica cultura» de impresionante «arquitectura, cerámica, metalistería y pintura».[2] La civilización minoica se derrumbó hacia el 1400 a. C., posiblemente debido a un gran terremoto.

Su historia convirtió a los cretenses en un pueblo orgulloso. Siglos más tarde, a medida que diferentes potencias mundiales dominaban la región, los cretenses fueron

Ruinas del pretorio (residencia del gobernador) de Gortina, Creta. Gortina, situada en el centro de la isla, fue durante un tiempo la capital de la provincia romana de Creta y Cirene.

capaces de mantener una identidad algo separada, incluso de los griegos, romanos y otros que intentaron reclamar la isla como propia. Sin embargo, entre los cretenses surgieron facciones basadas en parte en su afinidad con las distintas potencias que pretendían conquistarlos y también en su nacionalidad y origen étnico. La céntrica ciudad de Gortina es un ejemplo de las cambiantes afinidades y afiliaciones de los cretenses.

Aníbal, nacido en el año 247 a. C., se convirtió en un general cartaginés que lideró una revuelta contra Roma, una revuelta que se convirtió en una guerra. Gortina sirvió temporalmente de refugio a Aníbal cuando huía de Roma en el año 189 a. C. La oposición a los romanos unificó a los cretenses durante décadas tras la marcha de Aníbal. De hecho, fueron capaces de rechazar un intento de conquista romano en el 74 a. C.

Sin embargo, pocos años después, en el 66 a. C., la ciudad de Gortina cambió su afiliación y se puso del lado de Roma en su eventual conquista de Creta. Roma recompensó este apoyo convirtiendo a Gortina en la capital de la provincia romana de Creta y Cirene,[3] una provincia que se extendía hasta el norte de África.

La historia de Creta durante los siglos I y II d. C. es bastante ambigua. Lo poco que existe no ofrece una imagen definitiva del cristianismo en la isla. Sin embargo, en la ciudad de Gortina se encuentran los restos de la iglesia de San Tito. La tradición afirma que el ministerio de Tito tuvo su sede en Gortina y que murió allí en el año 107.

Las culturas mediterráneas rodearon e infiltraron Creta, pero los pueblos cretenses también se convirtieron en una influencia para todo el mundo mediterráneo. Situada en el centro del Mar Mediterráneo, casi a partes iguales entre Grecia, el norte de África y Asia Menor, Creta era un gran lugar para el comercio marítimo, tanto legítimo como de otro tipo. El tráfico de personas y la piratería formaban parte de la vida de Creta. No está claro si Creta fue más bien víctima o autora de la piratería; las pruebas de ambas posibilidades son asombrosas.[4]

NOTAS

1 Walter C. Kaiser et al., *Hard Sayings of the Bible* (Downers Grove, IL: InterVarsity, 1996), 675–76.

2 Avraham Negev, ed., *Archaeological Encyclopedia of the Holy Land* (Jerusalén: G. A. Jerusalem Publishing House, 1972), 82.

3 Dana Facaros y Michael Pauls, *Creta* (Londres: Cadogan Guides, 2010), 216–17.

4 Barry Unsworth, *Crete* (Washington, DC: National Geographic Society, 2004), 27.

CAMINOS Y VIAJES EN EL SIGLO I

POR PAUL E. KULLMAN

El Cardo Maximus, una calle principal norte/sur de Gerasa (la moderna Jerash).

Ruinas de un acueducto romano a lo largo de la Vía Apia, a las afueras de Puteoli.

VIAJAR POR EL IMPERIO

Antes de que Roma construyera su amplia red de carreteras, los viajes eran una dificultad onerosa y a menudo peligrosa. Las caravanas utilizaban los caminos como rutas comerciales establecidas que aportaban vitalidad económica a las ciudades, pueblos y aldeas. Sin embargo, los mismos caminos acarreaban a los viajeros muchos peligros, como los bandidos y las interacciones ocasionales con movimientos de las tropas militares. Los viajeros del siglo I se desplazaban principalmente a pie, pero también lo hacían en carreta, carro y burro. Los métodos de construcción de carreteras permitían que los carros pesados, los carros de guerra y las máquinas de asedio militares viajaran por todo el imperio sin la carga de barro que encontraban en los caminos de tierra ordinarios. La ingeniería romana, famosa por su arquitectura, sus acueductos, sus puentes y la construcción de carreteras, acabó por hacer posible los viajes a diversos lugares de todo el imperio.

El sistema de calzadas, de diseño superior, permitió a los gobernantes tener ventaja tanto para derrotar a las naciones como para difundir la influencia y la cultura romanas. Un buen sistema de carreteras también proporcionó a Roma el beneficio de nuevas oportunidades de negocio, como el alojamiento nocturno, las tiendas mercantiles y los servicios comerciales. El cristianismo se beneficiaría enormemente cuando los creyentes utilizaran esta misma red para difundir el evangelio.

TIPOS DE CARRETERAS Y CALLES

Varios factores influyeron en el diseño y la construcción de las carreteras del siglo I. Uno de ellos era el entorno de la carretera, ya fuera rural o urbano. En los entornos urbanos, los romanos seguían los meticulosos hábitos de planificación urbana de los griegos, construyendo estratégicamente cada ciudad con su centro en el ágora (mercado). Las ciudades judías tenían los lugares de actividad más importantes en la puerta de la ciudad y el templo (Jerusalén). Las ciudades amuralladas solían tener una cuadrícula de calles principales con callejones que se ramificaban para dar acceso

La Vía Apia, la más antigua y famosa del Imperio romano, era la ruta principal entre Roma y Grecia. Con más de 563 kilómetros (350 millas) de longitud, fue construida en el siglo IV a. C. por el magistrado romano Appius Claudius Caecus.

peatonal a los barrios y tiendas más pequeños. En las zonas rurales, la principal razón para construir buenas carreteras era la posibilidad de trasladar las tropas militares a través de un terreno extenso. Sin embargo, una vez construido, el sistema de carreteras beneficiaba tanto al tráfico civil como al transporte del comercio.

Otro factor más técnico fue el diferente enfoque que adoptaron los romanos y los judíos en la construcción de carreteras rurales. Roma utilizó sus soldados e ingenieros militares, y su inmensa mano de obra vasalla, para conseguir las carreteras mejor construidas. Cuando no estaban ocupados activamente en tareas militares, los soldados proporcionaban la importante mano de obra de mantenimiento necesaria. Los caminos bien construidos y mantenidos ayudaban a las tropas y a los mensajeros del gobierno a realizar rápidamente los negocios en nombre del imperio.

El enfoque judío de la construcción de un sistema de carreteras era diferente. Antes de los tiempos del Nuevo Testamento, las carreteras en Israel eran rutas comerciales ordinarias que atravesaban nada más que senderos centenarios y bien desgastados donde la gente había quitado las rocas y los cantos rodados y había nivelado la tierra. Las carreteras que construían los judíos eran menos duraderas; el pueblo carecía de medios y métodos de construcción y mantenimiento. Muchos de los caminos establecidos discurrían por cauces secos de ríos u otros hitos naturales, lo que tendía a alargar el viaje en lugar de facilitarlo en línea recta.[1] El diseño romano cambió todo esto en el siglo I d. C.

MATERIALES Y CONSTRUCCIÓN

El transporte a través de buenas carreteras es una gran prioridad para cualquier gobierno, ya sea local o nacional. Los gobiernos invierten un gran capital para garantizar que la gente pueda viajar rápidamente y sin retrasos. Una planificación adecuada es esencial para hacer frente a los distintos retos geográficos en un imperio tan diverso. Los romanos no inventaron el diseño de las carreteras, pero sí mejoraron su construcción desde su primer uso durante la Edad de Bronce. Como el sistema de carreteras discurría como arterias por todo el imperio, unían físicamente cientos de pueblos, ciudades y provincias. Por lo tanto, esta obra de ingeniería civil tenía que estar bien diseñada y construida para durar.

Los romanos diseñaron su modelo de ciudad-calle con una vía principal de norte a sur y otra de este a oeste. Esto servía de eje para una retícula que permitía la construcción de calles en línea recta. La anchura de las calles oscilaba entre los 1,9 metros (6,5 pies) y los 8 metros (26 pies).[2] Los trabajadores utilizaban el método de «cortar y rellenar» para trasladar la tierra que excavaban en las zonas altas para rellenar las zonas bajas, lo que daba lugar a calles rectas. La ingeniería vial de los romanos fue exitosa y duradera gracias al sistema de varias capas que utilizaron. Comenzaban con una capa de base en la que primero excavaban la tierra y rellenaban la zona con tierra compactada y escombros. Esto sirvió de apoyo a las capas de material de cimentación. A continuación, colocaron una capa superficial de piedras planas o ladrillos en una mezcla de cal, arena, puzolana (ceniza volcánica, si la hay) y agua (ingredientes básicos del hormigón), se siguen utilizando hoy en día en todo el mundo. Las calzadas coronaban en el centro y descendían hacia los bordes exteriores, que tenían un bordillo continuo para el drenaje.

La mayoría de los caminos del siglo I utilizaban hitos para medir la distancia a destinos específicos como, por ejemplo, de un pueblo a una ciudad. En todo Israel, el descubrimiento de unos 500 hitos con inscripciones antiguas desde el año 56 d. C. es una prueba tangible de que las ciudades y pueblos antiguos estaban conectados entre sí y proporcionaban información de navegación al viajero del siglo I. En el año 69 d. C., la Legión X romana dejó constancia en un hito de la construcción de una nueva carretera desde Escitópolis (Betsán) hasta Legio (Meguido).[3]

Roma se enorgullecía de sus logros de ingeniería, y las calzadas eran su joya de la corona. En cuanto a las carreteras judías ya existentes, los romanos las remodelaron y absorbieron en un plan maestro de mejora de la capital. Las pagaban con las contribuciones de los vasallos, lo que daba un testimonio más del poder, la influencia y el éxito de los romanos. Los supervisores del gobierno local proporcionaban los fondos para el mantenimiento rutinario de las carreteras una vez construidas.

NOTAS

1 Max Schwartz, *The Biblical Engineer: How the Temple in Jerusalem Was Built* (Hoboken, NJ: Ktav, 2002), 48.

2 J. Julius Scott Jr., *Customs and Controversies: Intertestamental Jewish Backgrounds of the New Testament* (Grand Rapids: Baker, 1995), 240.

3 David F. Graf, Benjamin Isaac e Israel Roll, «Roads and Highways (Roman)» en *ABD*, 5:782–87.

LA TESALÓNICA DEL SIGLO I

POR TIMOTHY TRAMMELL

La Torre Blanca es la más famosa de Grecia y el símbolo de Tesalónica. Construida en 1500 d. C., la torre formaba parte del sistema de defensa de la ciudad y servía de cárcel municipal.

HISTORIA

Los asentamientos prehistóricos en la zona datan del año 2300 a. C. Al principio, Tesalónica era una pequeña aldea llamada Alia, pero posteriormente recibió el nombre de Terma debido a los manantiales termales situados al este y al sur de la misma. Casandro, uno de los cuatro generales más importantes que habían servido bajo el mando de Alejandro Magno, amplió la ciudad en el 315 a. C. y la llamó Tesalónica en honor a su esposa, Tesalónica, hermanastra de Alejandro. Formó la ciudad obligando a veintiséis pueblos a unirse y la designó como su capital.[1]

En el año 167 a. C., la ciudad quedó bajo control romano cuando Roma derrotó a Perseo, rey de Macedonia. En ese momento, el reino se dividió en cuatro distritos, siendo Tesalónica la capital del segundo distrito. En el año 146 a. C., Macedonia pasó a ser una provincia romana y Tesalónica se convirtió en la capital de la provincia. Como capital de Macedonia, se conocía como «La Metrópolis de Macedonia», literalmente, la «ciudad madre» de la provincia.

La fuerza económica de la ciudad se consolidó en el año 130 a. C., cuando Roma construyó una calzada, la Vía Egnatia, que unía Tesalónica con el Mar Adriático por el oeste y con Neápolis por el este.[2] La ciudad apoyó a Antonio y Octavio (más tarde César Augusto) en su conflicto contra los triunviros (hacia el año 42 a. C.) y recibió así el estatus de ciudad libre. Como resultado, Tesalónica pudo administrar sus propios asuntos.

Sin embargo, el estatus privilegiado de la ciudad se interrumpió en el año 15 d. C. durante unos años. La creciente prosperidad de la región provocó una protesta contra lo que los dirigentes de la ciudad consideraban unos impuestos elevados. Esto provocó que Tiberio cambiara Macedonia de provincia proconsular a provincia imperial, es decir, bajo el control directo del César.[3] Sin embargo, esto resultó ser positivo en última instan-

El Odeum, restaurado, en el foro romano de Tesalónica. Al fondo, excavaciones en curso en el foro. El hecho de que Tesalónica haya estado continuamente habitada ha dificultado las excavaciones en la mayor parte de la ciudad.

cia, ya que dio a la ciudad un acceso íntimo e inmediato a Roma. Claudio revirtió esta acción en el año 44 d. C. convirtiendo de nuevo a Macedonia en una provincia senatorial.[4]

UBICACIÓN

La antigua Tesalónica estaba situada en la costa oriental de la provincia de Macedonia, entre la cordillera de los Balcanes y la península griega. Estaba cerca de los ríos Axiós y Haliacmón, ambas vías fluviales importantes. Aunque la cercana Pella había sido la capital elegida por Filipo II, padre de Alejandro Magno, Casandro eligió Tesalónica por varias características geográficas favorables. Situada en el Golfo Termaico, ofrecía protección contra los peligrosos vientos del sureste. Además, las colinas que rodeaban la ciudad la protegían de los vientos del norte que soplaban desde el centro de Europa.[5]

La región que rodea Tesalónica es rica en recursos naturales. Situada en el borde de la gran llanura central de Macedonia, la zona tenía un suelo fértil y abundantes precipitaciones. Las montañas que rodeaban la ciudad estaban cubiertas de madera, lo que permitía construir casas y barcos. El clima templado permitía cultivar cereales y frutas, pero no cultivos mediterráneos como los dátiles y las aceitunas. Los peces llenaban los lagos y ríos cercanos. Las minas de oro, plata, cobre, hierro y plomo salpicaban los alrededores.[6]

En el siglo I d. C., Tesalónica era el principal puerto marítimo y base naval de Macedonia. La Vía Egnatia, la principal carretera de Roma hacia sus provincias orientales, pasaba por las afueras del norte de la ciudad. Además, la ruta principal del Danubio hacia el Mar Egeo pasaba por Tesalónica, por lo que la ciudad estaba situada en el cruce de estas dos importantes vías.

CLIMA RELIGIOSO

En el siglo I d. C., el culto a Dionisio y al dios misterioso Cabiros era muy popular en Tesalónica. Los devotos de Zeus, Heracles, Apolo, Asclepio, Afrodita, Deméter, Atenea, Serapis, Isis y los Dioscuros también formaban parte de la vida religiosa de la ciudad.

Además, las pruebas de la participación de los tesalonicenses en el culto imperial, es decir, en el culto a los gobernantes son abundantes. Incluso antes de la época romana, Alejandro Magno había recibido honores divinos, estos se debían a supuestas revelaciones recibidas en los oráculos de Delfos, que afirmaban su divinidad. Las inscripciones, incluso en los siglos II y III d. C., le atribuyen un estatus divino y hablan de un sacerdocio que servía a su culto en Tesalónica. Los ciudadanos adoraban a Julio César y a Augusto César, títulos como «dios» e «hijo de dios» se encuentran en inscripciones y monedas de la época.[7]

NOTAS

1 John B. Polhill, *Paul and His Letters* (Nashville: B&H Academic, 1999), 181; Gene L. Green, *The Letters to the Thessalonians, Pillar New Testament Commentary* (Grand Rapids: Eerdmans, 2002), 2.

2 Jerome Murphy-O'Conner, *Paul: A Critical Life* (Oxford: Oxford University Press, 1997), 114.

3 Tácito, *Anales* 1.76.

4 Dio Cassius, *History* 40.24.1; Suetonio, *Claudius* 25.1.

5 Green, *Thessalonians*, 2.

6 *Ibid.*, 6.

7 *Ibid.*, 39–40.

GALACIA: SU HISTORIA

POR DON H. STEWART

Moneda del rey Mitrídates VI del Ponto (120-63 a. C.). Enemigo consumado de Roma, Mitrídates expandió su dominio hacia el noroeste hasta Bitinia y hacia el sureste hasta Capadocia.

Las raíces ancestrales de los gálatas se remontan a los celtas más conocidos de Francia e Inglaterra. Originalmente llamados keltoi o galatai por los griegos o galos por los romanos, un grupo de celtas emigró desde Europa central hacia el sur y entró en Grecia y Macedonia hacia el año 280 a. C. La región de Galacia surgió en el 278 a. C., cuando 20 000 celtas (tres tribus: los trocmos, los tectósages y los tolistóbogos) cruzaron a Asia Menor y se apoderaron de la región que actualmente se centra en la moderna Ankara (Turquía). De la palabra griega *Galatai*, la región pasó a llamarse Galacia.[1]

Como poderosos guerreros, los galos cruzaron el Estrecho del Bósforo desde Europa por invitación de Nicomedes, el rey de Bitinia, alrededor del año 278 a. C., para ayudarlo a obtener una victoria en lo que había sido una larga guerra civil en Bitinia (una región geográfica situada en la costa norte-central de Asia Menor). Una vez cumplida esa tarea, los galos, que habían traído consigo a sus familias, se asentaron principalmente en las zonas rurales, llegando hasta el sur de los territorios de Frigia y Panfilia. Siguieron siendo un grupo étnico distinto de las tribus de Asia Menor.[2]

La región de Galacia.

Copia romana de la estatua griega «El galo moribundo». Atalo I de Pérgamo encargó la obra (230-220 a.C.) como reconocimiento de su victoria sobre los gálatas. Fiel a su estilo, el soldado galo solía llevar este peinado, bigote y acudía a la batalla desnudo, portando únicamente un arma y un escudo.

Los galos, que fueron llevados a Asia Menor como mercenarios, se convirtieron en una «bala perdida» que luchaba por su cuenta y por sus propios intereses cuando empezaron a asaltar el oeste y el centro-norte de Asia Menor. El primer freno a las ambiciones galas llegó en el 275 a. C., cuando el rey seléucida Antíoco I los derrotó y los contuvo.

Al momento de su derrota por Antíoco, los galos controlaban la parte norte de la meseta central de Asia Menor. Tanto ellos como sus descendientes vivieron en parte gracias a las incursiones en las regiones tribales vecinas del oeste y el centro-norte de Asia Menor durante muchos años. Finalmente, en el año 232 a. C., Atalo I, rey de Pérgamo, logró derrotar a los galos y restringir a los gálatas dentro de los límites de su territorio. «Su territorio tenía más de 320 kilómetros (200 millas) desde el suroeste hasta el noreste, limitado por Licia y Panfilia al sur, por Bitinia, Paflagonia y el Ponto al norte, por Capadocia al este y por Frigia al oeste».[3]

Incluso en la derrota, los gálatas conservaron su independencia, manteniendo su lengua y sus tradiciones celtas. Ancyra fue su capital gubernamental. Durante los dos siglos siguientes, siguieron participando activamente en las luchas de poder de la región, aliándose finalmente con los romanos contra Mitrídates VI del Ponto (95-63 a. C.). En el año 64 a. C., el general Pompeyo recompensó a los gálatas por su apoyo convirtiendo a Galacia en un reino cliente de Roma y concediéndoles más territorios.

El último rey que gobernó en solitario la totalidad de la región ocupada del centro y norte de Asia Menor fue Amintas (36-25 a. C.). A su muerte, los romanos asumieron un mayor control de la región, reorganizándola en una provincia romana. Los romanos llamaron oficialmente a la región Galacia y ampliaron la región hacia el sur y el este incluyendo los territorios de Pisidia, Frigia y Panfilia.

NOTAS

1 Colin J. Hemer, «Gauls» en *ISBE* (1982), 2:415; G. Walter Hansen, «Galatians, Letter to the» en *Dictionary of Paul and His Letters* (*DPL*), ed. Gerald F. Hawthorne y Ralph P. Martin (Downers Grove, IL: InterVarsity, 1993), 323–24; Stephen Mitchell, «Galatia» en *ABD*, 2:870.

2 William M. Ramsay y Colin J. Hemer, «Galatia» en *ISBE*, 2:378.

3 Hansen, «Galatians», 324.

GETSEMANÍ

POR DARRYL WOOD

Pequeña capilla situada en lo que se conoce como la Cueva de Getsemaní. Las pruebas arqueológicas indican que la cueva se utilizaba para producir aceite de oliva. Las prensas de aceitunas se utilizaban en otoño e invierno, después de la cosecha. Jesús y Sus discípulos habrían estado en Jerusalén durante la Pascua, que era en primavera.

La palabra *gethsemane* deriva de dos palabras hebreas y se traduce literalmente como «prensa de aceites». La producción de aceite de oliva era frecuente en las antiguas culturas del Cercano Oriente. Tenía sentido colocar una prensa o prensas en el lugar donde se cultivaba el producto. Así que el Getsemaní de los Evangelios parece haber estado en un lugar donde la gente cultivaba olivos y fabricaba aceite de oliva. En el asedio de Jerusalén por Tito en el año 70, el ejército romano cortó todos los árboles de la ciudad y sus alrededores; no queda ningún olivo de la época de Jesús en la zona.

Jesús y los discípulos dejaron la cena de Pascua para ir al Monte de los Olivos (Mat. 26:30; Mar. 14:26; Luc. 22:39). Mateo y Marcos indican que fueron a un lugar específico llamado Getsemaní (Mat. 26:36; Mar. 14:32). Juan especificó el lugar al cruzar «el arroyo de Cedrón. Al otro lado había un huerto» (Juan 18:1). El Valle del Cedrón discurre justo al este de las murallas de Jerusalén y el Monte de los Olivos se asienta inmediatamente al otro lado del valle. El Monte de los Olivos se eleva 91 metros (300 pies) más que el Monte del Templo. Es muy posible que Getsemaní existiera en las laderas del Valle del Cedrón, entre el fondo del valle y la cima del Monte de los Olivos, frente al Monte del Templo.

La Tumba de Zacarías (con techo piramidal) y la Tumba de Absalón (techo cónico), ambas en el Valle de Cedrón. Aunque ninguna de ellas es el lugar de enterramiento de su homónimo del Antiguo Testamento, ambos monumentos funerarios estarían en su lugar cuando Jesús atravesó el valle para ir y volver de Getsemaní.

La identificación del lugar exacto donde Jesús cruzó el Cedrón y su destino en el Monte de los Olivos elude a los estudiosos de la Biblia. Sin embargo, a lo largo de la historia de la Iglesia, los escritores han especulado sobre el lugar específico.[1] Una gran cueva en las laderas inferiores podría haber sido un lugar tranquilo para la contemplación, si es que estaba allí en el siglo I. Las pruebas indican que esta cueva albergaba una prensa de aceite para la producción de aceitunas o era una cisterna de almacenamiento. Un edificio se encuentra ahora sobre esta cueva.[2] Un lugar más tradicional en la ladera es en una gran roca dentro de la Iglesia de Todas las Naciones. Independientemente de la ubicación exacta, en el siglo I los olivos dominaban la zona y proporcionaban un ambiente de jardín.[3]

NOTAS

1 Para un amplio resumen de las opiniones de los escritores antiguos relacionadas con la ubicación de Getsemaní, ver, Clemens Kopp, *The Holy Places of the Gospels* (Nueva York: Herder & Herder, 1963), 337–50.

2 Joan E. Taylor, «The Garden of Gethsemane: Not the Place of Jesus' Arrest», *BAR* 21.4 (1995): 26, 28, 35.

3 W. Harold Mare, *The Archaeology of the Jerusalem Area* (Grand Rapids: Baker, 1987), 247–48.

GUÉZER: PUERTA A JERUSALÉN

POR STEVEN M. ORTIZ

Un hito fronterizo en Guézer. La inscripción dice en griego, Alkiou, y en hebreo, Techem Guézer, que significa «Perteneciente a Alkios, Límite de Guézer XIV». Este es uno de los trece hitos que se han encontrado en Guézer.

Guézer fue una ciudad importante en el período bíblico. Ha llegado a ser muy conocida en la arqueología bíblica debido a la existencia de un sistema de puertas importante que es similar a las puertas encontradas en Jazor y Meguido, prueba arqueológica que ilumina una pequeña referencia a los proyectos de construcción del rey Salomón. En 1 Reyes 9:15 se afirma que después de construir el templo, su palacio y Jerusalén, Salomón reconstruyó «Jazor, Meguido y Guézer». La mayoría de los estudiosos creen que Salomón eligió estas tres importantes ciudades porque custodiaban regiones clave del reino. La ciudad de Guézer está situada en un punto principal de la Vía Maris. Vigilaba el Valle de Ayalón y la ruta desde la costa hasta Jerusalén y las colinas de Judea. Si alguien quería atacar Jerusalén, primero tenía que atacar Guézer, ya que era el último centinela que protegía a Jerusalén desde la costa.

La gente reconocía la importancia de Guézer incluso antes de que Salomón fortificara la ciudad. Varias fuentes egipcias mencionaron Guézer, ya que varios faraones egipcios conquistaron la ciudad y se jactaron de la conquista en los informes de campaña. La conquista de la ciudad se menciona en: (1) los anales de Tutmosis III (hacia 1468 a. C.); (2) las Cartas de Amarna, que la describen como ciudad vasalla de Egipto durante el siglo XIV a. C.; y (3) la Estela de Merneptah, que contiene la primera mención de Israel fuera de la Biblia.

La ciudad bíblica de Guézer se identifica como Tell Gézer, a medio camino entre las ciudades modernas de Tel Aviv y Jerusalén. Se trata de un montículo de trece hectáreas situado en las estribaciones de Judá. Además de las fuentes históricas, el yacimiento es bien conocido gracias a varias expediciones arqueológicas. Dos grandes excava-

El Dr. Harold Mosley excavando en Guézer. A la derecha y a la altura de la cintura hay una línea horizontal oscura justo debajo de la construcción de la casamata salomónica, que se cree que es la capa quemada de 1 Rey. 9:16-17.

ciones se llevaron a cabo durante 1902-1909 por R. A. S. Macalister, y en 1964-1973 por William G. Dever y Joe D. Seger. Alan Rowe en 1934 y Dever en 1984 y en 1990 realizaron excavaciones más pequeñas.

El montículo de Guézer fue ocupado inicialmente alrededor del año 3500 a. C., el asentamiento siguió creciendo hasta convertirse en una ciudad amurallada durante la Edad de Bronce Media (alrededor del 2000-1500 a. C.), cuando se construyeron importantes fortificaciones (puerta, torre y pendiente de protección o *glacis*) y se fundó el «lugar alto». Esto es típico de todas las ciudades cananeas importantes durante el período patriarcal. Guézer fue una importante ciudad-estado cananea durante todo el segundo milenio antes de Cristo. La ciudad fue destruida (hacia el 1500 a. C.) y reconstruida durante la Edad de Bronce Tardía, cuando pasó a estar bajo dominio egipcio, como demuestran varios palacios y residencias.

Durante la conquista y el asentamiento israelitas, Guézer desempeñó un papel importante como uno de los líderes de una coalición contra Josué. Aunque el rey de Guézer organizó una gran coalición de reyes y sus respectivas ciudades para ir en contra de los israelitas, Josué derrotó al rey de Guézer, así como a la coalición cananea (Jos. 10:33). A pesar de la victoria de las fuerzas de Josué, Guézer permaneció en manos cananeas durante todo el período de los Jueces (Jos. 16:10; Jue. 1:29), aunque formaba el límite de la asignación tribal de Efraín (Jos. 16:3) y fue asignada como ciudad levítica (21:21). David luchó contra los filisteos cerca de Guézer (2 Sam. 5:25; 1 Crón. 20:4). Estos textos sobre la formación del primer estado israelita muestran claramente que Guézer se encontraba en la frontera entre las tribus de la zona montañosa y los filisteos de la costa. Las pruebas arqueológicas confirman esta imagen del texto bíblico.

Guézer pasó a manos israelitas por una conquista del faraón egipcio, que se la dio a Salomón como dote para su matrimonio con la hija del faraón (1 Rey. 9:16). La mayoría de los estudiosos asocian Siamón con el suegro egipcio de Salomón. La arqueología ha confirmado que la ciudad fue destruida en esta época e inmediatamente después de la destrucción hay pruebas de una importante actividad de construcción: una puerta monumental de la ciudad con cuatro entradas, un palacio, un muro de casamatas, un sistema de almacenamiento de agua, edificios públicos y salas de guardia.

El faraón Sisac (alrededor de 950-925 a. C.) destruyó la ciudad. Las pruebas arqueológicas demuestran que la ciudad fue reconstruida y sufrió otra destrucción a manos de los asirios en el 733 a. C. Una inscripción y un relieve de Tiglat-Pileser III (s. VIII a. C.) mencionan esta conquista asiria. La ciudad tuvo una ocupación menor hasta el período persa. Guézer pasó a llamarse Gazara en el período helenístico y se convirtió en una ciudad importante para los gobernantes asmoneos. Durante el período del Nuevo Testamento, la ciudad principal se desplazó hacia el norte a través del valle y es probablemente el Emaús de los relatos evangélicos.

El antiguo emplazamiento de Guézer es tan importante para la historia bíblica que en 2006 se inició un gran proyecto de excavación para investigar el lugar. La investigación arqueológica sigue ilustrando que los acontecimientos registrados en la Escritura se basan en hechos históricos reales de los reyes de Israel y Judá.

TEMPLOS GRIEGOS Y ROMANOS DEL SIGLO I

POR DON H. STEWART

El Partenón se levanta a la distancia, sobre la Acrópolis de Atenas, la cual era una ciudad prominente en la provincia romana de Acaya.

Interior del Panteón de Roma. La estructura se construyó originalmente para honrar a los siete dioses de los siete planetas reconocidos por la religión estatal de Roma. Aunque el edificio ha sido renovado varias veces a lo largo de los siglos, ha estado en uso continuo desde que se terminó su construcción en el año 125 d. C.

De Corinto, busto de Zeus, del siglo I d. C.

Cuando el helenismo estaba en su apogeo, el concepto de interacción entre las personas y los dioses prevalecía entre los intelectuales. Los griegos consideraban a los dioses como superhombres y la arquitectura de los templos reflejaba sistemas religiosos que animaban a la gente a negociar directamente con los dioses en un esfuerzo por comprar el favor divino. El acceso a los ídolos de los dioses era importante, esto se conseguía con diseños arquitectónicos abiertos para los templos y con la construcción de múltiples templos, los cuales se situaban en centros de población repartidos por todo el imperio para proporcionar la máxima accesibilidad.

A veces, un solo templo albergaba a varios dioses o diosas. Por ejemplo, el Partenón de Atenas albergaba el ídolo de Atenea y varios otros. En Roma, el Panteón era el templo que honraba a todos los dioses, aunque en realidad albergaba estatuas de las siete «deidades que los romanos asociaban con los cielos, incluyendo a Marte, Mercurio, Venus y Júpiter».[1] Una estatua de cada deidad estaba situada en su propio nicho grande a lo largo de la pared interior del Panteón circular.

En el entorno del mundo grecorromano, un número creciente de templos bellamente decorados servían como casas de culto para un número casi innumerable de dioses y diosas. En la acrópolis (el lugar más alto) de casi todas las ciudades importantes, así como en muchas otras más pequeñas, se construyó al menos un templo de este tipo. La mayoría de las comunidades tenían un dios o una diosa protectora. Los romanos siguieron el ejemplo de los griegos, extendiendo la pasión griega por construir templos religiosos, y lo hicieron allí donde los dioses o diosas no habían sido honrados antes.

NOTAS

1 Jason McManus, ed., *Empires Ascendant: Time Frame 400 BC–AD 200* (Alexandria, VA: Time-Life Books, 1987), 93.

HADES: ENTENDIMIENTO DEL SIGLO I

POR STEVE W. LEMKE

Parte del valle de Ben Hinón, situado en el extremo sur de la ciudad de Jerusalén. El valle era el lugar donde la gente entregaba a sus hijos como holocaustos al dios cananeo Moloc (2 Crón. 28:3; 33:6).

Cuando Jesús dijo a Simón Pedro y a Sus discípulos que Dios edificaría Su iglesia con tanta seguridad que las puertas del Hades «no prevalecerán contra ella» (Mat. 16:18), ¿a qué se refería exactamente con Hades? ¿Cómo entendían el concepto los cristianos del Nuevo Testamento? ¿Se puede distinguir el Hades de otros conceptos similares como el Seol, el Gehenna o el infierno?

LA MORADA DE LOS MUERTOS

Más de sesenta veces, el Antiguo Testamento se refiere al lugar de los muertos como Seol. Se trata de la sombría morada de los muertos en el inframundo, prácticamente sinónimo de la tumba o de la propia muerte (Gén. 37:35; Sal. 16:10; Prov. 5:5; Isa. 14:9). Cuando los eruditos tradujeron el Antiguo Testamento del hebreo al griego en la Septuaginta durante el período intertestamentario, los traductores tradujeron

Cabeza de bronce de Hades; datada entre los siglos I y II d. C. Los griegos creían que Hades era sombrío y despiadado, pero no malvado.

la palabra hebrea del Antiguo Testamento *Sheol* con la palabra griega *Hades*.[1] Así, cuando Pedro hizo referencia al Salmo 16:10 en su sermón de Pentecostés (Hech. 2:27), el texto utilizó Hades para traducir la palabra hebrea Seol. Cuando el Nuevo Testamento lo utiliza de esta manera, Hades se refiere simplemente a la morada de los muertos, siguiendo el modelo del Antiguo Testamento.

En la mitología griega, Hades (también llamado Plutón) era el hermano de Zeus y rey del inframundo. Según la mitología, Hades raptó a Perséfone, hija de Zeus, y la obligó a vivir en su reino del inframundo. Este dominio sobre el que gobernaba Hades pasó a llamarse con su nombre o con el de Tártaro. El Nuevo Testamento utiliza ambos términos, pero les da un nuevo significado.

En Mateo 16:18, el sentido primario de la palabra Hades probablemente se refiere a la muerte, «las puertas del reino de la muerte no prevalecerán contra ella» que no tiene poder sobre la iglesia. Jesús dijo a los discípulos que sería crucificado en Jerusalén y «que al tercer día resucitara» (Mat. 16:21). Cuando fue resucitado, se convirtió en las «primicias» de la resurrección; Su resurrección preparó el camino para que todos los creyentes fueran resucitados, porque Él destruirá la muerte (1 Cor. 15:24-26). Los creyentes pueden experimentar la muerte, pero ésta no es su destino final. La muerte y el Hades no tienen más poder sobre los creyentes que el que tuvieron sobre el propio Cristo. Jesús habló de dar a la iglesia las «llaves del reino de los cielos» (Mat. 16:19). Pero Jesús tiene otro juego de llaves. Debido a Su victoria sobre la muerte, tiene «las llaves de la muerte y del infierno» (Apoc. 1:18). Jesús ha ido a «prepararles un lugar» a los creyentes, un lugar en el que la muerte, la pena, el llanto y el dolor han sido abolidos (Juan 14:1-3; Apoc. 21:1-4). Muchos intérpretes entienden que las «puertas» o «fuerzas» del Hades en Mateo 16:18 representan la constante oposición de Satanás a la iglesia. Así que Jesús estaba asegurando a los discípulos que Satanás nunca dominará a la iglesia.

EL SEOL COMO INFIERNO

Sin embargo, incluso en el Antiguo Testamento, el Seol no siempre se refiere al lugar de descanso final para todas las personas. Aunque todas las personas van al Seol, solo las personas impías o insensatas permanecen en el Seol. El Antiguo Testamento enseña que Dios resucitará a las personas piadosas y sabias a una nueva vida con Él (Job 19:23-27; Sal. 49:1-19; Isa. 26:4-19; Dan. 12:2-3). Al datar del período intertestamentario, los libros no canónicos describen el Hades como el lugar de tormento para los malvados, mientras que los justos entran en el paraíso (Salmos de Salomón 14:1-7; Sabiduría 2:1; 3:1). Estas dos acepciones de la palabra Seol dieron lugar a un desacuerdo teológico entre los saduceos y los fariseos. Los saduceos creían que todos los muertos continuaban en el Seol, mientras que los fariseos afirmaban que Dios resucitaría a los justos a la vida eterna. Algunos creían que el Hades era la región inferior del Seol y el paraíso era el nivel superior del Seol.

Según la mitología griega, Hades gobernaba el inframundo. El sacerdote Hadaios dedicó este relieve votivo al dios Hades, que aparece subido a un carro. El relieve fue descubierto al oeste de Corinto, en la región de Derveni; datado en el siglo II d. C.

Esta distinción entre el Hades como lugar infernal de tormento y no como morada de todos los muertos surge con mayor claridad en el Nuevo Testamento. Varios textos del Nuevo Testamento establecen una clara distinción entre «muerte» y «el infierno» (Apoc. 1:18; 20:13-14). El relato de Jesús sobre Lázaro y el hombre rico (Luc. 16:19-31) establece una de las distinciones más claras entre las dos moradas. Jesús describió al justo Lázaro como si «estuviera al lado de Abraham» (un eufemismo judío para decir que estaba con Dios en el paraíso), mientras que el rico injusto estaba «en medio de sus tormentos» de «fuego» (vv. 23-25,28). «Hay un gran abismo entre nosotros y ustedes» separando estos dos lugares (vv. 23,26). Jesús pintó un cuadro similar en Su descripción del destino eterno de la gente de Capernaúm que no se arrepentía incluso después de ver los milagros realizados. Jesús dijo que no sería «levantada al cielo», sino que «descenderás hasta el abismo» (Mat. 11:23-24; Luc. 10:15). De nuevo, el Hades es aquí la morada de los muertos injustos, mientras que los muertos justos son elevados. En Apocalipsis 20:13-15, el Hades es esencialmente un lugar de retención para los muertos injustos hasta el juicio, después del cual serán «arrojados al lago de fuego».

El Nuevo Testamento utiliza a menudo palabras como Gehenna o Tártaro, o descripciones como «el pozo sin fondo» y «el abismo» para describir el infierno.Gehenna era originalmente un valle o barranco al sur de las murallas de Jerusalén. *Gehenna* es una transliteración griega de «valle de Ben Hinón» en hebreo. «En el valle de Ben Hinón», los idólatras sacrificaban «en el fuego a sus hijos» como ofrenda al dios pagano Moloc (2 Crón. 28:3; 33:6). En la época del reinado de Josías, la gente consideraba el valle de Ben Hinón como un lugar de abominación (2 Rey. 23:10-14). En el Gehenna, Dios imponía el juicio a los idólatras y a los que lo rechazaban (Jer. 7:31-34; 32:35). Así, el Gehenna pasó a simbolizar los fuegos interminables del infierno, donde los muertos impuros e impiadosos son continuamente atormentados.

En el Nuevo Testamento, *Gehenna* siempre se refiere al infierno, un lugar de tormento ardiente, no simplemente a la muerte (Mat. 5:22, 29-30; Mar. 9:43-47; Luc. 12:5; Sant. 3:6). Jesús advirtió que la desobediencia pecaminosa podía conducir al «fuego del infierno» (Mat. 5:22, 29-30). Gehenna «puede destruir alma y cuerpo (Mat. 10:28).

Santiago describió «la lengua es un fuego» refiriéndose a la palabra incontrolada «encendida por el infierno» (Sant. 3:6).

Otra palabra griega usada para describir el infierno es *Tartarus*, un término que los griegos usaban para describir un lugar de tormento eterno. En su segunda epístola, Pedro describió el Tártaro como un lugar donde los ángeles que pecaron eran encarcelados a la espera del juicio final (2 Ped. 2:4). Otro sinónimo bíblico de Hades es el «abismo». Romanos 10:6-7 (citando Deut. 30:12-14) contrasta la subida al cielo con el descenso «al abismo» de la muerte. Sin embargo, en Lucas 8:31 y Apocalipsis 9:1-3; 20:1-3, el abismo es la morada de los demonios, similar al Tártaro en 2 Pedro 2:4. En Apocalipsis 9:1-11, el abismo se abre, liberando una horda de demonios. El «ángel del abismo» llamado Apolión (que significa «destructor», Apoc. 9:11), también llamado «la bestia» o anticristo, será arrojado «al lago de fuego y azufre» (19:20). También Satanás será encadenado en el abismo durante mil años (20:1-3), hasta que también sea «arrojado al lago de fuego y azufre» (v. 10).

Los creyentes no deben temer a la muerte ni a las fuerzas de Satanás. Cristo ya ha derrotado estas amenazas y ha obtenido la victoria (Rom. 8:36-39; 1 Cor. 15:55-57; Apoc. 1:18).

NOTAS

1 E. Ray Clendenen, «Hades» en *HIBD*, ed. rev. (2015), 689.

HEBRÓN

POR JEFF S. ANDERSON

Edificio herodiano en notable estado de conservación, erigido por el rey Herodes sobre las cuevas de Macpela, en Hebrón (Israel). El edificio se utilizó como iglesia cristiana durante las Cruzadas, pero se convirtió en mezquita cuando Saladino expulsó a los cruzados y estableció los principios del Islam en la región.

La ciudad de Hebrón se fundó siete años antes que Zoán (Núm. 13:22), que es la ciudad de Tanis en Egipto. Como los registros dan información sobre la fundación de Tanis, podemos situar con seguridad la fundación de Hebrón como ciudad en el año 1737 a. C. Sin embargo, las pruebas arqueológicas indican que la región ha estado continuamente habitada desde aproximadamente 3500-3300 a. C.

Situada a unos 30 kilómetros (19 millas) al sur de Jerusalén, en la zona montañosa del sur de Judá, Hebrón se encuentra en uno de los puntos más altos de la zona montañosa, a una altura de 926 metros (3040 pies) sobre el nivel del mar. El nombre inicial de Hebrón era Quiriat Arbá (Gén. 23:2; Jos. 20:7), y la ciudad original se encontraba en la envidiable posición de poseer un prolífico manantial además de un suelo extremadamente fértil en los alrededores. Durante generaciones, fue un centro agrícola de producción de uva y aceite de oliva.

Las pruebas arqueológicas, lo poco que hay, apoyan en general el relato bíblico. Un arqueólogo bromeó: «Hebrón [...] es uno de los lugares bíblicamente más importantes y arqueológicamente más decepcionantes de Palestina».[1] William F. Albright realizó estudios en la región en la década de 1920, y una expedición estadounidense excavó

Interior de la Macpela de Hebrón. Se muestran los cenotafios de capas de piedra rayadas, que no son las tumbas propiamente dichas, sino estructuras que señalan el emplazamiento de las cuevas subterráneas de enterramiento. En Macpela están enterrados Abraham y Sara; Jacob y Lea; y, en la imagen, Rebeca a la izquierda e Isaac a la derecha. El rey Herodes (37 a.C.-4 d. C.) construyó las estructuras sobre las cuevas sepulcrales.

Cuenco de alabastro de la Edad de Bronce Medio I (2200-1950 a. C.), tallado en Hebrón.

en la década de 1960. Los trabajos se reanudaron en la década de 1980 con la Expedición de las Colinas de Judea, patrocinada por los israelíes. La situación política de la zona ha dificultado los trabajos arqueológicos durante las últimas décadas. Al-Khalil, la actual Hebrón, forma parte de Cisjordania, bajo autoridad palestina.

En Hebrón y sus alrededores existen básicamente dos zonas de importancia arqueológica: la ciudad antigua (Tel Hebrón) y la tumba tradicional de Abraham en una ladera frente a la ciudad antigua (Haram al-Khalil). En lo que respecta a la ciudad antigua, las pruebas arqueológicas demuestran la existencia de un importante asentamiento de unas 2 o 3 hectáreas en las colinas de Judea que data de la Edad de Bronce Media, el período compatible con Abraham y los demás antepasados de Israel.[2] Este asentamiento estaba rodeado por una muralla que aún hoy es visible en parte. Posteriormente, el lugar fue abandonado temporalmente en la Edad de Bronce Tardía (la época de la conquista), pero volvió a ser habitado en mayor medida en la Edad de Hierro durante el período asociado a David. Un manantial de la ciudad sigue proporcionando agua fría durante todo el año, una importante comodidad en el desierto de Judea. En la actualidad, el recinto de la antigua ciudad domina la ciudad moderna de Hebrón. La cueva de Macpela (Haram al-Khalil) es también un

Vista de Hebrón mirando hacia el sur.

importante yacimiento arqueológico. Para los arqueólogos su enorme popularidad es también su perdición. El problema es que la estructura monumental supuestamente construida por Herodes cubre la zona, y no se han realizado excavaciones sistemáticas de restos bajo el edificio. Existen indicios de varias tumbas de pozo, pero las estructuras sobre la superficie prohíben la excavación.

Un importante hallazgo relacionado con Hebrón no se encontró en la propia ciudad, sino en jarras de almacenamiento descubiertas en Jerusalén y Judá y sus alrededores.[3] Estas jarras contenían impresiones de sellos en sus asas. Se conocen casi mil impresiones de este tipo. Estos sellos se conocen como impresiones *lamelekh*, una expresión que significa «perteneciente al rey». Una de las tinajas incluye la impresión «perteneciente al rey de Hebrón». Dado que todas las tinajas *lamelekh* se encontraron en las ciudades implicadas en el conflicto con Senaquerib, los estudiosos suelen datar las tinajas a la época del conflicto entre Judá y Asiria, alrededor del año 600 a. C. Una referencia específica como ésta a una ciudad concreta es rara entre los hallazgos arqueológicos en Israel.

NOTAS

1 Harry Thomas Frank, *Bible, Archaeology, and Faith* (Nashville: Abingdon, 1971), 127.

2 Avi Ofer, «Hebron», en *NEAEHL*, 2:608; Amihai Mazar, *Archaeology of the Land of the Bible*: 10,000–586 BCE (Nueva York: Doubleday, 1990), 455–58.

3 Mazar, *Archaeology*.

EL TEMPLO DE HERODES

POR TIMOTHY TRAMMELL

En el extremo sur del lado occidental del Monte del Templo sobresalen las hileras de un arco que sostenía una escalera monumental que conducía a la plaza del Monte del Templo. El arco, llamado Arco de Robinson por el estadounidense que lo identificó por primera vez, formaba parte de la ampliación del templo por Herodes.

Plaza de los hombres en el Muro Occidental de Jerusalén. La pared rocosa expuesta en la plaza de oración se eleva a una altura de unos 18 metros (60 pies); originalmente, el muro tenía casi 70 metros (200 pies) de altura.

Durante el ministerio terrenal de Jesús y el siglo I cristiano, el templo de Jerusalén, el templo de Herodes, era el corazón del culto judío.

EL TEMPLO DE SALOMÓN

Los estudiantes de la Biblia se refieren al templo de Herodes como el «segundo templo». El primer templo fue la magnífica estructura que construyó Salomón. La descripción bíblica del templo de Salomón sugiere que el techo interior tenía 54 metros (180 pies) de largo, 27 metros (90 pies) de ancho y 15 metros (50 pies) de alto. El punto más alto de la estructura se elevaba a unos 63 metros (207 pies) o aproximadamente 10 pisos. Nabucodonosor y los babilonios destruyeron el templo en 586 a. C.

Cuando el pueblo judío regresó del cautiverio babilónico, Zorobabel dirigió al pueblo para construir un nuevo templo. Pero los que habían visto el templo de Salomón consideraron esta estructura decepcionantemente inferior (ver Esd. 3:12-13). El templo de Zorobabel fue el que Herodes el Grande decidió reconstruir y ampliar. Dado que Herodes era en realidad un idumeo más que un judío, pensó que hacer esto «complacería a los judíos, y ganaría reconocimiento para sí mismo», particularmente a los ojos de sus señores romanos.[1]

LA PLATAFORMA DEL TEMPLO

La reconstrucción comenzó entre el 20 y el 19 a. C., y la mayor parte del trabajo se completó en dieciocho meses. Sin embargo, para proporcionar los cimientos de la enorme estructura que Herodes y sus obreros habían previsto, era esencial ampliar la plataforma. Los obreros construyeron enormes muros de contención en las laderas del Monte Moria para mantener la plataforma en su lugar. La estructura terminada, con sus arcos y bóvedas, tenía 480 metros (1575 pies) de largo y 280 (919 pies) de ancho, lo que suponía casi 140 000 metros cuadrados (1,5 millones de pies cuadrados) de superficie.[2] Algunas partes de estos muros de contención siguen siendo visibles hoy en día, especialmente en los lados este, sur y oeste. La exposición occidental es la más conocida, llamada Muro Occidental. En la actualidad, este muro es un centro de culto judío y lugar de celebración nacional.

Los enormes bloques de piedra caliza utilizados para construir la estructura procedían de canteras de la ciudad de Jerusalén. Las piedras más pequeñas, conocidas como sillares, pesan entre dos y cinco toneladas cada una; muchos de los sillares más grandes pesan unas cincuenta toneladas cada uno. El sillar más grande, de 12 metros (40 pies) de longitud, 3 (10 pies) de altura y 4 (13 pies) de grosor, pesa la asombrosa cifra de 400 toneladas.[3] Dos estructuras musulmanas ocupan el Monte del Templo en la actualidad, el Domo de la Roca y la Mezquita de Al-Aqsa.

En el templo de Herodes, se podía entrar en el Patio de los Gentiles, la zona dominante del Monte del Templo, a través de ocho puertas: dos en el sur, cuatro en el oeste, una en el norte y una en el este. El atrio estaba rodeado en sus cuatro lados por pórticos con columnas. En el sur estaba el Pórtico Real, con un total de 162 columnas alineadas en cuatro filas. La última fila estaba adosada al muro sur. Josefo escribió que el grosor de cada columna era tal «que tres hombres podrían, con sus brazos extendidos, rodearla y volver a unir sus manos».[4] Las columnas tenían más de 10 metros (35 pies) de altura.

En los lados este, norte y oeste del patio, los pórticos tenían dos filas de columnas. Estaban techados y se abrían al patio. El pórtico del lado este se llamaba Pórtico de Salomón o Columnata. Juan registró que «Jesús andaba en el templo» por esta zona durante la fiesta de la Dedicación (Juan 10:22-23).

La esquina sureste del patio era la «parte más alta del templo» mencionado en Mateo 4:5 en relación con la tentación de Jesús. Este punto daba al Valle de Cedrón, a unos 90 metros (100 yardas) más abajo. La historia de la Iglesia afirma que Jacobo, el hermanastro de Jesús, fue arrojado desde este punto y asesinado en el año 66.

Maqueta del santuario del templo de Herodes.

EL TEMPLO PROPIAMENTE DICHO

El Nuevo Testamento griego tiene dos términos que pueden traducirse como «templo». El primero, *hieron*, designa todo el complejo del templo. El otro, *naos*, se refiere al templo propiamente dicho, el santuario.[5] La *naos* estaba situada en una pequeña terraza y estaba rodeada por una balaustrada de piedra de poco menos de 1 metro (3 pies) de altura. En la balaustrada había un cartel escrito en griego y en latín que advertía a los no judíos: «Ningún gentil puede entrar en la barandilla que rodea el Santuario y dentro del recinto. Quien sea sorprendido se expondrá a la pena de muerte que inevitablemente le seguirá».[6]

Dentro de la balaustrada había tres zonas diferenciadas. La primera sección se llamaba el patio de las mujeres porque éstas no podían pasar más allá. A su alrededor había pequeños almacenes, entre estas salas había trece cofres, cada uno en forma de trompeta invertida, en los que se depositaban las ofrendas, las cuales cubrían los gastos del templo.

La siguiente sección era el patio de los hombres de Israel. Estaba elevado sobre el patio de las mujeres; los hombres entraban subiendo quince escalones semicirculares. Se accedía a través de seis puertas situadas tres al norte, tres al sur y por una abertura, la Puerta de Nicanor, desde el atrio de las mujeres.

Entrando y atravesando el patio de los sacerdotes, se llegaba a los recovecos interiores del santuario. Esta estructura medía 52 metros (172 pies) de largo, ancho y alto, y tenía dos pisos. Constaba de un pórtico, el lugar santo y el lugar santísimo.

Doce escalones subían unos 3 metros (10 pies) desde el patio de los sacerdotes hasta el pórtico, que tenía una fachada de unos 52 metros (172 pies) de ancho y alto. Más allá del pórtico estaba el lugar santo, un área que medía 20,9 metros (68,8 pies) de largo por 10,4 metros (34,4 pies) de ancho, con paredes de 20,9 metros (68,8 pies) de alto. En esta sala se encontraban el candelabro de oro, la mesa de los panes de la presencia y el altar del incienso. Un grueso velo servía de pared occidental.

Más allá del velo estaba el lugar santísimo. Medía 10,4 metros (34,4 pies) cuadrados con paredes de 20,9 metros (68,8 pies) de altura. En la época del segundo templo, esta zona estaba vacía.[7] El sumo sacerdote entraba en esta zona sagrada cada año en el Día de la Expiación para arrepentirse, rociar la sangre del macho cabrío y obtener el perdón de sus pecados y los del pueblo.

Desde cualquier punto de vista, el templo de Herodes era magnífico. Uno podría suponer que este edificio se mantendría en pie a lo largo de los siglos. Sin embargo, trágicamente, durante la invasión romana en el año 70, el templo fue destruido, como predijo Jesús (Mat. 24:2).

NOTAS

1 Floyd Filson, «The Significance of the Temple in the Ancient Near East. Part 4: Temple, Synagogue and Church», *BA* 7.44 (1944): 79.

2 Leslie J. Hoppe, «Herod's Quarries», *The Bible Today* (*TBT*) 48.1 (2010): 35.

3 Simon Goldhill, *The Temple of Jerusalem* (Londres: Profile Books, 2004), 60–61.

4 Josefo, *Antiguedades judías* 15.11.4.

5 «Temple» en *The New International Dictionary of New Testament Theology* (*NIDNTT*), ed. Colin Brown, 4 vols. (Grand Rapids: Zondervan, 1978), 3:781.

6 Leen Ritmeyer, *The Quest: Revealing the Temple Mount in Jerusalem* (Jerusalén: Carta Jerusalem and the LAMB Foundation, 2006), 346.

7 Para más detalles sobre el templo de Herodes, ver Ritmeyer, *The Quest.*

LA ISLA DE MALTA

POR GEORGE W. KNIGHT

Vista aérea de Malta.

Bahía de San Pablo, Malta.

Malta es la mayor de un grupo de cinco islas conocidas hoy en día como la nación de Malta.[1] Tiene aproximadamente 28 kilómetros (18 millas) de largo y 12 de ancho (8 millas), lo que supone una superficie de unos 250 kilómetros cuadrados (96 millas cuadradas). Está situada en el Mar Mediterráneo, a 96 kilómetros (60 millas) al sur de Sicilia y a unos 354 kilómetros (220 millas) al norte de la costa libia en el norte de África. En las costas norte y oeste de la isla se encuentran muchas bahías y ensenadas que proporcionan puertos naturales. El más grande está cerca del centro de la isla; el que se asocia tradicionalmente con Pablo está a unos 12 kilómetros (8 millas) al noreste. La historia de Malta incluye elementos culturales de Sicilia, Italia, Fenicia, Cartago y Roma.

La mayor influencia en la Malta del siglo I comenzó con la llegada de los fenicios hacia el año 1000 a. C. Establecieron un asentamiento en la isla como parte de la expansión de su imperio comercial hacia el oeste. La abundancia de puertos naturales y su ubicación cerca de sus rutas marítimas la convirtieron en un lugar ideal para la protección, el descanso y el reabastecimiento. Su ocupación creció y, además de las instalaciones marítimas a lo largo de la costa, se construyó una ciudad, Malta, cerca de la moderna Bari. Las excavaciones han demostrado que fue una ciudad importante y rica. En ella se encuentran grandes tumbas fenicias. En el siglo VI a. C., Cartago llegó al poder, y esa cultura también dejó su huella, pero el Imperio romano acabó por forjar la Malta de la época de Pablo.

La historia de la isla que se refleja en la tierra del naufragio de Pablo comenzó con el control romano en el 218 a. C., cuando la isla pasó a formar parte de la provincia de Sicilia. César Augusto concedió a la nación isleña su propio procurador; aunque la guerra civil paralizó al pequeño país durante esos días, cuando Pablo llegó la isla era próspera.

Hasta el siglo I d. C., la isla era visitada a menudo por piratas que, según Cicerón, pasaban allí el invierno.[2] Estos forajidos solían estar controlados por el poder de Roma, pero cuando Pablo desembarcó allí, sus influencias formaban seguramente parte de la cultura de los habitantes locales.

Las excavaciones arqueológicas realizadas en la isla han identificado tumbas de los primeros cristianos. Además, una excavación de una villa romana en «San Pawl Milqi [...] es tradicionalmente el lugar de la villa de Publio donde fue recibido el náufrago San Pablo». También es relevante un santuario púnico que cayó en desuso a finales del siglo I y que posteriormente se convirtió en una iglesia cristiana.[3]

NOTAS

1 Esta discusión se basa en lo siguiente: A. Claridge, «Melita» en *The Princeton Encyclopedia of Classical Sites*, ed. Richard Stillwell (Princeton, NJ: Princeton University Press, 1976), 568–69; Ernst Haenchen, *The Acts of the Apostles*, trad. Bernard Noble y Gerald Shinn (Filadelfia: Westminster, 1971); Dennis R. Macdonald, «The Shipwrecks of Odysseus and Paul», *NTS* 45 (1999): 88–107; John Polhill, *Acts*, NAC (1992).

2 Cicero, *Against Verres* II.4.103–4.

3 Claridge, «Melita», 569.

JERICÓ EN LOS TIEMPOS DE JESÚS

POR WILLIAM F. COOK III

En Jericó, parte del complejo de baños del palacio de Herodes, probablemente el frigidarium.

Jericó está en el sur del valle del Jordán. La ciudad está a 225 metros (740 pies) por debajo del nivel del mar, la ciudad habitada más baja del mundo. El punto más bajo sobre la faz de la tierra, el Mar Muerto (396 metros [1300 pies] bajo el nivel del mar), está a unos 12 kilómetros (8 millas) al sur de la ciudad. Al oeste de Jericó se eleva el Monte Quarantania, el lugar tradicional del ayuno y la tentación de cuarenta días de Jesús. A 8 kilómetros (5 millas) al este se encuentra el Río Jordán y el lugar tradicional del bautismo de Jesús. Qumrán, donde se descubrieron los Rollos del Mar Muerto, se localiza a unos 12 kilómetros (8 millas) al sur de la ciudad, en la orilla noroeste del Mar Muerto. Jerusalén está aproximadamente a 20 kilómetros (13 millas) al suroeste de Jericó. La Jericó del Antiguo Testamento (Tel es-Sultan) se encuentra a 3 kilómetros (2 millas) al norte de la Jericó del Nuevo Testamento. El sitio del Antiguo Testamento no estaba habitado en la época de Jesús.

Aunque caen menos de 17 centímetros (7 pulgadas) de lluvia al año, principalmente entre noviembre y febrero, Jericó en los días de Jesús era un oasis en una tierra estéril. Dios proveyó a la ciudad de agua, buena tierra, un clima invernal moderado y una ubicación estratégica. Los manantiales cercanos al pie de las colinas occidentales proporcionaban a la ciudad su agua fresca. El principal manantial es conocido como la fuente de Elías. Fluyendo hacia el este, el arroyo riega el corazón del oasis. El agua de otros manantiales cercanos, traída por un acueducto, amplió el oasis. La combinación de la disponibilidad de agua y el rico suelo aluvial hicieron de Jericó un lugar atractivo para el asentamiento.

Estas condiciones hacían que Jericó fuera apta para la agricultura. Aquí prosperaban las uvas, las granadas, el trigo y las verduras. La zona también era famosa por sus sicomoros y bálsamos. Tanto el historiador judío Josefo como el geógrafo romano Estrabón comentaron las famosas arboledas de Jericó.[1] El bálsamo de Jericó era conocido por sus cualidades medicinales y su uso en perfumería. Estos factores, junto con el suave clima invernal, hicieron de Jericó un lugar atractivo para la capital de invierno durante los reinados de los asmoneos y de Herodes el Grande. El hecho de que estuviera cultural y políticamente alejada de Jerusalén aumentaba su atractivo.

La Jericó del Nuevo Testamento, también llamada Jericó herodiana, tuvo sus inicios después del regreso de los judíos del exilio babilónico. Cuando los ptolomeos y los seléucidas controlaban la patria judía, consideraban a Jericó como una propiedad real.[2] Este entorno real continuó en el siglo I a. C. Los excavadores han desenterrado numerosos restos en la Jericó del Nuevo Testamento. En la actualidad, dos grandes montículos distinguen el lugar. El primer proyecto de construcción fue un complejo asmoneo. El palacio abarcaba más de dos hectáreas y se convirtió en el lugar de recreación de los reyes reinantes.[3]

Herodes sentía un especial cariño por Jericó. La ciudad le proporcionaba un lugar de reposo frente a las exigencias de Jerusalén. Capturó Jericó en el 37 a. C. de Antígono,

Los alrededores de Jericó están repletos de vegetación. El Antiguo Testamento se refería a Jericó como la Ciudad de las Palmeras (Deut. 34:3; Jue. 1:16; 3:13).

un descendiente de los asmoneos. Josefo describe cómo Herodes hizo que su cuñado, el sumo sacerdote Aristóbulo, se ahogara en la piscina del lugar donde se encontraba el palacio asmoneo.[4]

Herodes construyó mucho en Jericó, transformando la ciudad en una especie de jardín. Además, construyó varios edificios públicos: un anfiteatro, un hipódromo, un gimnasio, parques, jardines, piscinas, villas, una fortaleza y, lo más impresionante, un gran complejo palaciego. Su magnífico palacio de invierno se construyó en tres etapas y puede considerarse como tres palacios distintos. El proyecto más extenso de Herodes fue el tercer palacio, que cubría casi tres hectáreas. Este palacio se planificó y construyó siguiendo unos estándares arquitectónicos excepcionales. Como el palacio se extendía a ambos lados del Wadi Qelt, sus residentes podían disfrutar del flujo estacional del agua. Otro de los proyectos de construcción de Herodes fue un complejo que albergaba carreras de caballos, atletismo, boxeo, teatro y espectáculos musicales. Era único en todo el mundo grecorromano.[5]

Es probable que Jericó en la época de Jesús se extendiera por las zonas de regadío de la llanura como una ciudad jardín; las viviendas convivían con las villas reales. Muchos miembros de la aristocracia de Jerusalén utilizaban la ciudad como lugar de veraneo invernal. Las excavaciones de un cementerio cercano dan cuenta de la existencia de una gran cantidad de habitantes en este período.[6]

Tras la muerte de Herodes en Jericó en el año 4 a. C., sus palacios comenzaron a declinar. Tras la destitución del hijo de Herodes el Grande, Arquelao, los prefectos romanos gobernaron Judea (con la excepción del año 41-44 d. C.). Los prefectos gobernaban desde Cesarea, en la costa, en lugar de Jerusalén, y vacacionaban en otros lugares. Aunque los palacios no se mantenían tan bien, la ciudad seguía siendo impresionante e importante. Bajo el dominio romano, Jericó siguió siendo una ciudad importante para los viajeros que venían de Galilea (alrededor de Samaria) y de Transjordania a Jerusalén.

Cuando Jesús entró en Jericó, habría visto una hermosa ciudad, el magnífico hipódromo, un gran complejo palaciego, villas de invierno, grandes plantaciones y una comunidad bulliciosa. La presencia de un jefe de recaudación de impuestos en Jericó (Zaqueo) es comprensible, ya que la ciudad se encontraba en el camino principal de Transjordania a Judea. Tras las revueltas judías del 66-70 d. C. y del 132-135 d. C., la importancia de Jericó disminuyó considerablemente.

NOTAS

1 Josefo, *Guerra de los judíos* 4.8.3; Strabo, *Geography* 16.41.

2 Gideon Foerster, «Jericho: Hellenistic to Early Arab Periods: History» en *NEAEHL*, 2:681.

3 Ehud Netzer, «Jericho: Exploration since 1973» en *NEAEHL*, 2:683.

4 Josefo, *Antigüedades judías* 15.3.2–3.

5 Ehud Netzer, «Roman Jericho (Tulul Abu el-`Alayiq)» en *ABD*, 3:739.

6 *Ibid.*

JERICÓ: UN LUGAR ESTRATÉGICO

POR DAVID L. JENKINS

La base de una torre neolítica redonda datada en torno al 8000 a. C. La torre, que mide unos 8 metros (28 pies) de diámetro en la base y 7 metros (25 pies) de altura, tiene una escalera interior. Especialmente si se tiene en cuenta que los trabajadores sólo disponían de herramientas de piedra, la torre fue una notable proeza de ingeniería.

El Wadi Qelt, un cauce seco en la Jericó del Nuevo Testamento. El arroyo discurría por el centro del complejo del palacio de invierno de Herodes.

La palabra *Jericó* significa o bien «lugar de fragancia», quizá en referencia a las prolíficas flores autóctonas de la zona, o bien «lugar de la luna», en alusión a que se trataba de un lugar en el que la gente adoraba a los dioses lunares, que creían que controlaban las estaciones. Jericó tiene profundas raíces en la historia temprana de las tierras y lugares bíblicos. Alrededor de la antigua ciudad había murallas tan enormes que se construyeron casas sobre ellas (Jos. 2:15). Los restos de la Jericó del Antiguo Testamento y de la prehistoria yacen bajo un montículo conocido como Tell es-Sultan. Este montículo está situado en el lado oeste del valle del Jordán, aproximadamente a 16 kilómetros (10 millas) al norte del Mar Muerto y a 6 kilómetros (4 millas) al oeste del Río Jordán.

Un manantial, ´Ain es-Sultan, proporciona abundante agua al lugar, produciendo hasta 3800 litros por minuto. El manantial hidrata un oasis que se extiende desde Jericó hacia el este, en dirección al Jordán. Este manantial y el suelo fértil de la zona atrajeron a los pobladores desde el Mesolítico (10 000-8000 a. C.). El edificio más antiguo que se conoce en el lugar data de alrededor de 9250 a. C. A diferencia de otros lugares habitados desde principios del Neolítico (8000-4500 a. C.), Jericó era un sitio amurallado. «En el año 8000 a. C. se había construido una ciudad amurallada (la más antigua del mundo) de unas cuatro hectáreas».[1] La muralla, construida con enormes piedras, tenía más de 6 metros (19 pies) de altura. «Una enorme torre redonda dentro de la muralla estaba sorprendentemente bien construida, medía 8,5 metros (27,9 pies) de diámetro y se conserva hasta una altura de 7,7 metros (25,3 pies); estaba construida con un sólido núcleo de piedra, y una empinada escalera conducía a su cima».[2] Jericó ha sido llamada, en consecuencia, la «Ciudadela del Neolítico».[3] Así, los arqueólogos han encontrado en Jericó pruebas de nómadas prehistóricos que eran cazadores-recolectores; de los que desarrollaron una aldea en el lugar; y aún más tarde, de los que establecieron viviendas permanentes, cultivaron la zona y domesticaron animales. Durante esta época también surgió la expansión de la tecnología humana. Se pasó de desarrollar utensilios de piedra pulida a fabricar recipientes de cerámica de cocción rudimentaria. Jericó es la ciudad bíblica más antigua que muestra todas estas etapas de progresión.[4]

Las pruebas arqueológicas indican que el lugar fue abandonado hacia el año 4000 a. C., pero que comenzó a repoblarse unos 700 años después. En la época de Abraham, Isaac y Jacob, los habitantes de Jericó llevaban una vida civilizada. Los arqueólogos han encontrado en Jericó tumbas fechadas hacia el 1600 a. C., muebles de madera, cerámica fina, cajas de madera con decoraciones incrustadas y cestería.[5] Cuando los israelitas se asentaron en Canaán, Josué le asignó Jericó a la tribu de Benjamín (Jos. 18:21). Aunque la antigua Jericó fue destruida tiempo después, quedó un pequeño asentamiento que aseguraba la continuidad de la vida en esa zona.

Cuando Jesús encontró allí a Zaqueo, el recaudador de impuestos, no cabe duda de que Jericó era algo más que una pequeña e insignificante aldea. De hecho, Herodes el Grande había fortificado la ciudad y construido allí varios palacios nuevos, dándoles el nombre de sus amigos. Se retiró y murió en Jericó. La riqueza de Jericó, y por extensión la de Zaqueo, procedía sin duda en parte de los impuestos sobre la sal, el azufre y el asfalto (productos naturales del Mar Muerto) que pasaban por la ciudad. La riqueza obtenida de este comercio probablemente contribuyó considerablemente a los numerosos proyectos de construcción de la ciudad. Los Evangelios sinópticos recogen el encuentro de Jesús con mendigos en Jericó (Mat. 20:29-34; Mar. 10:46-52;

Parte de las ruinas del palacio de Herodes en Jericó.

Luc. 18:35-43). Los mendigos habrían considerado que una ciudad tan próspera era un lugar ideal para asegurarse unos ingresos.

Otra ventaja de Jericó era su ubicación cerca de un importante vado del Río Jordán. Esto convertía a la ciudad en una puerta natural desde Transjordania y las llanuras de Moab hacia la región que se encontraba al oeste, más allá del Río Jordán (Núm. 22:1; 26:3; 31:12; 33:48,50; 35:1; Deut. 32:49; Jos. 2:1). Situada en la principal ruta comercial este-oeste, Jericó controlaba el flujo de tráfico desde la zona de Transjordania hacia la zona central de las colinas. Esto incluía la ciudad de Jerusalén, que estaba aproximadamente a 22 kilómetros (14 millas) al suroeste de Jericó. Para aumentar aún más la importancia geográfica de Jericó estaba su ubicación en una importante carretera norte-sur que conectaba la ciudad con Betsán al norte. Por consiguiente, la posesión de Jericó por parte de un ejército invasor conllevaba muchos beneficios, entre ellos el control de la principal entrada a Canaán occidental desde Transjordania, la posesión de los derechos de agua y de las tierras ajardinadas tipo oasis al este de la ciudad, y el control del tráfico de minerales en la zona del Mar Muerto.

NOTAS

1 Karen Joines y Eric Mitchell, «Jericho» en *HIBD*, 886.

2 Amihai Mazar, *Archaeology of the Land of the Bible 10,000–586 B.C.E.* (Nueva York: Doubleday, 1992), 41.

3 LaMoine F. DeVries, *Cities of the Biblical World* (Peabody, MA: Hendrickson, 1997), 189.

4 Charles F. Pfeiffer, ed., *The Biblical World* (Nashville: Broadman, 1976), 306.

5 Pat Alexander, ed., *The Lion Encyclopedia of the Bible* (Pleasantville, NY: Reader's Digest, 1987), 264.

JERUSALÉN ANTES DEL REGRESO

POR JERRY LEE

Mirando a través del Valle de Cedrón hacia el Monte del Templo en Jerusalén. En la actualidad, el Monte del Templo está dominado por la Cúpula de la Roca, el edificio con cúpula dorada del primer plano.

John Bright estimó que la población de Judá era posiblemente de 125 000 personas, incluso después de la deportación de los exiliados en el año 597 a. C. En ese momento, 10 000 exiliados fueron enviados a Babilonia (2 Rey. 24:14). La población se redujo aún más con la ejecución de los ciudadanos más importantes, deportaciones adicionales en 586 y 582 a. C. (Jer. 52:28-30), y huidas de grupos a la seguridad de las zonas circundantes, hasta que el número de habitantes disminuyó a «apenas más de 20 000 incluso después de que los primeros exiliados hubieran regresado» en 536 a. C.[1]

Un mes después de la caída de Jerusalén, Nabuzaradán comenzó la destrucción sistemática de Jerusalén. Los babilonios profanaron el templo con una fiesta pagana y luego lo desmantelaron, saquearon y quemaron. Destruyeron sistemáticamente las casas de la ciudad y derribaron las murallas. Los arqueólogos no han descubierto ruinas significativas de ningún edificio anterior a 586 a. C. Solo quedan pisos y una parte de la muralla de la ciudad.

Los habitantes fueron expulsados de Jerusalén. Todos los edificios gubernamentales fueron arrasados. Los babilonios establecieron un gobierno en Mizpa, a unos 12 kilómetros (8 millas) al norte de Jerusalén. Muchos líderes políticos y militares prominentes huyeron a Egipto por seguridad, uno de estos grupos obligó a Jeremías a acompañarlos.

Los babilonios fueron minuciosos en su destrucción, arrasaron todas las ciudades fortificadas de Judá. Debir, Laquis, Bet Semes y otras fueron destruidas. Algunas ciudades no fueron reocupadas hasta muchos años después.[2] El pueblo subsistió entre tanta ceniza y destrucción.

El reino no era más que una fracción de su antigua gloria. Las fronteras estaban muy reducidas. La frontera norte estaba por debajo de Betel, y la frontera sur no llegaba a Hebrón. El vasto Néguev (sur) había sido ocupado por los idumeos que presionaban hacia el norte hasta Hebrón. Eran antiguos edomitas que habían sido expulsados de su tierra por hordas cada vez mayores de árabes. Al este, el Río Jordán era el límite; al oeste, la zona montañosa cerca del Mediterráneo era el límite. Michael Avi-Yonah declaró que el reino reducido tenía unos 40 kilómetros (25 millas) de norte a sur y unos 51 kilómetros (32 millas) de este a oeste, dando un área de unos 2070 kilómetros cuadrados (800 millas cuadradas). De eso, al menos un tercio sería desierto y montañas no productivas.[3]

Los babilonios obligaron a los principales ciudadanos y artesanos a exiliarse. Las clases más pobres y bajas de la sociedad permanecieron en la tierra. Los campesinos quedaron para cultivar las tierras y los campos. Tenían que cultivar las cosechas para no morir de hambre y para pagar el tributo impuesto por Babilonia a Judá. El hecho de que la gente que quedaba en la tierra fuera pobre probablemente reflejaba la política de Babilonia para sofocar el nacionalismo. Con un vacío de liderazgo, estas personas que tenían tan poca experiencia se convirtieron en líderes de la comunidad.

Muchas familias fueron desbaratadas o destruidas. Sin duda, muchos niños huérfanos vagaban sin rumbo. Muchas personas se convirtieron repentinamente en viudas o viudos. Se ignoraron los mandatos bíblicos sobre la elección de la pareja. A medida que los niños crecían sin orientación religiosa, y a medida que otras personas

El norte del Néguev, donde se encuentra con las llanuras centrales. Durante el exilio, el vasto Néguev (sur) había sido ocupado por los idumeos, que avanzaron hacia el norte hasta Hebrón.

entraban en la tierra, comenzaron a casarse entre sí. Cuando Esdras regresó, encontró que los matrimonios mixtos con paganos eran un problema importante. Incluso el nieto del sumo sacerdote estaba casado con la hija de Sambalat (Neh. 13:28). En consecuencia, el pueblo perdió incluso la capacidad de hablar hebreo. En su lugar, hablaban varias lenguas. Finalmente, el arameo de Babilonia se convirtió en una lengua común. El conocimiento de la Palabra de Dios por parte de los habitantes era limitado. Ni siquiera conocían las normas básicas enseñadas en la Palabra de Dios.

Desde el punto de vista económico, el pueblo estaba devastado. Vivían, aparentemente, con medios limitados. No tenían dinero ni ganas de iniciar programas de construcción para mejorar su situación. Además, estaban empobrecidos por la inflación («al jornalero se le va su salario como por saco roto», Hag. 1:6). Los habitantes se ganaban la vida a duras penas, pero vivían en la pobreza.

Una derrota tan devastadora por parte de los babilonios suscitó serias dudas religiosas sobre el estatus de Yahvéh. La gente pudo pensar que, si Yahvéh era un Dios todopoderoso, ¿por qué permitía que Su tierra y Su pueblo fueran devorados por extranjeros? En consecuencia, muchos de los cultos paganos comenzaron a florecer. Los que vivieron el holocausto babilónico se preguntaron si no debían servir a otros dioses. Al igual que los que obligaron a Jeremías a huir con ellos a Egipto, muchos probablemente volvieron a adorar a la «reina del cielo», Astarté. Otros dioses paganos también fueron adorados por muchos. Quedó una forma de Yahvismo, pero se diluyó y contaminó con el sincretismo, ya que el pueblo adoraba a otros dioses.

Algunos todavía adoraban el Monte del Templo y ofrecían algunos sacrificios en un altar improvisado en las ruinas. Incluso ayunaban para conmemorar la caída y el incendio de la ciudad y el templo. También recordaban la muerte de Guedalías con un ayuno. Sin embargo, prestaron poca atención a la Palabra de Dios. No es de extrañar que Jeremías describiera a estos habitantes como «higos malos» que había que despreciar (Jer. 24:8).

Los buenos higos fueron llevados al cautiverio. En Babilonia, trataron de conservar sus libros sagrados que hablaban de la santidad y el amor infalible de Yahvéh. Desarrollaron células de adoración que se convirtieron en el movimiento de la sinagoga en la que se estudiaba la Palabra de Dios y se alimentaba la fe en Dios. También mantuvieron viva la esperanza que finalmente se cumplió con su liberación por Ciro y su libertad para regresar a la tierra.

Cuando los exiliados regresaron, se vieron sorprendidos por la apostasía y el letargo de los que habían permanecido en la tierra. Sin embargo, los que regresaron empezaron a reunirse e inspirar a los muchos habitantes desanimados y desesperados. Líderes como Esdras y Nehemías exigieron que se obedecieran las instrucciones de Dios sobre el matrimonio, el diezmo y el culto. Poco a poco, pero con seguridad, el pueblo se volvió a consagrar al servicio de Dios y comenzó a reconstruir. Se convirtieron en el pueblo a través del cual Dios enviaría al Mesías.

NOTAS

1 John Bright, *A History of Israel*, 3ª ed. (Filadelfia: Westminster, 1981), 344.

2 Bright, *A History of Israel*.

3 Michael Avi-Yonah, *The Holy Land: From the Persia II Period to the Arab Conquests* (Grand Rapids: Baker, 1966), 19.

LAS PUERTAS DE JERUSALÉN

POR GARY P. ARBINO

PUERTAS Y PORTEROS

POR SCOTT HUMMEL

Vista de la Puerta de Damasco. Es la más maciza y ornamentada de todas las puertas de Jerusalén. El camino desde esta puerta conduce a Siquén y luego a Damasco. Excavaciones recientes han descubierto una antigua entrada romana bajo la puerta (Neh. 3:32).

El libro de Nehemías menciona un total de doce puertas diferentes alrededor de la ciudad de Jerusalén. Situar físicamente estas doce puertas es difícil.

La primera y la última puerta del circuito de Nehemías se encontraban en la muralla norte, probablemente construida originalmente por el rey de Judá Manasés (que reinó entre 696 y 642 a. C.; ver 2 Crón. 33:14). La Puerta de las Ovejas se encontraba justo al este de la fortaleza creada por las torres Jananel y Meah en la esquina noroeste del recinto del templo (Neh 12:39). Probablemente daba salida a un mercado de animales. Reconstruida y consagrada por una familia sacerdotal (3:1), esta puerta tal vez también era sacral, pues traía sacrificios de animales para el templo. La evidencia

La Puerta de Sión de Jerusalén, llamada así por estar situada en el Monte Sión. Algunos también la llaman Puerta de David porque la tumba tradicional de David está frente a ella. Esta puerta se construyó en 1540.

arqueológica de la Puerta de las Ovejas podría encontrarse en un pasaje subterráneo, conocido en la literatura posterior como la Puerta de Tadi.[1] La Puerta de la Guardia (o Puerta de la Prisión) estaba situada entre la Puerta de las Ovejas y la esquina noreste de la muralla (v. 39). Funcionalmente, esta puerta parece estar conectada con el patio de la guardia (Jer. 37-39), que estaba situado en la parte sur del recinto del templo. La ausencia de pruebas arqueológicas hace imposible una ubicación precisa.

Situada a lo largo de la muralla occidental, a poca distancia al sur de la torre de Jananel, la Puerta de los Pescados probablemente se llamaba así porque los mercados de pescado estaban fuera de ella. Sofonías 1:10-11 indica que fue un foco de ataque de Babilonia. Dado el número de cuadrillas que Nehemías asignó a esta zona (Neh. 3:2-8), la destrucción aquí fue evidentemente severa. A poca distancia al sur se encontraba la Puerta «Vieja». El nombre de la puerta, de difícil traducción, podría significar que conducía a la «ciudad antigua» o que llevaba al Mishneh. La siguiente puerta, la de Efraín, no se menciona en el capítulo 3, pero se sitúa en el capítulo 12. Llamada así por el camino que conducía al norte de Efraín, probablemente se encontraba cerca del punto en el que la Muralla Ancha que cerraba el Mishneh se unía a la muralla que rodeaba la ciudad salomónica (3:8; comp. 2 Rey. 14:13). Asociada a esta puerta había una plaza (Neh 8:16). No se han encontrado pruebas arqueológicas de estas tres puertas.

Al sur de la Puerta de Efraín se encontraba la Puerta del Valle, la puerta principal de la ciudad, a unos 457 metros (500 yardas) más al sur, a lo largo de una sección de la muralla que solo sufrió daños menores, estaba la Puerta del Basurero (heb. *ashpot*, «basura»). Aunque todavía no se han encontrado pruebas arqueológicas de la Puerta del Basurero del período persa, es seguro que se encontraba en algún lugar cerca del

Vista desde Getsemaní, la Puerta Oriental o Dorada, que muestra el Valle de Cedrón elevándose hasta las murallas de la ciudad. Esta puerta, en el lado oriental de la ciudad, se construyó en la época postbizantina. Para evitar que el Mesías entrara en Jerusalén por esta puerta, los musulmanes la sellaron a mediados del siglo XV.

La Puerta de Herodes en Jerusalén recibió su nombre de los peregrinos que visitaban la ciudad y que (erróneamente) pensaban que la entrada conducía directamente al palacio de Herodes. Aunque originalmente tenía forma de «L», la entrada se reconstruyó como un saliente de la muralla. La entrada da acceso directo a la Ciudad Vieja.

Mirando a través de la puerta de seis cámaras de Meguido. Situada en el lado norte de la ciudad, la puerta domina el valle, a unos 48 metros (160 pies) de profundidad.

extremo sur de la ciudad de David (2:13-15; 12:31,37). Tenía acceso abierto a los vertederos del Valle de Ben Hinón, de ahí su nombre y uso. Justo al norte y al este de la Puerta del Basurero estaba la Puerta de la Fuente. Según Nehemías (2:14-15; 3:15; 12:37), esta puerta (aún no encontrada) estaba asociada a «las gradas», ahora excavadas, que ladera arriba «llevan a la Ciudad de David». Los arqueólogos también excavaron una serie de canales de agua conectados a estas gradas. Los canales partían del manantial de Gihón a unos 274 metros (300 yardas) más arriba en el valle. Estos canales y su desbordamiento probablemente crearon una especie de manantial o fuente cerca de la puerta, de ahí su nombre.

Nehemías enumera doce cuadrillas de trabajo a lo largo del muro oriental, entre las puertas de la Fuente y del Agua (3:16-26). Este gran número sugiere que estas fortificaciones habían sufrido grandes daños (2:14-15). Los arqueólogos confirman que la línea de la muralla se desplazó ladera arriba en esta zona hasta la cresta de la colina durante el período persa. Excavaciones recientes han mostrado evidencias de fortificaciones de la Edad de Hierro Tardía en torno al manantial de Gihón, el lugar donde probablemente se encontraba la Puerta del Agua.[2] Se han descubierto dos torres (3:26-27) que protegían el manantial y un estanque. Suponemos que estas torres formaban parte del complejo de la Puerta del Agua, que los babilonios dejaron intacta o que fue reparada por los primeros que regresaron a Jerusalén. Esta configuración habría dejado un espacio abierto entre las murallas persas de la ladera y la Puerta del Agua en el Valle de Cedrón, la «plaza» (heb. *rehov*, «espacio abierto») donde Esdras leyó la Torá durante la ceremonia de rededicación (8:1-15).

Puerta de Jaffa; durante siglos fue la única entrada a la ciudad desde el oeste. Su nombre árabe significa «Puerta de Hebrón», ya que la carretera principal a Hebrón empezaba en esta puerta.

La Puerta del Basurero se utilizaba para depositar basuras y desperdicios. Más allá de la puerta está el valle de Hinnom y Silwan, donde se asentaron los habitantes originales de Jerusalén (Neh. 2:13; 3:13; 12:31).

La falta de pruebas arqueológicas impide localizar razonablemente las dos últimas puertas del circuito, la Puerta de los Caballos estaba en el muro exterior oriental, en algún lugar cercano a la parte sur del complejo del templo (Jer. 31:40). Otras puertas internas llevaban a los caballos desde la Puerta de los Caballos a las zonas de los establos (2 Rey. 11:16). Por último, la Puerta de la Inspección, también traducida como *Miphqad* (Neh 3:31), estaba situada en el muro oriental, entre la Puerta de los Caballos y la esquina noreste. El nombre es difícil de traducir y no se utiliza en ningún otro lugar. Es posible que sea la misma que la Puerta de Benjamín (Jer. 17:19; 37:13; 38:7; Zac. 14:10) que conduce al norte de Jerusalén.

La Puerta de los Leones también se llama Puerta de San Esteban porque es posible que Esteban fuera martirizado en esta región. Es la única puerta abierta actualmente en el lado este de la Ciudad Vieja de Jerusalén. La puerta se abre al Valle de Cedrón, al este de Jerusalén.

PORTEROS

Como la puerta era la parte más vulnerable de la muralla, debía estar bien fortificada y diseñada para restringir el acceso. Las puertas estaban hechas de madera y clavos de hierro (1 Crón. 22:3; Neh. 2:8). Para reducir la posibilidad de incendio, algunas puertas estaban chapadas en bronce (Sal. 107:16).[3] Las puertas dobles eran necesarias porque la puerta debía ser lo suficientemente ancha como para permitir el paso de un carro. Cuando las puertas se cerraban, se atrancaban desde el interior con «cerrojos» una barra de madera, bronce o hierro (1 Rey. 4:13; Neh. 3:13). «dos postes, con cerrojo y todo» (ver Jue. 16:2-3).[4]

Mientras que algunas puertas solo tenían dos cámaras, una a cada lado de la entrada, la puerta israelita clásica tenía cuatro o seis cámaras. Por ejemplo, las puertas salomónicas de Meguido, Jazor y Guézer eran todas de seis cámaras (1 Rey. 9:15).[5] En el interior de cada cámara había bancos, que formaban una pequeña habitación donde podían alojarse los guardias. Cada par de cámaras tenía sus propias puertas, que los atacantes debían violar sucesivamente.[6] Las torres solían flanquear cada lado de la puerta, y los vigilantes se situaban en el tejado de la misma (2 Sam. 18:24).[7] Todo esto convertía al complejo de puertas en una auténtica fortaleza.

Para mayor seguridad, muchas de las grandes ciudades construyeron un complejo de puertas exteriores. Esto podía atrapar a los invasores entre las puertas exteriores e interiores. Al obligar a girar bruscamente a la derecha, se creaba un acceso indirecto a la puerta, se obligaba a los invasores a exponer su lado derecho, que no estaba protegido por sus escudos, y se dificultaba la colocación de arietes y torres de asedio contra las puertas (Ezeq. 21:22).[8]

Las puertas eran tan seguras como los guardianes fueran valientes y dignos de confianza (1 Crón. 9:22).[9] Servían de vigilantes e informaban de las noticias y los posibles peligros (2 Sam. 18:24). Vigilaban y «montaban la guardia en los almacenes cercanos», abrían y cerraban las puertas cada día, mantenían las puertas de la ciudad cerradas «antes de que comenzara el sábado [...] hasta después de ese día» y defendían las puertas durante los asaltos (Neh 7:3; 12:25; 13:19).

Los guardianes del templo no solo protegían el templo, sino que «servían» en las puertas y ayudaban con los sacrificios (2 Crón. 31:2; Neh. 13:22; Ezeq. 44:11), «custodiaban las salas y los tesoros del templo» y «estaban encargados de los utensilios» (1 Crón. 9:17-28). Durante sus reformas, Josías pidió a los porteros que «sacaran del templo del Señor todos los objetos consagrados a» los dioses paganos (2 Rey. 23:4).

Ya en la época del tabernáculo, los porteros eran una clase especial de levitas (1 Crón. 9:19). Como tales, gozaban de los privilegios levíticos, como recibir el apoyo de los «diezmos del trigo, vino y aceite» impuestos a los israelitas (Neh. 10:39; 12:47; 13:5) y la exención de impuestos (Esd. 7:24). Los sacerdotes y levitas, incluidos los porteros, desempeñaban sus responsabilidades durante sus «treinta a cincuenta años de edad» (Núm. 4:3). Incluso en el exilio, lejos de Jerusalén y del templo mantenían su identidad como porteros de una generación a otra.

Los porteros estaban organizados en una estructura jerárquica con un jefe de porteros (1 Crón. 9:17) y un capitán a cargo de cada puerta (2 Rey. 7:17). Las divisiones de los porteros se asignaban a puertas específicas, a veces «echando suertes entre las familias» y a veces por designación real (1 Crón. 26:12-19; 2 Crón. 35:15). El número de porteros llego a ser de 38 000, pero en tiempos de Nehemías solo servían 172 (1 Crón. 23:3; Neh. 11:19). En tiempos de emergencia, los porteros no levíticos podían ser asignados a la vigilancia de las puertas de la ciudad, como hizo Nehemías cuando se vio amenazado por los samaritanos, los árabes, los amonitas y los asdoditas (Neh. 7:3).

Las puertas de la ciudad servían para propósitos contrastantes, restringiendo el acceso con fines militares y proporcionando al mismo tiempo acceso para el comercio y la comunicación. Como todo el mundo entraba por las puertas, los patios y las plazas adyacentes eran centros de vida pública y mercados. Las partes resolvían las disputas y los juicios en las puertas de la ciudad (Deut. 21:19; 22:15). Por ejemplo, Booz redimió legalmente a Rut en la puerta de la ciudad (Rut 4:1-11).

Los ciudadanos llevaban sus disputas ante los ancianos de la ciudad o incluso ante el rey, que administraba la justicia desde su trono, que a veces se encontraba «junto a la entrada de la ciudad» (2 Sam. 15:2; 1 Rey. 22:10). Inmediatamente después de un veredicto, el castigo se llevaba a cabo públicamente en las puertas (Deut. 17:5; Jer. 20:2). Los profetas exigían «justicia en los tribunales» (Amós 5:15; ver Zac. 8:16).[10]

Las asambleas religiosas se reunían en las puertas y en los patios de las mismas. Cuando el pueblo se reunía para escuchar a Esdras leer la ley, se reunía «en la plaza que esta frente a la Puerta del Agua» (Neh. 8:3). Más tarde, en observancia de la Fiesta de los Refugios (o Tabernáculos o Cabañas), el pueblo hizo y vivió en sus refugios «en las azoteas, en los patios, en el atrio del templo de Dios, en la plaza de la puerta del Agua y en la plaza de la Puerta de Efraín» (v. 16).

NOTAS

1 Leen y Kathleen Ritmeyer, *Jerusalem in the Time of Nehemiah* (Jerusalén: Carta, 2005), 25–28.

2 Ver Ronny Reich y Eli Shukron, «Light at the End of the Tunnel», *BAR* 25.1 (1999), 22–33; Hershel Shanks, «2700-Year-Old Tower Found?» *BAR* 26.5 (2000), 39–41.

3 Philip J. King y Lawrence E. Stager, *Life in Biblical Israel* (Louisville: Westminster John Knox, 2001), 234.

4 *Ibid.*, 236.

5 Alfred J. Hoerth, *Archaeology and the Old Testament* (Grand Rapids: Baker Academic, 1998), 287; King y Stager, *Life*, 236.

6 Hoerth, *Archaeology and the Old Testament*, 286; King y Stager, *Life*, 236.

7 Roland de Vaux, *Ancient Israel* (Grand Rapids: Eerdmans, 1961), 234; Ephraim Stern, *Archaeology of the Land of the Bible: The Assyrian, Babylonian, and Persian Periods (732–332 BCE)*, vol. 2 en ABRL (2001), 466–67.

8 De Vaux, *Ancient Israel*, 234; King y Stager, *Life*, 234.

9 Gary A. Lee, «Gatekeeper» en *ISBE*, vol. 2 (1982), 409.

10 De Vaux, *Ancient Israel*, 152.

JEZREL: CUARTEL MILITAR DEL IMPERIO NORTE DE ISRAEL

POR DEBORAH O´DANIEL CANTRELL

Omrí, el padre de Acab, compró la colina de Samaria y construyó allí la capital de Israel. Se muestran las ruinas del palacio de Acab en Samaria.

Jezrel, un lugar en el norte de Israel, es famoso por ser la ciudad natal de Nabot y su disputada viña. Además, fue el lugar donde los caballos del carro de Jehú pisotearon a Jezabel hasta la muerte cuando usurpó el trono (1 Rey. 21:1-16; 2 Rey. 9:30-37). Y lo que es más significativo, fue clave para la defensa militar del antiguo Israel durante más de cien años.

Samaria estaba demostrando ser una capital difícil de proteger y poco satisfactoria como cuartel general militar. El hecho de que el enemigo pudiera llegar tan fácilmente a las puertas de Samaria ponía a toda la nación en constante riesgo, finalmente los gobernantes israelitas se dieron cuenta de la vulnerabilidad estratégica y económica que presentaba.

Cerca del final del reinado de Acab, o posiblemente durante el de su hijo Jorán, los gobernantes israelitas aparentemente trasladaron su cuartel general militar de Samaria a Jezrel, alrededor de 48 kilómetros (30 millas) al norte. Este puesto de mando estaba a menos de dos horas de Samaria en carro o a caballo, situado en la Vía Maris (Camino del Mar), la gran carretera internacional de Asiria a Egipto, y en el punto más estrecho del extenso valle, Jezrel era una plataforma de lanzamiento ideal para un ataque contra los enemigos de Israel al noreste, ya fueran los arameos o los asirios. Estaba situado en el extremo norte del Camino de los Patriarcas, la ruta local norte-sur desde Jezrel vía Dotán hasta Samaria. Así, Jezrel estaba idealmente situada para proteger a Samaria de los ejércitos invasores. Desde el punto de vista económico, estaba al borde del fértil y bien regado valle y podía proporcionar grano y pasto para alimentar a miles de caballos.

El componente más importante del ejército de Israel eran sus caballos. Un carro fuerte era esencial para el éxito; el cuidado de los caballos era, por lo tanto, una preocupación primordial. Durante la hambruna en Samaria, el rey Acab fue personalmente en busca de pasto para los caballos y mulas de su ejército. Para mantener a los caballos militares se necesitaban tres cosas: agua, comida (grano y forraje) y entrenamiento. Jezrel satisfacía todas estas necesidades.

El recinto amurallado de Jezrel abarcaba un poco más de cuatro hectáreas. «Un foso excavado en la roca rodeaba el recinto por todos sus lados, excepto por el noreste, donde el muro y la rampa se extendían a lo largo del borde de la empinada ladera de la cresta. El impresionante foso es único en este período e indica la particular fortaleza de las fortificaciones y la importancia del recinto».[1] Jezrel disponía de una

Ruinas de Tel Jezrel.

gran superficie plana y lisa, de 288 metros (948 pies) de largo por 156 metros (515 pies) de ancho, ideal para realizar maniobras de entrenamiento con los caballos dentro de la seguridad de las murallas. La entrada al recinto se realizaba a través de una puerta con cámara, que permitía enganchar y desenganchar rápidamente varios carros a la vez. En la puerta se contaba con un puente o puente levadizo sobre el foso que permitía el acceso a la ciudad.

Jezrel tiene su propio manantial perenne y cerca de este se encuentra el manantial de Jarod (Jue. 7:1; 1 Sam. 29:1). Estas fuentes proporcionaban agua suficiente para miles de caballos. Y Jezrel, al borde de la fértil llanura agrícola del Valle de Jezrel, nunca tuvo que preocuparse por el cultivo o el envío de grano para alimentar al ganado. De hecho, los arqueólogos han excavado en Jezrel más de un centenar de fosas con forma de botella excavadas en la roca. Algunos de estos pozos eran para almacenar agua, pero muchos eran originalmente silos para grano, vino y otros productos perecederos. Por lo tanto, el grano podía almacenarse fácilmente en cantidades suficientes no solo para alimentar a los caballos durante todo el año, sino también para ser transportado a los soldados en campos de batalla distantes. Proveyendo la atención y manutención de cientos o incluso miles de caballos y guerreros en Jezrel y sus alrededores.

Desde el punto de vista táctico, Jezrel era un lugar de vigilancia superior y un excelente punto de observación para detectar la llegada de caballos y carros de guerra (2 Rey. 9:17-21). Esto sigue siendo evidente hoy en día, ya que la antigua Jezrel domina el valle y más allá de las montañas sobre el Jordán. Con Jezrel como depósito militar del ejército israelita, Samaria, que tenía unidades de carros de combate vitales, estaba bien protegida. Un enemigo tendría que conquistar primero Jezrel antes de poder dirigirse a la capital.

NOTAS

1 David Ussishkin y John Woodhead, «Jezreel (Yitze'el), Tel» en *NEAEHL*, 5:1838.

EL VALLE DE CEDRÓN

POR JEFF S. ANDERSON

La Estructura de Piedra Escalonada es una de las mayores estructuras de la Edad de Hierro de Israel. Situada en la Ciudad de David, su finalidad exacta ha sido objeto de debate; algunos creen que sustentaba un edificio real, quizá el palacio de David.

Vista del Valle de Cedrón desde el norte. La tumba cónica de Absalón se eleva desde el fondo del valle; el Monte del Templo está a la derecha.

Justo al este de la Ciudad Vieja de Jerusalén se encuentra un profundo valle llamado Cedrón. Este importante valle discurre de norte a sur y separa la antigua ciudad de David y el Monte del Templo del Monte de los Olivos, al este. El punto más alto del Monte de los Olivos está a 803 metros (2636 pies) sobre el nivel del mar, a unos 120 metros (400 pies) por encima del fondo del valle, que se encuentra debajo. El barranco del Cedrón es escarpado, ya que desciende 1220 metros (4000 pies) en solo 32 kilómetros (20 millas), donde finalmente desemboca en el Mar Muerto, a casi 400 metros (1300 pies) bajo el nivel del mar. La vertiente del Cedrón inmediatamente adyacente a la ciudad de David es igualmente abrupta. Cerca del fondo del valle se encuentra un manantial perenne llamado Guijón, que produce hasta 1 514 164 litros de agua dulce al día, suficiente para una pequeña ciudad como la antigua Jerusalén. Otros dos picos en la misma cresta se unen al Monte de los Olivos; el que está al norte es el Monte Scopus. Al sur se encuentra el Monte de la Corrupción, que es, según la tradición, donde Salomón abandonó su promesa a Dios y construyó numerosos lugares altos para Quemós y Moloc, dioses de los moabitas y los amonitas (1 Rey. 11:7-8).

UNA FRONTERA FÍSICA

Cedrón es un lugar ambiguo. En el Antiguo Testamento, Cedrón es un marcador geográfico constante del límite oriental de Jerusalén. La palabra *Cedrón* significa «oscuro» o «poco claro». Cruzar el Cedrón era cruzar un límite geográfico, salir de la ciudad de David, la expresión «desde el templo del Señor [...] al arroyo Cedrón, en las afueras de Jerusalén» en 2 Reyes 23:6 denota tales limitaciones geográficas.

Ambas laderas del Valle de Cedrón eran también lugares de enterramiento infames, con una larga historia de asociación con tumbas antiguas, especialmente la ladera del lado oriental del barranco. Poco después de la Guerra de los Seis Días de 1967, se excavaron allí muchas tumbas de la época de los reyes de Judá.[1] Junto a estas tumbas, y entre ellas, se encuentra hoy la aldea de Silwan, con 40 000 residentes palestinos y 400 judíos.[2] También hay pruebas significativas que indican que en la antigüedad las laderas estaban escalonadas y se utilizaban en parte para la agricultura (2 Rey. 23:4).[3]

UNA FRONTERA TEOLÓGICA

El marco espacial del Cedrón denotaba un límite geográfico y también teológico. Cruzar el Cedrón significaba también cruzar una línea metafórica. Veamos algunos ejemplos. Salomón estableció un vibrante centro de culto extranjero en la ladera oriental del Cedrón, asociando el lugar con la idolatría y la apostasía. El Antiguo Testamento relata que tres buenos reyes, Asá, Ezequías y Josías, llevaron los recipientes impuros del templo al Valle de Cedrón, una línea fronteriza metafórica y quemaron allí los altares paganos y los ídolos de Aserá. Josías arrojó sin miramientos el polvo de estos ídolos sobre las tumbas de la gente común (1 Rey. 15:13; 2 Rey. 23:4-12; 2 Crón. 15:16; 29:16; 30:14). Más tarde, en la tradición judía, cristiana y musulmana, el extremo superior norte del Cedrón se conoció como el Valle de Josafat, el lugar del juicio final (Joel 3:12).[4] El libro intertestamentario de 1 Enoc (26:1-27:5) describe gráficamente el Cedrón y sus alrededores como un valle maldito, un lugar donde los malditos se reunirían en el juicio final.

El Cedrón servía, pues, como línea fronteriza, a través de la cual existía un desierto espiritual, un lugar de enterramiento y un vertedero de objetos de culto ilícitos: un cementerio literal y metafórico. En la actualidad, más de 150 000 tumbas judías, cristianas y musulmanas, cubren las laderas occidentales del Monte de los Olivos, el fondo del valle y las laderas del Cedrón hasta la muralla oriental de la Ciudad Vieja de Jerusalén.

NOTAS

1 David Ussishkin, *The Village of Silwan: The Necropolis from the Period of the Judean Kingdom* (Jerusalén: Israel Exploration Society, 1993).

2 Raphael Greenberg y Yonathan Mizrachi, *From Shiloah to Silwan* (Jerusalén: Keter, 2011), 34.

3 Lawrence E. Stager, «The Archaeology of the East Slope of Jerusalem and the Terraces of the Kidron», *JNES* 41.2 (1982): 111–21 (esp. 113).

4 John Briggs Curtis, «An Investigation of the Mount of Olives in Judeo-Christian Tradition», *Hebrew Union College Annual* (*HUCA*) 23 (1957): 137–80.

LAQUIS

POR JOEL F. DRINKARD JR.

Dos cartas óstraca encontradas en Laquis que describen la situación justo antes de la destrucción de Jerusalén por Nabucodonosor.

Laquis (Tel Laquis, Tell ed-Duweir) era una de las principales ciudades de Judá, situada a unos 50 kilómetros (30 millas) al suroeste de Jerusalén, en la Sefela, a las faldas de las montañas de Judea. Laquis está situada a lo largo de la Vía Maris, la principal carretera internacional que lleva desde Egipto a través de Canaán/Israel hasta Siria y Mesopotamia. Con más de 30 hectáreas, el yacimiento es el mayor montículo de la región, está rodeado por tres lados por el Nahal Lachish, lo que supone una importante defensa natural. Tanto su tamaño como su ubicación hicieron de Laquis la elección lógica para proteger esa parte de la Vía Maris, así como el acceso a Judá, también servía para proteger la frontera entre Filistea y Judá.

UNA CIUDAD EN CRECIMIENTO

Los cananeos construyeron la primera gran ciudad en este lugar en la Edad de Bronce Media (aprox. 2000-1550 a. C.). Esa ciudad cananea tenía una fuerte muralla defensiva, un palacio y un templo o santuario. Un terraplén de apoyo, conocido como *glacis*, rodeaba las murallas (y en gran medida dio al yacimiento la pendiente que tiene actualmente). En el lado oeste del montículo, en la parte inferior del glacis, se encontró una *fosa* excavada en la roca, que es una zanja o foso utilizado en las fortificaciones. El gran palacio fue probablemente la residencia del gobernante. Dado que la mayor parte de este palacio se encuentra bajo el palacio-fortaleza de Judea, las excavaciones están incompletas. Los artefactos de la Edad de Bronce Media hallados en el yacimiento evidencian una fuerte influencia egipcia en Laquis durante esta época. Sin embargo, la ciudad fue destruida a finales de la Edad de Bronce Media. La ciudad del Bronce Tardío de Laquis puede haber sido la más grande de Canaán tras la destrucción de Jazor en el siglo XIII a. C. La presencia de edificios en el borde del montículo, así como de un templo en el foso o fosa, indican que la ciudad del Bronce Tardío no estaba fortificada.

Carta de Amarna de Shipti-Ba'al de Laquis al faraón egipcio.

Los israelitas capturaron y destruyeron la ciudad del Bronce Tardío en la época de Josué (Jos. 10:31-32). Formaba parte del territorio tribal de Judá (15:39). Según 2 Crónicas 11:9, Laquis fue una de las ciudades fortificadas que reconstruyó Roboán. Laquis tenía en su acrópolis un gran palacio que probablemente servía de residencia al gobernador. Fue una de las ciudades fortificadas más importantes de Judá durante la monarquía, la segunda en tamaño e importancia después de la propia Jerusalén. La ciudad se menciona de nuevo en relación con el complot contra Amasías, rey de Judá, en 2 Reyes 14:19 y 2 Crónicas 25:27. Algunas personas anónimas de Jerusalén tramaron el asesinato de Amasías, quien se enteró del complot y huyó a Laquis, tal vez

Restos parciales del palacio-fortaleza situado en lo alto de Laquis, que cayó en manos de los babilonios en 586 a. C. El rey Senaquerib había sitiado y conquistado Laquis en el 701 a. C. Advirtiendo de la próxima invasión asiria, Miqueas dijo que los habitantes de Laquis necesitarían corceles para propulsar carros y huir rápidamente (Miq. 1:13).

porque era una ciudad fuertemente fortificada. Sin embargo, los que conspiraban contra él tenían aliados en Laquis y Amasías fue asesinado allí.

La característica más llamativa de Laquis era el sistema de doble murallas que la protegía. Mientras que otras ciudades fortificadas de Israel y Judá estaban protegidas por un único sistema de murallas con un glacis o foso seco que añadía más protección, Laquis tenía una muralla interior de 6 metros (19 pies) de grosor junto con un muro de revestimiento hasta la mitad de la ladera.

Este segundo muro evitaba la erosión. Un glacis inclinado iba desde el muro interior hasta el muro de revestimiento. Ambas murallas tenían cimientos de piedra y superestructuras de adobe. En caso de ataque enemigo, los defensores podían situarse a lo largo de las murallas interior y exterior. La ciudad también tenía una estructura de doble puerta. El camino a la ciudad seguía a lo largo de la muralla exterior, exponiendo a cualquiera que atacara la ciudad a los defensores de la muralla. Enormes torres protegían la puerta exterior, desde la cual las personas que entraban en la ciudad accedían a un patio, giraban en ángulo recto y llegaban a la puerta interior, una puerta de seis cámaras que se encontraba entre las más grandes encontradas en Siria-Palestina (24 metros por 24 metros [82 pies por 82 pies]). Los relieves recuperados de la sala del trono de Senaquerib que representan el asedio de Laquis muestran claramente la estructura de doble pared.

El principal complejo de edificios dentro de la ciudad era el palacio-fortaleza. Esta estructura estaba construida sobre una plataforma elevada que producía una especie de acrópolis. Un enorme muro conectaba el palacio con la muralla de la ciudad. El complejo del palacio-fortaleza era, de hecho, una fortaleza interior. En la época de la invasión asiria, el palacio-fortaleza tenía un tamaño aproximado de 36 metros (120 pies) por 76 metros (250 pies), incluía un gran patio, dos complejos de edificios que se han descrito como establos o almacenes y el complejo palaciego propiamente dicho. Probablemente la ciudad sirvió como centro militar y administrativo y quizás albergó una unidad de carros en esa época. Miqueas 1:13 se refiere a los caballos y carros de Laquis, lo que apoya esta posibilidad. Por tanto, es probable que en la estructura interior hubiera complejos de almacenes y establos.

La ciudad desempeñó un papel importante durante la campaña asiria contra Judá en el 701 a. C. Al parecer, en el 701 a. C. el rey asirio Senaquerib estableció su cuartel general cerca de Laquis. La ciudad se convirtió en el punto central de una serie de relieves que posteriormente decoraron la sala del trono de Senaquerib en su capital, Nínive. En el suroeste del montículo se han excavado restos de la enorme rampa asiria de asedio construida contra la muralla, tenía más de 70 metros (230 pies) de ancho y 50 metros (165 pies) de largo, llegaba hasta el muro exterior de revestimiento y permitía a los asirios llevar sus arietes e instrumentos de asedio directamente contra la muralla. Las pruebas arqueológicas demuestran que los defensores de la ciudad construyeron una contra rampa dentro de la muralla mientras los asirios construían la rampa fuera de la muralla. La contra rampa era en realidad varios metros más alta que la muralla principal de la ciudad y proporcionaba una línea defensiva más alta dentro de la muralla principal. Esta contra rampa también impedía a los asirios escalar la muralla. Sin embargo, los esfuerzos resultaron inútiles y Laquis cayó ante las fuerzas de Senaquerib. En las ruinas que rodean la zona de las rampas se recuperaron numerosas puntas de flecha y otras armas y armaduras. En 2 Reyes 18–19 se describe la invasión asiria del 701 a. C. aunque Laquis cayó en manos de Senaquerib, 2 Reyes 19 registra que Jerusalén no fue tomada en ese momento, lo cual coincide con los relatos de Senaquerib sobre la campaña. Informó sobre Ezequías: «A él mismo encerré dentro de Jerusalén, su ciudad real, como a un pájaro en una jaula». El Antiguo Testamento registra que Ezequías pagó un tributo de «nueve mil novecientos kilos de plata y novecientos noventa kilos de oro» a Senaquerib (2 Rey. 18:14). Sin embargo, Senaquerib se jactó de que Ezequías pagara un tributo mayor para terminar la invasión: treinta talentos (33 kilos) de oro, 800 talentos de plata, piedras preciosas, muebles, músicos, concubinas y mucho más.

LAQUIS DESPUÉS DE LA INVASIÓN

Laquis fue reconstruida después de caer en manos de los asirios, pero como una ciudad mucho menos fortificada, el palacio-fortaleza quedó en ruinas y a juzgar por los restos arqueológicos nunca recuperó el poder ni la riqueza que tenía antes. Sin embargo, siguió siendo una importante ciudad fortificada de Judá en el flanco suroeste de Judá.

Algo más de cien años más tarde, Laquis volvió a ser objeto de un importante asedio por parte de una potencia mesopotámica, esta vez los babilonios bajo el mando de Nabucodonosor. El profeta Jeremías registró un oráculo contra Sedequías fechado en las últimas etapas del asedio babilónico contra Laquis. Nabucodonosor había sitiado Jerusalén. El ejército egipcio se acercó esperando ofrecer su ayuda a Jerusalén, pero Nabucodonosor trasladó su ejército, que estaba asediando Jerusalén, para enfrentarse a los egipcios, que rápidamente regresaron a Egipto. El asedio de los babilonios a Jerusalén se reanudó inmediatamente (Jer. 37:5-11). Jeremías mencionó que en ese momento que «aún quedaban Laquis y Azeca, que eran las únicas ciudades fortificadas» de Judá (además de Jerusalén, ver 34:7). Un óstracon excavado en la zona de la puerta de Laquis ofrece una visión conmovedora de los últimos días: «Y sabe que en cuanto a las señales de fuego de Laquis, las estamos observando según todas las señales que dio mi señor. En efecto, no vemos a Azeca». Este informe enviado a Laquis probablemente desde un puesto de avanzada entre Laquis y Azeca bien puede registrar la situación justo después del oráculo de Jeremías. Si es así, el informe indica que Azeca había caído, y solo quedaban Laquis y Jerusalén. Y en pocos días o semanas cayó Laquis y por último Jerusalén.

Laquis solo se menciona de nuevo en Nehemías 11:30 como una de las ciudades de Judá habitadas por los que regresaban del exilio en Babilonia. Tuvo un palacio y un santuario, el Santuario Solar, durante el período persa y hasta el período helenístico. El lugar fue abandonado después del período helenístico y nunca fue reconstruido.

EL VALLE DEL LICO

POR ROY E. LUCAS JR.

Vista del valle del Río Lico desde lo alto de Tel Colossae, cerca de la moderna ciudad de Honaz (Turquía). El Monte Cadmo se ve a lo lejos.

GEOGRAFÍA

El Valle del Lico, de forma triangular, está formado por cuatro cordilleras. Las cordilleras de Salbakus y Cadmus atraviesan el extremo sur del valle. Los montes Messogis forman el lado noroeste del valle y los montes Mossyna, el lado noreste. Dos ríos principales atraviesan el Valle del Lico: el Río Lico, que desemboca en el Río Menderes.

Colosas, Hierápolis y Laodicea eran las ciudades más importantes del Valle del Lico. Laodicea y Hierápolis se encontraban en lados opuestos del Río Lico, a 9 kilómetros (6 millas) de distancia. Colosas se encontraba a ambos lados del Río Lico, a unos 16 kilómetros (10 millas) al sureste de Laodicea. Una importante ruta comercial desde la costa del Egeo hasta el Río Éufrates atravesaba el valle. Una segunda vía seguía el camino desde Pérgamo hasta Sardis, pasando por Perga y finalmente por Atalía.

El Valle del Lico sufría frecuentes terremotos. El geógrafo griego Estrabón (aprox. 63 a. C.-23 d. C.) describió este valle como «bueno para los terremotos».[1] La tiza impregnaba el Río Lico y sus arroyos, la tiza de estos cauces sepultaba los monumentos antiguos, cubría las tierras fértiles, obstruía el caudal del río, desviaba los arroyos y destruía las cosechas. Estos depósitos eran visibles desde una distancia de 32 kilómetros (20 millas) ya que brillaban al sol como glaciares.[2]

La actividad volcánica en la región produjo un suelo rico. La abundante vegetación resultante era útil para quienes criaban ganado. Los grandes rebaños enriquecieron a los productores de ropa de lana de las tres ciudades. Debido a la abundancia de agua, Hierápolis desarrolló un fuerte negocio textil. Los productores textiles utilizaban la tiza de los ríos en sus tintes. La raíz de rubia junto con las aguas calcáreas producían un tinte resistente a la decoloración. Las fuentes termales cercanas a Hierápolis atraían a los visitantes que buscaban tratamientos terapéuticos.

Tetradracma de plata del rey de Siria Antíoco II, que dio a la ciudad el nombre de su esposa Laodice en el siglo III a. C.

HISTORIA

Ciro el Grande derrotó al rey Creso de Lidia en el año 546 a. C., poniendo el Valle del Lico bajo control persa. Alejandro Magno conquistó el valle en el 334 a. C. El dominio griego continuó durante unos 150 años. Los romanos, con la ayuda del rey de Pérgamo Eumenes II (que reinó entre 197 y 159 a. C.), derrotaron al rey seléucida Antíoco III en 189 a. C. en la batalla de Magnesia. Posteriormente, el Valle del Lico pasó a formar parte del reino de Pérgamo y su último rey, Atalo III (reinó entre 138 y 133 a. C.), legó el reino a los romanos en su testamento en el año 133 a. C. La región se incorporó a la Provincia Senatorial de Asia y permaneció bajo control romano durante cientos de años.

Colosas fue la ciudad más importante del valle durante los siglos IV y V a. C. Al igual que Hierápolis y Laodicea

Ruinas romanas en Laodicea, que está a unos 160 kilómetros (100 millas) al este de Éfeso.

en la historia posterior, mantenía un fuerte negocio textil de productos de lana fina. Durante el período romano, Laodicea y Hierápolis superaron a Colosas en importancia; en el siglo IX d. C., Colosas era una ciudad fantasma.

Algunos estudiosos creen que Hierápolis se fundó en el siglo IV o III antes de Cristo y otros afirman que comenzó bajo el mandato de Eumenes II de Pérgamo. La importancia de Hierápolis alcanzó su punto álgido en los siglos II y III d. C. El emperador romano Adriano (117-138 d. C.) financió importantes proyectos de construcción en la ciudad, incluido un teatro con capacidad para entre 12 000 y 15 000 personas.

Laodicea se encontraba entre dos pequeños afluentes que desembocaban en el Río Lico: El Río Asopo corría hacia la parte occidental de la ciudad, mientras que el Río Caprus fluía al este de la misma. Plinio el Viejo (23-79 d. C.) escribió que Laodicea se asentaba sobre una ciudad anterior, Dióspolis, más tarde llamada Rhoas.[3] Antíoco II, el rey seléucida [reinó entre 261 y 246 a. C.], fundó la ciudad a mediados del siglo III, la llamo así en honor a su esposa Laodice.

Los terremotos que asolaron la región destruyeron Colosas, Hierápolis y Laodicea[4] tanto en el año 17 como en el 60 d. C. Las ciudades se reconstruyeron después de ambos terremotos.

NOTAS

1 Strabo, *Geography* 12.8.16.

2 J. B. Lightfoot, *St Paul Epistles to the Colossians and to Philemon* (Londres: Macmillan, 1880), 3.

3 Plinio el Viejo, *Historia natural* 5.39.

4 Clyde E. Fant y Mitchell G. Reddish, *A Guide to Biblical Sites in Greece and Turkey* (Oxford: Oxford University Press, 2003), 232.

MEGUIDO: UNA LOCACIÓN CRUCIAL

POR JEFF S. ANDERSON

Meguido era una fortaleza cananea que dominaba el Valle de Jezrel y vigilaba el paso principal a través de las montañas del Carmelo.

Meguido, la joya de la corona de la arqueología bíblica, es uno de los yacimientos más importantes de Israel y, en realidad, de todo el antiguo Cercano Oriente. Patrimonio de la Humanidad, Meguido vigila el extenso Valle de Jezrel. Meguido lo tenía todo: una llanura fértil y bien cultivada en las cercanías, una ubicación estratégica en la encrucijada de dos importantes rutas comerciales entre Asia y Egipto (la Vía Maris y las de Jezrel) y un emplazamiento defendible. Las cartas antiguas descubiertas en el Amarna, Egipto, indican que Meguido fue una de las ciudades-estado más dominantes de Canaán. Biridiya, rey de Meguido, envió estas cartas al faraón egipcio Akenatón en el siglo XIV a. C. Meguido disfrutó de sólidos períodos de ocupación desde el 3500 al 500 a. C. y estuvo habitada durante todas las épocas de la historia de Israel.

UN CAMPO DE BATALLA HISTÓRICO

Meguido conserva una larga historia como campo de batalla internacional, con treinta y cuatro batallas registradas en esa zona.[1] A lo largo de sucesivas generaciones, Meguido fue testigo de muchos ejércitos formidables, como los cananeos, egipcios, asirios, israelitas, filisteos, persas y romanos. Más de 1000 años después de la caída del Imperio romano, Napoleón luchó cerca del lugar en 1799. En relación con Meguido, se dice que proclamó: «No hay lugar en todo el mundo más adecuado para la guerra que éste. [Es] el campo de batalla más natural de toda la tierra».[2] En el siglo XX, Meguido fue testigo de la derrota de los ejércitos turcos y alemanes durante la Primera Guerra Mundial, así como de la victoria de los israelíes en la Guerra de Independencia de 1948. En la actualidad, el aeródromo de Ramat David de las Fuerzas Aéreas Israelíes se encuentra a menos de 32 kilómetros (20 millas) de Meguido.

EL GRAN TEMPLO

Cuatro excavaciones han revelado más de veinte capas de diferentes ocupaciones en Meguido, desde el 3500 al 500 a. C. Desde 1994, la Universidad de Tel Aviv ha asumido trabajos en Meguido y otros proyectos en el Valle de Jezrel. Los descubrimientos de 2012 incluyeron un tesoro de joyas de oro y plata que data del 1100 a. C., pero el objetivo principal de la operación de Tel Aviv ha sido aclarar la cronología del yacimiento.

Los arqueólogos siguen haciendo interesantes descubrimientos en Meguido hasta el día de hoy. Un proyecto reciente digno de mención ha sido la excavación de un enorme templo (de unos 1099 metros cuadrados [11 840 pies cuadrados]) que data de alrededor del año 3000 a. C., siglos antes de la llegada de los israelitas. Este templo es el edificio individual más monumental descubierto en la tierra prometida y una de las mayores estructuras del Cercano Oriente.[3]

El templo cananeo, diseñado por un equipo de arquitectos profesionales y altamente cualificados, formaba parte de un enorme complejo de templos que fue

Altar cananeo circular fechado hacia el 2500 a. C. en Meguido; el altar mide 7 metros (25 pies) de diámetro y 1 metro (4,5 pies) de altura. Cuatro escalones conducen a la parte superior del altar. El altar estaba situado detrás del templo actual.

Tablero de marfil con cincuenta y ocho agujeros, con incrustaciones de oro, procedente de Meguido.

replanteado y reconstruido muchas veces a lo largo de muchos siglos. Con paredes de más de 3,5 metros (11,5 pies) de grosor, el suelo del edificio contiene enormes losas de basalto que pesan más de una tonelada cada una. Están dispuestas en dos filas que flanquean el eje longitudinal del templo. Está claro que estas losas de basalto no eran para el soporte del techo, sino para algunas prácticas de culto desconocidas y muy sofisticadas. Dos pasillos traseros, llamados favissa, estaban llenos de restos óseos de sacrificio, sobre todo de ovejas y cabras jóvenes, el yacimiento no presentaba evidencias de sacrificios humanos.

Los habitantes de la aldea inferior accedían a este templo desde la ladera oriental del montículo y la entrada principal daba a un altar de barro y piedra que se situaba en el centro geométrico del templo.[4] Este magnífico santuario fue abandonado durante un tiempo y posteriormente reocupado. Los templos posteriores se construyeron uno sobre otro, incluido el santuario que contenía el famoso altar redondo de la Edad de Bronce Temprana.

REFERENCIAS BÍBLICAS

La Biblia contiene una docena de referencias a Meguido. La primera se refiere a un tal «rey de Meguido», que figura en una lista de monarcas vencidos que Josué conquistó (Jos. 12:21), fue entonces asignada a la tribu de Manasés (17:11). Sin embargo, el libro de los Jueces (1:27) indica que la situación no era tan sencilla ya que, al parecer, Israel no pudo someter completamente a Meguido después de todo. Más adelante, en el mismo libro, Débora y Barac vencieron a Sísara cerca de este lugar. El Cantar de Débora se refiere a las «aguas de Meguido» como el lugar donde Dios liberó a Israel (5:19).

Durante la monarquía israelita, Salomón hizo de Meguido una capital administrativa de distrito junto con otros dos importantes lugares fortificados: Jazor y Guézer. Los sistemas de puertas de estos tres lugares son casi idénticos. La Biblia hace referencia a la intensa actividad constructora de Salomón, que incluyó la adición de palacios, terraplenes y murallas (1 Rey. 9:15). Un siglo más tarde, la Biblia registra que Jehú mató al rey Jorán de Israel y al rey Ocozías de Judá cerca de Meguido (2 Rey. 9:27), mientras que la inscripción de Tel Dan se jacta de que el rey sirio Jazael fue quien asesinó a estos dos reyes.

Unas pocas referencias posteriores a Meguido pueden apuntar a una incipiente popularidad del lugar en el pensamiento apocalíptico. Josías, el último rey «bueno» de la dinastía davídica fue «gravemente herido» en Meguido en la batalla contra el faraón Necao, fue trasladado a Jerusalén donde murió (2 Rey. 23:29; 2 Crón. 35:22-24).

Aunque algunos reyes más gobernaron brevemente después de Josías, para efectos prácticos la muerte de Josías supuso un final abrupto y trágico de la monarquía.

MEGUIDO Y ARMAGEDÓN

Sin duda, uno de los textos bíblicos más populares relativos a Meguido es Apocalipsis 16:16. Algunos interpretan que este lugar crucial será donde las fuerzas espirituales de los cielos y los reyes de la tierra se reúnan para la batalla final del bien contra el mal. El Nuevo Testamento adopta el término Armagedón, una corrupción del hebreo, *Har Megiddo*, que se traduce como «Monte Meguido». Esta referencia en el Apocalipsis revela el contexto de la sexta y séptima copas de la ira, que predicen la caída de Babilonia la Grande. Tanto si la referencia en el Apocalipsis se refiere a una batalla histórica como a la desaparición metafórica del mal, Meguido conserva tanto un pasado vivo como un futuro intrigante en la historia y la teología de la Biblia.

NOTAS

1 Eric H. Cline, *The Battles of Armageddon: Megiddo and the Jezreel Valley from the Bronze Age to the Nuclear Age* (Ann Arbor: University of Michigan Press, 2000), 1.

2 *Ibid.*, 142.

3 Matthew J. Adams, Israel Finkelstein y David Ussishkin, «The Great Temple of Early Bronze I Megiddo», *AJA* 118 (Abril de 2014): 285–305.

4 Matthew J. Adams et al., «The Rise of a Complex Society: New Evidence from Tel Megiddo East in the Late Fourth Millennium», *NEA* 77.1 (2014): 32–43.

MOAB

POR ROBERT D. BERGEN

Mencionado en veintidós de los treinta y nueve libros del Antiguo Testamento, Moab es recordado en los relatos de la historia bíblica desde los días de Abraham hasta la época de Nehemías. Es objeto de profecías pronunciadas por Moisés y siete de los profetas escritores de Israel y se menciona en tres salmos diferentes. Todas las referencias, excepto un puñado, describen a Moab y a los moabitas de forma negativa, como el perturbador de Israel.

LA TIERRA Y LAS CIUDADES DE MOAB

La región conocida como Moab durante los tiempos bíblicos se encuentra en lo que hoy es la moderna Jordania. Generalmente pensamos que el antiguo Moab es la llanura montañosa directamente al este del Mar Muerto. El corazón del territorio moabita tradicional estaba situado entre el Río Arnón (actual Wadi el Mujib) en el norte (ver Jue. 11:18) y el Río Zéred (actual Wadi el-Hesa) en el sur, que descendía hacia el oeste hasta el Mar Muerto. Servían como barreras naturales y proporcionaban una medida de protección y aislamiento a Moab.

Una segunda región asociada a la cultura moabita es el territorio situado al norte del desfiladero de Arnón. Aunque esta zona era conocida como las llanuras de Moab en tiempos bíblicos (Núm. 22:1), no siempre estuvo bajo control moabita (33:48).

En su frontera occidental, a lo largo de la orilla del Mar Muerto, el corazón moabita se encuentra a unos 400 metros (1300 pies) por debajo del nivel del mar. Sin embargo, a medida que se avanza hacia el este, el terreno asciende rápidamente. A solo 16 kilómetros (10 millas) del Mar Muerto se eleva a unos 914 metros (3000 pies) sobre el nivel del mar, una elevación neta de unos 1310 metros (4300 pies).

Esta gran variación en la elevación significa que Moab contiene varias zonas climáticas distintas. Cerca del Mar Muerto hay una región desértica que recibe menos de 12 centímetros (5 pulgadas) de lluvia al año. En la cima de la meseta hay una región que normalmente recibe de 25 a 50 centímetros (10 a 20 pulgadas) de lluvia al año y es más propicia para la agricultura.[1] La evidencia bíblica de la relativa productividad de la tierra moabita se ve en Rut 1:1-2, que afirma que el israelita Elimélec trasladó a su familia allí para escapar de una hambruna.

Las pruebas arqueológicas sugieren que Moab había establecido una serie de fortalezas a lo largo de su frontera cerca del desfiladero de Zéred, con vistas a la ruta de caravanas conocida como el Camino del Rey.[2] Se descubrieron otras defensas fronterizas menos llamativas en el desfiladero de Arnón. La Biblia rara vez menciona ciudades importantes en territorio moabita. Moisés mencionó una ciudad llamada Ar (Deut. 2:18); David dejó a su familia con un rey moabita en Mizpa (1 Sam. 22:3-4); el profeta Amós pronunció un juicio sobre los palacios de Queriot (Amós 2:2); e Isaías (Isa. 15:2; 16:7-9) habló de Dibón, Quir Jaréset, Hesbón, Sibma, Jazer y Elalé.

EL PUEBLO, LA HISTORIA Y LA INFLUENCIA DE MOAB

En Génesis 19:30-37 se relata el origen de la nación moabita a partir de la descendencia de una relación incestuosa entre Lot y su hija mayor. Los moabitas se entendían, pues, como un grupo étnico semítico relacionado indirectamente con los israelitas. Sabiendo que Lot y sus hijos estaban con Abraham en la tierra prometida (cap. 13) y que el territorio moabita llegó a situarse al este del Mar Muerto, podemos suponer que en algún momento antes de los días de Moisés los descendientes de Moab emigraron desde el lado occidental del Mar Muerto hasta sus tierras altas orientales. Allí desplazaron a los emitas, un grupo de personas que había estado viviendo allí en los días de Abraham (Deut. 2:10-11). Sin embargo, la Biblia carece de más detalles sobre las primeras etapas de la historia moabita; hasta ahora los yacimientos arqueológicos del Cercano Oriente no han descubierto ningún documento que arroje luz sobre este período de su historia.

Piedra moabita, descubierta en Dibón en 1868, con una inscripción del rey de Moab, Mesá, hacia 840 a. C.

En la época de la peregrinación israelita por el desierto, la cultura moabita había adoptado una forma de gobierno monárquica, con un rey que gobernaba con el apoyo y la asistencia de líderes de clanes conocidos como «ancianos» (Núm. 22:4,7,10). En aquella época, Moab tenía una población menor que la de los israelitas y, evidentemente, carecía de recursos militares suficientes para defender su territorio de una invasión israelita. En consecuencia, buscaron la ayuda de un chamán mesopotámico, Balán hijo de Beor, para eliminar a Israel mediante poderosas maldiciones (vv. 2-11).

Antes del surgimiento de la monarquía israelita, los moabitas consolidaron sus posesiones territoriales y a veces incluso dominaron a sus vecinos (1 Sam. 12:9). En tiempos de los jueces, el rey moabita Eglón obligó a los israelitas a pagar tributos anuales «durante dieciocho años» (Jue. 3:14). El rey moabita más conocido es Mesá, que organizó una revuelta contra Israel y gobernó desde Dibón a mediados del siglo IX a. C. Se le conoce por una piedra inscrita encontrada en Dibón en 1868.

Por otra parte, muchas naciones, incluida Israel, intentaron en ocasiones hacerse con el control de Moab y sus recursos. Entre los líderes israelíes que la Biblia menciona como vencedores de guerras contra los moabitas se encuentran el juez Aod (Jue. 3:15-30) y los reyes Saúl (1 Sam. 14:47), David (2 Sam. 8:2), Jorán de Israel y Josafat de Judá (2 Rey. 3:6-27). Pero los principales perturbadores de Moab no fueron los israelitas ni sus vecinos del sur, los edomitas, sino las naciones de Mesopotamia: Asiria y Babilonia. «Los textos asirios implican que Moab cayó bajo la dominación asiria durante el siglo VIII a. C.».[3] Josefo indicó que los babilonios conquistaron Moab cinco años después de la destrucción de Jerusalén, es decir, en el año 581 a. C.[4] La Biblia no menciona ninguna actividad moabita después de esa época.

La religión moabita también ejerció una influencia, decididamente negativa, sobre sus vecinos. En varios momentos de la historia de Israel, los israelitas se involucraron en la adoración de al menos dos deidades moabitas diferentes. Durante los días de Moisés, un número de hombres israelitas participaron en ritos religiosos asociados con Baal Peor. Como parte de su culto a Baal, participaban en rituales sexuales (Núm. 25:1-8) y comían «de las ofrendas a ídolos sin vida» (Sal. 106:28). Por respeto a una esposa moabita que había tomado en su harén, el rey Salomón construyó un lugar elevado para Quemós, el dios nacional de Moab, justo al este de Jerusalén (1 Rey. 11:7-8). Los israelitas mantuvieron este lugar elevado de culto durante más de 300 años, hasta el momento de su profanación por el rey Josías en las reformas del 626 a. C. (2 Rey. 23:13).

UN MOABITA ATÍPICO

El nombre de *Moab* puede haber evocado una reacción emocional negativa en los antiguos israelitas. Sin embargo, Rut presenta una imagen totalmente diferente de quienes habían sido los enemigos del pueblo de Dios. De su linaje procedía Aquel que era y es el Redentor de la humanidad (Mat. 1:5). Nuestra reacción, en lugar de miedo y temor, es de adoración y celebración.

NOTAS

1 J. H. Paterson, «Palestina» en *ZPEB*, 4:578.

2 R. K. Harrison, «Moab» en *ZPEB*, 4:262.

3 J. Maxwell Miller, «Moab», en ABD, 4:890.

4 Josefo, *Antigüedades judías* 10.9.7.

MORIA: SU IMPORTANCIA BÍBLICA E HISTÓRICA

POR GARY P. ARBINO

Primer plano de las ruinas del templo samaritano del Monte Guerizín que Juan Hircano, rey asmoneo, destruyó en el año 128 a. C. El Monte Guerizín es el lugar donde los samaritanos creen que Abraham fue a ofrecer a Isaac.

En Génesis 22:2 Dios le dijo a Abraham que fuera «a la región de Moria» a «una de las montañas de las que te indicaré».[1] Así que acudimos a nuestro Atlas Bíblico Holman[2] y al buscarlo notamos que no tiene ninguna entrada para «la región de Moria». De hecho, una búsqueda en nuestra concordancia demuestra que «la región de Moria» no se vuelve a mencionar en la Biblia. Tampoco se menciona en ningún texto extrabíblico. Entonces, ¿dónde estaba exactamente este lugar?

Volviendo a Génesis 22, tenemos algunas pistas. El versículo 4 dice que «al tercer día» del viaje desde Berseba, en el desierto del Néguev, Abraham vio su destino. Quedaba suficiente día para que él e Isaac llegaran a la montaña que Dios había elegido y regresaran con los demás que habían viajado con ellos. Así que, suponiendo que un anciano ágil y tres jóvenes pudieran recorrer entre 24 a 72 kilómetros (15 a 45 millas) al día, viajaron entre 72 y 185 kilómetros (45 y 115 millas), no se nos dice en qué dirección.

El versículo 2 nos dice que «La Moria» se caracteriza por las montañas. La principal versión griega antigua, la Septuaginta, señala la naturaleza montañosa de Moria, en lugar de transliterar simplemente «La Moria», la Septuaginta utiliza una frase que se lee «la tierra elevada». Por lo tanto, «La Moria» puede haber sido simplemente un nombre popular primitivo para la cordillera de tierras altas a lo largo del lado oeste del valle del Jordán.

A diferencia de nuestras versiones modernas, todas las traducciones antiguas de la Biblia traducen la palabra *Moriah.* Dado que los nombres propios hebreos rara vez llevan artículos definidos, los traductores no utilizaron «La Moria» como nombre propio; por lo tanto, pensaron que el término debía ser traducido.

Una opción sostiene que *Moriah* proviene de la palabra hebrea para «enseñar» (*yoreh*), por lo que algunos rabinos consideraron que la frase «la tierra de la enseñanza» reflejaba que éste era el lugar desde el cual toda la enseñanza se dirigía al mundo. Curiosamente, un nombre de lugar con «enseñar» se encuentra en otro punto importante de la narración de Abraham. La primera vez que Dios habló con Abraham en Canaán, lo hizo en los robles de «Moré» (Gén. 12:6).

Las traducciones arameas (Targumim) y varias fuentes rabínicas leen la palabra original como derivada de *yera'*, la palabra hebrea que significa «temor o adoración». Así, traducen la frase como «la tierra de la adoración», una referencia al sacrificio de Abraham.

Varias versiones griegas antiguas, el Pentateuco samaritano y la Vulgata latina traducen *Moriah* como «visión»; «la tierra de la visión». Esto se deriva de entender la palabra como procedente del verbo *ra'ah*, que significa «ver». Este es también un significado dentro del propio capítulo 22, como se mencionó anteriormente en el nombramiento del lugar por parte de Abraham.

Según el versículo 14, Abraham llamó al lugar Yahvéh *yir'eh*, que significa «el Señor es visto» o «el Señor provee».[3] El versículo hace referencia a un dicho popular: «Se dice: "En un monte provee el Señor [*yera'eh*]"». Las generaciones posteriores «hasta hoy»

Dos monjes contemplan el Valle de Cedrón desde la antigua ciudad de David. El fondo muestra que Jerusalén era una ciudad construida sobre y en las colinas.

relacionarían este monte en particular con «el monte del Señor». En el Antiguo Testamento, este es el nombre que se aplica a Sión (Jerusalén) a causa del templo (Sal. 24:3; Isa. 2:3; Zac. 8:3). Aunque el Génesis no hace ninguna conexión específica, los israelitas relacionaron posteriormente Moria con el Monte del Templo y el templo de Salomón, construido alrededor del 950 a. C. y destruido por los babilonios en el 586 a. C.

Si Abraham estuvo en el lugar donde más tarde se ubicaría el templo de Salomón, no solo vio Jerusalén, sino que habría construido el altar para sacrificar a Isaac en la ciudad o cerca de ella. El emplazamiento del templo se encontraba justo al norte de la ciudad jebusea (posteriormente llamada «la ciudad de David») en la parte superior de la misma cordillera. Los textos egipcios de execración de los siglos XVIII-XIX a. C. ya se referían a la ciudad como Urushalimu. Si se supone que Salén es un nombre abreviado de Jerusalén en el relato de Melquisedec (Gén. 14:18-20), evidentemente era una ciudad próspera con un «rey». Sin embargo, Génesis 22 nunca menciona esta ciudad, lo cual es un poco extraño si esta importante historia tiene lugar en ella o cerca de ella y Abraham conocía a su rey.

En 2 Crónicas 3:1, un versículo que no tiene parangón en el anterior libro de los Reyes, el escritor une varias líneas de detalles sobre el emplazamiento del templo, aparentemente extraídos de Génesis 22; 2 Samuel 24; y 1 Crónicas 21–22. Crónicas indica que Salomón construyó el templo en el «monte Moria», pero no menciona explícitamente a Abraham ni los acontecimientos de Génesis 22. En cambio, se centra en el papel de David en el templo. El texto se refiere al monte Moria como el lugar (1) donde el Señor se le apareció a David, quizás dando a entender que sustituye a la aparición del Señor a Abraham; (2) que el propio David eligió, ignorando a Abraham; y (3) donde, en la era de Arauna el jebuseo, David construyó un altar, quizás para que se considere que sustituye al de Abraham.

Durante el período del segundo templo (515 a. C. - 70 d. C.), se promovió la idea de que el monte de Abraham estaba conectado a un único «monte Moria». Este era el mismo que el «monte del Señor» (Sión) donde David decidió construir el templo, donde Salomón lo construyó realmente y donde Zorobabel construyó el segundo templo. Estos vínculos son afirmados por otros textos judíos del período del segundo templo, como las *Antigüedades Judías* de Josefo, *Jubileos*, el *Apócrifo del Génesis* y el Tárgum de Jonatán.

EL MONTE MORIA HOY

Hoy en día, cuando se visita el Monte Moria (el Monte del Templo o Haram es-Sharif), se está en la plataforma que el rey Herodes amplió a dieciocho hectáreas, pero el edificio que se ve es la Cúpula de la Roca. El Califa Abd-al-Malik construyó esta magnífica estructura de cúpula dorada entre el año 688 y el 691 d. C., que permanece prácticamente inalterada hasta hoy. Este edificio se erigió en el lugar donde se encontraba el templo romano de Júpiter, que a su vez se construyó sobre los restos del templo de Herodes. Alrededor de este monumento (que no es específicamente una «mezquita») hay otros numerosos ejemplos de arquitectura del período islámico (638-1917 d. C.), el más notable de los cuales es la mezquita de Al-Aqsa (construida originalmente entre 709 y 715 d. C.) en la esquina suroeste del monte. No hay restos del período cristiano bizantino (330-638 d. C.; dejaron el monte como un espacio sagrado vacío) ni del período romano tras la destrucción del templo de Herodes en el año 70 d. C.

Los materiales que se conservan del complejo del segundo templo (incluida la reconstrucción de Herodes) se limitan en gran medida al muro del recinto que rodea la plataforma. Hoy en día, el visitante puede recorrer el túnel subterráneo del Muro Occidental donde se pueden ver restos de la arquitectura asmonea (165-63 a. C.) y herodiana (63 a. C.-70 d. C.). Lo más notable es la «hilera maestra» de enormes piedras de construcción bellamente labradas (la más grande mide 12 metros [41 pies] de largo, 3,5 metros [11,5 pies] de alto y 4,5 metros [15 pies] de ancho, y se calcula que pesa 600 toneladas) que utilizaron los constructores de Herodes. A lo largo del muro sur, se puede subir la amplia escalera del templo herodiano. La cara oriental del muro del recinto revela las costuras entre los añadidos de Herodes y la construcción anterior. Aunque no queda nada del primer templo (el de Salomón), varias estructuras posteriores en el monte se han relacionado tradicionalmente con Salomón. En el centro, la «Roca» dentro de la Cúpula es supuestamente el lugar del altar de Abraham en Moria, el lugar más sagrado del templo y el lugar desde el que los musulmanes creen que Mahoma ascendió al cielo tras su visita nocturna a Jerusalén.

NOTAS

1 Traducción literal del autor.

2 Muchas de las referencias geográficas y cronológicas específicas de este artículo proceden de Thomas Brisco, *Holman Bible Atlas* (Nashville: Holman Reference, 1998).

3 El hebreo *yir'eh* suele traducirse «ver» en los versículos 2 y 14, y «proveerá» en el contexto del versículo 8.

MONTE NEBO: SU HISTORIA, GEOGRAFÍA, ARQUEOLOGÍA Y SIGNIFICANCIA

POR T. J. BETTS

Cerámica excavada en el Monte Nebo.

El Monte Nebo visto desde el valle del Río Jordán.

En Números 23:14, el rey Balac llevó al vidente Balán al «campo de Zofín en la cumbre del monte Pisgá» con la intención de que Balán mirara hacia el campamento del pueblo de Israel y lo maldijera. En Deuteronomio 34:1 se relata cómo Dios llevó a Moisés al «monte Nebo, a la cima del monte Pisgá, frente a Jericó» para mostrarle la tierra que había prometido a Abraham y a sus descendientes.

UBICACIÓN Y GEOGRAFÍA

En la región de desierto seco del oeste de Jordania, el Monte Nebo se extiende hacia el oeste desde la meseta central de Jordania, que en tiempos bíblicos se llamaba llanura de Moab. A pesar de que la erosión ha sido un factor constante en la región, el Monte Nebo se eleva hasta una cima plana rodeada por todos los lados de laderas empinadas. La palabra *Pisgah* podría ser otro nombre para él o puede ser una referencia a un pico prominente en él. El monte está a unos 10 kilómetros (6 millas) al noroeste de Mádaba, que era un asentamiento importante en la frontera de Moab. Además, el Monte Nebo está a unos 17 kilómetros (11 millas) de Hesbón, que estaba en la frontera entre las tribus de Rubén y Gad cuando las tribus de Israel se asentaron en la tierra prometida. El Monte Nebo está a casi 27 kilómetros (17 millas) al sureste de Jericó, la gran fortaleza cananea que protegía la entrada a la tierra de Canaán desde el este. El Monte Nebo está a unos 20 kilómetros (12 millas) al este de la desembocadura del Río Jordán. Está a 816 metros (2680 pies) sobre el nivel del mar y se eleva unos 1220 metros (4000 pies) sobre el Mar Muerto (la superficie del Mar Muerto es la elevación más baja de la tierra, históricamente a unos 400 metros [1300 pies] por debajo del nivel del mar, aunque ha retrocedido más de 30 metros [100 pies] en las últimas 5 décadas). El Monte Nebo tiene dos picos llamados Siyagha y al-Mukhayyat.[1]

Aunque algunos han presentado otros candidatos para posibles ubicaciones del Monte Nebo, tres palabras parecen señalar esta ubicación como la correcta. En primer lugar, la palabra *Neba*, que es la palabra moderna para Nebo, fue descubierta en una de sus crestas. En segundo lugar, la palabra *Siaghah* es idéntica a la palabra aramea *Se'ath*, la palabra utilizada para traducir Nebo en el Tárgum de Onquelos en Números 32:3, donde se llama el lugar del entierro de Moisés. *Siaghah* es una ortografía alternativa de la cumbre más alta, Siyagha. En tercer lugar, el nombre Tal`at es-Sufa se refiere a la subida que conduce a la cresta del Monte Nebo desde el norte. Está relacionado con la palabra hebrea *tsuph*, que formaba parte de la cordillera de Nebo.[2]

El Monte Nebo ofrece una vista espectacular de la región, comenzando el panorama hacia el norte, se puede ver el lado oriental de las tierras altas de Galaad, que estaban divididas entre las tribus de Rubén, Gad y Manasés. A unos 80 kilómetros (50 millas) al noroeste de Israel, se puede ver el estratégico Valle de Betsán, que servía de punto de acceso desde el Río Jordán al interior de Israel y al Valle de Jezrel, junto con la región de la antigua Neftalí. Al oeste, se puede ver la cordillera central de Judá, incluido el Monte de los Olivos; y en los días más claros se pueden vislumbrar las colinas que rodean la parte oriental de Jerusalén. Al suroeste del Monte Nebo se puede divisar Belén y el Herodión, uno de los magníficos proyectos de construcción palaciega de Herodes el Grande, que se encuentra a 5 kilómetros (3 millas) al sur de Belén. Directamente al sur, se puede ver el Mar Muerto hacia la antigua Zoar.[3]

Al este de la cordillera en la que se encuentra el Monte Nebo hay colinas onduladas y luego, más allá de ellas, la mayor parte del desierto. Al sureste del Monte Nebo se

Iglesia bizantina en la cima del Monte Nebo.

encuentra el corazón de Jordania, el desierto de Ard As Sawwan. Justo al norte se encuentra la llanura de Ard As Sawwan, y al norte de ésta el desierto de Siria.

ARQUEOLOGÍA E HISTORIA

Las excavaciones en el Monte Nebo han descubierto restos materiales de la época bíblica. En primer lugar, los arqueólogos han descubierto cerámica de tipo asirio y moabita en asentamientos y tumbas moabitas. Sin embargo, la tradición de la cerámica judaica también es fuerte, lo que apunta a los judíos que vivían en la zona, tal y como se atestigua en el Antiguo Testamento. En segundo lugar, las excavaciones descubrieron ataúdes de arcilla asirios en dos de las tumbas, junto con un sello cilíndrico del mismo estilo.[4] La presencia asiria en la región está atestiguada tanto en textos bíblicos como extrabíblicos. A finales del siglo IV d. C., se construyó en la cima una iglesia bizantina que conmemora el encuentro de Moisés con Dios. En el siglo VI, se amplió hasta convertirse en una basílica llena de bellos mosaicos, después estuvo abandonada durante muchos años hasta que la orden franciscana la compró en 1933 y desde entonces, los franciscanos han excavado y restaurado gran parte de la iglesia y han erigido otros monumentos conmemorativos.

Una interesante tradición judía sobre el Monte Nebo procede del libro no canónico de 2 Macabeos. Numerosas cuevas salpican la región y en 2 Macabeos 2:4-8 se afirma que, antes de la invasión babilónica en el siglo VI a. C., Dios guío a Jeremías para que llevara la tienda del encuentro con Dios, el altar de los inciensos y el arca del pacto a un Monte Nebo, donde descubrió una enorme cueva y escondió las piezas sagradas. Independientemente de si Jeremías lo realizó o no, sigue siendo parte de la historia del monte. Probablemente recibió su nombre en honor al dios babilónico Nebo o Nabû. El compañero de Daniel, Azarías, recibió el nombre babilónico de «Abednego» «siervo de Nebo»).[5] Dado que tanto asirios como babilonios adoraban a este dios, el nombre sugiere que la montaña puede haber sido importante para los invasores mesopotámicos cuando conquistaron estas tierras.

NOTAS

1 «Mount Nebo», *Tourist Israel: The Guide*, 10 de mayo de 2018, www.touristisrael.com/mount-nebo/16954.

2 Henry A. Harper, *The Bible and Modern Discoveries* (Londres: A. P. Watt, 1895), 139; W. Ewing, «Nebo, Mount», *ISBE*, ed. James Orr (1939).

3 «Mount Nebo», *Near East Tourist Agency*, 10 de mayo de 2018.

4 Elizabeth Bloch-Smith, *Practices and Beliefs about the Dead* (Sheffield: Sheffield Academic, 1992), 196.

5 Leonard J. Coppes, «§1280 [*nĕbō*]» (*Nebo*, Nebo) en *TWOT*, 545–46. La letra «g» en «Abednego» es muy probablemente un error ortográfico intencional del nombre de este dios pagano en la Escritura.

NAZARET EN EL SIGLO I

POR ROY E. LUCAS JR.

El Pozo de María, situado en el interior de la iglesia ortodoxa griega de Nazaret, fue probablemente la única fuente de agua de Nazaret durante siglos.

Elimina el anuncio de Gabriel a María y la visibilidad de Nazaret disminuye. Resta el comentario de Natanael sobre que nada bueno viene de Nazaret y la ciudad se desvanece. Pero quita a su ciudadano más importante, Jesús, y Nazaret desaparece.

El Talmud judío, que se refiere a sesenta y tres aldeas galileas, ignora a Nazaret, al igual que los apócrifos. El historiador judío del siglo I, Josefo, nunca menciona la ciudad. La investigación arqueológica corrobora la falta de importancia de Nazaret.

UBICACIÓN Y RECURSOS

Nazaret se encuentra en una «meseta elevada y escarpada»[1] a unos 460 metros (1500 pies) sobre el nivel del mar, a 24 kilómetros (15 millas) al suroeste del Mar de Galilea y a 32 kilómetros (20 millas) del Mediterráneo. A menos de 10 kilómetros (6 millas) al este de Nazaret pasa la Vía Maris, la carretera que conectaba Egipto e Israel con Damasco.

Nazaret tiene inviernos húmedos. Las temperaturas invernales oscilan entre los dieciocho y los diez grados Celsius con ocasionales heladas. Anualmente, Nazaret recibe entre 50 y 76 centímetros (20 a 30 pulgadas) de lluvia, el rocío se forma en unas 200 noches. Las temperaturas de verano oscilan entre los dieciocho y veintinueve grados Celsius. La altitud de Nazaret, la pluviometría adecuada y las colinas que la rodean, excepto en el sur, contribuyen a producir una vegetación abundante. La única fuente de agua de Nazaret, un manantial, puede haber obstaculizado su crecimiento y haber servido de centro social.

CULTURA

Roma nombró a Herodes el Grande como rey de Judea (37-4 a. C.). Herodes Antipas, el hijo menor de Herodes, gobernó como «tetrarca en Galilea» y Perea desde el 4 a. C. hasta el 39 d. C. (Luc. 3:1). Esto significa que Nazaret estuvo bajo el gobierno de Herodes Antipas durante todo el ministerio terrenal de Jesús. Se dice que los galileos eran «generosos, impulsivos, de modales sencillos, llenos de intenso nacionalismo, libres e independientes del tradicionalismo de Judea»,[2] la región que incluía a Jerusalén. La razón

Vista general de la ciudad moderna de Nazaret. La estructura cónica del centro es la Iglesia de la Anunciación.

por la que los rabinos de Jerusalén despreciaban a los galileos, «probablemente se debía al dialecto poco refinado, la falta de cultura y el tamaño de la aldea de la comunidad de Nazaret».[3]

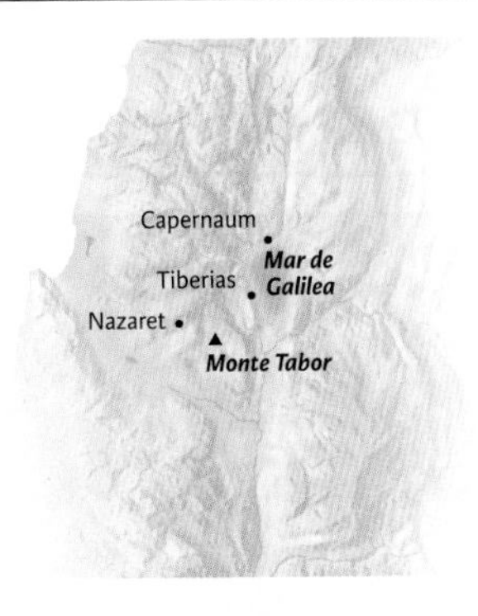

Nazaret abarcaba aproximadamente veinticuatro hectáreas. Las estimaciones de población más bajas oscilan entre 400 y 500 ciudadanos; las más altas llegan a 1600 y 2000.[4] Los ocupantes de Nazaret poseían tierras, eran agricultores arrendatarios o prestaban servicios artesanales a quienes necesitaban sus habilidades. «Los restos de las prensas de aceitunas y vino, las cisternas de agua, las piedras de moler y otros materiales encontrados dispersos, indican la naturaleza pobre y campesina de Nazaret en la época de Jesús».[5] Los artesanos locales fabricaban utensilios para comer y cocinar. Los alimentos cultivados en la región incluían trigo, cebada, frijoles, alubias, lentejas, cebollas, pepinos, aceitunas, uvas e higos.

Las casas de Nazaret solían tener de dos a cuatro habitaciones con suelos de barro, se construían con piedra autóctona y los tejados eran de barro empacado sobre paja plana. Las casas más grandes tenían un segundo piso, José y Jesús eran *tektons*, un término griego que puede referirse a carpinteros o canteros.

El número de miembros de la familia y los ingresos de la familia dictaban el tamaño de la casa. Muchas casas eran pequeñas y se construían muy juntas. Tres o cuatro de estas casas cercanas formaban un patio abierto; un muro de piedra rodeaba y aseguraba el recinto. Estas unidades de varias casas compartían una zona de cocina con un horno exterior, una cisterna y una piedra de molino. Las familias solían tener animales en una habitación de la planta baja de la casa.

El trasfondo religioso de la Nazaret del siglo I no es fácil de discernir. Evidentemente, las culturas provinciales romanas (gentiles) de las cercanas Séforis y Tiberíades tuvieron poco efecto en la región circundante, incluida Nazaret, que parece haber tenido una importante población judía. El contenido de dos tumbas de roca cerca de Nazaret indica la presencia de un asentamiento judío allí durante el período romano. La tradición rabínica también indica que los sacerdotes vivieron en algún momento en Nazaret. Aunque no se ha excavado ningún edificio de la sinagoga del siglo I en Nazaret, el Nuevo Testamento afirma que existió una (Mat. 13:54; Mar. 6:1-2; Luc. 4:16).

NOTAS

1 Paul Barnett, *Behind the Scenes of the New Testament* (Downers Grove, IL: InterVarsity, 1990), 38.

2 J. Dwight Pentecost, *The Words and Works of Jesus Christ* (Grand Rapids: Zondervan, 1981), 520.

3 Jerry W. Batson y Lucas P. Grimsley, «Nazareth, Nazarene» en *HIBD*, ed. rev. (2015), 1148.

4 Donald L. Blake Sr., *Jesus, A Visual History: The Dramatic Story of the Messiah in the Holy Land* (Grand Rapids: Zondervan, 2014), 42; Bernard J. Lee, *he Galilean Jewishness of Jesus: Retrieving the Jewish Origins of Christianity* (Nueva York: Paulist, 1988), 65.

5 John C. H. Laughlin, *Fifty Major Cities of the Bible* (Nueva York: Routledge, 2006), 194.

PATMOS

POR GARY HARDIN

Vestíbulo de la Cueva del Apocalipsis, en Patmos. Según la tradición, Juan estaba en esta cueva cuando recibió sus visiones.

Patmos, una pequeña isla rocosa en el Mar Egeo, se extiende 16 kilómetros (10 millas) de largo y casi 10 kilómetros (6 millas) de ancho, fue resultado de la actividad volcánica en el Dodecaneso, un grupo de islas en el Mar Egeo cerca de Asia Menor, a unos 96 kilómetros (60 millas) al suroeste de Éfeso, Patmos era la última parada en un viaje de Roma a Éfeso. Su forma de media luna creaba un puerto natural para los barcos.

Con su suelo rocoso y la abundancia de plantas y arbustos en flor, la isla presentaba colinas bajas, pequeñas mesetas y un gran número de calas. El clima de Patmos era mayoritariamente suave. Fuentes antiguas sugieren que originalmente la isla estaba cubierta por una gran cantidad de árboles, que fueron cortados, dejando Patmos desnuda.[1]

Los carienses, antiguos habitantes de Caria, en el suroeste de Asia Menor, fueron probablemente los habitantes originales de Patmos. Los dorios y los jonios, antiguos grupos griegos, colonizaron la isla en el siglo XI a. C. Los primeros habitantes de la isla adoraban a la diosa Diana, considerada la patrona de la isla. En la época del exilio de Juan, Patmos contaba con un templo a Diana, que tenía un gran parecido con Artemisa (gemela de Apolo), la diosa que los primeros griegos creían que protegía a todos los seres vivos.

Los romanos solían condenar a los criminales de clase baja a trabajar en las minas o a morir en combate como gladiadores. Roma desterraba a algunos criminales de

Vista de parte de la costa de Patmos.

clase alta a una isla solitaria. Los romanos utilizaban dos grupos de islas del Egeo, las Cícladas y las Espóradas, como lugares de destierro. Los emperadores Domiciano y Diocleciano eligieron Patmos como lugar de destierro para la mejor clase de delincuentes. Patmos era un lugar adecuado para el destierro porque estaba desolada, era estéril, estaba escasamente poblada, era poco visitada y estaba infestada de serpientes y escorpiones.

Patmos no tuvo un papel histórico significativo hasta la era cristiana. Durante las épocas romana y bizantina, Patmos gozaba de un aura religiosa, debido principalmente al exilio de Juan. Durante la Edad Media, los piratas atacaron y despoblaron Patmos y saquearon la isla por sus recursos, incluidos los animales.[2]

Alrededor de 1088, comenzó un nuevo período para Patmos, cuando el monje griego Christodoulos Latrenos construyó el Monasterio de San Juan en el lugar de un templo previamente de Artemisa. Este monasterio se asemejaba a una fortaleza y se convirtió en el monumento más famoso de Patmos. Los años siguientes trajeron más cambios. Patmos fue testigo del desarrollo de numerosas iglesias y monasterios y se convirtió en un lugar de aprendizaje para los monjes ortodoxos griegos, que reunieron una notable biblioteca en la isla. En la actualidad, la biblioteca del monasterio de San Juan contiene una de las colecciones más importantes de objetos de la historia monástica griega. La colección incluye estolas bordadas de los siglos XV al XVIII, iconos raros, manuscritos iluminados y mobiliario de iglesia del siglo XVII. La capilla del monasterio presenta obras de arte que se remontan a principios del siglo XII.[3]

NOTAS

1 R. C. Stone, «Patmos» en *ZPEB* (1976), 5:619.

2 «Patmos», consultado el 26 de octubre, 2003.

3 «Patmos», www.abrock.com.

FILIPOS: UN ESTUDIO HISTÓRICO Y ARQUEOLÓGICO

POR STEVE BOOTH

Puerta romana a la ciudad de la antigua Neápolis.

En contraste con muchos lugares bíblicos, los visitantes del yacimiento arqueológico de Filipos pueden visualizar hoy en día la disposición del terreno en gran parte tal y como era cuando Pablo visitó la ciudad por primera vez alrededor del año 49 o 50 d. C. Desde la cima de la colina naturalmente fortificada (acrópolis) que formaba parte de la antigua Filipos, una gran llanura fértil se extiende hacia el oeste. Este lugar de la actual Grecia era ideal para un asentamiento en el año 360 a. C., originalmente llamado Crénides («manantiales»). Sus ventajas naturales incluían un abundante suministro de agua, ricas tierras de cultivo y una ubicación defendible.[1] Además, en los alrededores había ricos yacimientos de oro y plata.

UBICACIÓN, UBICACIÓN, UBICACIÓN

Filipo II de Macedonia, padre de Alejandro Magno, reconoció el valor estratégico de esta ciudad, la tomó en el año 356 a. C. y la rebautizó con su nombre. Fortificó la acrópolis y construyó una muralla alrededor de la ciudad, de la que aún se conservan algunas partes. «La riqueza [que] recibió aquí le permitió ampliar su ejército y unificar su reino».[2] En el 168-167 a. C., Roma conquistó Macedonia y finalmente convirtió esta región en una provincia, dividiéndola en cuatro distritos administrativos.[3]

Otro factor que elevó a Filipos a un nivel superior de importancia fue la construcción de la famosa Vía Egnatia, iniciada aproximadamente en el año 145 a. C. y terminada alrededor del 130 a. C. Esta carretera conectaba a Roma con el este y pasaba por el centro de Filipos, sirviendo como su calle principal. Como un lugar de paso importante se benefició del movimiento de ida y vuelta de las tropas romanas, así como del comercio que se desarrolló debido a la mayor facilidad de transporte. La ciudad portuaria de Neápolis (la actual Kavala), situada a tan solo 16 kilómetros (10 millas) al sureste de Filipos en la Vía Egnatia, hacía aún más accesible la interacción con las regiones del exterior.

El acontecimiento que realmente puso a esta ciudad en el mapa del Imperio romano fue la batalla de Filipos en el año 42 a. C. Al otro lado de la muralla occidental, Octavio (más tarde conocido como César Augusto) y Marco Antonio se enfrentaron a Bruto y Casio, que habían participado en el asesinato de Julio César dos años antes. Antonio y Octavio salieron victoriosos, mientras que Bruto y Casio se suicidaron en el campo de batalla. Los vencedores ampliaron y fortificaron aún más la ciudad, estableciéndola como colonia romana y llamándola Colonia Victrix Philippensium.[4] También reasentaron allí a los veteranos, concediéndoles generosas secciones de tierra de cultivo.

La alianza entre Antonio y Octavio se rompió, y el ajuste de cuentas se produjo en la batalla de Accio en el 31 a. C. Como vencedor Octavio asentó a muchos de los soldados de Antonio en Filipos y rebautizó esta estratégica ciudad con el nombre de Colonia Iulia Augusta Philippensis en honor a su hija Julia (Augusta se añadió en el 27 a. C. tras recibir el título del Senado).[5] El estatus de colonia era el mayor privilegio concedido

Escalera monumental que conduce a la Basílica A de Filipos.

a una ciudad romana y otorgaba a sus ciudadanos los mismos derechos civiles que si vivieran en Italia, incluía la libertad de impuestos. La lengua oficial era el latín, lo que se comprueba en muchas de las inscripciones de la época, aunque el griego seguía siendo la lengua del mercado.[6]

En la época de Pablo, la ciudad de Filipos era de tamaño modesto, con una población mixta de descendientes de los veteranos romanos, griegos anteriores a los romanos y tracios nativos anteriores a los griegos. También vivían allí inmigrantes de Asia Menor que se dedicaban al comercio como Lidia de Tiatira (Hech. 16:14) y algunos judíos.[7] Los soldados romanos estaban asentados en Filipos para proteger la Vía Egnatia. Los habitantes estaban «orgullosos de sus vínculos con Roma, de observar las costumbres romanas y de obedecer las leyes romanas, orgullosos de ser ciudadanos romanos».[8]

LA LLEGADA DE PABLO

Con el desembarco de Pablo en Neápolis, el cristianismo avanzó de Asia a Europa. Viajando por la Vía Egnatia hacia Filipos, Pablo habría entrado por la Puerta de Neápolis, parte de la cual los arqueólogos han descubierto. Viajando hacia el oeste, Pablo habría pasado pronto por el impresionante teatro de Filipo II a su derecha. Aunque se modificó y amplió posteriormente en los siglos II y III, su forma básica habría sido similar a la que todavía puede verse hoy. Lo mismo ocurre con el foro romano de la calle principal de la ciudad. Esta gran plaza pública estaba bordeada por diversos edificios administrativos, tiendas, monumentos y templos.[9] Este es el mercado donde los propietarios de la esclava arrastraron a Pablo y Silas ante los magistrados y donde les dieron una fuerte paliza antes de arrojarlos a la cárcel (Hech. 16:19-23).

Las pruebas del culto a los emperadores, incluidas las exhibiciones públicas en honor a Augusto y a sus hijos adoptivos Cayo y Lucio César, también se encontraban en el foro. Pocos años antes de la llegada de Pablo, el entonces César Claudio (41-54 d. C.) ya había

Abajo a la derecha se ve la tribuna de oradores de Filipos.

Cabeza de toro en Filipos cubierta de guirnaldas y acompañada por lo que podrían ser dos sacerdotes.

introducido el culto a Livia (esposa de Augusto y abuela fallecida de Claudio).[10] En general, el pueblo apreciaba y reverenciaba a los gobernantes romanos por mantener la paz y proporcionar protección, justicia y alivio en tiempos de penuria.

En Filipos del siglo I también coexistió una notable mezcla de otras prácticas de culto pagano. Los dioses griegos tradicionales, como Zeus, Apolo, Dionisio y, sobre todo, Artemisa, tenían su lugar, aunque a veces eran conocidos por sus homólogos latinos, incluido un santuario a Silvano. También persistían las antiguas religiones tracias, por ejemplo, Artemisa Bendis y la devoción al Jinete Heroico.[11] Entre los santuarios a dioses de Egipto se encontraban los que honraban a Isis y Serapis, así como a la frigia Cibeles, la gran diosa-madre.

NOTAS

1 Holland L. Hendrix, «Philippi» en *ABD*, 5:313–14; Gordon D. Fee, *Paul's Letter to the Philippians* (Grand Rapids: Eerdmans, 1995), 25.

2 Lee Martin McDonald, «Philippi» en *DNTB*, 787.

3 Peter T. O'Brien, *The Epistle to the Philippians: A Commentary on the Greek Text* (Grand Rapids: Eerdmans, 1991), 3–4.

4 F. F. Bruce, *Paul: Apostle of the Heart Set Free* (Grand Rapids: Eerdmans, 1977), 219.

5 *Ibid.*

6 McDonald, «Philippi», 788.

7 Hendrix, «Philippi», 315.

8 Gerald F. Hawthorne, *Philippians*, WBC (1983), xxxiii–xxxiv; O'Brien, *Philippians*, 4.

9 Chaido Koukouli-Chrysantaki y Charalambos Bakirtzis, *Philippi* (Atenas: Hellenic Ministry of Culture, 2006), 38–41.

10 Chaido Koukouli-Chrysantaki, «Colonia Iulia Augusta Filipenses», en *Philippi at the Time of Paul and after His Death*, ed. Charalambos Bakirtzis y Helmut Koester (Harrisburg, PA: Trinity Press, 1998), 16.

11 Koukouli-Chrysantaki y Bakirtzis, Philippi, 25–28.

LA TIERRA PROMETIDA: UN LUGAR CRUCIAL

POR KEN COX

Tiro era importante para Israel no solo por su puerto, sino también por sus artesanos y sus cercanos bosques de cedros.

Después de cuatro décadas de vivir en un desierto estéril (Deut. 1:3), el pueblo elegido por Dios iba a vivir en una región fértil situada en rutas de caravanas internacionales muy transitadas.

La tierra de Canaán era un lugar vital en el mundo antiguo. Formaba un puente terrestre estratégico entre Europa, Asia al norte y África al sur. Dentro de sus estrechos límites había campos fértiles, pastos selectos, alturas estratégicas para las ciudades y rutas comerciales bien establecidas. Los pueblos circundantes hicieron de este puente terrestre una parte crucial del mundo antiguo. Al plantar a Su pueblo en la pequeña Canaán, Dios revelaría Su verdad hasta los confines de la tierra.[1]

LA REGIÓN Y LOS HABITANTES

Canaán forma parte de la región que toca las costas orientales del Mar Mediterráneo. Al norte del Mediterráneo se encuentra Asia Menor, el actual país de Turquía. Una cadena montañosa se extiende desde el oeste del Mar Negro, continúa hacia el este más allá del Mar Caspio, se curva hacia el sureste y concluye en la Bahía de Bengala, al este de la India. La cordillera se extiende al norte de Asia Menor y Mesopotamia hasta Asia. Estas montañas, los Balcanes, el Cáucaso, el Elburz, el Hindú Kush y las cordilleras del Himalaya, forman un límite septentrional y frenan los vientos invernales para producir un clima favorable para la zona al sur de la cordillera. El desierto sirio-árabe constituye el límite sur de la región. La zona que se encuentra entre las montañas y los desiertos del sur, que se extiende desde el Mar Mediterráneo hasta el Golfo Pérsico, forma el mundo bíblico.[2]

Verdadera tierra que mana leche y miel, los fértiles campos de Canaán contrastaban con las regiones desérticas de Egipto. En la imagen, el Río Quisón desde el Monte Carmelo.

Dan marca el límite septentrional de Canaán. Los manantiales de Dan son una de las tres fuentes principales del Río Jordán.

La nieve cubre las cumbres del Monte Hermón la mayor parte de los meses del año.

REGIONES NATURALES
DEL ANTIGUO ISRAEL
Ciudad
Ciudad (ubicación incierta)
Monte
MAR MEDITERRÁNEO
Sidón
Damasco
Mte. Hermón
Tiro
Dan
ALTA
GALILEA
Rosh HaNiqra
(Escalera de Tiro)
Llanura de Aser
Hazor
Valle de
Huleh
Capernaum
Aco
Llanura
de Aco
BAJA
GALILEA
BASÁN
Mte. Carmelo
Séforis
Caná
Mar de
Galilea
Nazaret
Mte. Tabor
Valle de Jezreel
Dor
Meguido
Cesarea
Ramot de Galaad
Mte. Gilboa
Bet-seán
Llanura de Sarón
SAMARIA
Valle del Jordán (Rift)
Río Jordán
Tirsa
Mte. Ebal
Siquem
Mte. Gerizim
Río Yarkón
Afec
Jope
Silo
Rabá (Amman)
Llanura costera
GALAAD
Bet-el
Mizpa
Gezer
Jericó
Jerusalén
Asdod
Ecrón
Hesbón
Medeba
MISHOR
Gat
Sefela
Ascalón
Llanura de Filistea
Región montañosa occidental
Desierto de Judá
Hebrón
Gaza
Dibón
En-gadi
JUDÁ
N. Besor
MAR
MUERTO
Arroyo de Arnón
Meseta transjordana
Arad
Beerseba
MOAB
Kir-hareset
El Neguev
Desierto Siro-Arábigo
W. El Arish
Tamar
Desierto
de Sin
EDOM
Arabá
Bosra
Cades-barnea
Sinaí
Petra
50 millas
50 kilómetros
34 E
35 E
36 E
33 N
32 N
31 N

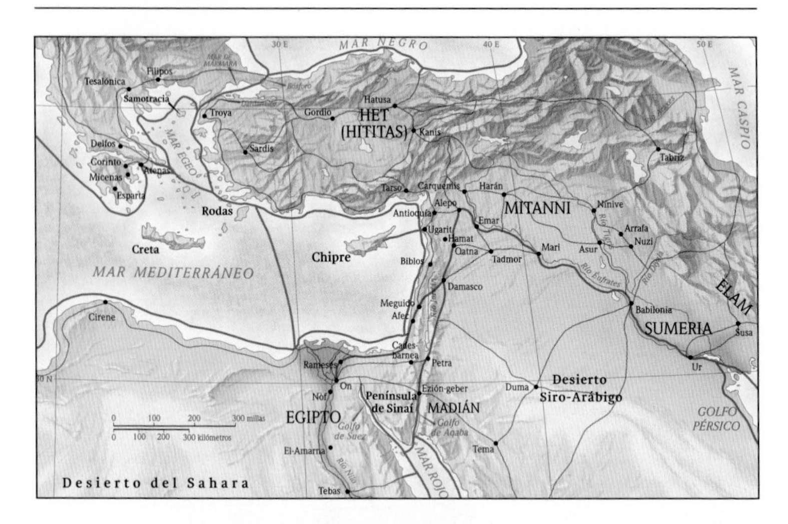

Los desiertos de Arabia y Libia impiden la población y los desplazamientos en la mayor superficie de la región. Estos desiertos y el Mar Mediterráneo comprimen la tierra productiva en una zona agrícola llamada el Creciente Fértil, que se extiende desde los ríos Tigris y Éufrates de Mesopotamia, se arquea hacia el noroeste hasta Harán, hacia el oeste a través de Siria, hacia el suroeste a través de Canaán, y concluye en el delta y el valle del Río Nilo, ambos ricos en agricultura.

Las civilizaciones se formaron en los fértiles valles fluviales de toda esta región. En Asia Menor, el Río Halis fue el lugar de consolidación del poder militar hitita.[3] En Mesopotamia, los ríos Éufrates y Tigris proporcionaron el riego para la agricultura. En Egipto, las crecidas anuales del Nilo hicieron fértiles los campos a lo largo de su curso y en el delta.

Los medos, un grupo de tribus nómadas, se convirtieron en una poderosa presencia mesopotámica al construir ciudades y ejércitos. Las dinastías de los faraones establecieron monumentos egipcios a su poderío mundial construyendo pirámides y ejércitos. Entre los ejércitos de Asia Menor, Mesopotamia y Egipto se encontraba la tierra de Canaán.

Durante los años de paz, los viajeros y comerciantes atravesaban Canaán. Los comerciantes de Mesopotamia viajaban a Egipto y viceversa. El grano de Egipto se dirigía desde los puertos de Egipto a las ciudades marítimas de Canaán. Desde allí, los marineros fenicios conectaban Canaán con el resto del mundo.

Los conflictos también llegaron a la región de Canaán cuando los ambiciosos faraones de Egipto y los ejércitos de Mesopotamia se reunieron para hacer la guerra en los valles de Canaán. Las rupturas de las montañas a ambos lados del Jordán se convirtieron en campos de batalla de conflictos legendarios. Lugares como Meguido llegaron a ser conocidos por las batallas y se convirtieron en símbolos de futuros conflictos. La batalla culminante del mal contra la justicia en Apocalipsis 16:16 ocurre en «Armagedón» (heb. *har*, «colina», más Meguido). Como Canaán estaba sometida al tráfico comercial y a los encuentros militares, una mezcla de pueblos acabó viviendo allí. Los heteos, gergeseos, amorreos, cananeos, ferezeos, heveos y jebuseos en la época de la conquista de Josué reflejan la variedad y la mezcla de naciones tras siglos de intercambios y conquistas.[4] Uno de los pueblos que habitaban parte de la región tuvo un impacto duradero en la tierra; la Canaán patriarcal pasó a ser conocida como Palestina, nombre derivado de sus habitantes filisteos.[5]

DIVISIONES Y RECURSOS NATURALES

Además de ser una encrucijada para las potencias regionales, Canaán tenía cualidades distintivas dentro de sus fronteras que la hacían valiosa para los potenciales residentes. La tierra prometida a Abraham tenía aproximadamente 240 kilómetros (150 millas) de largo y 110 kilómetros (70 millas) de ancho. Los límites oriental y occidental de Canaán eran el Río Jordán y el Mar Mediterráneo. Berseba marcaba la frontera sur, y Dan era el límite norte. Estas fronteras se ampliaron y redujeron mediante adquisiciones militares y comerciales durante la historia de Israel. Por ejemplo, tras la conquista de Canaán, Israel habitó la meseta de Transjordania. Con el tiempo varios lugares de la meseta se perdieron y fueron recuperados por las fuerzas militares de Israel.

Canaán está dividida en cuatro franjas de tierra contrastadas que van de norte a sur, cada una de ellas con rasgos únicos y deseables. Los rasgos geográficos constituyen las denominaciones de las distintas zonas.

La llanura costera: es la franja de tierra más occidental, comienza en Gaza y continúa hacia el norte hasta Tiro, posee tierras de cultivo fértiles y esta regada por manantiales y lluvias estacionales.[6] Situada en la región más meridional de la llanura costera se encontraba la llanura de Filistea, que era la fortaleza del eterno enemigo de Israel, los filisteos. Los filisteos reconocieron las ventajas de la tierra y la eligieron como hogar cuando emigraron desde la isla de Caftor (Creta, Amós 9:7), por lo que la producción de cultivos contribuyó a su riqueza y poder político. Una importante ruta comercial, la Vía del Mar (*Vía Maris*) conectaba Egipto con Damasco pasando por las ciudades filisteas de la llanura del suroeste.[7]

Hacia el norte, la fértil llanura de Sarón es la siguiente división, se extiende hacia el norte desde Jope hasta el Monte Carmelo. Toda la región estuvo antaño cubierta por extensos bosques.

Más al norte, las verdes llanuras de Acre y Esdrelón completan la región costera. Desde Tiro hacia el norte, la costa contaba con puertos naturales que eran atendidos en su mayoría por marineros fenicios. Los puertos más conocidos eran los de Tiro y Sidón.[8]

La región de las colinas centrales: la segunda franja de tierra es la que se dirige hacia el este desde el Mediterráneo. Una cresta de montañas que comienza en el norte, en el Líbano, continúa hacia el sur hasta Berseba. Las montañas provocan cambios climáticos bruscos y proporcionan lugares estratégicos para las ciudades. El lado occidental de la cresta montañosa recibe precipitaciones estacionales procedentes de la humedad atmosférica del Mediterráneo. Las fértiles colinas resultantes de Judea se denominan Sefela. Estas colinas ascienden hasta las alturas de Hebrón y Jerusalén y proporcionan posiciones defendibles para sus habitantes. Las colinas al norte de Jerusalén, en Samaria, son de menor altitud y crean espacios abiertos y accesibles. En tiempos de paz, esta comodidad favorecía los viajes y el comercio, sin embargo, durante la guerra, la menor altitud hacía que las capitales fueran difíciles de defender. Al norte de Samaria se encuentra la alta y baja Galilea. Este país es apto para los viñedos y proporciona excelentes pastos para los rebaños.

En las laderas orientales de las montañas se encuentran las regiones salvajes de Judea. Como las alturas de las montañas bloquean las lluvias en esta región, la limitada vegetación solo puede sostener rebaños escasos. Sus condiciones áridas proporcionan defensas naturales contra los ejércitos agresores. Cerca de Jerusalén, este terreno escarpado desciende de forma pronunciada hasta el Río Jordán.

El valle del Río Jordán: es la tercera franja de tierra, forma parte de una grieta geológica que comienza en Asia Menor y se extiende hacia el sur hasta las Cataratas Victoria en Zambia, África.[9] Abundantes manantiales fluyen desde el monte Hermón para formar afluentes que desembocan en el Mar de Galilea, que está a casi 210 metros (700 pies) por debajo del nivel del mar, la tierra que rodea el Mar de Galilea es fértil. El Río Jordán fluye hacia el sur a lo largo de unos 104 kilómetros (65 millas), a través de una densa vegetación y un árido desierto, hasta llegar a la masa de agua más baja de la tierra, el Mar Muerto, a unos 400 metros (1300 pies) por debajo del nivel del mar. La evaporación es la única salida para toda el agua que desagua en el Mar Muerto desde el Río Jordán. Este estancamiento impide la vida acuática, pero produce abundantes minerales. El agua y los minerales suministrados por los manantiales, el río y los lagos crean una gran demanda en esta parte de Canaán.

La meseta de Transjordania: más al este del Mar Mediterráneo se encuentra la cuarta franja de tierra, donde la tierra se eleva desde el valle del Río Jordán y llega a la meseta que se extiende hacia el este aproximadamente 48 kilómetros (30 millas) hasta el Desierto de Arabia. Las fértiles tierras de Basán y Galaad en el norte contrastan con las áridas alturas de Moab y Edom en la orilla sureste del Mar Muerto.[10] Antes de desembocar en el Jordán, los ríos riegan y dividen la meseta norte y central de Transjordania. Los rebaños que Israel capturó al iniciar la conquista de Canaán reflejan el valor de esta región altamente productiva al norte del Mar Muerto.

Otra de las principales rutas comerciales de Canaán se encontraba en esta franja de tierra. El Camino del Rey iba desde el Golfo de Áqaba, al este del Jordán, hasta Damasco.[11] Las caravanas que viajaban hacia y desde Arabia utilizaban esta carretera.

NOTAS

1 J. McKee Adams, *Biblical Backgrounds*, rev. Joseph A. Callaway (Nashville: Broadman, 1965), 25.

2 William Sanford LaSor, David Allan Hubbard, y Frederic William Bush, *Old Testament Survey: The Message, Form, and Background of the Old Testament* (Grand Rapids: Eerdmans, 1996), 619.

3 George L. Kelm, «Hittites and Hivites» en *HolBD*, 655.

4 Adams, *Biblical Backgrounds*, 25.

5 Merrill F. Unger, «Palestine» en *The New Unger's Bible Dictionary*, ed. R. K. Harrison (Chicago: Moody, 1988), 953.

6 Timothy Trammel, «Palestine» en *HolBD*, 1063.

7 LaSor, Hubbard, y Bush, *Old Testament Survey*, 622.

8 *Ibid.*

9 *Ibid.*, 626.

10 Trammel, «Palestine», 1064–68.

11 «Kings Highway» en *HolBD*, 847–48

EL ASCENSO DE MACEDONIA

POR MARK R. DUNN

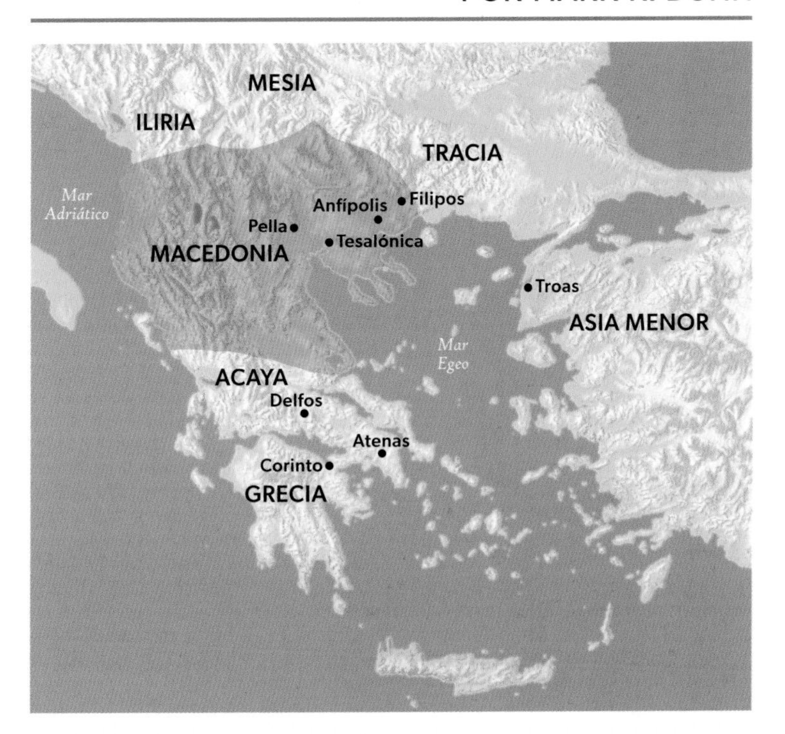

El Imperio macedonio, la primera superpotencia mundial de Europa, configuró la historia del mundo de una manera que no solo dominó la vida durante la época del Nuevo Testamento, sino que aún resuena en nuestro mundo actual. Macedonia irrumpió en la conciencia del mundo a través de las hazañas de su hijo predilecto, Alejandro Magno (356-323 a. C.). Trescientos cincuenta años después de que Macedonia expusiera al mundo a la cultura griega, el mundo de la época del Nuevo Testamento seguía bajo la influencia griega. El griego helenístico dominaba como lengua común internacional de las provincias del Mediterráneo oriental. Los autores del Nuevo Testamento, deseosos de dar la mayor difusión posible escribieron en griego. Por tanto, Macedonia influyó indirectamente en la lengua de los textos sagrados que han proclamado el mensaje de Jesucristo a lo largo de los tiempos.

Casa A de Pella. La casa data de los siglos V-IV a. C. Pella fue la ciudad natal de Alejandro Magno y la capital de uno de los distritos macedonios.

Moneda de oro de Filipo de Macedonia.

¿Qué llevó a los macedonios a la supremacía tanto en Grecia como en el mundo? Su lucha por la unidad nacional los llevó finalmente al dominio mundial y a logros que cambiaron el curso de la historia. Durante cientos de años, antes de su meteórico ascenso a la fama, Macedonia era una región aislada en la periferia norte del mundo griego. Saturada de montañas escarpadas y tierras boscosas al norte, al oeste y regada por numerosos ríos que serpenteaban por las llanuras costeras al sur y al este, Macedonia era indómita y poco desarrollada. Sus límites septentrionales se adentraban en las regiones balcánicas, llegando a veces hasta las orillas del Danubio. El Monte Olimpo se encontraba en su frontera costera del sureste. Macedonia también se enfrentaba a los desafíos de sus vecinos, limitados por Tracia al este, Iliria al noroeste, Epiro al suroeste y Tesalia al sur.[1]

En sus orígenes, Macedonia estaba poblada por no griegos, y en sus primeros años de historia fueron muchos los que intentaron controlar la región. Al percibir la inestabilidad, los griegos de habla dórica se trasladaron en el siglo XII a. C. al centro-sur de Macedonia y acabaron dominando la región. La dinastía argéada surgió y gobernó Macedonia desde el siglo IX a. C. hasta la muerte de su último rey, Alejandro IV, en el 309 a. C.[2]

Los argéadas gobernaron primero desde la ciudad de Aegae y más tarde desde Pella.[3] En el siglo V a. C., la población mixta de Macedonia había adoptado la lengua griega. Dado que Atenas dominaba las regiones costeras, los gobernantes macedonios se centraron en extender su poder sobre las tierras altas y las llanuras, un objetivo elevado que rara vez se lograba.[4]

Macedonia tenía abundantes recursos naturales como: madera, ganado, grano y minerales, los cuales Grecia y otros pueblos deseaban. Con el tiempo, Macedonia se convirtió en el principal proveedor de estos productos para los griegos. Los abundantes recursos atrajeron los planes expansionistas griegos. Los líderes macedonios respondieron con determinación y llevaron a Macedonia a dominar Grecia a mediados del siglo IV a. C.

A principios del siglo V a. C. se produjo la llegada de los ejércitos de Persia para hacer campaña contra los griegos. Incapaces de resistir el poderío persa, los macedonios evitaron el conflicto suministrando a los persas madera para la construcción de barcos. Sin embargo, Alejandro I, rey de Macedonia durante el período de ocupación persa, también prestó ayuda en secreto a los griegos en su lucha contra los persas. Admirador de la cultura griega, Alejandro I trató de llevar la influencia griega a Macedonia. Los esfuerzos de Alejandro I y sus sucesores por importar la cultura griega condujeron a la helenización de Macedonia.[5]

La invasión persa dio a los macedonios la oportunidad de observar tanto las tácticas persas como la respuesta de los griegos. A pesar de su larga historia de luchas entre ellos, se vieron obligados a unirse contra la amenaza de un enemigo común superior. La fuerza y el éxito de los griegos contra los persas y las posibilidades futuras de una Grecia unida no pasaron desapercibidas para los macedonios.

Cuando la guerra persa terminó en el 448 a. C., las ciudades-estado griegas reanudaron sus anteriores rivalidades y a menudo se adentraron en Macedonia.[6] La lucha de los argéadas por consolidar las posesiones macedonias se enfrentaba ahora a un reto añadido. No obstante, los macedonios avanzaron en las llanuras costeras. Después de haber ganado fuerza, los macedonios establecieron Pella como su nueva capital en torno al 410 a. C.[7] Pella llegó a ser el lugar de nacimiento de los gobernantes más famosos de Macedonia: Filipo II y su hijo Alejandro Magno.

En el 365 a. C., Pérdicas III subió al trono macedonio. Ya se había descubierto oro en el este de Macedonia y se exportaba a través de la ciudad portuaria de Anfípolis. Atenas deseaba controlar Anfípolis y obligó a Pérdicas a conquistarla en su nombre, quien lo hizo con la ayuda de Atenas, pero se quedó con la ciudad. Al instante se enriqueció con el oro macedonio, contrató un ejército y se dedicó a consolidar las posesiones de la corona macedonia.[8] Este golpe de liderazgo sentó las bases para que Macedonia obtuviera el dominio griego y mundial.

En el 360 a. C., Pérdicas murió y su hermano Filipo II se hizo con el trono. Filipo se centró primero en asegurar Macedonia. En el 356 a. C., capturó las minas de oro de Macedonia y dio su nombre a la ciudad adyacente: Filipos. A continuación, Filipo se dirigió hacia el sur y con éxito en sus esfuerzos de expansión, en el 338 a. C. obtuvo el control de Grecia. Un año después, mientras movilizaba a su ejército para invadir Asia Menor, fue asesinado.

El camino hacia la grandeza macedonia tuvo muchos pasos difíciles, pero el último fue el más desafiante. Alejandro continuó sin problemas los planes de su padre. Filipo había entrenado a Alejandro para el trono, asegurando al famoso filósofo macedonio Aristóteles como su tutor. Aristóteles cultivó en Alejandro el amor por la cultura griega y, posiblemente, la sensación de que Alejandro estaba destinado a la grandeza y de que sería él quien traería un mundo dominado por la cultura griega.[9]

Alejandro sirvió hábilmente como regente de Macedonia durante las campañas griegas de Filipo. También era un guerrero enérgico; en la batalla de Queronea, dirigió la decisiva carga de caballería que supuso la victoria sobre Atenas y Tebas y completó el intento de Filipo de controlar Grecia. A los veinte años, Alejandro III se convirtió en rey de Macedonia y heredero de la visión expansionista de su padre. Con un liderazgo inspirado, sometió rápidamente los levantamientos que habían surgido en Grecia tras la muerte de Filipo. Alejandro primero aseguró Macedonia, presionando su frontera norte hasta el Danubio. Luego se dirigió al sur. Tebas se rebeló y Alejandro respondió arrasando la ciudad y esclavizando a sus habitantes. Atenas y el resto de Grecia se adhirieron rápidamente a Alejandro.[10]

Con una velocidad de vértigo que dejó perplejos a sus oponentes, Alejandro logró en menos de dos años lo que no habían conseguido más de 500 años de luchas griegas: la unificación de Grecia bajo un líder visionario. Ahora Alejandro perseguía el sueño de su padre de liberar las tierras griegas de Asia Menor. Su vigoroso liderazgo dio resultados inimaginables al conquistar el frágil Imperio persa con todas sus posesiones del viejo mundo, incluyendo Egipto y Babilonia.

Durante su estancia en Egipto, Alejandro estableció en el delta del Nilo una ciudad con su nombre. Alejandría se convertiría en una de las principales ciudades del saber. La biblioteca de la ciudad recogía activamente la literatura mundial. Los judíos que vivían en Alejandría consiguieron copias de las Escrituras hebreas y comenzaron a traducirlas al griego. El Antiguo Testamento griego, llamado Septuaginta, tuvo influencia incluso en Israel y se convirtió en la «Biblia» de la iglesia primitiva mientras se producían y recopilaban los libros del Nuevo Testamento. La Septuaginta también influyó en las traducciones de las Escrituras hebreas a lenguas europeas como el latín y el inglés. Sin que los macedonios lo hayan previsto, su influencia indirecta en la propagación de la Biblia fue enorme.

La cultura griega (helenismo) insufló aire fresco al viejo mundo. El helenismo hizo hincapié en diversas actividades como el comercio, la comunicación, la construcción, los viajes, la educación, la ciencia, los deportes, las artes y la filosofía. Estos elementos se agruparon en centros cívicos culturales atendidos por gobiernos democráticos. Por encima de todo, el helenismo fomentaba la libertad y el amor a la vida.[11] La proeza militar macedonia despejó el camino para que la cultura griega liberara a las masas desanimadas. La respuesta fue tan positiva que la cultura griega fue popular durante siglos después de la desaparición de Macedonia y mucho más allá de la época del Nuevo Testamento. El legado duradero de Macedonia no se limitó a sus asombrosos logros militares, sino a los cambios culturales que desencadenó.

En doce cortos años, Alejandro conquistó el mundo oriental; y con la misma rapidez desapareció, muerto en Babilonia en el 323 a. C. a la edad de treinta y tres años. Sus generales retomaron el viejo legado griego, dividiendo el Imperio macedonio en cuatro secciones que servirían de base para hacer campaña por el conjunto. Dos divisiones del Imperio macedonio influyeron directamente en Tierra Santa. Seleuco se apoderó de Babilonia, Mesopotamia, Persia y la India y estableció su gobierno en Siria, antigua némesis de Israel. Ptolomeo se apoderó de Tierra Santa, Egipto y partes de Asia Menor. Naturalmente, los dos regímenes lucharon por la tierra prometida, y los residentes judíos sufrieron. Ciento veinticinco años de gobierno ptolemaico relativamente pacífico fueron seguidos por treinta años mucho más duros bajo los seléucidas, que culminaron en el terror bajo el gobierno de Antíoco IV. Para reforzar su dominio en Tierra Santa, el régimen seléucida impuso a los judíos el helenismo, cuyos aspectos entraban en conflicto con la práctica religiosa judía.[12]

La gloria de Macedonia no duró mucho. Tras perder a su rey y su imperio, Macedonia luchó por controlar sus posesiones griegas. Finalmente, con el control confiado de su costa, Macedonia fundó la ciudad portuaria de Tesalónica en el 315 a. C. En la época del Nuevo Testamento, Tesalónica sería la principal ciudad de Macedonia.

El poder y la influencia de Macedonia fueron disminuyendo. En el 215 a. C. comenzó la primera de las tres guerras con Roma. Para el 146 a. C. los romanos anexionaron Macedonia como provincia senatorial, lo que implicaba que la ocupación militar era innecesaria. Poco después, el gobernador romano de Macedonia ordenó la construcción de la Vía Egnatia, una carretera romana. Esta vía conectaba Tracia y Macedonia con la costa adriática y con Roma. Un siglo después, Marco Antonio y Octavio marcharon hacia el este por la Vía Egnatia hasta Filipos para luchar contra los asesinos de Julio César. Un siglo después, Pablo viajó hacia el oeste por la Vía Egnatia predicando el evangelio en Macedonia, visitando Neápolis (actual Kavala), Filipos, Anfípolis, Apolonia, Tesalónica y Berea (ver Hechos 16–17).

NOTAS

1 Aunque las fronteras exactas son inciertas, lo que una vez fue la antigua Macedonia probablemente se encuentra dentro de los límites del sureste de Albania, Macedonia y el norte de Grecia. Ver Helmut Koester, «Macedonia», en *HIBD*, 1063.

2 F. F. Bruce, «Macedonia» en *ABD*, 4:454; James F. Strange, «Macedonia» en *ISBE* (1986), 3:206.

3 Aegae se encuentra cerca de la actual Vergina, a unos 77 kilómetros (48 millas) al suroeste de Tesalónica. Incluso después de que Pella se convirtiera en la capital macedonia, los macedonios siguieron enterrando a todos sus reyes en Aegae, excepto a Alejandro Magno. Ver Strange, «Macedonia», 206.

4 «Macedonia» en *Encyclopedia Britannica* (Chicago: Encyclopedia Britannica, 2005), 7:620.

5 Strange, «Macedonia» 206; Duane F. Watson, «Greece and Macedon» en *Dictionary of New Testament Background* (*DNTB*), ed. Craig A. Evans y Stanley E. Porter (Downers Grove, IL: InterVarsity, 2000), 424–25.

6 Ver «Historical Review of Macedonia», www.macedonia.com/english/history/review.

7 Jona Lendering, «Macedonia 4», *Livius*, www.livius.org/articles/place/macedonia/macedonia-4.

8 *Ibid.*

9 Timothy Boatswain y Colin Nicolson, *A Traveller's History of Greece*, 3ª ed. (Nueva York: Interlink, 2001), 84.

10 R. D. Milns, «Alexander the Great» en *ABD*, 1:146.

11 «Hellenism» en *The Columbia Encyclopedia*, 6th ed., www.bartleby.com.

12 Arthur A. Rupprecht, «Macedonia» en *ZPEB*, 4:24.

EL PAPEL DE LA GEOGRAFÍA EN LA GUERRA DE LOS JUECES

POR ERIC A. MITCHELL

Valle del Río Quisón; Sísara reunió a sus soldados y 900 carros de hierro en el Río Quisón mientras se preparaba para luchar contra Débora y Barac.

La geografía puede ayudar a determinar la estrategia militar. Los ejércitos eligen un campo de batalla (si es posible) para resaltar sus puntos fuertes y los débiles de su enemigo. Normalmente, cada bando quiere el terreno elevado por su buena capacidad defensiva. En la batalla del Valle de Elá (en la que David se enfrentó a Goliat), los filisteos tenían el terreno elevado en la colina del sur, en Soco, mientras que los israelitas tenían el terreno elevado en la cresta del norte, en una pequeña ciudad amurallada (probablemente *Shaaraim*, heb. para «dos puertas»; 1 Sam. 17:52).[1] La elección de Saúl de acampar al norte de los filisteos en lugar de al este de ellos impidió cualquier avance o retirada filistea. Los filisteos estaban en jaque; si se desplazaban hacia el este, hacia las colinas de Judea, o si regresaban hacia el oeste, Israel los atacaría por la retaguardia, de ahí el desafío de «cuarenta días» de Goliat (17:16).

Aunque la geografía y el clima eran cruciales para la victoria, no eran los factores clave para determinar el resultado de las batallas de Israel. Esto fue evidente cuando Ben Adad, rey de Aram-Damasco, perdió una batalla contra el rey de Israel, Acab, en la campiña montañosa que rodea Samaria (1 Rey. 20). Al consolar al rey arameo, los consejeros de Ben Adad comentaron: «el Señor es un dios de las montañas y no un dios de los valles» (v. 28). Para contrarrestar esta visión errónea de Dios, el Señor volvió a dar la victoria a Israel cuando los arameos los atacaron en la llanura. El ataque de Jonatán a la guarnición filistea es otro ejemplo de victoria israelita a pesar de la geografía del campo de batalla (1 Sam. 14). En ese caso, los filisteos tenían el terreno elevado y Jonatán tuvo que escalar literalmente un acantilado, seguido por su escudero, para alcanzar a los filisteos que lo observaban desde arriba; sin embargo, Dios usó a Jonatán para derrotar a los filisteos.

En la batalla de Débora y Barac contra los cananeos (dirigidos por Sísara) en Jueces 4-5, la geografía y el clima se combinan de una manera única. Cuando Israel clamó a Dios para que lo liberara del rey Jabín de Canaán, su comandante Sísara, su ejército de tropas y carros de guerra estaban estacionados en el valle al este de Meguido. La profetisa Débora juzgaba a Israel en la región central de las colinas, justo al norte de Jerusalén; Barac estaba en su ciudad natal de Cedes, en Neftalí, con vistas a la orilla suroeste del Mar de Galilea.

Dios planeó la batalla, eligió al comandante, las tropas, el lugar de reunión y de acampada, el enemigo, el terreno del campo de batalla, el plan de ataque, el momento y, como veremos, el tiempo.

El efecto de los 900 carros de hierro de Sísara sobre las filas de Israel habría sido similar al de 900 humvees armados y blindados atacando a dos divisiones de infantería ligera en la actualidad. El carro en la antigüedad no era grande, usualmente de 1,5 metros (5 pies) de rueda a rueda y era tirado por uno o dos caballos. Normalmente llevaba dos guerreros, un conductor y un arquero, ambos con una espada. El carro también llevaba jabalinas para lanzarlas al enemigo. Una carga de carro podía tener un efecto devastador sobre la infantería, dispersándola en el campo. Con los carros, los soldados a menudo se lanzaban, disparaban flechas a bocajarro a las tropas de primera línea y luego se alejaban rápidamente. Como los carros necesitaban un terreno liso, las empinadas laderas del Monte Tabor (una montaña con forma de cono redondeado que se eleva en el valle oriental de Meguido) eran un buen punto de recogida para los guerreros tribales cercanos y, sin embargo, estaban a salvo de los carros.[2]

Barac estacionó sus tropas en las laderas del Monte Tabor cuando se enfrentó a los cananeos. El Monte Tabor se eleva a unos 561 metros (1843 pies) sobre el nivel del mar.

Con Barac y sus 10 000 soldados estacionados en las laderas del Monte Tabor, Dios atrajo a los carros y al ejército cananeo a través de la llanura de inundación del pequeño Río Quisón. Los carros cananeos habrían tenido que desplazarse directamente hacia el este desde Meguido, cruzando el Quisón y sus arroyos alimentadores, para acercarse a los israelitas en el Monte Tabor. Normalmente, el Quisón no es mucho más grande que lo que llamaríamos un pequeño arroyo, serpentea a través del valle plano de Meguido desde el sureste hasta el noroeste. El valle solo tiene una pequeña salida hacia el noroeste entre las laderas de la cordillera del Carmelo al suroeste y una cresta al noroeste que separaba el valle de la costa. Debido a este mal drenaje, las lluvias hacían que el Quisón se desbordara, y gran parte del valle se convertía en un pantano. Los cananeos marcharon hacia el Tabor, pero cuando estaban en el valle, Dios les envió un ataque sorpresa: una tormenta eléctrica.[3] Las pesadas ruedas de hierro de los carros cananeos se hundieron en el suelo blando y fangoso. En ese momento, los cananeos vieron el desastre, y se volvieron para huir («resonaron entonces los cascos equinos») (5:22). Al mismo tiempo, Débora ordenó a Barac que atacara. Los guerreros israelitas cargaron ladera abajo contra los carros empantanados, lo que supuso un cambio de suerte para los cananeos. Barac atrapó a los cananeos en el barro que poco antes había sido tierra firme. Fue una matanza.

Cabría esperar que en el momento del ataque Barac y sus hombres sacaran sus armas y cargaran, pero los hombres de Neftalí y Zabulón que se precipitaron por las laderas del Tabor no tenían «ni un escudo ni una lanza» (ver 5:8). Esto podría significar que lucharon solo con espadas. Sin embargo, 1 Crónicas 12:33-34 indica que los guerreros de Neftalí iban «armados de escudos y lanzas» y que los de Zabulón estaban «preparados para usar cualquier clase de armamento». La falta de armas probablemente significa que estos hombres no tenían armas normales, sino que habían recurrido a cualquier cosa disponible (Jue. 3:31: Samgar liberó a Israel con una vara para arrear bueyes; Jue. 15: Sansón derrotó a los filisteos con la «quijada de un burro»). Tal vez los cananeos habían prohibido a los israelitas poseer armas o herrería. Una situación similar se dio al final del período de los jueces y el comienzo de la monarquía, cuando Saúl y Jonatán eran los únicos israelitas con espadas cuando lucharon contra los filisteos (1 Sam. 13:19-22). En ese caso, los filisteos estaban regulando el comercio de herrería para que Israel no pudiera hacer o afilar sus propias armas o herramientas. Quizá los hombres de Neftalí y Zabulón utilizaban aperos de labranza como «arados, los azadones, las hachas y las hoces» (1 Sam. 13:20). En cualquier caso, aunque el armamento de los cananeos era superior al suyo, las fuerzas israelitas atacaron, persiguieron y aniquilaron al ejército cananeo hasta el último hombre.

NOTAS

1 Esta ciudad con dos puertas fue descubierta recientemente por el arqueólogo israelí Yosef Garfinkel, Proyecto Arqueológico Khirbet Qeiyafa, http://qeiyafa.huji.ac.il.

2 Thomas Brisco, *Holman Bible Atlas* (Nashville: B&H, 1998), 148.

3 Débora menciona la lluvia de varias maneras en su canción sobre la batalla de Jueces 5 en el v. 4: «tembló la tierra» (trueno), «se estremecieron los cielos» (lluvia), «las nubes derramaron» (lluvia torrencial); v. 20: «Desde los cielos lucharon las estrellas» (intervención divina, quizá de nuevo lluvia); v. 21: «El torrente Quisón los arrastró» (inundación).

EL FORO ROMANO

POR SCOTT HUMMEL

Templo de las Vírgenes Vestales en el Foro Romano.

En el corazón de la ciudad de Roma se encontraba el Foro con sus monumentos, edificios gubernamentales y templos antiguos. El Foro Romano se encontraba en un valle que discurría entre las colinas sobre las que se construyó Roma, tenía más de 550 metros (600 yardas) de largo, 230 metros (250 yardas) de ancho y corría en dirección noroeste-sudeste. La Vía Sacra, la calle más antigua y famosa de Roma, discurría por la espina dorsal del Foro.

Según la tradición, cuando se fundó Roma en el año 753 a. C., la zona del Foro se encontraba fuera de la pequeña comunidad construida en la colina del Palatino. Solo hasta después de drenar el valle pantanoso pudo incorporarse la zona a la ciudad.[1] El valle transformado se convirtió en el mercado y el centro cívico de Roma, donde los dirigentes llevaban a cabo los asuntos comerciales, jurídicos, políticos y religiosos más importantes de la ciudad.[2]

La importancia política y religiosa del Foro creció cuando los reyes romanos construyeron allí el palacio conocido como Regia y el templo de Vesta. El templo redondo de Vesta tenía un techo cónico como una antigua cabaña con una abertura en el centro para permitir la salida del humo del fuego sagrado. El culto a Vesta, diosa del fuego sagrado y guardiana de Roma, lo realizaban las vírgenes vestales, que eran elegidas como jóvenes para servir durante treinta años, durante los cuales debían mantener su castidad,[3] de lo contrario eran enterradas vivas. Como el fuego aseguraba la protección de Roma, cualquier virgen vestal que dejara apagar el fuego sagrado era azotada.[4] Durante su servicio, vivían junto al templo en la casa Vestal bajo el cuidado del Pontifex Maximus o sumo sacerdote. Como únicas sacerdotisas de la

Vista general del Foro Romano. A la izquierda, el pórtico con columnas del templo de Saturno. Las tres columnas blancas a lo lejos son del templo de Castor. A su izquierda, el templo de Antonio y Faustina. En el horizonte se ve el Coliseo romano.

religión romana y guardianas del fuego sagrado, las vírgenes vestales gozaban de gran respeto por parte del público y de privilegios de los que no disfrutaban otras mujeres.[5]

El período republicano (510-27 a. C.) fue testigo de cambios dramáticos. Muchos de los comercios que bordeaban el Foro fueron expulsados para dar cabida a varios templos y basílicas, y el Comitium o zona de reunión se convirtió en el punto central del Foro. La Basílica Emilia era una gran sala rectangular, revestida de columnas y terminada con un gran nicho semicircular.[6] La sala albergaba los procesos judiciales y otras funciones gubernamentales. La basílica estaba bellamente decorada y se consideraba uno de los edificios más bellos del mundo.[7]

Los templos romanos solían ser rectangulares y estar construidos sobre una plataforma alta. Los escalones frontales conducían a través de un pórtico con columnas a la sala principal donde se encontraba la estatua del dios. Las ceremonias religiosas se llevaban a cabo en el exterior, en el altar, en lugar en el interior, que era el hogar del dios.[8] El templo de Saturno también servía como tesoro del Estado y albergaba los estandartes de las legiones y los decretos del Senado. En su cámara subterránea se guardaban los tesoros sagrados. Los romanos adoraban a Saturno como un dios-rey que gobernaba una época dorada de prosperidad, paz e igualdad.[9]

Con el auge de la república, la Regia se convirtió en la sede oficial del Pontifex Maximus, que desempeñaba las funciones sagradas del Estado y cuidaba de las vírgenes vestales.[10] El Comitium era un espacio abierto donde se reunían las asambleas. Se convirtió en el epicentro del gobierno porque incluía la Rostra o tribuna de oradores y la Curia o Cámara del Senado. Desde la Rostra se pronunciaron algunos de los discursos más famosos de la historia de Roma, como los de Cicerón y Marco Antonio. Se trataba de una gran plataforma adornada con los picos (rostra) de los barcos capturados en la batalla naval de Antium en el año 338 a. C.[11] El Senado deliberaba en la Curia, que albergaba a 300 senadores en tres niveles de escaleras.[12]

La caída de la República romana y el auge del Imperio romano se reflejaron en la enorme renovación del Foro por parte de Julio César. Augusto completó las reconstrucciones de César y añadió el templo del Divus Julius, donde el cuerpo de César había sido incinerado en el Foro.[13] Los edificios del Foro demostraban la subordinación del Senado y la elevación de los emperadores a la categoría de dioses, ya que los propios emperadores eran ahora venerados en el Foro. Los emperadores redujeron aún más la importancia política del Foro construyendo otros foros conocidos como los Foros Imperiales. También asumieron el cargo de Pontifex Maximus (que tradicionalmente había vivido en el Foro), pero construyeron sus palacios en otros lugares. Cuando Pablo llegó a Roma (hacia el año 60 d. C.), el Foro ya no era la sede del poder, sino más bien una sede de monumentos, templos y arcos de triunfo. En el año 64 d. C., un gran incendio arrasó la mayor parte de Roma y destruyó muchos de los edificios del Foro. Nerón culpó a los cristianos y martirizó a muchos de ellos, posiblemente a Pablo.

El Foro se había recuperado de anteriores incendios y terremotos, sin embargo, cayó en una decadencia permanente con el traslado de la residencia imperial a Constantinopla y con las posteriores invasiones. Cuando Constantino estableció el cristianismo como religión oficial del imperio, los templos cayeron en la ruina o fueron convertidos en iglesias. El estado de ruina del Foro llegó a ser tan completo que durante siglos solo se lo conoció como Campo Vaccino, «el campo vacuno».[14]

NOTAS

1 Los romanos construyeron la Cloaca Máxima para drenar el valle. Al principio era un canal abierto, pero hacia el año 200 a.C. se arqueó. Luca Mozzati, *Rome*, trad. Felicity Lutz y Susan White (Milán: Mondadovi Electa, 2003), 15; ver Ernest Nash, *Pictorial Dictionary of Ancient Rome* (Londres: Zwemmer, 1961), 1:442.

2 D. B. Saddington, «Rome», en *Major Cities of the Biblical World*, ed. R. K. Harrison (Nashville: Thomas Nelson, 1985), 210.

3 Stewart Perowne, *Roman Mythology* (Londres: Paul Hamlyn, 1969), 32; Samuel Ball Platner, *A Topographical Dictionary of Ancient Rome* (Londres: Oxford University Press, 1929), 557.

4 Ver Herbert Rose, «Vesta, Vestals» en *The Oxford Classical Dictionary* (Oxford: Clarendon, 1970), 1116; y Perowne, *Roman Mythology*, 32.

5 Perowne, *Roman Mythology*, 32.

6 Platner, *Topographical Dictionary*, 71. Esta planta basilical fue adoptada posteriormente por muchas iglesias.

7 Mozzati, *Rome*, 15; Platner, *Topographical Dictionary*, 74.

8 Saddington, «Rome», 215.

9 H. J. Rose, *Religion in Greece and Rome* (Nueva York: Harper, 1959), 225; John Ferguson, *The Religions of the Roman Empire* (Ithaca, NY: Cornell University Press, 1970), 215; H. H. Scullard *Festivals and Ceremonies of the Roman Republic* (Ithaca, NY: Cornell University Press, 1981), 206.

10 Saddington, «Rome», 211, 218.

11 Ian Richmond y Donald Strong, «Rostra» en *Oxford Classical Dictionary*, 937; Nash, *Pictorial Dictionary*, 2:272.

12 Mozzati, *Rome*, 15.

13 Richard Stillwell, ed., *The Princeton Encyclopedia of Classical Sites* (Princeton, NJ: Princeton University Press, 1976), 764.

14 Nash, *Pictorial Dictionary*, 1:446.

ROMA: EL CRECIMIENTO DE LA CIUDAD ETERNA

POR MARTHA S. BERGEN

Ruinas del anfiteatro que se levantaba en las afueras de Cartago, en el norte de África, que formaba parte del Imperio romano. El anfiteatro era a menudo escenario de espectáculos violentos y sangrientos: combates a muerte entre hombres armados, entre hombres y animales o luchas entre animales.

La ciudad de Roma, apodada la Ciudad Eterna, es una de las más influyentes en el curso de la historia de la humanidad. Algunas de las personalidades, elementos arquitectónicos y acontecimientos más famosos de toda la cultura occidental se produjeron bajo la influencia de la antigua Roma. Julio César, Augusto, Nerón, el Coliseo, el Foro, las luchas de gladiadores y los martirios cristianos están inseparablemente ligados a esta ciudad. El gobierno de Roma marcó el destino de las naciones y los individuos, así como el curso de la cristiandad. A la luz de la amplia importancia de Roma, resulta útil conocer algo de su historia y desarrollo.

EL NACIMIENTO DE ROMA

Un antiguo mito atribuye la fundación de Roma en el año 753 a. C. a Rómulo y Remo, descendientes del héroe troyano Eneas. Según la historia, estos dos individuos fueron amamantados inicialmente a orillas del Río Tíber por una loba y luego criados por un pastor. Más tarde, Rómulo ejecutó a su hermano por infringir una de las leyes de la ciudad. En honor a su primer rey, la ciudad recibió el nombre de Roma.

Los estudios arqueológicos sugieren que el primer período de la historia de la región se remonta al segundo milenio a. C., cuando la Península Itálica atrajo a tribus indoeuropeas que buscaban un nuevo hogar. Los colonos fueron atraídos a la región en parte por el clima cálido y hospitalario. Situada en la cuenca mediterránea, la región central de la península italiana recibía abundante sol y cantidades favorables de lluvia. También se vieron atraídos por las ventajas geográficas de la región: suelo fértil, colinas defendibles y la presencia del Río Tiberis, el tercero más largo de la península italiana. El lugar que se convirtió en Roma se consideraba especialmente deseable porque ofrecía el mejor lugar para cruzar el Río Tíber. De este modo, el lugar era una encrucijada natural para las personas y las mercancías que viajaban en cualquier dirección de la península italiana.

Figura de terracota de un gladiador del siglo I d. C.

Los umbros, sabinos y samnitas (u oscos), en la zona del norte del Río Tíber, y los latinos, en el sur, se trasladaron a la región y desplazaron a los habitantes originales de Italia central.[1] A finales del siglo VIII a. C. también inmigraron a esta región tribus no indoeuropeas procedentes de Asia Menor, conocidas como los etruscos. Eran más avanzados culturalmente que los colonos indoeuropeos y, por tanto, dominaron el centro de Italia durante su primera fase de desarrollo.[2]

A los latinos se les atribuye el establecimiento de un asentamiento en la colina del Palatino, cerca de la desembocadura del Río Tíber, a unos 32 kilómetros (20 millas) del Mar Tirreno. Aunque los detalles precisos se han perdido en la antigüedad, los historiadores han

Según los escritores de la época, la fiesta de inauguración del Coliseo romano duró cien días; se sacrificaron 9000 fieras y lucharon y murieron 2000 gladiadores. La instalación se diseñó para que los 50 000 espectadores pudieran evacuarse en cinco minutos.

demostrado que los latinos establecieron una serie de asentamientos adicionales en las cimas de las colinas de la zona del Monte Palatino. Para protegerse de los etruscos, los latinos también establecieron una fortaleza conocida como Roma en una isla cercana en el Río Tíber.[3] Estos asentamientos separados se unirían más tarde para formar una sola entidad conocida como Roma. Debido a su favorable ubicación, la fortaleza de la isla y las aldeas cercanas en la cima de las colinas se convirtieron en un importante centro de comercio, que incluso contaba con algunas carreteras pavimentadas. Durante varios años, los reyes latinos gobernaron la región.

Al parecer, los etruscos conquistaron la ciudad en el siglo VI a. C., por lo que los tres últimos reyes de Roma procedían de esa civilización.[4] Durante el período etrusco, Roma tuvo muchos proyectos de construcción importantes, como la construcción del gran templo de Júpiter en la Colina Capitolina y un templo dedicado a la diosa Diana en la Colina Aventino.[5]

En algún momento entre el 510 y el 506 a. C., una alianza de asentamientos latinos luchó y derrotó a los etruscos.[6] Aboliendo la monarquía, establecieron la República romana. En el nuevo sistema el gobierno consistía en magistrados, llamados cónsules, que eran elegidos anualmente, y un Senado que desempeñaba un papel consultivo para los cónsules. Los miembros del Senado habían sido ciudadanos destacados de las familias aristocráticas de la antigua república.

Durante los siguientes 200 años, la ciudad de Roma libró una larga serie de batallas contra diversos invasores y grupos de población de la península italiana. Tras una guerra contra los galos a principios del siglo IV a. C., los romanos construyeron una muralla de roca volcánica de 7 metros (24 pies) de altura y 3 metros (12 pies) de grosor alrededor de las siete colinas de su ciudad, un área de más de 404 hectáreas.[7] Esto contribuyó a garantizar que Roma no solo fuera la ciudad más grande y mejor situada de la península, sino también la mejor protegida. Toda Italia quedó bajo el control de Roma en el 275 a. C. Con el tiempo, se produjo la adquisición de provincias fuera de la península itálica (por ejemplo, Sicilia, Macedonia), lo que provocó un aumento del tamaño y la riqueza de la ciudad.

La ciudad portuaria de Ostia, situada aguas abajo de Roma en la costa del Mar Tirreno, en la desembocadura del Río Tíber, era el principal puerto comercial de Roma. Fundada en el siglo IV a. C., la ciudad también se convirtió en la sede de la armada de Roma. Al aumentar el tráfico marítimo, Claudio (41-54 d. C.) construyó Portus, un puerto artificial a unos 3 kilómetros (2 millas) al norte de Ostia, para gestionar las crecientes empresas marítimas de Roma.[8]

ROMA EN LA ÉPOCA DEL NUEVO TESTAMENTO

En el siglo I d. C., Roma se había convertido en la ciudad más importante del mundo. Su imperio se extendía desde España hasta Siria y desde Egipto hasta Alemania. La riqueza obtenida con sus conquistas permitió a Roma convertirse en el centro de la magnificencia arquitectónica. De César Augusto (que reinó entre el 27 a. C. y el 14 d. C.) se dijo que «encontró Roma construida con ladrillos y la dejó como una ciudad de mármol».[9] Sus ciudadanos se abastecían de agua a través del Aqua Claudia, un acueducto de 67 kilómetros (42 millas) de longitud construido entre el 38 y el 52 d. C., que traía el agua de una fuente cercana a Subiaco.[10] En el siglo I d. C., Roma tenía un sofisticado sistema de alcantarillado con varios componentes, el mayor de los cuales era la Cloaca Máxima. Aunque comenzó como una zanja de drenaje en el siglo VI a. C., las mejoras realizadas a lo largo de los siglos hicieron que, en el año 33 a. C., el sistema se convirtiera en un canal subterráneo con un techo abovedado.[11]

A principios de la época del Nuevo Testamento, una serie de carreteras pavimentadas, algunas de las cuales se siguen utilizando hoy en día, unían Roma con otras partes de la península italiana. La más famosa es la Vía Apia, una carretera costera que conducía a Capua, construida inicialmente en el año 312 a. C. Una segunda arteria importante era la Vía Valeria, una carretera militar construida en el 306 a. C. que discurría hacia el este a través de los Apeninos y conectaba Roma con la región del Adriático.[12] Con estas y otras vías menores, Roma disponía de excelentes rutas terrestres que permitían el comercio y los viajes en todas las direcciones.

En el siglo I, Roma contaba con una serie de elementos arquitectónicos realmente notables y únicos. El más impresionante en la época de Pablo era el Circo Máximo, la mayor pista de carreras de carros del imperio. Aunque su primera construcción data probablemente del siglo VI a. C., fue modificado a lo largo de los siglos, especialmente por Julio César (100-44 a. C.), que lo amplió para dar cabida a 150 000 mil espectadores y extendió la pista, haciéndola de 550 metros (1800 pies) de largo y 180 metros (600 pies) de ancho. Más pequeño, pero más famoso era el Coliseo, una enorme estructura de 56 metros (187 pies) de altura con capacidad para unas 50 000 personas. Se construyó entre el 71 y el 80 d. C. a unos años de la muerte del apóstol Pablo, y sirvió de escenario para espantosas luchas de gladiadores que provocaron la matanza de un gran número de personas y animales exóticos. En los teatros, el mayor de ellos, el de Pompeyo, con capacidad para 27 000 espectadores, se representaban actos de violación, canibalismo y asesinato.[13]

Junto con su riqueza, sus impresionantes características arquitectónicas y su inmoralidad, Roma imperial era también un centro de suciedad y degradación urbana. A finales del siglo I, la población de la ciudad se estimaba en más de 1 000 000 de habitantes.[14] Muchos de ellos estaban desempleados o subempleados y tenían que vivir en viviendas sucias y mal mantenidas. Las alcantarillas vertían las aguas residuales en el Tíber, por lo que el río estaba muy contaminado.

Así, en muchos sentidos, la Roma del siglo I era una ciudad preparada para la buena nueva de Jesucristo.

NOTAS

1 W. Warde Fowler, *Rome*, rev. M. P. Charlesworth, 2ª ed. (Londres: Oxford University Press, 1947), 14–15.
2 E. M. Blaiklock, «Rome» en *ZPEB*, 5:162.
3 Fowler, *Rome*, 18.
4 *Ibid.*, 20.
5 Christopher Hibbert, *Rome: The Biography of a City* (Nueva York: Norton, 1985), 315–16, 320.
6 Michael Grant, *History of Rome* (Nueva York: Scribner's Sons, 1978), 36.
7 Grant, *History of Rome*, 54–55.
8 Tim Cornell y John Matthews, *Atlas of the Roman World* (Nueva York: Facts on File, 1982), 92.
9 Blaiklock, «Rome», 164.
10 Cornell y Matthews, *Atlas*, 91.
11 Hibbert, *Rome*, 316.
12 Cornell y Matthews, *Atlas*, 37.
13 Hibbert, *Rome*, 45, 49, 50–51.
14 Cornell y Matthews, *Atlas*, 90.

LA RUTA DEL ÉXODO: NO VAYAS POR EL CAMINO DE LOS FILISTEOS

POR STEPHEN J. ANDREWS

Ayun Musa, que se traduce como los Manantiales (o Pozos) de Moisés.

Vistas del territorio edomita cerca de Petra.

Recientes investigaciones arqueológicas y geográficas en Egipto y el Sinaí han comenzado a ofrecer nuevas perspectivas que ayudan a identificar algunas de las principales estaciones del viaje.[1] El punto de partida del éxodo fue Ramsés, una de las ciudades de abastecimiento que los israelitas construyeron para el faraón (Ex. 1:11; 12:37; Núm. 33:3). Generalmente se considera que Ramsés es el gran complejo arqueológico de Tell el-Dab'a/Qantir.[2]

Sucot (Ex. 12:37), Etam (13:20; Núm. 33:6), Pi Ajirot (Ex. 14:2; Núm. 33:7) y Migdol pueden referirse a fuertes egipcios o instalaciones militares en la zona del Wadi Tumilat. El Wadi Tumilat se extiende al este de la región del delta hacia el Lago Timsah y fue un importante corredor de transporte en tiempos bíblicos. Los dos mayores emplazamientos del arroyo, Tell er-Rataba y Tell el-Maskhuta, se han identificado con Pitón (Ex. 1:11) y Sucot, pero no se sabe con certeza cuál es cuál.

El lugar exacto en el que Israel cruzó el mar es desconocido y sigue siendo objeto de ferviente debate.[3] Las opciones para el lugar van desde el Lago Sirbonis en el norte, cerca del Mar Mediterráneo, hasta el borde norte del Golfo de Suez.[4] Algunos textos identifican la masa de agua como «el mar» (14:9, 16, 21; Núm. 33:8); otros la llaman *Yam Suph* o «Mar de las Cañas», tradicionalmente traducido como «Mar Rojo» (Ex. 13:18; 15:4; Núm. 33:10).[5] Investigaciones recientes sugieren que *Yam Suph* está cerca del moderno Lago Ballah en el Golfo de Suez.[6]

CAMINO NO TOMADO

Dios decidió no llevar a Israel por el «camino que atraviesa la tierra de los filisteos» (Ex. 13:17). Se trataba de una ruta de tránsito militar que se extendía por el norte del Sinaí desde el delta oriental del Nilo hasta Gaza. Los egipcios llamaban a esta carretera

Wadi Gharandel, que puede ser la ubicación de Elim (Ex. 15:27; 16:1).

el Camino de Horus. Su enorme cuartel general fortificado estaba situado en Tell Hebua (antigua Tyaru). Excavaciones recientes han revelado un gran fuerte en una estrecha franja de tierra con agua en dos lados. Esta instalación fue diseñada para ser un «obstáculo ominoso» para los que llegaban por el este y los que salían por el oeste.[7] Hasta diez estaciones de paso fortificadas más pequeñas protegían la ruta y facilitaban el movimiento de funcionarios, tropas y mercaderes hacia y desde Canaán. Los arqueólogos han encontrado zonas de almacenamiento de armas, silos de grano y depósitos de agua en la mayoría de las estaciones.[8] A lo largo de la ruta se podían alojar fácilmente grandes cantidades de tropas. Dios sabía que al ir por este camino «si se les presentara batalla, podrían cambiar de idea y regresar a Egipto» (Ex. 13:17).

DEL MAR ROJO AL MONTE SINAÍ

Tras el parto en el Mar Rojo, Moisés condujo a Israel al desierto de Sur, posiblemente en dirección sureste. Su destino era la montaña (el Monte Sinaí) donde Moisés se había encontrado con Dios (Ex. 3:12). Los estudiosos debaten sobre la ubicación del Monte Sinaí y la dirección tomada para llegar a él. Se han identificado tres posibles rutas principales (norte, centro o sur), algunas rutas alternativas y más de una docena de candidatos para el Monte Sinaí. La ruta meridional a lo largo de la costa oriental del Golfo de Suez, con el Monte Sinaí situado en Jebel Musa, cerca del extremo inferior de la Península del Sinaí, se ha considerado tradicionalmente como la más probable y sigue ajustándose bien a la mayoría de las pruebas.

Números 33:8-15 enumera un total de ocho campamentos israelitas en el camino hacia el Monte Sinaí. Su ubicación exacta no está clara, Mara y Elim estaban asociados con el agua. Dos posibles candidatos para Mara son Bir el-Mura o Ayun Musa.

Elim tenía abundancia de agua, sombra y alimentos, con doce manantiales y setenta palmeras datileras (Ex. 15:27). Wadi Gharandel, con sus acacias, tamariscos y palmeras, es posiblemente Elim.[9] Desde Elim, los israelitas se trasladaron al desierto de Sin, uno de los siete bosques o zonas más pequeñas que formaban la península del Sinaí (16:1).[10] Aquí Dios proporcionó maná y codornices (16:1-14). Al salir, los israelitas se trasladaron a varios lugares no especificados (17:1).

Después, los israelitas giraron hacia el este, cerca del Wadi Feiran, un paso ascendente a través de un terreno grandioso, y se dirigieron a Refidín (Ex. 17:1).[11] Después de salir de Refidín, Moisés y los israelitas viajaron a través del paso de Watiya en el desierto del Sinaí y probablemente acamparon en la llanura de er-Raha «frente a la montaña» de Dios (19:2).[12] Durante mucho tiempo se ha considerado que Jebel Musa es la ubicación del Monte Sinaí, pero otros posibles candidatos, Jebel Serbal, Ras Safsaf y Jebel Katerin, también están cerca.

DEL MONTE SINAÍ A CADES

Tras un año de estancia, Israel abandonó el Monte Sinaí y tomó uno de los dos caminos posibles. Una opción era seguir la ruta del Wadi Nasb, que desciende suavemente hasta la costa occidental del Golfo de Áqaba, cerca del actual Dahab. Viajando hacia el norte a lo largo de la costa, pasaron por una red de oasis y llegaron a Ezión Guéber (la actual Eilat). Los lugares de los oasis pueden reflejarse en los veinte campamentos de Números 33:16-35. El otro camino posible dejaba el Monte Sinaí y seguía las crestas más hacia el interior hasta que los viajeros llegaban a Ezión Guéber.

Desde Ezión Guéber, Moisés condujo a Israel en dirección noroeste a través del desierto de Parán hasta Cades Barnea en el desierto de Zin (Núm. 20:1; 33:36). La ubicación

Formaciones terrestres en la costa occidental del Sinaí.

real de Cades Barnea ha sido objeto de debate, pero el consenso moderno la sitúa en Ain Qudeirat o Ain Qadis, en el noreste de la península del Sinaí.[13] Ambos lugares contienen un oasis y están separados por menos de 10 kilómetros (6 millas). La ventaja de Ain Qudeirat es que se encuentra en la intersección de dos importantes caminos antiguos, la ruta de Edom a Egipto y el camino del Mar Rojo al Néguev y al norte de Canaán. Este hecho puede ayudar a explicar la decisión de los israelitas de invadir Canaán por el camino de Arad, ya que Arad se encontraba al norte de Cades Barnea en este camino (Núm. 14:39-45; Deut. 1:41-46).[14] Desde aquí fueron enviados los doce espías (Núm. 13).

CADES A MOAB

Cuando Moisés y los israelitas partieron de Cades a través del desierto de Zin, el rey de Edom les negó el paso a través de las montañas de Edom en Punón para conectar con el Camino del Rey (Núm. 20:14-17). Tuvieron que girar hacia el sur y seguir el «camino del Mar Rojo» a través del Arabá hasta Ezión Guéber de nuevo (Deut. 2:1). Desde allí, se desplazaron de nuevo hacia el noreste, a lo largo de los límites del desierto, evitando los puestos militares edomitas y moabitas en la «ruta del desierto de Moab» (v. 8). Cuando llegaron a las tierras altas de Pisgá, pidieron permiso para atravesar la tierra de Sijón, rey de los amorreos. Sijón atacó y fue derrotado (Núm. 21:18b-30). Entonces Israel pudo completar su éxodo y pasar a las llanuras de Moab para comenzar la conquista de la tierra prometida.

NOTAS

1 James K. Hoffmeier, *Ancient Israel in Sinai: The Evidence for the Authenticity of the Wilderness Tradition.* (Oxford: Oxford University Press, 2005), 89–90. Las ubicaciones de los yacimientos de este artículo se basan principalmente en la información de Barry J. Beitzel, *The Moody Atlas of the Bible* (Chicago: Moody, 2009) y Thomas V. Brisco, *Holman Bible Atlas* (Nashville: Broadman & Holman, 1998).

2 *Ibid.*, 53–58.

3 *Ibid.*, 75–109. Ver también Ralph L. Smith, «Red Sea» en *HIBD*, 1369–70.

4 Smith, «Red Sea» 1370.

5 Hoffmeier, *Ancient Israel*, 81–85.

6 *Ibid.*, 88.

7 *Ibid.*, 65, 93.

8 Gregory D. Mumford, «Forts, Pharonic Egypt» en *The Encyclopedia of Ancient History*, ed. Roger S. Bagnall et al. (Oxford: Blackwell, 2013), 2729.

9 Hoffmeier, *Ancient Israel*, 162–63.

10 Los siete son: Sur, Etam, Sin, Sinaí, Parán, Zin y Cades.

11 Los campamentos junto al Mar Rojo, Dofcá, y Alús (Núm. 33:11–14), no son mencionados en el relato del Éxodo. La ubicación de estos lugares es incierta. Ver Hoffmeier, *Ancient Israel*, 165–71.

12 Beitzel, *Moody Atlas*, 113

13 Hoffmeier, *Ancient Israel*, 123–24; Ver también Joel F. Drinkard Jr., «Kadesh» en *HIBD*, 974–75.

14 Drinkard, «Kadesh», 974.

SAMARIA: SU ASCENSO Y CAÍDA

POR GARY P. ARBINO

El campo visto desde la capital de Acab, Samaria.

En 1 Reyes 16 se narra la fundación de Samaria por parte del rey Omrí, la nueva capital del reino del norte de Israel. El análisis reciente de los datos de las excavaciones realizadas en el siglo XX ha ilustrado una compleja historia ocupacional temprana para el sitio.[1] El examen conjunto de la arqueología y el texto bíblico indica que el sitio fue ocupado en la Edad de Hierro I (1200-1000 a. C.), abandonado y luego transferido a Sémer como propiedad familiar.

El lugar, de por sí imponente, era una excelente opción militar y comercial para una capital. La colina de Samaria se eleva a unos 426 metros (1400 pies) sobre el nivel del mar y domina la campiña circundante, incluidas sus rutas comerciales. Los valles la rodean por tres lados, lo que la hace defendible. Situada estratégicamente en el corazón del reino del norte, Samaria controlaba Israel. Lo único que le faltaba al lugar era un buen suministro de agua; para solucionar esta carencia se creó un sistema de agua en piedra.

La mayor parte de las excavaciones centradas en la Edad de Hierro II (1000-800 a. C.) se han centrado en la acrópolis, solo una pequeña parte de la ciudad.[2] Aquí los arqueólogos han descubierto una ciudadela de unos 180 por 90 metros (200 por 100 yardas). La ciudadela es un recinto rodeado por un sistema de murallas en casamata (doble).

De la antigua Hadatu (actual Arslan Tash, Siria). Tras conquistar Hadatu, Asiria estableció allí un nuevo palacio y decoró con marfiles el mobiliario fenicio y arameo del palacio.

Las fortificaciones de las casamatas son impresionantes; la mampostería presenta una marcada similitud con la artesanía fenicia de la época, de gran habilidad. En el interior de la ciudadela había un palacio, almacenes, edificios públicos y patios con estanques rectangulares (ver 1 Rey. 22:38). La ciudadela estaba decorada con el alto estilo propio de una capital internacional. Cientos de hermosos fragmentos de marfil de estilo sirio, con motivos locales y egipcios, acentuados con láminas de oro se encontraron tanto en Samaria como en las ciudades asirias de Arslan Tash y Nimrud, donde probablemente fueron tomados como botín cuando Samaria fue capturada a finales del siglo VIII. En 1 Reyes 22:39 y en Amós 6:4 se mencionan esta fastuosa decoración, que se había convertido en un símbolo de la absoluta falta de compasión de la nobleza y de su abuso de los pobres. Aunque las conexiones internacionales y el comercio no implican necesariamente la infidelidad religiosa, en Samaria formaban parte de la situación general que los escritores bíblicos castigaban. Incluso los platos eran opulentos, se conoce como «cerámica de Samaria» una hermosa y delicada cerámica de alta calidad en color rojo, porque los arqueólogos la encontraron por primera vez en esta ciudad. Aunque posteriormente encontraron esta misma cerámica en otras ciudades, las piezas más finas estaban en la antigua Samaria.

La grandeza del lugar fue, tristemente, paralela a la disminución de la lealtad absoluta al Señor. Curiosamente, el texto bíblico nunca dice que Omrí participara en la adoración de Baal específicamente, algo que se afirma para la mayoría de los miembros posteriores de la dinastía (1 Rey. 16:31; 22:53); sin embargo, sus políticas y tratados claramente prepararon el camino para que ésta se convirtiera en una religión «legal» en Israel. El hijo de Omrí, Acab, «erigió un altar en el templo» de adoración a Baal en Samaria para su nueva reina fenicia, Jezabel, que se convirtió en la patrona local de la religión (16:32).

Los excavadores recuperaron unos sesenta y tres tiestos con escritura (conocidos como *óstraca*) de la ciudadela de Samaria. En ellos se registran envíos de aceite y vino y parecen ser recibos de impuestos. Como demuestran los tipos de nombres encontrados en estos documentos, también reflejan claramente la naturaleza sincrética de la población de Samaria durante la Edad de Hierro II: los nombres honraban tanto al Señor como a Baal.

La arqueología muestra que, tras su purga y la eliminación de los gobernantes omridas, el rey Jehú también trabajó en la construcción de Samaria. Continuó con la

Marfil fenicio de Nimrud con dos figuras sentadas; siglos IX-VIII a. C.

Datado en el siglo VIII a. C., es uno de los marfiles decorativos hallados en Samaria. La figura representaba una palmera.

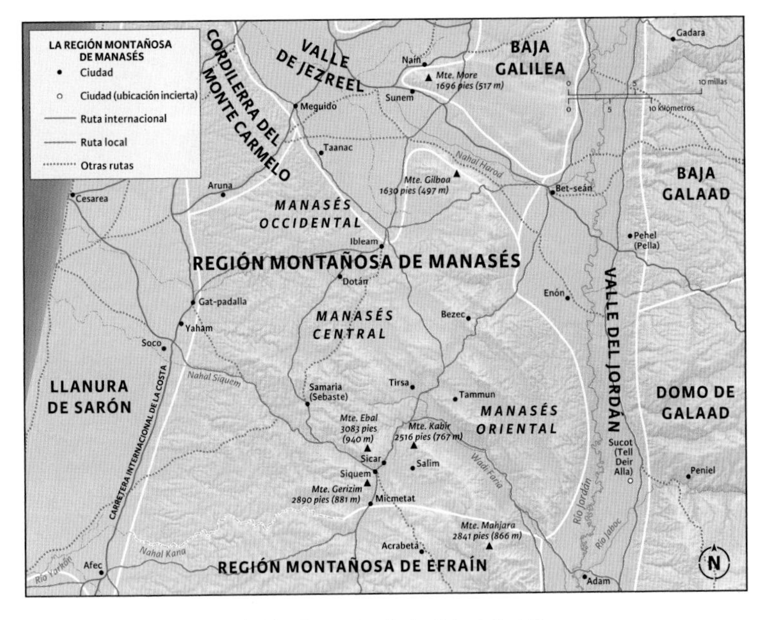

Acrópolis de Samaria de la Edad de Hierro

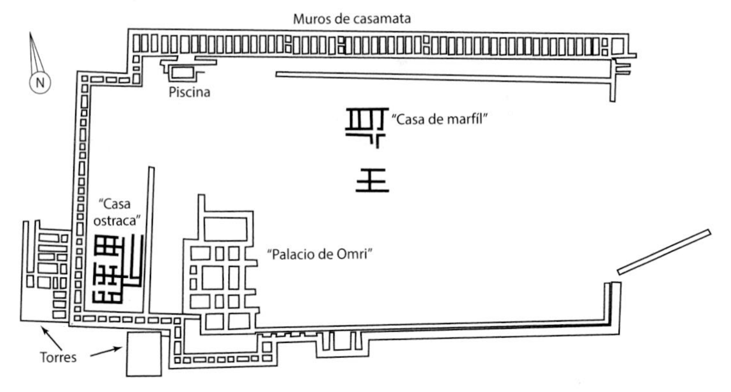

calidad cosmopolita de la capital. Samaria alcanzó su apogeo durante el largo y poderoso reinado de Jeroboán II (782-753 a. C.).

En el transcurso de más de una década, Asiria fue asaltando el reino del norte, hasta que finalmente capturó la capital. Las comparaciones de los documentos asirios

Fortificaciones en Samaria.

y las pruebas arqueológicas con el registro bíblico han dado lugar a continuos debates en la comunidad académica sobre los detalles de la toma de Samaria por parte de Asiria.[3] Lo que ahora está claro es que Samaria no fue destruida, sino que en el 720 a. C. estaba en manos de Asiria. Gran parte de la población de Samaria, especialmente la nobleza y un contingente del cuerpo de carros israelita, había sido deportada a otras partes del imperio. En su lugar se trasladaron nuevos pueblos, estos nuevos habitantes adoraban tanto al Señor como a los dioses de sus países de origen. La mezcla de linajes israelitas constituyó la base de la tensión entre los del norte, más tarde conocidos como samaritanos, y los de Judá, conocidos como judíos. Esta compleja situación llega a su máximo esplendor en la época de Jesús y se refleja en el Nuevo Testamento.

NOTAS

1 Ron Tappy, «Samaria» en *OEANE*, 4:463–67; Nahman Avigad, «Samaria (City)» en *NEAEHL*, 4:1300–1310.

2 Ver Avigad, «Samaria»; James D. Purvis, «Samaria (City)» en *ABD*, 5:914–21.

3 Ron E. Tappy, «The Final Years of Israelite Samaria: Toward a Dialogue between Texts and Archaeology», en *Up to the Gates of Ekron: Essays on the Archaeology and History of the Eastern Mediterranean in Honor of Seymour Gitin*, ed. Sidnie White Crawford (Jerusalén: W. F. Albright Institute of Archaeological Research and Israel Exploration Society, 2007), 258–79.

SUSA EN LOS DÍAS DE LA REINA ESTER

POR DANIEL C. BROWNING JR.

A mediados del siglo VI a. C., el Imperio persa superó al Imperio neobabilónico. Poco después de llegar al poder, Ciro el Grande formó el Imperio persa uniendo los reinos de los medos y los persas. En el año 539 a. C. tomó Babilonia y al año siguiente emitió un edicto que permitía a los judíos regresar a Jerusalén y reconstruir su templo (Esd. 1:1-4).

Aunque muchos judíos regresaron a su tierra natal, muchos no lo hicieron, por lo que una comunidad judía diáspora (que significa «dispersa») continuó en los alrededores de Babilonia. Estos judíos, ahora libres, comenzaron a comerciar y a establecerse en otras ciudades, incluidas las de Persia, al este de Babilonia. La principal de las ciudades persas era Susa, donde ocurrió la historia de Ester en el siglo V a. C.

Friso de ladrillo vidriado que representa a la guardia real persa, procedente del palacio de Darío en Susa; datado en el siglo VI a. C.

ARQUEOLOGÍA E HISTORIA

Susa (heb. *Shushan*) se identifica con la ciudad de Shush, un conjunto de montículos en una extensión natural de Mesopotamia hacia el suroeste de Persia, el actual Irán. Esta región, la antigua Susiana, estaba a veces bajo el control del estado dominante del sur de Mesopotamia, a veces era independiente y otras veces formaba parte de los grandes estados persas. Susa solía ser su capital.

Después de que los británicos hicieran una breve investigación de la zona en 1851, los franceses excavaron Susa casi continuamente desde 1884 hasta que la revolución iraní detuvo toda actividad extranjera en 1979. Las excavaciones revelaron que Susa estuvo ocupada sin mayor interrupción desde aproximadamente el 4200 a. C. hasta las invasiones mongolas del siglo XIII d. C.[1]

La ocupación temprana de Susa fue paralela al desarrollo de la civilización en la vecina Mesopotamia. Susa, que compartía la cultura Uruk del sur de Mesopotamia a mediados del cuarto milenio a. C., desarrolló la escultura, la cerámica torneada y una convención contable que utilizaba fichas encerradas en un sobre de arcilla, lo que supuso un paso importante en el desarrollo de la escritura cuneiforme. Al separarse

La tumba de Ciro el Grande, que llevaba la siguiente inscripción: «¡Mortal! Soy Ciro, hijo de Cambises, que fundó el Imperio persa y fue Señor de Asia. No me envidies, pues, mi monumento».

de Mesopotamia después del 3200 a. C., Susa produjo sus propios símbolos abstractos, aún sin cifrar, llamados proto-elamita. Hacia el 2800 a. C., Susa volvió a formar parte de la esfera mesopotámica como una ciudad-estado esencialmente sumeria. Sargón el Grande controló Susa como parte de su imperio semítico desde el 2350 a. C. Sin embargo, cuando ese imperio fracasó a principios del siglo XX, la ciudad pasó a formar parte del reino elamita de Awan, para luego ser reconquistada por Shulgi, un poderoso rey sumerio de Ur. Alrededor del año 2000 a. C., los invasores elamitas y susianos destruyeron Ur y su imperio.[2] A medida que la civilización elamita tomaba forma, Susa se integró como un centro importante, de modo que el primer gobernante de la dinastía Sukkalmah (aprox. 1970-1500 a. C.) se autodenominó «Rey de Anshan y de Susa».[3] Elam alcanzó su apogeo cultural y político en el período elamita medio (aprox. 1500-1100 a. C.), y Susiana se volvió cada vez más elamita en cuanto a lengua y religión. Una nueva capital sustituyó a Susa hacia el 1500 a. C., pero recuperó su importancia hacia el 1200 a. C. bajo los reyes shutrukidas. Esta dinastía conquistó Babilonia, de donde saquearon varios monumentos emblemáticos de Mesopotamia, como la estela de Naram-Sin y la estela de Hammurabi, que contiene su famoso código de leyes.[4] Un equipo arqueológico francés descubrió estos monumentos emblemáticos de Mesopotamia en la acrópolis de Susa hacia 1900, cerca del templo del dios principal de Susa, Inshushinak, que había sido reconstruido con todo lujo de detalles.[5] Este breve Imperio Shutrukid se derrumbó hacia el año 1100 a. C., y todo Elam entró en una época oscura en la que casi no hubo registros escritos hasta finales del siglo VIII a. C.

Cuando Elam resurgió a la luz de la historia en el 743 a. C., Susa fue una de las tres capitales de los posteriores reyes neoelamitas que se encontraron en una lucha contra Asiria, la potencia mesopotámica dominante. Los elamitas se aliaron a menudo con Babilonia en los frecuentes intentos de esta de rebelarse contra la dominación

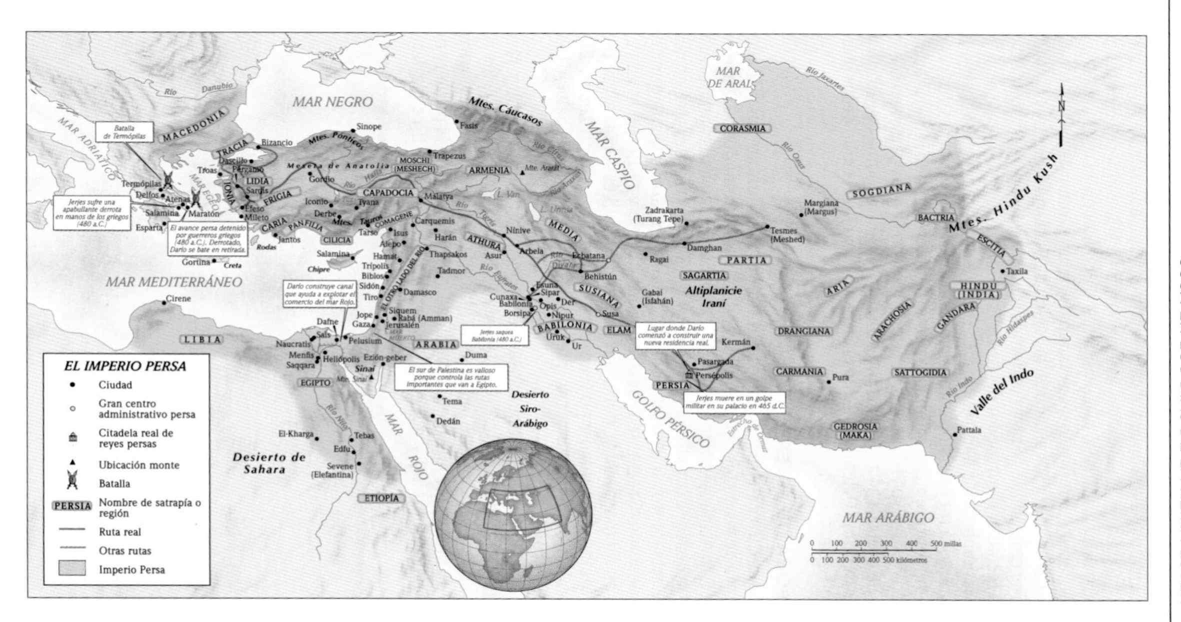
EL IMPERIO PERSA
Ciudad
Gran centro administrativo persa
Citadela real de reyes persas
Ubicación monte
Batalla
PERSIA Nombre de satrapía o región
Ruta real
Otras rutas
Imperio Persa
MAR NEGRO
MAR CASPIO
MAR DE ARAL
MAR MEDITERRÁNEO
MAR ADRIÁTICO
MAR EGEO
MAR ROJO
GOLFO PÉRSICO
MAR ARÁBIGO
Mtes. Cáucasos
Mtes. Hindu Kush
Valle del Indo
Altiplanicie Iraní
Desierto Siro-Arábigo
Desierto de Sahara
Meseta de Anatolia
Mtes. Pónticos
Mtes. Tauros
Mte. Ararat
Mte. Sinaí
MACEDONIA
TRACIA
IONIA
LIDIA
FRIGIA
CARIA
PANFILIA
CILICIA
CAPADOCIA
COMAGENE
MOSCHI (MESHECH)
ARMENIA
MEDIA
ATHURA
BABILONIA
SUSIANA
ELAM
PERSIA
PARTIA
SAGARTIA
CORASMIA
SOGDIANA
BACTRIA
ESCITIA
HINDU (INDIA)
GANDARA
ARACHOSIA
SATTOGIDIA
ARIA
DRANGIANA
CARMANIA
GEDROSIA (MAKA)
ARABIA
EGIPTO
ETIOPÍA
LIBIA
EL OTRO LADO DEL RÍO
Batalla de Termópilas
Jerjes sufre una apabullante derrota en manos de los griegos (480 a.C.)
El avance persa detenido por guerreros griegos (480 a.C.). Derrotado, Darío se bate en retirada.
Darío construye canal que ayuda a explotar el comercio del mar Rojo.
El sur de Palestina es valioso porque controla las rutas importantes que van a Egipto.
Jerjes saquea Babilonia (480 a.C.)
Lugar donde Darío comenzó a construir una nueva residencia real.
Jerjes muere en un golpe militar en su palacio en 465 d.C.
Termópilas
Delfos
Atenas
Salamina
Maratón
Esparta
Troas
Dascilio
Pérgamo
Sardis
Éfeso
Mileto
Bizancio
Gordio
Iconio
Tyana
Derbe
Tarso
Jantos
Rodas
Creta
Gortina
Chipre
Salamina
Cirene
Sinope
Trapezus
Fasis
Malatya
Carquemis
Harán
Isus
Alepo
Hamat
Trípolis
Biblos
Sidón
Tiro
Jope
Gaza
Jerusalén
Siquem
Rabá (Amman)
Damasco
Mar Muerto
Tadmor
Thapsakos
Asur
Nínive
Arbela
Ecbatana
Behistún
Susa
Babilonia
Borsipa
Cunaxa
Esuna
Sipar
Opis
Der
Nipur
Uruk
Ur
Ragai
Gabai (Isfahán)
Zadrakarta (Turang Tepe)
Damghan
Tesmes (Meshed)
Margiana (Margus)
Pasargada
Persépolis
Kermán
Pura
Taxila
Pattala
Duma
Tema
Dedán
Ezión-geber
Pelusium
Heliópolis
Dafne
Saís
Naucratis
Menfis
Saqqara
Sinaí
Tebas
Edfu
Sevene (Elefantina)
El-Kharga
Río Danubio
Río Halis
Río Tigris
Río Éufrates
Río Diyala
Río Ciro
Río Araxes
L. Van
L. Urmia
Río Nilo
Río Oxus
Río Jaxartes
Río Indo
Río Hidaspes
Estrecho de Ormuz
N
0 100 200 300 400 500 millas
0 100 200 300 400 500 kilómetros

asiria. Por ejemplo, Elam apoyó al caldeo Merodac Baladán (Isa. 39:1) en sus intentos de liberar a Babilonia de los reyes asirios Sargón II y Senaquerib. El último gran rey asirio, Asurbanipal, destruyó efectivamente el poder elamita y saqueó Susa en el año 646 a. C. Esdras 4:9-10 informa que «Asnapar» (aparentemente Asurbanipal) deportó a los elamitas de Susa y los asentó en la región de Samaria. Mientras tanto, la meseta de Persia fue consumida por los crecientes reinos medo y persa, y un modesto reino elamita se restableció alrededor del 625 a. C. en Susa.

En una visión fechada hacia el 552 a. C., Daniel se vio a sí mismo en Susa, en el canal de Ulay (Dan. 8:1-2,16). La visión comenzaba con un «carnero con sus dos cuernos» que seguramente representaba al Imperio persa (también llamado Imperio aqueménida), el cual se creó con Ciro el Grande uniendo a los medos y a los persas en el año 550 a. C. Ciro tomó Susa en el 539 a. C., justo antes de su toma de Babilonia que hizo a los persas dueños del Cercano Oriente. Este fue el Ciro que puso fin al exilio de los judíos con su edicto en el 538 a. C. (Esd. 1:2-4).

EN LA ÉPOCA DE ESTER

Es posible que Ciro y su hijo Cambises II utilizaran Susa durante sus reinados, pero la gran mayoría de los restos persas del lugar datan de los reinados de Darío I el Grande (522-486 a. C.) o Artajerjes II (404-359 a. C.).[6] Darío hizo de Susa su capital principal. Esto y la gran Vía Real que construyó y que conectaba Susa con Sardes atrajeron a muchos visitantes extranjeros importantes a la ciudad. Heródoto cuenta que cuando las ciudades de Jonia (Grecia) se rebelaron contra Darío y pidieron ayuda a Esparta, indicaron en un mapa «Susa, donde vive el gran rey, allí están los almacenes de sus riquezas; tomad esa ciudad y no tendréis que temer desafiar a Zeus».[7] El geógrafo griego Estrabón coincidió, diciendo que los persas «adornaron el palacio de Susa más que ningún otro».[8]

El emplazamiento de la antigua Susa se extiende sobre cuatro montículos distintos, llamados por los franceses Acrópolis, Apadana, Villa Real y la Villa de los Artesanos. La Acrópolis, como su nombre indica, es la más alta, con restos arqueológicos estratificados de 24 metros (82 pies) de profundidad. Allí se descubrió la primera ocupación y la mayor parte de los hallazgos elamitas y anteriores, incluida la estela del Código de

El zigurat de Chogha Zanbil, cerca de Susa, data del año 1250 a. C. y fue construido por orden del rey Untash-Gal de Elam para rendir culto a Inshushinak, el dios elamita del más allá.

Hammurabi y otros tesoros mesopotámicos saqueados.[9] Al norte de la Acrópolis, Darío I creó el montículo de Apadana (y remodeló de hecho toda la ciudad) construyendo una enorme plataforma de grava de 12 hectáreas sobre la que construyó un palacio. El palacio constaba de barrios residenciales en el sur y de un centro de gobierno oficial y una sala de audiencias, una apadana, en el norte.[10]

Inscripción elamita de Susa que describe la conquista de la Baja Babilonia por Shilhak-Inshushinak. Shilhak-Inshushinak, rey de Anshan y Susa (aprox. 1150-1120 a. C.), construyó numerosos monumentos en honor del dios de Susa.

Los arqueólogos descubrieron una inscripción de los cimientos escrita en tres idiomas en la que Darío I describía la construcción del palacio utilizando materiales y trabajadores de todo su vasto imperio. Este impresionante complejo es el escenario de la historia de Ester durante el reinado del sucesor de Darío, Jerjes I (al que la Biblia se refiere con el nombre hebreo de Asuero). Después de su desafortunada campaña militar contra Grecia (destacada por la batalla de las Termópilas, el saqueo de Atenas y que culminó con las derrotas de Salamina y Platea, 480-479 a. C.), se retiró a Susa.

Una puerta monumental descubierta en la década de 1970 al este del complejo palaciego contiene inscripciones de Jerjes, atribuyendo su construcción a Darío. La inscripción implica que Jerjes siguió utilizando el complejo. Como la puerta es el único acceso conocido al palacio, es tentador asociarla con la «puerta del rey», donde se sentaba el pariente de Ester, Mardoqueo (Est. 2:19,21; 5:9,13; 6:10). Las dependencias residenciales corresponderían al «palacio» de la historia (5:1). Dentro de los muros exteriores, esta estructura tenía una serie de patios interiores alineados de este a oeste. El primero de ellos servía de patio de entrada y puede ser el «patio exterior del palacio» de Ester 6:4. El tercer patio da acceso a lo que parecen ser los aposentos reales y, por tanto, puede ser el «patio interior» donde una nerviosa Ester se acercó al rey sin ser invitada (4:11; 5:1).[11]

La sala de audiencias era hipóstila, con seis filas de seis columnas cada una. Otras columnas llenaban tres pórticos en los lados oeste, norte y este. Las columnas tenían fustes estriados sobre bases cuadradas, rematadas con capiteles en forma de dos torsos de toro orientados en direcciones opuestas, se elevaban a 20 metros (65 pies), un logro sin precedentes en el mundo antiguo. Todo el palacio, la residencia y la apadana estaban decorados exclusivamente con ladrillos vidriados que representaban animales míticos y figuras de los inmortales, las tropas de élite de la guardia del rey.[12]

La parte real de la ciudad, formada por la acrópolis, la apadana y los montículos de la Villa Real, estaba rodeada por una impresionante muralla. Un canal desviado desde el Río Chaour en el oeste corría a lo largo de los lados norte y este del recinto real, separándolo de la ciudad baja no fortificada en el este, representada por el cuarto montículo, la Villa de los Artesanos. Estas partes diferenciadas de la ciudad pueden reflejarse en el texto de Ester, donde «la ciudadela de Susa» (9:6, 11, 12) puede referirse a la sección amurallada real, mientras que «Susa» sin más calificación (vv. 13-15) puede indicar la ciudad baja.[13]

SUSA POSTERIOR

La importancia de Susa como capital terminó con las conquistas de Alejandro Magno, aunque la ciudad siguió existiendo y prosperando bajo el dominio helenístico, parto, sasánida e islámico. Finalmente fue abandonada en el siglo XIII d. C. No obstante, Susa ha sido y sigue siendo un lugar de peregrinación para judíos, cristianos, musulmanes y mandeos, que veneran la tumba del profeta Daniel, una estructura medieval, ahora encerrada en una mezquita. Aunque la tumba de Daniel se conoce desde al menos el siglo VII d. C.,[14] Susa no tiene ningún santuario asociado a la reina Ester.

NOTAS

1 Holly Pittman, «Susa», en *OEANE*, 5:106–7.
2 Pierre de Miroschedji, «Susa», en *ABD*, 6:243.
3 François Vallat, «Elam (Place)» en *ABD*, 2:424–25.
4 Pittman, «Susa», 109.
5 Miroschedji, «Susa», 243.
6 Pittman, «Susa», 109.
7 Heródoto, *Historias* 5.49.
8 Strabo, *Geography* 15.3.
9 Edwin M. Yamauchi, *Persia and the Bible* (Grand Rapids: Baker, 1990), 282–85.
10 Pittman, «Susa», 109.
11 Miroschedji, «Susa», 244.
12 Roman Ghirshman, *Persia: From the Origins to Alexander the Great*, trad. Stuart Gilbert y James Emmons (Londres: Thames & Hudson, 1964), 138–42.
13 Miroschedji, «Susa», 244.
14 Sylvia A. Matheson, *Persia: An Archaeological Guide* (Park Ridge, NJ: Noyes, 1973), 150.

LOS TEMPLOS EN CORINTO

POR MARK A. RATHEL

A lo lejos se ven las siete columnas del templo de Apolo, uno de los monumentos más destacados de Corinto. Las columnas miden unos 6 metros (24 pies) de altura y unos 2 metros (6 pies) de diámetro. En primer plano se ven las ruinas de las tiendas occidentales.

Si Pablo entró en la ciudad de Corinto por la carretera principal desde el norte (la carretera de grava de Lechaion), se habría encontrado con el templo de Asclepio, el dios de la curación. El origen de Asclepio es desconocido, las religiones griegas posteriores lo consideraban hijo de Apolo y destinatario del entrenamiento en las artes curativas del centauro Quirón. En el interior del templo había un foso para serpientes no venenosas. El símbolo de Asclepio, una serpiente enrollada alrededor de un bastón, se ha utilizado en los tiempos modernos como símbolo de la profesión médica. Su templo funcionaba como un sanatorio con un dormitorio para los pacientes, un pozo para la purificación y una instalación para la regimentación de la dieta y el ejercicio. A menudo, el que buscaba la curación hacía una ofrenda votiva de terracota de la parte del cuerpo enferma. En el templo de Asclepio de Corinto, los arqueólogos han descubierto réplicas de manos, pies, ojos y otras partes del cuerpo. El templo contenía tres grandes comedores para celebrar banquetes rituales en honor del dios.

Siguiendo desde la entrada norte hasta el centro de la ciudad, Pablo habría encontrado el impresionante edificio del templo de Apolo. El templo contenía originalmente treinta y ocho columnas grandes; las siete que se conservan miden 7 metros (24 pies) de altura por 2 metros (6 pies) de diámetro. A Apolo se lo asociaba con la

Cabeza de una estatua de culto de Isis. La superficie del rostro está pulida; el cabello está coloreado y puede que dorado. Datado después de 138 d. C.; procedente de Tesalónica.

música, el tiro con arco, la profecía, los rebaños, la ley y la civilización.

Más hacia al sur, Pablo habría pasado por un arco romano y entrado en el mercado de Corinto. En este distrito comercial y gubernamental, habría visto templos dedicados a deidades paganas mayores y menores. Los romanos construyeron la mayoría de los templos de la plaza del mercado durante los reinados de los emperadores Augusto, Tiberio y Claudio; por lo tanto, los templos habrían sido de origen reciente en la época. En la plaza del mercado, Pablo habría visto los templos de Poseidón, Heracles, Hermes, Afrodita y Atenea.

En el mercado de Corinto también había un templo de Octavia, la hermana del primer emperador romano, Augusto. Corinto, como la mayoría de las ciudades del imperio, tenía en el centro de la ciudad varios templos que honraban al emperador o a su familia. Se pensaba que el primer emperador y su hermana eran descendientes de Venus, la diosa romana equivalente a Afrodita.

Desde el mercado, podría haber seguido un sendero de viento que subía al Acrocorinto, la montaña de 574 metros (1886 pies) de altura que formaba la base de la antigua Corinto. Si continuaba su viaje hacia el sur, hacia el Acrocorinto, pasaba por otros diez templos, incluyendo los de Isis, Deméter y otro de Afrodita.

Busto de Afrodita. Su templo estaba en el Acrocorinto y dominaba la ciudad.

Isis era la diosa egipcia del mar, la fertilidad, la agricultura y el más allá, sus devotos la proclamaban gobernante de todas las cosas. Los rituales incluían una celebración de la resurrección del marido de Isis, Osiris, de la muerte. Las inmoralidades de los rituales de Isis escandalizaron a los tolerantes romanos, que intentaron suprimir la religión.[1]

Los arqueólogos descubrieron un templo a Deméter, la diosa del grano, en la cima del Acrocorinto. Originalmente, el templo contenía cincuenta comedores. El mito de Deméter explicaba el ciclo agrícola, una especie de renacimiento anual, en la antigua religión griega. Las religiones agrícolas invariablemente implicaban la actividad sexual.

Corinto se hizo famosa por sus templos de Afrodita, la diosa del amor, la belleza y la fertilidad. Los griegos asociaban a Afrodita con la diosa cananea de la fertilidad, Astarté, la consorte femenina de Baal, cuyo culto condenaban enérgicamente los profetas del Antiguo Testamento, como Elías.

NOTAS

1 Everett Ferguson, *Backgrounds of Early Christianity*, 2ª ed. (Grand Rapids: Eerdmans, 1992), 252.

UR: LA «CAPITAL DEL MUNDO»

POR SCOTT HUMMEL

La tradición árabe local sostiene que Abraham no era de Ur, la antigua Mesopotamia, sino de Sanliurfa, al norte de Harán. En la imagen, el santuario de Abraham en Sanliurfa.

Vistas aéreas del Río Éufrates. Abram siguió el río cuando se dirigió al norte desde Ur.

Abram, que más tarde sería conocido como Abraham, partió de Ur con toda su familia.[1] Su familia era rica y contaba con cientos de sirvientes. Se dirigieron al norte a lo largo del Éufrates durante unos 1600 kilómetros (1000 millas) hasta llegar a la ciudad de Jarán, en el norte de Mesopotamia. El padre de Abraham, Téraj, y su hermano, Najor, decidieron establecerse en Jarán, pero Abraham respondió obedientemente al llamado de Dios de dejar su país y su familia para continuar hacia la tierra prometida (Gén. 11:31).

La civilización sumeria de Ur ya era antigua en la época de Abraham. De hecho, la primera gran civilización del mundo estaba llegando a su fin cuando Abraham realizó su gran viaje a Canaán.[2] Ur se estableció alrededor del 5000-4000 a. C. y se convirtió en una de las ciudades sumerias más importantes y destacadas. Sinar estaba compuesta por varias ciudades-estado, a menudo en competencia, en el sur de Mesopotamia. Los sumerios eran increíblemente inventivos y laboriosos; inventaron la rueda, regaron el desierto, construyeron ciudades amuralladas y probablemente fueron los primeros en inventar la escritura. Su sistema de conteo basado en los sesenta sobrevive hoy en día en las medidas del tiempo con sesenta minutos en una hora y en las medidas de los grados en un círculo.

Ur era una ciudad impresionante para su época, que se elevaba 18 metros (60 pies) por encima de la llanura y cubría unas 64 hectáreas. En la antigüedad, el Río Éufrates pasaba por la ciudad de Ur y la costa del Golfo Pérsico llegaba más al norte que hoy, mucho más cerca de la ciudad. Estaba rodeada de enormes murallas, que tenían un grosor de más de 22 metros (75 pies) en la base y se extendían unos 3 kilómetros (2 millas) de circunferencia. Dentro de las murallas había cientos de casas, que reflejaban todos los niveles de la sociedad, desde mansiones hasta casuchas. Las casas típicas eran de dos pisos, de ladrillo con armazón de madera, y tenían un patio central abierto. Miles de documentos comerciales recuperados atestiguan la dinámica economía y el amplio comercio de Ur.

El descubrimiento por parte del arqueólogo C. L. Woolley de las tumbas reales de Ur en la década de 1920 demostró aún más la riqueza, la calidad artística y las creencias religiosas de la ciudad en torno al 2500 a. C., más de 500 años antes del nacimiento de Abraham.[3] Mientras que el sur de Mesopotamia carecía de recursos naturales, el poder político y el comercio a lo largo del Río Éufrates y el Golfo Pérsico generaron la riqueza encontrada en las tumbas. El riego extensivo mantenía los rebaños y los campos de cultivo, produciendo una economía excedentaria. Como resultado, las tumbas reales han producido algunos de los hallazgos más ricos de la historia de la arqueología y demuestran un nivel notablemente alto de artesanía, especialmente con el trabajo del metal. Aunque los sacrificios humanos eran extremadamente raros en Mesopotamia, algunas de las tumbas contienen los restos de numerosos sirvientes que habían sido asesinados ritualmente para poder servir al rey en la otra vida.

Tras siglos de dominación y prosperidad sumeria, los acadios se alzaron con el poder hacia el 2350 a. C. en el centro de Mesopotamia. El Imperio acadio duró casi 150 años. El rey acadio Sargón el Grande estableció el primer imperio del mundo al controlar toda Mesopotamia desde Ur, en el Golfo Pérsico, hasta el Mar Mediterráneo. Aunque controlaba las ciudades sumerias política y militarmente, Sargón y los posteriores reyes acadios adoptaron gran parte de la cultura y la religión sumerias. Sargón colocó a Enheduanna, su hija, como sacerdotisa de Nanna, el dios de la luna y deidad patrona de Ur. Esto estableció una tradición que duró casi 2000 años.

El zigurat de Ur, descubierto por el arqueólogo Leonard Woolley en la década de 1920, mide aproximadamente 60 por 51 metros (200 por 170 pies) en la base. De tres niveles de altura, el núcleo interior es de adobe, mientras que el exterior, de 2,5 metros (8 pies) de grosor, es de ladrillo cocido. En la parte superior había un templo dedicado a Nanna, el dios de la luna.

Esta casa de veinticuatro habitaciones de Ur fue reconstruida en la década de 1990 y bautizada como «Casa de Abraham».

Toda la región cayó en una época oscura durante casi un siglo, cuando los acadios cayeron ante las tribus guti del este. Al final de este período gutiano, Ur-Nammu, fundador de la Tercera Dinastía de Ur, llegó al poder y restauró la gloria y la cultura sumeria. Ur-Nammu, hábil general y administrador, conquistó la mayor parte de Mesopotamia y estableció uno de los períodos más prósperos de la historia sumeria. Expandió el comercio internacional, reconstruyó templos, reparó canales de riego y construyó numerosos zigurats por toda Mesopotamia. Ur-Nammu incluso escribió el primer código legal conocido, su mayor logro constructivo fue el Gran Zigurat de Ur, que era una enorme plataforma escalonada que originalmente se elevaba más de 20 metros (70 pies) de altura y medía 60 metros (200 pies) por 50 metros (170 pies) en su base, en la cima había un templo. Los sumerios consideraban el zigurat como una montaña donde el dios bajaba a morar. Estaba construido con un núcleo sólido de ladrillos sin cocer, rodeado de una piel de ladrillos cocidos fijados con bitumen. La descripción de la torre de Babilonia en la llanura de Sinar (Sumer) en el Génesis 11 suena notablemente similar a la estructura del zigurat.

Los últimos reyes sumerios de Ur intentaron mantenerse en el poder frenando las migraciones de los amorreos a la región y fortificando Ur, pero las malas cosechas, la hostilidad con otras ciudades sumerias y la invasión de los elamitas desde el este provocaron el colapso de Ur como gran potencia mundial.

Durante siglos, los sacerdotes de Ur, recordando los días de gloria del pasado, recitaban cada año la «Lamentación por la destrucción de Ur», que incluía estas palabras:

> Ur, mi inocente cordero, ha sido sacrificado. Su buen pastor se ha ido. ¡Ay!
> La ciudad y el templo han sido destruidos. Oh, Nanna, el santuario de Ur ha sido destruido, su gente ha muerto.[4]

Estas palabras de lamento se encuentran entre los miles de documentos que los arqueólogos descubrieron en la ciudad de Ur.

El colapso de la Tercera Dinastía de Ur en 2004 a. C. supuso un golpe mortal para la civilización sumeria. Solo las ciudades sumerias de Isin y Larsa perduraron un poco más, pero los amorreos, un pueblo semita, acabaron por arrollarlas también. El control político sumerio se perdió para siempre y la lengua sumeria dejó de utilizarse. Varias dinastías amorreas se hicieron con el control de todas las ciudades de Mesopotamia. El más famoso de estos reyes amorreos fue Hammurabi de Babilonia. Durante esta época de transición y migraciones, Abraham dejó Ur para dirigirse a la tierra prometida.

LA IMPORTANCIA RELIGIOSA DE UR

En los siglos siguientes, la ciudad de Ur siguió siendo un importante centro religioso y económico, pero su poder político se perdió. Muchas naciones gobernarían más tarde sobre Ur, pero todas reconocieron su importancia religiosa como centro de culto al dios de la luna, conocido como Nanna o Sin. Cuando el rey persa Ciro el Grande conquistó Babilonia en el año 539 a. C., se jactó de que «Sin el Nannar (los nombres semíticos y sumerios de la deidad principal de Ur, el dios de la luna) [...] del cielo y la tierra, con su favorable presagio entregó en mis manos las cuatro partes del mundo. Devolví a los dioses a sus santuarios».[5]

Este alarde se descubrió en las excavaciones de Ur y se hace eco del edicto de Ciro a los exiliados judíos en Esdras 1:2: «El Señor, Dios del cielo, me ha dado todos los reinos de la tierra, me ha encargado que le construya un templo en la ciudad de Jerusalén, que está en Judá».

Los sumerios adoraban a cientos de dioses, pero cada ciudad tenía una deidad principal que la representaba en el consejo divino. La literatura antigua describe a los dioses comportándose como personas emocionales, mezquinas y políticas con grandes poderes. El dios de la luna, Nanna, tenía poder sobre la noche y los ciclos mensuales y era capaz de ver el oscuro futuro.[6] Los habitantes de Ur entendían que su deber era servir y alimentar a los dioses mediante sacrificios y evitar enfadar a los dioses, a menudo abusivos. Esperaban que su servicio se tradujera en prosperidad y en el poder benéfico de los dioses. Dado que el padre de Abraham adoraba a muchos dioses (Jos. 24:2), es probable que adorara a Nanna, que también era la deidad patrona de la ciudad de Jarán, donde su familia se asentó después de abandonar Ur.[7] El viaje espiritual de Abraham desde la idolatría hasta la adoración del único Dios verdadero fue un viaje mucho mayor que el viaje físico desde Ur hasta la tierra prometida.

Aunque Ur comenzó siendo pequeña, creció hasta convertirse en una magnífica ciudad. Sin embargo, tras el colapso de su Tercera Dinastía la ciudad nunca recuperó su antigua gloria. Por el contrario, durante generaciones la ciudad continuó existiendo como una mera cáscara de su antiguo ser. Sin embargo, después de unos 4500 años de ocupación, Ur tuvo una muerte rápida cuando el Río Éufrates cambió su curso. Sin acceso al río y con la costa cada vez más lejos, Ur fue abandonada y sus ruinas cubiertas de arena. La gran y gloriosa ciudad sumeria que aparentemente había sido la «capital del mundo» ya no existía.

NOTAS

1 Los eruditos bíblicos cuestionan la ubicación de la Ur de Abraham. Los documentos antiguos mencionan varias ciudades con el nombre de Ur o algo parecido, como Ure, Uri y Ura. Según la tradición islámica, Urfa, que está a solo unos 30 kilómetros (18 millas) de Jarán, es la Ur de Abraham. Ver Cyrus H. Gordon, «Recovering Canaan and Ancient Israel», en *Civilizations of the Ancient Near East* (*CANE*), ed. Jack M. Sasson (Peabody, MA: Hendrickson, 1995, 2006), 3–4:2784. Sin embargo, Alan R. Millard, «Where Was Abraham's Ur? The Case for the Babylonian City», *Biblical Archaeological Review* (*BAR*) 27.3 (2001): 52–53, 57), y H. W. F. Saggs, «Ur of the Chaldees: A Problem of Identification», *Iraq* 22 (1960): 200–9, ambos defendieron eficazmente la identificación de la Ur de Abraham con Tell el-Muqayyar, en el sur de Mesopotamia.

2 Para buenos resúmenes de la civilización y la historia sumeria, ver William W. Hallo y William Kelly Simpson, *The Ancient Near East: A History*, 2ª ed. (Fort Worth, TX: Harcourt Brace, 1998); Harriet Crawford, *Sumer and the Sumerians* (Cambridge: Cambridge University Press, 1991); y Samuel Noel Kramer, *The Sumerians: Their History, Culture, and Character* (Chicago: University of Chicago Press, 1963).

3 Woolley descubrió más de 1800 tumbas, dieciséis de las cuales destacaban por su riqueza y realeza. Estas tumbas datan del 2600 al 2400 a. C. Comp. C. L. Woolley, *Ur of the Chaldees: A Record of Seven Years of Excavation* (Nueva York: Norton, 1965), 33–89; y Shirley Glubok, ed., *Discovering the Royal Tombs at Ur* (Londres: Macmillan, 1969), 8; M. J. Selman, «Ur», en *Major Cities of the Biblical World*, ed. R. K. Harrison (Nashville: Thomas Nelson, 1985), 279.

4 «Laments for Ur» en Victor H. Matthews y Don C. Benjamin, *Old Testaments Parallels: Laws and Stories from the Ancient Near East*, 2da. ed. (Nueva York: Paulist, 1997), 237.

5 C. J. Gadd y Leon Legrain, *Ur Excavations, Texts, I: Royal Inscriptions* (Londres: Trustees of the Two Museums, 1928), 307 (pág. 96). Ver también Selman, «Ur».

6 Alfred J. Hoerth, *Archeology in the Old Testament* (Grand Rapids: Baker, 1998), 66–67.

7 William Osborne, «Ur» en *Dictionary of the Old Testament: Pentateuch*, ed. T. Desmond Alexander y David W. Baker (Downers Grove, IL: InterVarsity, 2003), 875.

VALLES Y PASTURAS: UNA VISIÓN GEOGRÁFICA GENERAL DEL ISRAEL ANTIGUO

POR R. DENNIS COLE

Ruinas cruzadas de Aco, en el norte de Israel. Durante la época de la conquista, Aco era territorio tribal asignado a Aser. Sin embargo, «Aser no logró expulsar a los habitantes de Aco» y de algunas otras ciudades (Jue. 1:31).

Vista del Valle de Ayalón desde las ruinas de Guézer. En el centro-derecha de la imagen se ven los restos de una torre cananea. Se une a una muralla, bajo la pasarela; datada en la época de los patriarcas.

La tierra contenida dentro de las fronteras clásicas desde Dan hasta Berseba y desde el Mar Mediterráneo hasta el Río Jordán es un territorio relativamente pequeño que cubre un área de menos de 19 400 kilómetros cuadrados (7500 millas cuadradas). Esta tierra de gran importancia teológica es solo un poco más grande que el estado de Nueva Jersey y mucho más pequeña que las grandes potencias que la rodean. Desde el punto de vista agrícola, solo un 20 % de Israel es tierra cultivable; aproximadamente la mitad es entre semiárida y árida.[1] Gran parte de la tierra más árida es rocosa y montañosa. Las tierras cultivables se encuentran principalmente en las llanuras costeras y en los valles del interior, tierras que fueron y son de las más productivas del mundo. La frase descriptiva de Israel como «sino el más insignificante de todos» (Deut. 7:7, traducción del escritor) se aplicaba a su población, territorio y poderío militar; la fuerza, el poder y la fuente de bendición de Israel eran Dios y Su fiel amor por Su pueblo.

TIERRA DE CONTRASTES

El territorio del antiguo Israel estaba situado en la mitad sur del puente terrestre que unía África y Asia, y entre las regiones de los antiguos imperios de Egipto al suroeste, los hititas al norte, y los asirios y babilonios al este y noreste. El terreno del antiguo Israel va desde las tierras altas del norte, cubiertas de árboles, como la parte alta de Galilea, el Monte Carmelo y los Altos del Golán, hasta las áridas zonas rocosas del Mar Muerto, el Néguev y el Arabá en el sur. A lo largo de las llanuras costeras mediterráneas de Filistea, Sarón y Acre se encuentran dunas de arena y exuberantes tierras de cultivo, ocasionalmente cortadas por pequeños arroyos como el Laquis, el Sorec, el Yarkon y el Quisón. La mayoría de estos arroyos nacen en las montañas de Judá, Samaria y Galilea, aportando nutrientes a suelos y a valles desde las estribaciones (la Sefela bíblica) hasta las llanuras costeras del interior.

El clima de Israel también es un estudio de contrastes, desde las regiones bien regadas del norte y el oeste hasta las zonas desérticas, resecas y rocosas del Mar Muerto y el Néguev. Con una latitud paralela a la del sur de EE.UU. (Savannah, Georgia = Tel Aviv), las temperaturas reflejan estas variaciones, con máximas en verano que oscilan entre los 26 y los 32º C en la zona costera del noroeste, alrededor de Acre, y entre los 43 y los 49 º C en torno al Mar Muerto y el sur del Néguev. Las variaciones en las precipitaciones también reflejan los cambios en el terreno, con cantidades anuales extremadamente bajas en las regiones del bajo Néguev y el Mar Muerto (menos de 7 centímetros [3 pulgadas]); las zonas del norte, alrededor de Dan y Metula, reciben hasta 100 centímetros (40 pulgadas). La mayor parte de las precipitaciones se producen entre noviembre y abril.

El núcleo de la composición geológica de la tierra es calcáreo de varios niveles de dureza, que van desde el asombrosamente duro cuarzo y sílex hasta la caliza más blanda. Las zonas cavernosas del corazón de las montañas de Judea, Samaria y Galilea contienen grandes acuíferos subterráneos, que brotan intermitentemente en manantiales a lo largo de los perímetros de los distintos valles, incluso en las zonas más desérticas del Mar Muerto y el Néguev. Ejemplos de estos manantiales (los nombres que comienzan con En- o Ein- se traducen ambos como «manantial» o «fuente de») incluyen regiones tan famosas como Engadi (donde David se escondió de Saúl), a En-harod «el manantial de Jarod», donde Dios dirigió a Gedeón para que eligiera su ejército), a Ein-feshkha (cerca de Qumrán en el Mar Muerto).

ZONAS LONGITUDINALES

La geografía de Israel y sus alrededores se divide en seis zonas longitudinales (norte-sur) distintas, con un gran valle diagonal, el valle de Jezrel, que separa la región de Galilea en el norte de las colinas de Samaria. En primer lugar, al oeste, se encuentra

Campos y tierras de cultivo en el norte de Israel, cerca del Monte Hermón.

la llanura costera a lo largo del Mar Mediterráneo y consta de algunas dunas de arena a lo largo de las costas y de ricas tierras de cultivo en el interior, tiene elevaciones que se elevan hasta 91 metros (300 pies) o más. Tradicionalmente, esta zona se ha dividido en tres secciones principales: (1) la llanura de Acre, en el norte, que se extiende desde la frontera del Líbano hasta la cresta del Monte Carmelo y llega casi hasta el Mediterráneo; (2) la llanura de Sarón desde el Monte Carmelo hasta el Río Yarkón, cerca de la actual Tel Aviv; y (3) la llanura filistea, va desde el sur del Yarkón hasta el noreste del Sinaí. Las tierras de cultivo de las llanuras costeras se extienden hasta cerca de 3 kilómetros (2 millas) del Monte Carmelo hasta 48 kilómetros (30 millas) en la llanura filistea del sur. Por estas llanuras costeras fluyen ríos y arroyos como el Sorec, el Laquis y el Hadera, que suelen tener su origen en la región de las colinas.

La segunda zona es la Sefela, un término que describe las «estribaciones» o «tierras bajas» entre la llanura costera y las montañas de Judá. Esta zona geológica distintiva, con elevaciones que alcanzan los 300 metros (1000 pies), está cortada por varios valles. Los valles constituían la barrera estratégica entre los filisteos y las tribus de Judá y Simeón. Ciudades como Guézer, en el valle de Ayalón, Timnat y Bet Semes, en el valle de Sorec, Azeca y Sajarayin, en el valle de Elá, y Laquis, en el valle de Laquis, se fortificaron a menudo para proteger el corazón de Judá, es decir, Jerusalén, Hebrón y otras ciudades importantes.

Al este de la Sefela, la tercera zona norte-sur es la región montañosa central, una cresta de montañas que se extiende desde el norte de Berseba, en el sur, hasta el Monte Carmelo y el Monte Gilboa que domina el valle de Jezrel. Las elevaciones alrededor de Hebrón y los montes Ebal y Guerizín alcanzan los 915 metros (3000 pies) o más. Al norte del Valle de Jezrel se encuentran las montañas de la parte alta y baja Galilea, con elevaciones en la alta Galilea que alcanzan casi 1220 metros (4000 pies) en el Monte

Mirando hacia el oeste desde lo alto de las ruinas de Jericó. Más allá de la vegetación está el valle del Jordán.

Merom. Estas tierras altas forman la cuenca de las lluvias «tempranas» (finales de octubre-diciembre) y «tardías» (enero-marzo) que describe la Biblia.

En las profundidades de la superficie, en la piedra caliza en forma de panal de las montañas, hay enormes acuíferos naturales, que brotan en manantiales a lo largo de los flancos de los valles y fluyen a través de la Sefela y hacia las llanuras costeras. Las ricas tierras de cultivo de los valles, como el de Sorec, fueron el «granero» del reino de Judá en la época del Antiguo Testamento. Las capitales, como Jerusalén de Judá y Samaria en el norte, estaban situadas estratégicamente en las montañas centrales. Los pastos y las aguas tranquilas descritas en el Salmo 23 estarían típicamente localizados en estas colinas y en los valles de la Sefela. Aquí las cantidades de lluvia eran máximas para el crecimiento de los pastos y otras plantas forrajeras, y aquí se encharcaban los manantiales, proporcionando aguas tranquilas para las tímidas ovejas.

Al este de la cima en las montañas centrales se encontraba la cuarta zona, el desierto de Judá y Samaria. Aquí las cantidades de lluvia disminuyen drásticamente a medida que uno se dirige hacia el este, hacia la profunda grieta geológica del Valle del Jordán, nuestra quinta zona longitudinal. La precipitación media anual en Jerusalén es de unos 63 centímetros (25 pulgadas). A unos 24 kilómetros (15 millas) al este, en Jericó, esta cifra se reduce a unos 12 centímetros (5 pulgadas) o menos. Cerca del extremo sur del Mar Muerto, la cantidad es de 5 centímetros (2 pulgadas) o menos. La naturaleza árida de las zonas silvestres y de los valles disminuye a medida que se avanza hacia el norte por el Valle del Jordán desde el Mar Muerto. El Valle del Jordán forma parte de una de las fisuras geológicas más profundas de la superficie terrestre, que alcanza los 420 metros (1380 pies) por debajo del nivel del mar en la actualidad. Debido al uso intensivo de agua dulce de regadío a ambos lados del Jordán, el nivel del Mar Muerto ha descendido constantemente, unos 30 metros (100 pies) en los últimos cincuenta años.[2] El valle del desierto al sur del Mar Muerto, el Arabá, se eleva gradualmente hasta más de 300 metros (1000 pies) sobre el nivel del mar antes de descender hasta el dedo del Mar Rojo en el Golfo de Áqaba (Eilat). Al oeste del Arabá se encuentra la región del Néguev («sur»), que se extiende al sur del valle de Berseba y hasta el Sinaí.

Al este del valle del Jordán se encuentra la sexta zona, la meseta de Transjordania (u oriental), con elevaciones que alcanzan unos 1220 metros (4000 pies), limitada al norte por el Monte Hermón (con una altura de unos 2770 metros [9100 pies]) y que se extiende hacia el sur a través de lo que era el antiguo Edom. Los acuíferos del Monte Hermón, que brotan en numerosos manantiales como los de Cesarea de Filipo, Dan e Iyón, forman el curso superior del Río Jordán en la cuenca del Huleh. Desde el Monte Hermón y a través de la región de los Altos del Golán, al este de la cuenca del Huleh, se encuentran los suelos enriquecidos por el volcán que proporcionaron exuberantes oportunidades de cultivo a lo largo de la antigüedad y en los tiempos modernos. Al sur del Golán, separado de Galaad por el Río Yarmuk, se encuentran los ricos suelos y las tierras altas de los antiguos territorios de los amonitas y moabitas; al sur se encuentran las regiones más desérticas de los edomitas.

NOTAS

1 *Israel's Agriculture* (Tel Aviv: Israel Export & International Cooperation Institute, n.d.), 8.

2 Stephanie Pappas, «Could the Dead Sea Completely Vanish?» *LiveScience*, 6 de diciembre de 2011, www.livescience.com/17324-dead-sea-completely-vanish.html.

CASCADAS Y ARROYOS: IMÁGENES DE AGUA EN LOS SALMOS

POR R. KELVIN MOORE

La cascada y el río Banias. Esta cascada se alimenta del agua del manantial cercano a la Cueva de Pan. Es una de las principales fuentes del Río Jordán.

El Río Jaboc, en la región de Galaad, desemboca al oeste en el Río Jordán.

El pueblo de Dios no necesitaba que nadie le recordara su dependencia del agua. Los hebreos vivían en una sociedad agraria. Dos factores climáticos distintos caracterizaban la tierra prometida: la sequía y la aridez.[1] El agua y la carencia de agua representaban imágenes dramáticas, comprensibles y significativas para los hebreos.

Israel solo recibía lluvia en dos períodos del año, las primeras lluvias caían en octubre y noviembre y las últimas en febrero y marzo. Durante estas dos estaciones lluviosas, los cauces de los ríos (wadis), que antes estaban secos, podían hincharse repentinamente con fuertes aguaceros, la posible inundación podía ser desconcertante. David se consoló recordando que Dios lo guiaba junto a aguas tranquilas.

Dado que rara vez llovía de manera significativa fuera de las dos estaciones lluviosas, la sequía era una realidad peligrosa en Israel. El escritor del Salmo 42:1-2 comprendía la falta de agua: «Cual ciervo jadeante en busca del agua, así te busca, oh Dios, todo mi ser. Tengo sed de Dios, del Dios de la vida». Como conocían la sequía, los oyentes originales del Salmo 42 habrían comprendido el miedo y el pánico que experimentaba el ciervo. Los lectores modernos pueden visualizar a un desafortunado animal en el Salmo 42, un ciervo buscando frenéticamente agua durante una sequía, pero el animal buscaba agua porque su vida dependía de encontrarla.

La única mención a las cascadas en la Escritura se encuentra en este mismo salmo (42:7). En lugar de hablar de refresco y disfrute, el salmista describió furiosos torrentes de desesperación que lo habían abrumado.

El Salmo 98 registra otra imagen del agua, tal vez durante una temporada de lluvias, el escritor observó el Río Jordán, cubierto de aguas blancas. Para el salmista, las aguas que subían y bajaban pueden haber imitado el batir de las manos.

Las aguas del Jordán corriendo habrían sido una vista común para el salmista. La palabra hebrea para *Jordan* significa «el que desciende», un reflejo de la importante caída del río. Comenzando a 60 metros (200 pies) sobre el nivel del mar en el Monte Hermón, el agua desciende hasta más de 400 metros (1300 pies) por debajo nivel del mar en su extremo, el Mar Muerto. Para los que están en la tierra prometida, el Jordán es, en efecto, el descenso.

Las personas que viven en zonas de abundantes lluvias anuales, zonas donde las sequías son raras, pueden tener dificultades para apreciar las imágenes del agua a lo largo del libro de los Salmos (y de la Escritura). Pero la metáfora creó una imagen poderosa e inconfundible para los hebreos del Antiguo Testamento.

NOTAS

1 «Rain» en *Dictionary of Biblical Imagery*, ed. Leland Ryken, James C. Wilhoit, Tremper Longman III (Downers Grove, IL: InterVarsity, 1998), 694.

EL TEMPLO DE ZOROBABEL

POR CONN DAVIS

El pináculo del templo de Jerusalén visto desde el suroeste a través del Valle de Cedrón. El marcado cambio en el estilo de la mampostería a lo largo de esta línea vertical muestra claramente las piedras lisas y cortadas con precisión de la ampliación de Herodes a la plataforma del templo en el suroeste. Las piedras más ásperas y pronunciadas a lo largo del muro del norte son probablemente piedras de la época de Salomón que fueron reajustadas por Zorobabel tras el regreso de los israelitas del exilio. Esta esquina se denomina la Marca de Zorobabel.

EL PRIMER TEMPLO DE ISRAEL

El rey Salomón completó el primer templo para el culto en el antiguo Israel alrededor del año 960 a. C. Estableció el templo cuando la monarquía y la nación estaban unidas y eran poderosas. La construcción de Salomón fue notable por los miles de trabajadores que participaron en siete años de actividad constructiva. El templo no solo era el centro de culto nacional, sino que también servía como el símbolo más visible de las bendiciones divinas sobre el gobierno.

El templo siguió siendo el centro del culto judío, incluso en la época de la monarquía dividida. Sin embargo, el culto en este primer templo era inconsistente. Algunos reyes se negaron a reverenciar al Señor.

Este magnífico y lujoso templo existió durante casi cuatro siglos hasta su destrucción por parte de Babilonia en el año 586 a. C. Nabucodonosor y su ejército quemaron este templo hasta los cimientos y se llevaron todos los recipientes de metal precioso y su contenido a Babilonia.

Cuarenta y siete años después el Imperio persa sustituyó a Babilonia como potencia mundial dominante en el 539 a. C. Los persas, al igual que los griegos y los romanos después de ellos, gobernaron con estilo benevolente. Instituyeron reformas progresistas como el gobierno provincial local, las carreteras pavimentadas, el servicio postal y la acuñación de monedas. Ciro II, el primer rey persa, emitió una famosa proclamación, que quedó registrada en cuneiforme en el Cilindro de Ciro.[1] Este edicto permitió el regreso de los judíos del exilio a Jerusalén para reconstruir su templo (2 Crón. 36:22-23; Esd. 1:1-4). Una segunda proclamación (520 a. C.), esta de Darío el

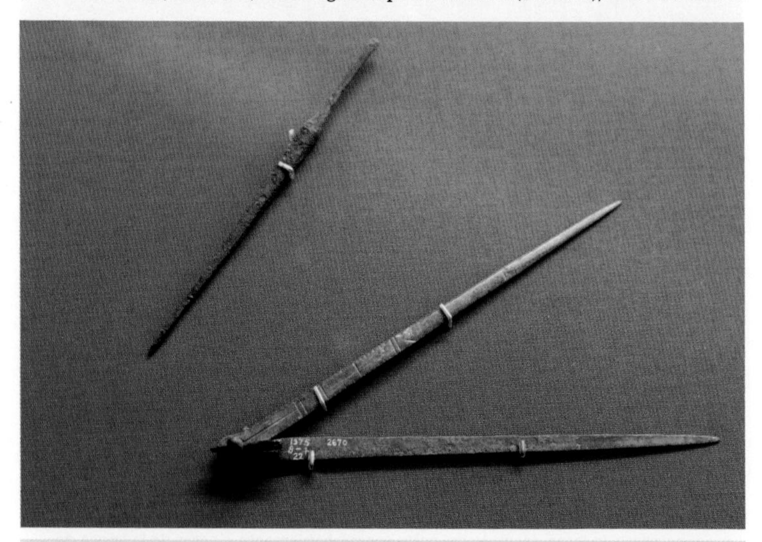

Herramientas de bronce utilizadas por albañiles y talladores de piedra que datan de la Edad de Bronce Tardía. Se muestran un estilete para marcar la superficie y un divisor.

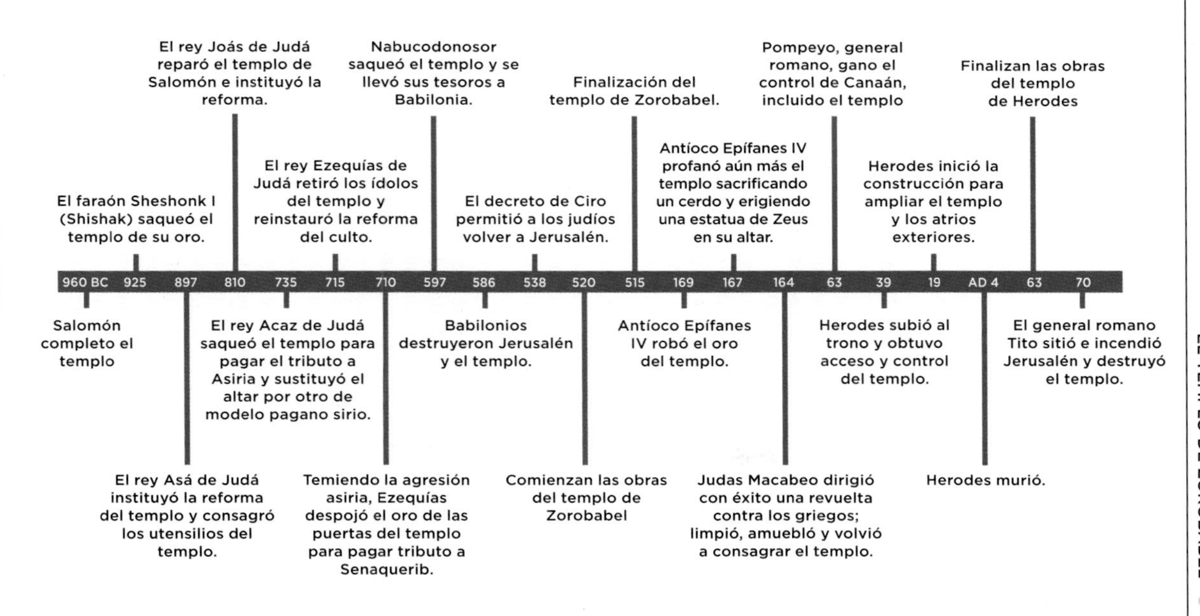
El rey Ezequías retiró los ídolos del templo.
960 BC
925
897
810
735
715
710
597
586
538
520
515
169
167
164
63
39
19
AD 4
63
70
Salomón completo el templo
El faraón Sheshonk I (Shishak) saqueó el templo de su oro.
El rey Asá de Judá instituyó la reforma del templo y consagró los utensilios del templo.
El rey Joás de Judá reparó el templo de Salomón e instituyó la reforma.
El rey Acaz de Judá saqueó el templo para pagar el tributo a Asiria y sustituyó el altar por otro de modelo pagano sirio.
El rey Ezequías de Judá retiró los ídolos del templo y reinstauró la reforma del culto.
Temiendo la agresión asiria, Ezequías despojó el oro de las puertas del templo para pagar tributo a Senaquerib.
Nabucodonosor saqueó el templo y se llevó sus tesoros a Babilonia.
Babilonios destruyeron Jerusalén y el templo.
El decreto de Ciro permitió a los judíos volver a Jerusalén.
Comienzan las obras del templo de Zorobabel
Finalización del templo de Zorobabel.
Antíoco Epífanes IV robó el oro del templo.
Antíoco Epífanes IV profanó aún más el templo sacrificando un cerdo y erigiendo una estatua de Zeus en su altar.
Judas Macabeo dirigió con éxito una revuelta contra los griegos; limpió, amuebló y volvió a consagrar el templo.
Pompeyo, general romano, gano el control de Canaán, incluido el templo
Herodes subió al trono y obtuvo acceso y control del templo.
Herodes inició la construcción para ampliar el templo y los atrios exteriores.
Herodes murió.
Finalizan las obras del templo de Herodes
El general romano Tito sitió e incendió Jerusalén y destruyó el templo.

Grande, confirmó y sostuvo el decreto inicial de Ciro. Además, Darío ordenó a los funcionarios políticos persas de la provincia que apoyaran los esfuerzos de reconstrucción del templo «sufragando los gastos de la reconstrucción del templo con los impuestos» (Esd. 6:1-8).

EL SEGUNDO TEMPLO DE ISRAEL

Debido al papel de liderazgo de Zorobabel en el proyecto de reconstrucción (Hag. 1:14), esta segunda casa de culto pasó a llamarse el templo de Zorobabel. Fueron necesarios cuatro años para completarlo. El proyecto contó con el inusual apoyo de los gobernantes persas y de dos prominentes profetas del Antiguo Testamento: Hageo y Zacarías.

El regreso de casi 50 000 judíos (Esd. 2:64-65) marcó la primera vez en la historia registrada que un pueblo conquistado sobrevivía al cautiverio y a la pérdida de su patria.[2] Con un apoyo legal, financiero y moral sin precedentes por parte de los líderes persas, los judíos comenzaron a renovarse en la construcción de la nación.

La riqueza material y la prosperidad económica de la época dorada de Salomón fueron sustituidas por graves condiciones económicas y sociales tras la destrucción de Jerusalén en el 586 a. C. Esto afectó al proyecto de construcción. El segundo templo carecía de la impresionante calidad y grandeza del primero. No obstante, los albañiles y carpinteros utilizaron «tres hileras de piedras grandes, y una de madera» de cedro para completar su tarea (6:4). Los canteros se valían de martillos y clavijas de madera para romper las rocas de las canteras, haciendo piedras de construcción individuales,[3] cuando estas piezas estaban listas los trabajadores cualificados de los levitas, incluidos los clanes de Jesúa, Cadmiel, Judá y Henadad (3:9), reconstruyeron el nuevo templo. Utilizar a los levitas para esta tarea no carecía de precedentes. Los levitas habían sido históricamente responsables del funcionamiento y el mantenimiento del templo. Desde la época de David y Salomón, un gran grupo de levitas había sido asignado a la construcción del templo.

Aunque no era tan impresionante como el templo de Salomón, el templo de Zorobabel no estaba vacío de esplendor. Los contactos y las referencias griegas y romanas proporcionan pruebas históricas de que el segundo templo estaba bien construido y era rico en su contenido.[4] Ciro autorizó la liberación de todos los vasos de oro y plata que Nabucodonosor había robado. Así, los judíos que regresaron trajeron consigo a Jerusalén y al templo más de 5000 recipientes de metales preciosos, entre ellos cofres, cuencos, candelabros y cuchillos (1:9-11).

El templo de Zorobabel siguió el diseño rectangular básico del templo de Salomón con tres áreas: el vestíbulo y la entrada, el área sagrada o santuario y el lugar santísimo donde había residido el arca. El primer y el segundo templo tenían esencialmente las mismas dimensiones interiores: 60 codos de largo por 30 codos de alto por 20 codos de ancho, aproximadamente 30 por 15 por 10 metros (100 por 50 por 35 pies). Sin la existencia del arca, símbolo de la presencia de Dios, el culto se centró en la gran zona del santuario, la zona santa, conocida en hebreo como *heikal*.

En el año 515 a. C., setenta años después de la destrucción del templo de Salomón, los judíos terminaron de construir un nuevo templo en Jerusalén. La nación restaurada de los judíos tenía su centro de culto; su fe y devoción al Dios de su pacto se reavivaron. El templo de Zorobabel perduró durante casi 500 años hasta que Herodes el Grande lo reconstruyó como el tercer templo en el año 19 a. C.

NOTAS

1 Jack Finegan, *Light from the Ancient Past: The Archaeological Background of the Hebrew-Christian Religion*, 2ª ed. (Princeton: Princeton University Press, 1959), 218, fig. 86. Para una traducción del texto del Cilindro de Ciro, ver *ANET*, 315–16.

2 *A Historical Atlas of the Jewish People*, ed. Eli Barnavi (Nueva York: Alfred Knopf, 1992), 28.

3 *Nelson's New Illustrated Bible Dictionary*, ed. Ronald Youngblood (Nashville: Thomas Nelson, 1995), 921.

4 Roland de Vaux, *Israel antiguo* (Nueva York: McGraw-Hill, 1965), 324–25.

SIÓN COMO UN LUGAR Y UN SÍMBOLO

POR ROBERT C. DUNSTON

Pueblo de Silwan (antiguo Siloé), cerca de la antigua ciudad de David.

UBICACIÓN E IMPORTANCIA

Entre el Valle de Cedrón y el Valle del Tiropeón, en Jerusalén, se encuentra una meseta con forma de triángulo alargado. El manantial de Gihón se encuentra en el lado oriental de la meseta. La fuerte pendiente de la meseta y la cercanía del agua dulce ofrecían una buena ubicación para un asentamiento y una fortaleza. Al darse cuenta de la buena ubicación, los jebuseos construyeron en la meseta una fortaleza que llamaron Sión.[1]

Los estudiosos de la Biblia han ofrecido varias sugerencias para la derivación del nombre *Sión*, algunos creen que el nombre proviene de una palabra hebrea que significa «estar seco». Sión se referiría entonces a la relativa sequedad de la zona a pesar de su proximidad al manantial de Gihón. Otros, observando la cercanía del manantial de Gihón, sugieren que Sión deriva de una palabra hurrita que significa «arroyo» o «río», también proponen una derivación de una palabra árabe que significa «cima» o «cresta», cualquiera de estas palabras raíz podría haber dado el nombre.[2]

La primera mención bíblica de Sión aparece en 2 Samuel 5:6-9. Cuando David y su ejército privado se prepararon para atacar la ciudad jebusea de Jerusalén, los habitantes se burlaron de ellos, creyendo que su fortaleza era inexpugnable, pero mediante una hábil estrategia, David y sus tropas conquistaron la ciudad y la fortaleza de Sión. El texto de 2 Samuel parece utilizar los términos Jerusalén y Sión indistintamente.[3] David se instaló en la fortaleza y reforzó sus fortificaciones y desde entonces, la ciudad se llamó ciudad de David.

Moneda de bronce de Jerusalén, 66-70 d. C., con la inscripción hebrea «a la redención de Sión».

Tras capturar Jerusalén, David trasladó el arca del pacto a la ciudad (6:17), convirtiendo a Jerusalén en su capital religiosa y política. Las victorias militares de David pusieron a las naciones vecinas bajo su control. Como parte del reconocimiento de la soberanía de David sobre ellas, obligó a las naciones conquistadas a reconocer la soberanía de Dios y a rendirle tributo (8:1-12). El gobierno de David sobre todo Israel dio credibilidad a sus habitantes de que Dios gobernaba a todos los pueblos. La creencia y las enseñanzas de Israel sobre la soberanía de Dios, a su vez, dieron legitimidad al imperio de David e hicieron de Sión/Jerusalén la sede del gobierno de David y de Dios.[4]

Tras la muerte de David, su hijo Salomón amplió la ciudad hacia el norte y construyó un templo para Dios y un palacio para sí mismo. Salomón llevó el arca del pacto desde Sión al nuevo templo (1 Rey. 8:1-6) y en una hermosa oración dedicó el templo a Dios (vv. 23-53). Aunque Salomón reconoció que el templo no podía contener a Dios, le pidió que estuviera presente en el templo y Sión pasó a ser conocida como el lugar donde habitaba Dios (Isa. 8:18).[5]

Tras la construcción del templo, el culto de Israel se centró en Jerusalén. El nombre Sión o Monte Sión llegó a referirse al templo (Sal. 20:2) y a toda la ciudad (2 Rey. 19:31; Sal. 51:18). Aunque se trataba de un lugar concreto, Sión también se convirtió en un símbolo de la presencia y el gobierno de Dios,[6] había «escogido a Sión» (Sal. 132:13) y había escogido morar allí «donde Tú habitas» (74:2) desde donde el rey gobernaba (2:6; 110:2) como representante de Dios, impartiendo su justicia y rectitud. Desde Sión Dios bendijo a Su pueblo (134:3).

SIGNIFICADOS SIMBÓLICOS

Como capital de Israel, Jerusalén llegó a representar a los habitantes de la ciudad (Isa. 3:8; 51:17) y, por extensión, al pueblo de toda la nación. Como sinónimo de Jerusalén, Sión o «hija Sión» también se refería a los habitantes de la capital (Sal. 147:12; Isa. 52:2) y a la nación en su conjunto (1:27).[7]

Tras la división del reino: el norte de Israel y el sur de Judá después de la muerte de Salomón, los profetas hablaron a menudo de la rebelión de Jerusalén y Sión como representante del pecado de la nación. Isaías dijo que el pecado hizo tropezar a ambos «Jerusalén se tambalea, Judá se derrumba» (3:8). Miqueas señaló a los habitantes de Jerusalén como el mayor ejemplo del pecado de Judá (Miq. 1:5). Amós, otro profeta del siglo VIII, comparó el pecado del pueblo de Sión con el de los ciudadanos de Samaria (Amós 6:1).

La palabra Sión aparece cuarenta y siete veces en Isaías y nueve en Miqueas. El único otro libro del Antiguo Testamento que utiliza *Sión* con tanta frecuencia es Salmos (treinta y ocho veces). Así pues, Isaías y Miqueas proporcionan excelentes ejemplos de Sión como lugar y como símbolo importante en la tradición teológica de Judá.

Al igual que otros profetas, Isaías y Miqueas profetizaron el juicio de Dios sobre Sión y Judá como resultado de su pecado (Miq. 1:13; 3:9-12). Aunque Sión no caería en manos de Asiria (Isa. 10:24-26), la ciudad acabaría siendo conquistada y destruida. Muchas naciones vendrían contra Sión (29:8). Finalmente, Babilonia llevaría al exilio a parte del pueblo (Miq. 4:10). La conquista convertiría a Sión en un desierto «Tus ciudades santas han quedo devastadas» que se asemejaría a campos arados, ruinas y matorrales, en lugar de una ciudad que alguna vez fue grandiosa (Isa. 64:10; Miq. 3:12). Sión sería abandonada (Isa. 1:8) y se sentiría abandonada por Dios (49:14).

Sin embargo, la palabra final de Dios no sería un juicio. A pesar de la destrucción, Dios preservaría «un remanente, del monte Sión» (Isa. 37:32). Dios consolaría a Su pueblo (51:3) y Sión «será redimida, y con rectitud» (1:27). Traería justicia y salvación a Sión (46:13) y «se lavará la inmundicia» y «limpiará la sangre» de Su ciudad (4:3-6). Los exiliados regresarían de Babilonia con «alegría y regocijo» (35:10; 51:11) y entonces Dios volvería a Sión, Su morada, y lo abrazaría de nuevo porque «Tú eres mi pueblo» (51:16; 52:8). Los habitantes de Sión se unirían alabando la renovada presencia de Dios con ellos (12:6).

La promesa de Dios de restaurar a Su pueblo se hizo realidad cuando el rey Ciro de Persia conquistó Babilonia y permitió a los exiliados en Babilonia de todas las naciones volver a casa y reconstruir sus naciones y templos. Muchos exiliados de Judea regresaron a Sión, pero las condiciones que encontraron apenas coincidían con las palabras de los profetas. El pueblo empezó a comprender que muchas de las palabras que Isaías, Miqueas y otros habían pronunciado sobre el futuro de Sión no se referían a la reconstrucción y restauración de una Sión terrenal, sino a la creación de una Sión celestial.

Algún día Dios pondría la primera piedra de una nueva Sión «piedra angular y preciosa para un cimiento firme» (Isa. 28:16) y prepararía un nuevo y milagroso nacimiento de su ciudad y su pueblo (66:7-11). En la nueva Sión, el luto y las lágrimas serían recuerdos lejanos, y la nueva vida sustituiría a la desesperación (30:19; 61:3). «Sobre el monte Sión, sobre Jerusalén, reinará el Señor Todopoderoso» (Isa. 24:23; Miq. 4:7-8); los enemigos de Judá vendrían a Sión, reconociendo el lugar como la ciudad de Dios, buscando conocer y seguir a Dios (4:2). En esta nueva Sión celestial, el reino de Dios se realizaría finalmente en toda su gloria y justicia.

Sión no ocupa un lugar destacado en el Nuevo Testamento, aunque los escritores relacionan a Jesús con Sión y mencionan la Sión celestial. Pablo y Pedro entendieron que la piedra angular que Isaías había profetizado (Isa. 28:16) era Jesús (1 Ped. 2:6), que vendría de Sión para liberar a Su pueblo (Rom. 11:26). Juan y el autor de Hebreos señalaron la Sión celestial como un lugar que, aunque oculto a la vista física, existía y desde el que Dios gobernaba (Heb. 12:22; Apoc. 14:1).

Ya en el siglo IV d. C., los cristianos se referían a la colina del suroeste de Jerusalén como Sión y no a la ubicación original de Sión. Se creía que la casa en la que se reunieron los discípulos en Pentecostés y desde la que se empezó a predicar el evangelio se encontraba en la colina del suroeste; esto proporciona probablemente la mejor explicación para el traslado de Sión a la nueva ubicación. Para los primeros cristianos, Sión era menos un lugar que un símbolo. Dios había enviado a Su Mesías, Jesucristo, que estaba construyendo Su reino, y un día consumaría el reino en una Sión celestial.[8]

NOTAS

1 Lamontte M. Luker, «Zion» en *MDB*, 985.
2 W. Harold Mare, «Zion» en *ABD*, 6:1096; James Newell, «Zion» en *HIBD*, 1711.
3 Georg Fohrer, «Zion and Jerusalem in the OT», en *TDNT abridged ed.* (1985), 295.
4 J. J. M. Roberts, «Zion Tradition», en *IDBSup* (1976), 986.
5 G. A. Barrois, «Zion», en *IDB*, 4:959; Luker, «Zion», 985.
6 Luker, «Zion», 985–86; Mare, «Zion», 1096.
7 Elaine R. Follis, «Zion, Daughter of» en *ABD*, 6:1103.
8 Barrois, «Zion», 960; Luker, «Zion», 986.

ZOAR

POR HAROLD R. MOSLEY

Palmeras datileras cerca del Mar Muerto.

Bab Edh Dhra, considerada por muchos arqueólogos la antigua Sodoma y/o Gomorra. Las rocas negras esparcidas por el suelo son un fenómeno inusual en esta zona de arenisca roja.

Zoar aparece junto a Sodoma y Gomorra en el relato de Génesis 19 sobre la destrucción de esas ciudades. Dios perdonó a Zoar cuando destruyó Sodoma y Gomorra, no porque sus ciudadanos fueran más piadosos, sino porque era pequeña (Zoar significa «pequeña») y Lot había entrado en la ciudad.

Zoar estaba situada cerca de la orilla sureste del Mar Muerto, en el Río Zéred. El Mar Muerto es el lugar más bajo en la superficie de la tierra con 393 metros (1292 pies) bajo el nivel del mar. La baja elevación y las montañas que lo rodean hacen que el Mar Muerto reciba pocas lluvias, menos de 10 centímetros (4 pulgadas) al año.

Durante la Edad Media, Zoar prosperó gracias a la abundancia de agua dulce en sus alrededores. Exportaba dátiles, azúcar y añil, en Madaba (Jordania), un mapa en mosaico de Oriente Medio del siglo VI muestra Zoar rodeada de palmeras. El moderno oasis de Jericó, en el valle, recuerda la productividad posible en la zona dando un suelo fértil y clima ideal para los cultivos.

Hace tiempo que Zoar dejó de existir como ciudad. La razón de su desaparición no está clara. Tal vez ocurrió alguna catástrofe que trastornó la ciudad. O tal vez el suministro de agua falló, pero finalmente Zoar sufrió el destino de Sodoma y Gomorra; pasó a la extinción. Zoar es la hermana menor abandonada de un infame grupo de ciudades tan malvadas que fueron destruidas porque cayó «del cielo lluvia de fuego y azufre» (v. 24).

ARTEFACTOS

AGRICULTURA Y GANADERÍA EN EL ANTIGUO ISRAEL

POR MARK R. DUNN

Agricultor árabe sembrando semillas, tarea que suele realizarse entre mediados de octubre y principios de diciembre.

Israel tuvo una economía basada en la agricultura a lo largo de los tiempos bíblicos.[1] En consecuencia, estas referencias saturan la Biblia. La comprensión de la vida agrícola del antiguo Israel ayuda a resaltar la importancia del uso frecuente de imágenes agrarias por parte de Jesús en Sus enseñanzas.

Bolsa de semillas de agricultor del Nuevo Reino de Egipto (1550-1069 a. C.).

La geografía de la tierra influyó mucho en el desarrollo de la agricultura. Israel tenía tierras llanas a lo largo de la costa mediterránea, en la llanura de Esdrelón y en la llanura del Jordán. Los que vivían allí cultivaban cereales y diversas hortalizas. Las tierras altas eran menos productivas; los agricultores primero tenían que despejar los bosques y luego construir terraplenes, que retenían la tierra y la humedad. El calendario agrícola se abría con la recolección de aceitunas de agosto a octubre, seguida de la siembra de cereales de octubre a diciembre. Después venía la siembra tardía de legumbres y hortalizas de diciembre a febrero, seguida de un mes de escardar las malas hierbas. La cosecha de cebada se realizaba desde marzo a abril. El trigo se cosechaba en abril y mayo. La uva se recogía de mayo a julio. Por último, la fruta de verano llegaba de julio a agosto.[2]

Tres herramientas utilizadas para la agricultura: un pico (arriba), una azada o azadón y una azada (cada una de ellas procedentes de Bet Semes; fechado entre 701 y 586 a. C.).

Aunque entre los cultivos comunes se encontraban las uvas y las aceitunas, el siguiente análisis se centrará en la agricultura israelita de cereales. El suelo era generalmente fértil, pero también famosamente rocoso y a veces poco profundo. Era necesario arar para romper la tierra y aflojar las piedras incrustadas en el suelo, para que el agua pudiera penetrar y las plantas jóvenes pudieran echar raíces.[3] Los israelitas utilizaban una variedad de herramientas agrícolas, como arados para preparar la tierra. Los primeros arados eran palos con horquillas. Siglos más tarde, los agricultores desarrollaron arados con puntas de hierro que podían penetrar en el suelo unos 13 centímetros (5 pulgadas). Las gradas rompían los terrones después de arar. Las azadas y los azadones removían el suelo para la siembra y la escarda.

Los agricultores solían sembrar los cereales al voleo[4], aunque algunos utilizaban un saco con un agujero para dejar caer las semillas mientras el arado removía la tierra.[5] A continuación, había que aventar el grano. Para ello se utilizaban rodillos de madera o de piedra o bueyes para romper las cabezas del grano y liberar los granos.

Luego, los trabajadores utilizaban horquillas, palas o abanicos para lanzar el grano al aire y que la paja se desprendiera. Los tamices separaban el grano del resto de la materia no deseada. Por último, el grano se molía para convertirlo en harina.

NOTAS

1 Ver «Agriculture» en *Nelson's New Illustrated Bible Dictionary*, ed. Ronald F. Youngblood (Nashville: Thomas Nelson, 1995), 27-31.

2 Oded Borowski, «Agriculture» en *EDB*, 28-30.

3 Ver «Agriculture» en *Nelson's Illustrated Manners and Customs of the Bible*, ed. James I. Packer, Merrill C. Tenney y William White Jr. (Nashville: Thomas Nelson, 1997).

4 J. L. Kelso y F. N. Hepper, «Agriculture» en *New Bible Dictionary*, ed. D. R. W. Wood, 3ª ed. (Downers Grove, IL: InterVarsity, 1996).

5 Craig S. Keener, *The IVP Bible Background Commentary: New Testament* (Downers Grove, IL: InterVarsity, 1993), 82.

ANTIGUOS ALTARES

POR GEORGE H. SHADDIX

Monumento, probablemente un altar, en la zona central del templo de Eshmún en las afueras de Sidón. Eshmún era el dios fenicio de la curación. El templo data del siglo VII a. C.

Incensarios de bronce en miniatura, probablemente de uso doméstico. Procedentes de Biblos; siglo I a. C. a siglo I d. C.

Los altares más sencillos se construían con tierra, formando un montículo. Este puede haber sido el tipo de altar que construyó Noé y, evidentemente, el tipo que construyó Moisés más tarde. Los altares de tierra eran útiles, especialmente para los pueblos nómadas. «Un altar de tierra no habría sido muy práctico para los pueblos asentados permanentemente, ya que la temporada de lluvias de cada año dañaría o destruiría el altar».[1] En cambio, los pueblos asentados solían utilizar piedra para construir altares. Estas piedras debían ser naturales y no talladas. El altar de piedra, al igual que el de tierra, no tenía una forma definida. Las piedras simplemente se apilaban unas sobre otras. A veces, una sola roca natural servía de altar (Jue. 6:19-21). Así que el material que el constructor utilizaba para construir el altar determinaba su forma.

La Escritura parece hacer una distinción respecto a los que ofrecían sacrificios en cada tipo de altar. Los altares de tierra y de piedra se utilizaban antes del establecimiento del sacerdocio; por lo tanto, cualquiera podía construir un altar dondequiera que estuviera y podía ofrecer un sacrificio (Gén. 8:17-20; 22:9-13). Con el establecimiento del sacerdocio, la gente construyó altares más elaborados, como los del tabernáculo y el templo. Solo aquí los sacerdotes ofrecían los sacrificios para el pueblo de Dios.

La mayoría de los altares estaban diseñados para ofrecer sacrificios; sin embargo, algunos parecen haber sido construidos «como testimonio» (Ex. 17:15-16; Jos. 22:26-27).[2]

Los altares no eran exclusivos de Israel. Otras naciones también construían altares para adorar a sus dioses. Los arqueólogos descubrieron un altar con múltiples caras talladas en Tanac, donde Débora y Barac derrotaron a los cananeos bajo Sísara (Jue. 5:19-20).[3] Tales adornos estaban prohibidos en el culto judío. «En Meguido se excavó un llamativo altar cananeo circular que data de 2500 a. C. a 1800 a. C. Tenía poco

Uno de los mejores ejemplos de un gran altar de piedra se encuentra en Meguido. El complejo del templo data de la época de Abraham. El altar circular tiene unos 7 metros (25 pies) de diámetro y más de 1 metro (4 pies) de altura.

Relieve de un rey y una reina hititas ante el altar sagrado. Data del 1300 a. C.

menos de 8 metros (25 pies) de diámetro y cerca de 1,3 metros (4,5 pies) de altura. Cuatro escalones conducían a la parte superior del altar».[4] La prohibición de Éxodo 20:25-26 de utilizar «piedras labradas» y «escalones» junto con los altares es probablemente una prohibición de que el pueblo de Dios utilice altares que compartan características con los de los cananeos.[5] Los arqueólogos han excavado en Berseba un altar construido con grandes piedras talladas. Este altar tiene cuernos en sus cuatro esquinas y data del período del reino dividido.[6]

El altar era un lugar sagrado en el culto de Israel. Representaba la presencia de Dios entre Su pueblo. Cuando se colocaban las ofrendas en el altar, se sacaban del dominio del hombre y se entregaban a Dios, «ofrézcanme sobre él sus holocaustos y sacrificios de comunión [...] y los bendeciré» (Ex. 20:24). Así, el propio pacto entre Dios y Su pueblo se mantenía en vigor, o se restablecía, sobre el altar de los sacrificios».[7]

Como el altar era sagrado, nada debía profanarlo. Si, por alguna razón, se contaminaba, debía ser limpiado como lo había sido en los días del rey Ezequías (2 Crón. 29:18-19).

NOTAS

1 Joel F. Drinkard Jr., «Altar» en *Holman Bible Dictionary* (HolBD), ed. Trent C. Butler (Nashville: Holman, 1991), 38

2 Howard Z. Cleveland, «Altar» en *The New International Dictionary of the Bible*, J. D. Douglas, ed. rev.

3 Albert E. Glock, «Taanach» en *The New Encyclopedia of Archaeological Excavations in the Holy Land (NEAEHL)*, ed. Ephraim Stern (Nueva York: Simon & Schuster, 1993), 4:1431.

4 Drinkard, «Altar», 38.

5 H. M. Wiener, W. S. Caldecott y C. E. Armerding, «Altar» en *The International Standard Bible Encyclopedia (ISBE)*, ed. Geoffrey W. Bromiley. Geoffrey W. Bromiley, vol. 1 (Grand Rapids: Eerdmans, 1979), 101-2.

6 Drinkard, «Altar», 38.

7 Roland de Vaux, *Ancient Israel: Its Life and Institutions* (Grand Rapids: Eerdmans, 1997), 414.

ANTIGUAS ERAS

POR PAUL E. KULLMAN

En Samaria, esta era sigue siendo utilizada por los lugareños.

Una era bien construida requiere una zona rocosa plana o un suelo duro y compacto con una superficie libre de polvo suelto. El emplazamiento preferido solía ser una zona elevada cerca de las afueras del pueblo. Los vientos, que se producen de forma natural en una elevación geográfica, ayudaban a que la labor de aventado fuera productiva. El hecho de poder aprovechar los vientos dominantes determinaba la ubicación exacta de la era. Cada era se construía en un círculo de unos poco más de 15 metros (50 pies) de diámetro con una «corona» en el centro, una zona elevada que ayudaba a evacuar el agua de la lluvia.[1] Si la corona no se producía de forma natural, los trabajadores utilizaban las abundantes reservas de piedra y construían el centro de la era con adoquines de piedra y relleno de arena para las juntas.

AGRICULTURA

El método de la era para recoger una cosecha se realizaba en un lugar de reunión común para la antigua sociedad agraria. Varios agricultores, o toda la aldea, compartían una era. Se trata de una de las primeras formas de cooperativa empresarial, en la que algunas partes de la operación proporcionaban un beneficio comunal a la economía local. (Del mismo modo, las comunidades solían compartir los lagares).

La finalidad de una era es sencilla. Los agricultores del antiguo Cercano Oriente recogían las cosechas de grano, las cargaban en carruajes planos empujados por animales de tiro (normalmente bueyes o asnos) y llevaban el grano a una era.

Los trabajadores descargaban y clasificaban el grano para procesarlo. Las gavillas más grandes se extendían uniformemente por el suelo y se aplastaban al pisarlas los animales o al pasar las ruedas de los carruajes por encima (Isa. 28:27-28). Los agricultores también utilizaban otra herramienta de trilla conocida como «trineo de trilla».[2] Un conductor, montado en un trineo, dirigía a los animales para que tiraran de un pesado madero con piedras incrustadas o dientes de hierro sobre el grano cosechado. Una vez que la cosecha estaba dividida, los trabajadores utilizaban la horquilla aventadora para lanzar los tallos al viento y separar la paja de los granos. El grano, la parte valiosa del producto alimenticio, caía al suelo y permitía a los trabajadores recogerlo para almacenarlo o comercializarlo.

La cosecha de cebada y trigo tiene lugar en primavera y requiere muchos trabajadores para su procesamiento. Por lo tanto, la necesidad de una abundancia de trabajadores requería que las familias y la comunidad se unieran para ayudar a llevar el éxito económico a un pueblo o una pequeña ciudad.[3] Después de que la operación de trillado se completara, la era contenía una mercancía importante y valiosa, que los lugareños tenían que proteger del robo (1 Sam. 23:1).

SIMBOLISMO

La Biblia utiliza el término *era* muchas veces en sentido simbólico y literal, siendo el uso agrario el último. La era frecuentemente simbolizaba un lugar con significado espiritual y bendición (Núm. 18:27-32; Jue. 6:11-40). Por ejemplo, Gedeón utilizó la era como lugar para un milagro divino: la colocación de su vellón. Además, la ley habla de su uso. Con respecto al esclavo que ha cumplido su período de servicio, Deuteronomio 15:14 dice: «Abastécelo bien con regalos de tus rebaños, de tus cultivos y de tu lagar. Dale según el Señor tu Dios te haya bendecido». La era representaba la fuente simbólica del sacrificio que los adoradores devolvían al Señor en agradecimiento por Sus bendiciones divinas (Núm. 15:20; Deut. 16:13). Asimismo, el trillo era un símbolo de la fuerza bruta en el juicio de las naciones o grupos de personas o para la victoria sobre los enemigos de Israel (Isa. 41:15-16; Amós 1:3). El Señor utilizó una metáfora de cosecha para hablar de juzgar a Babilonia: «como una era en el momento de la trilla; ¡ya le llega el tiempo de la cosecha!». Esto era un eufemismo para Su juicio (Jer. 51:33).

Juan el Bautista utilizó la metáfora de la era para describir al Mesías venidero y lo que Jesús haría en relación con el juicio espiritual (Mat. 3:12). La paja que se separa de las gavillas de cebada y trigo se considera inútil y se destina al fuego, pero el trigo valioso se recoge y se almacena en el granero. A veces, la paja se recogía y se vendía como combustible para los hornos. Del mismo modo, los agricultores vendían los preciados granos de trigo a los clientes para hacer pan. Esta metáfora es una fuerte ilustración visual, ya que la paja representa a los no salvos enviados al fuego mientras que los granos son los salvos que son una parte valiosa de la cosecha.

NOTAS

1 «Threshing Floor» en *Wycliffe Biblical Dictionary*, ed. Charles F. Pfeiffer, Howard F. Vos y John Rea (Peabody, MA: Hendrickson, 2003), 1701.

2 «Threshing Sledge» en *The Baker Illustrated Bible Dictionary*, ed. Tremper Longman III (Grand Rapids: Baker, 2013), 1630.

3 F. Nigel Hepper, «Agriculture» en *HolBD*, 24-25.

ANTIGUOS CONTRATOS MATRIMONIALES

POR ROBERTA LOU JONES

Ruinas de una ciudad grecorromana en la isla de Elefantina, en el Nilo. Cuando los persas gobernaban Egipto, a partir del año 525 a. C., se instaló allí un gran campamento de mercenarios, entre los que había regimientos judíos. El descubrimiento de los papiros de Elefantina ha permitido a los estudiosos reconstruir la vida de los habitantes judíos. La mayoría de los documentos tratan sobre aspectos legales del matrimonio, el divorcio, el comercio y la herencia.

Dios planeó el matrimonio como una relación segura entre un hombre y una mujer (Mat. 19:5-6). Sin embargo, debido al pecado humano, el matrimonio incluye con demasiada frecuencia el miedo y la inseguridad. Los ejemplos bíblicos de matrimonios imperfectos incluyen a Lea y Raquel, que compartían a Jacob (Gén. 29:18-28). Con demasiada frecuencia, las mujeres eran mercancía para comprar (Ex. 21:7-11) y recompensas por el éxito militar (Jos. 15:16).

Los matrimonios problemáticos también destacan en la historia secular. El Código legal de Lipit-Ishtar (siglo XIX a. C.) ordenaba a un hombre con hijos de «una ramera de la plaza pública» que le proporcionara grano, aceite y ropa. Con sentido común, las leyes prohibían que la ramera y la esposa del hombre vivieran juntas. Algunas relaciones sugerían mera conveniencia. Una reina egipcia escribió a la realeza hitita: «Mi marido ha muerto [...] enviadme a uno de vuestros hijos, podría ser mi marido». Los legisladores trataron de mejorar el matrimonio. Hammurabi gobernó

Documento, escrito en arameo, que registra el matrimonio de Ananías ben Azarías y la sierva Tamut; tinta sobre papiro; encontrado en Elefantina, Egipto.

Babilonia desde aproximadamente 1728 a 1686 a. C. Observó a una esposa vaga que descuidaba su casa y a su marido. ¡Hammurabi ordenó que se arrojara a la mujer al agua![1] Lamentablemente, los problemas entre los esposos solían eclipsar el amor y la seguridad.

CONTRATOS MATRIMONIALES

Tanto los contratos verbales como los escritos intentaban estabilizar los matrimonios. Aunque las definiciones de las palabras variaban, muchos términos e ideas obtuvieron una amplia aceptación en el mundo antiguo.

Regalo nupcial: El regalo del novio a la novia (Gén. 34:12).

Mohar: Los padres de la pareja analizaban el posible matrimonio. El novio daba un «regalo de matrimonio», un *mohar*, al padre de la novia para mostrar sus buenas intenciones, para compensar a la familia de la novia y para fortalecer los lazos familiares.

Precio de la novia: Algunos estudiosos interpretan el *mohar* como el precio de la novia, una compra de esta.

Período de esponsales: Si los padres de la novia estaban de acuerdo, la pareja comenzaba su período de esponsales (compromiso). La sociedad esperaba que el futuro novio ejerciera un liderazgo de servicio y tomara decisiones amorosas.[2]

Dote: El padre de la novia, o su familia, aportaba la dote, sus posesiones. El marido administraba la dote en beneficio mutuo. Una novia con una buena dote representaba un activo financiero y social.[3] Caleb dio a su hija un campo y manantiales de agua (Jos. 15:16-19). Labán ofreció esclavos (Gén. 29:24-29).[4]

Ketubah: En el siglo I a. C., las parejas judías elegían un contrato matrimonial por escrito, una *ketubah.* Cada novio prometía un *mohar* si la pareja se divorciaba.

El divorcio era la separación matrimonial. Los hombres podían divorciarse fácilmente de sus esposas. Algunas culturas ofrecían a las mujeres esta libertad.[5]

Contrato de matrimonio babilónico entre Uballitsu-Gula, hijo de Nabu-nadin-ahi, e Ina-Esagilbanat, hija de Sum- ukin; fechado en 549 a. C.

MATRIMONIOS SECULARES

Los arqueólogos han descubierto pruebas de matrimonios en numerosas civilizaciones. La historia indica que los hombres de Nuzi (2000-1400 a. C., Mesopotamia) pagaban a sus novias con ganado, tejidos, cobre o plata. Algunos contratos legales nuzi permitían retrasar el pago.[6] La colonia judía de Elefantina (siglo V a. C., Egipto) utilizaba hojas de papiro para registrar los contratos matrimoniales. Estos documentos legales mencionaban las responsabilidades del novio, la dote de la novia y sus posesiones personales. Las novias enumeraron espejos, ropa, pintura cosmética y sandalias. El marido se comprometía a proporcionar la comida y la ropa habituales. Además, prometía aceite para su amada. (Las mujeres del árido Egipto apreciaban el aceite corporal).

Los esclavos también utilizaban contratos matrimoniales. Tamut, por ejemplo, mencionó en su acuerdo escrito una prenda de vestir, ungüento, un espejo barato y posiblemente unas sandalias. Las palabras habladas también se consideraban vinculantes. El novio le dijo a la dueña de Tamut: «He venido a ti para que me des en matrimonio a Tamut, que es tu sierva. Ella es mi esposa, y yo su marido desde hoy y para siempre».[7]

Zacur dio a su esclava Jehoishma una espléndida dote de plata, vestidos, vasos y artículos de aseo. Un escriba escribió el contrato en presencia de seis testigos.

En el mundo del siglo XIV a. C. se comerciaba con caballos, animales exóticos, carruajes, marfil, ropa elegante, piedras preciosas y oro. En este contexto comercial, Amenhotep III de Egipto deseaba otra princesa de Mitanni para su harén. El rey de Mitanni exigió un precio de novia, «sin límite, que llegaba desde la tierra hasta el cielo». Los dos gobernantes intercambiaron valiosos «regalos». Amenhotep envió a su embajador a inspeccionar a la princesa Taduhepa como candidata a novia real egipcia. La mujer pasó la inspección. Entonces, el rey mitanniano dio a la princesa una gran dote, registrada en tablillas de arcilla. Suplicó a las deidades paganas que permitieran que la princesa fuera «agradable al corazón de mi hermano». Taduhepa y sus lujosos objetos llegaron a Egipto, donde Amenhotep la recibió con gran esplendor. Así, Mitanni y Egipto organizaron una fantástica aventura comercial, política y romántica.[8]

NOTAS

1 «Lipit-Ishtar Law Code», «Suppiluliumas and the Egyptian Queen» y «The Code of Hammurabi» en *ANET*, 1ª ed., 159-60, 163, 319, 172, respectivamente. Hammurabi «reinó 43 años en la primera mitad del segundo milenio a. C. Sus fechas absolutas son inciertas; su reinado comenzó en 1848, 1792 o 1736 a. C.». Ver Gary D. Baldwin y E. Ray Clendenen, «Hammurabi» en *HIBD*, 708.

2 Daniel I. Block, «Marriage and Family in Ancient Israel», en *Marriage and Family in the Biblical World*, ed., Ken M. Campbell (Downers Grove, IL: InterVarsity, 2003), 57-58.

3 Christine Roy Yoder, «The Woman of Substance: A Socioeconomic Reading of Proverbs 31:10-31», *Journal of Biblical Literature* (JBL) 122.3 (2002): 432–35, 444. Yoder ve Proverbios 31:10 como el precio de compra de una novia, en una cultura en la que el matrimonio es principalmente una transacción comercial.

4 Muchos de los términos de los contratos matrimoniales variaban su significado. Para un análisis de la dote como equivalente al precio de la novia, ver «Dowry» en *HIBD*, 441.

5 John J. Collins, «Marriage, Divorce, and Family in Second Temple Judaism», en *Families in Ancient Israel*, ed. Leo G. Perdue et al. (Louisville: Westminster John Knox, 1997), 113–16.

6 Katarzyna Grosz, «Bridewealth and Dowry in Nuzi», en *Images of Women in Antiquity*, ed. Averil Cameron y Amelie Kuhrt (Detroit: Wayne State University Press, 1983), 199-205.

7 Bezalel Porten, *Archives from Elephantine: The Life of an Ancient Jewish Military Colony* (Berkeley: University of California Press, 1968), 91-92, 206-12, 219-23.

8 George Steindorff y Keith C. Seele (rev. Keith C. Seele), *When Egypt Ruled the East* (Chicago: University of Chicago Press, 1957), 107-9.

ASTARTÉ

POR ROBERT A. STREET

Este león de quince toneladas simbolizaba a la diosa asiria Ishtar. Un par de estas estatuas custodiaban su templo en Nimrud. La estatua mide 2,6 metros (8,5 pies) de altura y 4 metros (13 pies) de largo.

Relieve de terracota estampado que representa a Ishtar sosteniendo su arma, Eshnunna; procedente de Mesopotamia; fechado en el segundo milenio a. C.

Los cananeos eran adoradores de la naturaleza, y sus dioses estaban estrechamente relacionados con el ciclo de la naturaleza de la región. Con un clima que tenía una estación húmeda y otra seca, la mitad del año era fértil con cosechas prósperas. La otra mitad era seca y las cosechas perecían. Los cananeos suponían que cuando sus dioses no estaban presentes o se separaban, la tierra languidecía y era estéril. Creyendo que los dioses respondían a las acciones en la tierra, el culto cananeo buscaba formas de atraer a los dioses para que fueran bondadosos. ¿Cómo podían los cananeos controlar a los dioses que traían la prosperidad de las cosechas y la tierra? Mediante el «culto adecuado», por supuesto. Los hebreos se adhirieron entonces a la forma de adoración cananea centrada en el culto a la fertilidad.

Entonces, ¿quiénes o qué eran los dioses que atraían a los hebreos a la apostasía y la deserción? Jueces 2:13 los identifica como Baal y Astarté. «Parece que [Astarté] se convirtió en un término genérico para las deidades

Estatuilla de Aserá. Mencionada en todo el Antiguo Testamento, Aserá era la diosa principal de Siria y Canaán. El pueblo creía que era la esposa del dios cananeo El y también la madre de otros setenta dioses, el más famoso de los cuales era Baal.

femeninas de los cananeos, y cuando se usaba con Baal, o Baalim, era el término colectivo para las deidades paganas».[1] Baalim y Astarté son sustantivos plurales. Como sustantivos plurales, lo más probable es que los términos hagan referencia a una manifestación local del dios cananeo Baal y de la diosa cananea Astarté.[2]

Baal es más familiar para los lectores del Antiguo Testamento. Sin embargo, la Escritura no explica lo que ocurría exactamente en el culto a la naturaleza de los cananeos. Para saber cómo entendían los cananeos que sus dioses y diosas influían en el mundo natural, debemos buscar paralelos en el antiguo Cercano Oriente. Los pueblos de Babilonia, Asiria, Ugarit y Egipto practicaban la adoración de la naturaleza con deidades similares.

Baal era el dios cananeo de la fertilidad y de la tormenta. Por ello, creían que traía las lluvias para que crecieran las cosechas. Las tablillas ugaríticas de Ras Shamra, que datan del 1400 a. C., describen una relación entre Baal y su diosa consorte, esposa y hermana.

Para complicar aún más las cosas, Astarté podría tener varios nombres diferentes.[3] Los múltiples nombres podrían explicar por qué el libro de los Jueces utiliza las formas plurales. Una transliteración griega de su nombre es Astarté. Aunque no es seguro, la gente de Ras Shamra puede haberse referido a ella como Anat. Otra posibilidad es que se la conociera como Aserá.[4] Su homóloga babilónica y asiria era Ishtar (o Ashtar). Aunque no se refiera a la misma deidad, las funciones eran similares. Era la diosa de la fertilidad, la portadora de la vida e incluso la destructora de la muerte.

El Antiguo Testamento no proporciona ninguna descripción física de un dios ni de ninguna deidad pagana. Sin embargo, la historia enseña que Astarté (Astarot) estaba simbolizada por un poste de madera, un árbol o incluso un bosquecillo de árboles. No es sorprendente que las figuras de madera que representan a Astarté no hayan sobrevivido. Sin embargo, han sobrevivido imágenes y símbolos de Astarté de piedra y terracota del antiguo Cercano Oriente. En el siglo XIV a. C., Ras Shamra la representaba en figuras de arcilla y terracota, frisos decorativos de piedra e incluso tallas de marfil. La estela de Astarté de Betsán tiene una representación de ella. Los egipcios representaban a su homóloga como una diosa desnuda. Aunque no podemos saber con certeza que los hebreos desleales la conocieran en estas formas, sí adoraban a una diosa como ella con la esperanza de garantizar la fertilidad de la tierra.

Estatuilla cultual de Astarté; procedente de Chipre; fechada hacia el 1300 a. C.

PRÁCTICAS DE CULTO

¿Cuál fue exactamente la actividad de culto que tuvo lugar y que hizo que la apostasía fuera tan difícil de eliminar de Israel y Judá? La historia no proporciona ninguna descripción real de lo que ocurrió. Pero tal vez ningún versículo dé mejores pistas sobre la adoración de Baal y Astarté que Amós 2:7: «Padre e hijo se acuestan con la misma mujer, profanando así mi santo nombre».

La práctica de culto de la religión incluía la prostitución «sagrada» en la que los hombres mantenían relaciones íntimas con las sacerdotisas de la diosa, y las mujeres, con los sacerdotes del dios. El concepto que subyace a esta acción es el de la magia «simpática». Los devotos del culto promulgaban ritos orgiásticos en la adoración. «Según un modelo de magia simpática o imitativa, por el que el adorador imita las acciones que desea que realicen los dioses, los adoradores masculinos y femeninos se dedicaban a la prostitución sagrada, suponiendo que con ello aseguraban el ciclo rítmico de la naturaleza».[5] Sus acciones decían en esencia: «Que Baal, el dios de la tormenta, envíe la lluvia para fertilizar la tierra y hacer florecer las cosechas». La idea era que como los dioses veían lo que había en la tierra, así iba en el cielo y viceversa.

NOTAS

1 Bryce N. Sandlin, «Ashtaroth» *Biblical Illustrator (BI)* 15.4 (verano de 1989): 18.

2 Sandlin, «Ashtaroth»; Scott Langston, «Ashtaroth» en *HolBD*, 112-13.

3 Jimmy Albright, «Ashtaroth», *BI* 6.1 (otoño de 1979): 23-24.

4 «§1718 [ʿashtarot]» (Ashtaroth) en *TWOT*, 707. Ver Sandlin, «Ashtaroth», 18-19.

5 James King West, *Introduction to the Old Testament*, 2da. ed. (Nueva York: Macmillan, 1981), 216.

LA BANCA EN EL SIGLO I

POR C. MACK ROARK

Tesoro de los atenienses en Delfos. Este tipo de tesoros se construían en honor al dios patrón de una ciudad. Los atenienses que visitaban Delfos llevaban una ofrenda a su tesoro con la esperanza de obtener la aprobación de su deidad favorita.

Del propio Nuevo Testamento se desprende poco sobre la actividad bancaria en Judea y Galilea. La palabra griega traducida como «banco» (*trapeza*) aparece quince veces en el Nuevo Testamento, pero solo en un caso se refiere a un lugar donde se guardaba y circulaba el dinero, ya que la palabra también significa «mesa» en el uso doméstico cotidiano. Tres veces se refiere a las mesas de los cambistas (Mat. 21:12; Mar. 11:15; Juan 2:15). Solo en Lucas 19:23 se refiere a un banco,[1] y eso no habría sido un banco en ningún sentido moderno. Bajo el dominio romano en el siglo I d. C., la banca era todavía primitiva, a pesar de que en diversas formas la banca había existido durante siglos.[2]

La banca fue el resultado de un proceso que comenzó con el sistema de trueque, en el que las personas intercambiaban bienes o servicios por otros bienes o servicios. Aunque el trueque continuó en todo el mundo antiguo, el desarrollo de la moneda y el intercambio de dinero por bienes y servicios introdujo una nueva era en el comercio. En todo el mundo romano se desarrolló lentamente un sistema unificado de acuñación de monedas.[3] El sistema era más común en las zonas urbanas y menos en las aldeas rurales donde Jesús ejercía principalmente Su ministerio. Allí el trueque siguió siendo una práctica común y, con él, los antiguos métodos de almacenamiento de tesoros. Los habitantes de Judea empezaron a utilizar monedas en el siglo IV a. C.; las monedas romanas empezaron a utilizarse allí en el siglo I a. C. Herodes el Grande, así como sus hijos y sucesores, produjeron y pusieron en uso monedas útiles pero de menor valor que las imperiales.[4] Los individuos solían llevar monedas en un monedero o bolsillo.

Fechado en el siglo IV d. C., este relieve muestra a un cambista trabajando en su banco, que hace las veces de caja.

El billete del banquero, llamado *tasserae,* se adhería a un saco de monedas sellado. La marca, que llevaba inscrito el nombre del autentificador o ensayador de monedas, servía para verificar que el saco de dinero sellado contenía monedas auténticas y una cantidad de dinero esperada. Los banqueros intercambiaban los sacos de monedas, a menudo sin siquiera abrirlos para verificar más allá de la marca del banquero. Este sistema, que la población en general nunca utilizó, se basaba en esclavos de confianza para el transporte de dinero.

La acuñación de monedas supuso un paso adelante en el comercio, pero al mismo tiempo planteó nuevos problemas. Nadie había establecido una norma uniforme para el valor de las monedas, y además numerosas naciones y ciudades-estado acuñaban las suyas propias. Las monedas podían ser de oro, plata, bronce o cobre; muchas llevaban estampadas las imágenes e iconos de los distintos estados.[5] La diversidad de monedas resultante dio lugar a los cambistas, que eran en realidad banqueros a pequeña escala. Situados en los lugares de tránsito, en las puertas de la ciudad o del templo, realizaban el servicio necesario, pero a menudo corrupto, de cambiar las monedas para uso local.[6] Su mesa de trabajo se llamaba *trapeza*, la misma palabra que se utiliza para designar un banco en Lucas 19:23.

Cuando las transacciones basadas en el dinero sustituyeron a las basadas en el trueque, los cambistas se hicieron imprescindibles. También era esencial que la gente tuviera un depósito para guardar el dinero en efectivo y proporcionar métodos de pago, algo parecido al sistema actual de cuentas corrientes y líneas de crédito.[7]

Los bancos y la banca se originaron en los templos o en las tesorerías de los reinos. Especialmente en Atenas, pero también en todo el mundo mediterráneo, los tesoros de los templos eran instalaciones bancarias.[8] Estos bancos de los templos no eran tanto bancos comerciales diseñados para las acciones como bancos de depósito para la custodia de la riqueza. Es probable que su uso se deba a la suposición de que los templos eran sagrados y su contenido inviolable. También el hecho de que el templo fuera una institución central para la vida pública puede haber sido una razón importante para que los bancos estuvieran a menudo vinculados a ellos.[9] Además de los bancos de los templos, algunas ciudades tenían bancos reales o estatales, que estaban vinculados a la tesorería del rey. En cambio, los bancos privados estaban al servicio del público.

Para el ciudadano particular, quizá especialmente en Galilea, los bancos no eran la institución financiera más importante. Los ciudadanos más ricos eran más propensos a conceder préstamos al ciudadano medio que los bancos.[10] Incluso en Roma, donde las cuentas bancarias existían desde hacía décadas, la mayoría de las familias contaban con una caja fuerte personal, que contenía dinero en efectivo y tenía una lista de fechas de vencimiento de préstamos y facturas.[11] Mucha gente, quizá la mayoría, no habría tenido necesidad de un banco. Jesús conocía a Sus oyentes y sabía que se dirigía a personas cuyo escaso tesoro no estaba en un banco.

NOTAS

1 El texto paralelo de Mateo 25:27 tiene «con los banqueros» en lugar de «en el banco».
2 Steven E. Sidebotham, «Trade and Commerce (Roman)», en *ABD*, 6:630.
3 *Ibid.*, 629.
4 John W. Betlyon, «Coinage», en *ABD*, 1:1085-86.
5 Helmut Koester, *Introduction to the New Testament*, vol. 1, *History, Culture, and Religion of the Hellenistic Age* (Filadelfia: Fortress, 1980), 88.
6 Betlyon, «Coinage», 1086-87.
7 Michael Grant, *From Alexander to Cleopatra* (Nueva York: Scribner's Sons, 1982), 124.
8 Koester, *Introduction*, 90.
9 Grant, *From Alexander to Cleopatra*, 45.
10 Bruce W. Frier, «Interest and Usury in the Greco-Roman Period» en *ABD*, 3:424.
11 Paul Veyne, ed., *A History of Private Life I: From Pagan Rome to Byzantium* (Cambridge, MA: Harvard University Press, 1987), 149.

HITOS FRONTERIZOS

POR JOEL F. DRINKARD JR.

Una piedra delimitadora en Guézer. Al entrar en Guézer, la inscripción hebrea decía: «Límite de Guézer». Al salir, la inscripción griega decía: «Perteneciente a Alkios», probablemente una referencia a un terrateniente de la época romana.

Kudurru es la palabra acadia que significa «frontera» o «límite». Las piedras kudurru, utilizadas por los casitas de la antigua Mesopotamia, registraban la concesión y la transferencia de tierras del rey a uno de sus súbditos. Las piedras kudurru llevaban inscrito un texto que registraba la transferencia de la propiedad y representaciones de dioses que se encargaban de proteger el acuerdo.

Los hitos fronterizos eran comunes en el antiguo Cercano Oriente. En Egipto se conocen losas de piedra con inscripciones que se mantenían en pie (estelas) para marcar los límites. Cuando el faraón Akenatón (que reinó entre 1353 y 1336 a. C.) construyó su nueva capital, Akenatón, colocó estelas que marcaban los límites y los campos de la ciudad. Se han encontrado quince de estas estelas. Llevan inscritos textos que describen el motivo de la elección del lugar, la planificación de la ciudad y la dedicación al dios Atón. También se colocaron hitos de piedra a lo largo de la frontera de Egipto con Nubia, al sur.[1] Estos hitos incluían regularmente símbolos que representaban a las deidades.

En Babilonia, durante el período casita (siglos XVI-XII a. C.), las *kudurru*, piedras con inscripciones colocadas en un templo, registraban las tierras que el rey concedía a sus vasallos. «El tamaño de las propiedades donadas a particulares oscila entre 80 y 1000 hectáreas, aunque una superficie de unas 250 hectáreas es lo más común y parece haber sido una especie de medida estándar ... [Las] 250 hectáreas podían proporcionar la base alimenticia de al menos 200 personas y, por tanto, asegurar la independencia económica y la prosperidad de una familia considerablemente extensa, incluyendo al personal de servicio, los esclavos, etc.».[2] La piedra *kudurru* del templo era el documento original; se entregaban copias de arcilla al vasallo para demostrar su derecho a la concesión de tierras. Además del texto que describía la concesión de la tierra, el *kudurru* solía llevar los símbolos de las deidades a las que se invocaba para que fueran testigos de la concesión y protegieran la tierra.

En 1871, Charles Clermont-Ganneau, arqueólogo y erudito francés, vio unas piedras cerca de Guézer con la inscripción hebrea «el límite de Guézer» y la griega *Alkiou*, que significa «perteneciente a Alkios». Clermont-Ganneau identificó el lugar cercano como la antigua Guézer, una identificación ahora universalmente aceptada. El arqueólogo R. A. S. Macalister, que había dirigido las excavaciones en el lugar (1902-1909), publicó información sobre seis de estos hitos en sus informes de excavación sobre Guézer. En 1964 se descubrió un séptimo hito. Todos estos hitos datan de la época romana. Seis de ellos llevan la misma inscripción; el séptimo aún no ha sido descifrado. El famoso arqueólogo G. Ernest Wright propuso que el nombre griego indica el propietario de la finca en la época romana. La ciudad había dejado de existir, pero es posible que los trabajadores de la finca vivieran en el emplazamiento de la ciudad. Los hitos indicaban la extensión de la finca.[3] Estos son los únicos hitos inscritos conocidos hasta ahora en la tierra del antiguo Israel.

Además de estos hitos inscritos, muchas veces una gran piedra, o incluso un montón de piedras servían de hito. Las referencias del Antiguo Testamento a los hitos o puntos de referencia parecen referirse a este último tipo que no esta inscrito. El Antiguo Testamento contiene seis referencias a hitos o puntos de referencia. En cada caso, la referencia trata del desplazamiento de un hito o de la invasión de la propiedad de otros.

Tanto en Egipto como en Mesopotamia, los hitos inscritos incluían referencias a las deidades para que sirvieran de testigos y protectores de la tierra. El Antiguo Testamento no indica que los hitos tuvieran ninguna representación de Dios. Sin embargo, en la concepción hebrea, la tierra pertenecía en última instancia a Dios. Él fue quien dio la tierra a los hebreos y supervisó la asignación a las tribus, clanes y familias. Dado que la tierra pertenecía a Dios, las prohibiciones del Antiguo Testamento servían para garantizar los derechos de propiedad. Dios protegía la propiedad dentro de los hitos; nadie debía quitarlos o moverlos.

El hito establecía la extensión de la propiedad de una persona, ciudad o nación. Moverlo o quitarlo, era poner en peligro la propiedad del individuo o de la comunidad, y puesto que la tierra era en última instancia de Dios, era una afrenta a Dios, equivalía a un robo de Su propiedad, y castigaría al infractor como corresponde.

NOTAS

1 Randy L. Jordan, «The Stelae of Ancient Egypt», citado el 13 de agosto de 2007, www.touregypt.net/featurestories/stela.htm.

2 Walter Sommerfeld, «The Kassites of Ancient Mesopotamia: Origins, Politics, and Culture» en *CANE* (2000), 922.

3 H. Darrell Lance, «Gezer in the Land and in History», *BA* 30.2 (mayo de 1967): 34-47 (esp. 47).

LA ELABORACIÓN DEL PAN EN EL MUNDO ANTIGUO

POR MONA STEWART

Hornos similares a este habrían sido típicos en las viviendas o casas de la época del Antiguo Testamento. Encima del horno hay una olla.

Utilizando una técnica que se ha utilizado durante siglos, este caballero está separando el trigo en una era en Gadara, Jordania.

El pan es el más antiguo de los alimentos manufacturados. Era el alimento básico en el mundo antiguo y sigue siendo el alimento básico en la mayoría de los países, excepto en Asia oriental, donde el arroz es el alimento básico.

TIPOS DE PAN

La harina de cebada tiene cáscaras y es más gruesa que la de trigo.[1] También es menos apetecible y menos costosa. Sin embargo, era el primer grano listo para la cosecha (Ex. 9:31,32). Los pobres no podían permitirse el pan de trigo, por lo que el pan de cebada se convirtió en su alimento básico. El muchacho de Juan 6:9 tenía «cinco panes de cebada», que probablemente eran discos planos muy parecidos a las tortillas pequeñas. Tener cebada en lugar de trigo indicaba la condición económica de su familia. Los ricos preferían el pan de trigo.

El pan es tan variado como los países. El pan grueso y ligero popular en Occidente es desconocido en Oriente.[2] Los panes multicereales son populares en todas partes y a menudo se elaboran con hasta nueve granos diferentes.

MOLER EL GRANO

La gente utilizaba diferentes métodos para moler el grano. Las mujeres, que eran esposas, hijas o esclavas de los ricos, realizaban este trabajo. Los pobres utilizaban molinos de mano hechos con dos piedras. La piedra superior era de un material más ligero que la inferior, que estaba firmemente anclada en el suelo. Se introducían mangos en los agujeros de la piedra superior y se hacían girar a mano.[3] Los animales hacían girar las piedras de molino más grandes.

Sembrar, recoger, aventar, moler, amasar y cocinar formaban parte de la vida cotidiana en cada hogar del Antiguo y del Nuevo Testamento. En las zonas urbanas surgieron panaderías comunitarias a las que la gente llevaba los panes para su cocción. Solo más tarde las panaderías pusieron el pan a la venta.

LA COCCIÓN DEL PAN

Los primeros panes, que eran planos y circulares, se cocinaban sobre piedras calientes. La levadura fermenta la masa, haciéndola subir. Guardar una pequeña parte de la masa del día anterior también servía para fermentar. La levadura hacía que la textura del pan de molde fuera mucho más ligera que las anteriores tortas planas y duras.[4]

Uno de los tres métodos de cocción de los pequeños y finos pasteles era utilizar una piedra calentada en lugar de un horno permanente.[5] Otro método de cocción era colocar la masa en una sartén o en una plancha de barro o hierro. Este pan en forma de disco se parecía mucho a un panqueque, de 4 centímetros (1,5 pulgadas) de grosor y hasta 30 centímetros (12 pulgadas) de diámetro.[6] A veces los discos más pequeños se perforaban o se llevaban en un palo mediante un agujero en el centro. El tercer método de cocción era en un horno de barro o de hierro (Lev. 2:4). Los que preparaban el pan daban a la masa diferentes formas y tamaños.

NOTAS

1 William H. Stephens, *The New Testament World in Pictures* (Nashville: Broadman, 1987), 182-85.

2 George B. Eager, «Bread» en *ISBE* (1939), 516.

3 Eager, «Bread», 515; Stephens, *New Testament World*, 182-83.

4 Arthur B. Fowler, «Bread» en *The Zondervan Pictorial Bible Dictionary*, ed. Merrill C. Tenney (Grand Rapids: Zondervan, 1963), 132.

5 Victor H. Matthews, *Manners and Customs in the Bible* (Peabody, MA: Hendrickson, 1988), 20.

6 *Ibid.*

LA CONSTRUCCIÓN DE TEMPLOS EN EL ANTIGUO CERCANO ORIENTE

POR JOEL F. DRINKARD JR.

Los restos de un templo israelita en Arad.

Un templo era la casa de Dios o el palacio de Dios. El templo se entendía teológicamente como la morada de Dios en la tierra. En el caso del templo de Jerusalén, la división de toda la estructura del recinto del templo en recintos de creciente santidad a medida que uno se acercaba al lugar más sagrado representaba el acercamiento a la presencia de Dios.

Los templos estaban estrechamente asociados a la realeza en la Biblia y en el antiguo Cercano Oriente. Los templos eran construidos por los reyes, por los constructores de imperios. Un templo se convertía en una de las marcas de un rey exitoso, especialmente uno que establecía una nueva dinastía; construía una casa/palacio para sí mismo y su dinastía, y construía una casa/palacio para su dios. El rey solía honrar a su dios por haberle dado el reino construyendo un templo para él. Cada rey sucesor de una dinastía no necesariamente construía un nuevo templo, pero muchos reyes renovaban, restauraban o hacían adiciones a un templo después de su ascenso al trono o después de algún evento significativo. Un solo ejemplo del antiguo Cercano Oriente ilustrará este punto. Según la estela de Mesá, el rey Mesá de Moab construyó un lugar elevado para Quemós (la deidad moabita; Quemós, CSB) en Qarho porque Quemós le había salvado de todos sus enemigos (líneas 3-4). Además, más adelante en la estela, Mesá mencionó la construcción de un palacio («casa del rey», línea 23) para sí mismo.

El mismo patrón de construcción de templos se encuentra en Israel/Judá. Si bien es cierto que antes de la monarquía se construyeron santuarios para Dios, solo con el ascenso de David y Salomón se construyó el templo. David comenzó y Salomón consolidó el reino. Una marca de sus logros fue la construcción de un templo y un palacio.

Tras la división del reino en Israel y Judá después de la muerte de Salomón, Jeroboán I de Israel construyó sus propios templos en Dan y Betel, ambos lugares de santuarios anteriores (1 Rey. 12:26-33). Una vez más, la razón de ser era sencilla: un reino separado necesitaba sus propios templos.

Según los datos bíblicos y arqueológicos, el templo salomónico tuvo sin duda influencia fenicia. Junto con los trabajadores israelitas (muchos de los cuales eran trabajadores forzados, 1 Rey. 5:13-17), Salomón también empleó a trabajadores fenicios del rey Hiram de Tiro (1 Rey. 5:6), empleó a un artesano israelita-fenicio, Hiram de Tiro (no el rey), cuyo padre era fenicio y su madre israelita, para hacer todo el trabajo de bronce del templo (1 Rey. 7:13-47).

Puesto que los principales trabajadores mencionados para la madera y el metal eran fenicios, y puesto que la mayoría de los elementos decorativos estaban tallados en madera o fundidos en metal, parece obvio que la mayoría de las obras de arte del templo tendrían influencia fenicia.

Sin duda, el templo era una estructura magnífica, pero el palacio de Salomón era mucho más grande. Todo el templo podía caber fácilmente en una sola parte del

El lugar santísimo del templo israelita de Arad. El lugar santísimo aquí es cuadrado, igual que en el templo de Jerusalén.

palacio: el «Bosque del Líbano, el cual medía cuarenta y cinco metros de largo por veintidós metros y medio de ancho y trece metros y medio de alto» (1 Rey. 7:2). En realidad, dos templos podrían caber en esta estructura uno al lado del otro y aun así tener casi suficiente espacio para otros dos templos girados lateralmente detrás de ellos. En términos de superficie real, el templo cubría 1200 codos cuadrados, o unos 250 metros cuadrados; el Bosque del Líbano cubría 5000 codos cuadrados o unos 1045 metros cuadrados. Al igual que la Capilla de San Jorge en el Castillo de Windsor, el templo era bastante pequeño en el complejo del palacio real.

El templo se construyó sin duda con la fina mampostería de sillería asociada a la arquitectura monumental durante la monarquía. La sillería se caracteriza por sus grandes piedras, sus caras finamente labradas y, a veces, un saliente decorativo en la cara exterior. Aunque no se han encontrado restos del templo salomónico (si existieran, probablemente se encontrarían bajo la plataforma del templo herodiano, que también sirve de plataforma para el Haram es-Sharif, donde hoy se encuentra la Cúpula de la Roca). Este tipo de mampostería, aparentemente perteneciente a la época de Salomón, se ha encontrado en las principales estructuras de Meguido, Jazor y Guézer, todos los sitios que la Biblia describe como ciudades importantes que Salomón construyó o reconstruyó. Además, en Samaria y en otros lugares se han encontrado buenos ejemplos de sillería ligeramente posterior, del siglo IX, que parece reflejar la actividad constructora de Omrí o Acab.

Un área en la que podríamos esperar una influencia israelita nativa es en el trabajo de la piedra del templo. El texto especifica que los canteros eran israelitas (1 Rey. 5:15-18). Y encontramos, de un período posterior, único en los sitios israelitas y moabitas-amonitas, los capiteles de piedra tallada conocidos como protoiónicos, protoeólicos o capiteles de voluta. Estos capiteles, que se situaban en la parte superior de los muros del muelle, están tallados con grandes volutas, que probablemente representan palmeras o el árbol de la vida. Varios de estos capiteles de piedra se han encontrado en Meguido y se atribuyen a la construcción salomónica, aunque no se ha encontrado ningún capitel de este tipo en la Jerusalén del período salomónico, y solo uno en Jerusalén, estos capiteles pertenecen claramente a estructuras monumentales y/o reales. Ciertamente, el templo habría tenido una arquitectura monumental de este tipo junto con la mampostería de sillería.

El edificio del templo en sí se basaba en un plan de salas largas bastante común y conocido en todo el antiguo Cercano Oriente. Básicamente, el templo constaba de tres partes: el pórtico, la sala interior, también llamada nave, y el lugar santísimo. En los templos de la Edad de Bronce Media y de Bronce Tardía de Canaán y Siria encontramos planos similares. Los templos de Siquén, Meguido, Jazor y el de Ebla, más al norte, tienen planos relacionados, pero claramente no idénticos. El aspecto más significativo de estos templos era el acceso directo (y la vista directa) desde el exterior a través de la sala interior al nicho o lugar más sagrado. La mayoría de estos templos tenían una sala interior o nave más larga que ancha, llamada templo de sala larga. Varios de estos templos también tenían pilares o columnas al frente, que recordaban a uno de los dos pilares, Jaquín y Boaz.

Mientras que estos otros templos tienen planos algo similares, el templo salomónico tenía ciertas características distintivas. Está claro que el templo salomónico no era una simple copia de algún templo existente. En particular, el lugar más sagrado era más grande y se describía como un cubo perfecto. En muchos de los ejemplos cananeos y sirios, el lugar santísimo era un pequeño nicho en el que, aparentemente, se colocaba la imagen de la deidad. En el culto israelita, no había ninguna imagen de Dios; el arca del pacto servía como símbolo de la presencia de Dios.

El único ejemplo de templo israelita que se ha descubierto es el pequeño santuario de Arad. Aunque la sala interior era de planta amplia (más ancha que larga) en lugar de la sala larga del templo salomónico, el templo de Arad conserva un lugar santísimo de forma cuadrada. También tenía dos altares de incienso justo fuera del lugar santísimo. Además, hay dos losas planas de piedra fuera de la nave, probablemente bases para columnas o pilares correspondientes a Jaquín y Boaz en el templo salomónico. Y en el patio, más allá de la nave, había un altar de sacrificios hecho de piedras no labradas, como se prescribe en Éxodo 20:25. Este santuario ofrece una clara evidencia de las prácticas de construcción de templos de los israelitas. El excavador atribuyó la fase más temprana de este templo a la época de Salomón, y la más tardía, cuando el santuario fue cubierto y hecho inaccesible en la reforma de Josías.

CARRUAJES: SU DESARROLLO Y SU USO

POR R. KELVIN MOORE

Un pesebre o comedero de piedra que aún se encuentra en los enormes establos de la «ciudad de los carruajes» del rey Acab (869-850 a. C.) en Meguido (Israel). Algunos estudiosos sostienen que los establos datan de Salomón.

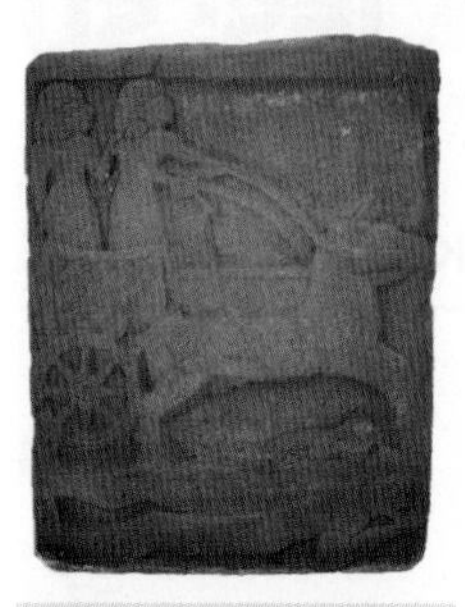

Procedente de Antioquía de Siria, este ortostato muestra a dos guerreros en un carruaje. Data del siglo VIII a. C. Uno de ellos conducía el carro mientras el otro tenía las manos libres para combatir.

Las pruebas arqueológicas indican que el carruaje se desarrolló en Mesopotamia antes del 3000 a. C. y que los hicsos introdujeron la guerra de carruajes en Siria y Egipto entre el 1800 y el 1600 a. C.[1] El desarrollo del carruaje tirado por caballos permitió por primera vez el dominio de grandes imperios, como el hitita y el asirio.

ESTILO Y DESARROLLO DE LOS CARRUAJES

Originalmente, los carruajes estaban hechos probablemente de mimbre ligero y tenían forma de caja. Por lo general, la parte delantera era curva, los lados rectos y la parte trasera abierta. A menudo, el suelo estaba formado por una cuerda tejida, lo que proporcionaba al jinete o a los jinetes un apoyo suave y elástico. Un eje con ruedas de madera de cuatro, seis u ocho radios sostenía el carruaje.

El aspecto físico del carruaje evolucionó a lo largo de los siglos. Con el tiempo, el mimbre dio paso a la madera. Los primeros en hacerlo fueron los filisteos, que fortificaron sus carruajes de madera con placas de metal («hierro») (Jos. 17:16-18). El avance de la «chapa de blindaje» hizo que el carruaje filisteo fuera significativamente más fuerte que el carruaje más ligero y no fortificado de los israelitas. Normalmente los carruajes eran bajos, pero Senaquerib introdujo el carruaje alto, cuyas ruedas eran fácilmente la altura de un hombre.[2]

Los egipcios revolucionaron los carruajes. «El carruaje egipcio era probablemente el mejor del mundo en la época de Josué».[3] Los carruajes anteriores eran pesados, difíciles de maniobrar y eran tirados por burros que se movían lentamente. Debido a la escasez de madera a lo largo del Río Nilo, los egipcios construían normalmente carruajes de mimbre mucho más ligeros. En lugar de utilizar burros para tirar de los carruajes, los egipcios tiraban de ellos con caballos. Así, los carruajes egipcios, fabricados con materiales ligeros y tirados por caballos, eran más rápidos que los anteriores. Los egipcios también mejoraron el diseño del carruaje. Los carruajes egipcios tenían un cuerpo más bajo que les daba un centro de gravedad más bajo. Este diseño proporcionaba una mayor estabilidad que su predecesor, a menudo torpe. El jinete se situaba directamente sobre el eje en la versión egipcia. Este diseño distribuía el peso del jinete desde los caballos hasta el carruaje y hacía que los caballos sufrieran menos. Bajo la hábil dirección de los diseñadores egipcios, el carruaje se convirtió en una eficaz herramienta militar que las fuerzas contrarias temían mucho.

Normalmente dos individuos, un conductor y un guerrero, montaban en los carruajes militares. Pero un tercer jinete tripulaba los carruajes hititas. Los carruajes que se desarrollaron después del rey asirio Asurbanipal (668-629 a. C.) llevaban a veces cuatro jinetes. Dos caballos tiraban del carruaje, pero en ocasiones los monumentos históricos muestran un tercer caballo. El tercer caballo, que en realidad no estaba unido al carruaje, era de repuesto.

Mientras que las regiones montañosas hacían inútil el carruaje, éste era un arma mortal en terrenos llanos y abiertos. Los largos e intimidantes cuchillos unidos a las

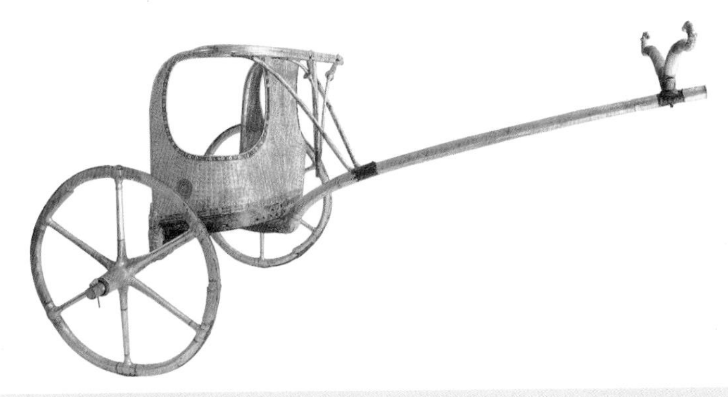

El carruaje del rey Tutankamón era de madera dorada, bronce y marfil.

ruedas del carruaje destrozaban a los soldados enemigos mientras el carruaje corría por el campo de batalla.

LOS CARRUAJES EN ISRAEL

En su historia temprana, los israelitas no solían utilizar el carruaje. Cuando iniciaron la conquista, les resultó imposible derrotar a los cananeos en las llanuras abiertas debido al uso cananeo del carruaje. Los israelitas agrarios se encontraron en clara desventaja. Pero con la ayuda de Dios, el genio militar Josué logró derrotar a Jabín, rey de Jazor, y a los aliados de Jabín a pesar de la poderosa fuerza de carruajes de Jabín. Josué lanzó un ataque sorpresa en las «aguas de Merón» (Jos. 11:5). Para neutralizar la ominosa fuerza de carruajes de Jabín, los israelitas incapacitaron a los caballos de Jabín, es decir, cortaron el gran tendón de la parte posterior del corvejón.[4]

Dado que los primeros carruajes israelitas eran poco utilizados, los israelitas evitaban la gran carretera real a lo largo del Mar Mediterráneo. En su lugar, prefirieron la región de las colinas al este, donde los carruajes enemigos eran menos maniobrables y menos eficaces.

Durante los tiempos del profeta Samuel y del rey Saúl, los filisteos dominaban a los israelitas por numerosas razones, siendo los carruajes una de ellas. El carruaje desempeñó un papel clave en la lucha a vida o muerte entre israelitas y filisteos,[5] que acabó costándole la vida al rey Saúl. Las victorias del rey David sobre los filisteos se debieron sin duda a que introdujo el carruaje en el ejército israelita.[6] El uso de los carruajes entre los hebreos alcanzó su punto álgido con el rey Acab, que superó tanto a David como a Salomón. Según los registros asirios, el rey Acab se enfrentó a los asirios en la batalla de Qarqar (853 a. C.) con 2000 carruajes[7].

Con la llegada de la equitación hacia el año 1000 a. C., los carruajes dejaron de ser el instrumento militar preferido por los soldados y oficiales. La caballería montada sustituyó a los carruajes como instrumento militar de elección. Sin embargo, mucho después de la desaparición de su utilidad en la guerra, los carruajes siguieron utilizándose para la caza y las carreras deportivas.

NOTAS

1 Lai Ling Elizabeth Ngan, «Chariots» en *HolBD*, 245.
2 J. W. Wevers, «Chariot» en *The Interpreter's Dictionary of the Bible (IDB)*, ed. George A Buttrick (Nashville: Abingdon, 1962), 1:553.
3 V. Gilbert Beers, «Canaanite Chariots» en *The Victor Handbook of Bible Knowledge* (Wheaton, IL: Victor Books), 141.
4 William H. Morton, «Joshua» en *Broadman Bible Commentary*, ed., Clifton J. Allen (Nashville: Broadman, 1970), 2:346.
5 John Bright, *A History of Israel*, 3ra. ed. (Filadelfia: Westminster, 1981), 185.
6 Wevers, «Chariot», 554.
7 Ngan, «Chariot», 245.

CISTERNAS EN EL ANTIGUO CERCANO ORIENTE

POR CLAUDE F. MARIOTTINI

Túnel de agua que desemboca en la cisterna de Meguido. Acab construyó el sistema de agua de la ciudad, incluyendo el túnel y la cisterna, en el siglo IX a. C.

La piscina de Struthion era una fuente de agua para la Fortaleza Antonia en Jerusalén. La piscina original, que probablemente fue construida por Herodes el Grande, tendría una capacidad de unos 8 000 000 galones de agua. En el siglo II d. C., Adriano convirtió la piscina en una cisterna.

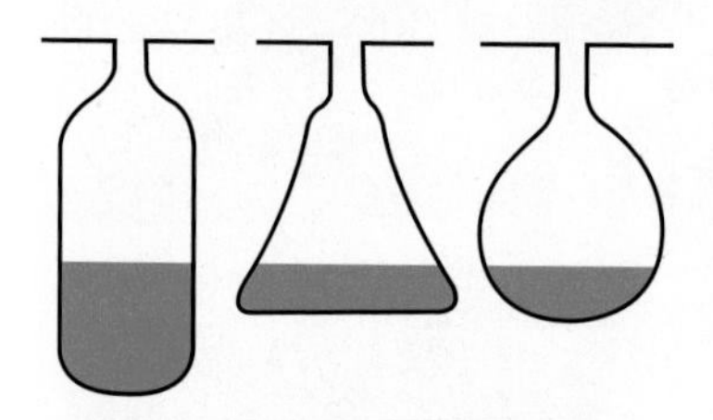

Las cisternas más pequeñas para uso privado solían tener una de las tres formas típicas: botella, campana o pera. La longitud del cuello o del pozo que conducía a la cisterna y el tamaño de la propia cisterna podían variar mucho.

Be'er y *bor* son dos palabras similares que la Biblia hebrea utiliza para referirse a las fuentes de agua. La palabra *be'er* se traduce generalmente como «pozo», una fuente subterránea de agua. *Bor* se traduce generalmente como «cisterna» o «pozo». La historia de José utiliza *bor* y lo traduce como «cisterna» (Gén. 37:20); la misma palabra se traduce como «pozo» en la historia de Saúl en busca de David (1 Sam. 19:22).

Las cisternas eran comunes en el antiguo Cercano Oriente e Israel debido a la sequedad de la tierra. Canaán era una tierra árida. Debido a los veranos calurosos y secos, los habitantes de Canaán necesitaban fuentes de agua que pudieran satisfacer sus necesidades durante todo el año, especialmente durante los meses secos.

Los manantiales eran fuentes perennes de agua durante los veranos sin lluvia. El agua de un manantial se llamaba «agua viva». Los manantiales proporcionaban una fuente constante de agua, pero en la estación seca a menudo no bastaban para cubrir las necesidades de una comunidad. En este caso, la fuente de agua básica para el uso diario era una cisterna.

Cisterna actualizada y al aire libre construida sobre el anterior emplazamiento de cisternas de la Edad de Hierro en Ammán. El ejército de David derrotó a los amonitas en Rabá, que más tarde recibió el nombre de Filadelfia y luego Ammán, que es la capital de Jordania.

Cuando la gente se alejaba de los manantiales, tenía que satisfacer sus necesidades lejos de la fuente de agua. Los habitantes de lugares áridos se enfrentaban a dificultades relacionadas con la falta de agua y el número limitado de fuentes naturales. Una forma de recoger agua era cavando cisternas. Una cisterna era un depósito artificial utilizado para almacenar agua durante la estación seca y para complementar el suministro de agua de una comunidad.

La temporada de lluvias en Canaán era corta, y duraba desde mediados de octubre o principios de noviembre hasta finales de abril. La fluctuación de las precipitaciones durante la temporada de lluvias hizo que el desarrollo de la recolección y el almacenamiento de agua fuera crucial para la economía de la comunidad, el desarrollo de la agricultura, la alimentación de los rebaños y el consumo privado. Las cisternas permitían a la comunidad recolectar agua de lluvia durante la estación lluviosa y guardarla para los meses de verano. Las cisternas se abastecían de agua de los tejados y de la escorrentía de las colinas. La gente excavaba canales en la tierra para conducir el agua de la calle a las cisternas.

Las cisternas se excavaban principalmente en piedra caliza. Sin embargo, la piedra caliza era porosa. Así, el agua se filtraba lentamente a través de las rocas y la cisterna se secaba. En el siglo XIII a. C., los habitantes de las colinas centrales descubrieron que el yeso era impermeable al agua y comenzaron a enyesar las cisternas.

Algunas cisternas tenían forma de pera con una pequeña abertura, lo que permitía cubrirlas. Las cubiertas impedían que los animales, las personas o los desechos cayeran dentro (Ex. 21:33-34). Otras cisternas tenían forma de botella con un fondo redondo. A veces servían de cárceles. La capacidad de las cisternas variaba en función de

En Gergesa, una de las mayores basílicas descubiertas en Israel. Bajo el patio de la iglesia, que data de los siglos V y VI, hay una gran cisterna con dos aberturas. Se muestra la abertura de basalto reconstruida en el lado sur del patio.

las necesidades de la comunidad. Se han encontrado miles de pequeñas cisternas en todo Israel. En Qumrán, los arqueólogos encontraron cuatro cisternas grandes, tres medianas y cuatro pequeñas.[1]

El uso del agua de escorrentía requería la eliminación de las impurezas, por lo que la gente ponía piedras en el fondo de las cisternas para recoger los desechos. Además, perforaban agujeros en un lado de la cisterna para que el agua pasara a otra adyacente, filtrando así el agua al pasar de una cisterna a otra.[2]

Gran cisterna de agua construida por el paranoico rey Herodes (37-4 a. C.) para proporcionar un suministro casi interminable de agua dulce a su palacio-fortaleza de Masada.

CISTERNAS EN ISRAEL

A principios de la Edad de Hierro (hacia el año 1200 a. C.), los pueblos que habían llegado a la región montañosa de Canaán cavaron cisternas en las colinas para conservar el agua, lo que les permitía vivir a cierta distancia de un manantial. Esta innovación condujo al establecimiento de nuevos asentamientos lejos de las fuentes naturales de agua, de ahí el término «agricultura de secano». Las cisternas conservaban el agua durante la temporada de lluvias para que los agricultores y las familias pudieran utilizarla en los meses secos.

Cuando los hebreos entraron en la tierra de Canaán, tres cisternas en forma de campana abastecían de agua a un complejo de casas en Hai. Estas cisternas fueron cortadas en capas de tiza senoniana. Las cisternas tenían pequeñas aberturas, que ayudaban a mantener fuera los contaminantes. Las cisternas se cerraban con una piedra redonda y plana. Un corte a lo largo de la colina canalizaba el agua de lluvia hacia las cisternas. Estas tres cisternas estaban conectadas entre sí. El agua de la primera cisterna desembocaba en la segunda y de la segunda en la tercera. La primera cisterna recogía los sedimentos para que el agua pudiera filtrarse hacia la segunda y la tercera cisterna.[3]

Según los arqueólogos, la introducción de la tecnología de las cisternas en la región montañosa de Canaán permitió a la gente establecer pequeñas aldeas en toda la región. El número y el tamaño de las cisternas dependían del número de personas de la familia o del clan y de sus necesidades. Según un informe arqueológico, el número de cisternas en el Néguev ascendía a miles. «Ninguna fortaleza o pueblo del Hierro II podría haber existido en el Néguev sin estas cisternas de diversos tipos, cuya excavación esta bíblicamente atestiguada».[4]

LA BUENA OBRA DE DIOS

Cuando los hermanos de José lo arrojaron a la cisterna, ésta estaba vacía. La cisterna vacía en el Antiguo Testamento tiene un significado negativo: en algunos casos, era un lugar de prisión (Gén. 37:20-24; Jer. 38:6). La palabra hebrea *bor*, traducida como «cisterna» en la historia de José, se traduce como «cárcel» o «prisión» en Génesis 40:15.

Cuando *bor* se traduce como «fosa», la palabra se asocia con la muerte. «Bajar a la fosa» significa «morir» (Sal. 28:1). La misma palabra se asocia con la entrada de los muertos en el Seol: «¡Pero has sido arrojado al sepulcro, a lo más profundo de la fosa!» (Isa. 14:15).

José experimentó la traición de sus hermanos. A causa de sus acciones, tuvo que sufrir.

Sus hermanos y Potifar lo metieron en el pozo, en las puertas del Seol. Sin embargo, como Dios estaba con José, el Señor aprovechó la maldad de los hermanos: «Es verdad que ustedes pensaron hacerme mal, pero Dios transformó ese mal en bien para lograr lo que hoy estamos viendo: salvar la vida de mucha gente» (Gén. 50:20).

NOTAS

1 Patricia Hidiroglou, «Aqueducts, Basins, and Cisterns: The Water Systems at Qumran», *NEA* 63.3 (2000): 139.

2 Victor H. Matthews, *Manners and Customs in the Bible* (Peabody, MA: Hendrickson, 1991), 46.

3 Joseph A. Callaway, «Village Subsistence: Iron Age Ai and Raddana», en *The Answers Lie Below: Essays in Honor of Lawrence Edmund Toombs* (Lanham, MD: University Press of America, 1984), 55.

4 Nelson Glueck, «An Aerial Reconnaissance of the Negev», *BASOR* 155 (1959): 4.

PURO E IMPURO: LA EVIDENCIA ARQUEOLÓGICA

POR JOEL F. DRINKARD JR.

Aproximadamente un año después de enterrar a un difunto en una cueva, los familiares recogían los huesos y los guardaban en una caja de piedra caliza llamada osario. Se muestra el osario de un niño excavado en una tumba de Hai.

ANIMALES PUROS E IMPUROS

Los animales puros eran básicamente los que se podían comer y eran aceptables como sacrificios. Evidentemente, los animales domésticos (ovejas, cabras, ganado) podían comerse, pero los carroñeros y los depredadores estaban prohibidos, posiblemente porque derramaban sangre o comían sangre. Las personas rara vez consumían carne durante el período bíblico; la reservaban para ocasiones especiales (ver Gén. 18:1-8; Luc. 15:11-32). El registro arqueológico proporciona algunas pruebas limitadas de que los israelitas seguían estas normas. El estudio de los huesos de animales recuperados en las excavaciones arqueológicas muestra que los huesos de cerdo faltan por completo o son sorprendentemente raros en los yacimientos israelitas, pero son mucho más comunes en los yacimientos no israelitas, como los filisteos. Esta evidencia apoya que los israelitas evitaban los cerdos «impuros» (Lev. 11:7).

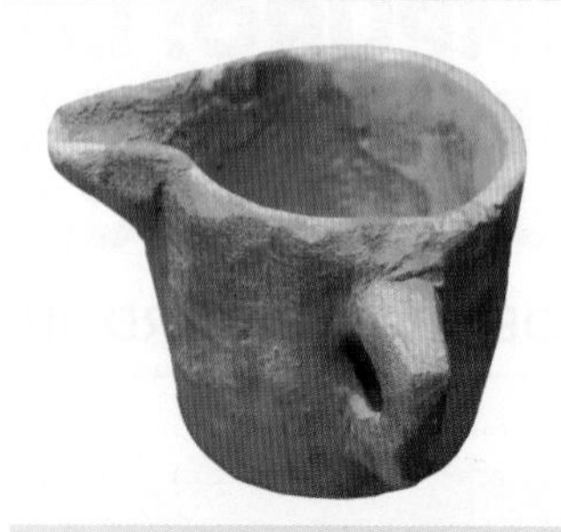

Taza de piedra que habría sido común en los hogares judíos porque tales piezas no violaban ninguna ley de pureza.

HIGIENE

Varios textos mencionan el lavado del cuerpo o de partes del cuerpo. Como la mayoría de la gente del período bíblico caminaba descalza o llevaba sandalias, sus pies se ensuciaban con frecuencia. La mayor parte de la población del antiguo Israel vivía sin baños, lo que llevó a mi antiguo profesor a escribir sobre una casa israelita primitiva que había excavado en Khirbet Raddana: «No había baño en la casa de Ajilud. ¿Dónde se bañaba la familia de Ajilud? No lo hacían, al menos si definimos "baño" como sumergirse en una bañera, o estar de pie en una ducha. La mayoría de los baños probablemente consistían en lavarse las extremidades de vez en cuando. ¿Y dónde estaba el baño? No había ninguno. ¿A dónde iba la gente? Afuera. A cualquier sitio».[1] Los arqueólogos han excavado algunos baños y retretes del período del Antiguo Testamento, principalmente en palacios.

Otras evidencias arqueológicas apoyan el baño entre la élite adinerada, especialmente en la época del Nuevo Testamento. La cultura romana tenía fama de tener baños públicos. Los romanos también adoraban las aguas termales de ambas orillas del Río Jordán y del Mar Muerto. En el período del Nuevo Testamento, encontramos muchas casas de los ricos con bañeras.

PURIFICACIÓN RITUAL

La inmersión completa era necesaria para la pureza ritual (Lev. 15:5-10; Núm. 19:19). Desde la época del Nuevo Testamento, se encuentran numerosos ejemplos de baños de inmersión (heb. *mikve* o *miqvaot*) en Judea. Algunas casas de los ricos excavadas en el barrio judío de Jerusalén tenían baños rituales. Los arqueólogos desenterraron numerosos baños rituales en Qumrán, lo que llevó a un erudito a sugerir que Qumrán era un centro de purificación.[2] Algunos de los baños rituales tenían dos conjuntos de escalones, uno para entrar en el baño y otro para salir. Los dos conjuntos de escalones impedían el contacto entre los impuros que entraban en el baño y los que salían purificados. La purificación ritual era necesaria para cualquier persona que entrara en el templo. En 2004, se excavó una gran piscina adyacente al conocido estanque de Siloé en Jerusalén. La piscina esta fechada entre el siglo I a. C. y el siglo I d. C. por los artefactos encontrados en ella. Es posible que se tratara de una piscina de inmersión en la que se acomodaban los numerosos peregrinos que acudían a las fiestas del templo.[3]

Además, los arqueólogos han descubierto numerosos recipientes de piedra de gran tamaño, probablemente como los utilizados en las bodas de Caná de Galilea (Juan 2:6). Estos recipientes eran importantes porque, según la Mishná, los recipientes de piedra no eran susceptibles de ser impuros, pero sí los de cerámica. Asimismo, los platos y fuentes de piedra no eran susceptibles de ser impuros. Los recipientes impuros no podían limpiarse ni siquiera lavándolos, por lo que debían romperse. Los recipientes de piedra, sin embargo, podían utilizarse una y otra vez.

CONTACTO CON UN CADÁVER

Entrar en contacto con un cadáver o con los huesos suponía una impureza temporal de «siete días» (Núm. 19:11). Como la familia del difunto solía encargarse del entierro, la impureza por contacto era bastante común. Las prácticas funerarias hebreas proporcionan algunas pruebas de su comprensión de la impureza relacionada con los cadáveres. El entierro secundario era una práctica común en el período bíblico. Reunirse con los padres (Jue. 2:10) o con el pueblo (Gén. 25:8) era una expresión tanto literal como figurada. Los hebreos solían utilizar tumbas familiares excavadas en la roca para enterrar a varias generaciones de familias extensas. Estas tumbas podían tener varias cámaras de enterramiento. El difunto se colocaba en una cámara, que se cerraba. Aproximadamente un año después, la familia recogía los huesos y los colocaba en un depósito de huesos con los antepasados.

Se han encontrado numerosos ejemplos de este tipo de enterramientos excavados en la roca que datan de los períodos del Antiguo y del Nuevo Testamento. Se han encontrado varios baños rituales junto a las tumbas. Estos baños rituales pueden haber servido para purificar a quienes asistían al entierro y, por tanto, tenían una impureza secundaria por el contacto indirecto con el difunto.[4] Los asistentes podían sumergirse después del entierro y salir ritualmente purificados. Los osarios, típicamente cajas de piedra caliza tallada, se utilizaban para el entierro secundario a principios del período del Nuevo Testamento. Aunque los huesos se consideraban impuros, el osario de piedra evitaba la impureza por contacto con los huesos porque la piedra no se ensuciaba.

NOTAS

1 Joseph A. Callaway, «A Visit with Ahilud: A Revealing Look at Village Life when Israel First Settled the Promised Land», *BAR* 9.5 (1983): 45.

2 Edwin M. Cook, «What Was Qumran? A Ritual Purification Center», *BAR* 22.6 (1996): 39, 48-51, 73-75.

3 Hershel Shanks, «The Siloam Pool», *BAR* 31.5 (2005): 16-23.

4 Yonatan Adler, «Ritual Baths Adjacent to Tombs: An Analysis of the Archaeological Evidence in Light of the Halakhic Sources», *Journal for the Study of Judaism* (*JSJ*) 40 (2009): 55-73.

MONEDAS UTILIZADAS EN LA BANCA

POR MONA STEWART

Un denario romano. La gente solía preocuparse por su dinero. Muchas monedas antiguas tenían cortes, lo que indicaba que una persona había comprobado que la plata o el oro eran sólidos.

Un lepta de una viuda judía de la época de Tiberio. El anverso muestra un simpulum, que era un recipiente para verter libaciones. La inscripción griega dice: TIBERION KAI-CAROS LIS, que significa «de Tiberio, año 16». Esta moneda se encontró en Herodium, cerca de Belén.

Siclo «tirio» de Jerusalén; acuñado en Jerusalén (reverso, águila); fechado en el año 47 o 48 d.C. El siclo tirio se utilizaba habitualmente para el impuesto del templo de Jerusalén.

Utilizado para realizar intercambios, el siclo comenzó siendo un peso estandarizado en la antigua Mesopotamia antes de la llegada del dinero o las monedas (ver Gén. 23:15-16). Después de que los lidios desarrollaran la acuñación de monedas, el término *shekel* seguía refiriéndose a una moneda utilizada para realizar intercambios. Estos siclos originalmente tendían a ser pesados, toscos y a menudo sin una forma uniforme. Dado que los siclos tenían diferentes cantidades de metal en su composición, la gente seguía pesando el siclo para determinar su valor. Las primeras monedas no llevaban estampado su valor. Este hecho precipitaba la necesidad de pesarlas.

El talento era en realidad un peso y no una moneda y estaba hecho de oro, plata o cobre. Su valor dependía del metal con el que se fabricaba. La plata era el más común.[1] Tres mil siclos equivalían a un talento. Un talento solía pesar entre 27 y 40 kilogramos (60 y 90 libras), por lo que representaba una gran suma de dinero.

El denario de plata era una moneda romana que solía representar la paga de un día. La dracma era su equivalente y la moneda básica griega. La mina equivalía a cien dracmas. El lepta de la viuda es la única mención en el Nuevo Testamento de una moneda judía. Esta pequeña moneda de cobre o bronce valía una fracción de nuestro centavo moderno.[2]

NOTAS

1 William Barclay, *The Gospel of Matthew*, ed. rev. (Filadelfia Westminster, 1975), 2:322.

2 «Money of the Bible» en *Nelson's New Illustrated Bible Dictionary*, ed. Ronald F. Youngblood (Nashville: Thomas Nelson, 1995), 856.

CORONAS DIGNAS DE UN REY

POR ROBERTA LOU JONES

ESTILOS DE CORONAS

Los diseñadores mostraban una gran creatividad a la hora de hacer coronas para personas importantes. Muchas coronas antiguas parecían gorras. Los reyes asirios solían gobernar con turbantes de tela bordados y con joyas. La realeza persa llevaba casquetes con rosetas y joyas. Los faraones egipcios solían añadir a sus coronas imágenes de la muy venenosa cobra. Otro tipo de corona se originó a partir de simples diademas de tela o cuero. Los artesanos tomaron prestada la idea de la diadema y fabricaron coronas de oro, plata y cobre.[1] Los monarcas del mundo bíblico parecían buscar constantemente un tocado real adecuado para expresar su poder y posición.

La reina Puabi (o Shubad) vivió en Ur hacia el año 2500 a. C. Su corona de estilo diadema incluía coronas de oro con hojas de sauce y haya. Las cadenas de lapislázuli azul y las cuentas de cornalina de color rojo anaranjado añadían aún más esplendor.[2]

Réplica de una estatua en el templo de Diana en Éfeso. Su corona, llamada corona de castillo, está hecha a imagen y semejanza de la ciudad de Éfeso.

PALABRAS PARA CORONA

Los estudiosos suelen traducir las palabras hebreas *kether* y *atarah* como «corona». Ambas palabras sugieren piezas circulares para la cabeza. Además, la palabra hebrea *nezer* puede traducirse como «corona» e implica dedicación o servicio a Dios. *Atarah, nezer* y *kether* pueden traducirse con palabras sinónimas de «corona». Por ejemplo, en la LBLA, el medallón que Moisés colocó en el turbante de Aarón se llama «diadema» (*nezer*, Lev. 8:9). En Ezequiel 23:42, los hombres comunes adulaban a las mujeres poniéndoles «coronas» (*atar- ah*) en la cabeza.

CORONAS EN LUGARES SORPRENDENTES

En 1962, los arqueólogos exploraron las cuevas de Nahal Mishmar, cerca del Mar Muerto. Los ágiles aventureros utilizaron cuerdas y escaleras para descender por un alto acantilado hasta la entrada de una cueva. Los arqueólogos descubrieron grano, sandalias de cuero, bandejas de paja tejidas y cerámica. También encontraron un sorprendente alijo de objetos metálicos, entre

Una moneda tetradracma de plata muestra una corona radiante, que era una diadema con espigas. Esta moneda, que probablemente representa a Antíoco VI (145-142 a. C.), tiene seis espigas. Otras monedas muestran hasta catorce.

ellos diez coronas de cobre. Los arqueólogos llamaron a este lugar Cueva del Tesoro. Probablemente, un culto a la fertilidad utilizó las coronas en rituales religiosos durante el período calcolítico (4000-3150 a. C.).[3]

Hammurabi se convirtió en rey de Babilonia en algún momento entre 1848 y 1736 antes de Cristo. Dispuso un pilar de roca, de poco más de 2 metros (7 pies) de altura, con 282 leyes inscritas. Esa estela de diorita se conoce ahora como el Código de Hammurabi. El pilar mostraba a Shamash (el dios-sol) y a Hammurabi con ropas y coronas reales.

La tumba del rey egipcio Tutankamón (hacia el año 1361 a. C.) contenía una silla de madera ornamentada. Este trono brillaba con oro, esmaltes de colores y piedras preciosas. Dos serpientes aladas, ambas con coronas, formaban los brazos del trono de Tutankamón. Cada pata del sillón terminaba en una pata de león tallada. El panel frontal del respaldo del trono mostraba a la pareja real con elaboradas coronas. Su corona incluía numerosas imágenes de la cobra real. Seguramente las cabezas de serpiente extendidas aterrorizaban adecuadamente a los enemigos del rey.[4]

LA CORONA DEL SALMO 8

El rey David meditó sobre el gran nombre de Dios. Luego, el antiguo pastorcillo consideró la luna y las estrellas. David reflexionó: «¿Qué es el hombre, para que en él pienses?» (Sal. 8:1-4). La respuesta: «Pues lo hiciste poco menos que Dios y lo coronaste de gloria y de honra» (v. 5). El salmista continuó: «Lo entronizaste sobre la obra de tus manos, todo lo sometiste a su dominio» (v. 6). ¿Cómo somos gobernantes? La humanidad representa a Dios como gobernante de todas las cosas creadas. Por eso, el Creador del mundo honra a los seres humanos coronándolos como Sus representantes autorizados.

NOTAS

1 John Rea, «Crown» en *Wycliffe Bible Dictionary*, ed. Charles F. Pfeiffer, Howard F. Vos y John Rea (Peabody, MA: Hendrickson, 1998), 405-7.

2 P. R. S. Moorey, *UR «of the Chaldees»: A Revised and Updated Edition of Sir Leonard Woolley's Excavations at Ur* (Ithaca, NY: Cornell University Press, 1982), 60-77.

3 *Encyclopedia of Archaeological Excavations in the Holy Land (EAEHL)*, ed. Michael Avi-Yonah y Ephraim Stern, ed. en inglés, vol. 3 (Englewood Cliffs, NJ: Prentice-Hall, 1977), 683-90. Ver P. Bar-Adon, «Expedition C–The Cave of the Treasure», *IEJ* 12.3-4 (1962): 215-26; Isaac Gilead, «Religio-Magic Behavior in the Chalcolithic Period of Palestine», en *Aharon Kempinski Memorial Volume*, ed. Eliezer D. Oren y Shmuel Ahituv (Israel: Ben-Gurion University of the Negev Press, 2002), 103-22.

4 Howard Carter y A. C. Mace, *The Tomb of Tut-ankh-Amen* (Londres: Cassell, 1930), 46-47, 118-19, 206-7, láminas 2, 24, 62, 63.

ESCRITURAS Y SELLOS EN JEREMÍAS

POR CONN DAVIS

Sellos hebreos de la Edad de Hierro del Museo de Israel en Jerusalén.

Jeremías proclamó y experimentó apasionadamente el mensaje de juicio de Dios durante los últimos años de Judá, 627-586 a. C. De todos los profetas del Antiguo Testamento, compartió su ministerio de manera única con su secretario-escribano, Baruc. Jeremías dictó el mensaje de Dios directamente a Baruc, quien lo escribió con tinta y pergamino (Jer. 36:4,18,32). Cuando llegó el momento de comprar una propiedad familiar, Baruc estaba allí para redactar la escritura, asegurándose de que estuviera firmada, sellada y asegurada. ¿Cómo era este contrato sellado?

INFORMACIÓN DE FONDO

Jeremías 32 es «la descripción más clara que tenemos de la forma en que se manejaban las transferencias de propiedad en el Judá preexílico».[1] Uno de los primos de Jeremías, Janamel, ofreció en venta tierras familiares en Anatot, a solo 5 kilómetros (3 millas) al norte de Jerusalén. En ese momento, Jeremías estaba prisionero en el patio del rey

Sedequías. La transacción ocurrió durante el peligroso tiempo del asedio e invasión babilónica de Jerusalén en 588-586 a. C.

Jeremías y Janamel pertenecían a una familia de sacerdotes que residía en Anatot, que era una de las trece ciudades o zonas que los descendientes de Aarón recibieron en la tierra prometida (Jos. 21:13-19). Las unidades sociales básicas dentro de Israel eran la tribu, el clan y la familia.

Según la ley levítica, Jeremías tenía la responsabilidad de redimir la tierra ancestral para su familia y su clan. Dios dijo en Levítico 25:23-25, «La tierra no se venderá a perpetuidad, porque la tierra es mía y ustedes no son aquí más que forasteros y huéspedes. Por lo tanto, en el país habrá la posibilidad de recobrar todo terreno que haya sido heredad familiar. En el caso de que uno de tus compatriotas se empobrezca y tenga que vender parte de su heredad familiar, su pariente más cercano rescatará lo que su hermano haya vendido» (ver Jer. 32:7-8).

En Egipto, la tierra pertenecía al templo o establecimiento religioso y al faraón en nombre de la comunidad. En Mesopotamia, el rey, junto con las familias y los individuos, eran propietarios.[2] Sin embargo, la propiedad de Dios sobre la tierra de Canaán o la tierra prometida era un principio teológico para el antiguo Israel. Dios dio instrucciones a Aarón para que su tribu, los levitas, tuvieran la responsabilidad de cuidar y mantener el tabernáculo con sus servicios, sacrificios y contenidos. Así, Dios les proporcionó su propia herencia de «Tierra Santa», la décima parte de la tierra (Núm. 18:20-24).

Ante la inminente amenaza de la dominación babilónica, Jeremías compró «el campo de Anatot por diecisiete monedas de plata» a su primo, Janamel (Jer. 32:9), luego: «reuní a los testigos, firmé la escritura, la sellé, y pagué el precio convenido» (v. 10). Finalmente, delante de los testigos en el patio de la prisión, tomó «la copia sellada y la copia abierta de la escritura con las condiciones de compra» y lo entregó «a Baruc hijo de Nerías, nieto de Maseías» (vv. 11-12). Pero, ¿en qué consistía el sellado del contrato de compra?

SELLOS

Ya en el quinto milenio a. C., los pueblos del antiguo Cercano Oriente utilizaban sellos para identificar la propiedad y asegurar los documentos. Los sellos estaban hechos de metal, conchas, hueso, piedra o arcilla cocida y eran sellos o cilindros que se enrollaban.[3] Los sellos también se utilizaban para decorar los alimentos y la cerámica.

A partir del año 3000 a. C. Egipto y Mesopotamia contaban con culturas literarias muy desarrolladas que utilizaban sellos cilíndricos y sellos de imprenta para asegurar sus transacciones legales y sociales. Los sellos solían ser decorativos y llevaban el nombre o el título de funcionarios como el rey o sus sirvientes dedicados a tareas administrativas.

Hacia el año 900 a. C., el antiguo Israel utilizaba sellos para representar la autoridad y realizar transacciones legales. Uno de los primeros ejemplos es cuando la reina Jezabel utilizó el «sello del rey» Acab (874-853 a. C.) para validar sus cartas falsificadas cuando intentó apropiarse de la viña de Nabot (1 Rey. 21:7-10).

Los arqueólogos han descubierto cientos de sellos israelitas; la mayoría tenían forma ovalada o de escarabajo con una superficie en relieve.[4] Uno de los sellos más antiguos de las excavaciones de Israel es un sello de jaspe con un león rugiente encontrado en Meguido, con la inscripción «[perteneciente] a Semá, siervo de Jeroboán». Data del siglo VIII a. C. Los arqueólogos encontraron sellos israelitas en sus anillos originales; otros sellos formaban parte de un collar. Cuando el faraón ascendió a José al segundo puesto más poderoso de Egipto, le dio su anillo personal y un collar de oro para simbolizar su autoridad. Es probable que el anillo, e incluso el collar, contuvieran un sello, cuyo diseño habría sido exclusivo de José.

ESCRITURAS ANTIGUAS

El término *condiciones de compra* en Jeremías 32:11-12 es literalmente «rollo de compra». Típicamente, la palabra hebrea *sepher*, «rollo», se refería a cualquier cosa que alguien escribiera, ya fuera un «libro» (Deut. 29:21); una «carta» (Jer. 29:1); o un documento (Gén. 5:1; Est. 8:5), incluyendo documentos legales, como una factura o «certificado de divorcio» (Deut. 24:1) o un contrato de compra, como en Jeremías 32.

Aunque en Jeremías 32 se habla de una «escritura con las condiciones de compra» singular, los versículos 11 y 14 dejan claro que, además de la «copia» sellado, había también una copia abierta y sin sellar. Cuando Jeremías compró el campo en Anatot, Baruc escribió y registró los detalles de la venta en una sola hoja de papiro. Utilizando lo que se llama una «escritura doble» o «escritura atada», Baruc registró la transacción dos veces: una copia de la escritura en la parte superior de la hoja y una copia con el mismo texto en la parte inferior. La copia superior se enrollaba y se sellaba (normalmente cosiéndola) para preservar el original de alteraciones fraudulentas. La copia inferior quedaba abierta a la inspección pública.[5]

Sorprendentemente, el célebre arqueólogo Yigael Yadin encontró ejemplos intactos de escrituras atadas en sus excavaciones de 1960-61 en un cañón cercano al Mar Muerto. Yadin y su equipo excavaron cuevas que contenían artefactos (incluyendo cartas) pertenecientes a Bar Kojba y algunos de sus seguidores. Bar Kojba fue el líder de la revuelta judía contra Roma en 132-135 d. C. Entre las cartas había escrituras atadas. Las escrituras estaban divididas en dos partes, la superior sellada y la inferior abierta. El estilo de escritura de la parte sellada de los documentos de Bar Kojba era más pequeño y decorativo que el de la parte inferior, más grande y con estilo de bloque. Las escrituras tenían firmas colocadas junto a los cordones de atado. Esto aclara por qué Jeremías hizo sellar la escritura y luego atestiguarla (v. 10) en lugar de atestiguarla y luego sellarla. Dice Yadin: «El uso de "escrituras atadas" es una práctica muy antigua y conocida del mundo antiguo [...]. Este sistema se utilizaba, por supuesto, para los documentos más importantes».[6] Aunque el hallazgo de Yadin data de siglos después de la época de Jeremías, este método particular de sellar escrituras no había cambiado durante generaciones.

La arqueología arroja luz sobre el relato de Jeremías y sobre nuestra comprensión de algunos tipos de sellos utilizados en el Judá preexílico. Es probable que conozcamos los sellos antiguos y cómo aseguraban las cartas, los contratos y los documentos importantes. Sin embargo, no todos los sellos eran estampados o enrollados en arcilla o cera blanda. Algunos, como la escritura del campo de Anatot, fueron evidentemente cosidos y luego firmados para asegurarlos para una fecha posterior. El hallazgo arqueológico de Bar Kojba nos ayuda a comprender mejor el texto de Jeremías y a visualizar mejor el uso de los sellos con las escrituras y otros documentos antiguos.

NOTAS

1 John Bright, *Jeremías, vol. 21 de Anchor Bible (AB)* (Nueva York: Doubleday, 1964), 239.

2 Roland de Vaux, *Ancient Israel* (Nueva York: McGraw-Hill, 1961), 164.

3 Bonnie S. Magness-Gardener, «Seals, Mesopotamian» en ABD, 5:1062-63; O. Tufnell, «Seals and Scarabs», *IDB*, 4:254-59.

4 N. Avigad, «The Contribution of Hebrew Seals to an Understanding of Israelite Religion and Society», en *Ancient Israelite Religion*, ed. Patrick D. Miller Jr. Patrick D. Miller Jr. et al. (Filadelfia: Fortress, 1987), 195-208. Avigad contó 328 sellos hebreos publicados, la mayoría de ellos de los siglos VIII a VI a. C. Desde entonces se han encontrado y publicado muchos más.

5 «Examples of such documents in two copies are known from Elephantine in Egypt». Bright, *Jeremiah*, 238.

6 Yigael Yadin, *Bar-Kokhba* (Londres: Weidenfeld & Nicolson, 1978), 229.

VASIJAS DE BARRO: ALFARERÍA Y PRODUCCIÓN DE CERÁMICA EN EL ANTIGUO ISRAEL

POR JOEL F. DRINKARD JR.

Cerámica de Amarneh en la región del Éufrates medio, 2650-2000 a. C.

Es posible que la arcilla se utilizara por primera vez en ladrillos de barro, como mortero en estructuras de piedra y como sellador de cestas. Las primeras cerámicas se produjeron probablemente de forma accidental al quemarse la arcilla en el fuego. Esta cerámica «accidental» era extremadamente dura y no se degradaba con el calor, el viento o el agua. Pronto se empezaron a fabricar deliberadamente objetos y vasijas de cerámica. Los primeros objetos eran rudimentarios y se hacían completamente a mano. Al parecer, el torno de alfarero se desarrolló en Egipto durante el Reino Antiguo (2700-2200 a. C.). El torno permitió la producción de recipientes más simétricos.

Cerámica de la Edad de Hierro de Laquis, fechada antes de los siglos X-VI a. C.

En la época de la monarquía israelita (1050 a. C.), el torno de alfarero estaba bien desarrollado, y la cocción estaba más controlada, produciendo una mayor consistencia en las vasijas.[1] El antiguo alfarero israelita comenzaba su trabajo recogiendo arcilla. Los años de experiencia le enseñaban las mejores fuentes de arcilla para sus vasijas, a menudo de un arroyo perenne. Después de recoger la arcilla, el alfarero eliminaba todas las impurezas grandes, como palos, raíces y piedras. Luego se la lavaba para eliminar las impurezas más pequeñas y se dejaba sedimentar para que las arcillas más pesadas se hundieran en el fondo del recipiente y las más finas subieran a la parte superior. Las arcillas más finas podían mezclarse con más agua para formar una pasta. Esto servía como engobe para decorar finamente una vasija. La arcilla ya estaba lista para formar una vasija. Los alfareros daban forma a la arcilla más gruesa y hacían las vasijas utilitarias más grandes y pesadas de uso cotidiano, como las jarras o los cuencos para mezclar. Con la arcilla más fina formaban vasijas más pequeñas de paredes finas, como pequeños cuencos y jarras.[2]

Cuando estaba listo para hacer su vasija, el alfarero se sentaba frente el torno (Jer. 18:3), que en realidad eran dos ruedas. Dos grandes piedras circulares estaban unidas por un eje de madera. El alfarero pateaba la rueda inferior con los pies, lo que hacía girar la rueda superior. Así tenía las dos manos libres para trabajar la vasija. Colocaba una bola de arcilla en el centro de la rueda superior y luego utilizaba sus manos y herramientas para formar la vasija. Jeremías 18 describe la visita del profeta a la tienda de un alfarero, donde observó al

Cáliz temprano de pellizco, proveniente de Kerak, hacia el 2500 a. C.

Cuenco para beber y soportes para la cocción en el horno, 275-250 a. C.

Vasijas con forma de cono procedentes de Ghassul, en el valle del Jordán, época calcolítica, 4500- 3150 a. C.

alfarero haciendo una vasija. Pero la vasija no era lo que el alfarero pretendía. No se nos dice por qué el alfarero no estaba satisfecho. En cualquier caso, el alfarero volvió a trabajar la arcilla en una bola y comenzó a manipular la arcilla para hacer otra vasija.

Después de dar forma a la vasija, el alfarero añadía asas, picos y otros elementos adicionales. Luego aplicaba engobes, bruñidos y diseños pintados. La vasija se secaba al aire libre durante varios días. Una vez que la vasija se había secado lo suficiente, se cocía en un horno para crear la pieza final de cerámica.

El proceso de fabricación de vasijas artesanales ha cambiado poco desde los tiempos del antiguo Israel. Las ruedas de hoy en día funcionan con motores eléctricos en lugar de con la fuerza del pie, y la cerámica se cuece en un horno eléctrico o de gas en lugar de en un pozo o en un horno rudimentario que utiliza madera o carbón vegetal como en la época de Jeremías. Pero la formación de vasijas artesanales sigue siendo prácticamente la misma. En algunas regiones remotas, la gente sigue utilizando ruedas accionadas por el pie.

Aunque cada alfarero podía tener sus propias formas, el diseño básico de la mayoría de las piezas era similar: las jarras de almacén de diferentes alfareros y regiones eran parecidas y se reconocen como jarras de almacén, pero se diferencian de las jarras u ollas de cocina o cálices. Las diferencias en el diseño y la decoración marcaban las diferencias regionales o étnicas. Y lo que es más importante, con el tiempo las formas y los diseños de la cerámica evolucionaron. Estos cambios se pueden rastrear a partir de las excavaciones y sirven como medio para datar los estratos (o niveles) de las excavaciones. Aunque no es una analogía exacta, podemos datar relativamente las monedas estadounidenses por el cambio de diseño en el anverso y el reverso. Por supuesto, nuestras monedas también tienen fechas, pero algunas monedas tan desgastadas que la fecha no es visible aún pueden fecharse solo por el diseño. El cuarto de dólar con la cara de la Libertad de pie es más antiguo que el cuarto de dólar con la cara de Washington. Los cuartos de Washington tenían el mismo reverso, un águila, hasta los cuartos del Bicentenario de 1975-76, que tenían un tambor colonial. De 1999 a 2008, los cuartos de dólar tenían uno de los cincuenta estados en el reverso, produciéndose cinco cada año. Estos cambios permiten una fácil datación relativa de las monedas.

Rueda de alfarero con un par de piedras para pivotar. Al parecer, el torno de alfarero se desarrolló en Egipto durante el Reino Antiguo (2700-2160 a. C.).

Hace más de cien años, los arqueólogos que trabajaban en Oriente Medio, desde Egipto hasta Israel, Jordania y Siria, fueron capaces de desarrollar una tipología de formas de cerámica que podía proporcionar una cronología relativa.[3] Los arqueólogos descubrieron que podían utilizar la forma, la decoración y la textura de la cerámica para identificar la región en la que se produjo y su edad relativa. Dado que la cerámica es omnipresente y casi indestructible (aunque lo que se encuentra hoy en día suelen ser trozos o «tiestos»), la cerámica abunda prácticamente en todos los yacimientos.[4] Además, como la cerámica suele desecharse cuando se rompe, la mayor parte de la cerámica de un estrato específico pertenecerá a la época de ese estrato. Los arqueólogos catalogan cuidadosamente los lugares donde se encuentran los tiestos. Luego, un especialista en cerámica puede «leer» la cerámica de un estrato específico para datar el sitio relativamente. En mi casa, tenemos algunas piezas de porcelana antigua que pertenecieron a mis padres y abuelos. Pero toda nuestra vajilla cotidiana data de los últimos cuarenta años, más o menos. Si nuestra casa fuera destruida por alguna catástrofe hoy y se excavara dentro de cien años, los arqueólogos podrían utilizar la vajilla de uso cotidiano para datar la casa en el período aproximado de 1970 a la actualidad.

El texto central de Isaías plantea una situación absurda: «¡Qué manera de falsear las cosas! ¿Acaso el alfarero es igual al barro? ¿Puede un objeto decir del que lo modeló: "Él no me hizo?" ¿Puede una vasija decir de su alfarero: "Él no entiende nada?"» (Isa. 29:16).

La respuesta a las preguntas planteadas es: ¡Imposible! ¡Qué absurdo! Las vasijas de barro no pueden alegar que el alfarero no las hizo o que no tiene sentido. Las vasijas de barro no hablan, ni tienen mente. De nuevo, Isaías dice: «¡Ay del que contiende con su Hacedor! ¡Ay del que no es más que un tiesto entre los tiestos de la tierra! ¿Acaso el barro le reclama al alfarero: "¡Fíjate en lo que haces! ¡Tu vasija no tiene agarraderas!"?» (45:9). Isaías utilizó ejemplos similares varias veces, normalmente en sátiras sobre los ídolos y sus creadores (ver 2:8,20; 17:8; 31:7; 44:10-19; 46:6; 48:5). Lo absurdo es que los humanos hacen ídolos de madera, piedra, metal o cerámica. Los ídolos no pueden hablar, oír o moverse por sí mismos, pero los adoradores acuden a ellos en busca de ayuda. ¡Qué absurdo!

Entonces Isaías invirtió la metáfora y señaló que, metafóricamente, «nosotros somos el barro, y tú el alfarero. Todos somos obra de tu mano» (Isa. 64:8). La diferencia entre las dos metáforas es radical: nosotros no hacemos dioses (ídolos), ¡pero Dios nos hace a nosotros! Jeremías utilizó esa misma metáfora para describir el trato de Dios con las naciones y los pueblos: Dios es el alfarero, las naciones son el barro (Jer. 18:6-11). La imagen del alfarero y la arcilla se encuentra por primera vez en Génesis 2. La palabra utilizada para describir que Dios «formó» (heb. *yatsar*, Gén. 2:7-8,19) a Sus criaturas está relacionada con la palabra utilizada para los recipientes de arcilla (*yetser*, Isa. 29:16). La palabra para «alfarero» (*yotser*) es el participio del mismo verbo (*yatsar*). La misma metáfora continúa en el Nuevo Testamento cuando Pablo se refiere a los seres humanos como «vasijas de barro» (2 Cor. 4:7).

NOTAS

1 Ruth Amiran, *Ancient Pottery of the Holy Land* (Jerusalén: Massada Press, 1969), 192; Nancy L. Lapp, «Pottery Chronology of Palestine» en *ABD*, 5:442.

2 Robert H. Johnston, «The Biblical Potter», *BA* 37.4 (1974): 89.

3 Amiran, Ancient Pottery, 13; Lapp, 433; Johnston, «Biblical Potter», 86.

4 Johnston, «Biblical Potter», 87.

LA CURSIVA EGIPCIA, DE «ALFABETIZACIÓN EN EL ANTIGUO CERCANO ORIENTE»

POR STEPHEN J. ANDREWS

Los egipcios desarrollaron dos escrituras cursivas. Utilizaban la escritura demótica principalmente para los negocios, los asuntos legales y la literatura, y la escritura hierática principalmente para los textos religiosos.

La imagen superior, escrita sobre lino, es una copia del Libro de los Muertos de Padimin, escrito en escritura hierática; procedente de Akhmim, Egipto; fechado después del 664 a. C. El fragmento mostrado en la parte superior procede de Medinet Habu, en Luxor. El texto, escrito en escritura demótica, es un recibo de asignaciones de grano pagadas al tesoro del norte.

MOMIFICACIÓN EGIPCIA/ LUTO POR EL DIFUNTO

POR SCOTT LANGSTON Y FRED WOOD

Modelo de enterramiento del período predinástico tardío. El cuerpo, que no está momificado sino desecado por la arena seca y caliente que lo cubría, está colocado sobre su lado izquierdo en posición contraída.

La creencia de que cada individuo poseía un *ka* y un *ba* como aspectos de la personalidad obligaba a los egipcios a preservar el cuerpo después de la muerte. El *ka* funcionaba como el «doble» de la persona viva y residía con el individuo en la otra vida. El *ba*, a menudo traducido como «alma», viajaba por el inframundo, pero también regresaba al difunto cada mañana. Ambos aspectos de la persona necesitaban un hogar para la eternidad. Por ello, era importante preservar el cuerpo como ese hogar. Esta necesidad, por lo tanto, puede haber ayudado a producir el desarrollo de la momificación artificial.[1]

El proceso, tal y como lo practicaban los antiguos egipcios, se desarrolló a lo largo de varios siglos. En los primeros tiempos, llamados del Reino Antiguo (2830-2130 a. C.), solo los miembros de la realeza, especialmente el rey, tenían acceso a ella para sus familias. En la época del Reino Nuevo (1570-1070 a. C.), la práctica se extendió a casi todos los que la deseaban y podían pagarla.[2] El proceso difería según la capacidad de pago de cada uno.

En primer lugar, los embalsamadores retiraban todos los órganos internos excepto el corazón. Los egipcios consideraban que el corazón era necesario para la actividad

Escena de momificación en una cámara funeraria de las catacumbas de Kom-El-Shogafa

en la otra vida. Como sabían que los órganos internos se descomponían primero, los embalsamadores los momificaban por separado. Colocaban los órganos internos en frascos canopes en la tumba en el momento del entierro. Los egipcios creían que el corazón era la sede de la inteligencia y las emociones, y lo dejaban en el cuerpo. Al considerar que el cerebro no tenía ningún valor significativo, lo extraían por la nariz y lo desechaban.

En segundo lugar, los embalsamadores empaquetaban y cubrían el cuerpo con natrón, un agente secante salado. Dejaban que el cuerpo se secara durante cuarenta o cincuenta días. Para entonces, la humedad del cuerpo había sido absorbida, dejando solo el pelo, la piel y los huesos. A continuación, rellenaban la cavidad del cuerpo con resina, serrín o lino para devolver al difunto su forma y sus rasgos.

Fragmento de pintura mural de mujeres de luto de la tumba de Neb-Amon en Tebas.

La momia de la esposa de un sacerdote.

En tercer lugar, los embalsamadores envolvían el cuerpo en muchas capas de lino, insertando amuletos de buena suerte o amuletos protectores. Como los egipcios consideraban que el escarabajo era la pieza de buena suerte más importante, los embalsamadores la colocaban sobre el corazón. Los sacerdotes recitaban oraciones o conjuros en cada etapa de la envoltura. A menudo se necesitaban hasta quince días. El acto final consistía en colocar el cuerpo en un sudario o sábana de enrollar. El proceso completo de momificación requería unos siete días.

Los encargados de colocar la momia en un ataúd decorado también colocaban los muebles preparados, las estatuas talladas, los juegos, la comida y otros objetos para ser enterrados con la momia. Quedaba un último ritual, llamado «La apertura de la boca». Los egipcios creían que esta ceremonia otorgaba al difunto la capacidad de volver a hablar, comer de nuevo y tener pleno uso de su cuerpo en el «otro mundo». Una vez completado el trabajo de embalsamamiento y los rituales que lo acompañaban, los embalsamadores sellaban el sarcófago y lo declaraban listo para ser enterrado.

A menos que la persona fuera acaudalada o de gran importancia, su funeral se asemejaba a uno de hoy, pero en el contexto de la cultura egipcia. Para los pobres o cualquier persona que no perteneciera a la realeza, los servicios funerarios implicaban poca pompa o ceremonia. Los preparadores empapaban el cuerpo durante un corto período de tiempo en betún o natrón, o quizás incluso lo frotaban con estas sustancias. Le colocaban sus pocos ornamentos personales y lo envolvían en una pieza de lino. Para ayudarle en el mundo inferior, lo acompañaban su bastón y sus sandalias. El paquete se completaba con algunos amuletos que le ayudarían a enfrentarse a su enemigo en la tumba.

Un cofre canopo abierto que revela frascos de alabastro esculpidos a semejanza de un rey.

No así el entierro del monarca, de su familia o de una persona extremadamente opulenta. Cuando un rey moría, el país moría simbólicamente, todos los habitantes del país lloraban y se rasgaban las vestiduras. Los funcionarios religiosos cerraban los templos. El pueblo se abstenía de hacer sacrificios y no celebraba ninguna fiesta durante setenta y dos días. Los hombres y las mujeres recorrieron las calles en grandes multitudes, a veces hasta 200 o 300 con barro en la cabeza. Anudando sus prendas bajo el pecho como si fueran fajas, entonaban dos veces al día cantos de alabanza a los muertos. Se negaban a sí mismos el trigo, los alimentos de origen animal, el vino y cualquier tipo de manjar o comida delicada.

Durante este tiempo, nadie hacía uso de baños o ungüentos, ni se reclinaba en sofás o disfrutaba de los placeres del amor sexual. El pueblo seguía cantando cantos fúnebres y pasaba los días en pena. Mientras tanto, los que preparaban el cuerpo reunían la parafernalia necesaria para el funeral y la colocaban en el ataúd.

La Escritura nos dice que José instruyó a los médicos a su servicio para embalsamar el cuerpo de Jacob. Esto se apartó de la costumbre hebrea ordinaria, pero el hijo fiel planeó cumplir la petición de su padre de llevar el cuerpo de vuelta para enterrarlo en la Cueva de Macpela.

NOTAS

1 James E. Harris y Kent R. *Weeks, X-Raying the Pharaohs* (Nueva York: Scribner's Sons, 1973), 76. John Baines y Jaromir Malek, *Atlas of Ancient Egypt* (Oxford: Phaidon, 1984), 226.

2 William J. Murname, «History of Egypt: New Kingdom (DYN. 18-20)», *ABD*, 2:348.

ESTABLECIMIENTO DE PESOS Y MEDIDAS EN EL ANTIGUO ISRAEL

POR CLAUDE F. MARIOTTINI

Pesa de bronce con forma de león procedente de Nimrud, fechada entre el 726 y el 722 a. C. La inscripción acadia en la parte superior dice «Palacio del rey Salmanasar». La pieza pesa 2864 gramos, poco más de 6 libras.

El estudio del sistema de pesos y medidas de una nación (o «metrología») proporciona la base para entender algunos de los factores que conformaron el desarrollo social y económico de esa nación. Los sistemas de pesos, medidas de longitud y medidas de capacidad en el antiguo Israel estaban relacionados con los antiguos sistemas metrológicos comunes en Mesopotamia. La condición ideal para el comercio en Israel y entre las antiguas naciones del Cercano Oriente requería un sistema preciso de pesos y medidas.

LA METROLOGÍA DEL ANTIGUO ISRAEL

En Israel, las exigencias del pacto requerían un uso honesto de las pesas y las medidas, ya que los miembros de la comunidad del pacto debían tratarse con respeto. La honestidad en el comercio está relacionada con el mandato del Decálogo que prohíbe a una persona codiciar lo que pertenece a otra.[1] Esta fue la razón por la que las leyes de santidad en el libro del Levítico instaban a los israelitas a no defraudarse unos a otros: «No explotes a tu prójimo, ni lo despojes de nada» (Lev. 19:13).

La metrología del antiguo Israel derivaba de sistemas originados en Mesopotamia, principalmente en Babilonia. Ya en el tercer milenio a. C., los babilonios habían desarrollado un elaborado sistema de pesos y medidas basado en el sistema sexagesimal.[2]

La división actual de las horas en sesenta minutos y de los minutos en sesenta segundos se basa en el sistema sexagesimal babilónico. Debido al comercio y a los intercambios, el sistema babilónico de pesos y medidas llegó a Siria y a Canaán.

Dado que los antiguos patriarcas de Israel procedían de Mesopotamia, posiblemente trajeron consigo el sistema de pesos y medidas que utilizaban allí. Sin embargo, es difícil reconstruir este sistema. Lo que la Biblia enseña sobre el sistema de pesos y medidas del antiguo Israel debe extraerse de la arqueología, los textos bíblicos y la literatura del antiguo Cercano Oriente.

Aunque el pueblo de Israel utilizaba un sistema de pesos y medidas derivado de Babilonia, el sistema no era exactamente igual que el de los babilonios ya que adaptó los sistemas de Babilonia para satisfacer sus necesidades sociales y económicas. Cualquier intento de comparar los estándares bíblicos de pesos y medidas con los estándares contemporáneos es difícil, si no imposible, ya que los valores cambian con el paso del tiempo, y los estándares americanos y británicos modernos son radicalmente diferentes de los sistemas mesopotámicos y bíblicos.

Colección de pesas de piedra y arcilla procedentes de el-Amarna, en el Bajo Egipto; fechadas entre 1350 y 1320 a. C.

Peso de cinco siclos de la tercera Edad de Hierro (siglos VIII-VI a. C.). La piedra lleva inscrito el signo hebreo del siclo.

PESOS Y MEDIDAS EN ISRAEL

Los términos que Israel utilizaba para clasificar los pesos y las medidas procedían de elementos de la vida cotidiana. Obtuvieron las medidas de longitud a partir de la longitud de las extremidades del cuerpo humano. El cúbito era la distancia entre el extremo del codo y la punta del dedo medio (unos 45 centímetros [18 pulgadas]). La envergadura se medía desde la punta del pulgar hasta la punta del dedo meñique cuando ambos estaban extendidos (medio codo). Solo una vez el Antiguo Testamento utiliza el dedo como unidad de medida (Jer. 52:21).

Los nombres que los israelitas usaban para las capacidades de medición eran generalmente los términos que usaban para los receptáculos que contenían las provisiones. El *omer* (Lev. 27:16), una palabra derivada del término hebreo para «asno», se refiere a la carga que el animal llevaría. El *kor* (1 Rey. 4:22) era un recipiente para medir la harina, el trigo y la cebada. El *kor* también era una medida para el aceite (5:11). El *letek* es un recipiente más pequeño, igual a medio jómer (Os. 3:2). El término hebreo *ephah* (Lev. 5:11) se refería originalmente a una cesta, pero más tarde pasó a referirse

Dos de las asas llevan el sello «lamelekh Hebron», lo que significa que era algo de Hebrón que pertenecía al rey (o a su administración). La jarra data del reinado de Ezequías, alrededor de 715-686 a. C. El sello aseguraba una medida honesta.

De la antigua Ur; una piedra tallada con un asa; probablemente una pesa; datada en la tercera Edad Dinástica temprana, 2600-2400 a. C.

a una medida de harina, cebada y otros granos. El *seah* era un recipiente que los israelitas utilizaban para medir el grano (1 Sam. 25:18, nota a pie de página). El *bath* se utilizaba para medir líquidos como el aceite (Ezeq. 45:14), el agua (1 Rey. 7:26) y el vino (Isa. 5:10).

Los materiales y metales preciosos se pesaban en balanzas con dos platillos. Las pesas estaban hechas de piedras duras llamadas *eben*, palabra hebrea que significa «piedra» y «peso». Estas piedras se guardaban en una bolsa (Deut. 25:13; Prov. 16:11; Miq. 6:11). La palabra hebrea que significa «pesar» es *shaqal*, que es la raíz de la palabra *shekel*. Así, el siclo se convirtió en la unidad básica de peso. El valor del siclo equivalía al peso de 180 granos de trigo. En la época del Antiguo Testamento se utilizaban tres tipos de siclos: el siclo del rey o el estandarte real (2 Sam. 14:26), el siclo del santuario (Ex. 30:13) y el siclo común (Jos. 7:21). Génesis 23:16 habla de que el siclo literalmente era «moneda corriente entre los comerciantes». Sin embargo, determinar el valor de este siclo es difícil, ya que muchos mercaderes tenían dos tipos de peso, uno para comprar y otro para vender.

Como el siclo era la medida básica de peso, determinar su valor es importante.[3] Esta unidad de peso era común a la mayoría de las sociedades de Mesopotamia. El libro de Ezequiel proporciona el valor del siclo: «La unidad estándar para medir pesos será el siclo de plata. Un siclo equivaldrá a veinte geras y sesenta siclos equivaldrán a una mina» (Ezeq. 45:12, NTV). Otra traducción refleja mejor el texto hebreo: «En cuanto a las medidas de peso: una *mina* será igual a veinte *siclos*, y un *siclo* será igual a veinte *guerás*» (NVI). Esta división de la mina en tres categorías diferentes puede indicar que la gente utilizaba pesos de veinticinco, veinte y quince siclos.

En Éxodo 38:25-26, aprendemos que 603 550 becás equivalen a cien talentos y 1775 siclos (nota a pie de página de la CSB). Según esta información, el valor del siclo del santuario era el siguiente: un talento valía sesenta minas; una mina valía cincuenta siclos; y un siclo valía dos becás. Según el libro de Ezequiel, un talento valía sesenta minas; una mina valía sesenta siclos; y un siclo valía veinte guerás. Como Ezequiel escribía mientras estaba en el exilio en Babilonia, el valor de la mina (sesenta siclos) corresponde al valor de la mina en Babilonia durante el exilio.

LEYES SOBRE PESOS Y MEDIDAS

Para garantizar que los sistemas de pesos, medidas de longitud y medidas de capacidad fueran justos, se requería la sanción de una ley autorizada que garantizara que los pesos y balanzas que la gente utilizaba para comprar y vender se ajustaran a una norma establecida por la comunidad.[4] La ley sobre pesos y medidas del libro de Deuteronomio se promulgó para promover la honestidad económica en la compra y la venta. Lo que la ley prohibía era la práctica de emplear un doble juego de piedras o pesas y diferentes efas o medidas secas: una utilizada para comprar y otra para vender. La literatura sapiencial babilónica habla de mercaderes que utilizan diferentes juegos de pesas.[5] Así, la ley exigía que, en la compra y la venta, el pueblo de Israel debía utilizar «pesas y medidas precisas y justas» (Deut. 25:13-15). Una ley similar se encuentra en la sección de Levítico comúnmente conocida como el Código de Santidad: «No cometan injusticias falseando las medidas de longitud, de peso y de capacidad. Usen balanzas, pesas y medidas justas» (Lev. 19:35-36).

Esta tablilla enumera sucesivamente medidas de capacidad, pesos y medidas de superficie y longitud. Probablemente sirvió como libro de texto en las escuelas para enseñar las medidas y sus unidades, así como para la escritura de los números. Los números se escribían en fracciones, unidades, decenas y sesenta, y múltiplos de éstas hasta cantidades teóricas, siendo la más alta el equivalente a más de 14 000 000 galones.

Los profetas de Israel acusaron a los mercaderes de planear «achicar la medida y aumentar el precio, falsear las balanzas» (Amós 8:5; ver Os. 12:7; Miq. 6:10-11). Algunos eruditos bíblicos creen que durante sus reformas religiosas y económicas a finales del siglo VIII a. C., el rey Ezequías introdujo unas pesas oficiales llamadas *lmlk*, que ayudaron a estandarizar los pesos de Judá. La palabra hebrea *lmlk* significa «perteneciente al rey». Los arqueólogos también han descubierto jarras cuyas asas llevan un sello *lmlk*. Las asas estampadas pueden indicar un intento de establecer también medidas de volumen uniformes.[6]

NOTAS

1 Walter C. Kaiser Jr., *Toward Old Testament Ethics* (Grand Rapids: Zondervan, 1983), 136.

2 M. Pierce Matheney, «Weights and Measures», en *HolBD*, 1403.

3 Roland de Vaux, *Ancient Israel* (Grand Rapids: Eerdmans, 1997), 203.

4 *Ibid.*, 195.

5 W. G. Lambert, *Babylonian Wisdom Literature* (Winona Lake, IN: Eisenbrauns, 1996), 133, línea 108.

6 John Bright, *A History of Israel* (Filadelfia: Westminster, 1981), 283.

TABLA DE PESOS Y MEDIDAS

UNIDAD BÍBLICA	IDIOMA	MEDIDA BÍBLICA	EQUIVALENTE EN EE.UU.
Gera	Hebreo	1/20 siclo	57 g (1/50 onza)
Becá	Hebreo	1/2 siclo o 10 guerás	5,7 g (1/5 onza)
Pim	Hebreo	2/3 siclo	9,4 g (1/3 onza)
Siclo	Hebreo	2 becás	11 g (2/5 onza)
Litra (libra)	Grecorromano	30 siclos	340 g (12 onzas)
Mina	Hebreo/Griego	50 siclos	1,2 kg (1 1/4 libras)
Talento	Hebreo/Griego	3000 siclos o 60 minas	34 kg/ 40 kg (75 libras/ 88 libras)
Longitud			
Ancho de mano	Hebreo	1/6 codos o 1/3 palmos	7,6 cm (3 pulgadas)
Palmo	Hebreo	1/2 codo o 3 ancho de mano	22,83 cm (9 pulgadas)
Codo/Pechis	Hebreo/Griego	2 palmos	45,72 cm (18 pulgadas)
Braza	Grecorromano	4 codos	1,8 m (2 yardas)
Kalamos	Grecorromano	6 codos	2,74 m (3 yardas)
Estadio	Grecorromano	1/8 de milla o 400 codos	201 m (1/8 milla)
Milla	Grecorromano	8 estadios	1,48 km (1,620 yardas)

TABLA DE PESOS Y MEDIDAS	
EQUIVALENTE MÉTRICO	**DIVERSAS TRADUCCIONES**
0,6 gramos	gera; oboli
5,7 gramos	becá; medio siclo; cuarto de onza; cincuenta céntimos
7,6 gramos	2/3 de un siclo; cuarto
11,5 gramos	siclo; pieza; dólar; cincuenta dólares
0,4 kilogramos	libra; libras
0,6 kilogramos	mina; libra
34 kilogramos/ 40 kilogramos	talento/talentos; 100 libras
8 centímetros	un palmo; tres pulgadas; cuatro pulgadas
23 centímetros	palmo
0,5 metros	codo/codos; yarda; media yarda; pie
2 metros	braza; seis pies
3 metros	varilla; caña; vara de medición
185 metros	millas; estadios; carrera
1,5 kilómetros	milla

TABLA DE PESOS Y MEDIDAS			
UNIDAD BÍBLICA	**IDIOMA**	**MEDIDA BIBLICA**	**EQUIVALENTE EN EE.UU.**
Medida en seco			
Jarro	Grecorromano	1/2 cab	1 1/6 pintas
Cab	Hebreo	1/18 efa	1 cuarto de galón
Quínice	Grecorromano	1/18 efa	1 cuarto de galón
Gomer	Hebreo	1/10 efa	2 cuartos de galón
Seah/Satón	Hebreo/Griego	1/3 efa	7 cuartos de galón
Modios	Grecorromano	4 gomer	1 pechis o 1/4 de fanega
Efa (Bato)	Hebreo	10 gomer	3/5 fanega
Létek	Hebreo	5 efas	3 fanegas
Kor (Homer)/Coro	Hebreo/Griego	10 efas	6 fanegas o 200 cuartos de galón
Medida de líquido			
Log	Hebreo	1/72 bat	1/3 cuarto
Jarro	Grecorromano	1/8 hin	11/6 pintas
Hin	Hebreo	1/6 bat	1 galón o 4 cuartos
Bato/Batos	Hebreo/Griego	1 efa	6 galones
Metretes	Grecorromano	10 hins	10 galones

TABLA DE PESOS Y MEDIDAS

EQUIVALENTE MÉTRICO	DIVERSAS TRADUCCIONES
0,5 litros	ollas; jarras; teteras; ollas de cobre; cuencos de cobre; recipientes de bronce
1 litro	cab; kab
1 litro	medida; cuarto
2 litros	gomer; décima parte de un reparto; décima parte de un efa; seis pintas
7,3 litros	medidas; pechis; cantidades grandes
9 litros	fanega; tazón; pechis
22 litros	fanega; pechis; reparto; parte; medida; seis pintas; siete pintas
110 litros	medio gomer; medio saco
220 litros/ 525 litros	cor; gomer; saco; medidas; fanegas
0,3 litros	log; pinta; cotulo
0,5 litros	ollas; jarras; marmitas; cuencos de cobre; recipientes de bronce
4 litros	hin; pintas
22 litros	galón(es); barriles; medidas de líquido
39 litros	firkins; galones

LA ARMADURA DEL SIGLO I

POR GREGORY T. POUNCEY

Relieve que representa a soldados romanos, siglo I d. C.

Casco romano de bronce con un saliente en forma de pico en la nuca, que se cree que es de origen celta. Este tipo de casco era popular entre las legiones. Se han encontrado muchos de este tipo en Montefortino, en el norte de Italia.

En la época de Pablo, el ejército romano contaba con cuatro clases de soldados.[1] La primera clase, conocida como *velites*, incluía a los soldados más jóvenes y pobres. Luchaban en primera línea y estaban ligeramente blindados, teniendo en cuenta su posición en el campo de batalla. La segunda clase, o *hastati*, luchaba detrás de los *velites*. Eran las fuerzas más fuertes y más armadas. Los *principes* incluían a los soldados más capaces en la flor de su carrera. Constituían la tercera línea de defensa del ejército. La última línea, los *triarii*, incluía a los soldados más veteranos y era considerablemente menor en número que las otras divisiones. Constituían la conexión con el mando central del ejército.

Según las descripciones de la armadura de los *hastati*, Pablo probablemente tenía en mente a estos soldados cuando se refería a la armadura espiritual del cristiano (Ef. 6:10-20). El historiador griego Polibio describió el equipo de los *hastati*.[2] Su lista de armas incluía un gran escudo, una espada colgada del lado derecho, dos lanzas, un casco de bronce, una coraza de bronce y grebas (protección para las piernas por debajo de las rodillas). Los soldados de las clases superiores llevaban una cota de malla debajo de la coraza.

Un soldado llevaba dos cinturones, el primero debajo de la armadura. Este cinturón recogía la túnica para que el movimiento fuera posible sin los obstáculos de la ropa interior.[3] El segundo cinturón se ajustaba a la armadura exterior y sujetaba la espada. Ambos cinturones funcionaban como una pieza de la armadura que mantenía a todas las demás en su sitio. Polibio describió la coraza como la armadura que protegía el corazón.[4] Algunos soldados de la época llevaban una armadura segmentada, mientras que otros llevaban una coraza de una sola pieza hecha de latón.[5]

El historiador judío Josefo describió el calzado del soldado como un calzado de suela de cuero con tacos gruesos.[6] Su objetivo principal era crear una base sólida para el soldado para que no se deslizara al luchar en una ladera. También proporcionaban una protección limitada contra las inclemencias del tiempo. El escudo era de madera y estaba cubierto de piel de becerro. Era grande, de 121 centímetros por 76 (4 por 2,5 pies).[7] El escudo extinguía las flechas ardientes que se incrustaban entre las capas, donde la falta de oxígeno apagaba las llamas.

Un centurión romano hecho de basalto, de la primera época romana.

El casco era una gran cazoleta de una sola pieza con una protección frontal, piezas para las mejillas y una protección para el cuello.[8] La mayoría de los cascos contenían una pieza de pluma o cresta (de hasta 45 centímetros [18 pulgadas] de altura) diseñada para hacer que el soldado pareciera más alto y, por tanto, más intimidante. La espada del soldado era de doble filo y se llevaba en el cinturón exterior.

Pablo imaginó a los cristianos ajustando la armadura espiritual en su lugar a través de la oración y luego enfrentándose a los enemigos de Dios, no con las propias fuerzas, sino con el poder que el Señor proporciona.

NOTAS

1 H. M. D. Parker, *The Roman Legions* (Oxford: Clarendon, 1928; repr., Nueva York: Barnes & Noble), 14.

2 Polybius, *The Histories* 6.23.

3 Peter T. O'Brien, *The Letter to the Ephesians*, Pillar New Testament Commentary (Grand Rapids: Eerdmans, 1999), 473.

4 Polybius, *The Histories* 6.23.

5 John Warry, *Warfare in the Classical World* (Nueva York: St. Martin's, 1980), 191.

6 Josefo, *La guerra de los judíos* 6.1.8.

7 Polybius, *The Histories* 6.23.

8 Michael P. Speidel, *Riding for Caesar* (Cambridge, MA: Harvard University Press, 1994), 106.

EL ENTIERRO DEL SIGLO I

POR THOMAS H. GOODMAN

Las piedras funerarias romanas describían o representaban los logros pasados del difunto, elementos comunes de su vida cotidiana o detalles anticipados de la próxima vida. Muchas (como la que se muestra) tenían un epitafio para el difunto. Las piedras solían estar pegadas a la pared de la tumba o bajo el nicho que contenía la urna de cenizas del difunto.

Las prácticas funerarias en el mundo del siglo I eran variadas. Los romanos, los egipcios, los partos, los judíos y los cristianos tenían cada uno sus propias convicciones sobre lo que constituía el manejo adecuado de un cuerpo.

ROMANO

Cuando el moribundo daba su último suspiro, un familiar cercano le cerraba los ojos. Los demás reunidos empezaban a gritar el nombre del difunto en señal de dolor. A continuación, las personas lavaban y ungían el cuerpo antes de vestirlo. Si se disponía de ella, y sobre todo si se había ganado en vida, se colocaba una corona sobre la cabeza del difunto. Un miembro de la familia colocaba una moneda en la boca de la persona para que el difunto pudiera pagar al mitológico barquero Caronte para que le hiciera cruzar el Río Estigia hasta la tierra de los muertos. El cuerpo permanecía en reposo durante unos siete días, con los pies hacia la puerta de la casa. A continuación, se celebraba el cortejo fúnebre y se disponía del cuerpo. Los recursos económicos dictaban el grado de elaboración de estos servicios.[1]

El Libro de los Muertos era una colección de textos funerarios utilizados en Egipto durante unos 1500 años.

Desde los primeros tiempos de la historia de Roma, tanto el entierro como la incineración se practicaban ampliamente. En el siglo I d. C., la cremación se había convertido en algo «casi universal entre los romanos».[2] Al final del cortejo fúnebre, el cuerpo se colocaba en una pira funeraria y se quemaba. Las familias guardaban los restos de las cenizas en cofres tallados, recipientes de cerámica o urnas cinerarias de cristal. Algunos contenedores de cenizas se guardaban en las casas. Otros se colocaban en columbarios, tumbas que permitían enterrar a muchas personas en un espacio reducido.

Durante el reinado de Adriano (117-138 d. C.), los artesanos empezaron a fabricar sarcófagos cada vez más decorativos.[3] La popularidad de la cremación disminuyó a medida que la gente utilizaba los sarcófagos. A menudo, pero no siempre, una vez descompuesto el cuerpo, los miembros de la familia reunían los huesos en cajas más pequeñas llamadas osarios (ver más detalles a continuación). Salvo en el caso de los dignatarios de mayor rango, los entierros se realizaban siempre fuera de la ciudad.[4]

EGIPCIO

Aunque muchos de los romanos que ocuparon sus tierras practicaban la cremación, los egipcios consideraban esta práctica «extremadamente horrorosa, ya que privaba al muerto de una vez por todas de cualquier posibilidad de disfrutar de las ofrendas hechas por los vivos».[5] Muchos egipcios siguieron practicando el embalsamamiento, de acuerdo con su antigua convicción de que el proceso de momificación y los rituales asociados a él aseguraban la transición de la persona a la otra vida y su plena participación en ella.[6]

PARTO

El Imperio parto (238 a. C.-224 d. C.) estaba situado principalmente en lo que hoy conocemos como Irán (la región del antiguo Imperio persa). En el siglo I, la religión arraigada en la región era el zoroastrismo (comenzó hacia el 1200 a. C.). Aunque el entierro era la práctica tradicional de la región, los zoroastrianos no practicaban ni el entierro ni la incineración, convencidos de que un cadáver comprometía la pureza de los elementos de la tierra y el fuego. Los zoroastrianos dejaban los cadáveres en una estructura elevada abierta llamada *dakhma* o «torre del silencio», para que se los comieran los pájaros. «Fuera de algunos judíos y cristianos, los únicos pueblos del mundo antiguo que creían en la resurrección de la carne eran los zoroastrianos».[7]

JUDÍOS

El entierro en cuevas o sepulcros de roca, en lugar de la cremación, era la práctica judía universal. Tras la muerte de una persona, los judíos lavaban el cuerpo y lo envolvían con tiras de tela en lugar de depositarlo dentro de un sarcófago; también utilizaban especias pesadas para ayudar a cubrir el olor de la descomposición. Los judíos siempre intentaban enterrar a un individuo antes de que anocheciera el día de su muerte.

Acompañados por miembros de la familia, plañideras profesionales, gaiteros e incluso extraños, los portadores del féretro llevaban el ataúd o el féretro a una tumba bien marcada en un campo (ver Luc. 11:44) o a la cueva de enterramiento. Una gran piedra cubría la apertura de la cueva.

Normalmente, un año después del entierro, un miembro de la familia visitaba el lugar de la sepultura para recoger los huesos restantes y colocarlos en un osario (literal «caja de huesos»). Es posible que los judíos considerasen este acto como una ocasión alegre que marcaba el final del tiempo de luto.[8] Los osarios se apilaban en los sepulcros de la familia extendida.[9] Los deseos de un padre en una enseñanza rabínica sobre el luto ilustran esta práctica: «Hijo mío, entiérrame al principio [...]. Con el tiempo, recoge mis huesos y ponlos en un osario».[10] De hecho, los judíos consideraban este tipo de entierro secundario uno de los deberes familiares más importantes.

CRISTIANO

Los cristianos judíos y romanos seguían los pasos de preparación del cuerpo que eran comunes en la época: lavar el cuerpo, envolverlo en tela y cubrirlo con especias. También siguieron la práctica judía de enterrar (en el día de la muerte) en lugar de incinerar. ¿Por qué la preferencia por el entierro? Los escritos del apologista y teólogo cristiano Tertuliano (aprox. 160-225 d. C.) ofrecen una pista. Escribió sobre un cristiano que pretendía alistarse en el ejército, el cual, al morir un soldado, incineraba el cuerpo. Debido a esta práctica, Tertuliano se opuso, diciendo: «¿Y se quemará al cristiano según la regla del campamento, cuando no se le permitió quemar incienso a un ídolo, cuando a él Cristo le remitió el castigo del fuego?».[11]

Los cristianos también compartían las comidas funerarias proporcionando alimentos a la familia, especialmente en el caso del martirio. Después, «los cristianos se reunían en el aniversario de la muerte de la persona, no de su nacimiento (la muerte era para los cristianos el "cumpleaños de la inmortalidad"); y la comida se convertía en una eucaristía o fiesta de amor».[12]

NOTAS

1 J. M. C. Toynbee, *Death and Burial in the Roman World* (Ithaca, NY: Cornell University Press, 1971), 43-44.
2 C. J. Hemer, «Bury, Grave, Tomb» en *NIDNTT*, 264.
3 Toynbee, *Death and Burial*, 40.
4 *Ibid.*, 48.
5 Arthur Darby Nock, «Cremation and Burial in the Roman Empire», *HTR* 25.4 (1932): 341.
6 «Funerary Art, Roman Egypt», Louvre, consultado el 21 de febrero de 2013, www.louvre.fr/en/routes/funerary-art.
7 Everett Ferguson, *Backgrounds of Early Christianity*, 3ª ed. (Grand Rapids: Eerdmans, 2003), 250.
8 Ferguson, *Backgrounds*, 246.
9 Craig A. Evans, *Jesus and the Ossuaries: What Jewish Burial Practices Reveal about the Beginning of Christianity* (Waco, TX: Baylor University Press, 2003), 12; ver Hemer «Bury, Grave, Tomb», 264.
10 Evans, *Jesus and the Ossuaries*, 11.
11 Tertullian, *The Chaplet*, or *De Cornoa* 11 en Ante-Nicene Fathers, ed. Alexander Roberts y James Donalds. Alexander Roberts y James Donaldson, vol. 3 (Peabody, MA: Hendrickson, 1994), 100.
12 Ferguson, *Backgrounds*, 244.

PRÁCTICAS GASTRONÓMICAS DEL SIGLO I

POR MARTHA S. BERGEN

Triclinio con sofás tallados en Petra.

Varias veces los Evangelios hablan de Jesús y otros «reclinados a la mesa». Sin embargo, esta no era la postura habitual en las comidas cotidianas. Las familias solían sentarse en el suelo o en cuclillas alrededor de una alfombra o de mesas bajas en las que se colocaba una olla común de lentejas o un guiso de verduras junto con pan. A veces, sin embargo, se disponía de asientos para ceremonias especiales o eventos relacionados con la realeza o los ricos. En el siglo I d. C., algunos judíos habían adoptado la práctica romana de utilizar el triclinio para las comidas. El triclinio era una disposición de mesas en forma de «U» con sofás o cojines que se extendían en ángulo perpendicular desde los lados exteriores. Esto dejaba la parte interior de la «U» abierta, lo que permitía a los sirvientes un fácil acceso para colocar o retirar la comida según fuera necesario. Los invitados, junto con su anfitrión, se reclinaban o se apoyaban en el brazo izquierdo, dejando el derecho libre. Así, las personas utilizaban la mano derecha para comer, ya que la izquierda quedaba relegada para las tareas impuras. La mano derecha era el utensilio principal, aunque la gente utilizaba cucharas con algunos alimentos. La gente utilizaba el pan para recoger el guiso de la olla común o para empapar sopas o salsas.[1]

Los banqueteros aparecen reclinados en sofás tapizados y acolchados. Están acompañados por sirvientes y otros asistentes; fechado en el siglo IV a. C.; del Monumento de las Nereidas de la tumba de Arbinas, de Xanthos, Licia.

Cuando Jesús indicó a los discípulos que hicieran los preparativos para la Última Cena, quizá les estaba pidiendo, en parte, que buscaran un lugar con un triclinio. La disposición íntima del triclinio, junto con lo que Jesús quería compartir con los Doce, habría hecho que este escenario fuera el más apropiado, incluyendo Su acto de servidumbre al lavar los pies de los discípulos. Además, la disposición del triclinio estaba asociada a los dictados culturales sobre la ubicación de los invitados. Junto al anfitrión estaban los dos invitados más honrados; el más honrado estaba a la derecha del anfitrión, el siguiente, a su izquierda. La madre de Jacobo y Juan, hijos de Zebedeo, sin duda tenía en mente esta norma cultural cuando pidió a Jesús que sus hijos ocuparan esas posiciones privilegiadas en Su reino (Mat. 20:20-21). La Escritura apoya que la noche de la cena de Pascua que precedió al arresto de Jesús, el apóstol Juan estaba sentado a la derecha de Jesús, mientras que, irónicamente, Judas era probablemente el que estaba a Su izquierda (Juan 13:22-27). El hecho de que Jesús pudiera entregar a Judas «el pedazo de pan» mojado en el plato requeriría una estrecha proximidad física entre ambos, especialmente teniendo en cuenta su posición reclinada.

NOTAS

1 Ralph Gower, «Food» en *HIBD*, 589-90; Fred H. Wight, *Manners and Customs of Bible Lands* (Chicago: Moody, 1953), 59, 63.

EL LAVADO DE PIES EN LA PRÁCTICA ANTIGUA

POR DON H. STEWART

Arco de estilo gótico cerca de la Puerta de la Chaisa en Jerusalén. Se ha rellenado para darle un uso secundario como pila pública musulmana; la tubería cercana al suelo trae agua para lavar los pies.

Fechada entre los siglos VIII y VII a. C., es una pila para lavarse los pies. Una vez que la pila estaba llena de agua, la persona apoyaba el pie en la plataforma elevada del centro.

En el siglo I d. C., el lavado de pies hospitalario a los invitados era una práctica cultural habitual de los pueblos del Cercano Oriente. De hecho, no ofrecer este gesto era un insulto. Por ello, los anfitriones proporcionaban, como mínimo, un cuenco de agua y una toalla junto a la puerta para que los invitados se lavaran los pies. En ocasiones, el anfitrión ponía a disposición de los invitados uno o varios criados para que les lavaran y secaran los pies. A veces, una esposa podía lavar los pies de los invitados especiales.

Lo que le ocurrió a Jesús cuando fue invitado a cenar en casa de Simón (un fariseo) pone de manifiesto la importancia social de lavar los pies de un invitado en el siglo I (Luc. 7:36-50). Jesús sabía que Simón no había seguido las cortesías hospitalarias comunes y esperadas de la época. No lavar los pies de su invitado indicaba que Simón rechazaba a Jesús y trataba de humillarlo públicamente.[1] Jesús quería que Simón entendiera que reconocía que Su anfitrión lo había despreciado e insultado.

Pablo también abordó la importancia de lavar los pies de alguien como expresión de hospitalidad. Pablo se refirió a cómo Timoteo debía determinar qué viudas calificaban para la benevolencia de la iglesia. Las que reunían los requisitos: «criar hijos, practicar la hospitalidad, lavar los pies de los creyentes, ayudar a los que sufren y aprovechar toda oportunidad para hacer el bien» (1 Tim. 5:10).

NOTAS

1 Kenneth E. Bailey, *Jesus through Middle Eastern Eyes: Cultural Studies in the Gospels* (Downers Grove, IL: IVP Academic, 2008), 247.

UNA CIUDAD «FORTIFICADA»

POR R. DENNIS COLE

La puerta de la ciudad de Guézer.

El llamado de Jeremías al ministerio profético fue un llamado a la desalentadora tarea de anunciar la palabra de juicio de Dios a una generación impenitente. El fracaso del liderazgo de reyes, sacerdotes y profetas en esta época había llevado al anuncio de la invocación final de las maldiciones del pacto por parte de Dios. Jeremías anunció que estas maldiciones conducirían a la destrucción de Judá y Jerusalén a manos del ejército de Nabucodonosor. Enfurecidos por las palabras del profeta, la gente incluso de su propia ciudad natal, Anatot, a solo 10 kilómetros (6 millas) al norte de Jerusalén, buscaría la vida de Jeremías (Jer. 11:18-23).

El Señor le reveló a Jeremías que los líderes de Jerusalén se opondrían a él por todos lados. Debía permanecer inamovible y resuelto como «ciudad fortificada», contra toda oposición. Las fortificaciones se describen en términos metafóricos, utilizando un lenguaje simbólico de «columna de hierro y muro de bronce» (1:18-19), un lenguaje que no es raro en el mundo bíblico. Por ejemplo, al excavar Balawat, los arqueólogos descubrieron un ejemplo de puertas asirias reforzadas con bronce.[1] El faraón Tutmosis III se describió a sí mismo como una muralla de hierro, sugiriendo que era invencible.[2] De la misma manera, Jeremías debía reforzarse contra sus adversarios con más firmeza que los más fuertes muros de piedra y madera. Y aunque reyes como Joacim y Sedequías hicieran la guerra contra Jeremías como si fuera una ciudad fortificada, metiéndolo en la cárcel y abusando de él más de una vez, la presencia prometida de Dios le proporcionaría la fuerza para soportar las batallas. El contexto histórico de Jeremías le habría hecho conocer a fondo las ciudades fortificadas.

LA POLÍTICA INTERNACIONAL DE LA REBELIÓN

El decimotercer año del reinado del rey Josías de Judá, alrededor del año 626 a. C., vio el comienzo del fin del gran reino de Asiria. Los insurgentes babilónicos bajo el mando de Nabopolasar se deshicieron de la esclavitud de la dominación asiria. Esto permitió que otros reinos, como el de Judá, consideraran tácticas similares para aliviar las duras cargas que sus despiadados captores les habían impuesto.

Una de las respuestas típicas de los estados rebeldes fue fortificar ciudades estratégicas en las fronteras de su patria tradicional junto con otras ciudades clave de la infraestructura territorial. Bajo Ezequías, unos setenta y cinco años antes del llamado al ministerio de Jeremías (aprox. 705 a. C.), se fortificaron numerosas ciudades en las fronteras occidental y meridional de Judá para solidificar las defensas de Judá contra un ataque asirio. Ciudades estratégicamente situadas como Timnat, Ecrón, Libná y Laquis fueron objeto de amplios proyectos de construcción destinados a reforzar las murallas para evitar las técnicas de perforación y socavación de las máquinas de asedio. Estas ciudades proporcionarían una red de líneas de batalla avanzadas destinadas a proteger a Jerusalén contra los ataques.

Del mismo modo, cuando Sedequías se rebeló contra Nabucodonosor de Babilonia en 589 a. C., reforzó las defensas de Laquis y amplió las fortificaciones de Bet Semes, Hebrón y otros lugares. Al final, estas fortificaciones no fueron rivales para las pode-

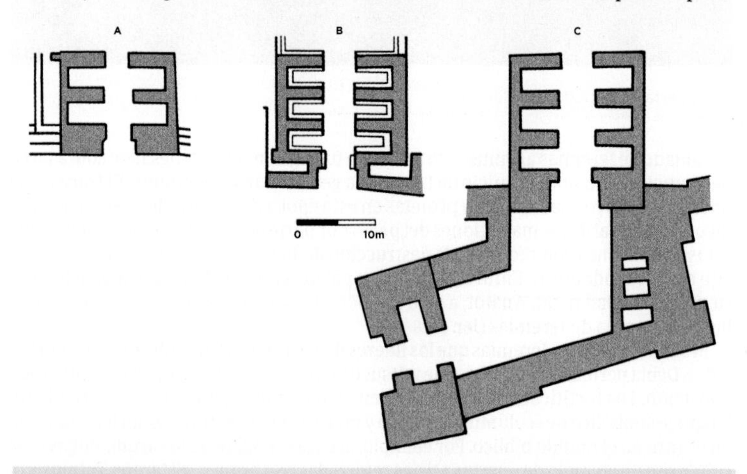

(A) Puerta de cuatro cámaras en Berseba. (B) Puerta de seis cámaras en Guézer con bancos de piedra para los jueces. (C) Puerta y patio en Meguido.

Muralla en ruinas de la antigua Laquis.

rosas máquinas de guerra de Asiria y Babilonia. La defensa de Israel y de Judá estaba en última instancia en Dios mismo, como cuando Jerusalén fue liberada del ejército de Senaquerib en el año 701 a. C. (2 Rey. 19:8-36).

PROTECCIÓN DE LA CIUDAD

Las ciudades fortificadas, ya sean pequeñas, como el recinto de 1,6 hectáreas de Timnat en el Valle de Sorec, al oeste de Jerusalén, o ciudades más grandes, como el emplazamiento de 12 hectáreas de Laquis, en el suroeste de Judá, estaban rodeadas por murallas de piedra con una superestructura de ladrillos de barro. En algunas ciudades como Laquis, una doble muralla servía para defender la ciudad contra los ataques. En los puntos más vulnerables, como la puerta de la ciudad, se añadían enormes construcciones de piedra llamadas revestimientos.

La arquitectura de murallas y puertas pasó por varias etapas de desarrollo desde la Edad de Bronce hasta la Edad de Hierro. Esta última representa gran parte de la historia del reino de Israel. Las aldeas más pequeñas, como las que sirvieron de base arquitectónica a los primeros israelitas del período de los jueces, no estaban fortificadas. Estos «asentamientos en anillo» consistían en pequeñas casas unidas en una disposición circular, con una pequeña abertura en la parte superior del círculo que servía de puerta. A medida que las fortificaciones de las ciudades israelitas fueron surgiendo durante el período del reino, las aldeas periféricas, donde vivía la mayoría de la población, recibieron menos atención. La protección de los habitantes de las aldeas dependía de las ciudades fortificadas como lugar de retiro durante el asedio o el ataque.

MUROS

En la protección de la ciudad israelita se utilizaban dos tipos básicos de muros: el muro sólido y la casamata. La muralla sólida consistía en un cimiento de piedras cortadas y no cortadas, colocadas primero en una zanja subterránea de entre 45 y 100 centímetros (18 a 40 pulgadas) de profundidad. Este cimiento se construía hasta una altura de entre 2 y 3 metros (6 a 10 pies) sobre la piedra. Los trabajadores añadían capas de grandes ladrillos de barro hasta que el muro alcanzaba una altura de entre 3 y 4 metros (10 a 15 pies) o más por encima de la capa normal del suelo. Estas murallas tenían un grosor que oscilaba entre los 2 metros (6 pies) de las ciudades más pequeñas y los más de 7 metros (23 pies) de lugares como Jerusalén.[3] A medida que la muralla se acercaba a la zona de las puertas, se fortificaba más con zanjas de cimentación más profundas y piedras más grandes que pesaban más de 45 kilogramos (100 libras), algunas de las cuales se colocaban a mayor altura.

La construcción de las casamatas consistía en dos muros paralelos, cada uno de ellos de aproximadamente 1 metro (1 yarda) de grosor, con un espacio libre entre ellos de entre 2 y 3 metros (6 a 10 pies). Esta zona interior estaba subdividida por pequeños muros laterales perpendiculares que dividían la casamata en habitaciones. En tiempos de paz y prosperidad, estas habitaciones se utilizaban como almacenes o pequeñas tiendas. En tiempos de guerra o de asedio, estos compartimentos podían rellenarse con tierra y escombros de piedra, formando un muro sólido de 4 a 6 metros (12 a 20 pies) de grosor. Los muros de casamatas eran más comunes en el siglo IX y principios del VIII a. C., pero dieron paso a los muros sólidos, más duraderos, desde finales del siglo VIII (época de Ezequías) hasta el fin de Judá en el 586 a. C. Los arqueólogos han excavado excelentes ejemplos de construcciones de casamatas de los siglos X-IX a. C. en Jazor, Meguido y Guézer, todas ellas ciudades clave en la red de construcción del reino durante el reinado de Salomón (1 Rey. 9:15).[4] En ocasiones, los muros se reforzaban con largos maderos laterales entre cada una de las dos o tres capas de piedra, lo que añadía más apoyo en caso de terremotos, que no eran infrecuentes en el antiguo Israel y Judá (Isa. 13:13; Amós 1:1; Zac. 14:5).

PUERTAS

Los puntos de acceso a una ciudad eran vitales para el comercio y la actividad religiosa, pero suponían un reto para la defensa de la ciudad. La estructura de la puerta era un edificio de varios pisos con torres defensivas a ambos lados de la sección exterior de la entrada. Desde los días de Salomón hasta el final del reino israelita de Judá, las formas de puerta más comunes eran las de cuatro o seis cámaras.[5] Algunas de las cámaras, como las de Guézer, tenían bancos de piedra en el perímetro de la sala donde se sentaban los jueces locales mientras realizaban sus actividades judiciales. Muchas zonas de puertas tenían acompañados grandes patios exteriores donde la gente de las aldeas y granjas cercanas traía sus productos agrícolas y manufacturados para venderlos al público local. Otras, como Berseba, tenían pequeños patios interiores.

A finales del siglo VIII a. C., la amenaza de un asedio asirio era cada vez mayor, por lo que los arquitectos israelitas empezaron a construir muros exteriores para aumentar la protección. En lugar de tener la puerta directamente accesible por la rampa que la gente común utilizaba normalmente para entrar y salir de la ciudad, los constructores levantaron muros en forma de «L» sobre cimientos profundos. El nuevo diseño solo permitía un acceso indirecto al edificio de la puerta interior. Las voluminosas máquinas de asedio eran menos maniobrables en los espacios reducidos de los sistemas de puertas indirectas. Incluso los pequeños emplazamientos fortificados avanzados, como Timnat, llegaron a utilizar esta forma de baluarte defensivo.

NOTAS

1 Grant Frame, «Balawat» en *OEANE*, 1:268. Balawat era una estación fortificada en el camino de Nínive a Arrapha (la actual Kirkuk, Irak).

2 J. Hoffmeier, «The Gebel Barkal Stela of Thutmose III (2.2B)», en *The Context of Scripture*, ed. William W. Hallo (Leiden: Koninklijke Brill NV, 2003), 2:15. Esta fraseología es utilizada numerosas veces por Tutmosis III y también se utiliza en otros contextos históricos y poéticos.

3 El muro occidental de Ezequías en la fortificación de Jerusalén tenía un grosor de unos 7 metros (23 pies).

4 Para un análisis detallado de las fortificaciones de las ciudades, ver Philip J. King y Larry Stager, *Life in Biblical Israel, Library of Ancient Israel (LAI)* (Louisville: Westminster John Knox, 2001), 231-36; Z. Herzog, «Fortifications (Levant)» en *ABD*, 1:844-52.

5 Hay ejemplos de puertas de cuatro cámaras en Berseba, Asdod y Mizpa. Los arqueólogos han descubierto puertas de seis cámaras en Jazor, Meguido, Guézer y Laquis.

EL CALENDARIO GUÉZER DE «YA ES TIEMPO»

POR WARREN MCWILLIAMS

El calendario Guézer.

El calendario Guézer fue descubierto por R. A. S. Macalister en Tel Guézer (en árabe Tell Jezer) en Palestina. Esta placa de piedra caliza data probablemente del año 925 a. C., aproximadamente en la época del rey Salomón. El calendario puede haber sido un ejercicio de práctica para un escolar. Las siete líneas informan de un calendario de doce meses compuesto por actividades agroculturales.[1] Dice lo siguiente:

Sus dos meses [mediados de septiembre a mediados de noviembre]: Recolección (aceitunas).

Sus dos meses [mediados de noviembre-mediados de enero]: Siembra (grano).

Sus dos meses [mediados de enero-mediados de marzo]: Siembra tardía.

Su mes [mediados de marzo-mediados de abril]: Picar lino (o hierba).

Su mes [mediados de abril-mediados de mayo]: Cosecha de la cebada.

Su mes [mediados de mayo-mediados de junio]: Cosecha (de trigo) y medición (de grano).

Sus dos meses [mediados de junio-mediados de agosto]: Cosecha de la vid.

Su mes [mediados de agosto-mediados de septiembre]: Los frutos del verano.

NOTAS

1 Jack Finegan, *Handbook of Biblical Chronology* (Princeton: Princeton University, 1964), 33; Philip J. King y Lawrence E. Stager, *Life in Biblical Israel* (Louisville: Westminster John Knox, 2001), 87-88.

LOS DIOSES DE TESALÓNICA

POR SCOTT HUMMEL

Aunque es una deidad predominantemente egipcia, Isis fue adorada en todo el Imperio romano, como demuestra este templo de Isis en Pompeya.

Tesalónica estaba situada en Macedonia. Aunque muchos griegos despreciaban a los macedonios por considerarlos semibárbaros, la mitología griega reconocía que los macedonios estaban emparentados con los griegos como «primos».[1] En la época de Alejandro Magno, que también era macedonio, se habían convertido en gran medida en «griegos» en cuanto a cultura y religión, contaban mitos griegos y adoraban a los dioses griegos. El propio Monte Olimpo estaba situado en Macedonia a unos 80 kilómetros (50 millas) de Tesalónica.

Las dos fuentes principales de la mitología griega son Homero (que escribió la *Odisea*) y Hesíodo (que escribió la *Teogonía*).[2] Aunque muchos mitos trataban solo de los dioses, la mayor parte de los mitos describían la interacción entre dioses y héroes. Los mitos impregnaban toda la sociedad griega y se expresaban en la literatura, el arte, el teatro, el culto en los templos y las historias contadas a los niños. Los mitos ayudaron a definir los roles y valores sociales, así como a describir el carácter de los dioses. Aunque los dioses eran percibidos como inmortales y poderosos, cada uno tenía su propia esfera de influencia. No se adoraba a un dios excluyendo a los demás, porque descuidar a un dios era descuidar ese ámbito de la realidad.[3]

Uno de los principales dioses de Tesalónica era Serapis. Adoptado por la cultura griega, Serapis había sido el dios egipcio del inframundo y del Río Nilo. Los devotos entendían que Serapis proporcionaba fertilidad y protegía a los marinos, rasgos que hacían que Serapis fuera atractivo para la cultura de Tesalónica.

Entre los dioses griegos había titanes, olímpicos y dioses menores. Los titanes eran los primeros dioses y representaban los elementos básicos de la realidad. En el Monte Olimpo, los doce dioses olímpicos dirigidos por Zeus derrocaron a los titanes. Todos los demás dioses olímpicos eran hermanos o hijos de Zeus. En la época de Pablo, muchos de los dioses griegos se equiparaban a los dioses romanos. Por ejemplo, el dios romano Júpiter fue equiparado con Zeus.

Innumerables mitos ofrecen detalles sobre Zeus y sus numerosas aventuras con diosas y mujeres. Muchos de sus hijos, como Hércules, se convirtieron en los héroes de la antigüedad. Los héroes eran más grandes que los hombres normales, pero menos poderosos que los dioses. Tras su muerte, los héroes eran venerados con honores especiales.[4] El culto a los héroes preparó más tarde el camino para el culto a los gobernantes y emperadores. Después de Alejandro Magno, los principales reyes griegos y macedonios se presentaban como descendientes de los dioses. Algunos reyes fueron honrados como divinos después de su muerte, pero otros, como Antíoco IV, fueron adorados como dioses, incluso en vida.[5]

Como los griegos creían que los dioses se complacían en la calidad de sus templos e imágenes, los artesanos griegos produjeron algunas de las mejores arquitecturas y artes del mundo antiguo. La estatua de Zeus en Olimpia y el templo de Artemisa en Éfeso figuran entre las siete maravillas del mundo antiguo.

Los adoradores ofrecían oraciones, incienso y sacrificios a los dioses en los templos. A cambio de los sacrificios u ofrendas, los fieles esperaban recibir una bendición o un mensaje divino (oráculo) de los dioses. El oráculo más famoso de Grecia se encontraba en el templo de Apolo en Delfos. Allí la sacerdotisa inhalaba vapores dentro del templo. En un estado de éxtasis, pronunciaba el mensaje de Apolo, que el sacerdote interpretaba para el adorador.[6]

No todos en Grecia creían en los oráculos, los sacerdotes o los mitos. De hecho, durante siglos un número creciente de filósofos griegos se mostró cada vez más escéptico sobre la existencia de los dioses. En su lugar, buscaban explicaciones más naturales del mundo y cada vez se avergonzaban más de la inmoralidad de los dioses expresada en sus mitos. También se opusieron al antropomorfismo (dioses con forma humana) y empezaron a defender una única mente, fuerza o principio incorpóreo.[7]

Mientras caminaba por Tesalónica, Pablo habría pasado por templos a Zeus y Afrodita. Los tesalonicenses también adoraban al dios egipcio Serapis y a su esposa Isis, como demuestran los restos de sus templos. Los dos dioses tradicionales más destacados en Tesalónica eran Dioniso y Cabiros. Como Dioniso era el dios del vino y la alegría, sus celebraciones y cultos implicaban embriaguez y orgías. Cabiros era un dios menor en otras partes de Macedonia y Grecia, pero era el dios principal y más popular en Tesalónica. En la época de Pablo, la religión misteriosa de Cabiros habría sido uno de los cultos más importantes de la ciudad. Se desconoce mucho sobre esta religión, pero sabemos que Cabiros era adorado como un dios de la fertilidad. La mitología del culto sostenía que Cabiros había sido martirizado por sus dos hermanos y había sido enterrado en el Monte Olimpo, pero a menudo regresaba de entre los muertos para ayudar a sus seguidores, especialmente a los marineros.[8]

En Corinto, mosaico de Dionisio, dios del vino; fechado entre el siglo I a. C. y el siglo I d. C.

Con el auge del control romano, los tesalonicenses abrazaron el culto a la diosa Roma y a César Augusto. Pablo probablemente vio el templo de Augusto en Tesalónica, y ciertamente habría visto la divinidad de César proclamada en las monedas acuñadas en Tesalónica. Muchas de las monedas incluso habían sustituido la imagen de Zeus por la de Augusto. Cualquier desafío al culto del emperador o la promoción de otro reino o señor amenazaba con represalias por parte de Roma.[9]

La religión impregnaba todos los aspectos de la vida y la sociedad en la Tesalónica del siglo I. Los festivales, el teatro, la educación, la guerra, el gobierno y el atletismo eran eventos o instituciones religiosas. Abandonar la religión griega significaba algo más que abandonar el culto a los ídolos; significaba abandonar las tradiciones, la comunidad y la familia. Aunque muchos griegos consideraban que el cristianismo había «trastornado el mundo entero» (Hech. 17:6), Pablo sabía que significaba volver el mundo al único Dios vivo y verdadero.

NOTAS

1 Para la relación entre macedonios y griegos, ver N. G. L. Hammond, *The Macedonian State: Origins, Institutions, and History* (Oxford: Clarendon, 1989), 12-15.

2 Ver Jasper Griffin, «Greek Myth and Hesiod», en *Greece and the Hellenistic World*, ed. John Boardman, Jasper Griffin y Oswyn Murray (Oxford: Oxford University Press, 1988), 73-82; Simon Price, *Religions of the Ancient Greeks* (Cambridge: Cambridge University Press, 1999), 12-14.

3 Robert Parker, «Greek Religion» en *Greece and the Hellenistic World*, 248.

4 Parker, «Greek Religion», 250; Maria Mavromataki, *Greek Mythology and Religion* (Atenas, Grecia: Haitalis, 1997), 148.

5 Hammond, *Macedonian State*, 21-22; Peter Green, *Alexander to Actium: The Historical Evolution of the Hellenistic Age* (Los Ángeles: University of California Press, 1990), 397-99; Bruce K. Waltke, «Antiochus IV Epiphanes» en *ISBE* (1979), 1:146.

6 Price, *Religions of the Ancient Greeks*, 37; Mavromataki, *Greek Mythology and Religion*, 145-46.

7 Antonía Tripolitis, *Religions of the Hellenistic-Roman Age* (Grand Rapids: Eerdmans, 2001), 14-15; Griffin, «Greek Myth and Hesiod», 80; Parker, «Greek Religion», 266.

8 Michael W. Holmes, *1 y 2 Thessalonians*, NIV Application Commentary (Grand Rapids: Zondervan, 1998), 19; Karl P. Donfried, «The Cults of Thessalonica and the Thessalonian Correspondence», *NTS* 31 (1985): 338-39; Charles A. Wanamaker, *The Epistles to the Thessalonians*, New International Greek Testament Commentary (NIGTC) (Grand Rapids: Eerdmans, 1990), 5, 12.

9 Wanamaker, *Thessalonians*, 5-6; David W. J. Gill y Conrad Gempf, eds., *The Book of Acts in Its First Century Setting*, vol. 2., The Book of Acts in Its Graeco-Roman Setting (Eugene, OR: Wipf & Stock, 2000), 408, 415; Ben Witherington III, *The Acts of the Apostles: A Socio-Rhetorical Commentary* (Grand Rapids: Eerdmans, 1998), 503.

LOS BECERROS DE ORO EN DAN Y BETEL

POR CONN DAVIS

Parte del complejo de altares y lugares elevados cananeos de Dan, en el norte de Israel; datado en los siglos XIII-XII a. C.

El predecesor de los dos becerros de Jeroboán fue el becerro de oro del desierto que construyó Aarón después del éxodo de Egipto. Aarón y Jeroboán utilizaron un lenguaje notablemente similar después de construir sus becerros de oro: «Israel, ¡aquí tienes a tus dioses que te sacaron de Egipto!» (Ex. 32:4,8; 1 Rey. 12:28).

Desde Mesopotamia hasta Egipto y la India, los habitantes de la región han utilizado históricamente la imagen del toro/ternero para sus prácticas religiosas. Han entendido el becerro como un pedestal o base sobre la que descansaban sus dioses. El mayor ejemplo en el Antiguo Testamento fue el ídolo cananeo Baal, que a veces existía como un toro. Israel vivía en un constante estado de crisis espiritual debido a su culto sincrético a Baal mientras intentaba obedecer al Dios todopoderoso de su pacto. El clásico enfrentamiento entre Elías y los profetas de Baal en el Monte Carmelo fue testigo de esta trágica situación.

Los antecedentes egipcios y cananeos de la adoración de becerros son significativos, ya que Israel tuvo una amplia interacción con ambas culturas. La antigua capital egipcia de Menfis se convirtió en un centro religioso para la adoración del toro Apis.

Este ídolo representaba la fuerza y la fertilidad. Del mismo modo, los cananeos percibían a Baal como un símbolo de fertilidad y fuerza, como un dios-tormenta.[1]

Encontrada en las tumbas reales de Ur, esta cabeza de toro de oro procede de la caja de resonancia de un arpa de la tumba de la reina Pu-abi (anteriormente leída como Sub-ad). Los originales se encontraban en el museo de Irak, en Bagdad.

LOS BECERROS DE JEROBOÁN

Algunos estudiosos creen que Jeroboán I construyó sus dos becerros para simbolizar al Dios invisible de pie o entronizado en el becerro.[2] Según esta opinión, los dos santuarios rivalizaban con el arca del pacto con su propiciatorio en el que residía Dios.

Para la colocación de los becerros, Dan y Betel eran lugares geográficos estratégicos. Dan estaba en el extremo norte de Israel; Betel estaba en el extremo sur, a solo 19 kilómetros (12 millas) al norte de Jerusalén. Además, Betel tenía una rica tradición espiritual con conexiones históricas con Abraham y Jacob.

Toro de bronce encontrado en Antioquía de Siria (Antakya, Turquía). Data posiblemente de los siglos IX-VIII a. C.

HALLAZGOS ARQUEOLÓGICOS

Los arqueólogos han encontrado pocas pruebas del santuario de Jeroboán en Betel. Sin embargo, el arqueólogo israelí Avraham Biran descubrió importantes restos en Dan, excavó una plataforma de bloques de piedra caliza o lugar elevado que construyó Jeroboán,[3] la sección principal de esta zona de culto de forma rectangular medía unos 18 por 8 metros (60 por 25 pies).

Biran creía que este santuario eran los restos de los «santuarios en los lugares altos» construidos con el becerro de oro (1 Rey. 12:31). La destrucción del santuario de Jeroboán en Dan se produjo probablemente cuando Ben Adad de Siria atacó Dan y otras ciudades del norte de Israel hacia el 885 a. C.

Otro arqueólogo israelí, Amihai Mazar, excavó un importante sitio relacionado en las colinas de Samaria, cerca de Dotán. Describió el hallazgo de un área de culto circular de aproximadamente 480 metros cuadrados (5200 pies cuadrados). Su descubrimiento más importante fue una singular estatuilla de bronce de un toro, de unos 18 centímetros (7 pulgadas) de longitud y 13 centímetros (5 pulgadas) de altura. Analizó la composición metálica de la pequeña

LOS REINOS DE ISRAEL Y JUDÁ
1 REYES 12
Ciudad
Ciudad capital
Ciudad (ubicación incierta)
Ubicación monte
Israel
Judá
Carreteras internacionales
Caminos locales
50 Millas
50 Kilómetros
MAR MEDITERRÁNEO
FENICIA
SIRIA
GESUR
ISRAEL
AMÓN
JUDÁ
FILISTEA
MOAB
EDOM
El Neguev
Desierto Oriental
Desierto
Beirut
Sidón
Damasco
Mte. Hermón
Ijón
Tiro
Río Litani
Abel-bet-maaca
Dan
Jeroboam edifica un santuario
Cedes
Lago Huleh
Hasor
Aczib
Aco
Cineret
Mar de Galilea
Afec
Astarot
Mte. Carmelo
Gat-hefer
Mte. Tabor
Río Cisón
Río Yarmuk
Edrei
Meguido
Dor
Jezreel
Taanac
Mte. Gilboa
Bet-seán
Ramot de Galaad
Dotán
Ibleam
Pehel
Jabes de Galaad
Soco
Tirsa
Samaria
Capital política de Israel a partir de Omri
Mte. Ebal
Siquem
Peniel
Mahanaim
Mte. Gerizim
Sucot
Río Jaboc
Río Yarkón
Afec
Adam
Jope
Silo
Jeroboam edifica un santuario
Alto Bet-horón
Rabá (Amman)
Bajo Bet-horón
Bet-el
Jericó
Mizpa
Gezer
Geba
Ajalón
Ramá
Hesbón
Asdod
Gabaa
Ecrón
Jerusalén
Mte. Nebo
Gat
Azeca
Medeba
Belén
Ascalón
Bet-sur
Maresa
Tecoa
Laquis
Hebrón
Adoraim
Dibón
Gaza
Zif
MAR MUERTO
Carmel
Río Arnón
Gerar
Maón
Arad
Beerseba
Camino del Rey
Kir-hareset
Carretera Internacional de la Costa
Río Zered
W. el-Arish
Tadmor
Bosra
Cades-barnea

imagen como un 92 % de cobre, un 4 % de plomo y un 4 % de estaño y además, fechó el lugar de culto y la figura de toro en la época de los jueces, en el año 1200 a. C. Los arqueólogos se refieren a este tipo de imagen de toro como un toro cebú debido a una joroba en su espalda y otras características. El toro cebú es originario de la India y se extendió por el antiguo Cercano Oriente hacia el año 3000 a. C.[4]

Las mejores descripciones bíblicas de la construcción de ídolos como estos becerros provienen de pasajes seleccionados de Isaías y Jeremías (Isa. 40:18-20; 44:9-17; 46:6-7; Jer. 10:3-5). Los dos métodos básicos de construcción implicaban las habilidades de un carpintero y de un herrero/artesano. El carpintero tomaba la madera de un cedro o roble y tallaba una imagen conocida como imagen tallada o esculpida. A continuación, el herrero cubría o forraba la imagen de madera con oro. En el segundo método, el herrero moldeaba el oro o el metal en un fuego y lo martilleaba hasta darle la forma final: una imagen fundida. En 2 Reyes 17:16 se describe: «se hicieron dos ídolos fundidos en forma de becerro».

NOTAS

1 Ver K. A. Kitchen, «Golden Calf» en *The Illustrated Bible Dictionary* (Wheaton, IL: Tyndale House, 1980), 1:226.

2 John Bright, *A History of Israel*, 2ª ed. (Filadelfia: Westminster, 1972), 234.

3 Avraham Biran, «Tel Dan», *BA* 43.3 (verano de 1980): 175.

4 Amihai Mazar, «The Bull Site», *BASOR* 247 (verano de 1982): 27,29,32-33.

LA INSCRIPCIÓN DE GOLIAT

POR JOSEPH R. CATHEY

La ciudad filistea de Gat (Tell es-Safi), situada en la Sefela, era la ciudad natal de Goliat.

La inscripción de Goliat es una pequeña pieza de cerámica (*ostracon*; plural *ostraca*) del siglo X-IX a. C. con inscripciones. Lo que hace que el óstracon sea significativo es que tiene una inscripción de dos nombres filisteos. Ambos nombres son cercanos etimológicamente al bíblico *Goliat*. Las letras de la inscripción eran hebreas, mientras que los nombres eran de origen filisteo. Desde el punto de vista arqueológico, se trata de un hallazgo importante porque es una de las primeras inscripciones hebreas encontradas en un contexto arqueológico verificable. La prensa popular y los medios de comunicación la etiquetaron rápidamente como la «inscripción de Goliat».

Los arqueólogos encontraron la inscripción en la excavación de 2005 de la antigua ciudad de Gat (Tell es-Safi). Gat se encuentra en la parte central de Israel, entre Jerusalén y Ascalón. Principalmente, Gat custodiaba la principal ruta norte-sur de la Sefela, que tiene estribaciones que se dirigen al oeste de la llanura hacia Guézer, en el centro de Israel. Las excavaciones en Gat comenzaron en 1899.

Gat muestra una importante ocupación desde el período calcolítico temprano (4500-4000 a. C.) hasta el período moderno (alrededor de 1948). Entre los hallazgos

Este fragmento descubierto en Tell es-Safi, que data de los siglos X a mediados del IX a. C., contiene la inscripción filistea más antigua jamás encontrada y menciona dos nombres notablemente similares al de Goliat.

arqueológicos representativos de Gat se encuentran asas de jarras marcadas (algunas con sellos), figurillas y pesos de siclos de finales de la época salomónica.

En la actualidad, los arqueólogos encuentran con poca frecuencia ostraca (cerámica con inscripciones) en Israel. La mayoría de los ostraca recuperados no contienen más que una sola palabra, unas pocas letras o una sola letra, algunos solo tienen inscrita la mitad de una letra. Lo que hace interesante esta inscripción son los nombres que se inscribieron y el lugar en el que se encontró. Quienes inscribieron los nombres utilizaron caracteres hebreos para escribir los nombres filisteos.[1] Lo más probable es que quienes inscribieron el óstracon utilizaran un instrumento de punta afilada. Sabemos por la historia que los filisteos procedían en realidad del Egeo y, por tanto, tenían nombres indoeuropeos. Sin embargo, con su migración a Canaán, poco a poco empezaron a asimilar culturalmente el alfabeto local (en hebreo) para expresar su propia y única lengua. Aunque la inscripción no conserva realmente el nombre «Goliat», sí conserva nombres que son similares etimológicamente.

El significado bíblico de este óstracon es doble. En primer lugar, podemos afirmar sin lugar a dudas que ya en los siglos X y IX a. C. se utilizaba la escritura hebrea primitiva en Israel.[2] Esta escritura era utilizada por los habitantes de la ciudad filistea de Gat para designar a determinados individuos. En segundo lugar, podemos deducir de esta inscripción que los individuos con nombres similares al Goliat bíblico eran conocidos por los de Gat. Por lo tanto, que alguien llamado Goliat residiera en la ciudad filistea de Gat no habría sido raro.

NOTAS

1 Aren Maeir, «Gath Inscription Evidences Philistine Assimilation», *BAR* 32.2 (2006): 16.

2 Frank Moore Cross y Lawrence E. Stager, «Cypro-Minoan Inscriptions Found in Ashkelon», *Israel Exploration Journal (IEJ)* 56.2 (2006): 150-51.

CABALLOS EN LA GUERRA ANTIGUA

POR DANIEL P. CALDWELL

Reconstrucción de las bandas de las puertas de Balawat del palacio de Salmanasar III (858-824 a. C.) en las afueras de Nínive.

De todos los animales domésticos, el caballo fue uno de los últimos en ser domesticado. Puede que esto se deba a su tamaño o quizás a su temperamento tan nervioso, que dificulta su captura y doma. No obstante, el caballo tiene una larga y distinguida historia. La llegada de su uso por parte del hombre cambió a la humanidad para siempre.

USO Y DOMESTICACIÓN TEMPRANOS

Los responsables de la domesticación del caballo fueron probablemente tribus arias nómadas. Los animales pastaban en las praderas que bordeaban los mares Caspio y Negro. Los nómadas arios posiblemente comenzaron como pastores de una raza de renos parcialmente salvajes pero dóciles. Por consideraciones prácticas, más tarde se pasaron a los caballos. A diferencia de los renos, los caballos no son animales migratorios. El movimiento de los renos estaba dictado por la ubicación de los alimentos especiales de los que se alimentaban.[1]

En un principio, los caballos se criaban para diversos usos. Su carne servía de alimento, y sus pieles se utilizaban para fabricar coberturas y ropas para las cabañas.

Como había pocos árboles en las praderas, el estiércol se podía secar para alimentar el fuego. Eventualmente, las yeguas sirvieron incluso para abastecer de leche a sus pastores. Con el tiempo, los pastores utilizaron las razas de menor valor para transportar sus bienes personales. La consecuencia natural a partir de entonces fue que los hombres se transportaran a sí mismos montando los caballos, lo que simplificó mucho la tarea de pastorear, cazar y emigrar. Fue solo el comienzo de la utilización del caballo como animal doméstico.

Modelo de terracota de un guerrero montado con escudo asirio. Siglo VII a. C.; procedente de Chipre.

Los primeros jinetes solían montar a los caballos a pelo y sin bridas ni riendas. Los jinetes guiaban a los caballos ejerciendo presión con las rodillas e inclinando el cuerpo en la dirección deseada. Para mejorar su transporte y la monta del caballo, las generaciones posteriores desarrollaron artículos especiales (llamados arreos) para controlar mejor a los animales. Entre ellos se encontraban bridas hechas de hueso y cuernos y sillas de montar rudimentarias sin estribos. Con el tiempo, los caballos se emplearon para tirar de pequeños carruajes de cuatro y dos ruedas. Estos dispositivos fueron los precursores de las primeras formas de equipamiento militar.[2]

Aparte de la caza, el mayor uso del caballo en la historia antigua fue el combate. La introducción del caballo en la batalla cambió la guerra. Proporcionó una rapidez y una fuerza nunca vistas hasta entonces. El impacto de su uso fue devastador para cualquier enemigo.

Broca de bronce, probablemente producida por los medos alrededor de 1800 a. C.

CABALLOS Y CARRUAJES DE COMBATE

El caballo en la guerra se ve en dos contextos diferentes. El primero es la conducción en pareja o en grupo de tres o cuatro personas tirando de un carruaje. El carruaje fue el primer medio de transporte en combate. Los primeros carruajes conocidos datan de alrededor del año 2500 a. C. Estos primeros carruajes no eran los dispositivos avanzados de dos ruedas que se ven en el arte primitivo. En realidad, eran carruajes de cuatro ruedas con ruedas de madera maciza. Estos sencillos carruajes eran pesados y difíciles de conducir. Al carecer de eje delantero pivotante, el carruaje tenía que girar mucho y derrapar. Aunque originalmente una yunta de bueyes, burros o asnos salvajes tiraba del carruaje, con el tiempo el caballo se convirtió en el animal preferido por su velocidad y fuerza.

Relieve de basalto de Carquemis, fechado entre 950 y 850 a. C.

Alrededor del año 1600 a. C., se desarrolló un carruaje de dos ruedas. Este vehículo era más ligero que su predecesor y mucho más fácil de maniobrar. Debido a su menor peso, también era más rápido y más versátil en el campo de batalla. Este carruaje era tirado por dos o a veces tres caballos.[3] Dos hombres trabajaban en el carruaje típico: uno era el arquero que disparaba a las fuerzas enemigas, mientras que el otro controlaba el vehículo. Con el tiempo, se desarrollaron carruajes que podían transportar hasta cinco guerreros. Algunos de estos guerreros eran arqueros, y los otros protegían a los arqueros y dirigían los carruajes en la batalla. La mayor contribución de los carruajes tirados por caballos era la movilidad táctica que proporcionaban a los arqueros. Los soldados de a pie, apretados, eran la formación preferida en las primeras batallas. Ofreciendo a los comandantes militares tanto el control durante la batalla como la protección mutua, una fuerza de carruajes podía mantenerse a larga distancia y hacer llover flechas sobre las cabezas de los enemigos. Debido a la velocidad de los carruajes, cualquier intento de ataque frontal por parte de los enemigos podía ser fácilmente evitado. Si, por el contrario, los soldados de a pie se dispersaban para minimizar el daño de las flechas enemigas, perdían la ventaja de la fuerza en número, y los aurigas podían arrollarlos fácilmente. El poder del carruaje como dispositivo de transporte y de batalla se convirtió en el arma central de los pueblos del antiguo Cercano Oriente en el segundo milenio a. C.[4]

LOS CABALLOS Y LA CABALLERÍA

El segundo contexto histórico en el que vemos a los caballos es en una forma primitiva de caballería. Desde el segundo y tercer milenio a. C., los hombres iban a caballo a la batalla. Algunos de los primeros grupos que lucharon eficazmente a caballo fueron los hititas, los asirios, los babilonios y los hicsos. Este último grupo puede haber sido el responsable de introducir los caballos en Egipto. Egipto, a su vez, acabaría introduciendo el caballo en Canaán.

Los antiguos guerreros jinetes utilizaban dos armas comunes, las lanzas y los arcos. Aunque ambas eran eficaces para enfrentarse al enemigo, el método más letal era el arco. Los arqueros a caballo podían avanzar rápidamente sobre los soldados de a pie enemigos, pero mantenían la distancia mientras disparaban la flecha. Muchos de estos jinetes montaban sin riendas para tener las manos libres para disparar sus arcos. Más tarde desarrollaron un método de combate de ataque y retirada. Manteniendo un galope completo, cabalgaban al alcance del enemigo, lanzaban una andanada de flechas y se retiraban. Sin embargo, la retirada no era más que un medio disimulado de continuar el ataque contra el enemigo desprevenido. Un grupo de arqueros a caballo, los partos, eran tan hábiles que eran capaces de disparar tan hábilmente hacia atrás en la retirada como hacia adelante en su ataque.[5]

Los caballos montados o conducidos en la guerra no solo daban una ventaja de velocidad y fuerza al soldado individual, sino que también servían como puesto de mando móvil. Un comandante del ejército no tendría esta ventaja a nivel del suelo. La ventaja de la altura permitía al jinete o conductor ver la batalla con mayor claridad y dirigir eficazmente a su ejército en la batalla.

LOS CABALLOS EN LA ESCRITURA

La mayoría de las referencias bíblicas al caballo están asociadas al uso militar. El término hebreo más común para caballo era *sus*. Dependiendo del contexto, el término podía interpretarse como un caballo en general o como un tipo de caballo de guerra.[6] Aunque la Escritura ofrece algunas referencias a los caballos antes del período de la monarquía, el uso común del caballo en Israel no comenzó hasta la época de David y Salomón. Salomón fue el primero en utilizar caballos con fines militares en Israel.

El Antiguo Testamento retrata a los caballos típicamente como propiedad de los reyes, no del hombre común. Se utilizaban para diversos fines. El caballo era un excelente medio de transporte (a caballo y en carruaje) para la realeza, los aristócratas y los ricos. Cuando José interpretó el sueño del faraón, este lo honró permitiéndole montar en un carruaje tirado por caballos (Gén. 41:43).[7]

Algunos pasajes mencionan el uso de caballos para otras tareas. Por ejemplo, en el oráculo del juicio contra Jerusalén, Isaías 28:28 menciona el uso de caballos para trillar el grano. Muchos están de acuerdo en que los caballos eran demasiado valiosos para utilizarlos en un trabajo tan insignificante. Así, el pasaje se entendería de forma poética como un intento de Isaías de describir la acción destructiva de un enemigo.[8]

La ley mosaica también advertía contra la posesión de muchos caballos para el placer excesivo y la guerra (Deut. 17:16), al igual que Samuel (1 Sam. 8). Sin embargo, la supremacía del caballo en la guerra hizo que los israelitas ignoraran esta ley. Esta podría ser la razón por la que Salomón importó caballos de Egipto (2 Crón. 1:16) e hizo construir miles de establos para albergarlos (1 Rey. 4:26; 2 Crón. 9:25). En los escritos asirios sobre las conquistas de Senaquerib, los caballos figuran entre el botín tomado de la nación derrotada de Judá.[9]

La domesticación del caballo y su eventual uso en el combate han dejado huella en la civilidad. Sin embargo, a pesar de lo majestuoso y noble que es el caballo y de lo eficaz que puede ser en la guerra, Dios nos recuerda que nuestra confianza última debe estar en Él. Los salmos y los profetas nos advierten del peligro de confiar en los caballos y no en el Señor para obtener la victoria:[10] «Estos confían en sus carros de guerra, aquellos confían en sus corceles, pero nosotros confiamos en el nombre del Señor nuestro Dios» (Sal. 20:7).

NOTAS

1 Elwyn Hartley Edwards, *The Encyclopedia of the Horse* (Nueva York: DK Publishing, 1994), 28-29.

2 C. E. Crawford, «Horses and Horsemanship» en *The New Encyclopedia Britannica* (Chicago: Encyclopedia Britannica, 2002), 20:651.

3 G. R. Taylor, «Technology of War» en *The New Encyclopedia Britannica*, 29:535.

4 Taylor, «Technology of War».

5 Edwards, *Encyclopedia of the Horse*, 35.

6 F. J. Stendebach, «סקס» en *TDOT* (1999), 10:180.

7 Para otras referencias al uso de caballos como medio de transporte, ver 2 Samuel 15:1; 2 Reyes 5:9; 14:20.

8 John N. Oswalt, *The Book of Isaiah Chapters* 1-39, NICOT (1986), 523-24. Para otros pasajes que apoyan esta interpretación poética, ver Isaías 17:4-6; 27:12; 41:15-16.

9 James B. Pritchard, ed., *The Ancient Near East: An Anthology of Texts and Pictures* (Princeton: Princeton University Press, 1973), 1:200.

10 Ver Isaías 31:1; 36:8-10; Ezequiel 17:15.

CASAS EN LA ÉPOCA DE JESÚS

POR PAUL E. KULLMAN

Tras la tercera revuelta judía contra los romanos, conocida como la revuelta de Bar Kojba (132-136 d. C.), no se permitió a los judíos vivir en Jerusalén. Por ello, muchos de ellos se instalaron en la región al norte del Mar de Galilea. Una de estas comunidades fue la de Yehudiya, que data de los años 200-400 d. C. Durante el período otomano, muchos árabes, utilizando las piedras y los materiales que encontraron en el lugar, se reasentaron aquí y construyeron estas estructuras sobre los cimientos y las huellas centenarias de las estructuras anteriores. Así, estos restos dan una buena impresión del aspecto que tendría un antiguo pueblo judío.

DISEÑO

Las casas del siglo I se diseñaban y construían con los detalles más sencillos. Los trabajadores utilizaban herramientas como la sierra de mano, el azadón (cincel de piedra), el taladro de arco, el martillo y el mazo. En la actualidad, muchas casas se siguen construyendo con métodos similares en las zonas rurales de los países del tercer mundo, donde los pobres tienen pocas opciones. El diseño de las casas del siglo I utilizaba la forma básica cuadrada o rectangular con una luz corta en la parte más estrecha. Para ello se utilizaban vigas de madera colocadas sobre muros de carga de ladrillos de barro seco o de piedra extraída y cortada localmente.

La composición del tejado se construía con palos de madera seca, paja o tejas que se extendían perpendicularmente a los soportes más gruesos de las vigas de madera.

Las mismas vigas de madera servían de dinteles sobre algunos elementos de la pared, como las puertas. La superficie del tejado era una composición en capas de barro seco y compactado, cubierto con adoquines de ladrillo o piedra plana, que solía ser una superficie duradera e impermeable. La mayoría de las casas antiguas tenían una escalera exterior que conducía a una zona de tejado plano, que la gente utilizaba para diversas actividades domésticas, como secar fruta o dormir en las noches calurosas o cuando el propietario necesitaba un espacio de trabajo exterior o simplemente una zona de descanso. La zona de la azotea a veces colindaba con otras casas, dependiendo de la densidad espacial de la zona de distribución del edificio y de si se trataba de una casa rural o urbana. Esto permitía a los vecinos compartir una pared común, lo que suponía menos trabajo y gastos que la construcción de cuatro paredes, como se requería en una casa independiente. Curiosamente, cada casa israelita solía tener un parapeto para evitar que una persona que no fuera propietaria se cayera y creara una «culpa de muerte» (Deut. 22:8). Este práctico elemento de seguridad se sigue utilizando en los tejados planos y balcones modernos, tal y como exigen los códigos de construcción locales.

Una prodigiosa cantidad de excavaciones arqueológicas ha dejado al descubierto muchos cimientos de paredes de piedra. Los cimientos revelan que la mayoría de las casas pequeñas y comunes medían aproximadamente 5 por 5 metros (15 por 15 pies), aunque algunas podían tener unos 9 por 9 metros (30 por 30 pies).[1] La planta consistía en dos o cuatro habitaciones con al menos una zona más grande para dormir y otra para cocinar. Algunas casas contaban con establos para el ganado dentro de la casa, para su uso durante los fríos meses de invierno. La puerta era la única entrada; las pequeñas

Utilizando un método que se remonta a siglos atrás, esta casa iraquí de piedra tiene un tejado construido con postes de madera que han sido cubiertos con paja y barro compactado.

ventanas ayudaban a la circulación del aire o a la salida del humo. Los suelos eran de tierra compactada cubierta de paja o grava suelta. Las casas más acomodadas tenían suelos de mármol o al menos una superficie de yeso.

La mayoría de las casas estaban modestamente amuebladas, normalmente con una mesa y sillas. La gente dormía en palés en el suelo. Los suministros esenciales incluían ollas, un horno, platos, lámparas y jarras de almacenamiento conocidas como ánforas. Por supuesto, las casas de los propietarios más acomodados tenían jarrones, camas y muebles para reclinarse. Las excavaciones revelan que muchas casas dependían de cisternas para obtener agua.

TIPOS DE CASAS

En la época del Nuevo Testamento, la construcción de casas reflejaba los recursos económicos del propietario. Las casas pequeñas eran más numerosas y se construían con medios austeros. Muchas veces, estas casas pequeñas se agrupaban en torno a un patio compartido, especialmente en zonas donde la densidad de población de una ciudad restringía la expansión. El patio servía como centro de entretenimiento y cocina al aire libre que compartían los vecinos.

Mientras tanto, los ricos construían casas grandes, espaciosas y palaciegas que solían ocupar las zonas de ladera de las ciudades. En Jerusalén, el barrio acomodado se conocía como la ciudad alta, en contraste con la ciudad baja (o el Valle del Tiropeón), separada por el muro herodiano.[2] Estas casas acomodadas serían estructuras de varios niveles con espacios amplios y abiertos, muchos de los cuales se utilizaban para dormir. Las casas más grandes contaban además con zonas de estar destinadas a la diversión. Algunas habitaciones se destinaban a zonas de trabajo para los sirvientes, que tenían sus propios dormitorios. Los acabados interiores incluyen vigas de cedro del Líbano y mármol de Grecia o Italia. Los ricos no eran solo la aristocracia judía, sino también los embajadores extranjeros y, por supuesto, los romanos, tanto del gobierno como del ejército.

NOTAS

1 John S. Holladay Jr., «House, Israelite» en *ABD*, 3:314-16.

2 Marsha A. Ellis Smith, ed., *Holman Book of Biblical Charts, Maps, and Reconstructions* (Nashville: Broadman & Holman, 1993), 158-59.

CÓMO EL HIERRO CAMBIÓ LA GUERRA

POR JOSEPH R. CATHEY

Un carruaje asirio de dos hombres, con los estandartes sagrados; procedente del palacio del noroeste de Nimrud; fechado entre el 865 y el 860 a. C.

Los metales permitieron la introducción de una tecnología que, sin duda, cambió todo el panorama del antiguo Cercano Oriente. El refinamiento de los metales y la capacidad de trabajar con ellos estuvieron a la vanguardia del desarrollo tecnológico humano. En ninguna parte es más pronunciado el refinamiento de los metales que en las áreas de la iconografía religiosa, las herramientas y las armas.

Desde las culturas neolíticas en adelante, hay pruebas que ilustran el aumento de los seres humanos que trabajan diversos metales. Ya en el octavo milenio a. C. se trabajaba el cobre nativo, el betún y la obsidiana en artículos como alfileres decorativos, colgantes e iconografía religiosa.[1] Aunque el cobre fue el primer metal que se extrajo, fundió y moldeó, debido a su prevalencia y facilidad de trabajo, no hay que descartar el hierro meteórico. Ya en el segundo milenio a. C., el antiguo Cercano Oriente conocía y probablemente utilizaba el hierro meteórico, «el hierro del cielo».[2]

La Escritura atestigua el espectacular ascenso del hierro desde sus humildes comienzos. En Génesis 4:22 se explica que Tubal Caín trabajaba como obrero metalúrgico. Algunos creen que la metalurgia de Tubal Caín incluía armas y herramientas agrícolas.[3]

Puntas de flecha de Laquis; fechadas en los siglos X-XVI a. C. Al principio de la Edad de Hierro, el hierro era escaso y demasiado valioso para ser utilizado en puntas de proyectil fungibles. Solo a partir del siglo X se generalizó lo suficiente como para sustituir las puntas de flecha de bronce por las de hierro.

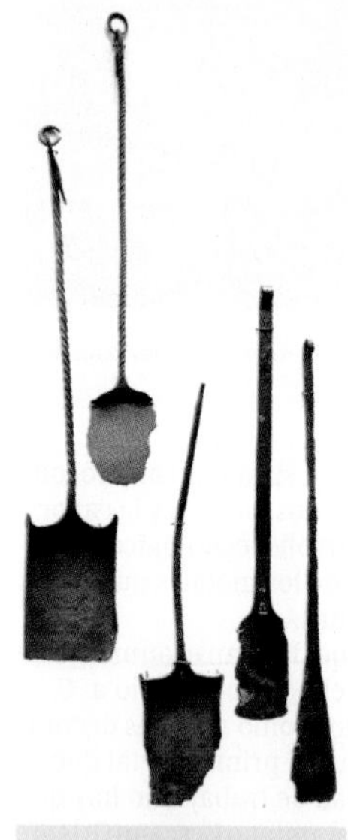

Herramientas utilizadas en el trabajo del metal; los mangos largos y las hojas ligeras las hacían más adecuadas para el trabajo de forja.

El cambio del bronce al hierro se produjo por razones de practicidad y utilidad. Aunque el bronce es mucho más fácil de trabajar que el hierro, el elemento necesario para el bronce, el estaño, es extremadamente escaso.[4] Debido a la abundancia de mineral y a las mejoras en la fundición, el hierro se convirtió en el metal utilitario predominante entre el 1200 y el 800 a. C.[5] En la Edad de Bronce Tardía (período de los jueces), el hierro no estaba tan avanzado técnicamente como el bronce. El bronce es más duro que el hierro, por lo que un cuchillo o una espada de bronce conservaba su filo durante más tiempo y no se doblaba o rompía tan fácilmente como el hierro. La clave del posterior avance tecnológico del hierro fue el proceso de carburación por el que el hierro se convierte en acero.[6] El acero es más duro y fuerte que el bronce, y conserva mejor el filo. La llegada del hierro carburado (acero) dio un valor al hierro que antes no tenía.[7] Una vez que las armas de hierro (y más tarde de acero) se convirtieron en las dominantes, siguieron siendo las elegidas por los ejércitos de todo el antiguo Cercano Oriente, principalmente debido a la facilidad de uso, el mantenimiento y la capacidad de mantener el filo inherente a este metal férrico.[8]

El texto hebreo del Antiguo Testamento distinguía tipos de hierro, así como de bronce. En Ezequiel 27:19 se menciona el concepto de «hierro forjado», que era una mercancía llevada a la rica ciudad de Tiro. Esta frase es difícil de traducir porque solo aparece aquí en el Antiguo

Testamento hebreo. Algunos eruditos bíblicos han argumentado que el profeta pretendía que esta frase significara una aproximación al «hierro trabajado» o a un «hierro florecido consolidado».[9] El profeta Jeremías también conoció el hierro endurecido y contrastó su superioridad sobre el bronce (Jer. 15:12).

La arqueología muestra claramente que en el siglo XII a. C. Israel utilizaba mucho las armas de hierro. Los estudios de los yacimientos israelitas de esta época muestran treinta y siete puntas de flecha, cinco cuchillos/navajas, cinco puñales, cinco cabezas de lanza, una culata de lanza, siete cabezas de jabalina y dos cabezas de lanza.[10] En cambio, este mismo estudio exploró los yacimientos filisteos habituales,[11] que arrojaron un surtido de armas igualmente impresionante. Como era de esperar, los arqueólogos descubrieron un mayor número de espadas filisteas: trece frente a las diez israelitas. La infraestructura necesaria para la metalurgia estaba ligeramente más inclinada a favor de los filisteos que de los israelitas. Asimismo, el relato bíblico indica que los filisteos a menudo luchaban desde la posición de carruaje montado y no como infantería desmontada. Un examen superficial del grueso del armamento israelita parece indicar

Casco de hierro con incrustaciones de bronce alrededor del borde; asirio; siglo VIII a. C.

Horno de fundición de cobre reconstruido en Timná, en el sur de Israel. El horno, que data del siglo XII a. C., tiene una *tuyère* (tubo de intercambio de calor) redonda en la parte trasera y un pozo de escoria en la parte delantera.

que los hebreos preferían las armas de separación (flechas con punta de metal, astas y lanzas) que permitían a la infantería distanciarse de los carruajes.

Jueces 4 ofrece una impresionante ventana a la mentalidad del primer Israel y su preferencia por las armas de alcance. El texto ilustra la apreciación del escritor sobre la guerra cananea, concretamente «carros de hierro» (ver 1:19). El escritor explica que el rey de Canaán, Jabín, había utilizado su gran número de carruajes de hierro para oprimir a Israel durante más de veinte años. Asimismo, el comandante cananeo Sísara utilizó 900 carruajes de hierro en su batalla contra Israel. Sin duda, el carruaje de hierro supuso un cambio paradigmático en la guerra del antiguo Cercano Oriente.

Los restos arqueológicos del primer milenio a. C. han proporcionado impresionantes hallazgos relacionados con los carruajes del antiguo Cercano Oriente. El cambio en las plataformas de guerra móviles fue gradual debido a la tecnología asociada a la fabricación de estas máquinas de guerra. La imaginería del antiguo Egipto y de Asia destaca la importancia de los carruajes de hierro como plataformas móviles de tiro, así como para flanquear y hostigar a la infantería desmontada. No era raro encontrar carruajes equipados con arcos, carcajes de flechas, hachas e incluso espadas largas.[12] Los detalles del Reino Nuevo de Egipto (1550-1070 a. C.) han proporcionado una amplia información sobre la construcción de los carruajes. Elementos como el suelo en forma de «D» (para montar y desmontar rápidamente), los laterales a la altura de la cadera (para montar los escudos) y un amplio espacio para guardar las armas de combate hicieron que el carruaje de hierro fuera un artículo muy deseado.[13] Los carruajes de la Edad de Hierro acabaron extendiéndose por todo el Cercano Oriente (Hatti, Egipto, Canaán, Asiria y Babilonia).

A medida que esta plataforma crecía, la clave para un despliegue eficaz era conciliar la velocidad y la maniobrabilidad con la potencia de fuego y la seguridad. La mordacidad de las espadas de hierro, las flechas, las jabalinas y las lanzas exigía una triple función dentro del cuerpo de aurigas. Se necesitaban tres soldados para librar eficazmente una batalla concertada: un conductor, un luchador y un defensor (a menudo representado desplegando un escudo que cubría al luchador).[14]

El hierro y la tecnología que aportó al antiguo Cercano Oriente fue un arma de doble filo. Por un lado, supuso un salto meteórico en las armas ofensivas (espada, flecha, jabalina y lanza). Sin embargo, esta ventaja se vio contrarrestada por el desarrollo y el uso del carruaje de hierro, como se ve en Jueces 1:4. En verdad, elementos como la geografía y la maniobrabilidad dificultarían el carruaje de hierro en la región montañosa de Israel. Sin embargo, una vez que las armas de hierro se hicieron comunes en el campo del combate marcial, las naciones no volverían a abrazar un metal menor para la sangre o la conquista.

NOTAS

1 Ver Paul T. Craddock, «Metallurgy: Metallurgy in the Old World» en *The Oxford Companion to Archaeology*, ed. Niel Asher Silberman, 2ª ed. (Oxford: Oxford University Press, 2012), 378.

2 Thoman Zimmermann, Latif Özen, Yakup Kalayci y Rukiye Akdogan, «The Metal Tablet from Bogazköy-Hattuša: First Archaeometric Impressions», *Journal of Near Eastern Studies (JNES)* 69.2 (octubre de 2010): 228-29.

3 Ver Kenneth A. Matthews, *Genesis 1-11:26*, vol. 1 en NAC (1996), 287. Matthews sugiere que lo más probable es que Tubal Caín trabajara el hierro meteórico.

4 Un claro impedimento era la temperatura y el equipo necesarios para fundir los minerales. Por ejemplo, para fundir el cobre, la temperatura tiene que alcanzar no menos de 1082°C y la plata, 961°C, mientras que el hierro está a 1530°C. Incluso cuando se fundía el hierro, a menudo había que trabajarlo con un martillo (por ejemplo, en la forja) y luego darle forma en un proceso mucho más laborioso.

5 Ver J. D. Muhly, «Metals: Artifacts of the Neolithic, Bronze, and Iron Ages» en *The Oxford Encyclopedia of Archaeology in the Near East (OEANE)*, ed. Eric M. Meyers (Oxford: Oxford University Press, 1997), 4:13.

6 T. Stech-Wheeler et al., «Iron at Taanach and Early Iron Metallurgy in the Eastern Mediterranean», *American Journal of Archaeology (AJA)* 85.3 (1981): 245.

7 James D. Muhly, «How Iron Technology Changed the Ancient World and Gave the Philistines a Military Edge», *BAR* 8.6 (1982): 43-44.

8 Allan C. Emery, «Weapons of the Israelite Monarchy: A Catalogue with Its Linguistic and Cross-Culture Implications» (tesis doctoral, Universidad de Harvard, 1999), 135-55; ver M. Heltzer, «Akkadian *ktinnu* and Hebrew *kidon*, "sword"», *Journal of Cuneiform Studies (JCS)* 41.1 (1989): 65-68.

9 Dan Levene y Beno Rothenberg, «Early Evidence for Steelmaking in the Judaic Sources», *Jewish Quarterly Review (JQR)* 92.1-2 (2001): 109-10.

10 Elizabeth Bloch-Smith, «Israelite Ethnicity in Iron I: Archaeology Preserves What Is Remembered and What Isa. Forgotten in Israel's History», *JBL* 122. 3 (2003): 419. Bloch-Smith restringió los yacimientos de «Israel» a las tierras altas centrales (Dotán, Betel, Hai, Khirbet Raddana, Tell en-Nasbeh, Giloh, el-Khadr, Beth Zur y Tel Beersheve).

11 Por ejemplo, se estudiaron sitios como Asdod, Tel Miqne-Ekron, Bet Dagón, Tell el 'Ajjul/Gaza y Tell Qasile. Estos sitios suelen estar dentro del ámbito de lo que normalmente se asocia con los «filisteos».

12 Ver Joost H. Crouwel, «Chariots in Iron Age Cyprus», *Report of the Department of Antiquities, Cyprus* (1987), 101-18.

13 Ver Joost Crouwel y Mary Aiken Littauer, «Chariots» en *OEANE*, 485.

14 Ver Sa-Moon Kang, *Divine War in the Old Testament and in the Ancient Near East* (Berlín: de Gruyter, 1989), 50.

ÍDOLOS EN PRODUCCIÓN Y RITUALES

POR DAVID M. WALLACE

Dragón de bronce, animal sagrado del dios babilónico Marduk, 700-550 a. C.

Los ídolos comían dos veces al día porque tenían hambre, bebían agua porque tenían sed y se bañaban para mantenerse limpios. Incluso a veces viajaban a tierras extranjeras. Para los egipcios, cananeos y otros vecinos de los israelitas, eran dioses dignos de ser adorados y de ser atendidos en todos los sentidos.[1] Tales eran las creencias y prácticas de las antiguas culturas del Cercano Oriente.

¿QUÉ SIGNIFICA ÍDOLO?

Un ídolo era un objeto hecho por manos humanas que presentaba una semejanza o imagen del dios al que se adoraba. La palabra hebrea traducida como «ídolo» o «imagen esculpida» es *pesel*, relacionada con el verbo *pasal*, que significa «cortar» o «tallar».[2] Tanto el lenguaje como la arqueología nos dicen que los ídolos se tallaban en madera o piedra.

Dios instruyó a los israelitas: «No te inclines delante de ellos ni los adores. Yo, el Señor tu Dios, soy un Dios celoso». Varias veces el Antiguo Testamento repitió esta prohibición de los ídolos (Ex. 20:5,23; 34:17; Lev. 19:4; 26:1; Deut. 4:15-19,25; 5:8). A los hebreos se les ordenó no adorar nada que se pareciera o representara cualquier tipo de deidad. Isaías le dijo al pueblo que Dios era único, diferente a cualquier persona o cosa: «¿Con quién compararán a Dios? ¿Con qué imagen lo representarán?» (Isa. 40:18-19). Ningún ídolo hecho por un artesano podía compararse con Él.

Dios ordenó a los israelitas que no hicieran ninguna forma o imagen de ningún tipo con la que adorarle (Deut. 4:15-18). Aunque Israel se esforzó por mantenerse fiel a Dios únicamente, el monoteísmo hizo que la fe de Israel fuera única entre las naciones, especialmente entre las que vivían cerca y contra las que luchaban. Así, obedecer los mandatos de Dios contra la adoración de ídolos a lo largo de los tiempos del Antiguo Testamento resultó ser un desafío constante para el pueblo de Israel.

Estatua votiva de comida ofrecida al dios sumerio Anu en Uruk.

¿CÓMO SE HACÍAN LOS ÍDOLOS?

Israel y sus vecinos solían hacer sus ídolos de madera, piedra, plata u oro. El oro y la plata hacían que los ídolos fueran más caros y atractivos. Cuanto más atractivo era el dios o la diosa del ídolo, más deseaba la gente la bendición que le ofrecía ese ídolo en particular. Algunos ídolos podían sostenerse en la palma de la mano; otros podían medir varios metros. La mayoría de los ídolos que originalmente estaban revestidos de oro o plata acabaron perdiendo sus hermosas y deslumbrantes cubiertas.

Molde de piedra para fundir ídolos asirios; fechado entre 1920 y 1740 a. C.

Cuando los ejércitos extranjeros invadían una ciudad o nación, naturalmente se llevaban todos los objetos de oro y plata posibles. Las casas de culto y los templos eran los primeros lugares en los que los soldados buscaban tesoros. A menudo se fundían los metales para reutilizar el oro o la plata.

Cuando se calientan hasta el punto de fusión, tanto la plata como el oro son blandos y se pueden moldear fácilmente en objetos. Ambos pueden moldearse golpeándolos con un martillo o con la presión de unos rodillos. Los martillos pueden dar forma a los metales preciosos en láminas extremadamente finas que luego pueden colocarse, una sobre otra, en la mayoría de los objetos, incluidos los ídolos antiguos.

Cuando se expone al aire, la plata se oxida, por lo que hay que pulirla. El oro, en cambio, no se oxida, incluso si se entierra bajo tierra o se deja en una cueva o bóveda funeraria durante cientos de años.

En la época del Antiguo Testamento, si no eran de madera o piedra, los ídolos se moldeaban primero en metal, normalmente hierro o bronce. Tras enfriarse, se retiraba el molde y se aplicaba oro a mano, una capa cada vez, o se sumergía el objeto en oro líquido. El producto final era un ídolo cubierto con una capa de oro. Este proceso de dorado se sigue utilizando hoy en día.

CÓMO SE CUIDABA A LOS ÍDOLOS

Los vecinos de Israel creían que sus imágenes y estatuas estaban vivas. Sus ídolos tenían pensamientos y sentimientos. El dios vivía en su imagen o estatua. La gente cuidaba de su ídolo porque creía que necesitaba cuidados y atención como cualquier otro ser vivo.

Los ídolos del templo de Érec, por ejemplo, recibían dos comidas diarias, se llevaba una mesa con un cuenco de agua para su limpieza. El ídolo recibía una variedad de alimentos, los músicos tocaban a la hora de la comida mientras el ídolo comía en privado. Después, se retiraban los objetos y se volvía a proporcionar al ídolo agua para que se limpiara.

En Egipto, los ídolos solían reposar en un rincón oscuro dentro del templo donde solo el sacerdote tenía acceso al ídolo. El sacerdote era el responsable de cuidar el santuario que contenía el ídolo. El sacerdote limpiaba y perfumaba el ídolo con incienso y le aplicaba cosméticos. El sacerdote también colocaba una corona en el ídolo, identificándolo como una deidad.[3]

NOTAS

1 Edward M. Curtis, «Idol, Idolatry» en *ABD*, 3:377-78.

2 Francis Brown, S. R. Driver y Charles A Briggs, *A Hebrew and English Lexicon of the Old Testament* (Oxford: Clarendon Press, 1980), 820.

3 Curtis, «Idol, Idolatry», 377-78.

EN LA PUERTA DE LA CIUDAD

POR JOEL F. DRINKARD JR.

Vista del complejo de la puerta de Dan que muestra los enormes muros de las torres de la entrada. En la puerta también hay restos de bancos y un umbral. Los contrafuertes reforzaban el soporte de los muros de la torre y la puerta.

Las puertas de la Edad de Hierro de Israel (1200-586 a. C.) solían tener dos o más conjuntos de muros de muelle que creaban cámaras a cada lado de la puerta. Los modelos más comunes eran de dos, cuatro o seis cámaras. El número de cámaras no parece estar relacionado con el tamaño del yacimiento, la cronología dentro del Israel de la Edad de Hierro o la ubicación (Israel o Judá o estados vecinos). En cambio, el número de cámaras parece depender de la topografía del yacimiento y del uso que se hiciera del complejo de puertas. La mayoría de las puertas de los principales yacimientos de Israel y de las tierras circundantes eran totalmente de piedra o tenían hileras de piedra en la parte inferior y ladrillos de barro en la parte superior. Los muros del muelle solían tener unos 2 metros (6 pies) de ancho, las cámaras unos 3 metros (9 pies) de ancho y de 4 a 5 metros (15 a 18 pies) de profundidad. Y las puertas solían tener torres a ambos lados. En varios yacimientos se han descubierto puertas interiores y exteriores.[1]

Las puertas no eran solo puertas de entrada y salida de las ciudades y pueblos, pero ciertamente proporcionaban entrada y salida. El complejo de puertas era el centro

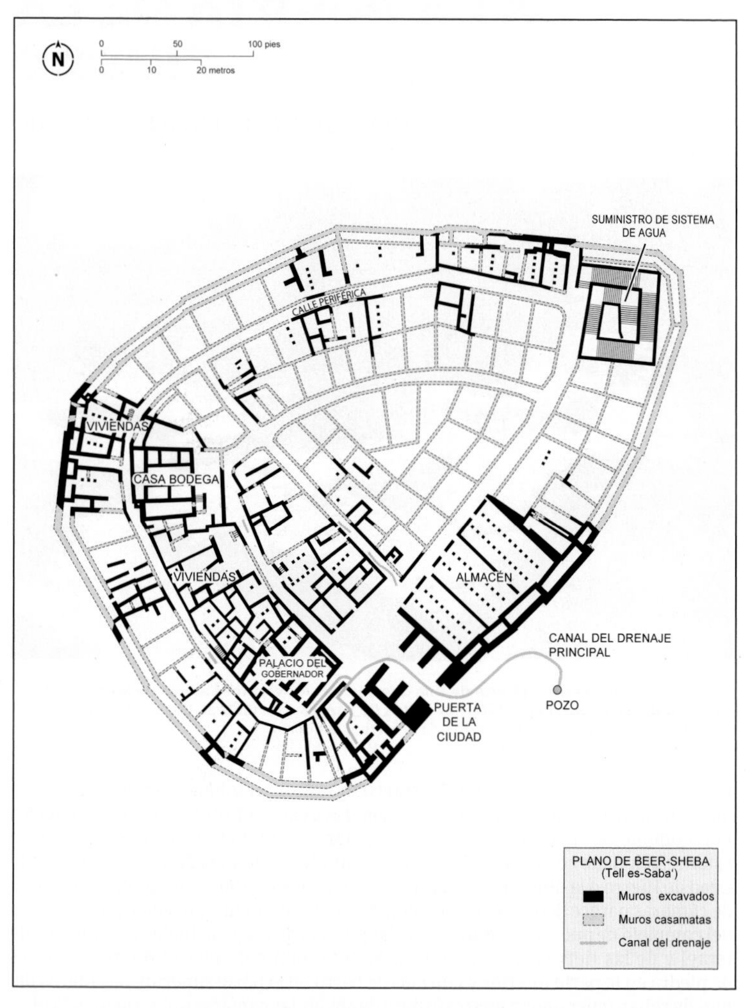

de la actividad de la ciudad. Obviamente, las puertas tenían un propósito defensivo de ofrecer protección a los ciudadanos que se encontraban en su interior. Por ello, el complejo de puertas solía tener instalaciones militares asociadas. El complejo de puertas incluía las puertas de entrada (Neh. 6:1; 7:1), las torres (2 Crón. 26:9) y las rejas de la puerta (Jue. 16:3; 2 Crón. 8:5) que podían colocarse para asegurar la ciudad.

Los bancos se encontraban en las cámaras e inmediatamente dentro y fuera de la puerta en muchos sitios, incluyendo Berseba,[2] Guézer,[3] y Tel Dan.[4] Estos bancos se relacionan a menudo con los textos bíblicos que hablan de «sentarse junto a la puerta de la ciudad» (2 Sam. 19:8). Sin embargo, estos bancos varían en altura desde unos 15 hasta 76 centímetros (6 a 30 pulgadas), algunos demasiado bajos para sentarse, otros demasiado altos y otros demasiado estrechos. En estos casos, el banco era probablemente un estante en el que se podían colocar objetos.

Además, muchas de las principales actividades comerciales y sociales tenían lugar en el complejo de la puerta. Una plaza abierta (heb. *rechob*, «calle, cuadro, plaza»; Gén. 19:2; Jue. 19:15; 2 Sam. 21:12) solía estar situada justo dentro o fuera de la puerta. La plaza era el mercado donde los mercaderes ofrecían sus productos y la gente se reunía para comprar y vender. Era el equivalente al actual centro comercial y al mercado agrícola, todo en uno. Los arqueólogos han excavado este tipo de plazas en Berseba,[5] Tel Dan[6] y otros lugares. El mercado o plaza era un lugar de reunión natural. En dicha plaza, Ezequías se dirigió al pueblo reunido para animarlo en el momento del ataque de Senaquerib (2 Crón. 32:6). Asimismo, Esdras leyó el libro de la ley al pueblo reunido en la plaza de la Puerta del Agua de Jerusalén (Neh. 8:1,3). Puesto que muchos bancos de las cámaras de la puerta no eran adecuados para sentarse y las cámaras de la puerta eran a menudo pequeñas, ¿a qué se refería la idea de «sentarse en la puerta de la ciudad»? Lo más probable es que se refiera a sentarse en cualquier lugar del complejo de la puerta, ya sea dentro o fuera de ella, pero especialmente en la plaza. Lot estaba «en la puerta de Sodoma» (Gén. 19:1), probablemente en la zona de la plaza, ya que allí es donde los ángeles le propusieron pasar la noche (v. 2). También es donde se sentó el levita con su concubina cuando iba a pasar la noche en Guibeá (Jue. 19:15).

No todas estas plazas estaban dentro de la puerta. Hay al menos una referencia a «calles» o «bazares» (heb. *chuts*), que estaban situados fuera de la puerta (1 Rey. 20:34; el significado básico de chuts es «fuera de»). El difunto arqueólogo israelí Avraham

Asiento de juicio reconstruido en la puerta de entrada de Dan. La piedra base delantera izquierda es original.

La fortaleza reconstruida en lo alto de una colina que domina la ciudad cananea de Arad. Aunque Arad se remonta a unos 4000 años antes de Cristo, la fortaleza se construyó en tiempos de Salomón y David. Es característico que haya torres a ambos lados de la puerta de la ciudad.

Biran interpretó estas estructuras excavadas fuera de la puerta de Tel Dan como los chuts.[7] De nuevo, su ubicación cerca de la puerta tiene mucho sentido. Son el lugar donde los mercaderes ofrecían sus productos para la venta. Un lugar justo dentro o fuera de las puertas de la ciudad es conveniente, de fácil acceso y también fácil de mantener bajo la vigilancia de los funcionarios para evitar problemas. Otro lugar asociado a la puerta y justo fuera de la ciudad es una era. Los reyes de Israel y de Judá celebraron una reunión cumbre sentados en sus tronos en la era, a la entrada de la puerta de Samaria (1 Rey. 22:10). Al igual que los bazares, la era sería un gran espacio público abierto, perfecto para una reunión pública.

El complejo de la puerta era, por tanto, el lugar donde se reunían las personas y se hacían los negocios. Abraham negoció la compra del campo y la cueva funeraria para Sara (Gén. 23:10-16) en la puerta de la ciudad de Hebrón (o Quiriat Arbá). Del mismo modo, Booz negoció la compra de la propiedad de Elimélec, incluida la mano de Rut en matrimonio (Rut 4:1-12), en la puerta de Belén.

Los lugares altos o santuarios estaban asociados a las puertas de las ciudades durante la Edad de Hierro. Josías, «derribó los altares paganos junto a la puerta de Josué, ubicada a la izquierda de la entrada a la ciudad» como parte de su reforma religiosa (2 Rey. 23:8). Los arqueólogos han descubierto santuarios en las puertas de las ciudades de Tel Dan y Betsaida. El complejo de la puerta de la Edad de Hierro de Betsaida contaba con al menos siete estelas, a las que se rendía culto en los lugares elevados del complejo de la puerta de la ciudad.[8] Una de ellas, situada justo a la derecha de la puerta, tenía un par de escalones que conducían a una cuenca de basalto para las ofrendas de libación. Encima de la zona de libación había una estela con una deidad con cabeza de bovino. En Tel Dan se han descubierto cuatro conjuntos de piedras en pie (heb. *matseboth*) en el complejo de la puerta.[9]

Las referencias bíblicas a la «justicia en las puertas de la ciudad» se refieren a la justicia impartida en el complejo de la puerta o cerca de ella. Dado que el complejo de la puerta era el lugar donde el pueblo se reunía para hacer negocios y socializar, y dado que era un lugar de reunión pública para leer la ley y animar al pueblo, también era el lugar esperado para celebrar el juicio. Las acusaciones se hacían en público, el juicio tenía lugar en público y la decisión se dictaba en un lugar público. También la sentencia se ejecutaba en público (Amós 5:15; ver Deut. 17:5; 21:18-21; 22:23-24).

En 2 Samuel 19:7-8, el contexto más amplio puede ayudar a los lectores a visualizar el complejo de puertas en el que se encontraba David. Antes de la batalla entre las fuerzas de David y las de Absalón, David estaba, «a un lado de la entrada de la ciudad» mientras el ejército marchaba (2 Sam. 18:4). Probablemente estaba de pie justo fuera de la puerta, pasando revista a las tropas. Luego se le describe como «sentado en el pasadizo que esta entre las dos puertas de la ciudad» cuando un vigilante subió al techo de la puerta y vio a un corredor que traía noticias de la batalla (v. 24). La descripción sugiere que Majanayin tenía una puerta interior y otra exterior, como las que se encuentran en Berseba, Tel Dan, Meguido y otros lugares. Cuando David se enteró de que habían matado a Absalón, subió «al cuarto que está encima de la puerta» y lloró (v. 33). La cámara superior sería un segundo piso o una habitación en la azotea del complejo de la puerta. Finalmente, David «se levantó y fue a sentarse junto a la puerta de la ciudad. Cuando los soldado lo supieron, fueron todos a presentarse ante él» (19:8). Así pues, la puerta de Majanayin tenía una puerta interior y otra exterior, un segundo piso o sala en el techo y un lugar para que el rey se sentara entre las puertas interior y exterior. En Tel Dan, los excavadores descubrieron una plataforma en la zona abierta entre las puertas interior y exterior. La plataforma tenía originalmente un dosel sobre ella. El excavador sugiere que la plataforma era el lugar donde se sentaba el rey, un dignatario visitante o una deidad. Esa plataforma reconstruida puede ayudar a la gente de hoy a visualizar el lugar donde David se sentaba para que la gente se presentara ante él. En un trono de la plaza de Majanayin, David fue reconquistado como rey por el pueblo después de que el ejército hubiera sofocado con éxito la rebelión de Absalón.

NOTAS

1 Ver el dibujo, Ze'ev Herzog, «Tel Beersheba», en *NEAEHL*, 1:167.

2 Herzog, «Tel Beersheba», 171.

3 William Dever, «Gezer», en *NEAEHL*, 2:503, 505.

4 Avraham Biran, «Dan» en *NEAEHL*, 1:329-30; Avraham Biran, «Sacred Spaces», *BAR* 24.5 (1998): 38-45.

5 Herzog, «Tel Beersheba», 167, 171-72.

6 Biran, «Dan», 329-30; Biran, «Sacred Spaces», 41, 44-45, 70.

7 Biran, «Dan»; Biran, «Sacred Spaces».

8 Rami Arav, Richard A. Freund y John F. Shroder Jr., «Bethsaida Rediscovered», *BAR* 26.1 (2000): 44-56; Rami Arav, mensaje de correo electrónico, 15 de octubre de 2009; y Tina Haettner Blomquist, *Gates and Gods* (Estocolmo: Almqvist & Wicksell, 1999), 50-57.

9 Biran, «Sacred Spaces», 44-45; Blomquist, 57-67.

EL INCIENSO EN EL CULTO HEBREO

POR KEN COX

Incensarios de bronce en miniatura, probablemente de uso doméstico. Procedentes de Biblos; siglo I a. C.-siglo I d. C.

Pala de incienso de bronce; procedente de Israel; datada en el siglo I o II d. C.

Un altar para quemar incienso formaba parte del mobiliario del tabernáculo. Cuando Salomón construyó el magnífico templo de Jerusalén, había un altar de oro para el incienso delante de la cortina del lugar santo (2 Crón. 4:19). El incienso, compuesto por cuatro partes iguales de ingredientes raros y costosos, debía quemarse exclusivamente en el altar.

Los sacerdotes ofrecían incienso colocando carbones quemados del altar de bronce en el altar del incienso. El sacerdote colocaba el incienso molido sobre los carbones. La nube fragante simbolizaba las oraciones de Israel que se elevaban constantemente ante el Señor.[1] El perfume de la ofrenda era un aroma agradable que llenaba el templo. Así como los reyes y los invitados de honor eran tratados con el aroma especial del incienso quemado, de la misma manera el Rey de reyes saboreaba el dulce aroma de la mezcla especial de incienso.[2]

El incienso se quemaba de otra manera en el Día de la Expiación. El sumo sacerdote llevaba carbones en un incensario o bandeja de fuego al lugar santísimo y traía la sangre del sacrificio. Al entrar en el lugar santísimo, el sacerdote colocaba el incienso sobre los carbones, que procedían del altar de bronce. El resultado era una nube que protegía al sacerdote cuando entraba en la presencia consumidora de Dios (Lev. 16:12-13).

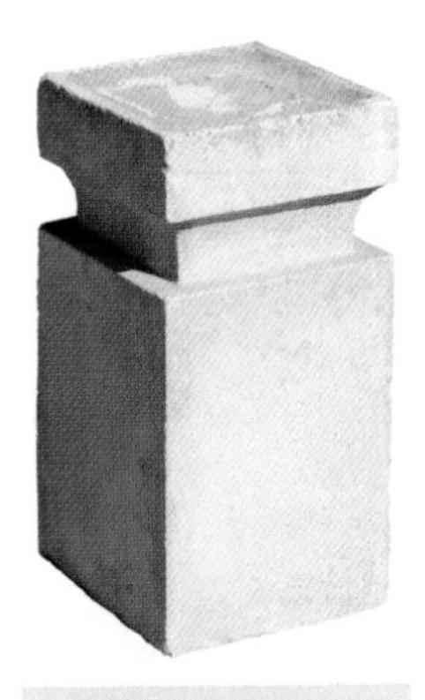

Pala de incienso de bronce; procedente de Israel; datada en el siglo I o II d. C.

La quema indebida de incienso trajo consigo castigos inmediatos. Nadab y Abiú, que eran sacerdotes e hijos de Aarón, ofrecieron «un fuego que no tenían por qué ofrecer» en sus incensarios y perdieron sus vidas (10:1-2).

El incienso debía añadirse a las ofrendas de grano que servían como ofrendas de comunión. Estas «ofrendas de agradecimiento» se quemaban en el altar, el grano y el incienso juntos.[3] Cuando el grano se presentaba como ofrenda por el pecado, no se debía añadir incienso cuando se quemaba. El incienso con las ofrendas de agradecimiento simbolizaba la gratitud del adorador y su unión con Dios. El grano que los pobres ofrecían como ofrenda por el pecado no podía contener incienso debido a la necesidad de que el adorador se restableciera primero en la comunión con Dios.[4] Después del exilio babilónico, la receta del incienso incluía otras siete especias.[5]

En el Nuevo Testamento, Zacarías, el padre de Juan el Bautista, era el sacerdote que había sido seleccionado para ofrecer incienso en el altar cuando vio al ángel que le informó de la concepción milagrosa de Elisabet. El libro del Apocalipsis se refiere al humo del incienso como «las oraciones del pueblo de Dios» (Apoc. 5:8; 8:3).

NOTAS

1 C. F. Keil y F. Delitzsch, «The Second Book of Moses (Exodus)», en *The Pentateuch*, vol. 1 de Commentary on the Old Testament (Peabody, MA: Hendrickson, 1996), 457.

2 Immanuel Benzinger et al., «Incense» en *Jewish Encyclopedia* (1906), www.jewishencyclopedia.com/articles/8099-incense.

3 Keil y Delitzsch, «The Third Book of Moses», en *Pentateuch*, 516.

4 *Ibid.*, 529.

5 Roland de Vaux, *Ancient Israel: Its Life and Institutions* (Grand Rapids: Eerdmans, 1997), 432; Benzinger, «Incense».

LOS JUEGOS ÍSTMICOS

POR CECIL R. TAYLOR

Foso de salida en el estadio de Istmia. Los Juegos Ístmicos fueron iniciados en el siglo VI a. C. por los corintios.

Estadio de Delfos, sede de los Juegos Píticos, que se celebraban en el tercer año del ciclo de los Juegos Panhelénicos.

Los juegos celebrados en Olimpia pueden ser las competiciones atléticas más conocidas de la historia, sobre todo por su renacimiento moderno. En el mundo del siglo I, muchas ciudades griegas ofrecían sus propias versiones locales. Un conjunto de cuatro de estos juegos llegó a conocerse como Juegos Panhelénicos («todos los griegos») porque estaban abiertos a competidores de cualquier ciudad griega del mundo. Estos cuatro juegos se celebraban en un ciclo escalonado, de modo que los atletas podían competir en los cuatro y en al menos uno por año. Los Juegos Olímpicos se celebraban en Olimpia cada cuatro años en el primer año del ciclo. Los Juegos Ístmicos, cerca de Corinto, y los Juegos Nemeos, cerca de Nemea, tenían lugar en diferentes meses del segundo año. En el tercer año, los Juegos Píticos se celebraban cerca de Delfos. En el cuarto año se celebraron de nuevo los Juegos Ístmicos y los Juegos Nemeos. Después, el ciclo se repetía.

Celebrados en los principales centros religiosos de Grecia, estos juegos honraban a eminentes deidades. Olimpia y Nemea honraban a Zeus; Delfos a Apolo; Istmia a Poseidón. Mucho más que un deporte para los participantes y los espectadores, estos juegos formaban parte del culto a los dioses. Cada atleta ofrecía lo mejor de sí mismo a los dioses antes y durante la competición. Dado que la sociedad griega entendía que la fuerza, la velocidad y la destreza procedían de los dioses, los atletas les rezaban y les daban las gracias por el éxito.[1]

El festival de Istmia puede haber sido el más popular de los juegos por dos razones. En primer lugar, una visita a Corinto, la rica capital provincial de Acaya, se consideraba a menudo la emoción de una vida. En segundo lugar, al celebrarse en un lugar

Lavatorio del templo de Poseidón en Istmia, que data del siglo VII a. C. En él, una persona juraba que había cumplido las reglas durante nueve meses, quizá como parte de su rito de purificación. Poseidón era la deidad patrona de los Juegos Ístmicos.

cercano a la costa oriental del istmo de Corinto, a unos 13 a 16 kilómetros (8 a 10 millas) al sureste de la ciudad, Istmia era fácilmente accesible por tierra y por mar.[2]

ANTES DE QUE EMPEZARAN LOS JUEGOS

Las reglas de los juegos exigían que cada participante pasara al menos diez meses en un entrenamiento estricto y regimentado, que implicaba dietas especiales y ejercicios serios. Antes de que un atleta pudiera competir, debía prestar un juramento solemne de que había cumplido estas estrictas reglas. Todas las grandes ciudades griegas contaban con instalaciones de entrenamiento donde los hombres podían prepararse para competir en todas las pruebas. Muchos atletas recurrían a entrenadores que les enseñaban el estilo y la técnica y les aconsejaban sobre la dieta y el ejercicio.[3]

Cuando llegaba la hora de los Juegos Ístmicos (en la primavera de los años señalados), se reunían competidores y miles de espectadores procedentes de ciudades y colonias de todo el mundo mediterráneo, desde Alejandría hasta Asia Menor y España. Solo podían competir los hombres. De los juegos más importantes, solo el de Istmia permitía competir a los no griegos.[4] La fiesta tenía el aspecto de un carnaval. Los vendedores vendían de todo, desde refrescos y recuerdos hasta ofrendas para los dioses. Los artistas callejeros ofrecían espectáculos musicales, teatrales, artísticos y poéticos.[5]

No se sabe con certeza cuántos días se dedicaban a las competiciones atléticas, cómo se combinaban los sacrificios a la deidad honrada con los eventos deportivos o cuándo exactamente los ganadores recibían sus premios. Sin embargo, el programa de eventos era generalmente el mismo para todos los juegos.

COMIENZA LA COMPETICIÓN

El día de la inauguración, los concursantes juraban solemnemente ante los jueces del festival que habían entrenado durante los últimos diez meses y que seguirían todas las reglas de los juegos. Los jueces también juraban evaluar los concursos de forma justa.[6]

Seis pruebas constituían el núcleo de todos los juegos: carreras a pie, lucha, saltos, boxeo, lanzamiento de jabalina y de disco. La competición en Istmia también incluía música, danza, teatro, debate, carreras de carruajes y caballos, e incluso una regata.[7]

Los heraldos llamaban a los participantes a cada prueba, dando el nombre y la ciudad de cada uno, y anunciaban los nombres de los vencedores a la multitud.[8] Solo los ganadores recibían premios. No se concedían premios a los segundos o terceros clasificados. A menudo, las ciudades de los vencedores les honraban no solo con alojamiento y comida gratuitos y asientos en el teatro, sino también con dinero en efectivo. Sin embargo, esos honores y premios eran menos preciados que la corona del vencedor. En Istmia, las coronas eran circulares, a veces de pino, pero más a menudo de apio silvestre marchito.[9]

NOTAS

1 Richard Woff, *The Ancient Greek Olympics* (Nueva York: Oxford University Press, 1999), 9; Judith Swaddling, «Olympics BC», Natural History 97.8 (1988): 8.

2 Oscar Broneer, «The Isthmian Games», consultado el 15 de mayo de 2004, http://www.ioa.leeds.ac.uk/1970s/70094.htm; Oscar Broneer, «The Apostle Paul and the Isthmian Games», *BA* 25 (1962): 7.

3 Woff, *Ancient Greek Olympics*, 6.

4 E. Norman Gardiner, *Greek Athletic Sports and Festivals*, Handbooks of Archaeology and Antiquities (Londres: Macmillan, 1910), 218.

5 Woff, *Ancient Greek Olympics*, 9; Broneer, «Apostle Paul», 23-24.

6 Woff, *Ancient Greek Olympics*, 10.

7 Gordon D. Fee, *The First Epistle to the Corinthians*, New International Commentary on the New Testament (NICNT) (Grand Rapids: Eerdmans, 1987), 433-34, n. 1; Swaddling, «Olympics BC», 8; Woff, *Ancient Greek Olympics*, 12; Broneer, «Isthmian Games», 2-3.

8 Ver William Smith, «Games» en *Smith's Bible Dictionary* (1884), http://www.ntslibrary.COM/PDF%20BOOKS/SMITH%27S%20BIBle%20Dictionary.pdf, 224.

9 Judith Swaddling, *The Ancient Olympic Games*, 2ª ed. (Austin: University of Texas Press, 1999), 40; Swaddling, «Olympics BC», 8; Broneer, «The Apostle Paul and the Isthmian Games», 16-17.

LOS LEONES COMO IMAGEN DEL ANTIGUO TESTAMENTO

POR HARRY D. CHAMPY III

León de piedra caliza sobre una cabeza de toro, procedente de Damasco, Siria.

Los escritores del Antiguo Testamento utilizaron con frecuencia imágenes de leones porque los lectores y oyentes se identificaban fácilmente con ellas. Los leones eran comunes en el antiguo Israel y Judá y permanecieron en la zona hasta principios del siglo XIV d. C. En Mesopotamia también hubo leones durante toda la época del Antiguo Testamento e incluso hasta finales del siglo XIX.[1]

«LEONES» EN EL ANTIGUO TESTAMENTO

Al menos seis palabras hebreas del Antiguo Testamento se refieren a un león: (1) *'ari* o *'aryeh*, una palabra genérica; (2) *kephir*, un león joven pero cubierto de melena; (3) *lebe', lib'ah, labi', lebiyya'*, o *libyah*, un león mayor o una leona; (4) *layish*, un león fuerte; (5) *shachal*, un león feroz o un león viejo; y (6) *gur*, un cachorro de león. Estas palabras aparecen aproximadamente 150 veces en 112 versículos.[2] Ezequiel es el que más utiliza estas palabras (dieciséis veces), y Nahúm tiene la mayor proporción de uso con diferencia (diez veces en tres capítulos).

El Pentateuco utiliza «leones» de forma ilustrativa y en el contexto de la bendición. Por ejemplo, Jacob bendijo a Judá y habló de él «como un cachorro de león» (*gur*), «se tiende al acecho como león» (*'ari*) y «como leona que nadie se atreve a molestar» (*labi'*, ver Gén. 49:9). Otros ejemplos en el Pentateuco son la bendición de Moisés a Gad: «Ahí habita Gad como león» y Dan: «es un cachorro de león» (Deut. 33:20,22) y la bendición de Balán a Israel/Jacob: «un pueblo se alza como leona; se levanta como león» «se agacha como un león, se tiende como una leona: ¿Quién se atreverá a molestarlo? ¡Benditos sean los que te bendigan!» (Núm. 23:24; 24:9).

En los libros históricos (Josué-Ester), las palabras describen a menudo a un león que ataca literalmente a una persona (por ejemplo, Sansón en Jueces 14). Debido a estos encuentros, la gente asociaba a los leones con la fiereza y el valor. Se dice que Saúl y Jonatán eran «más fuertes que los leones» (2 Sam. 1:23), y que «los soldados más valientes» de David «son tan bravos como un león» (2 Sam. 17:10). Además, los artesanos llegaron a utilizar «doce leones de pie sobre los seis peldaños» como adornos en el templo y en el palacio de Salomón (1 Rey. 10:20; 2 Crón. 9:18-19).

Debido a que un león podía atacar repentina y ferozmente, los leones se convirtieron en un símbolo de juicio, destrucción y castigo. Un escritor registró «que el Señor les envió leones que causaron estragos en la población» de Samaria (2 Rey. 17:25). Más tarde, los profetas hablaron del rugido de Dios en el juicio contra Su pueblo Israel.

En los Profetas, los escritores utilizaron «leones rugientes» para representar a los malvados que se comían a los pobres como presa (Sof. 3:3); el castigo de Dios, que llega rápido y con fuerza (Isa. 15:9; Os. 5:14); el peligro inminente de cualquier tipo (Isa. 21:8, ver la nota del CSB; Jer. 4:7); y la liberación de Dios en la era mesiánica, cuando «El Señor rugirá como león» y «juntos andarán el ternero y el cachorro de león» (Isa. 11:6; Os. 11:10).

ARQUEOLOGÍA Y LEONES

Los arqueólogos han excavado pocos restos de leones porque los restos de animales se limitan principalmente a los animales domésticos, a los animales utilizados como alimento o a los animales utilizados en los sacrificios. Los leones no suelen encajar en ninguna de estas categorías.

Sin embargo, las imágenes de leones aparecen regularmente en los artefactos. Los relieves mesopotámicos, asirios y egipcios representan la caza de leones.[3] Un ortostato de basalto de un templo cananeo de Betsán ilustra una lucha entre un león y un perro.[4] Los marfiles encontrados en un palacio real de Samaria incluían leones.[5] Un santuario cananeo de Jazor contenía una pequeña figura de un león.[6] Probablemente el ejemplo más famoso, aunque más por su referencia a un rey que por su imagen de león, es el sello de Shema, un sello del siglo VIII a. C. procedente de Meguido con la imagen de un león rugiente y una inscripción de su propietario («Shema, el siervo de Jeroboán»).[7]

En Jaffa y Dan los arqueólogos han encontrado incluso pruebas de sacrificios de leones. En Jaffa, un templo cananeo contenía un cráneo de león con un escarabajo egipcio en el ojo. En Dan, se encontraron huesos de león cerca de un altar; el nombre cananeo de Dan era Laish («león»).[8] En 2001, arqueólogos franceses descubrieron el primer león momificado en una tumba egipcia; los egipcios adoraban a la diosa del león, Sejmet.[9]

LOS LEONES EN EZEQUIEL 19

Ezequiel se refiere a leones 10 veces en el capítulo 19 y solo 6 veces en otros lugares (1:10; 10:14; 22:25; 32:2; 38:13; 41:19). El capítulo 19 es un lamento por los príncipes de Israel, en el que se utilizan dos imágenes distintas: leones (vv. 2-9) y una vid (vv. 10-14). En el pasaje del león, la madre de los príncipes es una leona (*lebiyya'*). Se acuesta entre los leones (*'ari*) y los leones jóvenes (*kephir*). Crio muchos cachorros (*gur*). Un cachorro (*gur*) creció y se convirtió en un león joven (*kephir*). Aprendió a comer presas e incluso hombres, pero fue atrapado y llevado a Egipto.

Al ver frustrada su esperanza, la leona tomó otro cachorro (*gur*) y lo crio hasta que también se convirtió en un león joven (*kephir*). Entonces se paseó como león joven (*kephir*) entre los demás leones (*'ari*). También aprendió a comer presas y hombres. Mientras rugía, la tierra se desolaba ante él, pero fue atrapado y conducido a Babilonia.

Ezequiel utilizó los dos cachorros para simbolizar las actividades de los príncipes israelitas: los malvados. Los dos han atacado y matado; han vivido con maldad y han consumido a los indefensos. Irónicamente, los leones eran objetos del castigo de Dios; los cazadores eran los cazados y los atrapados.

Dios utilizó a Egipto y Babilonia como vehículos de Su castigo. Debido a estas referencias y a la fecha de las profecías (1:2-3), este lamento parece referirse a los acontecimientos históricos de la época de Ezequiel. Los jóvenes leones son los jóvenes reyes Joacaz y Joaquín. Joacaz fue llevado a Egipto por el faraón Necao, y Joaquín fue llevado a Babilonia por Nabucodonosor.

Ezequiel utilizó imágenes de leones para representar el juicio de Dios sobre estos dos reyes malvados en las tragedias políticas que ocurrían en su época. Los reyes que habían cazado presas fueron finalmente cazados por Dios a través de reyes extranjeros y conquistadores. Al final todos se enfrentaron a la destrucción.

NOTAS

1 W. S. McCullough y F. S. Bodenheimer, «Lions» en *IDB*, 3:136.

2 Veintisiete de los treinta y nueve libros del Antiguo Testamento tienen una de estas palabras; por lo tanto, sólo doce libros no tienen ninguna ocurrencia (Éxodo, Levítico, Josué, Rut, Esdras, Nehemías, Ester, Abdías, Jonás, Habacuc, Hageo y Malaquías). Las palabras se utilizan más de diez veces en ocho libros (1 Reyes, Job, Salmos, Isaías, Jeremías, Ezequiel, Daniel y Nahúm). Abraham Even-Shoshan, *A New Concordance of the Bible* (Jerusalén: Kiryath Sepher, 1989).

3 Oded Borowski, *Every Living Thing: Daily Use of Animals in Ancient Israel* (Walnut Creek, CA: AltaMira Press, 1998), 197-98.

4 El basalto es una piedra volcánica negra que suele encontrarse en el norte de Israel. Un ortostato es una piedra rectangular colocada verticalmente en la base de un muro. «Beth Shean (Tel); Husn (Tell El-)» en *Archaeological Encyclopedia of the Holy Land* ed. Avraham Negev y Shimon Gibson (Nueva York: Continuum, 2001), 83.

5 «Samaria; Shomron; Sebaste» en *Archaeological Encyclopedia*, 447-48.

6 «Hazor (a) (Tel)» en *Archaeological Encyclopedia*, 221.

7 «Seals» en la *Archaeological Encyclopedia*, 452; ver «Megiddo», 327.

8 Borowski, *Every Living Thing*, 226-27.

9 Stefan Lovgren, «Egyptian Lion Mummy Found in Ancient Tomb», *National Geographic News* (14 de enero de 2004), www.news.nationalgeographic.com.

LA ALFABETIZACIÓN EN EL ANTIGUO CERCANO ORIENTE

POR STEPHEN J. ANDREWS

Tablilla de archivos administrativos de un templo de Lagash; fechada hacia 2370 a. C.; procedente de Tello en la antigua Girsu, que es el primer yacimiento sumerio conocido. La tablilla es una lista de ofrendas hechas a los dioses.

Los primeros documentos «escritos» del antiguo Cercano Oriente fueron pequeñas «tablillas» de arcilla utilizadas en el sur de Mesopotamia alrededor de 3500-3000 a. C. La gente grababa en la arcilla pequeñas fichas de diversas formas para registrar inventarios y posiblemente transacciones económicas. Cuando las tablillas se horneaban, o se dejaban secar, se endurecían y proporcionaban así un sistema de contabilidad que podía comprobarse repetidamente.

A principios del tercer milenio a. C., los sumerios utilizaron la idea de las formas grabadas para crear la base del primer sistema de escritura conocido. Las formas se convirtieron en dibujos estilizados (pictogramas) que se cortaban en arcilla blanda con un estilete. Las imágenes o signos podían representar una sola palabra (logograma), un concepto (ideograma) o una sílaba (silabograma) en la lengua sumeria. Varios de estos signos podían colocarse juntos para representar la lengua hablada. Los sumerios utilizaban una caña roma como estilete que dejaba marcas triangulares en forma de cuña en las tablillas, por ello, este sistema se conoce como escritura cuneiforme.

Los sumerios crearon escuelas especializadas de escribas para formar a una pequeña parte de la población en la escritura cuneiforme y su lectura en una tablilla. Los signos pasaron por varias etapas de simplificación. La escritura cuneiforme contenía cerca de 1500 signos distintos, aunque no todos se utilizaban en el mismo lugar o momento. Los sumerios también adaptaron los signos cuneiformes para inscribirlos en monumentos de piedra, como el Código de Hammurabi.[1]

Tablilla precuneiforme fechada entre 3300 y 3200 a. C. La tablilla procede de uno de los muchos archivos administrativos de la antigua ciudad mesopotámica de Uruk.

La escritura cuneiforme sumeria fue adaptada posteriormente por los acadios, un pueblo semítico que vivía en la parte norte del valle fluvial de Mesopotamia, para registrar su lengua hablada. Los asirios y babilonios también utilizaron la escritura cuneiforme para registrar sus dialectos de la lengua acadia. Los arqueólogos han descubierto cientos de miles de tablillas cuneiformes en excavaciones realizadas en la actual Siria e Irak. Estos textos contienen una amplia gama de registros sociales y culturales: documentos comerciales (ventas, inventarios, escrituras); anales históricos (crónicas reales, edictos, cartas); y escritos religiosos (mitos, epopeyas, himnos, oraciones). Los hititas, hurritas, urartianos, elamitas y otras culturas antiguas también adoptaron la escritura cuneiforme.

LA ESCRITURA EGIPCIA

Los egipcios también crearon su propio sistema de escritura en el tercer milenio antes de Cristo. Lo diseñaron para utilizarlo principalmente en monumentos públicos, tumbas y templos. Sus signos pictográficos (pictogramas) podían leerse como palabras, como ideas y como sonidos fonéticos (fonogramas) y llegaron a conocerse como jeroglíficos o letras sagradas.[2] Los escribas se entrenaron para escribir esta escritura formal, que contenía unos mil caracteres distintivos.

Los egipcios contribuyeron a la alfabetización tomando la médula de la planta del papiro del delta del Nilo y creando un tipo de papel grueso para escribir. Muchas copias del texto mágico egipcio, el Libro de los Muertos, se escribieron en papiro y se colocaron en los ataúdes.[3] Más tarde, los egipcios inventaron otras dos escrituras cursivas para simplificar el proceso de escritura en papiro para llevar registros, inventarios y cartas, así como textos religiosos y otros documentos.

El gran número de signos cuneiformes y jeroglíficos limitaba la alfabetización a los escribas profesionales que dedicaban un tiempo considerable a aprender sus respectivos sistemas. La invención del alfabeto a principios del segundo milenio a. C. cambió esta situación. Los primeros alfabetos se basaban únicamente en las consonantes, sin incluir las vocales. Como cada letra representaba una unidad fonética, cada cultura solo necesitaba entre veinte y treinta letras para representar la mayoría de los sonidos de su lengua. Con el tiempo, esto permitió a muchas personas aprender a leer y escribir.

Estatua de diorita del sacerdote-maestro egipcio Ouennefer hecha para representar a un escriba sentado; fechada en las dinastías XIX-VII de Egipto, alrededor de 1295-1070 a. C.

En 2008, los excavadores de Khirbet Qeiyafa, en la bíblica Sajarayin, encontraron un óstracon, una inscripción en tinta sobre un trozo de cerámica. Esta inscripción es posiblemente la evidencia más antigua de escritura hebrea.

Las primeras inscripciones alfabéticas conocidas proceden de tres zonas concretas del antiguo Cercano Oriente. En primer lugar, se descubrieron varias inscripciones alfabéticas en las ruinas de Sarabit al-Khadim y en el Wadi Maghara, en la península del Sinaí. Estas fueron calificadas como protosinaíticas. En segundo lugar, se encontraron inscripciones similares en varios yacimientos del sur del Levante (países del Mediterráneo oriental) y se denominaron protocananitas. En tercer lugar, más recientemente se han encontrado dos inscripciones rayadas en paredes de piedra caliza en el Wadi el-Hol, en el desierto egipcio al oeste del Nilo. Los estudiosos han fechado estos últimos textos a principios del segundo milenio antes de Cristo.

La lengua de estas tres inscripciones es de origen semítico.[4] El término *semítico* se refiere a varios grupos de pueblos antiguos que vivieron en el suroeste de Asia, como los acadios, cananeos y hebreos, entre otros. El nombre proviene de Sem, el hijo mayor de Noé (Gén. 5:32). Los textos contenían grafitos y breves dedicatorias y fueron descubiertos en lugares donde los pueblos semíticos trabajaban como soldados, comerciantes, mercaderes y esclavos. Los estudiosos consideran que este alfabeto protosinaítico es el ancestro común de las escrituras paleo-hebrea y fenicia y, por extensión, de todos los demás alfabetos, incluidos los posteriores hebreo y griego utilizados para escribir la Biblia.[5]

Las escrituras fenicias y paleo-hebreas incluyen textos históricos como las estelas de Mesá y Tel Dan y la inscripción del túnel de Siloé. Además, los fragmentos de cerámica con inscripciones (ostraca) contienen cartas, registros, inventarios y muchos otros tipos de artefactos con inscripciones.[6] La inscripción de Khirbet Qeiyafa, del siglo x a. C. (de la ciudad de Sajarayin, en el Antiguo Testamento; 1 Sam. 17:52; 1 Crón. 4:31) es el óstracon con inscripciones más antiguo que se ha descubierto en un posible contexto monárquico israelí.[7]

EN LA ESCRITURA

La Biblia presupone la capacidad de leer y escribir. Dios ordenó a Moisés que escribiera, «pon estas palabras por escrito, pues en ellas se basa el pacto» (Ex. 34:27; comp. 17:14). Es posible que Moisés se sentara con las piernas cruzadas en el suelo con una paleta de escritura en el regazo o frente a una pequeña mesa de escritura. Varios relieves y estatuas egipcias representan el trabajo del escriba de esta manera. Es posible que tuviera un «estuche de escriba» (Ezeq. 9:2-3,11) que contenía plumas

De la XVIII dinastía egipcia, kit de escritura de madera de un escriba, que incluye plumas y una paleta con pocillos para el pigmento rojo y negro. Los jeroglíficos indican que los egipcios consideraban que servir como escriba del rey era una insignia de honor. Probablemente procede de Tebas y está fechada entre 1550 y 1525 a. C.

(Sal. 45:1; Jer. 8:8), pinceles, pequeñas esponjas como borradores, tintas negra y roja (Jer. 36:18) y posiblemente un «estilete de escriba» (v. 23) para recortar el papiro o pergamino.

La Biblia atestigua un alto nivel de alfabetización.[8] Los poemas y cantos de los Salmos demuestran un estilo literario sofisticado. La historia no ofrece información definitiva sobre el número de personas que sabían leer y escribir en los tiempos bíblicos. La mayoría de las personas de la Biblia que sabían leer y escribir eran líderes o escribas y secretarios profesionales (Deut. 17:18; Jos. 18:4; 2 Rey. 10:1; Isa. 8:1).[9] Sin embargo, Moisés ordenó a todos los israelitas que escribieran los mandamientos de Dios en «los postes de tu casa y en los portones de tus ciudades» (Deut. 6:9).

NOTAS

1 E. Ray Clendenen y Jason Zan, «Hammurabi» en *HIBD* (2015), 697-98.

2 I. J. Gelb, *A Study of Writing*, ed. rev. (Chicago: University of Chicago Press, 1963), 72.

3 Daniel C. Browning Jr., Kirk Kilpatrick y Brian T. Stachowski, «Egypt» en *HIBD* (2015), 468.

4 Christopher A. Rollston, *Writing and Literacy in the World of Ancient Israel* (Atlanta: Society of Biblical Literature, 2010), 12.

5 John Noble Wilford, «Finds in Egypt Date Alphabet in Earlier Era», *New York Times*, 14 de noviembre de 1999, nYTI.MS/2RHMKdL.

6 Ver la lista en R. Adam Dodd, «Writing», en HIBD (2015), 1676-77.

7 Stephen J. Andrews, «The Oldest Attested Hebrew Scriptures and the Khirbet Qeiyafa Inscription», en *The World of Jesus and Early Church: Identity and Interpretation in Early Communities of Faith*, ed. Craig A. Evans (Peabody, MA: Hendrickson, 2011), 153-54.

8 Ver Dodd, «Writing», 1677-78 para una lista de referencias de la Escritura. La Biblia utiliza los verbos hebreos o griegos para «escribir» más de 400 veces.

9 Dodd, «Writing», 1678.

EL GANADO COMO RIQUEZA EN LA ERA DEL ANTIGUO TESTAMENTO

POR JULIE NALL KNOWLES

Friso de una escena de lechería de Tell al-Ubaid, Egipto. Muestra a dos hombres trasvasando líquido de un recipiente a otro, probablemente almacenando mantequilla. Otro hombre tiene un gran recipiente, presumiblemente con leche. Data de alrededor del año 2500 a. C.

OVEJAS, CABRAS Y GANADO

Domesticadas cerca del Mar Caspio, las ovejas de cola ancha aparecen en un cuenco de Érec III (hacia el año 3000 a. C.) y, siglos más tarde, en relieves murales realizados para Tiglat-Pileser III (hacia el año 745-727 a. C.).[1] Las ovejas se convirtieron en el ganado más importante para la inversión de capital en Israel. Las 7000 de Job representaban una gran riqueza; el poderoso Nabal tenía 3000 para esquilar en el Carmel (1 Sam. 25:2). Además de proporcionar ingresos por la comida, la leche, la lana y el fieltro, las ovejas eran un medio de intercambio; por ejemplo, Tiro y Damasco comerciaban con lana (Ezeq. 27:18); el rey Mesá de Moab pagaba a Israel tributos con lana y corderos (2 Rey. 3:4).

Otras tribus criadoras de ovejas probablemente tenían derechos de pastoreo en la «región de Uz» de Job. Los pastores cananeos y ferezeos compartían los pastos cerca de Betel y Hai (Gén. 13:7) y no podían acoger los rebaños de Abram y Lot. En los pastos remotos, los pastores acorralaban al ganado por la noche en toscos fortines para protegerlo. Las ovejas desempeñaban un papel importante en las economías locales. Jacob discutió con Labán sobre los salarios (31:38-41), utilizando la redacción de los contratos de pastoreo de la antigua Babilonia para recordarle a su suegro que poseía un número de animales considerablemente inferior al 20 % que normalmente se le debía a un pastor.[2]

Las pruebas de Jericó, que datan de alrededor del 7000 a. C., indican que las cabras pueden ser el primer ganado domesticado. En un fragmento de jarrón de alrededor del año 3000 a. C. encontrado cerca de Bagdad, una persona da de comer a dos cabras que tienen los cuernos curvados. De hecho, la cabra del carnero de Génesis 22:13 podría ser como una de Ur con los cuernos retorcidos en forma de sacacorchos.[3] Las cabras eran adecuadas para territorios montañosos y regiones cálidas y secas; proporcionaban carne y un suministro constante de leche. Entre las mercancías que se obtenían del pelo y la piel de las cabras se encontraban la ropa, las alfombras, las tiendas e incluso el cuero para las embarcaciones que se utilizaban en los ríos.[4]

La agricultura se desarrolló en los valles fluviales y con ella la ganadería. Con 500 yuntas de bueyes, ¡qué campo cultivaba Job! En Mesopotamia, varias razas de ganado, piezas, con cuernos y sin cuernos, y cebúes jorobados de la India, servían como animales de tiro. Como Job poseía más de mil cabezas de ganado, su familia podría haber comido «corderos selectos y terneros engordados», un capricho de ricos (Amós 6:4). Es probable que Job prosperara considerablemente en el comercio de ganado. Una estatua encontrada en Meguido muestra a un tal Thuthotep con ganado asiático; puede haber representado a Egipto en los envíos de ganado y mercancías.[5] Los guerreros tomaron ganado como botín; esto ocurrió en Hai (Jos. 8:27) y cuando los sabeos asolaron los campos de Job (Job 1:14-15).

Friso de una escena lechera de Tell al-Ubaid, Egipto. Una de las imágenes representa a una vaca siendo ordeñada. Otra escena (en la página 612) muestra a dos hombres trasvasando líquido de un recipiente a otro, probablemente almacenando mantequilla. Otro hombre tiene un gran recipiente, presumiblemente con leche. De alrededor del año 2500 a. C.

El relieve del palacio del rey Tiglat-Pileser III (744-727 a. C.) muestra ovejas y cabras, capturadas durante una campaña militar, siendo conducidas de vuelta al campamento asirio.

Bocado de caballo con piezas en las mejillas en forma de cabras aladas.

BURROS Y CAMELLOS

Comerciantes de caravanas, los sabeos pueden haberse apoderado de los burros de Job como el botín más valioso. Domesticados en el Valle del Nilo, los asnos ayudaron a transportar el séquito de Abram desde Egipto hasta la tierra prometida (Gén. 12:16–13:5). Las pruebas indican que los burros se criaban en Lahav, en el sur de Israel, al mismo tiempo que se desarrollaban las redes de comercio a través de la región.[6] Cualquiera de estos hechos, o ambos, podrían estar relacionados con Abram al llegar a Canaán. También una pintura de una tumba de la dinastía XII de Beni Hasan muestra a israelitas entrando en Egipto con burros que transportan bultos.[7] Poseer un burro parecía necesario para una existencia mínima (Job 24:3); los mercaderes de éxito utilizaban muchos en sus caravanas. Todas las clases judías, hombres, mujeres y niños, montaban en burros; los gobernantes elegían «asnas blancas» (Jue. 5:10).

Tal vez sea el animal más amigable, su naturaleza pacífica enfatiza la imagen del Mesías venidero de Israel, «viene montado en un asno» (Zac. 9:9). Se trajeron más burros de Babilonia que cualquier otro ganado (Esd. 2:66-67). Es posible que algunos hayan sido adquiridos en los negocios, ya que, en el antiguo comercio asirio, las acciones podían incluir burros.[8] Como describe Heródoto, los conductores de caravanas que llevaban burros al río disfrutaban de un comercio bastante singular: Las embarcaciones que bajan por el río hacia Babilonia son circulares, y están hechas de pieles [...]. Cada buque lleva un asno vivo a bordo; los de mayor tamaño tienen más de uno. Cuando llegan a Babilonia, el cargamento es desembarcado y puesto a la venta, después los hombres desmontan sus barcos [...] cargando sus asnos con pieles, emprenden el camino de vuelta a Armenia.[9]

Jarras gemelas de cerámica con forma de toro. Época hitita antigua (1680-1500 a. C.), de Bogazkoy.

Los merodeadores que robaron el ganado de Job probablemente llevaron sus camellos al sur de Babilonia, su territorio. Domesticado en Arabia, el «asno del sur» tuvo efectos tónicos en el comercio mesopotámico. Las patas del camello se adaptan a los suelos áridos, y la capacidad de subsistir con poca comida y agua ayuda a los camellos a transportar cargas por los desiertos. Sin embargo, al ser de cría lenta, los rebaños tienen un bajo crecimiento, lo que puede haber impulsado la obtención de ganado mediante incursiones.[10]

Job no tenía un número excesivo de camellos. Aristóteles dijo: «Algunos de los habitantes de la Alta Asia tienen hasta tres mil camellos».[11]

Las listas y sellos cuneiformes muestran el camello bactriano (de dos jorobas), pero los viajeros de las caravanas preferían el dromedario, más rápido (de una joroba). Algunos propietarios compraban mercancías y las volvían a vender, repitiendo el proceso de vuelta. Otros se encargaban de entregar la mercancía a otro para llevarla más lejos, recibiendo el primero la carga para devolverla. En las cartas de un mercante se podía pedir que se entregaran las mercancías a los portadores.

CABALLOS Y MULAS

Los mercaderes del rey Salomón obtenían caballos y carruajes de Egipto y otros caballos de Coa y comerciaban con los estados hititas y sirios (1 Rey. 10:28-29). Los caballos procedían de los domesticados en las montañas del norte de Persia. Junto con los carruajes, los caballos (el «asno del norte») llegaron a Egipto durante la dominación hicsa de la zona. Durante la campaña de Tutmosis III para aplastar a los hicsos en Israel, una historia de guerra cuenta que un comandante egipcio que sitiaba Jope pidió a los defensores que dejaran entrar sus caballos en la ciudad, «porque fuera son vulnerables». El general Djehuty tomó entonces Jope, habiendo salvado sus caballos.[12] Esta historia ilustra la ventaja que los caballos daban en las campañas militares.

Los sucesivos escritores consideraron al caballo como un animal de batalla. Para la guerra, todos los reinos tenían cuerpos de aurigas. Para sus miles de caballos y carruajes, el rey Salomón construyó establos en «ciudades de carruajes» (1 Rey. 9:19). Aunque no se nombran específicamente como tales, Jazor, Meguido y Guézer (v. 15) pueden haber sido el hogar tanto de los carruajes como de los jinetes de Salomón.

Los llamados establos de Salomón, excavados en Meguido, causaron una gran expectación cuando se descubrieron. Sin embargo, las puertas y los pasillos son demasiado estrechos para acomodar fácilmente a los caballos. Así que, aunque Meguido pudo ser una «ciudad de carruajes», las excavaciones aún no han desenterrado los auténticos establos de Salomón en el lugar. El rey Sargón II de Asiria (722-705 a. C.) encontró un establo real israelita y caballos bien alimentados, y otros documentos asirios mencionan «establos del rey» para caballos y mulas.[13]

Como el mestizaje estaba prohibido (Lev. 19:19), los israelitas compraban mulos (cruce de asno y caballo). Los que montaban los hijos del rey David (2 Sam. 13:29) pueden proceder de Tiro, que comerciaba con caballos y mulas con Bet Togarma en Cilicia (Ezeq. 27:14). El arte de la cría de mulas probablemente se desarrolló allí, en la tierra natal de los hititas, que era famosa por la cría y el entrenamiento de caballos para carruajes. Es probable que los hititas también criaran las mulas superiores que la realeza y muchas personas adineradas solían montar.

En los caminos de montaña, las mulas son seguras y pueden transportar mucha carga, por lo que las mulas viajaban por las rutas de las caravanas del norte. Del ganado que los judíos trajeron de Babilonia, solo el 3 % eran mulas (Esd. 2:66-67). Sus propietarios podrían haber sido como los Murashus de Nippur, que prosperaron durante el exilio[14] y podían permitirse mulas caras. Aparentemente, los judíos que regresaron no tenían ovejas, cabras y bueyes, pero estos animales se podían comprar en Israel.

NOTAS

1 Frederick E. Zeuner, *A History of Domesticated Animals* (Nueva York: Harper & Row, 1963), 173.
2 J. J. Finkelstein, «An Old Babylonian Herding Contract and Genesis 31:38 ss.», *Journal of the American Oriental Society (JAOS)* 88 (1968): 35.
3 Zeuner, *History*, 133-39.
4 Georges Contenau, *Everyday Life in Babylon and Assyria* (Nueva York: St. Martin's, 1954), 48.
5 Amihai Mazar, *Archaeology of the Land of the Bible, 10.000-586 BCE*, vol. 1 en ABRL, 187.
6 Brian Hesse, «Animal Husbandry and Human Diet in the Ancient Near East» en *CANE*, vol. 1 (1990), 216.
7 Mazar, *Archaeology*, 187.
8 Mogens Trolle Larsen, «Partnerships in the Old Assyrian Trade», *Iraq* 39 (1977): 135.
9 Heródoto, *Histories* 1.194.
10 Hesse, «Animal Husbandry», 217.
11 Aristóteles, *History of Animals* 9:50.
12 T. C. Mitchell, *The Bible in the British Museum* (Nueva York: Paulist, 2004), 38.
13 Yigael Yadin, «In Defense of the Stables at Megiddo», *BAR* 2.5 (1976): 22.
14 Contenau, *Everyday Life*, 85.

CARNE SACRIFICADA A LOS ÍDOLOS

POR ALAN BRANCH

Mercado de carne o «Macellum» en Puteoli, en la costa occidental de Italia.

La Corinto de la época de Pablo era una colonia romana de gran diversidad religiosa que abrazaba el pluralismo. Los sacrificios a los dioses eran fundamentales en la religión grecorromana. Aunque algunos sacrificios implicaban el consumo de todo el animal por el fuego, un sacrificio estándar era aquel en el que un adorador dedicaba una porción del animal al dios o diosa. El resto del animal era comida para los sacerdotes, el personal del templo o el adorador y su familia.[1] Si el adorador recibía parte de la carne, podía llevársela a casa para un banquete privado. También es posible que parte de la carne se vendiera en el mercado.[2]

Los banquetes fastuosos estaban estrechamente ligados a estos sacrificios. Las porciones del animal que no se quemaban para el dios o se dejaban en el templo se utilizaban en reuniones sociales fundamentales para la cultura corintia. Los comedores eran una parte común de los templos antiguos; la gente podía alquilarlos para funciones sociales (muy parecido a los centros comunitarios actuales). Por ejemplo, uno de los templos más famosos de Corinto estaba dedicado a Asclepios, el dios de la curación. Los excavadores han descubierto tres comedores en el antiguo templo. De los muchos lugares religiosos del Acrocorinto, el santuario de Deméter y Kore había sido remodelado en la época de Pablo, y las cenas rituales se celebraban en el exterior.[3]

En Corinto, las tiendas occidentales estaban adyacentes al templo del culto imperial, que suministraba carne para la venta local.

Los arqueólogos han descubierto antiguos papiros que eran invitaciones a comidas dedicadas a dioses paganos. Estas comidas se celebraban en diversos templos o casas particulares. Un ejemplo es una invitación a una cena dedicada al dios greco-egipcio Serapis; dice: «Chaeremon te invita a cenar en el banquete del Señor Serapis en el Serapeum mañana, día quince, a partir de la hora nueve».[4] Estas fiestas en la antigüedad solían incluir borracheras y juergas sexuales.[5]

La gente del siglo XXI tiene dificultades para apreciar hasta qué punto estos «banquetes de ídolos» servían de aglutinante social en la cultura grecorromana. Los sacrificios no solo eran el centro de la vida religiosa de una ciudad, sino que también servían como corazón de la vida social. La gente asociaba las comidas de sacrificio con una boda, un cumpleaños, un funeral u otras ocasiones importantes.

Fechada entre 150 y 200 d. C., procedente de Tesalónica; una cabeza de estatua de Serapis (la forma helenizada del dios egipcio de los muertos, Osiris). La cabeza procedía probablemente de una estatua que alguien entregó como ofrenda de culto. Los devotos adoraban a Serapis, Isis y otros dioses en Corinto.

NOTAS

1 Dennis E. Smith, «Greco-Roman Sacred Meals» en *ABD*, 4:653-55.

2 Colin Brown, «θύω» en *NIDNTT* (1986), 3:432.

3 John McRay, *Archaeology and the New Testament* (Grand Rapids: Baker, 1991), 323.

4 H. Lietzmann, *An die Korinther I-II*, 4ª ed. (Tübingen: Mohr, 1949), 49, citado en Robert M. Grant, *Paul in the Roman World: The Conflict at Corinth* (Louisville: Westminster John Knox, 2001), 36, n. 51.

5 Gordon D. Fee, «εἰδωλόθυτα Once Again: An Interpretation of 1 Corinthians 8–10», *Biblica* (Bib) 61.1 (1980): 186.

LA PIEDRA MOABITA: SU IMPORTANCIA BÍBLICA E HISTÓRICA

POR R. DENNIS COLE

Las numerosas cuevas de Atarot sirvieron de protección y, posteriormente, de lugar de enterramiento para sus habitantes.

Ruinas de la bíblica Aroer, que fue un antiguo asentamiento moabita en la orilla norte del Río Arnón. La inscripción en la piedra moabita dice: «Yo construí Aroer e hice la carretera en el Arnón».

La Piedra Moabita, también llamada Estela de Mesá, mide unos 125 centímetros (49 pulgadas) de alto, 79 (31 pulgadas) de ancho y poco más de 35 (14 pulgadas) de grosor.

Al parecer, el misionero francés F. A. Klein descubrió la Piedra Moabita, también llamada estela de Mesá, en 1868 en la localidad de Dhiban (equivalente a la antigua Dibón). Las luchas entre los europeos y los beduinos locales por la posesión de esta inscripción de piedra de basalto de poco más de 1 metro (4 pies) de alto y cerca de 76 centímetros (2,5 pies) de ancho hicieron que se rompiera en varios pedazos. Finalmente, los fragmentos se unieron y se restauró el texto original para poder traducirlo e interpretarlo.

La Biblia registra que el rey de Moab, Mesá, se rebeló contra los señores israelitas tras la muerte del infame rey Acab (2 Rey. 1:1; 3:4-27).

La región de Moab había quedado originalmente bajo el dominio de los israelitas gracias a las conquistas de David (2 Sam. 8:2; 1 Crón. 18:2). Sin embargo, parece que los israelitas perdieron el control del territorio durante las guerras israelitas entre Jeroboán I y Roboán. Varias décadas más tarde, el rey Omrí restauró el dominio de Israel sobre la región de Moab alrededor del 880 a. C. La Biblia no menciona este último hecho. Sin embargo, se menciona directamente en la llamada Piedra Moabita, la estela monumental (piedra de pie inscrita) de Mesá, rey de Moab. La inscripción comienza: «Yo soy Mesá, hijo de Quemós—[...] rey de Moab, el dibonita. Mi padre fue rey de Moab durante treinta años

Una vista del territorio moabita cerca de la antigua ciudad de Balu.

Ruinas de Dibón, que durante un tiempo fue la antigua capital de Moab.

y yo me convertí en rey después de mi padre».[1] Este importante hallazgo arqueológico ilumina estas y otras facetas de la relación entre el antiguo Israel y Moab.

La inscripción relata que Mesá honró a Quemós, el dios patrón de Moab, construyendo un complejo de altares sagrados en su palacio de Dibón. Mesá atribuyó a Quemós el haberle librado de sus opresores y haberle dado la victoria sobre todos sus adversarios. Mesá también derribó el altar erigido en tiempos del rey David. El texto continúa relatando cómo, tras su exitosa revuelta contra Israel y la construcción del complejo de culto en Dibón, Mesá continuó honrando a Quemós mediante conquistas y numerosos proyectos de construcción. La inscripción menciona varias ciudades antiguamente en poder de Israel y originalmente asignadas a la tribu de Gad, como Dibón, Atarot y Aroer (Núm. 32:34-36). En contra de las críticas a la Biblia y su credibilidad histórica, este texto se hace eco de cómo el relato bíblico registra información geográfica real de esa época de la historia. Típico de los anales del antiguo Cercano Oriente, la estela de Mesá registra la altanería y exageración de un rey que percibía que su poderío provenía de un dios como Quemós. Asimismo, hay que leer los registros de los arameos, asirios, egipcios y babilonios con ojo crítico, discerniendo la verdad verificable en medio de los extensos textos de esos períodos.

En la piedra moabita, Mesá informó de cómo Moab había servido a Israel durante treinta años desde que el rey Omrí conquistó esta región, un hecho que no figura en 1 Reyes.

El escritor de Reyes restó importancia a la fama internacional de Omrí. Sin embargo, las murallas altamente fortificadas y los «palacios de marfil» de Acab y de los posteriores reyes de Israel en Samaria tenían fama internacional. Incluso después de que Omrí, Acab y su dinastía fueran reemplazados en la purga de Jehú, el reino siguió siendo conocido como el reino de Omrí, o *Bit Umri* (casa de Omrí) en los documentos asirios.

La estela de Mesá aporta detalles al relato del período crucial de la historia de Israel tras la muerte de Acab, al tiempo que confirma la veracidad del relato bíblico.

UNA INSTANTÁNEA HISTÓRICA DE ISRAEL Y MOAB A TRAVÉS DE LA ESCRITURA Y LA PIEDRA MOABITA				
El rey David obtuvo control sobre Moab.	Salomón mantuvo control sobre Moab, tomo una esposa moabita, y honró a Quemós, el principal dios moabita.	Tras la muerte de Salomón y después de que el reino se dividiera, Moab paso a formar parte del reino del norte. Evidentemente, los moabitas eventualmente se separaron.	El rey de Israel, Omrí, recuperó control sobre los moabitas. El hijo de Omrí, Acab, continuó dominando Moab. Israel dominó Moab por cerca de 30 años.	El rey Mesá de Moab pagó tributo a Acab. Luego de que Acab muriera, Mesá dirigió una exitosa revuelta contra Israel y ganó independencia para Moab.
2 Samuel 8:2; 1 Crónicas 18:2	1 Reyes 11:1,7		La Piedra Moabita	2 Reyes 3:4-27 y La Piedra Moabita

NOTAS

1 Clyde E. Fant y Mitchell G. Reddish, *Lost Treasures of the Bible* (Grand Rapids: Eerdmans, 2008), 99.

MÚSICA EN TIEMPOS DE DAVID

POR BECKY LOMBARD

Los restos de esta lira se encontraron en la tumba del rey (tumba 789) situada cerca de la de Sub-ad (Pu-abi) en el cementerio real de Ur.

Arpa egipcia fabricada poco después del año 1580 a. C.

Una mujer con panderetas o platillos.

Para los hebreos de los siglos anteriores a Cristo, la música era un vehículo para que el adorador experimentara momentos sobrenaturales con Dios (1 Sam. 10:5-6; 16:23; 2 Rey. 3:14-16).

Había dos tradiciones de adoración en el Antiguo Testamento. En primer lugar, el culto era espontáneo y extático, ejemplificado en los pasajes anteriores. Gran parte de la poesía y la música religiosa se improvisaba en respuesta a los acontecimientos de la vida de los fieles. Después de que los israelitas fueran liberados de los egipcios, Moisés y Miriam dirigieron una celebración poética, vocal e instrumental (Ex. 15:1-21). El canto que entonaron era repetitivo, con mucho movimiento y ritmo físico.

La adoración también podía ser profesional y formal.[1] David dirigió la organización de equipos de líderes de adoración que estaban capacitados y eran muy hábiles para dirigir e interpretar música en el templo. La ceremonia de inauguración del templo fue un espectáculo musical (2 Crón. 5:12-13).

En el culto hebreo del siglo x, la Escritura no se pronunciaba. Se cantaba o se entonaba con una melodía. Así se honraba la santidad de las Escrituras, apartándolas de las conversaciones de la vida cotidiana.[2] No se utilizaba la armonía. Las voces y los instrumentos interpretaban la misma melodía, y cada intérprete añadía adornos. Hay algunos indicios de que los bordones bajo la melodía podían ser habituales. El espíritu era exuberante, y la mayoría de los estudiosos creen que era ruidoso. Los instrumentos utilizados para acompañar y ayudar a crear este sonido heterofónico incluían cuerda (arpa, lira), viento (cuerno de carnero, trompeta) y percusión (pandero, platillos, sonajas).

De los textos poéticos se pueden extraer algunas implicaciones relativas al estilo de interpretación. Muchos salmos tienen encabezamientos que indican quién debía interpretar la poesía. Varios de ellos se definen como repertorio para los gremios musicales específicos que David estableció (por ejemplo, los salmos de Asaf: 73–83). Algunos títulos identifican la ocasión para la que estaba destinado el salmo; otros sugieren fórmulas melódicas e instrumentos que debían formar parte de la interpretación.[3] Otros denotan instrucciones para la dirección musical y el estilo de interpretación. El término *selah* aparece a lo largo de los salmos. Se han conjeturado varios significados de este término. La teoría más aceptada es que indicaba algún tipo de pausa, probablemente un interludio musical entre los versos del texto.

Un experto en musicología ha afirmado que los diversos símbolos y marcas que aparecen sobre y bajo las letras en las Escrituras hebreas son una forma de notación musical. (Los estudiosos han considerado generalmente que estas marcas son acentos o signos de puntuación). Utilizando la interpretación de estas marcas, se ha ideado un sistema de notación y se han realizado algunas transcripciones y grabaciones de melodías.[4]

Un shofar del siglo IX a. C. fabricado con una concha.

La estructura de la poesía también es importante para entender cómo los israelitas adoraban a través de la música. Los salmos se escribían con un paralelismo textual en el que a una afirmación le seguía una reafirmación de la misma idea con palabras diferentes. Este estilo textual era propicio para la interpretación musical. Permitía una interpretación responsorial en la que el líder del culto cantaba la primera afirmación y un grupo de cantantes respondía con la reiteración. El estilo de escritura también permitía una interpretación antifonal en la que dos grupos se alternaban para cantar el texto. Varios salmos utilizan un estribillo repetido que permite una letanía en la que la congregación puede responder con cada repetición (por ej., el Sal. 136).

La poesía hebrea no tenía un esquema de rima. Los acentos de las sílabas dentro de una línea eran incoherentes y no permitían una métrica uniforme como la de nuestra música actual. Había acentos fuertes y débiles dentro de las líneas de poesía, y el ritmo de estas inflexiones textuales probablemente guiaba el ritmo de la música en contraposición a cualquier tipo de ritmo constante. Las fórmulas melódicas también se adaptaban a estos versos irregulares.[5]

NOTAS

1 Donald P. Hustad, *Jubilate II: Church Music in Worship and Renewal* (Carol Stream, IL: Hope, 1993), 131-32.

2 Andrew Wilson-Dickson, *The Story of Christian Music* (Minneapolis: Fortress, 1996), 23.

3 *Ibid.*, 20.

4 Suzanne Haik-Vantoura, *The Music of the Bible Revealed*, trad. Dennis Weber (Berkeley, CA: BIBAL, 1991).

5 Wilson-Dickson, *Story*, 21.

«. . . NI UNA GOTA PARA BEBER»: EL EFECTO DEL AGUA EN EL DESARROLLO DE LA CIVILIZACIÓN

POR CLAUDE F. MARIOTTINI

El Nilo es el sustento de la vida en Egipto. Compárese las ricas tierras de cultivo y los campos de pastoreo de Luxor con las áridas montañas de más allá.

LA VIDA EN EL DESIERTO

Isaac se desplazaba por toda la tierra en busca de buenos pastos para sus ovejas y cabras. En tiempos de sequía, los seminómadas se desplazaban de un lugar a otro, como hacía Isaac, para encontrar agua para sus rebaños. La sequía provocaba disputas entre los habitantes de las ciudades y los seminómadas por los derechos de agua, ya que las ciudades también tenían praderas y rebaños que necesitaban agua.

En Guerar, Isaac plantó cultivos y tuvo una cosecha abundante. Gracias a la bendición de Dios, se enriqueció y tuvo un gran rebaño y muchos siervos. Los filisteos se volvieron hostiles con Isaac y lo expulsaron de su ciudad. Desterrado de una tierra fértil, Isaac tuvo que cavar pozos para proveer de agua a su familia y a su rebaño.

Guerar era una ciudad del Néguev, una región desértica en el sur de Canaán. Guerar estaba a medio camino entre Berseba y Gaza. Aunque las precipitaciones anuales en el Néguev son insuficientes para mantener la agricultura, llueve lo suficiente como para que la gente pueda mantener pequeños rebaños y cultivar las plantas básicas.

Las zonas áridas de Canaán suponían un reto para el asentamiento humano y el desarrollo económico. El suministro natural de agua era demasiado escaso para satisfacer la demanda de las comunidades asentadas. Las zonas áridas de Canaán experimentaban períodos de sequía ocasionales, y la falta de lluvia se extendía a sequías prolongadas (Job 12:15). Durante estas sequías, la gente sufría, las cosechas fracasaban y los rebaños perecían (Jer. 14:1-3; Hag. 1:11).

Debido a la dureza climática de las regiones áridas, la necesidad de agua es más intensa justo cuando falta la disponibilidad de agua por precipitación natural. Este desequilibrio entre la oferta y la demanda de agua se contrarrestó con el desarrollo de otros medios de abastecimiento de agua, como pozos, cisternas, piscinas y túneles de agua.

A lo largo de los siglos, los pueblos se asentaron en las zonas áridas y semiáridas del antiguo Cercano Oriente y fueron capaces de adaptarse a las duras condiciones de su entorno aumentando su capacidad de almacenamiento y suministro de agua. Las grandes civilizaciones de Mesopotamia y los habitantes de Canaán y Egipto fueron capaces de desarrollar formas de llevar el agua a sus ciudades. Una vez que el agua estuvo disponible más allá del nivel de subsistencia, la gente construyó grandes ciudades, demostrando así que las personas pueden construir asentamientos incluso en zonas con condiciones extremadamente secas. En la antigüedad, la viabilidad de las ciudades dependía de su proximidad a las fuentes de agua.[1]

EL AGUA EN EL ANTIGUO CERCANO ORIENTE

En Egipto, la principal fuente de agua era el Río Nilo, considerado la fuente de la vida en el antiguo Egipto. Las aguas del Nilo permitían cultivar fácilmente las orillas del río (Deut. 11:10). La crecida anual del Nilo, entre julio y noviembre, traía un rico limo, llamado «tierra negra», que se depositaba en los campos y fertilizaba la tierra. Los egipcios llamaban a esta zona la Tierra Negra para distinguirla de la Tierra Roja del desierto. El limo que depositaba el Nilo permitía a los egipcios regar la tierra y cultivar diferentes tipos de cosechas en cantidad, incluidos los cereales (Gén. 42:1-2) y hortalizas como «pepinos y melones, y puerros, cebollas y ajos» (Núm. 11:5).[2]

Al otro lado del antiguo Cercano Oriente, los ríos Tigris y Éufrates proporcionaron gran parte del agua que ayudó al desarrollo de las antiguas culturas mesopotámicas. La palabra *Mesopotamia* significa la tierra «entre los ríos». Esta zona del antiguo Cercano Oriente también se conoce como el Creciente Fértil debido a sus abundantes recursos naturales y a las fértiles tierras de cultivo que hicieron posible el aumento del suministro de alimentos y el crecimiento de ciudades y pueblos. La zona que rodea al Tigris y al Éufrates fue la cuna de las antiguas civilizaciones de sumerios, acadios, asirios y babilonios. Las aguas de los ríos, transportadas por canales, regaban los campos agrícolas en las tierras aluviales entre los ríos.

EL AGUA EN CANAÁN

En Canaán, la mayoría de las ciudades estaban construidas en colinas, lejos de las fuentes de agua. Por lo tanto, los habitantes de Canaán dependían de las lluvias, el rocío de la mañana, los manantiales, las ramblas, los arroyos y otras fuentes para satisfacer las necesidades físicas de las personas, los rebaños y la tierra. Los habitantes de Canaán desarrollaron varias formas de complementar la cantidad de agua de que disponían.

Manantiales: comunes en gran parte de Tierra Santa, los manantiales son una fuente natural de agua. De hecho, la tierra de Canaán se describe como «tierra de arroyos y de fuentes de agua, con manantiales que fluyen en los valles y en las colinas» (Deut. 8:7). La fuente de la mayor parte del agua de los manantiales era la lluvia que se filtraba en el suelo. La cantidad de agua disponible en un manantial variaba según la época del año y la cantidad de lluvia. Los manantiales proporcionaban suficiente agua para que las comunidades la utilizaran para beber, regar y dar de beber a sus rebaños. Algunas ciudades construyeron canales que partían de la fuente de agua situada fuera de la ciudad y que llevaban el agua a la misma.

Estanques: en forma de depósitos naturales o artificiales, los estanques recogían el agua de lluvia para beber, regar y abrevar los rebaños. La Biblia menciona varios estanques: el de Gabaón (2 Sam. 2:13), el de Hebrón (4:12), el de Samaria (1 Rey. 22:38), el de Siloé (Juan 9:7) y otros. Aunque los estanques contaban con un abundante suministro de agua, el hecho de que estuvieran abiertos significaba que la evaporación iba en contra del almacenamiento de agua a largo plazo.

Túneles de agua: Algunas ciudades construyeron túneles que iban desde el interior de la ciudad, bajo las murallas, hasta una fuente de agua fuera de la ciudad. La arqueología ha confirmado la existencia de túneles de agua en Jerusalén, Meguido, Gabaón y Jazor.

Estos túneles fueron construidos de forma rudimentaria por los cananeos antes de que Israel conquistara la tierra y fueron ampliamente mejorados y ampliados durante la época de la monarquía unitaria y siguientes. Cuando David se convirtió en rey de Judá, conquistó Jerusalén después de que Joab utilizara el pozo de agua para entrar en la ciudad jebusea (2 Sam. 5:8; 1 Crón. 11:6). Los jebuseos cortaron el pozo de agua en

Mujeres de la aldea cargando ollas de agua.

la roca caliza en la Edad de Bronce Tardía para acceder al manantial de Guijón desde el interior de la ciudad. El Guijón era la única fuente de agua perenne de Jerusalén.

Cuando Ezequías, rey de Judá, hizo los preparativos para la guerra contra Senaquerib, rey de Asiria, cavó un túnel bajo la colina de Ofel (ver 2 Rey. 20:20; 2 Crón. 32:30). El túnel servía para llevar agua del manantial de Guijón a un estanque dentro de Jerusalén (Neh. 3:15). Una vez terminado el proyecto, se grabó una inscripción en la roca que marcaba la finalización del proyecto.

Recipiente de agua que data de la época de Abraham.

El pozo de agua de Meguido fue construido inicialmente por los cananeos y fue mejorado muchas veces durante el período de la monarquía de Israel. Durante la época de Acab (874-853 a. C.), los trabajadores ampliaron el sistema de agua para incluir un pasaje subterráneo que conducía desde el interior de la ciudad hasta el manantial, que estaba fuera de la muralla. Este pozo de agua tenía una escalera que conducía a un túnel que continuaba hacia abajo hasta la fuente de agua. Posteriormente, el pasaje se amplió y profundizó para que el agua volviera a fluir hacia él y así dotar a la ciudad de un depósito subterráneo que sirviera de fuente de agua permanente para los ciudadanos.[3]

Pozos: Otra forma en que la gente que vivía en zonas áridas trataba de obtener agua dulce era cavando pozos. Después de que Isaac salió de Guerar, cavó cinco pozos, y todos ellos produjeron agua (Gén. 26:18-25,32). La gente cavaba pozos para recoger agua de un manantial subterráneo. Algunas ciudades construyeron pozos profundos dentro de los muros de la ciudad. La profundidad del pozo dictaba el tamaño, ya que los pozos más profundos requerían una abertura más amplia en la parte superior para evitar el derrumbe de los muros.

Los pozos se situaban cerca de las carreteras principales y el agua se vendía a los viajeros (Deut. 2:6,28). La gente también cavaba pozos en el desierto (Gén. 16:14), fuera de una ciudad (24:11), cerca de la puerta de una ciudad (2 Sam. 23:16), en un campo (Gén. 29:2) y en un patio (2 Sam. 17:18). En Bet Semes, los cananeos cavaron un pozo que se mantuvo en uso hasta el final del reino del norte. En Guézer, los cananeos excavaron un pozo que data del segundo milenio a. C. y que seguía en uso en la época de los israelitas. En Gabaón, un gran pozo circular al que se accedía por un tramo de escaleras hasta una cueva donde el agua goteaba de la roca.[4]

Los pozos se protegían con una piedra de pozo (Gén. 29:1-3) o una tapa (2 Sam. 17:19) para evitar que las personas y los animales se cayeran dentro. La gente utilizaba recipientes de cuero (Gén. 21:19), cántaro (24:20) o cubos (Juan 4:11) para sacar agua de los pozos. El uso de cuerdas y el desarrollo de rodillos y poleas ayudaron a la gente a sacar el agua de los pozos a la superficie.

Cisternas: Las fuentes naturales de agua, como los ríos y manantiales perennes, no suelen encontrarse en la mayoría de las zonas áridas, y la excavación en busca de agua subterránea es limitada. Las personas que se asentaron en zonas desérticas tuvieron que desarrollar la capacidad de recoger y almacenar el agua potable de la escorrentía durante la temporada de lluvias. Las cisternas fueron la solución para almacenar el agua de lluvia.

Las cisternas son depósitos construidos artificialmente. Suelen tener forma de botella o campana y se diferencian de los pozos en que las cisternas se llenan «por el drenaje de los tejados, las calles o la superficie de una pendiente, o por el agua canalizada desde alguna otra fuente». Los pozos, en cambio, pueden alimentarse directamente de manantiales subterráneos».[5]

En Canaán, la mayoría de las cisternas se excavaban en la roca caliza, que siempre era porosa. La construcción de mejores cisternas fue posible tras el descubrimiento, durante la Primera Edad de Hierro (1200 a. C.), de revoques de cal calcinada que podían impermeabilizar las cisternas. El desarrollo de mejores cisternas contribuyó a la construcción de aldeas y ciudades lejos de las fuentes de agua corriente.[6]

En Canaán, la temporada de lluvias, de la que dependían las cisternas, comenzaba a finales de octubre y terminaba a principios de mayo. Hacia el final del verano, los manantiales y pozos se secaban o reducían su caudal. Cuando esto ocurría, las cisternas y los depósitos abiertos se convertían en las únicas fuentes de agua. Muchas cisternas se construían junto a las casas individuales y se alimentaban del drenaje del tejado. Estas cisternas privadas eran más pequeñas y se hundían en las rocas dentro de los límites privados, y cada propietario tenía su propia cisterna (2 Rey. 18:31; Prov. 5:15).[7]

NOTAS

1 Keith Schoville, *Biblical Archaeology in Focus* (Grand Rapids: Baker, 1982), 188.

2 John Ruffle, «Nile River» en *HIBD*, 1191.

3 Amihai Mazar, *Archaeology of the Land of the Bible* (Nueva York: Doubleday, 1992), 479-80.

4 James B. Pritchard, «The Water System at Gibeon», en *Biblical Archaeologist* (BA) 19 (1956): 66-75.

5 Archibald C. Dickie y Dorothea W. Harvey, «Cistern» en *ISBE*, 1:702.

6 John Peter Oleson, «Water Works» en *ABD*, 6:887.

7 Ver «Water Supply» en *The Archaeological Encyclopedia of the Holy Land*, ed. Avraham Negev (Nashville: Thomas Nelson, 1986), 394-96.

ACEITES, PERFUMES Y COSMÉTICOS DEL ANTIGUO CERCANO ORIENTE

POR GEORGE H. SHADDIX

La palabra traducida como «perfume» en Cantar de los Cantares 1:3 significa literalmente «grasa». La palabra describe la «grasa» o el aceite del fruto que la gente utilizaba en los cosméticos. En Israel, este fruto era en su mayoría aceite de oliva. El aceite de oliva se solía mezclar con fragancias para producir perfumes y otros cosméticos en el antiguo Cercano Oriente.

Los propietarios de los árboles dejaban que las aceitunas maduraran en el árbol y cayeran al suelo. Si era necesario, se golpeaban los árboles con largas varas para hacer caer los frutos restantes (Deut. 24:20). Una vez recogidas las aceitunas, las que se iban a prensar para obtener aceite se apilaban y se dejaban fermentar. Esto permitía «un flujo más abundante de aceite» cuando se prensaba.[1] El aceite de oliva se obtenía prensando las aceitunas y colando la parte líquida de la aceituna. Algunas de estas prensas se siguen utilizando hoy en día. En una época, la gente pisoteaba las aceitunas como lo hacía con las uvas (Miq. 6:15).

Frasco de perfume de vidrio con dos asas procedente de Rodas, Grecia; fechado a finales del siglo VI a. C.

Una vez exprimido el aceite del fruto, éste se mezclaba con agua. La materia sólida se hundía en el fondo y el aceite flotaba en el agua. La gente retiraba el aceite de la parte superior y lo almacenaba en jarras de barro o, para cantidades mayores, en cisternas.

Además del aceite de oliva, en el antiguo Cercano Oriente se utilizaban aceites de otras fuentes para elaborar la base de los cosméticos y los perfumes. Por ejemplo, para hacer cremas para la piel, se utilizaban aceites de «almendras, calabazas, otros árboles y plantas, y grasas de animales y de pescado».[2] Las aceitunas eran abundancia en Galilea, y «solo el aceite de oliva parece haber sido utilizado entre los hebreos».[3] Tanto los hombres como las mujeres utilizaban los cosméticos y perfumes a base de aceite. Los hombres se frotaban con aceite el pelo de la cabeza y la barba.[4] Esto hacía que el pelo fuera más fuerte y más suave (Sal. 23:5; 133:2). Las mujeres utilizaban cosméticos para su cuidado personal y para embellecerse. Estos «incluían pintura para los ojos, polvos, colorete, ungüentos para el cuerpo y perfumes».[5]

Caja de cosméticos hecha de ébano y con incrustaciones de placas de loza y marfil (algunas incrustaciones de marfil se han teñido de rosa); fechada en la XVIII dinastía egipcia, hacia 1550-1295 a. C.

Recipiente de mármol para cosméticos, con una inscripción que lo señala como propiedad de Marduk, dios de Babilonia; fechado hacia el 625-550 a. C.

La gente ha fabricado y utilizado cosméticos desde la antigüedad. La Biblia menciona la pintura de los ojos (2 Rey. 9:30; Jer. 4:30; Ezeq. 23:40). Estos cosméticos para los ojos «tenían una base mineral: el negro se hacía a menudo con sulfato de plomo, los verdes y azules con óxido de cobre y los rojos con óxido de hierro».[6] La gente trituraba estos materiales y los mezclaba con aceite de oliva o algún otro aceite. A menudo también se mezclaban fragancias. Los individuos aplicaban la pintura ocular con un dedo, un palo o una espátula.

La gente se pintaba las mejillas con polvos y colorete de color rojo, amarillo y blanco. Los egipcios utilizaban polvos.[7] Los mesopotámicos se coloreaban las palmas de las manos y las plantas de los pies con henna roja. El esmalte de las uñas de las manos y de los pies era una mezcla de pintura de henna y cera de abejas.

Los artesanos elaboraban estos cosméticos. Algunos ingredientes se importaban y otros eran locales. «Las fragancias procedían de semillas, hojas de plantas, frutos y flores, especialmente rosas, jazmines, mentas, bálsamos y canela».[8]

Algunos cosméticos se utilizaban no solo para la belleza, sino también con fines médicos. El maquillaje de ojos hacía que los ojos parecieran más grandes. «También podía tener algún valor medicinal al prevenir la sequedad de los párpados o disuadir a las moscas portadoras de enfermedades».[9]

El perfume se utilizaba en la antigüedad. «La primera mención registrada se encuentra en la tumba del siglo XV a. C. de la reina Hatshepsut, que había enviado una expedición a la tierra de Punt para buscar incienso».[10] De hecho, los antiguos egipcios eran especialmente partidarios de los aromas fuertes. Durante el período intertestamentario, Alejandría, Egipto, fue un centro de comercio de perfumes.[11] La Biblia menciona varias plantas que la gente utilizaba para hacer cosméticos y perfumes. El Cantar de los Cantares 4:13-14 dice: «Tus pechos son un huerto de granadas con frutos exquisitos, con flores de nardo y azahar; con toda clase de árbol resinoso, con nardo y azafrán, con cálamo y canela, con mirra y áloe, y con las más finas especias». Todos estos «frutos exquisitos» pueden producir fragancias dulces. Proverbios 7:17 también menciona el uso de algunos de ellos. La Escritura también menciona varias fragancias que la gente utilizaba como perfumes. Entre ellas se encuentran «áloes» (Núm. 24:6); el «bálsamo»

(Ezeq. 27:17); la «canela» (Prov. 7:17); el «incienso» (Isa. 43:23; Mat. 2:11); la «mirra» (Cant. 5:5; Mat. 2:11); y el «nardo» (Juan 12:3)».[12] Los trabajadores cualificados (llamados «fabricantes de perfumes», ver Ex. 30:25; Ecl. 10:1) picaban y prensaban estas materias primas antes de mezclarlas con una base de aceite. «Los israelitas utilizaban principalmente el aceite de oliva; en Mesopotamia era el aceite de sésamo; en la antigua Grecia era el aceite de linaza; mientras que los egipcios utilizaban sobre todo grasas animales».[13]

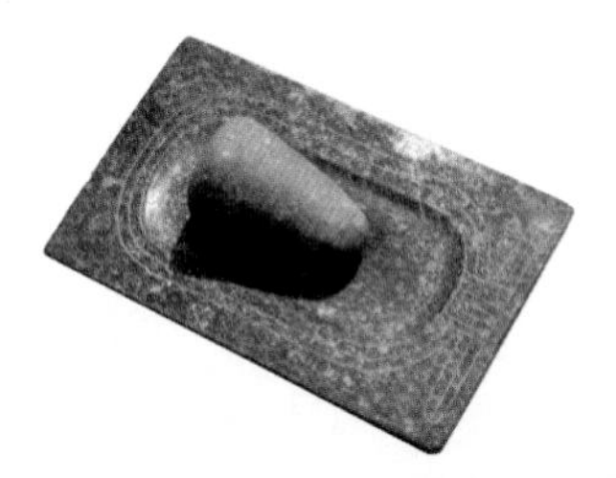

Piedra de moler y paleta, probablemente utilizadas para fabricar cosméticos y pigmentos de tinta. La piedra procede de Naucratis, en el delta del Nilo, y la paleta de Semna, que estaba situada más al sur, entre las regiones de Nubia y Cush.

Los cosméticos y los perfumes se guardaban en recipientes de metal, piedra o vidrio, o en frascos o cajas de cerámica (Isa. 3:20; Juan 12:3). Se vendían en el mercado.

Las mujeres del antiguo Israel y de otros países se enorgullecían de su aspecto. Al vivir en un clima cálido, bañarse y adornar el cuerpo con aceites y perfumes era importante. A lo largo de los siglos, muchas tradiciones han cambiado. Otras, sin embargo, siguen siendo muy parecidas.

NOTAS

1 James A. Patch, «Oil» en *ISBE* (1952), 2181.
2 Darlene R. Gautsch, «Cosmetics» en *HIBD*, 351.
3 «Oil» en M. G. Easton, *Illustrated Bible Dictionary*, 3ª ed. (n.p.: Thomas Nelson, 1897).
4 Gautsch, «Cosmetics», 350.
5 *Ibid.*
6 Norman A. Rubin, «Perfumes and Cosmetics in the Biblical World», *Anistoriton* 9, marzo de 2005, www.anistor.gr/english/enback/v051.htm.
7 Martin H. Heicksen, «Cosmetics» en *The Zondervan Encyclopedia of the Bible*, ed. Merrill C. Tenney, rev. Merrill C. Tenney, ed. rev. (Grand Rapids: Zondervan, 2009), 1:1034-35.
8 Gautsch, «Cosmetics», 351.
9 *Ibid.*
10 *Ibid.*
11 Madeleine S. Miller y J. Lane Miller, *Harper's Encyclopedia of Bible Life*, 3ª ed. (San Francisco: Harper & Row, 1978), 84.
12 Gautsch, «Cosmetics», 351.
13 Rubin, «Perfumes and Cosmetics».

PAPIRO

POR GARY M. POULTON

El papiro (Cyperus papyrus) es una planta perenne con flores que crece abundantemente en las marismas del Nilo. Los egipcios procesaban el papiro, haciéndolo apto como superficie de escritura; además, lo utilizaban para fabricar sandalias, cestas e incluso barcos.

Un invento egipcio que a menudo se pasa por alto es el desarrollo de un producto similar al papel que facilitaba la escritura. Este producto se fabricaba a partir de la planta del papiro, de la que el papel recibe su nombre. El papiro crecía abundantemente a lo largo de las orillas del Río Nilo. Para producir el material, el tallo de la planta de papiro se cortaba en tiras. Sobre ellas se colocaban otras tiras en forma de cruz. Luego se presionaban y se secaban, formando hojas.

Estas hojas estaban tan bien hechas que se conservan intactos varios manuscritos escritos hace más de 5000 mil años. Los egipcios utilizaban una tinta elaborada mezclando agua con hollín y gomas vegetales en una paleta de madera. El instrumento de escritura era una simple caña, recortada en su extremo en forma de pequeño pincel. La escritura realizada con esta tinta primitiva sigue siendo legible. Los pliegos se formaban a menudo en forma de libros pegando el borde derecho de un pliego al borde izquierdo del siguiente. El resultado era un rollo. Algunos de estos rollos tenían 36 metros (40 yardas) de largo.[1]

El papel egipcio se convirtió en uno de los principales artículos del comercio exterior egipcio. Los griegos y los romanos adoptaron posteriormente este material de escritura. «Los manuscritos del Nuevo Testamento producidos antes del siglo IV estaban escritos exclusivamente en papiro; después del siglo IV, casi todos los documentos del Nuevo Testamento se escribieron en pergamino».[2]

La abundancia de material de escritura permitió a los egipcios desarrollar uno de los sistemas escolares más antiguos de la historia. Los jóvenes de la nobleza eran educados para proporcionar servidores públicos alfabetizados a la burocracia del faraón. La admisión en la escuela era un gran honor y convertirse en un hombre educado era un logro importante. Un papiro existente afirma: «He aquí que no hay profesión que no se gobierne; sólo el hombre culto se gobierna a sí mismo».[3] La escultura de un escriba sentado con las piernas cruzadas con su papiro en el regazo es uno de los artefactos más comunes del antiguo Egipto.

NOTAS

1 Will Durant, *The Story of Civilization Part One: Our Oriental Heritage* (Nueva York: Simon & Schuster, 1942), 171.

2 «Papyrus» en *HolBD*, 1071.

3 Durant, *Civilization*, 170.

LA PASCUA EN TIEMPOS DE JESÚS[1]

POR G. B. HOWELL JR.

En esta foto de principios de 1900, un hombre aplica sangre al dintel de su casa como parte de la celebración de la Pascua.

La Pascua, que conmemora la liberación de los israelitas de la esclavitud en Egipto, era la más importante de las tres fiestas a las que los judíos debían asistir cada año. Algunos han calculado que la población de Jerusalén se duplicaba para la Pascua. Tanto los comerciantes como los fieles acudían a la ciudad.

La Pascua comenzaba oficialmente la víspera del decimocuarto día del mes judío de *Nisán* (marzo-abril), que siempre era «en la luna llena, día de nuestra fiesta» (Sal. 81). El día trece, la familia limpiaba completamente la casa y la inspeccionaba meticulosamente en busca de levadura o cualquier producto fermentado. Esta inspección se prolongaba hasta las horas de la noche; la familia utilizaba lámparas de aceite para completar su trabajo.

En la mañana del día 14, la familia podía seguir comiendo productos con levadura. Cuando el sacerdote daba la señal desde el templo, la gente no podía comer más *chametz* (levadura y pan con levadura). El sacerdote daba una segunda señal, y las familias quemaban su *chametz*. En el templo, miles de sacerdotes ocupaban sus puestos antes del mediodía.

Copa de terracota nabatea de los primeros siglos a. C. o d. C.

Al mediodía, el cabeza de familia llevaba su oveja o cabra de sacrificio al templo. Cuando los fieles llegaban al templo, las puertas se cerraban. En tres oleadas, las puertas del templo se abrían y posteriormente se cerraban, permitiendo la entrada de los adoradores. Una vez dentro, cada uno sacrificaba su propio animal. Sin embargo, en lugar de una multitud clamorosa, la gente ofrecía sus sacrificios en el templo en relativo silencio. Con la carne del sacrificio en la mano, los fieles volvían a sus casas.

Las casas se llenaban hasta los topes. Ricos y pobres, amigos y parientes, libres y esclavos se reunían libremente. Ningún judío debía ser excluido. Siguiendo la tradición, las familias cocinaban la carne del sacrificio en hornos de barro reservados para esta celebración particular.

Una vez cocinada la comida, todos se reclinaban en los sofás, apoyados en el codo izquierdo. El jefe de la casa ofrecía un *Kiddush*, que era una bendición pronunciada sobre la primera copa. La mano derecha se limpiaba ceremonialmente y se dejaba libre para comer. Los adoradores sumergían lechuga o apio en un líquido amargo y comían. Partían el pan sin levadura (llamado *matzah*) y comían el cordero de Pascua (llamado *Pesach*) con hierbas amargas, que mojaban. También comían *charoset*, una mezcla de frutos secos que representaba el mortero utilizado por los esclavos hebreos en Egipto.

En la segunda copa, el hijo hacía tres preguntas:[2] «¿Por qué en todas las demás noches mojamos solo una vez, y en esta noche dos? ¿Por qué todas las demás noches comemos *chametz* y *matzah*, y esta noche solo *matzah*? ¿Por qué en todas las demás noches comemos carne asada o hervida, y en esta noche solo asada?». El padre explicaba las dos inmersiones; la primera se refería al hisopo, utilizado para pintar los postes de las puertas; la segunda enfatizaba las hierbas amargas que hacían que esta noche fuera diferente. La *matzah* enfatizaba la prisa con la que los hebreos salieron de Egipto, y el asado era la forma más rápida de cocinar un animal. El padre entrelazaba en sus respuestas los detalles de la esclavitud de los hebreos en Egipto y de su éxodo.

Después, tomaban la tercera copa, y el padre cantaba salmos Hallel (Sal. 113–118). Los demás se unían, en voz alta. El padre concluía con una bendición. Los participantes consumían la cuarta copa mientras se relajaban después de la comida.

Los niños debían permanecer en silencio y el ambiente general era de reverencia. Para resaltar la solemnidad, no se servía ningún postre. Los comensales volvían a desfilar hacia el templo, con las puertas abiertas de par en par, y se unían a una noche de cantos y oraciones.

NOTAS

1 Los detalles de la Pascua en el siglo I proceden de Hayyim Schauss, *The Jewish Festivals: From Their Beginnings to Our Own Day* (Cincinnati: Union of American Hebrew Congregations, 1938), 52-55.

2 Abraham P. Bloch, *The Biblical and Historical Background of the Jewish Holy Days* (Nueva York: Ktav, 1978), 130.

LA PRÁCTICA DE LA CRUCIFIXIÓN ROMANA

POR R. D. FOWLER

El relieve asirio del palacio del Suroeste de Nínive muestra a los cautivos siendo empalados. Los asirios empalaban bajo la caja torácica de una persona o entre sus piernas. Los cadáveres se exponían para disuadir a otros y para enfatizar la brutalidad del ejército asirio.

Representaciones artísticas de las crucifixiones del primer siglo. Una cruz de San Antonio a la izquierda y una cruz latina a la derecha. La de San Antonio tiene un pequeño asiento de madera.

HISTORIA

El precursor de la crucifixión fue el empalamiento. La palabra griega traducida como «cruz» en el Nuevo Testamento se refería originalmente a una estaca o poste de madera puntiagudo fijado firmemente en el suelo. Los muros de estas estacas formaban fortificaciones de protección alrededor de los asentamientos. Los países orientales, especialmente Asiria, desarrollaron la práctica de exhibir públicamente los cadáveres o las cabezas de criminales, traidores y enemigos en estos muros como medio de humillación e intimidación. Esta práctica llevó a la gente a utilizar las propias estacas como medio de tortura y ejecución, empalando a los delincuentes en la estaca y dejándolos morir.[1]

La historia no indica cuándo cesó el empalamiento y cuándo comenzó la crucifixión, pero los historiadores suelen estar de acuerdo en que la crucifixión comenzó entre los persas.[2] Los romanos probablemente la adoptaron de los cartagineses.[3] Muchos textos antiguos se refieren tanto al empalamiento como a la crucifixión, pero a menudo no distinguen entre ambos y proporcionan pocos detalles descriptivos de la crucifixión. Los griegos y los romanos utilizaban la crucifixión mucho antes de la época de Cristo. Alejandro Magno la utilizó en el siglo IV a. C. Ya en el año 250 a. C., los romanos crucificaban a quienes consideraban que lo merecían. Los antiguos romanos generalmente pensaban en la crucifixión como «el castigo del esclavo». Sin embargo, con el tiempo, los romanos la utilizaron para los esclavos, los ladrones, los insurgentes y los enemigos del imperio en general.

La gente nunca consideró la crucifixión como una forma de castigo judía, sin embargo, Alejandro Janneo, un sumo sacerdote y rey judío que crucificó a 800 fariseos en un día, la utilizó en el siglo I a. C. como acto de venganza por la rebelión de los fariseos contra él. En el siglo I d. C., Roma utilizó ampliamente la crucifixión en la pacificación de Judea. Los romanos también la utilizaron en todo el imperio como medio para mantener el orden y reprimir la insurrección. Aunque la crucifixión se limitaba principalmente a los no ciudadanos, los ciudadanos romanos no estaban totalmente libres de su terrible sombra. En ciertos casos, especialmente de traición, el César emitía un edicto que permitía a las autoridades crucificar incluso a los ciudadanos romanos.

La crucifixión tenía lugar en zonas públicas fuera de las murallas de la ciudad, donde los cuerpos eran claramente visibles. Así, la crucifixión castigaba a los infractores e intimidaba a los enemigos. Los cuerpos en las cruces eran un espectáculo común en el siglo I d. C. El número de personas crucificadas llegó a ser de miles. Este uso excesivo, junto con su naturaleza bárbara y la idea religiosa de estar maldito, hizo que la crucifixión fuera particularmente ofensiva para los judíos «cualquiera que es colgado de un árbol está bajo la maldición de Dios» (ver Deut. 21:22-23).

Busto del emperador romano Tito, que gobernó entre 79 y 81 d. C. Antes de convertirse en emperador de Roma, Tito se distinguió como comandante militar. Una de sus campañas incluyó el saqueo de Jerusalén y la crucifixión de miles de personas.

MÉTODO

«La crucifixión era un castigo en el que se daba rienda suelta al capricho y al sadismo de los verdugos».[4] La flagelación era el primer acto brutal relacionado con la crucifixión. Sin embargo, los ciudadanos romanos estaban exentos de esta parte del castigo. El condenado era despojado de sus ropas, atado a un poste y golpeado con el temido flagelo romano, un látigo formado por correas de cuero incrustadas con metal, hueso o piedra. La flagelación estaba diseñada para desgarrar la carne y, en algunos casos, exponer tanto los huesos como los órganos internos. La ley romana, a diferencia de la judía, no establecía límites en el número de latigazos que podía recibir una persona. La severidad de la flagelación quedaba a discreción de la persona que la administraba. En algunos casos, la flagelación causaba la muerte; en otros, aceleraba la muerte. Sin embargo, en la mayoría de los casos, la flagelación no hacía más que aumentar la agonía del condenado en la cruz.

Tras la flagelación, se vestía al condenado y se le obligaba a llevar la viga horizontal hasta el lugar de la crucifixión.[5] Normalmente, los romanos colgaban una señal al cuello del criminal, especificando su ofensa. La Escritura no menciona que Jesús llevara el cartel que hizo Pilato, aunque la costumbre dictaba que probablemente lo llevara. En el lugar de la crucifixión, la persona era nuevamente despojada de su ropa y colocada en la cruz. El signo también se colocaba en la cruz.

Al llegar al lugar, las autoridades aseguraban a la persona a la cruz utilizando cuerdas, clavos, o ambos. Sabemos que Jesús fue clavado en Su cruz; sin descartar el significado teológico, nada sugiere lo contrario. En este punto del proceso, los detalles varían acerca de cómo se llevaba a cabo la crucifixión. Algunos creen que la persona era asegurada a la cruz mientras estaba en el suelo; luego se levantaba toda la cruz y se dejaba caer en un agujero preparado para ello. Otros sugieren que el travesaño vertical ya estaba en el suelo; los soldados sujetaban a la persona al travesaño horizontal e izaban a ambos al travesaño vertical.

Aunque los romanos no tenían una forma estándar para las cruces que utilizaban, había al menos cuatro variantes destacadas. La cruz latina, probablemente la forma en la que murió Jesús, tenía un travesaño que se unía un poco por debajo de la parte superior de la viga vertical. La segunda forma, la cruz de San Antonio, parecía una «T» mayúscula. El tercer diseño, la cruz griega, tenía vigas iguales y parecía un signo de suma. La cuarta configuración, la cruz de San Andrés, tenía el aspecto de la letra «X». La variación de las cruces, la posibilidad de reutilizarlas y la ausencia de detalles específicos hacen que el método de crucifixión pueda variar, dependiendo de las circunstancias y del tipo de cruz. La cruz latina, la cruz de San Antonio y la cruz griega tenían un pequeño bloque o asiento de madera. Esto sostenía el cuerpo y prolongaba la muerte. Más tarde, después del siglo I, se añadió un reposapiés. Después de la muerte, los cuerpos se dejaban, por regla general, en la cruz para que estuvieran expuestos a los elementos y a la descomposición. Sabemos por la Escritura que este no fue el caso de Jesús.

Este método de castigo bárbaro continuó hasta el siglo IV. El emperador Constantino abolió la crucifixión durante los últimos años de su reinado. Aunque muchos detalles no están claros, hay uno que es indiscutible: la crucifixión conllevaba un sufrimiento extremo. La enorme pérdida de sangre, el dolor insoportable de los clavos, la posición estirada y la exposición a los elementos contribuían al sufrimiento extremo antes de la muerte.

NOTAS

1 Ver D. G. Burke, «Cross» en *ISBE* (1979), 825-26.

2 *Ibid.*, 828.

3 Martin Hengel, *Crucifixion*, trad. John Bowden (Filadelfia:: Fortress, 1977), 23.

4 *Ibid.*, 25.

5 Las imágenes a menudo muestran a Jesús cargando la cruz entera; sin embargo, el peso de ambas vigas habría sido de cerca de 140 kilos (300 libras), lo que hace esto muy improbable. El propio travesaño de la cruz era pesado; cargarlo habría sido difícil, especialmente para alguien que había sido azotado (ver Mat. 27:32).

METALES PRECIOSOS

POR J. MARK TERRY

Puntos de apoyo y de mano que permitían a los mineros descender al pozo inferior para recuperar el cobre; en Timna, en el sur de Israel.

Los arqueólogos nos dicen que los pueblos antiguos utilizaban seis metales diferentes: oro, cobre y hierro en épocas anteriores y, más tarde, plata, plomo y estaño. Los pueblos antiguos también utilizaban tres aleaciones (combinaciones de metales): el electro (oro y plata), el bronce (cobre y estaño) y, más tarde, el latón (cobre y zinc).[1] Cada uno de ellos desempeñaba un papel importante en las culturas antiguas, tanto por ser un indicador de riqueza como por su valor en la fabricación de herramientas, armas y utensilios. La gente fundía cada uno de los metales a partir del mineral, lo que significaba que buscaran con diligencia las fuentes del mineral.

Gran redondel con un león alado en el centro. Desenterrado en Ecbatana, la capital de los medos. Objetos similares encontrados en esta misma zona están marcados como pertenecientes al rey persa Artajerjes II (reinó entre 404 y 358 a. C.), que construyó un palacio de verano en Ecbatana.

COBRE

Los pueblos de la época bíblica apreciaban el cobre porque podían moldearlo fácilmente en muchos objetos diferentes. El mineral de cobre se encontraba en todo el Creciente Fértil (el actual Oriente Medio), y su disponibilidad llevó a su uso generalizado. El cobre no es duro ni duradero. Por ello, los antiguos artesanos combinaban el cobre con el estaño para fabricar el

Pipa de plomo con casquillos de piedra que habrían unido los trozos de pipa; desenterrada bajo el templo de Artemisa, la diosa principal de Éfeso.

bronce. Los traductores traducen la misma palabra hebrea (*nechosheth*) como «cobre» o «bronce». El bronce llegó a tener un uso tan amplio que los arqueólogos se refieren al período comprendido entre el 3150 y el 1200 a. C. como la Edad de Bronce. En el Antiguo Testamento se habla de puertas, grilletes, cascos, armaduras y espadas de bronce (1 Sam. 17:5-6; 2 Crón. 33:11; Isa. 45:2).

Los escritores del Nuevo Testamento mencionan el cobre (refiriéndose a las monedas, Mat. 10:9); Juan utilizó la misma palabra griega (*chalkos*) para describir el «bronce» (Apoc. 18:12). El griego también utilizó *chalkos* para referirse al bronce (9:20). Este uso múltiple de estos términos hebreos y griegos ha causado cierta confusión en las traducciones bíblicas sobre si el escritor se refería al bronce o al latón. La historia ayuda a aclararlo.

Los romanos empezaron a producir latón (una aleación de cobre y zinc) hacia el año 20 a. C., aproximadamente 400 años después del último profeta del Antiguo Testamento. Por lo tanto, el latón no se conocía ni se utilizaba en el Antiguo Testamento. La versión King James del Antiguo Testamento contiene muchas referencias al latón. Las traducciones bíblicas más modernas utilizan la palabra bronce en lugar de latón. Por supuesto, el cobre es un elemento común, tanto en el bronce como en el latón.[2]

Taladro manual fechado entre 3150 y 2200 a. C., la primera Edad de Bronce; procedente de Siria. El operario deslizaba el travesaño hacia arriba y abajo de la varilla central giratoria, haciéndola girar. El peso de la piedra ayudaba a estabilizar el taladro.

ORO

La Biblia se refiere al oro más que a cualquier otro metal. La escasez de mineral de oro aumentó su valor en la antigüedad, al igual que hoy. Los pueblos del antiguo Cercano Oriente valoraban el oro por su belleza y brillo. Como el oro es maleable, los orfebres de los tiempos bíblicos lo utilizaban para hacer joyas y adornos. Los artesanos utilizaron el oro para construir el tabernáculo, el templo de Salomón y muchos de los utensilios utilizados en cada uno de ellos (Ex. 35–39; 1 Rey. 6–7). Los textos bíblicos utilizan a menudo la palabra oro para describir cualquier cosa hermosa, valiosa o pura.[3]

HIERRO

La Edad de Hierro (1200-586 a. C.) siguió a la de Bronce. Los antiguos valoraban el hierro porque era más duro que el bronce, y las herramientas y armas de hierro resultaban más duraderas. Dios prometió a Sus hijos que encontrarían en Canaán «tierra donde las rocas son de hierro y de cuyas colinas sacarás cobre» (Deut. 8:9). Esto era una demostración de la bendición de Dios y de la riqueza de la tierra. Los israelitas, al igual que otros pueblos de la región, utilizaban el hierro para fabricar joyas; pero sobre todo hacían arados, hachas, picos, espadas y lanzas de hierro. Un ejército con armas de hierro tenía una ventaja tecnológica sobre un enemigo que utilizaba armas de bronce. Los filisteos poseían y explotaban esta ventaja sobre los israelitas, al menos durante un tiempo (Jue. 1:19; 1 Sam. 13:19-22). Los escritores bíblicos utilizaron el «puño de hierro» como símbolo de dureza y juicio (Sal. 2:9; Apoc. 2:27).[4]

PLATA

Las antiguas civilizaciones conocían y utilizaban la plata desde tiempos remotos. La Biblia menciona a menudo el oro y la plata juntos, y ambos se convirtieron en símbolos de riqueza (Gén. 13:2; Sof. 1:18; Hag. 2:8). A medida que la nación de Israel prosperaba, aumentaba la cantidad de plata en uso. En la época de Salomón, la plata era tan común que la gente la usaba como dinero. Aunque los israelitas no usaron monedas durante la monarquía (1050-586 a. C.), utilizaban pesos de plata, siclos, talentos y minas, como unidades de cambio (Gén. 23:15-16; Ex. 21:32; Neh. 7:72; Isa. 7:23).[5] Es difícil determinar los pesos equivalentes exactos en los sistemas de medida modernos, ya que los pesos variaban un poco en la antigüedad. Sin embargo, el *Holman Illustrated Bible Dictionary* proporciona estas estimaciones: Un siclo pesaba aproximadamente 11 gramos (2 quintas partes de 1 onza); una mina pesaba 566 gramos (una libra y un cuarto); y un talento pesaba 34 kilogramos (75 libras).[6] Los pueblos del antiguo Cercano Oriente también utilizaban la plata para las joyas, los ídolos y los artículos para sus templos.

PLOMO

Los antiguos buscadores encontraron depósitos de plomo en Egipto y Asia Menor. A menudo la plata se obtenía de la fundición del plomo (Jer. 6:27-30). Los romanos utilizaban el plomo para hacer pipas de agua y monedas.

ESTAÑO

Los escritores bíblicos rara vez mencionan el estaño. Sin embargo, los antiguos lo valoraban porque podían mezclarlo con el cobre para hacer bronce (Núm. 31:22; Ezeq. 22:18,20).

NOTAS

1 W. Gordon Brown, «Minerals and Metals» en *Wycliffe Bible Encyclopedia*, ed. Charles F. Pfeiffer, Howard F. Vos, y John Rea (Chicago: Moody, 1975), 2:1121-22.

2 Daniel C. Browning Jr., «Minerals and Metals» en *HIBD*, 1131; A. Stewart y J. Ruffle, «Mining and Metals» en *New Bible Dictionary (NBD3)*, ed. D. R. W. Wood, Howard Marshall, J. D. Douglas y N. Hillyer, 3ª ed. (Downers Grove, IL: InterVarsity, 1996), 768.

3 Stewart y Ruffle, «Minerals and Metals», 767-68; Browning, «Minerals and Metals», 1131.

4 Tim Turnham, «Iron» en *HIBD*, 834-35; Stewart y Ruffle, «Mining and Metals», 768.

5 Browning, «Minerals and Metals», 1132.

6 M. Pierce Matheney, «Weights and Measures» en *HIBD*, 1666.

PRISIONES DEL SIGLO I

POR BENNIE R. CROCKETT JR.

Una maqueta de la fortaleza de Antonia adyacente al templo de Jerusalén. Los romanos habrían retenido aquí a Pablo.

CRIMINALES Y CASTIGO

Las prisiones y la custodia romana en el siglo I servían al menos para seis propósitos: protección, prisión preventiva, espera de la sentencia, ejecución, coerción y castigo.[1] El emperador Vitelio utilizaba las prisiones para proteger a los soldados que habían sido amenazados por sus compañeros.[2] Los romanos también mantenían a muchas personas en prisión preventiva hasta que pudieran celebrarse los juicios;[3] tanto Juan el Bautista (Mar. 6:14-29) como Pedro (Hech. 12:3-11) fueron casos de este tipo.

Aquellos a los que los romanos dictaban sentencia de muerte solían morir en prisión. Los cuerpos de los prisioneros que morían en Roma podían ser arrojados a la Colina Capitolina, luego arrastrados con garfios hasta el Foro y, finalmente, arrojados al Río Tíber[4].

Los romanos también utilizaban las prisiones para coaccionar a las personas para que revelaran a sus colegas culpables o para extraer confesiones. Por último, los oficiales romanos podían dejar a una persona en prisión por diversas razones como forma de castigo.[5] El emperador Tiberio fue inhumano con los prisioneros, ya que prolongó la vida de varias personas con el fin de torturarlas psicológicamente, lo que incluía una experiencia perpetua de miedo y opresión.[6]

Un busto de Nerón de niño. La persecución de los cristianos por parte de Nerón fue probablemente la causa del segundo encarcelamiento de Pablo.

Existían al menos cuatro niveles diferentes de encarcelamiento: prisión, custodia militar, encomienda a fiadores y liberación con condiciones. Dependiendo de la gravedad de la acusación y del estatus social del individuo, un preso podía tener cadenas o no. La custodia militar era menos severa que el encarcelamiento y podía incluir la detención en un cuartel o campamento en cualquier lugar del imperio o en la casa de alguien. La custodia también abarcaba a los que iban a una capital de provincia o a Roma para ser juzgados o a los que estaban bajo vigilancia antes de ser condenados al exilio.

Los prisioneros que habían cometido delitos menos graves eran confiados a fiadores, en lugar de recibir custodia militar. A veces, los romanos confiaban a familiares la custodia de los prisioneros que eran ciudadanos romanos. En raras ocasiones, una persona bajo custodia militar podía ser liberada bajo su propia promesa al magistrado romano. Aunque técnicamente no estaba en prisión, una persona bajo custodia militar (especialmente un no romano) podía recibir un trato duro, pero los magistrados a veces concedían favores a los ciudadanos romanos o a los de alto nivel social.

Los delitos castigados con prisión se referían tanto a los delitos capitales como a los delitos menores. Los delitos capitales incluían a los enemigos de la guerra, el asesinato, la violación y la traición al Estado; estos delitos solían conllevar la ejecución. La traición tenía muchas facetas, como la iniciación de disturbios civiles y los motines. La alta traición, que implicaba la traición a Roma, al emperador o a cualquier ciudadano romano, era causa de encarcelamiento y ejecución automática. En relación con los delitos de traición, las autoridades juzgaban a los filósofos y a quienes practicaban rituales ocultos como traidores a los intereses del Estado. Otros delitos eran el robo, la piratería, la mala gestión del dinero, las deudas y la profanación de los templos del Estado. Para estos delitos, los castigos variaban de un lugar a otro.[7]

CONDICIONES EN LAS CÁRCELES

Las situaciones de custodia y las condiciones de las cárceles romanas cambiaban en función de la gravedad del delito, la posición social del preso, la amabilidad o crueldad del magistrado y el lugar de encarcelamiento. Muchas prisiones eran subterráneas y oscuras, acompañadas de una escasez de alimentos y de un entorno sanitario. Un prisionero de Tiberio comentó que la comida de la prisión no daba satisfacción, pero tampoco permitía morir.[8] Algunos magistrados permitían a los prisioneros el beneficio de ser atendidos por familiares o amigos (Hech. 23:16-17).[9]

El encarcelamiento de Pablo en el momento de escribir 2 Timoteo transmite varias condiciones. Pidió a Timoteo: «trae la capa que dejé en Troas, en casa de Carpo; trae también los libros, especialmente los pergaminos» (2 Tim. 4:13). Aunque le faltaba el calor, Pablo tenía la libertad de leer y escribir. En la misma época que Pablo, Tácito informó de un hombre que escribía poesía mientras estaba en prisión y que más tarde fue ejecutado por hacerlo.[10] Las cadenas de Pablo, sin embargo, eran más graves (Ef. 6:20; Fil. 1:7,13-14,17; Col. 4:3,18), pues las cadenas romanas causaban heridas, infecciones y vergüenza a muchos prisioneros.[11]

En numerosas ocasiones, los soldados romanos violaban y abusaban de las prisioneras. Las tasas de suicidio de hombres y mujeres en prisión eran elevadas. Sin embargo, los carceleros irresponsables podían ser ejecutados por faltar a su deber (Hech. 12:19).

La gente temía mucho la prisión de Roma, una instalación utilizada para los delincuentes graves y los que no tenían ninguna posición social. Denominada posteriormente Cárcel Mamertina, contaba con una cámara de 3 metros (12 pies) bajo tierra llamada Tullianum. Salustio, el antiguo historiador y político romano, dijo que el Tullianum era un recinto con paredes alrededor y una cámara arriba con un techo de piedra. Sus condiciones eran horribles y temibles por el abandono de los presos, la oscuridad interior y el olor pútrido.[12]

Los romanos utilizaban la prisión de Alba Fucens, una ciudad cercana a Roma, para albergar a los enemigos del Estado. Un historiador de la antigüedad describió la prisión como una mazmorra subterránea, llena de oscuridad y ruidosa debido al gran número de personas condenadas por cargos capitales. La comida de los prisioneros se mezclaba con las condiciones insalubres de su impureza personal. El olor resultante era tan ofensivo que la gente trataba de evitar incluso acercarse a la prisión.[13]

Algunas prisiones estaban en canteras de piedra. Una persona encadenada o atada podía ser condenada a trabajar en una cantera donde los muros, a modo de cadenas, la mantenían presa. Roma contaba con varias de estas prisiones de cantera; normalmente estaban reservadas a los prisioneros de mayor estatus social. A pesar del agotador trabajo, los prisioneros preferían la prisión de cantera al Tullianum o al calabozo.

NOTAS

1 Brian Rapske, *The Book of Acts and Paul in Roman Custody*, vol. 3 en *The Book of Acts in Its First Century Setting* (Grand Rapids: Eerdmans, 1994), 10-20.

2 Tácito, *Historias* 1.58.

3 Josefo, *Antigüedades judías* 18.6.5.

4 Dion Casio, *Historia* 58.1.3; 59.18.3; 60.16.

5 Rapske, *Book of Acts and Paul*, 16-20.

6 Dion Casio, *Historia* 58.3.3-5.

7 Rapske, *The Book of Acts and Paul*, 20-46.

8 Dion Casio, *Historia* 58.3.6.

9 Craig S. Wansink, *Chained in Christ: The Experience and Rhetoric of Paul's Imprisonment* (Sheffield: Sheffield Academic, 1996), 82-84.

10 Tácito, *Anales* 6.39.

11 Wansink, *Chained in Christ*, 47-48.

12 Sallust, *Conspiracy of Catiline* 55.6.

13 Diodoro de Sicilia, *Library of History* 31.9.1-2.

ALCANZANDO LOS CIELOS: UN ESTUDIO DE LAS TORRES ANTIGUAS

POR STEPHEN J. ANDREWS

Torre de vigilancia con vistas a los campos de cereales cerca del valle de Leboná en Israel.

Ruinas de la antigua Siquén, incluyendo la piedra del templo (*matstsebah* o «piedra sagrada») y la piedra vertical, quizá la que puso en pie Josué.

La palabra hebrea más comúnmente traducida como «torre» es *migdal*. En el Nuevo Testamento, la palabra griega *purgos* aparece cuatro veces y se refiere a una torre de vigilancia (Mat. 21:33; Mar. 12:1) o a un edificio como la torre de Siloé (Luc. 13:4; comp. 14:28).

TIPOS DE TORRES

Los restos de antiguas estructuras en forma de torre están muy dispersos por Oriente Medio. Los eruditos bíblicos y los arqueólogos han asignado diversas funciones a estas torres. Sin contar el uso metafórico del término, el texto bíblico identifica fácilmente cuatro funciones.[1]

Torres agrícolas: La Biblia asocia estrechamente algunas torres con campos, huertos, viñedos y lagares (Isa. 5:2; Mat. 21:33; Mar. 12:1). Es posible que los agricultores utilizaran estas torres para almacenar herramientas y suministros agrícolas. Estas torres también podían servir de vigía para proteger la cosecha de los animales salvajes o de los ladrones. Además, los campesinos podían vivir en estas estructuras mientras trabajaban a distancia de sus pueblos.

Una torre típica de este tipo era de piedra y tenía forma circular, de 3 a 4 metros (9 a 12 pies) de diámetro. La torre creaba una plataforma a 1 metro (3 pies) por encima de la superficie del suelo. Es posible que esto permitiera a los pastores vigilar sus rebaños en el desierto (2 Crón. 26:10; metafóricamente, Miq. 4:8).

Marcadores de ruta y monumentos: Las torres de piedra o los monumentos marcaban senderos y caminos indistintos a través del desierto (Jer. 31:21). A menudo se trataba de simples montones de piedras que podían alcanzar de 3 a 4 metros (9 a 12 pies) de altura.[2] Es posible que los pastores nómadas también las utilizaran a lo largo de las rutas migratorias como depósitos de alimentos y objetos de valor. Al parecer, la

Utilizando una ingeniería más avanzada, esta torre de Samarra (Irak) es más alta y estrecha que los antiguos zigurats que eran habituales entre los sumerios. La torre data de mediados del siglo IX d. C. y tiene poco más de 50 metros (170 pies) de altura.

gente también utilizaba torres o pilares de piedra como monumentos funerarios (Gén. 35:20; 2 Sam. 18:18; 2 Rey. 23:17; Ezeq. 39:15).

Torres defensivas: La mayoría de las torres de piedra formaban parte de un sistema de defensa militar. Las torres servían como puestos de avanzada aislados, diseñados para que los vigías pudieran avisar en caso de que se acercara un enemigo (2 Rey. 17:9; 2 Crón. 14:7; 27:4). Estas pequeñas ciudadelas independientes servían como fortalezas o torres de vigilancia desde las que se supervisaba el tráfico a lo largo de los caminos fronterizos que subían a la capital (2 Rey. 9:17; 18:8; 2 Crón. 27:25). La cuarta letra de las cartas de Laquis y posiblemente Jeremías 6:1 indican el uso de señales de fuego para comunicar las actividades del enemigo.[3] Los que vigilaban estas señales de fuego pueden haberlo hecho desde el punto de vista de una torre de defensa. Estas torres fortificadas también servían de refugio para los asentamientos expuestos en tiempos de ataque.[4]

Las torres también eran partes importantes de las fortificaciones de un pueblo o de la muralla de una ciudad (2 Crón. 32:5; Neh. 3; 12:38-39; Isa. 2:15). El Salmo 48:12 dirige el recuento de las torres de Sión; Isaías 33:18 y 1 Crónicas 27:25 indican que un oficial estaba a cargo de las torres. Quizá debido a su función o a su tamaño, algunas de las torres de Jerusalén tenían nombre (Neh. 3:1; 12:39; Jer. 31:38; Zac. 14:10). Estas torres eran distintas de las puertas y muy probablemente reforzaban la muralla regular de la ciudad en puntos estratégicos (2 Crón. 26:9,15).

Por último, como torre de defensa, *migdal* también puede referirse a una ciudadela o palacio fortificado que ofrecía un último lugar de refugio dentro de una ciudad.

El zigurat de Chogha Zanbil, cerca de Susa, data del año 1250 a. C. Se construyó bajo las órdenes del rey de Elam Untash-Gal para el culto a Inshoshinak, el dios elamita del más allá.

En Jueces 9:50-57, Abimélec sitió la ciudad de Tebes y la capturó. Pero los habitantes huyeron a la «torre fortificada» y se encerraron en ella. La torre de Siquén probablemente se refiere al mismo tipo de estructura (v. 46). Según la Biblia, también existió una ciudadela en Peniel (Jue. 8:9,17) y Jezrel (2 Rey. 9:17). Los arqueólogos han descubierto y excavado ciudadelas fortificadas en Guibeá y Betsur.[5]

Nombres de lugares y torres de templos: algunos estudiosos sugieren que cuando la palabra *migdal* aparece con un nombre de lugar se refiere a una ciudad fortificada con una torre de templo (Gén. 35:21; Jos. 15:37; Jue. 9:46-49).[6] Por consiguiente, estas ciudades deberían sus nombres a las torres de templo que se convirtieron en su punto de referencia prominente durante la Edad de Bronce Media y Tardía (2200-1200 a. C.). Sin embargo, el apoyo bíblico y arqueológico a esta teoría solo existe para la torre de Migdal-Siquén (Jue. 9:46-49). Como se mencionó anteriormente, la torre de Siquén puede haber sido más como una ciudadela fortificada que una torre del templo.

LA TORRE DE BABILONIA

El caso en el que el *migdal* representa más claramente una torre de templo es en el famoso relato de la torre de Babilonia (o Babel; Gén. 11:1-9). La característica central de la mayoría de las ciudades mesopotámicas era el complejo o recinto del templo. Esta zona contenía tanto un templo donde se rendía culto a la deidad patrona como una torre llamada zigurat. El tipo de material utilizado en su construcción y el propósito para el que se construyó sugieren claramente que la torre de Babilonia debe equipararse a los templos zigurat del antiguo Cercano Oriente[7].

Los pueblos construyeron zigurats con la intención de que fueran montañas artificiales que contuvieran escaleras desde los cielos (la puerta de los dioses) hasta la tierra. Estas pirámides cuadradas o rectangulares escalonadas se diseñaron para que los dioses bajaran al templo en determinadas ocasiones ceremoniales y trajeran bendiciones a la ciudad. La estructura proporcionaba comodidad al dios de la ciudad y al sacerdote que atendía las necesidades del dios.[8] La finalidad del zigurat era albergar una escalera que conducía a una pequeña habitación en la parte superior de la estructura.[9] Esta habitación estaba equipada con una cama y una mesa. La mesa se abastecía regularmente de alimentos. La única razón de esta habitación era que la deidad se refrescara durante su descenso a la ciudad.

La mayoría de los zigurats se construían con un armazón de ladrillos secados al sol y rellenos de tierra y escombros. El ladrillo cocido con betún como mortero remataba la estructura, haciéndola impermeable y tan duradera como la piedra. A diferencia de una pirámide, un zigurat no tenía habitaciones interiores.

El primer zigurat conocido, el de Érec (Gén. 10:10), data del tercer milenio antes de Cristo. Contenía un pequeño santuario sobre una plataforma elevada de arcilla reforzada con ladrillos secados al sol y medía 40 por 45 metros (140 por 150 pies). La estructura tenía unos 9 metros (30 pies) de altura. Las esquinas estaban orientadas a los puntos cardinales de la brújula. Por el contrario, el zigurat de Ur medía 60 metros (200 pies) de largo, 45 metros (150 pies) de ancho y 21 metros (70 pies) de alto, mientras que Etemenenki, el gran templo zigurat de Babilonia, tenía siete pisos de altura.[10]

Los constructores diseñaron la torre de Babilonia que «llegue hasta el cielo» (Gén. 11:4). En el uso mesopotámico, esta frase se reservaba casi exclusivamente para la descripción de los zigurats.[11] Ostensiblemente, la torre de Babilonia se habría construido para que Dios bajara a ver lo que la humanidad había logrado.

NOTAS

1 E. B. Banning, «Towers» en *ABD*, 6:622.

2 *Ibid.*, 623.

3 W. F. Albright, «Palestinian Inscriptions» en *Ancient Near Eastern Texts Relating to the Old Testament (ANET)*, ed. James B. Pritchard, 3ª ed. (Princeton: Princeton University Press, 1969), 322.

4 D. Kellerman, «Migdol», *Theological Dictionary of the Old Testament (TDOT)*, 71.

5 *Ibid.*, 71.

6 Banning, «Towers», 623-24.

7 John H. Walton, Victor H. Matthews y Mark W. Chavalas, *The IVP Bible Background Commentary: Old Testament* (Downers Grove, IL: InterVarsity, 2000), 41-42

8 Walton, *IVP Bible Background*, 42.

9 Las fotografías de los zigurats pueden verse en *The Ancient Near East in Pictures Relating to the Old Testament (ANEP2)* ed., James B. Pritchard, 2ª ed. (Princeton: Princeton University Press, 1969), 233-34. La reconstrucción de un zigurat realizada por un artista se puede encontrar en el *Holman Illustrated Bible Dictionary (HIBD*, ed.). Chad Brand, Charles Draper, Archie England (Nashville: Holman, 2003), 1710.

10 Edward M. Blaiklock, «Ziggurat» en *The New International Dictionary of Biblical Archaeology (NIDBA)*, ed. E. M. Blaiklock y R. K. Harrison (Grand Rapids: Zondervan, 1983), 484. Una foto del zigurat de Ur puede encontrarse en *HIBD*, 1711.

11 Walton, *IVP Bible Background*, 42.

AGRICULTURA ROMANA

POR SCOTT A. ANDREW

Las almendras se convirtieron en un elemento básico de la dieta romana a medida que el imperio se expandía.

Italia es una tierra bendecida por un suelo rico, un clima suave y abundantes lluvias. Esto también era cierto en la antigüedad. El clima de Italia «ofrecía posibilidades de agricultura a una escala que ningún otro país mediterráneo había sido capaz de intentar».[1] La dieta de los habitantes de la Italia prerromana incluía animales domésticos, grano, vino y aceite de oliva. Cada uno de estos productos era abundante.

Olivar en Tecoa.

El grano, el aceite y el vino —llamados la «tríada mediterránea»[2] — eran los alimentos básicos del antiguo mundo mediterráneo. A medida que el imperio crecía, los romanos entraron en contacto con nuevas variedades de alimentos. Desarrollaron el gusto por las nueces, las almendras, los pistachos, los melocotones, los albaricoques, las granadas, las cerezas y los limones. Cuando los romanos introdujeron su cultura en otras tierras, llevaron consigo las frutas, los cereales y las verduras que habían conocido en su país.

La demanda de alimentos creció dentro del Imperio romano. Los mercaderes descubrieron que el grano podía cultivarse de forma más económica en zonas fuera de Italia. Pronto Italia importó todo su grano. En la época de Cicerón (106-43 a. C.), los huertos y los viñedos cubrían la campiña italiana. Las uvas y las aceitunas eran los principales productos agrícolas de Italia.

Las aceitunas adquirieron una importancia creciente en el antiguo mundo mediterráneo. El cultivo del olivo se inició en Siria ya en el año 6000 a. C. Las tablillas de barro de Creta mencionan la importancia de las aceitunas en esa cultura ya en el 2500 a. C. Tras la caída de Creta, alrededor del 1200 a. C., los fenicios se convirtieron en los dueños del comercio en el Mediterráneo. En el siglo v a. C., los fenicios y los griegos habían distribuido las aceitunas por todo el mundo mediterráneo. Los griegos introdujeron las aceitunas en Italia.

Las aceitunas se convirtieron en una parte importante de la cultura romana. Aunque se cultivaban en todo el Imperio romano, las mejores aceitunas procedían de Italia. Las aceitunas ocupaban un lugar destacado en la dieta romana. El valor económico de las aceitunas provenía de su aceite. El aceite de oliva era insustituible en la cocina. La gente se untaba el cuerpo con aceite de oliva después del baño. Los romanos lo utilizaban para fabricar perfumes. Alimentaba las lámparas en todo el mundo antiguo. El aceite de oliva se utilizaba incluso como fertilizante.

NOTAS

1 Michael Grant, *The Founders of the Western World* (Nueva York: Scribner's Sons, 1991), 142.

2 Kevin Greene, *The Archaeology of the Roman Economy* (Berkeley: University of California Press, 1986), 73.

PROCESIONES TRIUNFALES ROMANAS

POR M. DEAN REGISTER

Escena de triunfo que representa al emperador romano Marco Aurelio, que gobernó entre 161 y 180 d. C. La figura alada sobre la cabeza del emperador representa su divinidad.

Los desfiles militares romanos eran un espectáculo digno de ver. Bien documentado en las fuentes antiguas, al menos 300 veces la ciudad de Roma organizó una procesión triunfal como demostración de orgullo cívico, conquista y poder.[1]

DESARROLLO DE LA PROCESIÓN

La práctica romana del desfile triunfal se desarrolló gradualmente. Las pruebas arqueológicas de las inscripciones en piedra y las pinturas antiguas sugieren que los romanos tomaron prestado el concepto de los reyes etruscos de Italia central, que habían recibido la influencia de ceremonias similares en Asia Menor. El primer desfile triunfal conocido fuera de Roma tuvo lugar en Asia Menor en el siglo IV a. C.[2] Las tablillas romanas del siglo I, llamadas *Fasti Triumphales*, registran los triunfos desde la época del mítico Rómulo en el 753 a. C. hasta el triunfo de Balbus en el 19 a. C. Josefo, el historiador judío, describe el desfile de la victoria de Vespasiano y Tito como uno de «pomposa solemnidad» en el que ambos fueron coronados con coronas de laurel y vestidos de púrpura. El desfile llevó a los dos generales ante un Senado que los aprobaba, soldados que aplaudían, ciudadanos jubilosos y cautivos humillados. Además, el relato de Josefo ofrece detalles atenuantes sobre el aspecto religioso de la procesión, destacando que la culminación del desfile se situó en el templo de Júpiter.[3]

ORDEN Y RECORRIDO DE LA PROCESIÓN

Las procesiones triunfales en Roma observaban una secuencia específica. Como ha subrayado un historiador, «Roma celebraba el triunfo y el triunfo celebraba a Roma».[4]

Creado entre las colinas del Palatino y del Aventino en Roma, el Circus Maximus albergaba carreras de carruajes, concursos de gladiadores y procesiones. En su mayor tamaño, la arena tenía poco más de 600 por 150 metros (2000 por 500 pies).

Escena de victoria en la que los vencedores se inclinan ante Marco Aurelio. En el fondo, se alzan estandartes para celebrar la victoria del emperador.

La procesión triunfal impregnaba todos los aspectos de la vida social, política y religiosa de Roma. Aunque prevalecía un ambiente de fiesta, el decoro y la corrección marcaban la procesión. Para realzar el ambiente festivo, los organizadores coreografiaron cuidadosamente la formalidad, la repetición y la posición en el desfile.

Escena que muestra a Marco Aurelio, al término de la procesión triunfal, ofreciendo sacrificios a los dioses por su victoria sobre los bárbaros.

En la mañana del desfile, el general reunía a su ejército victorioso junto con los cautivos humillados fuera de los límites de la ciudad en el Campus Maritus (Campo de Marte).[5]

Desde allí, el desfile pasaba por la Porta Triumphalis (Arco del Triunfo), el Circus Flaminius (un pequeño hipódromo) y el Circus Maximus, el gran estadio con capacidad para 150 000 espectadores. El desfile continuaba por la Vía Sacra y llegaba finalmente al templo de Júpiter en la Colina Capitolina, donde una ceremonia de culto precedía a la distribución del botín de guerra entre los soldados y el público.[6]

Un elemento esencial de la procesión era la exhibición de estandartes pintados que representaban escenas de batalla, lemas victoriosos y maquetas de fortalezas conquistadas. Este despliegue magnificaba la victoria y exaltaba al general al que el pueblo alababa como triunfador. Tras los portadores de los estandartes, los sacerdotes y los asistentes marchaban con incensarios de incienso ardiendo y escoltando bueyes blancos para los sacrificios.[7] Los niños saltaban y brincaban detrás de los bueyes llevando platillos dorados que los sacerdotes utilizaban para recoger la sangre de los sacrificios.[8] Los músicos y los bailarines acentuaban la pompa añadiendo burlas a los prisioneros que se exhibían. Normalmente, los cautivos se colocaban delante del carro del general victorioso. Al final del desfile se llevaba a algunos de los cautivos para su ejecución, se vendían algunos como esclavos y se hacía una ofrenda en el templo de Júpiter.

NOTAS

1 Mary Beard, *The Roman Triumph* (Cambridge, MA: Harvard University Press, 2007), 4.

2 H. S. Versnel, *Triumphus: An Inquiry into the Origin, Development and Meaning of the Roman Triumph* (Leiden: Brill, 1970), 299.

3 Josefo, *Guerra* 7.5; Ida Ostenberg, *Staging the World: Spoils, Captives and Representations in the Roman Triumphal Procession* (Oxford: Oxford University Press, 2009), 13.

4 Ostenberg, *Staging the World*, 13.

5 Beard, *Roman Triumph*, 81.

6 David J. Williams, *Paul's Metaphors: Their Context and Character* (Peabody, MA: Hendrickson, 1999), 257.

7 *Ibid.*, 258.

8 Nigel Rodgers, *The Rise and Fall of Ancient Rome* (Londres: Anness, 2004), 170.

LEY SABÁTICA

POR ROBERT E. JONES

Judíos ortodoxos en el Muro Occidental de Jerusalén.

Para hacer cumplir la ley del día de reposo, los rabinos judíos establecieron treinta y nueve clasificaciones de trabajo. Su acción resultó en el desarrollo y sistematización de numerosas reglas y regulaciones que los rabinos dedujeron del mandamiento del día de reposo. Los rabinos elaboraron estos requisitos del día de reposo de una manera cada vez más complicada con el objetivo de aplicarlos a todas las situaciones imaginables. Por ejemplo, la ley sabática judía prohibía encender fuego, ejercer el comercio, pisar el lagar, colocar una carga sobre un animal o celebrar mercados. No se podía realizar ningún tipo de actividad comercial o de otro tipo que pudiera profanar el día de reposo.[1] Los judíos, por lo tanto, debían hacer todos los arreglos necesarios antes para que el día de reposo permaneciera libre de todo trabajo. Solo una obligación urgente o un peligro mortal podían anular estas leyes.

Un rabino en el barrio judío de Jerusalén.

NOTAS

1 Eduard Lohse, «*sabbaton*, Sabbath» en *TDNT* (1971), 7:5.

LOS BARCOS Y LA NAVEGACIÓN EN EL MUNDO DEL NUEVO TESTAMENTO

POR GERALD L. STEVENS

Bloque que muestra la inscripción que menciona «Tyrdos». Al fondo se ve el antiguo puerto de Tiro.

La escena de la primera espiral de la Columna de Trajano, en Roma, muestra barcos romanos cargados de provisiones a lo largo del Río Danubio; un fuerte y una pequeña ciudad se encuentran a la orilla del río.

Judea no tenía ningún puerto profundo en su costa mediterránea, y los nómadas israelitas del desierto que se asentaron en la región montañosa no eran un pueblo marinero. Los Pueblos del Mar filisteos se asentaron en la llanura costera. Los israelitas no realizaban comercio marítimo, con la excepción del rey Salomón, que utilizó alianzas con el rey Hiram de Tiro e instalaciones portuarias en Ezión Guéber, en el Mar Rojo, pero sus marineros eran fenicios (1 Rey. 9:26-27). Salomón comerciaba con oro, plata y otras mercancías raras (10:22). Josafat construyó una flota para el oro de Ofir, pero un viento del este en el puerto de Ezión Guéber hizo naufragar toda la flota (22:48-49).

Jope era uno de los pocos puertos de Judea. Más al norte, Herodes el Grande construyó un puerto en Cesarea, aprovechando la ingeniería romana para endurecer el cemento sumergido para sus rompeolas. Sin embargo, otras ciudades de la costa mediterránea, como Tiro, eran mucho más legendarias por su destreza comercial marítima (Isa. 23:1; Ezeq. 27:32-35).

En la época romana, la navegación se había convertido en algo normal para los viajes internacionales. El principal acuerdo era el cabotaje, el negocio de navegar cerca de la costa y atracar cada noche, lo que permitía a los antiguos capitanes de barcos comerciales ofrecer a los individuos acuerdos de transporte cortos para contratar en el momento. Otros contratos facilitaban las distancias largas. Los puertos comerciales formaban parte de los viajes de Pablo, como Seleucia (Hech. 13:4), Troas (16:8), Tesalónica (17:1), Corinto (18:1), Éfeso (19:1), Mileto (20:15), Tiro (21:3), Siracusa (28:12), Poteoli (v. 13) y otros con nombres menos conocidos, pero no menos famosos en su época.

Moneda romana; anverso: dos cornucopias, inscripción griega: Herodes, que significa Herodes Arquelao; reverso: galera, inscripción griega: Etnarca.

La navegación dependía totalmente de las estaciones. El verano era el mejor (por los vientos alisios constantes y fiables), el invierno el peor (por los feroces e imprevisibles nortes de invierno), y la primavera y el otoño marginales. La peligrosa estación de otoño iba desde mediados de septiembre hasta mediados de noviembre, y la imposible estación de invierno iba desde finales de noviembre hasta febrero. Por ello, Pablo insta a Timoteo a «venir antes del invierno» (2 Tim. 4:21). Navegar a finales del otoño era un riesgo universal y se hacía con precaución.

La entrega de mercancías cruciales a última hora de la temporada de navegación podía reportar importantes primas. La ruta del grano entre Alejandría y Roma, de poco menos de 1850 kilómetros (1000 millas náuticas), llevaba de diez a doce días hacia el este, pero hacia el oeste unos dos o tres meses, y a menudo requería bordear las costas de Fenicia, Asia Menor y Grecia.[1] El alojamiento para estos viajes era mínimo, incluso para los privilegiados, que como mucho podían esperar un lugar abarrotado en la bodega de carga o un pequeño camarote en la popa. En caso contrario, había que ocupar un lugar en la cubierta abierta, expuesta a la intemperie, pero quizá con una tienda de campaña.[2]

Los barcos de grano romanos se construían con cascos planos para maximizar la carga, lo que implicaba una integridad estructural mínima. Los movimientos transversales, como los que se producían en caso de tormenta con los ataques del viento y las olas, podían ser devastadores. Además, la carga de grano suponía un enorme riesgo en las tormentas. El grano húmedo se hinchaba, añadiendo más tensión a las costuras estancas. Un barco romano de grano era el peor barco para estar en una tormenta en el mar.[3]

Uno de los relatos más detallados del mundo antiguo sobre la navegación, las tormentas y los naufragios es el relato de Lucas sobre el viaje y el naufragio de Pablo en Hechos 27–28. La atención de Lucas a los detalles, aunque expresada en términos no técnicos, es un tesoro de información náutica, incluyendo aparejos, vientos, topografía y estrategias.

NOTAS

1 Estas estimaciones se basan en el trabajo de Lionel Casson utilizando referencias de Plinio, *Natural History* 19.3-4. Casson recopiló gráficos de distancia, tiempo y velocidad en el Mediterráneo; ver Casson, *Ships and Seamanship in the Ancient World* (Princeton, NJ: Princeton University Press, 1971).

2 Earle Hilgert, «Ships; Boats» en *ISBE* (1988), 4:486.

3 Uno de los mejores recursos para entender la estructura de un barco de grano alejandrino es Nicolle Hirschfeld, «The Ship of Saint Paul, Part 1: Historical Background», *BA* 53.1 (1990): 25-30.

HECHICERÍA, BRUJERÍA Y ADIVINACIÓN

POR JAMES O. NEWELL

De Nimrud, en la antigua Babilonia, dos hojas de tableros de escritura con bisagras. Los fragmentos del encerado original llevan inscrito un texto cuneiforme de presagios astrológicos. Estos presagios estaban destinados al palacio del rey de Babilonia Sargón II en Khorsabad.

Deuteronomio 18:9-18 registra las instrucciones del Señor a los israelitas sobre cómo debían vivir una vez que entraran en la tierra prometida. Los versículos 10-11 contienen todas las palabras hebreas que identifican los diferentes métodos para predecir el futuro y buscar la guía divina para tomar decisiones.[1] Estas acciones fueron la razón por la que el Señor desplazó a los cananeos y dio su tierra a Israel (v. 12). El castigo por estas actividades era la muerte (Ex. 22:18; Lev. 20:27).

Modelo de pulmón de oveja, procedente de Nínive; terracota. En el antiguo Cercano Oriente, un adivino solía pronunciar un presagio basándose en su lectura de los pulmones o el hígado de una oveja sacrificada. La inscripción del modelo ofrece instrucciones para un aprendiz que estaba aprendiendo este método de adivinación.

La Biblia no registra el origen de la brujería, la hechicería y la adivinación, ni proporciona descripciones de estas prácticas. Los escritores daban por sentado que el lector entendería las acciones que había detrás de los términos. La curiosidad por los acontecimientos y circunstancias que se avecinaban era una constante en el antiguo Cercano Oriente. Esto hizo que algunos hombres intentaran desarrollar habilidades que supuestamente les permitían ver el futuro.

«Los medios de adivinación en el [antiguo] Cercano Oriente son múltiples: mediante oráculos proféticos o sacerdotales, sueños, espíritus, suertes, astrología, la observación de las entrañas de un animal sacrificial, el vuelo de los pájaros, los patrones del aceite en el agua y la dirección del humo».[2]

Entre los hititas: «Los sacerdotes de los encantamientos probablemente recibían su pago en forma de materiales rituales sobrantes. Por ejemplo, en [un relato,] el *Ritual for the Goddess Wishuriyanza* [Ritual para la diosa

En la ladera de la colina, a lo lejos, se encuentra el emplazamiento de la antigua Endor, hogar de la adivina a la que Saúl consultó casi al final de su vida.

Wishuriyanza], se permite a la maga llevarse la cerámica y los utensilios que ha utilizado. Esta es probablemente la razón por la que los rituales a menudo requieren cantidades [masivas] de equipos y alimentos».[3]

Entre los liceos, algunos adivinos se basaban en los peces. «Los adivinos observaban los movimientos de los peces, sus giros y vueltas, e interpretaban estos movimientos de acuerdo con reglas fijas. Un procedimiento alternativo se registra para el "oráculo de los peces" en la bahía de Mira. El procedimiento consistía en sacrificar terneros al dios, cuya carne se arrojaba a los peces. Si los peces se comían la carne, los augurios eran buenos. Si la desechaban y la arrojaban a la orilla con la cola, esto significaba que el dios estaba enfadado».

El sacrificio de niños era quizás el intento más serio y de mayor alcance para influir en el futuro ofreciendo un regalo tan costoso a un dios con la esperanza de producir un resultado futuro deseado. El motivo subyacente de estas prácticas prohibidas era el esfuerzo por «manipular o forzar a los "dioses" a determinados cursos de acción».[4]

Un texto de adivinación mesopotámico da instrucciones para estudiar los intestinos de los animales (generalmente de las ovejas) para determinar el futuro.

NOTAS

1 C. F. Keil y F. Delitzsch, «Deuteronomy», en *The Pentateuch: Three Volumes in One*, vol. 1 en *Commentary on the Old Testament in Ten Volumes* (Grand Rapids: Eerdmans, ed. reimp. 1975), 3:393.

2 Jean-Michel De Tarragon, «Witchcraft, Magic, and Divination in Canaan and Ancient Israel», en *CANE*, 2071.

3 Gabriella Frantz-Szabo, «Hittite Witchcraft, Magic, and Divination», en *CANE*, 2011.

4 Jack S. Deere, «Deuteronomy», en *The Bible Knowledge Commentary: An Exposition of the Scriptures*, ed. J. F. Walvoord y R. B. Zuck (Wheaton, IL: Victor Books, 1985), 1:296.

¡HAZ SONAR EL SHOFAR!

POR KEVIN C. PEACOCK

Estatuilla de bronce de un trompetista; procedente de Anatolia; fechada en los siglos VIII-VI a. C.

De los instrumentos musicales que nombra el Antiguo Testamento, el shofar, o cuerno de carnero, es el más frecuente. A veces traducido como «trompeta», el shofar es el único instrumento bíblico que se utiliza hoy en día en las sinagogas. Muchos de los que escuchan un shofar tienen dificultades para calificarlo de instrumento «musical». Sus cualidades musicales se limitan a solo dos o tres sobretonos armónicos, lo que dificulta cualquier melodía, y la tonalidad clara es casi inexistente. Con su sonido agudo y estridente, el shofar era ideal para hacer ruido.

TIPOS DE TROMPETAS

Los cuernos o trompetas en la Biblia eran de dos tipos, los de cuerno de animal y los de metal. Los términos hebreos *yobel*, *qeren* y *shofar* se utilizaban indistintamente. *Yobel* («carnero»; Ex. 19:13; Jos. 6:5), generalmente traducido como «trompeta», se refiere a un shofar (Jos. 6:4,6; ver Ex. 19:13,16). El término *Jubilee* recibe su nombre de *yobel* (Lev. 25:13), una celebración que comienza con el sonido del cuerno de carnero (v. 9). Jubal, el

Parte del suelo de mosaico restaurado de la sinagoga de Hammath Tiberias. La imagen representa el arca de la Torá, las menorás, las palas de incienso, los shofares, los lulavs y los etrogs; está fechada en los siglos IV y V d. C.

inventor de los instrumentos musicales (Gén. 4:21), parece llevar el mismo nombre que el carnero. *Qeren* («cuerno»; 1 Crón. 25:5, nota a pie de página de la CSB) es el cuerno literal de un animal (Gén. 22:13; Sal. 22:21) del que se hizo el instrumento musical. Se utiliza una vez como sinónimo de shofar (*qeren hayyobel*, «cuernos de carneros»; Josué 6:4). El término arameo relacionado *qarna* aparece en Daniel 3:5,7.[1]

El otro tipo de trompeta era de «plata labrada» (Núm. 10:1-2), generalmente de bronce, cobre, oro o plata.[2] Esta *chatsotsrah* fue descrita por Josefo[3] y mostrada en monedas y obras de arte antiguas como un tubo recto con una boquilla y un extremo acampanado. Los utilizados en el servicio del templo eran siempre de plata y los soplaban los sacerdotes y los levitas. Se utilizaban en las ceremonias de sacrificio (1 Crón. 15:24), en la guerra (Núm. 31:6) y en las coronaciones reales (2 Rey. 11:14) de forma muy similar al shofar.

CONSTRUCCIÓN Y TONOS

Los shofares se siguen fabricando hoy en día como en la antigüedad. El cuerno de cualquier animal kosher, excepto una vaca, es adecuado, pero el preferido es el de un carnero, el animal que Abraham sacrificó en lugar de Isaac (Gén. 22:1-14).[4] Algunos shofares se dejan con su forma curva natural, pero los artesanos suelen utilizar vapor o calor para ablandar el cuerno y enderezarlo. Luego doblan el extremo ancho, formando un ángulo recto. Un orificio perforado en la punta en el hueco natural permite al trompetista tocarlo como una corneta.[5]

El Antiguo Testamento hebreo registra dos sonidos de cuerno diferentes: *teqa'* («un toque de trompeta») y *teru'ah* («un grito»). La tradición rabínica definía el *teqa'* como un tono grave largo y sostenido que terminaba bruscamente y el *teru'ah* como un trino o serie de notas más agudas. Los rabinos añadieron un tercer sonido compuesto por tres notas cortas conectadas, el *shevarim*. Estos tres patrones se combinan en secuencias, formando una frase de treinta notas que puede repetirse varias veces.[6] Este patrón prescrito de diferentes tonos, longitudes de tono y articulación *estaccato* y *legato* se diseñó para imitar un sonido de sollozo o lamento de la voz humana.

La Septuaginta empleaba el término griego *salpinx* («trompeta») para traducir tanto el *chatsotsrah* como el *shofar*, sin hacer distinción entre ambos. El Nuevo Testamento se refiere simplemente a una «trompeta» once veces, sin diferenciar entre cuerno y metal.[7]

NOTAS

1 Daniel A. Foxvog y Anne D. Kilmer, «Music» en *ISBE*, vol. 3 (1986), 439.

2 *Ibid.*

3 Josefo, *Antigüedades judías* 3.12.6.

4 Lawrence H. Schiffman, «Shophar» en *Harper's Bible Dictionary*, ed. Paul J. Achtemeier (San Francisco: Harper & Row, 1985), 947.

5 J. A. Thompson, *Handbook of Life in Bible Times* (Downers Grove, IL: InterVarsity, 1986), 255.

6 Dennis F. McCorkle, «Shofar or Ram's Horn», *The Music of the Bible* (2007), www.musicofthebible.com.

7 Foxvog y Kilmer, «Music», 446.

ESPECIAS Y PERFUMES

POR ARGILE A. SMITH JR.

Alabastrón (frasco de perfume) decorado con grifos debajo de una cadena de lotos y palmetas; fabricado en Corinto; data de 680-650 a. C.

PRODUCCIÓN

Casi todas las especias y perfumes que se utilizaban en Israel procedían de plantas, aunque unas pocas provenían de productos animales. La mayoría de las plantas aromáticas no crecían en Israel. Llegaron a Israel como importaciones de lugares como la India, Asia Menor, Arabia, Egipto y África.[1]

Algunas plantas producían hojas o semillas que se utilizaban para hacer especias aromáticas. El comino, por ejemplo, era una especia que a veces se utilizaba en el pan. Procedía de una semilla blanda que se pulverizaba antes de utilizarla en la repostería. El áloe y la menta se obtenían de las hojas; el eneldo se obtenía tanto de las semillas como de las hojas. El cilantro, que se incluía en muchos perfumes, también procedía de las semillas.

Otras fragancias se obtenían a partir de resinas vegetales. Dos de las resinas más populares eran el incienso y la mirra. El incienso procedía de un árbol con ese nombre. Producía una goma resinosa que se recogía quitando la corteza del árbol y cortando el tronco. Del mismo modo, la mirra era una goma que se recogía de un arbusto de África y Arabia.

Otras especias y perfumes se producían en forma de aceite. Por ejemplo, el nardo era un aceite perfumado muy caro que se producía a partir de una planta originaria de la India. Una vez extraído el aceite de la planta, se conservaba en frascos de alabastro sellados antes de exportarlo a Israel.[2]

ADQUISICIÓN

Los habitantes de Israel solían adquirir perfumes y especias por medio de alguna de las concurridas rutas comerciales que atravesaban Israel. Una de las referencias bíblicas más conocidas a dicha ruta se encuentra en Génesis 37; los hermanos de José lo vendieron a comerciantes ismaelitas que venían de Galaad, con sus camellos cargados de un surtido de «perfumes, bálsamo y mirra» (v. 25) procedentes de lugares lejanos y que se dirigían a Egipto.

El camino que llevaba a los ismaelitas a través de Dotán era una de las principales rutas terrestres que utilizaban los comerciantes de especias. Otra ruta partía de Asia Menor (en la actual Turquía) y terminaba en Israel. Otra ruta que terminaba en Israel empezaba en lo que hoy es Irak e Irán. Todas las rutas terrestres pasaban por Israel, lo que posibilitaba la compra de especias y perfumes, aunque fuera caro.

Este pequeño recipiente de vidrio de Rodas probablemente contenía aceite perfumado. Rodas fue un centro de fabricación de vidrio; data de 460-440 a. C.

Aryballos (frasco de perfume) de loza; probablemente de Rodas; data de 600-550 a. C. Los hombres griegos utilizaban estos frascos, que colgaban de las muñecas, para llevar aceite para limpiar su cuerpo después del ejercicio.

Otra importante ruta comercial, esta vez a lo largo de la costa mediterránea, también traía especias y perfumes al país. Los fenicios controlaron la ruta marítima hasta la época romana. Los barcos partían de los puertos del Líbano, hacían escala en algunos de los principales puertos costeros de Israel y terminaban en Egipto.[3]

USO

Debido a su gran variedad de posibles usos, las especias y los perfumes eran populares entre la gente del antiguo Cercano Oriente. Las fragancias de las especias y los perfumes las hacían como cosméticos. La gente mezclaba especias con aceites y se frotaba el ungüento en la piel. También las espolvoreaban sobre las prendas de vestir, los sofás y las camas para darles un olor agradable (ver Sal. 45:8; Prov. 7:17).

Las especias y los perfumes no solo se disfrutaban por su atractiva fragancia, sino también por el estatus social que implicaba tenerlos. Como se importaban desde tan lejos, solían ser caras.[4] Cuando Ezequías dio una vuelta por su casa del tesoro a los babilonios que lo visitaron, les mostró sus especias junto con sus otras posesiones preciosas (2 Rey. 20:13). Los reyes magos presentaron a Jesús no solo el «oro, incienso y mirra» (Mat. 2:11), dando prueba de su valor. El nardo con el que María ungió a Jesús se valoró en el fastuoso precio de 300 denarios (Juan 12:3-5), lo que indica la naturaleza sacrificial de su acto.

La función litúrgica de las especias y los perfumes estaba vinculada al uso del incienso en el culto del templo. El incienso era el humo perfumado que emanaba de la quema de especias mezcladas con otros materiales.

Las prácticas funerarias en Israel también exigían un suministro constante de especias. Las especias se utilizaban en la preparación de los entierros para proporcionar un aroma agradable en el entorno, de otro modo desagradable, asociado a la descomposición de un cadáver.[5]

NOTAS

1 Claude Mariottini, «Spices» en *HolBD*, 1297.
2 «Plants of the Bible» en *The Lion Encyclopedia of the Bible* (Herts, UK: Lion), 15.
3 «Trade and Commerce» en *The Lion Encyclopedia of the Bible*, 237-38.
4 Victor H. Matthews, «Perfumes and Spices» en *ABD*, 5:227.
5 Gerald L. Borchert, *John 12-21*, *NAC* (2002), 282.

EL TABERNÁCULO: SU HISTORIA Y SU USO

POR ALLAN MOSELEY

Réplica del tabernáculo, erigido en Timná, en el sur de Israel.

Réplica de la mesa del Pan de la Presencia tal y como podía aparecer en el tabernáculo.

Cuando los adoradores entraban en el tabernáculo (en el lado oriental), el primer mueble que encontraban era el altar de bronce, situado en el espacio abierto entre la entrada al recinto del tabernáculo y la entrada al lugar santo (Ex. 27:3-8). El altar de bronce era una caja hueca hecha de madera de acacia y recubierta de bronce. En cada esquina del altar de bronce había cuernos o protecciones. Presumiblemente, los sacerdotes o adoradores ataban a los animales a los cuernos para asegurarlos antes de matarlos. El altar de bronce era un lugar de sacrificio, que es fundamental en la teología bíblica. El pecado lleva a la muerte. Los sacrificios se ofrecían para que los animales sacrificados murieran en lugar de los adoradores.

Cuando los adoradores se desplazaban desde el altar de bronce a través del patio al aire libre del tabernáculo en dirección al lugar santo, se encontraban con la pila de bronce pulido (Ex. 30; 38). El bronce, que se reflejaba bajo el agua, permitía a los sacerdotes que se lavaban las manos observar si el agua era pura. También les permitía verse a sí mismos y recordar su propia necesidad de limpieza. Los sacerdotes debían lavarse antes de entrar en el lugar santo, lo que simbolizaba que debían quedar limpios de pecado antes de estar capacitados para servir. Algunos han sugerido que el altar de bronce comunica la idea de la justificación, y la pila de bronce era para la santificación.

Cuando los adoradores entraban en la tienda, el candelabro de oro estaba en el lado izquierdo del lugar santo (25:31-40; 37:17-24). El lugar santo no tenía ventanas que permitieran la entrada de luz, por lo que el candelabro proporcionaba luz. En la Escritura, el fuego y la luz evocaban la presencia y la dirección del Señor (3:1-4).

La mesa del Pan de la Presencia estaba en el lado opuesto del lugar santo al candelabro (25:23-30; 37:10-16). Las tortas de pan representaban la comunión que Dios deseaba tener con las doce tribus de Israel.

Postes y estacas en el patio de la réplica del tabernáculo, que se ha erigido en Timná, en el sur de Israel.

El último mueble del lugar santo era el altar del incienso (30:1-10; 37:25-29). Este altar estaba en el lado oeste del lugar santo, contra la cortina que dividía el lugar santo del lugar santísimo. Los cuernos de este altar presumiblemente eran puramente ornamentales, ya que no se sacrificaban animales en el altar del incienso. El humo del incienso encendido, que debía ser continuo, parece haber representado «las oraciones del pueblo de Dios» (Sal. 141:2; Luc. 1:10; Apoc. 5:8; 8:3-4).[1]

El arca del pacto era el único mueble en el lugar santísimo. El Señor conectó el arca con Su presencia. Dijo a Moisés: «Yo me reuniré allí contigo» (Ex. 25:22). La presencia del Señor estaba asociada a un espacio concreto, no a un objeto físico.

El pueblo de Dios construyó el tabernáculo y todo su mobiliario en obediencia al mandato explícito del Señor. Él determinó dónde y cómo sería adorado. Las religiones paganas del antiguo Cercano Oriente idearon espacios de culto y rituales diseñados para obtener el favor de los dioses. Sin embargo, en el caso del único Dios verdadero, ninguna persona o grupo tiene la prerrogativa de determinar cómo o dónde será adorado. Él manda, y Su pueblo lo adora en consecuencia.

NOTAS

1 Walter C. Kaiser Jr., «Exodus» en *The Expositor's Bible Commentary*, ed. Frank E. Gaebelein, vol. 2 (Grand Rapids: Zondervan, 1990), 472-73.

LAS DIEZ PALABRAS Y LAS ANTIGUAS LEYES DEL CERCANO ORIENTE

POR GARY P. ARBINO

Ruinas del antiguo emplazamiento de Alepo, en la Siria moderna.

¿Cómo se compara la ley del antiguo Cercano Oriente con la ley bíblica, especialmente las instrucciones de Éxodo 20:1-17, las Diez Palabras?[1]

TEMAS

Las regulaciones bíblicas y otros códigos del antiguo Cercano Oriente cubren muchos de los mismos temas: lesiones personales, relaciones sexuales y violación, secuestro, esclavitud, restitución, herencia, ganado, límites y construcción. Otros temas, sin embargo, no están en la Torá: la lealtad al rey y al templo, los impuestos, el comercio, los salarios, los fugitivos y otros.

Las Diez Palabras (más comúnmente llamadas los Diez Mandamientos) abordan algunos temas importantes comunes en el antiguo Cercano Oriente: la lealtad, la estructura familiar y el honor, el homicidio, el adulterio, el robo, el perjurio, la calumnia y, posiblemente, los deseos inapropiados. Por otra parte, contienen algunos contenidos únicos: la lealtad a un solo Dios (en lugar del rey y su divinidad), la ausencia de ídolos (un concepto completamente único en el mundo antiguo) y la propuesta radical de un día de descanso cada siete días (en lugar de trabajar hasta la siguiente fiesta).

Sin embargo, dentro de esta amplia gama de temas, los escritores de textos antiguos no se esforzaron por ser exhaustivos. En consecuencia, las prescripciones de la Torá tampoco abordan específicamente todos los aspectos de la vida del antiguo Israel.

TEXTOS

Lo que los estudiosos denominan «leyes» en el antiguo Cercano Oriente se engloba, en realidad, en varios tipos de literatura: códigos de leyes, edictos, tratados, juramentos de lealtad y cartas de sucesión real. En la actualidad, se han excavado y traducido unos cien de estos documentos oficiales. Si bien una treintena de ellos se originaron en Mesopotamia y el norte de Siria entre los años 2500 a. C. y 1500 a. C., más de la mitad proceden de los archivos hititas de Anatolia (1500-1200 a. C.). Los textos restantes proceden de mediados del primer milenio: el norte de Siria (tres documentos; aprox. 850 a. C.), el Imperio neoasirio (unos catorce documentos, la mayoría fragmentarios; fechados entre el 820 y el 627 a. C.) y la neobabilonia (un documento; aprox. 700 a. C.). Los arqueólogos y exploradores también han descubierto cientos de cartas, relatos y registros antiguos que ilustran el uso del derecho en el mundo antiguo.

El Código Legal de Ur-Nammu, que es la ley más antigua conocida, procede de Nippur, Mesopotamia (en el actual Irak). El idioma es el sumerio; la obra data de 2112-2095 a. C.

PROPÓSITO

La preocupación por las relaciones y el intento de definir y gobernar la conducta eran los hilos conductores de estas antiguas leyes. A grandes rasgos, estas relaciones son externas, es decir, entre un rey y el pueblo de otra tierra (lo que exigía tratados), o internas, es decir, para o entre los súbditos de un rey (lo que exigía códigos).

La relación fundacional era con el rey. La mayoría de los textos contienen una introducción en la que se nombra al rey, a menudo con sus títulos, selección divina, atributos y logros. A menudo, estos nombres están en primera persona: «Yo soy Hammurabi, el pastor, seleccionado por el dios Enlil».[2] Siempre se consideraba que el rey era el dador de la «ley», aunque bajo la dirección y el cargo de su deidad o deidades patronas. El origen de las Diez Palabras es diferente. A diferencia de otros documentos antiguos, el contexto narrativo de Éxodo 19–21 muestra claramente que Dios dio personalmente y de viva voz al pueblo reunido las normas iniciales de con-

El Tratado de Alepo es un acuerdo entre el rey hitita Mursili II y Talmi-sharruma de Alepo. Regula las futuras relaciones entre Alepo y Hatti; está fechado en el año 1300 a. C.

Busto de diorita procedente de Susa; se cree que es Hammurabi o un príncipe que reinó antes que él.

Prueba de la influencia persistente, fechada unos 1100 años después del original de Hammurabi, un fragmento de una copia del Código de Hammurabi de la biblioteca del rey asirio Asurbanipal.

ducta: «Dios habló, y dio a conocer todos estos mandamientos» (Ex. 20:1; ver Deut. 5:4).

La principal responsabilidad de los reyes de la antigüedad era mantener la justicia, es decir, las relaciones correctas dentro del reino y entre los socios del tratado. La declaración del rey de que había establecido la justicia era habitual en las presentaciones legales antiguas. «En aquel tiempo, yo, Ur-Namma [Ur-Nammu], [...] rey de las tierras de Sumer y Acad, por el poder del dios Nanna [...] establecí la justicia en la tierra».[3] Tan esencial era esta responsabilidad que los antiguos reyes se representaban a sí mismos presidiendo los casos. Hammurabi declaró: «He inscrito mis preciosos anuncios en mi estela y he colocado en ella las sentencias que he dictado y los veredictos que he emitido».[4] Los documentos de derecho antiguo que los estudiosos denominan «códigos» debían considerarse, por tanto, como las sentencias concretadas de casos específicos que el rey dictaba y que reunía. Estos servían tanto de modelo para casos posteriores como de prueba de la justicia del rey. Moisés y sus colegas también emitieron veredictos que probablemente fueron codificados (Ex. 18:13-26; 21:1).

FORMULARIO

La presentación de estos veredictos codificados es abrumadoramente en la forma conocida como «casuística» o «jurisprudencia»: Si o cuando tal cosa sucede ... entonces esta es la consecuencia. Las Leyes de Eshnunna de la Antigua Babilonia (aprox. 1725 a. C.) ofrecen un ejemplo: «Si un buey cornea a otro buey y le causa la muerte, los dos propietarios de bueyes se dividirán el valor del buey vivo y el cadáver del buey muerto [...]. Si el buey mata a un esclavo y le causa la muerte, él [el propietario del buey] pesará y entregará quince siclos de plata».[5]

Los tratados antiguos también utilizaban con frecuencia este género para las estipulaciones que cada parte debía cumplir. Un tratado del norte de Siria establecía una obligación común: «Si un esclavo fugitivo, sea hombre o mujer, huye de mi país al tuyo, deberás apresarlo y devolverlo».[6]

Las regulaciones también se presentaban en una forma más absoluta, denominada «apodíctica»: Harás esto; no harás aquello. Utilizados mucho más comúnmente en los tratados, pero presentes desde los primeros tiempos en los códigos de derecho, estos requisitos absolutos ilustran los aspectos no negociables para las dos partes implicadas. Un tratado hitita (aprox. 1300 a. C.) lo ilustra: «Guarda el juramento del rey y la mano del rey, y yo, Mi Majestad, te protegeré [...]. No vuelvas tus ojos hacia otra (tierra)».[7] Como se ve aquí, a veces el carácter absoluto de la forma apodíctica iba acompañado de un «conductor» que daba un fundamento o un resultado (aquí, la

En este muro de piedra está tallado un código legal descubierto en Gortyn, en la isla de Creta. Data de la primera mitad del siglo V a. C. y es el primer código legal europeo conocido.

protección). Las Diez Palabras de Éxodo 20 contienen tanto la forma apodíctica como material adicional en cuatro de ellas (vv. 4,7,8,12).

Tanto el Código del Pacto (20:1–23:33) como el relato de la redacción por parte de Moisés de la copia de reemplazo de las Diez Palabras (34:10-26) ilustran que las regulaciones relativas a la relación divino-humana (idolatría, festivales, días de reposo y sacrificios) y las amplias normas de justicia social para los miembros en riesgo de la comunidad (22:21-22; 23:1-3,6-9) están en forma apodíctica. Esto tiene mucho sentido, ya que los aspectos «verticales» y de justicia social no suelen requerir mayor especificidad: no existen situaciones en las que la gente permita la idolatría o el abuso de una viuda.

Aunque la forma apodíctica de las Diez Palabras de Éxodo 20 articula claramente los aspectos no negociables de las relaciones como pueblo del Señor, su ubicación en el contexto general apunta a una estructura e intención más amplias. Comienzan con una presentación «Yo soy el Señor tu Dios. Yo te saqué de Egipto, del país donde eras esclavo» (20:2) y se sitúan al frente de una sección de estipulaciones mayormente casuísticas (21:1–23:19), seguidas tanto de las bendiciones prometidas por la adhesión como de las advertencias funestas por el fracaso (23:20-33) y, finalmente, de una ceremonia de ratificación (24:1-11). Además, había testigos (doce piedras, 24:4; y dos tablillas, una para cada parte) y una disposición para el depósito (en el arca, en el lugar santísimo). Los tratados antiguos utilizaban estos elementos estructurales (ver «El pacto de Dios con Abram» en Gén. 17). Es importante destacar que las Diez Palabras (y lo que sigue) se describen en realidad (Ex. 34:2-28; comp. 24:7-8) como *be'rit* (heb. para «pacto»), una forma particular de tratado, y (en 34:29) como las «tablas del *edut*», una palabra hebrea que significa «testigo» o «testimonio» u «obligaciones» y es un cognado de *adé*, la palabra acadia que los asirios usaban para describir los tratados y los juramentos de lealtad.

Así, las Diez Palabras son mucho más que leyes. Funcionan como el centro de las relaciones; las secciones iniciales de un tratado (pacto) entre Yahvéh y Su pueblo, uno en el que Él es el verdadero y único Soberano al que Sus súbditos deben total lealtad y en cuyo territorio hay una norma correcta y no negociable para las acciones humanas basadas en la justicia divina.

NOTAS

1 A menos que se indique lo contrario, todas las citas de la Escritura son la traducción del autor. Para una referencia rápida de varios términos «legales» utilizados en el Antiguo Testamento, ver el Salmo 19:7-9.

2 Martha Roth, «The Codes of Hammurabi», en *Canonical Compositions from the Biblical World*, vol. 2 de *The Context of Scripture (COS)*, ed. William W. Hallo y K. Lawson Younger (Leiden: Brill, 1997), 336.

3 De un código del tercer milenio; Martha Roth, «The Laws of Ur-Namma (Ur-Nammu)» en Hallo y Younger, *COS*, 2:411.

4 Martha Roth, ed., *Law Collections from Mesopotamia and Asia Minor*, 2da. ed., vol. 6 de Writings from the Ancient World (WAW) (Atlanta: Society of Biblical Literature, 1997), 133.

5 Roth, WAW, 6:67. Nótese la similitud con la ley bíblica de Éxodo 21:32,35.

6 Richard Hess, «The Agreement between Ir-Addu and Niqmepa» en *COS*, 2:330.

7 Nótense los absolutos positivos y negativos, que también se ven en las Diez Palabras. I. Singer, «Treaty between Muršili and Duppi-Tešub» en *COS*, 2:96.

RIQUEZA, COMERCIO, DINERO Y ACUÑACIÓN EN EL MUNDO BÍBLICO

POR JOEL F. DRINKARD JR.

Ovejas en el campo. El tamaño del rebaño era un indicador de riqueza.

Algunas personas de los primeros períodos de la civilización en el antiguo Cercano Oriente eran ricas. Las maravillas del mundo antiguo ponen de manifiesto la riqueza de algunos de los antiguos. Tanto si se consideran las pirámides de Egipto como los zigurats de Mesopotamia, estas enormes estructuras indican por sí mismas la riqueza de sus constructores. Sin duda, los gobernantes de estas sociedades altamente desarrolladas debían controlar una gran riqueza para poder emprender tales proyectos de construcción. Además, los grandes rebaños y los numerosos sirvientes, como en el ejemplo de Abraham, eran indicadores de una riqueza considerable. Mesá, rey de Moab, exhibía su riqueza mediante su tributo anual al rey de Israel: «cien mil ovejas y la lana de cien mil corderos» (2 Rey. 3:4). Otros indicadores de riqueza eran los

Este siclo de Tiro (reverso), acuñado en Jerusalén, muestra un águila.

Esta moneda de bronce de la época de Herodes I (40-4 a. C.) muestra una doble cornucopia con un caduceo en medio.

bienes importados, los artículos de lujo, las gemas y, a menudo, la plata y el oro. Estos bienes importados y de lujo daban cuenta del comercio. Ni el imperio de Egipto ni el de Mesopotamia tenían grandes reservas de recursos naturales. Por lo tanto, la mayoría de los metales y bienes de lujo de estos imperios procedían del comercio o del tributo. Así, la riqueza y el comercio solían ir de la mano. La plata y el oro eran los materiales preferidos para las transacciones comerciales. Otros bienes como el cobre y el estaño, ingredientes del bronce, también eran mercancías valiosas. Todos estos metales eran relativamente fáciles de refinar y eran fácilmente transportables.

El comercio, incluido el de larga distancia, formaba parte de la vida de los primeros habitantes del antiguo Cercano Oriente. En la Jericó prealfarera neolítica, los excavadores han encontrado herramientas de obsidiana. La obsidiana, una piedra volcánica de color negro o anillado, procedía de Anatolia, a unos 800 kilómetros (500 millas) de distancia. Su presencia en Jericó indica claramente la existencia de comercio, incluso internacional. Se desconoce el mecanismo del comercio de esa época, pero se especula que los que vivían cerca de los recursos naturales comerciaban con cantidades excedentes de sus recursos naturales con las comunidades cercanas, que a su vez comerciaban con comunidades más lejanas, y así sucesivamente. No habría que plantear rutas comerciales y caravanas en toda regla en esta época temprana. Otros artículos que indican el comercio en la Jericó neolítica prealfarera son la turquesa de la península del Sinaí y las conchas de cauri de la costa mediterránea.

Una de las pruebas más claras del comercio internacional es un naufragio del siglo XIV a. C. frente a la costa de Uluburun, en Turquía.[1] Esta embarcación mercante cananea del Bronce Tardío llevaba un cargamento de más de 10 toneladas de cobre y 1 tonelada de estaño, gran parte de este metal en grandes lingotes de unos 27 kilogramos (60 libras) cada uno. El barco también transportaba lingotes de vidrio, marfil, madera de ébano, madera de cedro y resina de terebinto y pistacho. En total, los materiales y el cargamento reflejan mercancías procedentes de gran parte del mundo mediterráneo: Canaán, Egipto, Chipre, Anatolia y las zonas del Egeo. Al parecer, el barco hacía un circuito por los puertos de cada una de estas regiones, comprando y vendiendo mercancías.

Las pinturas de la tumba egipcia de Beni Hasan, fechadas en torno al año 1890 a. C., representan una caravana de mercaderes cananeos que llevan mercancías a Egipto. Los viajeros tienen con ellos animales, armas, y tal vez lingotes de metal. El objeto descrito a menudo como un fuelle que llevan varios de los asnos es más bien el lingote de cobre similar a los encontrados en el naufragio de Uluburun. También una caravana de este tipo recuerda a los madianitas/ismaelitas que, en su viaje a Egipto, compraron a José de sus hermanos (Gén. 37:25-28).

El búho está a la derecha con la cabeza mirando hacia el hombro izquierdo, con un báculo y un mayal; borde de cable. Procedente de Tiro, alrededor de 450-400 a. C.

El comercio requeriría algún medio para evaluar el valor. Las mercancías no tenían el mismo valor. ¿Cómo se podría comparar el valor de una cabra y un burro? O, más aún, ¿el valor de un burro en términos de plata? Evidentemente, algunas equivalencias eran necesarias e incluso esenciales. Dado que los metales preciosos, especialmente la plata y el oro, eran los medios de intercambio preferidos para las transacciones comerciales, se hizo esencial un sistema de pesos y medidas para la compra y la venta.

Dracma de Partia: Fraates IV (38-2 a. C.); muestra un busto a la izquierda y un águila con una corona.

La necesidad de pesas y medidas también produjo la necesidad de estándares de pesas y medidas. No conocemos el equivalente exacto de todos los pesos y medidas antiguos, pero podemos aproximarnos a muchos de ellos. Varias de las medidas proceden de la anatomía humana. El *codo* era un estándar de longitud; era la distancia desde el codo hasta la punta del dedo corazón. Asimismo, la *envergadura* era la anchura desde el pulgar extendido hasta el dedo meñique. La *palma* era la anchura de la mano a través de la base de los cuatro dedos, y el *dedo* era la anchura de un dedo. Cuatro dedos formaban una palma, tres palmas formaban un palmo y dos palmos formaban un codo. Algunas de las pesas y medidas eran originalmente descriptivas: la medida *jómer* era la misma que la palabra para «burro». La medida jómer equivalía probablemente a la carga de un burro. Tal vez un *talento* era la medida de una carga humana. En términos de superficie, un *yugo* era la cantidad de tierra que una yunta de bueyes podía arar en un día. La semilla también se utilizaba como una forma de medida: se describía un campo en términos de la cantidad de semilla que requeriría para la siembra. En Levítico 27:16 se habla del tamaño de un campo en términos de sembrar un jómer de cebada.

El naufragio de Uluburun, mencionado anteriormente, proporciona pruebas de tales normas, con varios juegos de pesas y balanzas incluidos en los restos del naufragio.

El siclo del Antiguo Testamento era la medida primaria de peso, aunque existían pesos mayores y menores. Cuando Abraham compró la cueva funeraria para Sara, en Macpela, negoció la venta con el propietario, Efrón el hitita, en presencia de los ancianos de Hebrón. «Abraham se puso de acuerdo con Efrón, y en presencia de los hititas le pagó lo convenido: cuatrocientas monedas de plata, moneda corriente entre los comerciantes» (lit. «cuatrocientos siclos que pasan al comerciante»; Gén. 23:16).

Es evidente que en esta época no se conocía la acuñación de monedas; la plata se pesaba. Abram también utilizaba un patrón fijo; el siclo era de uso corriente entre los mercaderes. La mención de los mercaderes da más evidencia de que el comercio era común en la época de Abraham. Como las monedas no estaban entonces desarrolladas, piezas de joyería, metal y lingotes servían como dinero. Aunque no se conoce el peso exacto del siclo de la época de Abram, los pesos de los siclos de la época posterior de la monarquía y el peso de las monedas de siclo de la época del Nuevo Testamento muestran que un siclo pesaba unos 11,4 gramos o dos quintos de onza.

La narración de la compra del campo por parte de Jeremías a su primo Janamel muestra el uso continuado de pesos metálicos en lugar de monedas. Compró el campo en Anatot por diecisiete siclos, pesando el dinero en balanzas (Jer. 32:8-9). El bajo precio en comparación con el precio de Abraham por un campo y una cueva funeraria puede indicar un campo mucho más pequeño o la realidad de que el campo no tenía prácticamente ningún valor, al estar en tierra ocupada por el ejército babilónico.

La mina y el talento eran pesos más grandes utilizados para el intercambio monetario. Cincuenta siclos hacían una mina, y sesenta minas hacían un talento. Un talento pesaba lo mismo que 3000 siclos. Una mina equivalía a 566 gramos (una libra y cuarto), y un talento a 34 kilogramos (75 libras y un tercio). Pero la mayoría de las veces, incluso los pesos grandes se expresaban en siclos. Así, la armadura de Goliat pesaba 5000 siclos (unos 56 kilográmos [125 libras]) de bronce, y su punta de lanza pesaba 600 siclos (casi 7 kilográmos [15 libras]; 1 Sam. 17:4-7).

A finales del siglo VII a. C. se había desarrollado la acuñación de monedas. Las monedas eran un medio para establecer un estándar garantizado para el peso de los metales. Los reyes comenzaron a producir pesos estandarizados de plata y oro para garantizar su peso. Las primeras monedas proceden de Asia Menor, siendo el reino de Lidia uno de los primeros en producirlas. Un gobernante notable de Lidia fue Creso, conocido por la frase proverbial «rico como Creso». Lidia era especialmente rica en minerales metálicos, plata y oro, a mediados del siglo V a. C. y utilizaba estos metales para acuñar monedas. Pero incluso las primeras monedas podían ser falsificadas. Era posible hacer una moneda de metal común y chaparla con plata u oro. Para el observador casual, la moneda podría parecer auténtica. Por ello, los antiguos solían probar las monedas haciendo incisiones profundas en ellas; el corte no era para desfigurar la moneda, sino para determinar si era de metal puro o de metal base.

Las pocas referencias del Antiguo Testamento a las monedas se sitúan en las últimas épocas, reflejando el período persa, cuando aparecieron las monedas. Una de estas monedas, la primera mencionada en la Escritura, el dracma, era una moneda de oro del tamaño de una moneda de diez centavos (1 Crón. 29:7; Esd. 2:69; Neh. 7:69-71).

El Nuevo Testamento menciona varias monedas comunes. El denario era la moneda romana más común. Pesaba unos 3 gramos y era del tamaño de una moneda de diez centavos. El denario era la moneda que se usaba para el tributo. Las treinta piezas de plata mencionadas como pago a Judas eran probablemente denarios. La dracma griega tenía aproximadamente el mismo peso y valor que el denario.

El tetradracma (cuatro dracmas) era otra moneda griega común. Era básicamente equivalente al siclo judío en tamaño, peso y valor.

El lepta era la moneda judía más pequeña. Es muy probable que sea la moneda llamada blanca de la viuda en la RVR60. La prutah era la moneda de bronce más común en Judea en la época del Nuevo Testamento; era equivalente al cuadrante griego. Equivalía a dos lepta.

Un verdadero problema es tratar de determinar el valor comparable hoy en día de las monedas mencionadas en la Biblia. ¿Cuál era el valor de un denario, un talento o un lepta mencionado por Jesús? Para un talento, la ASV tiene una nota a pie de página en Mateo 18 que da el valor de 200 libras o 1000 dólares. Asimismo, la NVI señala en Mateo 25 que un talento valía más de 1000 dólares. Estas traducciones coinciden notablemente en el valor del talento. Pero estas cantidades no comunican bien el valor de un talento.

Otra forma de comparar el valor relativo de un talento es determinar su peso y luego determinar el valor de ese peso de plata en la actualidad. El talento equivalía a 3000 siclos de plata, cada uno de los cuales pesaba aproximadamente 11,4 gramos (dos quintos de onza). Así que el talento de plata pesaría 34 kilogramos (75 libras y un tercio). La plata actualmente (4 de febrero de 2019) vale unos 15 dólares por 28 gramos (1 onza). Sobre esa base, 34 kilogramos (75 libras y un tercio) de plata valdrían 18 072 dólares. Pero no creo que ni siquiera eso comunique mejor el significado o el valor del talento en la época de Jesús.

Una mejor manera de determinar el valor equivalente de un talento hoy en día es observar el poder de ganancia o el poder de compra relativo del talento en ese día y considerar un poder de ganancia o poder de compra comparable hoy en día. El talento equivalía a un peso de 3000 siclos, lo que equivaldría a 12 000 denarios. El denario era el salario de un día para el trabajador común. En Mateo 20, el dueño de la viña acordó con los jornaleros la paga de un denario por un día de trabajo. Un denario era también probablemente el salario de un soldado. En el poder adquisitivo actual, el salario diario de un trabajador se basa en el salario mínimo de 7,25 dólares por hora. Normalmente, los trabajadores no cualificados ganan más que el salario mínimo, quizás 8 u 8,50 dólares por hora. Si tomamos 8 dólares por hora como el salario típico de un trabajador, entonces una jornada de ocho horas ganaría 64 dólares; eso es lo que habría significado un denario en la época de Jesús traducido a un día de salario para nosotros hoy. El amo de la casa en la parábola de los talentos dio a un siervo cinco talentos, a otro dos talentos y a otro un talento. Recordemos que un talento eran 12 000 denarios, por lo que era el salario de 12 000 días. De nuevo, basándonos en la equivalencia de valor de hoy, ¡un talento sería 768 000 dólares! El amo de la casa ponía una fortuna en manos de cada siervo. Siguiendo nuestra equivalencia de compra usando los fondos de hoy:

5 talentos = 3 840 000 dólares
2 talentos = 1 536 000 dólares
1 talento = 768 000 dólares

Pasando de una fortuna enorme a lo minúsculo, Jesús señaló a Sus discípulos a una viuda pobre que echó en el tesoro «dos moneditas que valen muy poco» (Mar. 12:41-44). El texto griego dice que la pobre viuda echó dos lepta, que hacen un cuadrante. Se necesitaban 336 lepta para que equivalieran a un denario. Esta viuda puso en el tesoro 1/168 del salario de un día. Utilizando la misma equivalencia de poder adquisitivo que la anterior, dos lepta serían treinta y ocho céntimos; en términos de dos monedas, serían menos de dos cuartos.

NOTAS

1 Cemal Pulak, «Shipwreck: Recovering 3,000-Year-Old Cargo», *Archaeology Odyssey* 2.4 (1999): 18-29, 59.

VISTIENDO PÚRPURA

POR DARRYL WOOD

Ruinas con vistas al Mediterráneo en Tiro.

La afición por el color púrpura existió durante siglos. Como color de ropa, estaba disponible principalmente para los ricos. Veamos los antecedentes y el significado del uso de la púrpura en el siglo I d. C.

TINTE PÚRPURA

El tinte púrpura procede del mar desde hace mucho tiempo.[1] Los antiguos extraían la púrpura de un molusco (*Murex trunculus o Murex brandaris*) que se encontraba en la costa mediterránea. La costa fenicia, especialmente, contenía grandes cantidades de estos mejillones. Tiro y Sidón eran las ciudades centrales en la elaboración de este tinte. La fabricación de los mejillones producía diferentes tonos de púrpura. El resultado podía ser violeta, carmesí o azul. La tonalidad del tejido teñido dependía de la especie de los mejillones, la fuerza del tinte y otros factores del proceso. Plinio, el historiador romano del siglo I, describió el método de fabricación.[2] Tras atraparlos y extraerlos del mar, los trabajadores rompían las conchas. Extraían las glándulas viscosas y las calentaban en agua salada. Esta rutina requería muchos trabajadores y resultaba un trabajo difícil. El proceso desprendía un olor nauseabundo. Las excavaciones modernas en Sidón revelaron grandes montones de conchas desechadas de estas fábricas.

Vaso de color púrpura soplado de Sidón con decoraciones en relieve; mide aproximadamente 9 centímetros (3.5 pulgadas).

USO TEMPRANO DE LA PÚRPURA

Las primeras pruebas del uso del tinte púrpura se remontan al segundo milenio antes de Cristo. Las conchas de *Murex* descubiertas cerca de Ugarit, en el norte de Siria, corroboran esa fecha. Las relaciones comerciales entre Ugarit y las ciudades fenicias sugieren que el tinte púrpura también existía en esa época en Fenicia.

Los productos de color púrpura resultaron ser de gran valor para la economía fenicia, como se ilustra en las monedas de Tiro fechadas en el siglo v a. C. Algunas monedas de esa época llevaban una imagen del *Murex*. Al parecer, los fenicios dominaban el comercio de la púrpura. Extraían el *Murex* en cantidades tan grandes que hoy en día apenas se encuentra en la zona. Su ubicación cerca del mar potenciaba la capacidad de quienes fabricaban púrpura para comerciar con esos productos en lugares alejados de su tierra natal. Las telas teñidas, realzadas por los bordados, llegaban a lugares lejanos del mundo. El poeta griego Homero escribió sobre la belleza de las túnicas que confeccionaban las mujeres de Sidonia.[3]

En la cultura helenística del primer milenio a. C., algunos reyes vasallos vestían de púrpura.[4] Plinio recoge que

La escena del Arco de Tito en el Foro romano muestra al general Tito cabalgando victorioso en un carro.

Rómulo, uno de los fundadores mitológicos de Roma, vestía un manto púrpura. Además, el tercer rey de Roma, Tulo Hostilio (siglo VII a. C.), vestía una túnica a rayas de color púrpura después de derrotar a los etruscos.[5] Las referencias a la tela púrpura aparecen con frecuencia en el Antiguo Testamento (Ex. 26:1,31; 28:6; Jue. 8:26; 2 Crón. 2:14; Est. 8:15; 3:14; Cant. 3:10; Ezeq. 27:16; Dan. 5:7).

Las fuentes limitadas, la dificultad de producción y el requisito de que se envíe probablemente restringieron la disponibilidad del tejido morado. Estos factores hacían subir su precio. El acceso a la tela púrpura, por tanto, seguía siendo para la élite religiosa, la realeza y los ricos en la antigüedad.

USO EN EL SIGLO I

Conocer los usos de las telas púrpuras en el siglo I de nuestra era mejora nuestra comprensión de su significado en la época de Jesús. En la cultura romana del siglo I, la élite social se vestía de púrpura. Los historiadores romanos destacaron su coste. Plinio comenta el alto precio de la «púrpura tiria doblemente teñida».[6] El Senado romano practicaba una tradición en la que un general vicario podía ser proclamado *imperator*. Desfilaba por la ciudad montado en un carruaje y era recibido por el público con gran fanfarria. El general vestía el traje triunfal de la época, que incluía una túnica púrpura bordada en oro.[7] Aunque esta práctica se originó anteriormente, siguió siendo un elemento básico de la cultura romana del siglo I.

La ropa de color púrpura destacaba el estatus influyente de su portador. Los senadores romanos la llevaban para distinguirse de otros miembros de la nobleza. Los sacerdotes, que ofrecían sacrificios religiosos, se vestían de púrpura para obtener la aprobación de los dioses.[8] Tanto los hombres como las mujeres creían que la ropa púrpura complementaba su aspecto y los hacía bellos. Muchos asociaban el color púrpura con el lujo.[9] El coste de la ropa púrpura probablemente limitaba el acceso a los ricos o privilegiados.

Las referencias a la ropa púrpura en el Nuevo Testamento reflejan su importancia y valor. Lidia, líder en la formación de la iglesia de Filipos, «vendía telas de púrpura» (Hech. 16:14). El libro del Apocalipsis afirma que los mercaderes lamentarían la caída de Babilonia y la pérdida de un mercado para sus productos finos, incluida la púrpura (18:12,16). En la parábola del hombre rico y Lázaro, la ropa de color púrpura del hombre rico (Luc. 16:19) y su vida suntuosa señalaban su elevado estatus en la vida.

NOTAS

1 Ver 1 Macabeos 4:23 y Josefo, *Guerra* 5.5.4.

2 Plinio, *Natural History* 9.60.124-64.141

3 Homero, *The Iliad* 6.285-95.

4 Primeros Macabeos 10:20,62; 11:58; 14:43-44.

5 Plinio, *Natural History* 9.63.136-37.

6 *Ibid.* 9.63.137.

7 Dion Casio, Historia *Romana* 6; Livy, *Livy* 10.7.9-10; T. E. Schmidt, «Mark 15.16-32: The Crucifixion Narrative and the Roman Triumphal Procession», *New Testament Studies (NTS)* 41.1 (1995): 2-3.

8 Plinio, *Natural History* 9.60.127.

9 *Ibid.* 9.65.139-41.

¿QUÉ TIPO DE PANDERETA? DE «MIRIAM: TODO LO QUE SABEMOS»

POR MARTHA S. BERGEN

Después de la destrucción de los egipcios en el Mar Rojo, Miriam tomó un pandero y dirigió a las mujeres de Israel en la celebración: «Canten al Señor, que se ha coronado de triunfo arrojando al mar caballos y jinetes» (Ex. 15:21). Pero, ¿qué tipo de pandereta utilizaba? ¿Era el instrumento de mano libre con filas de platillos, o era más bien un tambor de mano?

El hebreo utiliza dos palabras diferentes para describir los dos instrumentos. El *sistrum* acompañaba normalmente las ceremonias rituales y se asociaba a la diosa egipcia Hathor. De las varas colgaban pequeños discos, cada uno con un agujero en el centro. Aunque eran comunes en Egipto, no era el instrumento que tocaba Miriam.

Miriam tocaba un *toph* (heb. para «pandereta» o «timbal»), que se cree que era un tambor de mano de madera o metal, cubierto al menos por un lado con piel de carnero o cabra. Evidentemente, un *toph* no tenía címbalos ni discos que tintinearan. El término hebreo es onomatopéyico, imitando el sonido del instrumento. Los tambores *toph* eran los instrumentos musicales más comunes en la antigüedad.[1]

Se muestran un *sistrum* egipcio fechado en el 2500 a. C. y una estatuilla de terracota de una mujer tocando un *toph*, fechada en el siglo IX a. C.

NOTAS

1 «Musical Instruments», en *Tyndale Bible Dictionary*, ed. Walter A. Elwell y Philip W. Comfort (Wheaton, IL: Tyndale House, 2001), 925. Ronald F. Youngblood, «[toph]», en *TWOT*, 2:978.

CON ARPA Y LIRA: INSTRUMENTOS MUSICALES EN EL ANTIGUO TESTAMENTO

POR BECKY LOMBARD

Escena en primer plano en el Estandarte de Ur. Un cantante y un hombre que toca la lira agasajan al rey, que celebra un banquete con sus amigos (que no aparecen).

Los israelitas entendían que Dios ordenaba y permitía la música. Consideraban que la música venía del Señor y anhelaban que su música volviera a Él como la fragancia del incienso.

La música era formativa en la vida, el trabajo y el culto de la comunidad israelita. Después de la separación del Mar Rojo, Miriam tomó su pandereta y cantó el rescate y la fuerza del Señor (Ex. 15). Josué y los que dirigía utilizaron la música para derribar los muros de Jericó (Jos. 6). Débora y Barac cantaron la victoria de Dios en la batalla (Jue. 5). La vida de Saúl cambió cuando se encontró con profetas acompañados por hombres que tocaban arpas, panderetas, flautas y liras (1 Sam. 10).

Las listas de instrumentos musicales aparecen regularmente en la narrativa del Antiguo Testamento. La primera aparece en Génesis 4:21, que presenta a Jubal,

Placa de arcilla que representa a un músico; de Mesopotamia. La música formaba parte de los rituales de los templos, las ceremonias funerarias y las celebraciones de los festivales. Los individuos también tocaban música para entretenerse.

«el antepasado de los que tocan el arpa y la flauta». Algunos listados de conjuntos son grupos pequeños, como el del Salmo 92:3 «al son del decacordio y de la lira». Otros son bastante amplios. La orquesta de levitas designada por David incluía arpas, liras, címbalos, trompetas y cuernos de carnero (1 Crón. 15:16-16:5). Los pasajes del Antiguo Testamento a menudo emparejan el arpa y la lira, que tenían un amplio uso en el antiguo Cercano Oriente (1 Rey. 10:12; 1 Crón. 13:8; Sal. 81:2; 108:2; 150:3).

Los instrumentos del Antiguo Testamento se dividen en tres grandes categorías: de cuerda, de percusión y de viento. Aunque no disponemos de instrumentos originales a través de estudios arqueológicos, podemos fijarnos en la cerámica, los dibujos y las figuras de arcilla de la época bíblica en Israel y sus alrededores.

INSTRUMENTOS DE CUERDA

Arpa: La construcción del arpa se asemeja al arco de un arquero. Las cuerdas se extendían sobre un marco de madera curvado o sobre dos piezas de madera unidas en ángulo recto. Cada cuerda sonaba un solo tono y era más grande que las cuerdas de la lira. Según el Talmud, las cuerdas del arpa se hacían con intestinos de oveja y sonaban más fuerte que las de la lira.

Lira: La lira era el instrumento de cuerda más común de los tiempos bíblicos. Aunque hoy pensamos que David era un arpista, en realidad tocaba una lira. Su estructura de madera era una caja de resonancia con dos brazos verticales. Las cuerdas partían de un travesaño y se extendían por los brazos hasta la caja de resonancia. Un diapasón permitía que las cuerdas tocaran varios tonos.[1] La lira era siempre un instrumento de alegría. Cuando cesaba la ocasión de alegría, las liras se guardaban y permanecían en silencio (Sal. 137:2). Los profetas advirtieron que, si el pueblo seguía pecando, sería castigado, y «no se volverá a escuchar la melodía de tus arpas» (Ezeq. 26:13).

De la región general de Tierra Santa se conservan dibujos que muestran a pueblos semitas tocando la lira. Uno de estos dibujos muestra a los cautivos tocando la lira bajo la mirada de la guardia asiria. En este caso, los intérpretes utilizan las manos para tocar. Las pruebas indican que la gente usaba las manos cuando tocaba piezas instrumentales, pero utilizaba el plectro (una púa de madera o hueso) cuando acompañaba a las voces.[2]

INSTRUMENTOS DE PERCUSIÓN

Campanas: Las campanas se ataban al dobladillo de la túnica sacerdotal de Aarón (Ex. 28:33-35). Las campanas de la época bíblica probablemente se parecían a pequeños cascabeles con una bolita o badajo. Los arqueólogos han encontrado muchas campanas de esa descripción, hechas de bronce, en yacimientos de Israel.

Címbalo: Los címbalos aparecen por primera vez en la Escritura en la época de David, en la procesión que trasladó el arca a Jerusalén. Fueron los únicos instrumentos de percusión incluidos en los instrumentos del templo que David especificó (1 Crón. 15:16). David designó a Hemán, Asaf y Etán para tocar los címbalos, un cargo levítico de mucha distinción y privilegio.

Los címbalos se utilizaban probablemente para acompañar el canto con otros instrumentos, para atraer la atención de Dios hacia los fieles y para señalar el inicio del canto en los servicios de culto.

Relieve de basalto con músicos tocando panderetas y liras. Procedente del palacio del rey hitita Barrekup en la antigua Zinjirli-Sam'al (en el actual sureste de Turquía); data de finales del período hitita, siglo VIII a. C.

De Tebas, Egipto, arpa de madera restaurada con caja de resonancia en forma de pala. Este tipo de arpas se utilizaba en Egipto desde la época del reino antiguo (2700-2160 a. C.); esta probablemente data del reino nuevo (aprox. 1300 a. C.).

Los címbalos gemelos, hechos de bronce, tenían forma de platillo. Los centros estaban perforados para los anillos de los dedos hechos de hierro o alambre. Aún no se sabe si se utilizaban en horizontal o en vertical. Se hacían sonar golpeando uno contra otro o tocando sus bordes. Según el método de interpretación, el sonido de los címbalos oscilaba entre un ligero tintineo y un choque sordo.[3]

Pandereta: La pandereta era probablemente un pequeño tambor de mano. Los arqueólogos creen que probablemente no tenía los «cascabeles» unidos como nuestra pandereta moderna. En la Escritura, las mujeres solían tocar este instrumento mientras cantaban y bailaban con alegría. Muchas figuras de arcilla que sostienen el pequeño tambor de mano datan de la época bíblica.[4]

INSTRUMENTOS DE VIENTO

Flauta: Los estudiosos tienen opiniones variadas sobre las palabras que la mayoría de las Biblias traducen como «flauta». Algunos utilizan la palabra «pipa» para describir la flauta. Los primeros modelos eran tubos de caña hueca con agujeros para los dedos. En los conjuntos más grandes de la música del templo, la «pipa» utilizada era probablemente una caña de tono más fuerte. Estos instrumentos más sonoros probablemente consistían en dos tubos ensartados creando un tubo doble, cada uno de los cuales era tocado por una mano diferente. Los artefactos de bronce y arcilla procedentes de Israel y probablemente de la época del Antiguo Testamento representan a individuos tocando estos instrumentos.[5]

Soporte de bronce con ruedas fechado en el siglo XIII o XII a. C. Decorado con escenas que representan a un arpista sentado al que se acercan un músico y un mozo; en la parte posterior, una esfinge alada. Procede de Chipre.

Trompetas: Las trompetas del Antiguo Testamento estaban formadas por tubos rectos de metal con extremos en forma de campana. Se utilizaban trompetas de bronce en el ámbito profano y de plata en las ocasiones sagradas. A diferencia de las trompetas modernas, éstas no tenían válvulas. Esto limitaba a tres o cuatro el número de tonos que podía emitir el instrumento. El sonido que emitían probablemente no era muy bonito, pero, en la mente de la gente, era lo suficientemente fuerte como para atraer la atención de Dios en el cielo hacia el hombre en la tierra.

Los trompetistas actuaban generalmente en parejas o en grupos más grandes. En 2 Crónicas 5:12-13, cuando los levitas llevaron el arca del pacto al templo desde la ciudad de David, los sacerdotes tocaron 120 trompetas, uniéndose a cantantes, más trompetas, címbalos y otros instrumentos. Solo los descendientes sacerdotales de Aarón podían tocar las trompetas para las ocasiones sagradas (Núm. 10:8) y en la guerra (2 Crón. 13:12).

Los intérpretes tocaban las trompetas en numerosos acontecimientos de la vida del Antiguo Testamento: para convocar a los israelitas a la tienda de reunión, para indicar a los israelitas que levantaran el campamento, como recuerdo de la presencia de Dios entre Su pueblo, para dar la alarma en la guerra, en las fiestas y al comienzo de la luna nueva, sobre los sacrificios y holocaustos, cuando el arca se trasladaba a Jerusalén, en las dedicaciones del primer y segundo templo, y para unirse a otros instrumentos de alabanza.[6]

Shofar: Las Biblias suelen traducir el término hebreo *shofar* como «trompeta» para referirse a un instrumento hecho con el cuerno del carnero. Algunos eruditos creen que el significado del cuerno de carnero estaba arraigado en la importancia del carnero de sacrificio que Dios le proporcionó a Abraham cuando empezó a ofrecer obedientemente a Isaac. El shofar era una trompeta ritual y de guerra. Se utilizaba para dar señales y órdenes, así como para dar la alarma. Cuando los israelitas tocaron el shofar y gritaron, la muralla de Jericó se derrumbó. Es el único instrumento bíblico que se sigue utilizando en su forma original.[7]

Los instrumentos musicales del Antiguo Testamento son numerosos y variados. Nuestra comprensión y conocimiento de ellos es también muy dispersa y variada. Aunque no disponemos de sonido o notación musical de la época que nos permita entenderlo, lo que sí podemos hacer es comprender el carácter del sonido, el simbolismo de la música que sonaba y algo del entorno cultural del mundo bíblico.

NOTAS

1 Richard Leonard, «Musical Instruments in Scripture», en *The Biblical Foundations of Christian Worship*, vol. 1 en *The Complete Library of Christian Worship*, ed., Robert E. Webber (Peabody, MA: Hendrickson, 1993), 237.

2 Ovid R. Sellers, « Musical Instruments of Israel», *BA* 4.3 (1941): 38-39.

3 Ivor H. Jones, «Musical Instruments in Scripture» en *ABD*, 4:935; Alfred Sendrey, *Music in the Social and Religious Life of Antiquity* (Rutherford, NJ: Fairleigh Dickinson University Press, 1974), 99, 205-6.

4 Jeremy Montagu, *Musical Instruments of the Bible* (Lanham, MD: Scarecrow Press, 2002), 16-18.

5 *Ibid.*, 47.

6 Sendrey, *Music*, 189-91.

7 Montagu, *Musical Instruments*, 19-23.

Holman Bible Publishers agradece a las siguientes personas e instituciones por los gráficos de la *Guía esencial sobre la Tierra Santa*. En los casos en que no hayamos dado el crédito adecuado a algún gráfico de la Biblia, por favor, póngase en contacto con nosotros (customerservice@lifeway.com), y haremos la corrección necesaria en las siguientes impresiones.

FOTOGRAFÍAS DEL ILUSTRADOR BÍBLICO

Biblical Illustrator, Nashville, Tennessee: pp. 12; 16; 26; 57; 163; 206; 271; 276; 283 (ambas); 337; 347; 369 (abajo); 389; 431; 469 (arriba; Museo Británico); 510 (arriba); 514 (ambas); 517 (abajo); 528; 550 (Museo Británico); 551 (ambos; Museo Británico); 552 (arriba; Museo Británico); 555; 573 (Museo Británico); 595; 600; 628 (arriba); 633 (abajo); 643 (abajo; Museo Británico); 650 (abajo).

Museo Británico, Londres: pp. 28 (ambas); 32; 43 (arriba); 54; 55; 82; 83; 84; 88 (abajo); 92; 108; 127; 143 (ambas); 144; 152; 184 (arriba); 202; 205; 298; 299; 300; 364; 424; 460; 473 (abajo); 526; 560; 632; 637 (arriba).

FreeIsraelPhotos.com: p. 440. Colección LifeWay/Fon Scofiled: p. 107.

Matson Photo Collection, Library of Congress: p. 137 (arriba).

Colección Jerry Vardaman: pp. 94; 195; 235 (Mike Yarber); 263; 594.

Anderson, Jeff: p. 326.

Borgan, Joy: p. 19 (National Museum of Roman Art).

Bruce, Brent: pp. 51 (Metropolitan Museum of Art, Nueva York); 79; 88 (arriba; Ashmolen Museum, Oxford); 100 (top); 123 (abajo; Metropolitan Museum of Art, Nueva York); (abajo; Ashmolean Museum, Oxford); 149; (abajo; Walters Art Museum, Baltimore); 184 (abajo; Metropolitan Museum of Art, Nueva York); 212; 214; 219 (abajo); 284 (Ashmolean Museum, Oxford); (St. Louis Museum of Art); 342; 343; 351; 359; 362; 488 (abajo); 513 (arriba; Ashmolean Museum, Oxford); (arriba; University of Pennsylva- nia Museum of Archaeology and Anthropology); 547; 572 (Lynn H. Wood Archaeological Museum, Southern Adventist University, Collegedale, TN); 628 (abajo); 640; 651.

Eddinger, Terry: p. 548.

Hiller, Kristen: pp. 120 (ambas); 138 (Museo Eretz Israel, Tel Aviv); 146; 339; 340; 344; 383; 392; 393.

Hooke, Tom: pp. 183; 302; 386.

Howell Jr., G.B.: pp. 52 (arriba; El Louvre); 103 (ambos; arriba, Museo de Bellas Artes, Boston; abajo, Museo Oriental, Chicago); 133 (Museo de Cincinnati); 141; 142; 159 (El Louvre); 161 (ambos; arriba, Instituto de Arte de Chicago; abajo, El Louvre); 163 (Museo Arqueológico de Tesalónica); 168 (El Louvre); 169; 191 (Museo Arqueológico de Delfos); 221; 226 (arriba; Museo de Cincinnati Museum); 250; 303; 312; 313; 321; 327 (abajo; Museo Arqueológico de Tesalónica); 332; 353; 372; 469 (abajo; El Louvre); 523 (abajo; Chicago Field Museum); 535 (Corinth Archaeological Museum); 558; 571 (El Louvre); 576 (arriba; El Louvre); 629 (El Louvre); 640 (ambos; El Louvre).

Hughes, Randy: p. 334.

Maeir, A.: p. 297; 542.

McLemore, James: pp. 2; 3; 5; 66; 89 (abajo; Museo Arqueológico de Estambul); 218; 238; 289; 331; 439; 442.

Rogers, David: pp. 9 (El Louvre); 15 (ambos; abajo, Callaway Collection, The Southern Baptist Theological Seminary); 40; 46 (ambos, Jewish Museum, Nueva York); 52 (abajo; British Museum); 62 (Museum of the Ancient Orient, Istanbul); 80 (Metropolitan Museum of Art, Nueva York); 87 (British Museum); 111; 113 (arriba); 115 (British Museum); 117 (Museo Metropolitano de Arte, Nueva York); 123

(arriba; Museo Metropolitano de Arte, Nueva York); (Museo de Bellas Artes, Boston); 137 (Museo Judío, Nueva York); 150 (Museo Británico); 176 (ambos; arriba, Museo Arqueológico, Antakya, Turquía; abajo, El Louvre); 180 (Colección Callaway, Seminario Teológico Bautista del Sur); 181 (Museo Judío, Nueva York); 209 (El Louvre); 234; 264; 282 (arriba); 283 (abajo; Museo Británico); 294; 315 (Museo Arqueológico, Ankara, Turquía); 327 (arriba; Museo Británico); 369 (arriba; Museo Británico); 373 (Instituto Oriental, Universidad de Chicago); 375 (El Louvre); 379 (Museo Arqueológico, Ankara, Turquía; 380 (Museo Arqueológico, Ankara, Turquía); 411 (arriba; Museo de Arte y Arqueología, Universidad de Missouri, Columbia); 493 (Joseph A. Callaway Archaeological Museum, The Southern Baptist Theological Seminary); 497 (Ephesus Museum); 498 (University Museum, University of Pennsylvania); 509 (British Museum); 510 (Museum of Fine Arts, Boston); 515 (University Museum, University of Pennsylvania); 520 (ambos; abajo, British Museum); 585 (University Museum, University of Pennsylvania); 590 (ambos; abajo, University Museum, Uni- versidad de Pensilvania); 639 (arriba; Museo del Antiguo Oriente, Estambul); 650 (arriba; Museo Británico); 652.

Rutherford, Mike: pp. 219 (arriba).

Schatz, Bob: pp. 8 (ambas; arriba a la izquierda, Museo del Antiguo Oriente, Estambul); 10; 30; 49 (Museo Nacional de Damasco); 58; 61; 72; 75 (Museo Arqueológico de Estambul); 76; 89 (dos del medio); 91; 108; 112 (Museo Real de Ontario, Toronto); 116 (Museo Arqueológico de Estambul); 119; 130; 136; 139; 151 (Museo de El Cairo); 167; 175 (Museo Arqueológico de Hatay); 193; 196; 225; 226 (abajo); 227; 229; 230; 231; 235; 237; 239; 253; 255 (Museo de Nof Ginnosar Museo, Israel); 256; 262; 263 (fondo); 267; 268; 278; 282 (abajo); 287 (arriba); 292; 308; 309; 310; 316 (Museo Capitolino, Roma); 336; 346; 349; 350; 352; 354; 356; 371; 376; 404 (ambos; fondo, Museo Grecorromano, El Cairo, Egipto); 403; 411; 414; 416; 417; 419; 431 (fondo; Museo Capitolino, Roma); 432; 449; 450; 452; 457 (arriba; Museo Roay Ontario, Toronto); 459; 472; 481; 487; 489; 521 (Museo Nacional de Damasco); 533 (Istanbul Archaeologico de Estambul); 534; 540 (Museo de la Antigua Corinto); 541; 545 (Museo de Civilización de Anatolia de Ankara); 569; 567 (Museo Nacional de Damasco); 576 (abajo); 579; 587 (Museo de Jazor, Israel); 591; 598 (Departamento de Antigüedades del Museo Arqueológico de Jordania, Ammán, Jordania); 608; 611; 618; 619; 620; 621; 624; 647; 648 (ambos; arriba, Museo Real de Ontario); 653 (Museo del Antiguo Oriente, Estambul).

Severance, Murray: p. 154.

Smith, Louise Kohl: pp. 7; 34; 104; 189; 252; 258; 259; 463; 613; 641.

Touchton, Ken: pp. 6 (Museo de Israel); 124 (Museo Capitolino, Roma); 132 (Museo Marítimo Nacional, Haifa); 456; 491; 527;

Veneman, Justin: pp. 317; 318 (ambas); 623 (ambas).

OTRAS FOTOGRAFÍAS

Imágenes de Júpiter: p. 597.

Imágenes de dominio público: p. 473 (arriba).

MAPAS, ILUSTRACIONES Y RECONSTRUCCIONES

Biblical Illustrator, Nashville, TN: p. 488 (abajo).

Holman Bible & Reference: pp. 20; 37; 43 (abajo); 64; 89 (arriba); 97; 215; 272; 422; 539.

Latta, Bill: p. 113 (abajo).

Linden Artists, Londres: pp. 100 (abajo); 222; 254; 385.